新民说

成为更好的人

THE DIARIES OF IVAN MAISKY

Stalin's Ambassador to London, 1932–1943

伦敦
日记

苏联驻伦敦大使二战回忆

［苏］伊万·迈斯基 著
［英］加布里埃尔·戈罗德茨基 编注
全克林 赵文焕 译

广西师范大学出版社
·桂林·

LUNDUN RIJI
伦敦日记

©2015 Gabriel Gorodetsky
Originally published by Yale University Press. Published with the permission of the Scheffer-Voskressenski family-Ivan Maisky's heirs

著作权合同登记号桂图登字：20-2016-299 号

图书在版编目（CIP）数据

伦敦日记：苏联驻伦敦大使二战回忆 /（苏）伊万·迈斯基著；（英）加布里埃尔·戈罗德茨基编注；全克林，赵文焕译. —桂林：广西师范大学出版社，2021.7（2024.7 重印）
ISBN 978-7-5598-3976-3

Ⅰ.①伦… Ⅱ.①伊… ②加… ③全… ④赵… Ⅲ.①第二次世界大战－史料 Ⅳ.①K152

中国版本图书馆 CIP 数据核字（2021）第 125397 号

广西师范大学出版社出版发行

（广西桂林市五里店路 9 号　邮政编码：541004）
（网址：http://www.bbtpress.com）
出版人：黄轩庄
全国新华书店经销
深圳市精彩印联合印务有限公司印刷
（深圳市光明新区光明街道白花社区精雅科技园　邮政编码：518107）
开本：880 mm×1 240 mm　1/32
印张：26.5　　字数：633 千字
2021 年 7 月第 1 版　　2024 年 7 月第 3 次印刷
定价：158.00 元

如发现印装质量问题，影响阅读，请与出版社发行部门联系调换。

目录

导言 / i

致谢 / xxi

苏联外交官的诞生 / 001

引子 / 029

1934 年 / 035

1935 年 / 063

1936 年 / 099

1937 年 / 123

1938 年 / 161

1939 年 / 241

1940 年 / 359

1941 年 / 463

1942 年 / 581

1943 年 / 655

一个时代的终结:迈斯基被召回 / 747

名声的代价:迟来的压制 / 771

图片来源 / 795

译名对照表 / 797

伊万·米哈伊洛维奇·迈斯基

导言

伊万·米哈伊洛维奇·迈斯基于1932—1943年任苏联驻伦敦大使，是二十世纪三十年代和二战期间苏联少数记录日记的政要，其日记独特而迷人。斯大林不鼓励随员提笔写作。写日记是"一项危险的任务"。实际上，1953年2月（斯大林去世前两周），迈斯基因涉嫌为英国从事间谍活动被捕，他的日记及大量个人档案也被国家安全总局查获。[1]迈斯基于1955年被赦免，之后为了取回这些文档，他进行了旷日持久的行动，虽然最终一无所获。外交部以日记中载有国家机密为由拒绝了他的请求。数十年来，研究人员一直无法查阅这些日记。

机缘巧合往往是学术发现的核心。1993年，在以色列和俄罗斯联邦外交部的支持下，我发起了一个研究项目，以官方联合出版有关以苏关系的文献结项。当我查找有关迈斯基参与1947年苏联决定

---

[1] 见本书《名声的代价：迟来的压制》一章。

支持巴勒斯坦分治方案的信息[1]，俄罗斯联邦外交部档案管理员拿着迈斯基所记动荡的1941年的大部头日记从书库走出来时，我的兴奋之情难以形容。在苏联档案中，不曾有一份为二战及其起源提供新见解的私人文献，具有如此的广度、价值和体量。翻阅过程中，我惊叹于日记的直观和坦率，还有迈斯基敏锐、入木三分的洞察力以及出色的行文。这份日记有五十多万字，细致而直率地描绘了苏联驻伦敦大使无处不在的观察、活动和谈话。

完整的三卷本日记由耶鲁大学出版社出版，其中附有我的大量评论和学术引证。然而，他们鼓励我制作这份精简版，以使更多读者可以读到。我的选择标准是保留叙述的特征和流畅性。因此，该版大量删减了引文，有兴趣的读者可以查阅完整三卷本的内容。在准备中文版时，我收录了三卷本中有关中国和东南亚的所有文献，并增加了相应的按语，使中文版成为一个独特的版本。

删节部分用加粗的省略号表示，迈斯基自己使用的省略号则没有加粗。当迈斯基使用英语单词（或短语）时，该词以楷体显示，或下加波浪线；当迈斯基强调某一短语时，会在该处使用下划线。

我还有幸查阅了迈斯基的个人相册，本书复制了其中一些图片（有许多反映了日记中描述的事件）。它们常常能反映文字所无法传达的信息。我非常感谢阿列克谢·D.沃斯克列先斯基博士，他是迈斯基的侄孙和继承人，允许我与读者分享迈斯基非常个人的、有时是私密的视角。

迈斯基的日记是一份私人日记，不像各地必须提交给外交部的那种官方大使"日志"，这证明了私人的友谊、冲突和较量在早期苏联政治中所发挥的重要作用，超越了政策和意识形态上的争论。

---

[1] 见本书第765—768页。

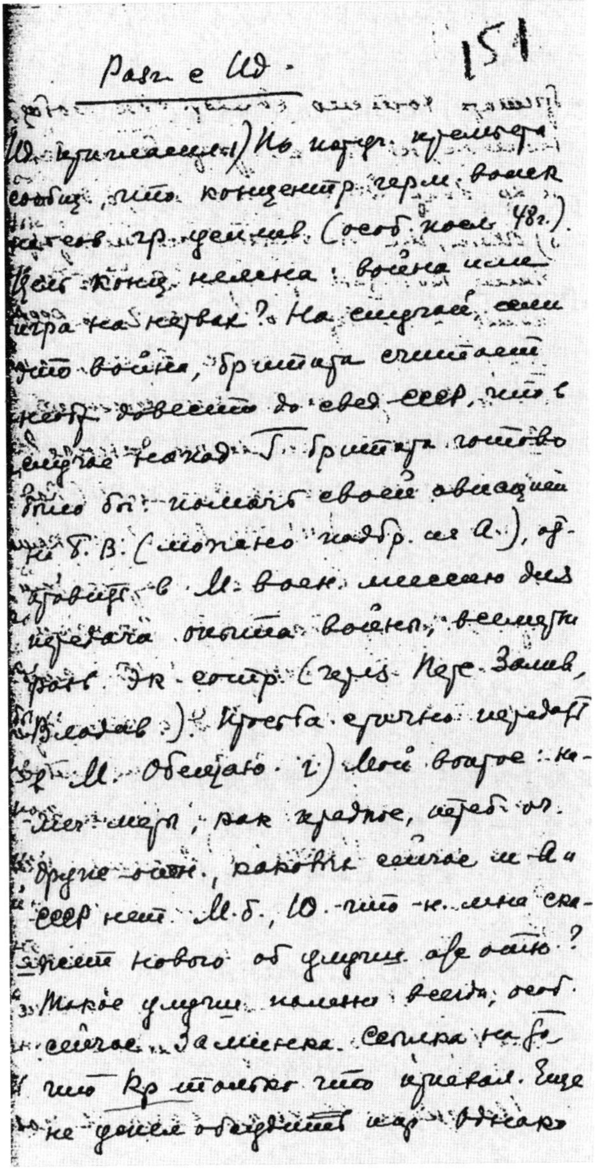

图1 迈斯基日记的样本页面：1941年6月12日，艾登警告说德国可能突袭俄罗斯

它说明，若不求助于能揭露未知私人关系纽带的人为因素，就无法恰当描述苏联的社会和政治。实际上，无论文化差异多么明显，这本日记就像佩皮斯日记那样，敏锐地观察了英国的政治和社会景象，添加了一些轶事与八卦。与丘吉尔一样，迈斯基也出人意料地赞扬"伟人"在历史上的作用。他进一步承认事件的独特性。他不否认"'个人'对伟大事业的贡献"；他在致外交人民委员格奥尔吉·契切林的信中公开辩称，人们"几乎不能否认'个人'在历史中可能或能够扮演某种角色。有时甚至不是次要的角色"。他提醒契切林，"只要记住伊里奇[1]在我们的革命中意味着什么就够了"。

迈斯基显然意识到自己在塑造历史中的中枢作用。他描述了1941年9月与丘吉尔的一次重要会面，当时莫斯科的命运悬而未决：

> 我在约定时间的前一刻钟离开家。明月当空，形状奇特的云朵从西向东快速移动。当云朵遮蔽月亮，月光将云层的边缘染成红色和黑色时，整个画面显得阴郁而不祥，仿佛世界正处于毁灭的前夜。我沿着熟悉的街道开车，心想："再过几分钟，一个重要的，也许是决定性的历史时刻将会到来，这会对我们产生深远的影响。我能应对自如吗？我是否拥有足够的意志力、力量、机智、敏捷和智慧，为了苏联和全人类，尽力扮演好我的角色，并取得最大的成功？"

这本日记跨越了一个充满戏剧性且至关重要的时代，涵盖了

---

[1] 列宁。

图 2　丘吉尔和迈斯基正在塑造历史

广泛的主题，显然是写给后人看的。[1]迈斯基发现自己处在事件最前沿，他相信（比其他人早得多）这些事件可能把欧洲卷入世界大战。他详述了二十世纪三十年代初苏联外交政策的转变，以及加入国际联盟和坚持"集体安全"的动机。正是迈斯基最先警告莫斯科注意绥靖的危险。他热切地试图协调英苏利益。然而，当张伯伦于1937年出任首相时，在莫斯科大清洗的背景下，他的工作变得越来越困难。1938年的大量日记记录让我们深入了解慕尼黑会议之前发生的事件及其对集体安全的毁灭性影响，以及迈斯基和苏联外交人

---

[1]　见1943年1月19日的记录。

图3 缔造大同盟。迈斯基以伏特加与丘吉尔碰杯

民委员李维诺夫的个人与政治命运。1939年的日记反映出迈斯基背负着巨大的心理压力,他孤注一掷,加速促成苏联、英国和法国之间达成三方协议,有意阻止苏联走向孤立。日记显示他发现自己经常与本国政府意见不合,这种分歧于4月21日在克里姆林宫举行的一次激烈会议中达到顶点,他和李维诺夫都遭到严厉批评,并导致后者于两周后被解职。日记进一步揭露了在《苏德互不侵犯条约》签订后苏联外交官陷入的困境,也见证了英国从和平向战争的过渡。同时,自二十世纪二十年代担任苏联驻东京大使馆的参赞后,迈斯基高度关注远东地区日本扩张主义对苏联和中国构成的威胁,

并呼吁中苏两国建立紧密联系。他显然没有以欧洲中心论看待国际社会，这本日记也见证了他在塑造俄罗斯远东政治方面的影响力。

作为一个消息灵通的局外人，迈斯基对伦敦大轰炸时期的伦敦，以及他与丘吉尔和艾登频繁密会的描述同样引人入胜，其战争回忆的意义无比重大。记录与大使的会晤是外交大臣的惯例，但这不适用于首相。因此，二战前和二战期间，迈斯基和丘吉尔之间的许多重要对话记录在英国档案中都找不到。所以，唯一保存下来的记录是迈斯基及时、详尽的日记记录和他发给外交人民委员部的更为简明的电报。这本日记因此成为不可或缺的资料来源，取代了史学家们迄今所使用的具有倾向性的、不完整的回溯记录。毫不夸张地说，这部日记改写了一些我们自认为了解的历史。

对英国社会、政治家、王室、作家和艺术家的深刻观察及其轶事用这些相互交织的故事（有时是有趣地）突显出来，使历史叙事更加生动。迈斯基对散文和诗歌创作的强烈爱好表现出他难以控制的自我表达冲动，其结果是文学与历史的融合。他回忆说：

> 我从小就喜欢文学。小时候，我喜欢写日记，并与亲戚朋友通信……我还记得，我总是在创作或描述一些事物——雨后的森林、救护站、切尔诺卢奇之旅、离鄂木斯克不远的一块松木等。长大一些后，我尝试在日记、学校课程文章和时事文章中施展拳脚。

迈斯基晚年向同样怀有文学抱负的费边社社员比阿特丽斯·韦伯坦承，"他不喜欢外交工作；他和他的妻子在学术或专业领域，在教室、图书馆或实验室会更加幸福"。的确，当七十岁的他被监禁时，他写了一部扣人心弦的小说《近和远》。

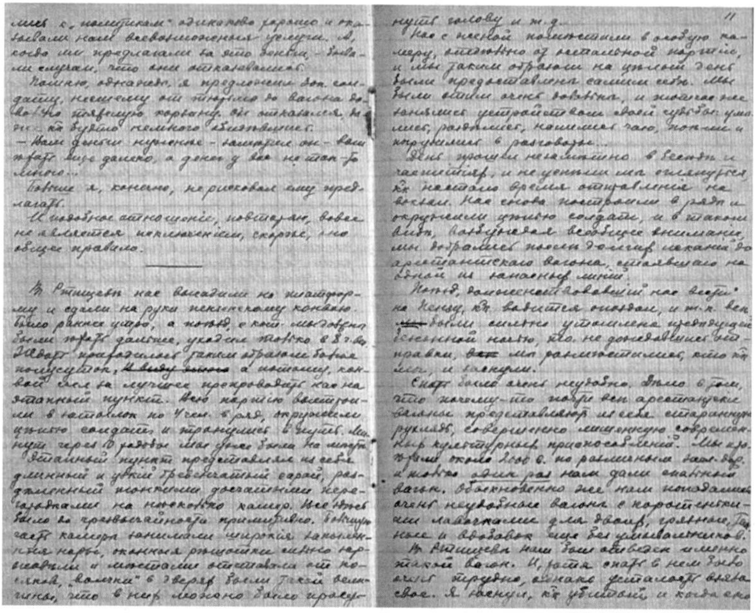

图4　1905年俄国革命之后，迈斯基写于1906年的日记的页面样本

迈斯基更有天赐的非凡记忆力，加上敏锐的心理洞察力、强大的观察力和永不满足的好奇心，这让他成为二十世纪三十年代各种戏剧性事件和人物最敏锐的见证人之一。他说道：

> 长期的外交实践，使我的记忆力训练得像感光片一样，可以毫不费力地翻印所遇之人的全部特征。他们的外表、言语、手势和语调被迅速记录在感光片上，形成清晰、详细的图像。初见他人，我经常会立刻在心里对其得出结论——积极还是消极，有无资历。

作家、外交官、日记作者哈罗德·尼科尔森在给迈斯基的一封信中回忆说:"您过去常常在议会的走廊上和蔼地俯视我们,如同生物学家研究水箱中蝾螈的习性那样。"

一战期间,迈斯基流亡伦敦两年,随后在二十世纪二十年代担任大使馆临时代办两年,之后担任苏联大使十一年,他的交际圈很广泛。与英国高级政治家和行政官员,以及与知识分子和艺术家的亲密关系是他的完美优势。他的对话记录除了五位英国首相——劳合·乔治、拉姆齐·麦克唐纳、斯坦利·鲍德温、内维尔·张伯伦和温斯顿·丘吉尔,还包括英王乔治五世、爱德华八世,以及一群令人印象深刻的著名人物,例如安东尼·艾登、哈利法克斯勋爵、比弗布鲁克勋爵、西蒙勋爵、南希·阿斯特夫人、塞缪尔·约翰·霍尔、赫伯特·莫里森、克莱门特·艾德礼、西德尼·韦伯和比阿特丽斯·韦伯、休·道尔顿、斯塔福德·克里普斯、约翰·梅纳德·凯恩斯、约翰·斯特雷奇、罗伯特·范西塔特、约瑟夫·肯尼迪、哈里·霍普金斯、扬·克里斯蒂安·史末资、扬·马萨里克、萧伯纳和赫伯特·乔治·韦尔斯等。

比弗布鲁克、劳合·乔治、艾登和范西塔特等英国政治家和官员与苏联大使公开、坦率的交谈令人震惊,有时他们对苏联事业的同情比人们想象中的还要多。比阿特丽斯·韦伯曾说,"在她看来,资本主义制度还剩下二三十年的生存时间",而丘吉尔的知己布伦丹·布拉肯则说,他"对资本主义的未来没有把握……世界正在走向社会主义的胜利,即使不完全是苏联的社会主义"。在他们一次私人的非正式谈话中,艾登这样回应迈斯基关于资本主义是"一股已经衰竭的力量"的粗略评论:

是的,你是对的。目前形式的资本主义制度已经过时了。用什么来取代它?我无法确切地说出来,但它肯定会是一个不同的系统。国家资本主义？半社会主义？四分之三的社会主义？完全的社会主义？我不知道。也许这将是一种特别纯粹的英国式"保守社会主义"。

西方政治家围绕二战的回忆录和日记多如牛毛，而苏联方面的却异常匮乏。在俄罗斯出现的重要回忆录是二十世纪六十年代由军方撰写的。由于私人回忆匮乏，迈斯基的一系列回忆录[1]（有选择地引用了他的日记）成为历史学家再现苏联政策所不可或缺的资料。虽然这些回忆录引人入胜，但它们是在冷战高峰期的后见之明中完成的，存在很大的争议和误导性。这就是他毫无准备的自发的日记具有巨大历史意义的原因。回忆录认为苏联的外交政策在道义和政治上是正当的，但掩盖了有争议的问题，而日记则传达了直观的、远没有那么偏颇的印象。

迈斯基在日记中坦率地描述了长驻伦敦担任大使的经历，确实扣人心弦。十九世纪初，英国外交官斯特拉特福德·坎宁曾预言，舆论可能会变成"较之人类历史上所有付诸实践的行动更为巨大的力量"。他的法国同僚朱尔·康邦是一位经验丰富的外交官，建议大使在充分了解一个国家的过程中，不应局限于与部长级官员的接触，有时他可能会发现"即使是与社会地位很高的妇女的友谊也有大价值"。但实际上是迈斯基开启了一种革命性外交风格，这在当时激怒了他的许多对话者，后来却风靡一时。在"公共关系"这一概念几乎不存在时，迈斯基就是一位技巧高超的公关人，他从不回

---

[1] 《风暴之前》（伦敦，1943年），《过去的旅行》（伦敦，1962年），《谁帮助了希特勒？》（伦敦，1964年），《西班牙笔记》（伦敦，1966年），《苏联大使回忆录：1939—1943年的战争》（伦敦，1967年）。

避与反对派团体、下议院后座议员、报社编辑、工会会员、作家、艺术家和知识分子密切合作。

迈斯基以高超的技巧结交了英国新闻界一部分重要人物。他几乎读遍了全英国的日报和周报。他曾经夸下海口,只要他愿意,他随时可以在《泰晤士报》上发文。一位美国记者评论说,"他对思想和情感的每日变化的实际把握,以及对整个战争的所有细节温和而不失冷静的思考",使他成为"伦敦最能干的观察员之一"。迈斯基告诉他的朋友比阿特丽斯·韦伯,一个大使的目标"是与他被派往的国家(无论王室还是其他方面)的所有精力充沛之人关系亲密,进入各种有影响力意见的党派或圈子,而不是把自己封闭在其他外交家与核心领导的圈子中"。当然,他首先是自己政府的代理人,但当他以平静的、时而幽默的方式说话时,给人的印象总是"以个人身份说话,而不是仅仅记录其领导人的声音"。

讨好新闻界大亨比弗布鲁克勋爵当然有好处。他的《每日快报》称赞斯大林是作为苏联国家利益而非世界革命理念的捍卫者崛起。1936年秋,比弗布鲁克提醒迈斯基,他的报纸对斯大林持"友好态度",并承诺"我控制的所有报纸都不会做任何事或说任何话可能干扰到你任期内的事情"。1939年,比弗布鲁克通过迈斯基安排了他的一个年轻记者去俄罗斯。这位记者给大使写信说,"他在所有的政治观点上都追随领导人的脚步。当然,人们也常说领导人是跟着迈斯基走的"。最终,比弗布鲁克在1942年成为第二战场的热烈拥护者。

劝说经常能得到回报。迈斯基写信对比弗布鲁克说:"我冒险履行对你的承诺,希望我寄来的俄国伏特加样品能满足你的口味。我相信我的妻子跟你说过俄罗斯有一种叫'扎彭坎卡'的利口酒,她随信附上一个样品,希望你会喜欢。"

外交人民委员部非常沮丧，因为"没有对[迈斯基][1]施加任何限制，阻止他漂亮地完成任何他喜欢做的事情"，而且他"已经且非常充分地利用了自由访问所有内阁大臣和其他人的权利"。然而，常务次官亚历山大·卡多根很不情愿地承认，"至今还不可能发现迈斯基先生的任何个人嗜好，虽然他收到大臣或首相的礼物会感到高兴"。事实证明，官方的抗议也同样无效。

意识形态偏向驱使迈斯基寻求与伦敦金融城特别密切的联系，他认为这里控制着英国的政治。他一到伦敦，就请他的老朋友H. G. 韦尔斯组织一次"与'几个聪明的银行家'的非正式会议……这样我们就有机会好好谈谈"。韦尔斯照办了。他敦促布伦丹·布拉肯，"我们没有做任何事情来满足迈斯基的病态渴望：打银行家板子，以教名称呼他们"。《每日先驱报》的编辑弗朗西斯·威廉姆斯回忆说，他对大使馆里那次私密的美味午宴上，关于伦敦戏剧和文学"非常愉快而文明的对话"感到猝不及防。然而，当这位"看起来英式的管家"停止讨论，让大家喝咖啡和白兰地时，迈斯基就说起了他对威廉姆斯《都市》专栏的敬意。威廉姆斯承认，当迈斯基发现德国人在伦敦金融城的贸易范围后，继续向他打听伦敦金融城整体前景及其对英国政府的影响时，他"有些不舒服"。正如他后来所承认的那样，他意识到，"俄罗斯人正以最微妙的方式探察我有多'可靠'"。

和现在一样，当时对俄罗斯及其人民存有先入为主的观念——这是十八世纪以来英俄关系最致命的一点，使迈斯基在伦敦的地位岌岌可危。俄罗斯传统的排外主义观点帮不上忙，而苏联革命对西方资产阶级的妖魔化倾向又加强了这一观点。迈斯基虽然被普遍赞

---

[1] 编者补注之处用中括号加仿宋字体表示。——译注

誉为可能是圣詹姆斯宫最杰出和最有见识的大使，但却遭到了近乎敌视的怀疑。长期的不信任和相互猜疑对他成功完成使命构成巨大障碍。此外，他在人民中享有的广泛声望也成为高层"恼怒和蔑视"的根源；在高层，他经常被称为"那个鞑靼犹太小个子"。

哈罗德·尼科尔森曾参加迈斯基在苏联大使馆举办的午宴，他的印象是对这一英式看法和根深蒂固的反东方种族观点的生动描绘：

> 开门的是一位戴软领、留浓密短硬黄胡髭的绅士。他把我带进了一个无比恐怖的房间；在那里，迈斯基先生热烈欢迎我……我们站在阴森的前厅，有人给我们提供软木塞雪莉酒。其间，一个留黄胡髭的男人和一个倒胃口的农家女把餐具和香蕉搬进了后面的房间。
>
> 然后，我们在冬季花园里进行午宴，那里比起花园更像冬天。我们从鱼子酱开始吃，一扫而光。然后我们吃了一些浸渍鳟鱼。我们又吃了私人养老院里称为"果冻"的东西……在整个用餐过程中，我觉得这一切极为熟悉。这当然不是我记忆中的俄罗斯。然后，我突然意识到这是东方。他们假装是欧洲人……他们已经变成了东方人。[1]

与后来"斯大林外交学派"所特有的拘谨和严厉方式不同，迈斯基和阿格尼娅齐心协力，尽全力表现出绝对的友好来影响英国公

---

[1] 多年后读到这本回忆录时，迈斯基认为"书中谈及我和苏联大使馆之处不够深刻，但有时非常有趣。我在伦敦时没有意识到他是这样一位'贪吃的人'——总是写别人给他的食物"。

共舆论。在他们的午宴上，保守派和工党一样受欢迎。当迈斯基到达伦敦时，他请布鲁斯·洛克哈特把他介绍给伦敦社会。洛克哈特对此表示惊讶，提出迈斯基肯定比他更了解英国社会主义者。迈斯基回答："是的，但我想多认识一些管理这个国家的人。"据观察，迈斯基最初的招待会上"挤满了奇装异服的左派成员……渐渐地，客人们从穿戴红领带发展到身着挺括的衬衫和晚礼服，直到一天晚上，穿着普通西装来参加大型聚会的H. G. 韦尔斯发现自己是唯一一个如此打扮的人"。

事实上，即使在最困难的时期，即《苏德互不侵犯条约》签订和苏芬战争期间，迈斯基也没失去几个英国朋友。消息灵通的国际记者路易斯·菲舍尔评论说，迈斯基是如何"勤奋而又无比小心地……结识了英国政治生活中的许多重要人物"，而"他那迷人的妻子则提高了他在上流社会的名声"。阿格尼娅在生活中与他形影不离，当她难得放任自己沉溺购物之旅，结束日内瓦国际联盟会议后在巴黎逗留较长时间时，他似乎迷失了方向。在这样的情况下他给她写信：

> 我最亲爱的图尔契克，我无聊得要命。不仅是孤单，我完全是独自一人待在这间公寓的四壁之内，直到昨天我都没有上过街……我读了很多书，听了很多广播和唱片。玛鲁西娅把我喂得很好，家里的事总体上也"还行"……迫不及待地想再见到你。我用力地吻了一下我亲爱的宝贝图尔契克，迫不及待地等着她。米哈伊利奇。

他们具有"截然不同的气质：她是快乐、自信和坚定的革命者，而他是温和的，偶尔有些忧虑，尽管是一位忠心耿耿的大使，但其

图5 阿格尼娅·迈斯基，永远迷人的女主人

观点相当开明"。[1]和她的丈夫一样，阿格尼娅似乎也被伦敦生活的舒适和光鲜亮丽所吸引。赫伯特·莫里森观察到，她"很享受在伦敦的生活，因为她欣赏伦敦人，喜欢他们的生活方式。我记得在苏

---

[1] 有时，她的肆无忌惮可能给迈斯基带来灾难性的后果。见本书第609—610页。

图6 虔诚的阿格尼娅——真正的布尔什维克,在列宁居住过的伦敦故居揭开牌匾

图7 使馆暖房里的英国茶

联大使馆的一次招待会上，当她请我教她兰贝斯慢步舞[1]时，我尽我所能教会她。她一直记得这件事"。

从迈斯基日记中收集到的最令人惊奇的信息是，即使在斯大林最残忍的威权主义下，大使们仍有较大的回旋余地。他的许多倡议被作为政策采纳，有时甚至与克里姆林宫的主流观点相悖——最显著的例子是他在1939年初不遗余力地支持与西方举行三国同盟会谈，以及1941—1943年开辟第二战场运动。为了达成目的，迈斯基常常不得不把他的想法归功于他的对话者，尽管档案显示是他发起的。我在评论中提请读者注意这些例子。一个典型例子是，在经历令人恼火的《慕尼黑协议》后，迈斯基试图阻止斯大林向孤立和纳粹德国走去。

他尝试阻止斯大林和李维诺夫从西班牙撤退，但不怎么成功。在1938年10月1日的记录中，他描述自己建议政府坚持集体安全时，引用了与劳合·乔治（被他操控得很好）的一次谈话，乔治显然在大声疾呼："无论做什么，只要不离开西班牙就行！"乔治还进一步敦促说："对苏联来说，孤立主义是一项糟糕的政策。"迈斯基很早就针对苏联大清洗运动对英国舆论的影响发出警告，提议应该通过公开审判实现正义。后来，他又警告莫斯科，军方清洗对缔结三国同盟的前景产生了严峻的影响。他还策划了破天荒的1935年艾登莫斯科之行以及与斯大林的会晤，他更倾向选择艾登而不是当时的外交大臣西蒙勋爵。早在1937年底，迈斯基就向斯大林建议如何对待绥靖者："让'西方民主国家'在侵略国问题上亮出底牌。我们为他们火中取栗有什么意义呢？务必想方设法共同战斗，绝不给他

---

[1] 这首曲子出自1937年的音乐剧《我和我的女孩》，它的名字源于一种流行于伦敦东区的、描述伦敦工人阶级生活的舞蹈。

们当炮灰!"斯大林确实在1939年3月的著名演说[1]中几乎逐字逐句地重复了大使的观点和表达。他在伦敦的全盛时期,在德国进攻俄罗斯后,在克里姆林宫遭受攻击陷入瘫痪时,正是迈斯基打造的同盟驱使丘吉尔发表了著名的演讲,并为1941年7月罗斯福的得力顾问哈里·霍普金斯访问莫斯科、同年12月艾登的访问以及1943年8月丘吉尔首次访问莫斯科铺平了道路。

* * *

由于迈斯基写日记的环境特殊,必然需要对日记中的空白和缺失进行重构。而且,只有揭开日记的写作背景,日记才有意义。这就需要我对俄罗斯和西方的档案进行详尽的研究,还必须将这些记录与他的对话者所制作的私人和官方会议记录并列,将他的官方报告与日记记录作进一步核对。三卷本完整日记和评论包含了详细的参考资料,以及所查阅的档案来源的完整清单;主要收集的是外交部、首相办公室、参谋长和联合策划者、军事情报部门的档案,以及外交部放在英国国家档案馆的各种私人收藏文件。在华盛顿国家档案馆查阅的文件来自国务院和陆军部,以及政府其他部门。通过不懈的努力,我成功获得了大量俄罗斯档案资料——大部分在俄罗斯外交部档案馆,有些在军事档案馆和总统档案馆——以及最近收入国家档案馆的斯大林的文件。我查阅了大约八十份私人文件,主要关于迈斯基、丘吉尔、比弗布鲁克勋爵、拉·巴特勒、亚历山大·卡多根、斯塔福德·克里普斯、戴维·劳合·乔治、哈利法克斯勋爵、哈里·霍普金斯、约翰·梅纳德·凯恩斯、罗伯特·布鲁

---

[1] 此次演讲指的是斯大林于1939年3月10日在苏共第十八次代表大会上所作的演讲,他批评西方国家放弃集体安全政策,转而执行不干涉和中立政策,企图"祸水东引"。——译注

斯·洛克哈特、乔治·马歇尔将军、罗斯福总统、亨利·史汀生、阿尔伯特·詹姆斯·西尔维斯特、罗伯特·范西塔特和比阿特丽斯·韦伯。此外，我还对广泛的文献印刷品材料、日记印刷品和二手资料进行了详尽的研究，三卷本将充分采纳这些资料。

日记中第一次出现的个人会以脚注形式作介绍。通常情况下，脚注介绍的是个人在日记涉及的时期内所担任的职务。为了帮助读者掌握大清洗运动对外交使团的影响，我们试图追溯伦敦大使馆工作人员和苏联外交人民委员部遭到大清洗的老干部在镇压期间的命运。

致谢

首先，我对广西师范大学出版社出版迈斯基日记的中文版深表感激和荣幸。我非常感激他们为翻译这一精彩版本所投入的大量精力，以及桂林理工大学全克林教授和赵文焕博士所作的大量研究和翻译工作。

我非常感谢保管迈斯基日记的俄罗斯联邦外交部，允许我出版此书。这得益于该部档案馆前馆长彼得·斯捷格尼大使、俄罗斯外交部副部长米哈伊尔·波格丹诺夫和俄罗斯科学院通史研究所所长亚历山大·丘巴里安院士的努力。

日记的出版得到了迈斯基的继承人——谢弗-沃斯克列先斯基家族的许可。在此，我要感谢谢弗家族和沃斯克列先斯基家族，感谢他们协助和参与本书的编写工作。

本书是十多年来广泛研究的成果。我很幸运地从普林斯顿高等研究院、弗莱堡高等研究院和意大利贝拉吉奥洛克菲勒研究中心获得了一系列慷慨的资助。它们为我的工作提供了非常有利的条件，也为我与一流的历史学家检验、分享我的想法提供了一片沃土。但我绝大部分的工作是在牛津大学万灵学院的赞助下完成的。1969年，万灵学院的传奇研究员以赛亚·柏林首次将我介绍到牛津大学，并鼓励我在那里撰写学位论文；2006年，当我首次获得万灵学院的访问学者资格，并在随后被选为研究员时，这个圆圈奇迹般地闭合了。很难找到合适的词来形容我在万灵学院建立的友谊，以及我在学院遇到的充满挑战而又融洽的环境——万灵学院无疑在以最纯粹的形式守护着学术研究。学院院长约翰·维克斯爵士让我感觉宾至如归，他不遗余力地给我提供最大的帮助和鼓励。

最后，我的妻子、朋友和伴侣露丝·赫茨会第一个承认，与迈斯基共度的岁月，与其说是我们生命中不可避免的负担，不如说是一次激动人心的共同旅程。

苏联外交官的诞生

1884年1月7日,在靠近下诺夫哥罗德的基里洛夫的一个俄罗斯古镇里,伊万·米哈伊洛维奇·利雅克维斯基在一个贵族城堡的舒适环境里出生,他父亲是这家儿子的家庭教师。迈斯基(意为"五月之人")是他在1909年流亡德国时用过的笔名。迈斯基在西伯利亚的鄂木斯克州度过他的童年时光,曾在圣彼得堡学医的父亲在那里任卫生官员。迈斯基倾向于隐瞒其父是犹太波兰人后代这一事实。在美好的童年回忆录中,迈斯基用了很长的篇幅强调家里的无神论氛围,但他也指出,"表面上,我们被想当然认为是东正教徒……作为一个男学生,我不得不在课堂上学习教义问答,参加周六的晚课和周日的弥撒,复活节前雷打不动地去神父面前忏悔"。尽管如此,迈斯基仍难摆脱其"犹太人形象"。无论在英国还是苏联,他都被别人视为犹太人。俄国著名历史学家叶夫根尼·塔尔列的外甥记得,他姨母马内契卡"对'无产阶级革命'时期受到提携的犹太人很敏感,向我吐露,她认为迈斯基的真名不是'迈斯基',更不用说'伊万·米哈伊洛维奇'了;他很可能叫'伊萨克·莫西维奇'"。迈斯基在英国最亲密的朋友之一,犹太左翼出版商维克多·戈兰茨记得,迈斯基经常讲"源自犹太人的精彩故事,却称之为亚美尼亚人的。他也喜欢听我讲故事,说这些故事也源于亚美尼亚人"。

迈斯基父亲"隐秘的爱"和"灵魂的动力"是他"对科学的热情"。对迈斯基来说,父亲是令人敬畏的榜样,是启发他永不满足的智识倾向和好奇心、敬业精神和无拘束抱负的源泉。迈斯基父亲的刻板与母亲纳德兹达·伊万诺娃(其娘家姓氏是达维多娃)较为内敛的性情相互缓冲。她是一名乡村教师,具有强烈的文学和艺术倾向。在他的回忆录中,迈斯基深情描绘她,"具有胆汁型性格——

图8 扬·利雅克维斯基(迈斯基)和他的妹妹

活泼，多变，急躁，健谈……她自有独特之处和某种魅力，这让人们被她吸引，也使她轻易成为人们关注的焦点"。

迈斯基早年沉迷于文学。家中塞满书的书架上摆放着装帧精美的莎士比亚、拜伦和席勒文集，以及知识界激进派作家，如涅克拉索夫、杜勃罗留波夫、赫尔岑和皮萨列夫的作品。迈斯基对当时的文学与艺术的目的、现实主义与审美主义的激烈争论有充分的认识。尽管多年后出于明显的原因，他站在了"功利主义者"一边，但年轻时的他不加批判地热切阅读了"一堆堆书籍和期刊"。迈斯基对自己一生的向导与同伴海涅分外着迷，他将海涅的肖像悬挂于桌前。刚满十六岁的他在给堂妹兼知己伊莉莎薇塔的一封信中表达了对海涅的钦佩：

> 我从未见过比海涅更美好的面孔。我每天都在他身上发现越来越多的卓越之处，我确信这位永远在讽刺、永远在怀疑的十九世纪的阿里斯托芬是最伟大的天才之一，也是人类灵魂，尤其是我们同代人灵魂的最伟大的审判官之一。海涅代表了人性。其他人从未像他那样如此完美地展示人性。他身上体现出人性中的好与坏，显示出人类世界广阔而复杂的全貌，以及其中所有的苦难与悲伤、愤怒与不平。

家中的文学氛围提高了迈斯基敏锐的观察力，而后者得益于其丰富的想象力与好奇心。这塑造了他浪漫又富有艺术气息的复杂个性，同时，他也受到"理性、科学、知识，以及人类有权成为世间生命之主"的信念支配。小说打开了面向欧洲的窗户，唤起他对旅行的渴望和对地理的兴趣，一度助他在流亡生涯中逐渐形成世界性的人生观。这种独特的求知欲在接触鄂木斯克港喧闹的生活环境时得到强化。迈斯基在那里度过了很长一段闲暇时光，他漫步于码头和汽轮上，"看着眼前的一切，听着，嗅着……我听飞行员和水手们讲工作和冒险的故事，以及他们游历过的遥远城镇和地方"。

在重述革命往事时，迈斯基会在不久后发现家族的叛逆倾向——神职人员中的一个异议者，他脱离正轨，在十九世纪中叶加入某个革命圈子。迈斯基也会声称自己的父母同情民粹派运动：母亲"走向人民"；父亲与就职医院的当权者发生冲突，因为他在1905年未能阻止年轻的军医学员表达革命理念。迈斯基十分重视与他的艺术家叔叔M. M. 切莫达诺夫建立的特殊关系。切莫达诺夫在一个偏远的地方自治会当医生，曾轻度参与革命运动。然而，核心在于，迈斯基的背景与所受的教育是典型的职业中产阶级，缺乏政治意识。

十七岁的迈斯基从当地高级中学毕业并获金质奖章，之后在圣彼得堡大学就读历史和文献学专业。他的文学才华大约在那时被注意到，他的第一首诗《我愿成为一场伟大的暴风雨》在《西伯利亚生活》上以"新人"为笔名发表。然而，他因被捕和被指控煽动革命而突然提早结束在圣彼得堡大学的教育。在鄂木斯克，他受到警察的监视，还加入了俄罗斯社会民主主义运动的孟什维克阵营。1906年，他再次因参与1905年革命被拘留，并被判处流放到托博尔斯克，在韦伯夫妇《工联主义的历史》的启发下完成一部手稿。迈斯基在圣彼得堡大学学习时偶然发现了这本书。他随后向作者西德尼·韦伯和比阿特丽斯·韦伯坦承，这本书"对我的政治教育有很大启发，在某种程度上帮我找到今后要走的路"。1901年，他给堂妹写信："我确实从未读过一本小说能像韦伯夫妇的书那样激动人心！我曾拥有的一切文学热情，现在看起来是多么的苍白、悲惨和毫无意义！"改良的费边社潮流有强烈的社会人文主义倾向，符合

图9 高级中学里的模范生（前排右起第五位是迈斯基）

图10 一个革命者的养成：迈斯基成为圣彼得堡大学学生

迈斯基的气质，并为他提供了政治理想的光源。尽管迈斯基已经与孟什维克决裂，并表现出对布尔什维克的忠诚，但孟什维克残留的影响总是挥之不去。一去到英国，他就与韦伯夫妇建立了终生的亲密联系，这一点在他和比阿特丽斯·韦伯的日记中得到充分证明。

迈斯基最终被判决流亡海外。他的回忆录里记载，在紧随苏德互不侵犯协约而来的大清洗的阴云下（当时他在莫斯科的根基还很浅薄），迈斯基称自己受研究"社会主义和欧洲工人运动"的愿望驱使而产生了移民的想法。然而，流亡对他的吸引力似乎更深远，展现出他的世界性倾向以及可追溯到童年的巨大好奇心；童年时的他常常陪伴父亲穿越遥远的西伯利亚执行任务，他父亲相信"没有什么比旅行和见识新的地方、人群、民族和习俗更有助于孩童的成长"。这个家庭迁居到圣彼得堡一年后，九岁的伊万仍着迷于"在涅瓦河畔花岗岩码头上伫立，观察芬兰船只复杂的操作、外国船只的运载和四处轻快穿梭的深蓝色甲壳虫似的小型芬兰汽船"。流亡进一步提升了他对欧洲（尤其是德国）文化持久的仰慕，正如他在给母亲的信中坦言："我仍然对身处海外感到非常高兴。我感觉自己的心智和精神在这里得到快速而有力的成长。实际上，我最感谢的是那些迫使我离开俄罗斯土地的境遇。"多年后，他对萧伯纳坦承："我喜欢旅游，我游历过欧洲和亚洲很多地方……每当看到人们登上火车、轮船或飞机时，我都能感受到浪漫的光晕。"

在瑞士稍作停留后，迈斯基移居到慕尼黑，当时那里聚集了俄罗斯移民和艺术家，特别是康定斯基及其社交圈。尽管与俄罗斯革命运动有联系，迈斯基仍然参加了德国社会民主党及贸易协会的活动。他在慕尼黑大学取得了经济学硕士学位，他的博士论文也进展顺利，但战争阴云聚集德国致使他出人意料又命中注定地移居伦敦。这种漂泊不定的生活符合他的天性：

到德国后再去了解英国的生活方式和人民是一件非常好的事情,我不会介意最后住在慕尼黑还是伦敦。在去往英国的路上,我会在巴黎停留一个星期,看看这个城市……然后我会从那里直接前往英国首都。我怀着极大的兴趣和期待去往新国家,就让我们看看这些期待是否会变为现实。最后,我认为生活最主要的魅力在于感受印象的不断变化,没有什么能比从一个地方快速移动到另一个地方的旅行更有助于此。

但是,迈斯基在1912年11月初次来到伦敦的心境与日后对英国的迷恋很不一样。他在俄罗斯的成长经历和在德国社会主义社会的生活,并没有轻易使他盲目崇拜英国的自由主义,尽管十九世纪诸多浪漫主义的流亡者都受到这种思想的影响。迈斯基感觉伦敦将他"吞噬",让他"窒息"。他不懂那种语言,觉得迷失在"巨石海洋"中。确实,这类早期的悲观印象在他给母亲的信中有所体现:

当然,从政治和社会经济的角度看伦敦会非常有趣。对于在这里过冬,我完全不感到难过。但我不想在这种地方停留太久,一想到永远留在这里我就心生厌倦。不,我绝对不喜欢伦敦!它庞大、黑暗、肮脏,让人感觉不舒服,有无数单调的、相似的小屋子,永远笼罩在浓雾中……在这里,你会数周见不到太阳,这让人非常沮丧。我现在明白为什么坏脾气会被称为英国病,也理解为什么海涅不喜欢这个骄傲的不列颠人的国度。他曾评论:"若非担心肠胃不适,海洋很久以前就将英国吞掉了。"他的说法没有太大问题,消化像英国那样的"坚果"并非易事。

在英国的那些年，迈斯基和格奥尔吉·瓦西列维奇·契切林、马克西姆·李维诺夫（后两位作为苏联外交人民委员，指导苏联的外交政策长达二十年之久）的友谊极大地影响到他此后的职业生涯。这三人因为李维诺夫的未婚妻而相识。她叫艾薇，出生于伦敦，难以相信她是犹太知识分子和印度陆军上校的女儿。作为一个不墨守成规的作家和反权威者，她于伯父母艾德夫妇所在的格德斯绿地找到一份受人鄙视的工作（在一个保险公司里），并从中获得安慰。艾德夫妇是左翼思想家，他们举办热闹的知识分子晚会，革命者、弗洛伊德学派、费边社社员以及文学界人物都会来参加，例如萧伯纳和赫伯特·乔治·韦尔斯。迈斯基是艾德家的常客，这巩固了他和李维诺夫、契切林的友谊。

三人的居所相距不远，起初都在格德斯绿地，随后搬到汉普斯特德荒野。他们处在一个蓬勃发展的政治流亡群体里；该群体成员建立了彼此间的纽带，超越了俄国社会主义运动中的分裂。契切林曾就职于沙俄外相的档案处，他的贵族家族可追溯到沙皇伊万三世时代定居俄国的一位意大利朝臣。契切林是一位博学者，天生博闻强识。他不仅多才多艺，精通文学和文化，还是一个优秀的钢琴家，所著莫扎特歌剧之书备受赞誉。他在伦敦表现出古怪、苦行者形象，过着随性的生活。良心受到谴责的契切林最初是托尔斯泰的门徒，后倾向孟什维克主义，流亡中又加入俄国革命运动。这一短暂的政治偏向并没有影响列宁任命他为外交人民委员。他签署了《布列斯特－立托夫斯克和约》，这是苏联外交制度的核心。

李维诺夫的犹太人背景鲜为人知，他身上不存在知识分子的自命不凡。后来他在苏联外交人民委员部的工作一丝不苟，严谨遵守外交工作的规则和礼节，对强加给他的意识形态限制几乎不屑一顾。令人惊讶的是，尽管他个人鄙视契切林的态度非常明显，两人却能和谐地工作近十年。

当他们在英国相遇时，比迈斯基大八岁的李维诺夫已赢得经验丰富的革命者名声。因此，他很自然地成为迈斯基的导师，并将后者介绍给英国及其政治机构、文化圈和更多的人。迈斯基最喜欢李维诺夫的是他拥有坚强的品格，能够把握问题的本质而不陷入细节之中，以及他对反讽的爱好。

然而，第一次世界大战的爆发使两人疏远，这破坏了他们之后的工作关系。李维诺夫接受了列宁激进的失败主义立场，而迈斯基支持孟什维克的国际主义、和平主义立场，想办法结束一战。有段时间，迈斯基甚至对当时包罗万象的"中欧"运动这一流行思想表现出浓厚的兴趣。这种思想由卡尔·弗里德里希·诺依曼传播开来，

图11　1935年，艾薇和马克西姆·李维诺夫与伊万、阿格尼娅在苏联大使馆品茶

试图融合德国历史上最强大的两波运动——民族资产阶级浪潮和无产阶级领导的社会主义浪潮。它想进一步将基督教理念与德国观念论、阶级团结的人道主义以及民主主义相结合。迈斯基根深蒂固的实用主义和人文主义观，因他在英国的经验而进一步增强，随着一战的持续而变得突出。他对西方文明和欧洲知识分子——大部分在前线被屠杀——的命运感到非常困扰，希望将人道主义置于任何党派的考虑之先。迈斯基回应孟什维克领导人马尔托夫的责难：

> 你看，战争拖得越久，交战国面临的危险就越严重：大量知识分子——作家、艺术家、学者、工程师等——将死在战场上。这些国家正在消耗它们的精神贵族。不管你怎么看，没有这些人，就不可能有任何精神的、社会的或政治的进步……当然，任何损失都让人难以承受：农民、工人等。但我仍然认为，相对来说，损失知识分子的后果最严重，因为培养这些人非常困难。知识分子是缓慢生长的果实，他们在战争中受伤，即便部分人得到救治，队伍得以恢复也可能需要整整一代人的时间。
>
> 这就是为什么我认为一个新时代已经开始。一个国家出于自保，必须以保护诸如熟练的机械师、化学家和受过训练的军工人等的方式来保护知识分子。

虽然迈斯基在他的日记中（甚至在自传中更是如此）努力展现他与李维诺夫温暖而亲密的关系——这一表象使得历史学家将两者结成同伴，但有时这种关系令人困扰，因为他们的脾性难以相容。李维诺夫并没有回避曾指责迈斯基，批评迈斯基关于外交事务的文章，有几次甚至在斯大林面前抱怨迈斯基。李维诺夫一贯与人民保持距离，其中大部分原因在于他对世界性知识分子的深刻蔑视。德国退役军人和驻莫斯科大使馆资深参赞古斯塔夫·希尔格回忆说："李维诺夫没有朋友。我与外交人民委员部的一名工作人员建立了相互信任的关系，我曾问他如何与李维诺夫相处。我得到的回答意味深长：'你不用和李维诺夫相处。如果你没有其他选择，你只要和他一起工作就行了。'"

此外，李维诺夫憎恨那些爱出风头的外交官（迈斯基肯定是其中之一）。有人评价他说："尊严对他来说是与生俱来的……阿谀谄媚则完全陌生。他也不能容忍其他人遭遇这些。"然而，他们对二十世纪三十年代的国际舞台有着共同的看法，李维诺夫也没有回避支持迈斯基，甚至在1938年庇护后者远离吞没了外交人民委员部的压制。迈斯基一直与李维诺夫保持特殊关系，这种关系在流亡中锻造成型。他对李维诺夫在华盛顿的谈判表示祝贺，这一谈判使美国在1934年承认苏联。迈斯基写道："也许因你我相识二十年，也因移居伦敦后共事多年，我一直怀着非常独特的兴趣和强烈的个人情感关注着你在苏联和国际舞台的工作和演讲……我们长期以来的信任关系，让我有权与您坦率地交流一些在其他情况下看起来并不合适的事情。"

迈斯基与亚历山德拉·米哈伊洛芙娜·柯伦泰的关系则完全不同，迈斯基第一次见李维诺夫就是在柯伦泰的家里。柯伦泰是一个艳丽、激进的女权主义者，后来任苏联驻挪威大使，此后又任驻瑞典大使。迈斯基终生与她保持温暖的个人友谊。"我发现和迈斯基在一起很有意思，"柯伦泰在日记中写道，"因为我们不仅谈业务。他很活泼，他的眼睛、思想和感觉对生命的表现形式和各个领域都敞开怀抱。他不是一个拘泥于当下事务和问题的无聊、狭隘之人。"

在1917年二月革命推翻沙皇政权后不久，迈斯基回到俄罗斯，

苏联外交官的诞生　011

受到亚历山大·克伦斯基的邀请，加入临时政府并担任劳动部副部长。他在政治上迅速转向孟什维克右派。由于1918年1月布尔什维克解散立宪会议，以及内战爆发，迈斯基未能说服孟什维克支持设在萨马拉的委员会重新召集该议会（又称"科穆奇"）；那时孟什维克与布尔什维克正处于斗争中。他的呼吁符合自身的信念：他在欧洲进行社会民主活动时留下了遗产，认为在内战中保持中立态度"违背了人性和逻辑"，也认为由立宪会议中的流亡者组成的科穆奇政府是一场"民主的反革命"。出于个人信念，迈斯基反抗自己的政党，并于1918年7月越过前线，加入风雨飘摇中的科穆奇政府任劳动部长。他因此成为仅有的反对布尔什维克主义的社会主义武装斗争提倡者。这一举动会困扰其后半生，引出他不光彩的忏悔，孟什维克斥之为"一个叛徒的回忆录"。这位"新受洗的"变节者被正式逐出孟什维克队伍，加入收容他的教会，并被打上永恒的该隐印记。

1919年，白军上将高尔察克在夺取反叛政府的控制权后，开始迫害社会主义者。迈斯基被迫再次逃离，他这次去了蒙古地区。在蒙古地区的那年，他"在马背和骆驼背上穿越成吉思汗从前的家园……在荒凉的群山和大草原中远离政治斗争、激烈的舆论氛围、党派传统和偏见的影响"，使他反思革命的本质和他个人的未来。

1919年夏天，迈斯基曾胆怯又犹豫地尝试与过去决裂，并与当时命运悬而未决的布尔什维克握手言和，但被认为悔悟得不够充分。一年后，他写信给流亡海外时结识的教育人民委员A. V. 卢那察尔斯基：

我现在认识到，孟什维克是向历史学习的有德无才的学生，怯懦地模仿着早已失效的模式，用书中的陈词滥调和公式开展思考，缺乏对生活和时代的感受的珍贵思考……另一方面，布尔什维克擅于大胆行动和创造，不会对过去的教诲或教条式的吩咐过于虔诚。他们灵活、务实、果断……他们在具有革命的创造性领域发出新的声音，创造新的国家形式、经济生活方式和社会关系……而其他人缺乏实践的勇气。

观其一生，特别是在"大恐怖"的黑暗日子里，迈斯基与孟什维克的早期联系，尤其是他在内战中扮演的角色（在回忆录和著作中精心掩饰的部分），给他的一生及其在莫斯科的公信度蒙上巨大的阴影。他构建了一套转向布尔什维克主义的解释，并把它送到卢那察尔斯基那里，为自己刚开始没有承认布尔什维克革命是合法社会主义革命赎罪，但掩盖了包含在这一转向中永远无法完全消解的灵魂探索的痛苦。

迈斯基的内心冲突反映在《高峰》中，这部四幕剧表达了他思想中永恒的浪漫主义本质，深深浸润在十九世纪俄国知识分子普遍的人文主义传统中，并带有乌托邦幻想。每名俄罗斯知识分子的形成都是知识界的一份独特的手抄本，与阶级出身无关。《高峰》扉页的题词来自迈斯基最喜爱的诗人海涅的诗句，用德语书写并有俄语译文："我们已经要在大地上，建立起天上的王国！"《高峰》的主题是："人类向知识和自由的光辉顶峰不断前行，顶峰是可以见到的、美丽的，但却永远无法到达，因为这种运动是无止境的。"据此，很难确定迈斯基是否真正忏悔，并完全认同布尔什维克（正如他在1939—1940年的悲惨境况下所写的回忆录第一卷中声称的那样）。在自我反省的心境中，迈斯基为契切林对自己转向布尔什维克主义心有戚戚，这似乎是他内心感受的一种镜像：

苏联外交官的诞生

"虽然我曾经是一名孟什维克党人，但早已与其分道扬镳。这一纷争教会了我很多，现在我所有的同情都放在俄罗斯雅各宾派一边，"他犹豫了片刻，然后补充道，"我的意思是布尔什维克。"我无法确定，在进行这次对话时，格奥尔吉·瓦西列维奇是不是一位坚定的布尔什维克。

此后，迈斯基最信任、最亲密的朋友之一，比阿特丽斯·韦伯在日记中简洁而准确地描述了迈斯基的机智与政治品格：

当然，迈斯基是思想最开放的马克思主义者之一，他完

图12 迈斯基前往他的费边社会主义偶像兼密友比阿特丽斯·韦伯在乡下的家，拜访她

全认识到马克思主义术语的不适应性——学术和教条。但后来他生活在无信仰者和平庸之辈中，相比莫斯科马克思主义者封闭的环境，他的思想可能受到外国诡辩不可知论观点的轻微污染。

考虑到在莫斯科会因"政治罪"而遭到"现世的惩罚"，迈斯基希望通过卢那察尔斯基赦免他的过错并确保自己安全过关，"在路上不被逮捕、搜查、征召入伍等"。卢那察尔斯基将一首诗和自荐信转交列宁，建议为他恢复名誉，甚至允许他加入布尔什维克党。政治局以谨慎的态度批准了这一建议，表示迈斯基"首先应在外地发挥"其在经济领域的专长。因此，迈斯基被指示派往鄂木斯克，他将在那里建立西伯利亚地区第一个国家计划委员会。与此同时，他的悔过书发表在《真理报》上。

然而，迈斯基的志向是成为知识分子而非政治家。他第一次被人带到莫斯科，就立即与契切林和李维诺夫建立联系——他后来回忆说这是"为了过去的时光"。但这显然是希望借此提高信誉，因他此前与孟什维克的关系使自己的信誉受损。他勉强接受了成为外交人民委员部新闻司负责人的提议，认为这一职位仅仅是通向未来更重要事务的跳板。他在司里遇到了阿格尼娅·阿列克谢安德洛夫娜·斯基皮娜——一位意志坚定的社会主义活动家，她将成为迈斯基的第三任妻子。（迈斯基在先前短暂的婚姻中生了一个女儿。她与她母亲生活在圣彼得堡，与没有再生孩子的迈斯基断断续续地保持联系。迈斯基还有过另一段短暂的婚姻，是帮助一个被困伦敦的俄罗斯女人的权宜之计。）

迈斯基刚上任，就与契切林的门徒列夫·加拉罕争论不休，要求解雇后者。尽管没能实现自己的目标，他还是成功地让莫洛托夫——当时的党中央委员会组织部长——派他到圣彼得堡，在那里他曾短暂担任《彼得格勒真理报》的副主编。这段作为次要角色的插曲在与总编辑的严重不和中结束了，正如迈斯基向莫洛托夫抱怨的那样，总编辑"一直小心翼翼地不让他在报社里工作"。类似的情况再次上演：迈斯基曾在兼具社会性和文学性的《星辰》杂志社里短暂担任编辑，1925年初，编委会内部发生了一场争执。总的来说，迈斯基（或者说，他年轻的妻子更加）不适应列宁格勒的生活。他向莫洛托夫解释，觉得自己像一个"局外人……一个二等公民"。在新经济政策相对平静的日子里，迈斯基仍然可以舒适地调整自己的职位，告诉莫洛托夫他正在"认真地考虑返回"外交人民委员部工作。

迈斯基在布尔什维克事业中迈出的第一步显示了他膨胀的自尊心，标志着他作为知识分子的优越感和固执——他不受同事和上司的喜爱，并经常与他们发生冲突。在压抑的二十世纪三十年代，这些特质尽管在某种程度上被生存的本能压制，但仍在迈斯基担任驻伦敦大使的过程中重新显现，尤其是在与英国官员的交锋中。

回到莫斯科，迈斯基与李维诺夫那兄弟般的关系被证明是有利的：李维诺夫正逐渐接手契切林的工作，成为外交人民委员部的中坚力量。1925年，迈斯基被任命为苏联驻伦敦大使馆参赞。显然，他很珍视这个职位。在给他母亲的信中，迈斯基提到自己和妻子阿格尼娅：

> 住在一个没人住的小房子里，有一个女佣人，我们自己照顾自己……阿格尼娅正在学习唱歌和英语，她开始用英语喋喋不休地聊天。我们的房子位于伦敦最好的郊区之一，毗邻植物园，空气非常好，但很遗憾我们没有更多的机会享受它。

但他在伦敦的停留再次因与大使馆的上级领导关系不好而受影响。迈斯基选择回到莫斯科，但在一年内被李维诺夫说服，又返回大使馆。1924年发生的"季诺维也夫书信"事件，1926年英国大罢工期间的"俄罗斯玫瑰金"事件，让当时的英苏关系处于动荡之中。莫斯科对英苏关系的破裂感到恐惧，甚至可能准备恢复军事干预。苏联驻伦敦大使列昂尼德·克拉辛的早逝使局势进一步恶化。作为少数能够熟练掌握英语并深谙英国事务的革命家之一，迈斯基发现他的工作是必不可少的。少有人意识到，在伦敦没有大使的情况下，作为参赞的迈斯基实际上扮演了大使的角色。他在给父亲的一封信中吹嘘："以前，参赞在'职级表'上占有很高的位置，如今职级表对我们来说已经失去意义。不过，我可以向您保证，在伦敦这样的地方担任参赞非常有趣，也很重要。……伦敦现在成为唯一一个能与莫斯科并肩的强大的世界政治中心。"

1927年5月，英苏外交关系中断后，迈斯基被迫离开英国。迈斯基向《曼彻斯特卫报》的亲俄编辑查尔斯·普雷斯特维奇·斯科特坦承，他带着"一种非常类似个人悲伤的感觉"离开英国。他流亡伦敦和在大使馆任职的经历使他"了解并尊重英国文化。这种文化尽管与俄罗斯文化不同，但包含了很多有价值和伟大的东西"。

"根据医生的嘱咐"，在高加索的基斯洛沃茨克疗养院接受了六个星期的休息和治疗之后，迈斯基被任命为苏联驻东京大使馆参赞，随后在东京度过了两年。有一段时间，这个任命很适合他。他给赫伯特·乔治·韦尔斯写信："我在10月末抵达东京。现在，我以最大的兴趣游览并研究这个最不寻常的国家，就像二十年前这个国家给了你很大的启发，让你写下《现代乌托邦》一样。"迈斯基给左派宣传家亨利·诺埃尔·布雷斯福德写信，称赞日本是一个"独特的国家……以某种非凡的方式结合中世纪的东方美与最现代的美国风……再加入自然之美，以及人们的'气质'、习惯和习俗……难怪到目前为止，我都没有理由抱怨外交人民委员部派我来这个国家"。

当迈斯基职级较低时，总是愤恨不已，但他很高兴看到苏联大使被调到巴黎，因为这使他能（至少暂时）负责大使馆。他在日本的经历有助于塑造他对外交的看法，特别是认为外交官应该充分沉浸于他们所在国家的文化和语言中。为了向苏联公众介绍日本文化，他组织了最主要的歌舞伎剧院广泛访问苏联，却遭到日本保守派势力的抵制。事实上，在剧团成功访问苏联后回到日本的首次演出中，保守派雇佣暴徒"在表演开始前，他们将活蛇散落在大厅周

图13 迈斯基在东京大使馆接受训练

围的椅子下。表演期间，蛇在观众中开始嘶嘶作响。恐慌爆发了。男人咆哮，女人尖叫，孩子大哭，幕布不得不降下，表演被打断"。

几个月后，迈斯基再次因处在远离莫斯科和欧洲的从属地位以及外交活动的边缘感到沮丧。此外，正如一次次被证实的那样，他容易受妻子的冲动影响。他曾向一位朋友坦承，"她（迈斯基的妻子）感觉自己微不足道——主要处于失业状态"。大使馆已成为阴谋和诽谤的温床。阿格尼娅和贸易代表的妻子"势不两立"，争论谁应当成为国家职能部门的"第一夫人"。两人之间的对立，使大使馆和外交人民委员部进行了一系列通信。事情没有如阿格尼娅所愿，还将俄罗斯籍侨民分裂成各派。迈斯基上任近一年后向契切林抱怨说，在日本生活"通常很无聊、乏味，几乎没有政治事务要处理（都不需要两个人），任何一个稍微重要的问题都交由莫斯科处理"。然而此时，契切林得了严重的糖尿病，并且正在失去对外交人民委员部的控制。

迈斯基转而求助李维诺夫，他妻子的梅尼埃病促使他明确提出迅速调任的要求。他称自从驻留伦敦之时，他妻子的情况就不理想，到东京后病情恶化，有一只耳朵已经失聪。他还抱怨东京的天气严重损害自己的健康。尽管外交人民委员部决定了他未来的任命，但迈斯基仍主动提出他倾向在莫斯科待一两年（然后很快补充说，他对"返回西方没有任何异议"）。李维诺夫积极回应迈斯基，并提出一个在考纳斯（科夫罗）的大使职位，认为这是继柏林、巴黎和华沙之后的第四大大使职位。如果这个提议不能吸引迈斯基，他也准备了其他替代方案。值得注意的是，在这十年之后，苏联外交官仍然可以就自己的任职提出条件。

令迈斯基欣慰的是，他收到政治局决定于1929年1月将他调出东京的消息。他在给李维诺夫的信中以熟悉的傲慢而巧妙的方式提道:"您的态度不免激发我的'外交人民委员部式的爱国主义',我希望在这样的环境中工作。"4月4日,迈斯基被分配到外交人民委员部新闻司,但在一周之内,他又被任命为驻赫尔辛基全权公使,任期三年。在任期内,他事业的顶峰是成功促成1932年《赫尔辛基互不侵犯协定》的签订。尽管这是一个重要职位,但赫尔辛基对迈斯基的吸引力远远不够,他显然更渴望在中欧或西欧更有声望和挑战的地方任职。他对乔治·韦尔斯哀叹道:"这里恐俄和恐苏情绪高涨。这是一种普遍的谵妄攻击。"然而现在,他试图保持"乐观的好斗精神"。

伦敦的事务显然继续吸引着迈斯基。尽管他于1927年被驱逐出英国,他仍使自己跟上英国政治局势的节拍。布雷斯福德、H. G. 韦尔斯等人向迈斯基详细介绍了1929年大选的前景,这可作为两国恢复外交关系的信号——如果迈斯基不回伦敦的话。然而,在选举之后,这些希望破灭了,拉姆齐·麦克唐纳的外交大臣阿瑟·亨德森提出以消偿沙皇债务为条件重新建立与苏联的外交关系。迈斯基从他在伦敦的消息来源中了解到,麦克唐纳"无论是偶然为之还是有所企图,都落入了保守党的陷阱中,并重复了他关于苏联政府与共产国际身份的旧有陈述"。去赫尔辛基任职之前,迈斯基在莫斯科待的三个月使其坚信,尽管国内形势严峻,苏联政府"目前根本不愿付出这么高昂的代价"。因此,迈斯基现在的主要焦点转向中欧。

1930年7月,李维诺夫取代年老体衰的外交人民委员契切林,迈斯基的前景变得更加光明。他迅速向李维诺夫送去祝贺,尽管仍带有倨傲的姿态。他们还一起回忆在伦敦流亡时的共同梦想和希望,在"七十二号奥克利广场的一个阴暗、沾满烟尘的公寓里"彻夜讨论世界事务。但这只不过是迈斯基反复要求调离赫尔辛基的一个前奏：赫尔辛基是一个"狭小的政治无名城……和一个非常乏味的地方"，对于"一个积极而有活力的特使来说，长期待下去非常困难"。迈斯基尝试再次提出自己的条件，这一次，他设定转职的最后期限为年初，甚至到了明确提出准备放弃外交人民委员部任职的程度。他对李维诺夫说："几年前在伦敦给你写的一封信中就已经提到，我认真致力于从事一项长期的外交工作。这个念头在这段时间里并没有减弱，反而变得更加强烈，所以我不愿意留在外交人民委员部。当然，如果出现任何确切的转职可能，我想请你先与我商量。"

当时斯大林牢牢控制了各人民委员部，限制了李维诺夫的回旋余地。1931年初迈斯基在莫斯科度假时提出的个人请求，以及后来对阿格尼娅每况愈下的健康状况的反复诉苦（他声称只能在维也纳接受治疗），似乎渐渐惹怒了李维诺夫。他提醒迈斯基："你应该知道，决定这个问题的不是我，而是其他尤其不愿考虑个人因素的掌权者。"迈斯基没有却步，依然推进自己的计划，尽管一切都是徒劳："你确定在维也纳工作会让我在外交上陷入被动吗？真的不可能在维也纳处理匈牙利和巴尔干地区的工作吗？难道不能让维也纳成为我们处理国际联盟等事务的直接纽带吗？"

在没有任何回应的情况下，迈斯基对李维诺夫大献殷勤，同时机警地等待新的机会："今天没有事务汇报，我只想在远方对你最近在日内瓦取得的成就表示祝贺……这里的外交官对你的个性也表现出越来越强烈的兴趣，并经常谈论你在日内瓦的成功。"

经过在赫尔辛基的漫长等待，1932年9月3日，迈斯基在电话里被任命为驻伦敦全权代表，这个意外消息使他感到惊讶。约一个月前，迈斯基夫妇在斯德哥尔摩访问柯伦泰时，曾坦率地向她透露，迈斯基不可能得到赴英国的任命。柯伦泰在日记中惊奇地评论:"他在任驻芬兰全权代表这一个下级职位后,于这样一个麻烦时期突然得以到伦敦任职。"联想到内战时期他在萨马拉政府中的可疑过去,许多外交官对他的任命感到吃惊。这显然是仓促作出的决定,反映了苏联外交政策方向的变化。李维诺夫成功说服了斯大林,迈斯基对英国的熟悉程度——以及尤其是他在沟通和与人交谈上的能力——发挥了至关重要的作用。斯大林将这次决定视为"某种试验"。两天之内,李维诺夫为迈斯基求得任命状。他为突然撤销大使索科利尼科夫的任命给出勉强的借口,说后者希望"留在苏联工作",以及"伦敦的气候不适合他"。由于迈斯基的名字没有出现在英国内政部所列1927年危机时参与颠覆活动的"黑名单"中,外交人民委员部表示,"迈斯基没有使自己成为不受英国政府欢迎的记录",况且他在芬兰的记录也"不算太糟"。

这个任命完全符合迈斯基的性情和雄心,被他认为是对他天赋和地位的认可,让他成为站在台前的主角。他在给父亲的信中说:"伦敦是世界中心,另一个世界中心是莫斯科。我必须在这两个世界体系的交叉点上工作,我所有的时间和精力都用在解决许多因苏联和资本主义世界同时存在而产生的问题上,但这并不奇怪。"对白厅来说,迈斯基的任命标志着苏联希望通过采取务实和渐进的社会主义路线来摆脱它在英国的革命形象。索科利尼科夫显然不适合这个位置。和迈斯基一样,索科利尼科夫也是某个州上的犹太医生的儿子。他于1918年与德国签署《布列斯特-立托夫斯克和约》,并在新经济政策期间担任财政部长且政绩不凡。然而,他于1924年与加米涅夫、季诺维也夫等"新反对派"有联系,而这些人呼吁免去斯大林的党委书记职务。这导致他于1929—1932年间被降职为驻伦敦大使。只要与英国保持不温不火的关系,索科利尼科夫就可以安全地留在英国。然而,他的孤立显然让他付出了代价,并损害了他在快速变化环境下处理事务的能力。与英国的关系对苏联的国家利益而言至关重要。他的英文很糟糕，甚至温和的比阿特丽斯·韦伯也发现他"好学且苦行，是一个名副其实的清教徒，不吸烟，不喝酒……天真地相信科学的最终归宿是共产主义"。他大部分空闲时间是在大英博物馆的阅览室里度过的。韦伯认为他是"外交界中一个奇怪的成员……一个无足轻重的人"。

另一方面，迈斯基正因其迷人的个性而被李维诺夫选中。英国驻莫斯科大使埃斯蒙德·奥维爵士第一次与迈斯基会面时，发现他"彬彬有礼、健谈……是比他前任更易'打交道的人'"。李维诺夫听到奥维提及迈斯基这些品质时立即回复："这就是我任命他的原因！"在斯德哥尔摩，柯伦泰将这一任命归因于莫斯科担心与英国的关系再度恶化，如1927年那样导致断交。实际上，李维诺夫不断地向她投电报，以获取关于英国政治的任何可能的信息，这表明当时的伦敦大使已不被信任。

任命的时机也很合适，恰逢斯大林意欲解除索科利尼科夫的职位，同时符合李维诺夫将外交活动努力的方向从柏林转到伦敦，以及突破保守派敌对势力的意愿。迈斯基与芬兰成功达成了一项互不侵犯协议，他此前不断的游说也确实起到了作用，更何况李维诺夫了解他在英国交游甚广、他的英语能力和他对英国的熟悉程度。比阿特丽斯·韦伯在与迈斯基第一次见面后便敏锐地察觉到，拥有直言不讳之好斗精神的索科利尼科夫将被"更善于社交的外交官和不那么热心于共产主义的人"取代。事实上，迈斯基在孟什维克的过去并没有被外交人民委员部忽视，但导致他在"正式改宗"之后才被允许加入"布尔什维克阵营"的情况也没有被忽视。正如迈斯基向比阿特丽斯·韦伯所吐露的，苏联共产主义"正在成长"。他拒绝把"狂热的形而上学"（"意识形态"的替代术语）和压制视为无法避开的过渡阶段。他相信苏联建立的"新文明"是人类进步的"下一步",但不是"最后一步",而不至于"狂热"。他告诉韦伯,人类"将继续前进,不断地增长知识、爱与美"。他沉迷于乌托邦式的梦想,认为个人有一天会"专注于追求整个社会的利益。通过知识的进步,人类会征服这个星球,然后继续征服金星"!与韦伯夫妇一起玩"斯大林消失后"会发生什么的"危险游戏",迈斯基摒弃了斯大林将被另一位"偶像化"领导人取代的观点。

1932年9月5日,迈斯基接到李维诺夫的通知,后者已"向领袖[斯大林]传达[迈斯基的]任命决定,所以只要中央执行委员会在收到许可后通过任命状即可"。已经同意放弃夏日假期的迈斯基,被鼓励在匆忙赶赴伦敦之前先到莫斯科参加为期一周的指示传达会。李维诺夫向他保证,他收到的指示并不是李维诺夫"个人观点"的反映,"而是我们上级的命令"。迈斯基了解克里姆林宫的忧虑:魏玛德国已"奄奄一息",即将夺取政权的希特勒一定会在国际舞台上制造混乱并威胁和平,这对苏联的国内、经济和政治改革来说至关重要。李维诺夫已经带着讽刺的口吻评论,在国际政治中实施"五年计划"几乎是不可能的事。因为纳粹主义的发展,苏联需要突然转变与英国的关系;迄今为止,英国被认为是反对俄国革命运动的急先锋。外交政策与国内政治不同,很大程度上是被动的,要根据变幻不定的挑战灵活变通。

严酷的现实迫使工党不再试图动员社会主义团结和支持俄国革命,以此讨好保守党,后者正如李维诺夫不厌其烦强调的一样,"是英国真正的老大!"几天后,迈斯基将一项工作计划发给李维诺夫,其中展示了他不落俗套的外交手段,特别是他对媒体和个人外交的追求,旨在"尽可能扩大一系列强加给新任大使的外交礼节上的访问,这样做能把外交部狭窄圈子里的相关人员,以及政府大批职

图 14 迈斯基努力成为一名布尔什维克

图15　大使馆迷人的资产阶级环境

员、著名政治人物、伦敦金融城的人和文化界代表都包括在内"。

与保守党合作特别具有挑战性,加剧了苏联外交工作中特有的根深蒂固的紧张感。在赫尔辛基时,迈斯基已经在努力探索革命派外交手段的特质。他曾向社会主义知识分子布雷斯福德寻求指导:"你知道有哪些著作描写了英国革命、美国革命(1776年)和法国革命(1789年)中的外交活动/外交关系,以及革命派外交官在外国宫廷和政府中的处境等内容吗?或许你知道这类外交官的一些有趣的回忆录吗?"直到1933年,他仍然专注于这个问题,他向比阿特丽斯·韦伯坦承自己试图弄清楚"革命派外交官如何被接受以及他们如何表现"。

经常放逐在外的布尔什维克外交官受到资产阶级魅力的诱惑,

他们面临的困境是如何采取原来的姿态和生活方式，并与"敌人"友善往来（如果不是一体的），同时保持革命热情和精神不灭。这在1927年俄罗斯人遭受外交挫折之后变得尤为棘手。这场外交挫折是他们卷入1926年英国大罢工的结果；大罢工导致"统一战线"策略崩溃，苏联大使没有了工党的支持作缓冲，被丢进了保守党的龙潭虎穴中。

迈斯基在其漫长的外交生涯中长期受这种截然对立困扰，而他在应对这件事上只取得少许成功。鉴于其孟什维克和"反革命"的经历，他特别容易受背叛指控的影响，这是他强烈试图摆脱的。当《真理报》的一篇文章详细提到这个问题时，迈斯基迅速写了一封长信证明自己的清白，暗示他充分意识到这个问题：

> 像我们这种在外国工作的人员，在两种因素之间不断进行内部斗争：健康的革命和无产阶级因素，它可以真实评估"礼仪"；病态的机会主义因素，它相对容易受资本主义环境影响……这两个因素之间的斗争遵循"时而一个出现，时而另一个靠边站"的规则，尤其是"礼仪"的支持者可能会获得一定的优势……如果你始终不忘我们"身在国外"，还能不时报道对苏联境外的外交生活的疑问，这于我们非常有益。这将是对我们海外工作人员中的某一群体的有力支持；他们认为"礼仪"只是一种必要的祸害，所以试图将所有资产阶级传统的影响降到绝对必要的最低点。我本人不止一次听说，在仍存疑的情况下，在不清楚无法避开的最低底线到底在哪里时，苏联外交官都会说，"太多总比不够要好"，"不要用黄油弄糟燕麦粥"这些话。

迈斯基在给契切林的亲笔信中，对他在外交人民委员部执政的十年表示祝贺的同时，也表达了类似的良心不安：

> 你面临着一项非常艰巨的任务：创造出一位新型外交人民委员……这个任务远比创造一位比方说新型财政人民委员或新型农业人民委员困难得多，因为你的工作性质，你在分开我们和资本主义世界时总是如履薄冰。你的处境极为艰难。

也许最能说明问题的是，迈斯基更希望在英国出名，这甚至体现在其签名上：他不用典型的俄语笔法写出的Ivan，而用Jean——法语中John的变体或波兰语中Jan的变形，这是他父亲年轻时给他取的名字。

引子

1937年10月27日[1]

我任驻英大使的第一个"五年计划"已经完成！

1932年10月27日令我记忆犹新。

被任命为驻英大使对我来说完全是一个惊喜。的确，我在赫尔辛基阅读《曼彻斯特卫报》时得知索科利尼科夫[2]很快要离开，我经常好奇谁可能接替他。但是，在脑海中把候选人过一遍之后，出于某种原因，我从未考虑过自己。我觉得我目前"配不上"如此崇

---

[1] 关于他抵达英国五周年的感想，是1937年10月27日记录的一部分。
[2] 格里戈里·雅科夫列维奇·索科利尼科夫（格里西·扬克列维奇·布里连特），和迈斯基一样，是外地犹太医生的儿子。他是1918年苏德《布列斯特–立托夫斯克和约》的签字人，在新经济政策期间任财政部长一职，但在要求斯大林辞去总书记职位并批评集体化后失去该职。他曾于1929—1932年担任驻英大使，并于1933—1934年任副外交人民委员。1936年被捕，因参与托洛茨基活动被定罪并被判处十年徒刑。1939年在贝里亚的命令下被监犯谋杀。

高和重要的职位。是的,关于苏联外交人民委员部[1]认为我是最成功的大使之一,以及我可能很快就要从芬兰转任到其他地方的传闻……已经引起我的注意,但我猜想最远只到布拉格或华沙。

9月3日,我突然收到李维诺夫[2]的通知:我被任命为驻英大使。我简直不敢相信自己的眼睛。电报一大早来到。我走进卧室,阿格尼娅[3]还在里面睡觉,我叫醒她,说:"我有一些重要的消息。"

"什么?发生了什么事?"她立即担心地问,"跟N.有关,是吗?"

当时我们和我们的一个员工分歧很大,我随时等待着莫斯科的决定。

我大声说:"忘了N.吧!这件事更重要。"

我对阿格尼娅讲了我的新任命。她的惊讶不比我少。我们在卧室里开始从各个可能的角度讨论新形势,并起草我们的近期计划。

李维诺夫和"最高指示"[斯大林][4]对我的信任让我深为感动,我在一封回电中表达了自己的感受。我转任英国的消息震惊了赫尔

---

[1] 苏联外交人民委员部,偶尔写作"苏联外交部"。后一称呼尽管在二十世纪三十年代早期尚未正式提及,但通常会被国际社会采用。特使也往往被称为大使。

[2] 马克西姆·马克西莫维奇·李维诺夫(迈尔·莫伊谢耶夫维奇·瓦拉赫),1898年起为俄罗斯社会民主党党员,1917—1918年任苏联驻英外交代表,1918年任驻美外交代表,1921—1930年任苏联副外交人民委员,1930—1939年任外交人民委员,1941—1943年任驻美大使,1943—1946年任副外交人民委员。(在迈斯基的日记中常被称为M. M.。)

[3] 阿格尼娅·阿列克谢安德洛夫娜·迈斯卡亚(娘家姓斯基皮娜),迈斯基的妻子(在日记中常被称为A.或A. A.)。阿格尼娅此前结过婚,有一个女儿在童年时夭折。1926年他们在英国时,迈斯基的女儿来和他们一起住,但阿格尼娅抱怨这种安排让他们的婚姻变得紧张,因此迈斯基的女儿被送到圣彼得堡和她母亲一起住。阿格尼娅一直是守卫者,监视那些接触她丈夫的人,直到他去世。

[4] 约瑟夫·维萨里奥诺维奇·斯大林(朱加什维利),1922年4月起任苏联共产党中央委员会总书记,1919—1953年任苏共中央政治局成员,1941年5月起兼任苏联人民委员会主席,在卫国战争期间担任国防人民委员和苏联最高统帅,1943年任苏联元帅,1945年成为苏联大元帅。

辛基的俄罗斯侨民……他们握着我的手，祝我一切顺利、幸福。我们为全体侨民拍了一些照片，又分组拍了一些。侨民热情地送别了我们。

几天后我顺便去了一次外交部，并告诉时任外交部长的于尔约-科斯基宁[1]，我将永远离开芬兰。

……然后等待英国的许可。伦敦并没有急于回应：过了约三周我才收到英国的答复。

李维诺夫写信让我最迟十月下半月到伦敦，因此建议我立即休假一个月。但我就要完成《当代蒙古》第二版的编辑工作，而且我清楚自己在英国没有时间从事文学活动，特别是在前六个月，所以我谢绝休假，为了留在芬兰完成工作……

10月2日，我离开了赫尔辛基，在列宁格勒短暂停留后终于抵达莫斯科。我对待在莫斯科的记忆模糊不清。在首都度过的两个星期，我们一直匆匆忙忙。我与李维诺夫开了几次会，并让自己熟悉了材料。离开之前，我拜访了莫洛托夫[2]。他给了我以下指示："在所有阶层和圈子中尽可能多地建立联系！掌握英国发生的所有事情，随时与我们保持联系。"

我在伦敦工作期间遵循了这个建议，而且，我可以说，并非一无所获。

约10月20日，我赴伦敦履新。……途中与阿格尼娅在柏林待了两天。我们也在巴黎停留几天，阿格尼娅在那里囤积必需品——

---

[1] 阿尔诺·阿玛斯·萨卡利·于尔约-科斯基宁，1931—1932年任芬兰外交部长，1930—1939年任芬兰驻苏联大使。
[2] 此处明显指的是维亚切斯拉夫·米哈伊洛维奇·莫洛托夫（斯克里亚宾），1926—1952年任政治局成员，1930—1957年任苏联人民委员会主席，1939—1949年及1953—1956年任外交人民委员。

图16　胜利回到伦敦

当一个女人决定装满她的衣柜时,总是需要花大量的时间。但平心而论,阿格尼娅在这方面还算节制。

我们于27日上午离开巴黎前往伦敦。我事先致电伦敦请卡根[1]

---

[1] 谢尔盖·鲍里索维奇(萨穆伊尔·边齐安诺维奇)·卡根,1932—1935年任苏联驻伦敦大使馆一等秘书,1935—1936年因迈斯基推荐而升至参赞级别,后成为迈斯基的得力助手。1939年被外交人民委员部开除,后在位于莫斯科的共产党市委员会从事金融工作。

到多佛接我。我们在两个西方国家首都之间的旅程一切顺利。[1]大海相当平静。在从多佛到伦敦的路上，卡根向我简要介绍了手头的事情。几乎所有侨民都在伦敦的车站等着我们，约三百人。外交部代表蒙克[2]也在那里。站台上发出一阵惊人的喧闹。我们的同志簇拥在我们身边，大声欢呼，极为拥挤。报社摄影师争相按下快门。……

我们在几个勇武警察的带领下，沿着站台向出口缓缓行进，被一群嘈杂的同志包围。过了一会儿，我们乘坐一辆新式的大使馆用车，沿着熟悉的伦敦街道，向着我们位于伦敦肯辛顿区肯辛顿宫花园十三号的"家"快速驶去……

我们缓慢登上石阶，向门厅走去……我们爬上一楼……打开标记为"私人"的公寓大门……在房间转悠……看看窗外……

一个新家，一个新国家，一项新工作。我的脑海中闪过一个念头："我要在这里待多久？我会看到什么？我将如何生活？未来会给我带来什么？……"

---

[1] 二十年前，迈斯基差点被拒绝进入福克斯通。从法国乘坐三等舱抵达渡口时，他没有获得总额五英镑的"移民最低保"。直到他从口袋中掏出契切林写的皱巴巴的信，证明他拥有"沙俄政治难民"的身份，才勉强被允许继续前往伦敦。

[2] 约翰·伯克利·蒙克，1936—1945年任英国外交使团副典礼官。

图 17　在伦敦圣詹姆斯官递呈国书

1934年

［迈斯基在1934年英苏关系跌落谷底时才认真写日记。1933年7月，来自大都会-维克斯公司的六名英国工程师在莫斯科被捕，被指控从事破坏和间谍活动。大都会-维克斯公司受审，标志着英苏经济战和外交战达到高潮，工党政府在1930年签署的《英苏贸易协定》更是火上浇油，其条款似乎对英国人不利。新的国民政府——实际上是1931年上台的保守党，迫使俄罗斯人与之谈判，以达成更公平的新协定，却因为英国工程师的判刑陷入僵局。外交大臣西蒙勋爵[1]对协定的谴责，使迈斯基着手大使工作的热情受到一些挫伤。

希特勒现在已经牢牢掌握权力，不愿重燃《拉帕洛条约》精神，这似乎有利于改善与英国的关系。李维诺夫于1933年6月出席伦敦世界经济会议，促成与外交大臣西蒙的会面，商讨解除强加给俄罗斯的所有惩罚性经济措施，同时释放被关押的英国工程师。有

---

[1] 约翰·奥尔斯布鲁克·西蒙，第一代西蒙子爵，1931—1935年任外交大臣，1935—1937年任内政大臣，1937—1940年任财政大臣，1940—1945年任大法官。

关贸易协定的新谈判迅速恢复，两国于1934年2月16日签署新协定，为俄罗斯在当年较晚时候加入国际联盟铺平道路。

迈斯基在开始担任驻伦敦大使时认真遵从李维诺夫的领导，后者早在1931年已发觉纳粹的威胁。然而，李维诺夫用了将近一年，才说服斯大林相信希特勒上台意味着"欧洲的战争最终不可避免"。1933年12月，苏联外交政策正式转变，从孤立主义者在军事上进行"阶级对抗"，转向欧洲和远东的集体安全体系。李维诺夫强烈要求在国际联盟框架内缔结一项区域共同防卫协议，并称之为"东洛迦诺"。

常务次官范西塔特[1]是关于该理念的英国倡导者。他一直不满意西蒙、安东尼·艾登[2]和内维尔·张伯伦[3]的做法，他们认为与敌对者达成双边协议是维护和平与稳定的最佳手段——实践证明这最终导致了绥靖政策。随着希特勒上台，范西塔特的战略视野基于这样一个前提：英国可通过与苏联结盟，保持欧洲和远东地区的地方势力平衡，遏制日本和德国的扩张。作为情感政治的批评者，范西塔特不允许自己对共产主义的厌恶动摇他在权力游戏中打出至关重要的俄国牌。因此，他被以1914年前的英法俄三国协议为基础的欧洲安全所吸引。

---

[1] 罗伯特·吉尔伯特·范西塔特，第一代范西塔特男爵，1920—1924年任寇松侯爵首席私人秘书，1928—1930年任首相首席私人秘书，1930—1938年任英国外交部常务次官，1938—1941年任外交大臣首席外交顾问（在日记中通常称为V.）。

[2] 罗伯特·安东尼·艾登，第一代亚芬伯爵，1923—1957年任沃里克和莱明顿选区的保守党议员，1931—1934年任外交部次官，1934—1935年任掌玺大臣，1935—1938年、1940—1945年及1951—1955年任外交大臣，1939—1940年任自治领事务大臣，1940年任陆军大臣。

[3] 阿瑟·内维尔·张伯伦，1923—1924年和1931—1937年任财政大臣，1923年、1924—1929年和1931年8—11月任卫生大臣，1937—1940年任首相兼第一财政大臣。

因此，范西塔特和迈斯基承担了预言者卡珊德拉的角色，坚定地公开表达对希特勒意图的不祥预感。1933年，范西塔特夫妇在白金汉宫的一个招待会上首次遇到迈斯基夫妇。这两对夫妇后来经常见面，因为迈斯基和范西塔特不仅共享政治观点，还顺势建立起基于共同仰慕海涅、莱蒙托夫和康德的文学与文化纽带。他们的谈话会转移到考文特花园的俄罗斯芭蕾舞团，或在俄罗斯大使馆讨论萧伯纳[1]的新作《圣女贞德》。然而，真正拉近他们的，是双方都深信纳粹德国对英苏构成的巨大威胁。双方也相信个人关系在外交中的重要性。泄露信息是施加公共压力的手段——迈斯基很快掌握了这种妙法。这一点在范西塔特的实践中得到体现，也见载于迈斯基的日记。道尔顿[2]注意到："奇怪，这两个截然不同的见证者如何在诸多方面证实对方的证据。"然而，张伯伦上台，使范西塔特在1938年初被"提升"至新设立的"首席外交顾问"职位，实际上是被剥离决策层，导致迈斯基在关键时候失去外交部内一个重要的盟友。

1934年6月21日，出于对迈斯基的敬意，范西塔特举办了午餐会，这是他们的第一次重要会议，出席者还有西蒙。谈到这位国务大臣，范西塔特夫人在迈斯基耳边低声说："我猜，正在制造麻烦的人是我左边的邻座？……为什么你不与范西塔特坦率地谈论这件事？"她的轻率干预，促成了7月3日、12日和18日一系列会议（日记中有描述）的举行，预示了一个长久联盟的到来，使得英苏关系解冻，还反过来帮助李维诺夫在莫斯科推动集体安全路线。]

---

[1] 萧伯纳，爱尔兰著名剧作家、编剧、批评家以及社会主义者，1885—1911年为费边社执行委员会成员。
[2] 休·道尔顿，1936—1937年任工党全国执行委员会主席，1940—1942年任战时经济大臣，1942—1945年任贸易委员会主席。

7月12日

范西塔特邀请我到他家里,向我简要介绍巴尔都[1]的访问情况。英国人非常满意巴尔都的成果。英国政府已承诺支持《东方公约》计划以及《苏法互助条约》补充协定,但得基于允许德国和法国、苏联平等参与协议这一重要条件。明天,西蒙将就这一成果在众议院发言。……

7月18日

我今天通知范西塔特,苏联政府已经准备好承认德国是《苏法互助条约》的平等成员。范西塔特非常高兴,承诺将采取措施确保媒体广泛报道该消息。如果苏联政府也公开此决定,那将是一件好事。德国对《东方公约》的唯一异议现在已经排除。然而,德国如果再次拒绝这项提议,那么当其他国家怀疑她的意图时,她就只能怪自己了。

我询问了英国在柏林和华沙交涉的效果,范西塔特于7月12日向我告知结果。

范西塔特回复说,牛赖特[2]的态度是冷酷和敌对的,而贝克[3]则是冷漠的。然而,两位都承诺"要研究这个问题"。到目前为止,他们还没有回应。

接着,范西塔特再次给我留下深刻印象的是英国政府对改善英苏关系的愿望。范西塔特说:"英苏关系已经有了明显的改善,但我

---

[1] 让·路易·巴尔都,1934年任法国外交部长,同年7月9—10日访问伦敦。
[2] 康斯坦丁·冯·牛赖特,1930—1932年任德国驻伦敦大使,1932—1938年任外交部长,1939—1941年任驻波希米亚和摩拉维亚保护长官。
[3] 约瑟夫·贝克,1932—1939年任波兰外交部长。

看不出这个进程有任何理由不更进一步。"苏联为英国对德日的态度感到担忧,但7月13日西蒙在下议院明确了英国政府对上述国家的立场(我点头,表示他的发言在我国反应良好)。……

然而,范西塔特自己也抱怨苏联媒体的行为,他们经常指责英国让日本和德国把矛头对准苏联。……最好不要直接指责英国正准备与苏联作战,这只会在英国新闻界和议会中落下反对英苏和解的口实("所有这种猜疑确实毫无根据")。

我回答说,虽然我很理解范西塔特的感觉和意图,但十九世纪无疑留下了沉重的遗产:苏联被英国描述为持续反对青年工人和农民的国家。苏联人民逐渐把英国视作他们的敌人,这会令人惊讶吗?……

8月9日

我在度假前向范西塔特告别,他在我访问期间和我进行了严肃的政治讨论。

首先,范西塔特对我们8月3日的行动方针(由卡根在我到苏格兰访问期间提出的)作出回应,英国政府支持苏联加入国际联盟,并批准国际联盟的邀请。……

范西塔特继续说:"所以我们很快就会成为同一个'俱乐部'(范西塔特指的是国际联盟)的成员。我很高兴。目前,我还没有看到可能严重影响英苏关系的重大国际问题。不管是在欧洲还是在远东地区,事态的发展和事件的逻辑正将我们两国推到一起。对于世界的威胁来自哪里,我们的态度一致,对如何回避危险的观点在许多方面也应保持一致。我们认真而坦诚的讨论(特别是7月3日的第一次讨论)大大有助于阐明双方的立场和增进相互的了解。但这只是开端。英国政府支持《东方公约》，现在又准备支持苏联加入国际联盟，这些都是英苏关系发生重大转变的最好证明。"

……范西塔特说："你当然会在假期里与李维诺夫先生见面。请告诉他，为了改善我们的关系，最好避免一切令人恼火的事件，比如大都会－维克斯公司案件或对勒拿金矿的争议[1]。这些案件本身可能并不那么重要，但危险在于会引起英国群众的激愤，所以最好不要火上浇油。两国的新闻界谨慎行事也很重要。现在英国和苏联正成为同一个'俱乐部'的成员，如果我们开始互相指责对方欺诈，或私底下将枪口指向对方，那就太奇怪了。[2]……"

最后，我问范西塔特对《东方公约》有哪些了解，他说德国和波兰对此都保持沉默。这不会持续很长时间。两国政府都有足够的时间"研究"协议问题。现在必须要求他们直接回答。如果没有答复，法国和苏联必须采取行动。推迟签署该协议会很危险。总的来说，最近希特勒的立场变得越来越诡异。兴登堡[3]死后，他已经成为德国真正的主人。他想要什么？战争还是和平？奥地利应该会成为试金石。时间会证明一切。到目前为止，希特勒一直坚持《爱丽丝梦游仙境》中的秘诀："明天有果酱，昨天有果酱，但今天永远没有。"这就是希特勒的和平方式。他总是承诺明天和平，而不是今天。

我们热情地挥手告别，并安排两个月后我返回伦敦时再见面。

---

[1] 革命后被布尔什维克废除的关于英国公司特许权的争议。
[2] 据英国档案记载，范西塔特更加直言不讳："难以想象，在任何一个棋牌室里，会员们不断指责对方在桌子下藏有第五张'王牌'和一把汤普森冲锋枪。……下次见到M.迈斯基，我要再跟他强调一次。"
[3] 保罗·路德维希·冯·兴登堡，一战期间（1916—1918年）任德国陆军元帅，1925—1934年任魏玛共和国总统。

[作为一个热衷于旅行的人,迈斯基在离开英国返回苏联之前,前往西方文明令人钦佩的发源地——意大利、希腊和君士坦丁堡——进行为期三个月的有趣旅行。在回到伦敦前不久,迈斯基与斯大林、李维诺夫就苏联外交政策的未来发展有过两天的深入谈话,这给他留下了深刻的印象:斯大林"现在对他的同僚们已经拥有与列宁[1]曾有过的近乎一样的心理优越感"。回到伦敦,他热切地试图传达信息,即苏联已经放弃她活跃的革命运动。然而,英国外交部没有理会迈斯基的说法,表示"(苏联政府)准备在这里争取更多的时间……这很可能是权宜之计而非坚定信念"。尽管如此,出于对俄罗斯人和德国人走到一起的担心,英国外交部对苏联的提议还是作出积极回应。]

11月4日

加文[2]在今天的《观察者报》中严厉抨击了日本提出的与英美海军实力相当的要求。从英帝国主义的角度来看,他的论点很有道理。加文得出以下结论:如果无法实现日本、美国和英国之间的协议,那么必须在美国和英国之间寻求(反对日本的)协议。……

同一期的《观察者报》刊登了来自加尔各答的消息,疲惫且幻想破灭的甘地[3]正在隐退,印度国会现在几乎完全由高度务实的政治商人组成,他们已准备好与英国提出的印度宪法改革相适应,并

---

[1] 弗拉基米尔·伊里奇·列宁(乌里扬诺夫),俄国共产党(布尔什维克)的创始人,1917年任布尔什维克革命领导人,1917—1924年任苏联人民委员会主席。
[2] 詹姆斯·路易斯·加文,1908—1942年任《观察者报》主编。
[3] 莫罕达斯·卡拉姆昌德·甘地,反对英国统治的印度民族主义运动领导人。迈斯基对甘地的评价反映了苏联官方对甘地的批判观点,认为非暴力抵抗的意识形态与民族资产阶级的利益相关。

充分利用由此而来的地位和轻松的工作。甘地"不切实际的理想主义"阻碍了这些投机商。这就是为什么他们乐于见到甘地退出……

……甘地！我有菲勒普-米勒的书《列宁和甘地》，1927年在维也纳出版。作者勾画了两位具有相当才能的领导者，将他们并列为我们这个时代的两座"高峰"。七年前，这种比较似乎只让共产主义者感到荒谬，也许对欧洲资产阶级中一些较为敏锐的代表来说也是如此。但现在呢？即使在资产阶级知识分子队伍中，有谁敢将列宁和甘地等同视之？今天，任何人，甚至是敌人，都能看出列宁是历史中的勃朗峰，是人类千年进化史上光芒四射的向导高峰；而甘地只是一座纸山，暧昧闪耀了十年光芒后便迅速泯灭，几年后被遗忘在历史的垃圾箱里。也就是说，时间和事态发展会将真正的贵金属从廉价的仿制品中分离出来。

[迈斯基与主流报纸的业主和编辑，特别是保守党人努力发展关系，这在今天是一种常规做法，但在二十世纪三十年代却非常罕见。一个明显的例子是，他与阿斯特勋爵及其夫人[1]的助手兼《观察者报》编辑加文保持密切通信。迈斯基有时以微妙或直截了当的方式，向加文简单介绍文件中他认为重要的问题。]

---

[1] 南希·阿斯特夫人，1919—1945年为普利茅斯选区保守党议员，是下议院第一位女性议员。她不是一位墨守成规的政治家。她曾陪同萧伯纳到俄罗斯参观并会见斯大林。然而，当她组建极力鼓吹纳粹绥靖政策的"克莱夫登帮"后，转而同情希特勒。

11月10日

　　昨晚我参加了市长大人[1]的年度晚宴。11月9日是伦敦金融城生活中美好的一天。很久以前，市长便开始在这一天就职。……市长大人就职巡游是中世纪的一个仪式，沿着城市街道行进，晚上在著名的伦敦市政厅为伦敦贵族举行豪华宴会，约五六百名宾客出席。特派团团长也在客人名单中，但是……首先，他们的夫人没有收到邀请（尽管英国名流与他们的夫人一同出席）；其次，并非所有的领导人都能得到这个荣誉——只有大使和特派团两个最高级领导。

　　晚上的仪式最奇特。新当选的市长大人[2]是一位鳏夫，因此由他的女儿充当妻子角色，陪他在市政厅图书馆长厅远端的一个小讲台亮相。沿着这条美丽的深红色地毯，新来的客人从大厅入口一直排到讲台。身穿都铎王朝礼服的传令官大声宣布每位嘉宾的名字。客人要以庄重的步伐走完地毯，登上讲台，与市长大人及其"妻子"握手，然后根据地位和等级移步市长的右边或左边。渐渐地，大量客人聚集在地毯的两侧，端详每一位新来客。通常来说，杰出的客人会有掌声欢迎。掌声大小与客人的地位、受欢迎程度成正比。最后一位客人站好后，游行队伍就成形了。穿着中世纪服装的号兵们领路，伦敦金融城的典礼官和市长大人的告解神父紧随其后；紧接着的左边是执权杖者和长列车上戴帽子、着长袍的市长大人，右边跟着佩剑的首相麦克唐纳，以及他身后的首相"妻子"（该角色由他女儿伊什贝尔[3]充当）和市长大人的"妻子"。……

[1] 斯蒂芬·亨利·莫利纽克斯·基利克爵士。
[2] 珀西·文森特爵士。
[3] 伊什贝尔·麦克唐纳，前首相拉姆齐·麦克唐纳的女儿，是一位旅馆经营者。

整个队伍缓缓穿过市政厅的画廊，绕着宴会厅游行，最后各自在餐厅就座。"盛宴"开始，首先是例行的甲鱼汤，在我看来似乎难以下咽……

这个场景给人的总体印象是色彩生动，兼具中世纪的庄严。难怪节目和宴会的菜单封面上刻有1215年5月9日约翰王宪章的版画。该宪章宣称伦敦金融城的自治，授予男爵每年选举市长的权利；市长应忠于国王、谦逊并适合管理城市，选举后应立即被引见给国王，国王不在时则引见给最高法官。

11月15日

今天，我参加了古老行会组织（已有六百年历史）——虔诚的文具商和报纸制造商公会[1]的晚宴。

我以为晚宴会伴有一些非常古老的习俗，但我失望了。这次晚宴和其他的一样，无疑有避不开的甲鱼汤，只有餐厅的彩绘拱形窗户显示着过去。说错了，还有《爱杯》[2]，但我在市长大人的宴会上已经见过这幅画。不过，客人们却带来了一股中世纪的怪异气息。我右边坐着马歇尔勋爵[3]（一位大出版商和伦敦前市长大人），自豪地宣称他已经在这个公会工作了五十五年！

"会员身份是否世袭？"我有点困惑地问。

"不，"马歇尔勋爵回答说，"不世袭。我在我的行业成为学徒后，就加入了公会。"

---

[1] 又称"书商公会"。——译注
[2] 但丁·加百利·罗塞蒂的作品。——译注
[3] 霍勒斯·布鲁克斯·马歇尔，奇普斯蒂的第一代马歇尔男爵，1918—1919年任伦敦市长大人。

我旁边这位已经七十岁了。坐我左边的是韦克菲尔德勋爵[1]，他是重要的石油工业家、著名的慈善家和伦敦高级市政官。他也是七十岁左右（马歇尔的同学！）。这位大英帝国时代德高望重的人物告诉我，大约三十年前（一个真正的英国时间跨度！），他计划访问圣彼得堡，甚至订好了票，却在最后一刻突然收到一封电报，称"俄罗斯发生瘟疫"。自然地，他决定取消旅行。也许现在是时候去旅行了？……我支持他的打算。

"告诉我，"他继续说，擦了擦额头，似乎想起了什么，"你们好像有个人……列宁……他真的绝顶聪明吗？"

"是的，我向你保证，"我微笑着回答，"但不幸的是，他在1924年就去世了。"

"死了？"韦克菲尔德听起来很失望，"真的？……我不知道是这样。"

可见英国资产阶级精英对苏联事务有多么了解！

真是带些中世纪的意味！……

* * *

从去年开始，威尔士亲王[2]担任公会主席（或主持人）。我们的"朋友"坎特伯雷大主教[3]，为了向王子致敬而机智地敬酒（必须要说的是，大主教是一位杰出的晚宴发言人），王子以常规礼节回应。然后，大家转移到吸烟室。在这里，作为主人的王子，认为自己有责任与在场的每一位外交官成对进行外交礼节交流，我意外地与他

---

[1] 查尔斯·契尔思·韦克菲尔德，第一代韦克菲尔德子爵，英国商人，1915—1916年任市长大人。
[2] 当任威尔士亲王的授勋时间为1911—1936年。1936年1月，爱德华八世成为英国国王，1936年12月退位后成为爱德华王子，被授予温莎公爵头衔。
[3] 威廉·科斯莫·戈登·朗，1928—1942年任坎特伯雷大主教。

进行了长时间不合时宜的严肃对话。首先，他问我是否必须发表很多演讲。我对他的演讲予以称赞时，他却有些尴尬，开始谈论英国过去和现在最优秀的演说家。他列举出已故的伯肯黑德勋爵[1]、史末资将军[2]和劳合·乔治[3]，但没有提到麦克唐纳。他提到首相时带着少许嘲弄："你知道，他就根本不是这样的……"……然后他转向国际政治，详细谈论战争的威胁和复杂的国际形势，最后得出结论：没有人想要战争——英国不想，法国不想（"她只可能因战争而有所损失！"），甚至德国也不想。我对德国和日本的和平意图表示怀疑。王子并没有反对，但他强调说，英国只为和平而努力，军国主义思想与英国民族精神是不相容的。……就我而言，我说苏联的外交政策是和平的政策，我很高兴听到威尔士亲王说英国寻求同样的目标。王子听了很高兴，他一再说没有人真的想要战争，而且和平力量远比战争力量强大。但我评论说，战争的力量，尤其是军火制造商进行了更高效地组织，因此战争的威胁确实非常严重。……他在谈话的最后询问我的经历，于是我描述了自己的外交生涯。他接着问："你在哪里学英语？"我回答说，在1912—1917年这五年里，我曾作为政治流亡者在英国居住。王子大笑并大声说道："现在你是大使了！这是时代的标志。我们在一个惊人的时代里生活！"[4]

我们聊了十至十五分钟。王子和我站在吸烟室的中央，一群诧

---

[1] 弗雷德里克·埃德温·史密斯，第一代伯肯黑德伯爵，1924—1928年任印度事务大臣。
[2] 扬·克里斯蒂安·史末资，陆军元帅，1939—1948年任南非联邦总理、外交部长和国防部长。
[3] 戴维·劳合·乔治，1890—1945年任卡那封选区自由党议员，1916—1922年任英国首相，1926—1931年任自由党领袖。
[4] 迈斯基告诉比阿特丽斯·韦伯（但没有向国内报告），威尔士亲王实际上已暗示希望访问苏联。

异的外交官和以坎特伯雷大主教为首的约二百位英国知名人士站在我们周围,他们交换眼神,窃窃私语。

11月16日

休假结束后我去拜访艾登。我没有打算讨论严肃的问题,但我们的谈话似乎自发地转向当下的政治问题。最重要的是:

(1)艾登一字一句地说:"目前,英国和苏联在世界任何地方都不存在冲突。相反,两国有一个非常重要的共同利益——维护和平。你们需要和平来完成你们伟大的实验,并将其用于贸易的发展和繁荣。这为改善英苏关系创造了有利条件。"

(2)艾登很高兴知道我们并没有放弃缔结《东方公约》的努力。他表示会和贝克在日内瓦讨论这个问题(艾登第二天会出席日内瓦国际联盟理事会会议)。

(3)艾登与里宾特洛甫[1]的会谈乏善可陈。艾登对德国即将重返国际联盟的可能性持怀疑态度。希特勒可能不希望爆发战争,但德国正在发生的一切都明确指向这一点。这就是为什么德国目前是主要的潜在战争所在地。

……艾登邀请我,在他从日内瓦回国后前去拜访。

[关于与艾登会谈的描述,正是迈斯基在任大使期间采用的典型翻覆手段:他把自己的想法归功于他的对话者,再传达给莫斯科。二十世纪三十年代后期大恐怖蔓延后,这成为唯一有效的操作方

---

[1] 约阿希姆·冯·里宾特洛甫,1936—1938年任德国驻英大使,1938—1945年任外交部长。

式。在这个特殊的案例中,尽管他把想法归于艾登,但其实自己也认为李维诺夫应该参加国际联盟的会议。他因此希望在艾登和李维诺夫之间安排一次会议,并通过进一步挑起艾登和西蒙间的不和,来加强英苏友好关系。]

11月23日

与王室婚礼相关的"功效"开始发挥作用。今天,我们的团长、巴西人德·奥利韦拉[1]举办了外交使团招待会,"与肯特公爵[2]和玛丽娜公主[3]见面"。下午六点左右,使团的所有领导聚集在奥利韦拉相对狭窄的住所里,并由他们的妻子陪同。……幸福的夫妇在新娘父母的陪同下于六点三十分到达。大厅里的人逐渐兴奋起来。安静很快被窃窃私语取代,女士们投来好奇的目光。……最终,客人们跟随团长及其妻子,出现在大家面前。玛丽娜看起来很迷人,比报纸上的形象好得多:面色红润,明眸善睐,一头华美的金发。她窈窕而优雅。一位外交官后来告诉我,她的摄影师应该为没拍好玛丽娜而被枪毙。他说得对!肯特公爵也不错:身材高大、修长,面容和悦。他有些驼背,看起来似乎非常害羞。不管怎么说,他是国王儿子中最英俊的一位。总的来说,从外形和生理角度看,他们是一对不错的伴侣。新娘的父母——希腊王子尼古拉斯[4]和他的妻子[5](我相信她是一位俄罗斯公主)——就像地方上收入中等的

---

[1] 劳尔·雷吉斯·德·奥利韦拉,1925—1940年任巴西驻伦敦大使;1933—1940年任外交使团团长,后由迈斯基继任。
[2] 乔治·爱德华王子,肯特公爵,乔治五世的第四个儿子。
[3] 玛丽娜公主,肯特公爵夫人,肯特公爵乔治王子之妻。
[4] 尼古拉斯,希腊王子,其女玛丽娜公主于1934年与肯特公爵结婚。
[5] 俄罗斯前大公夫人叶连娜·弗拉基米罗芙娜。

地主……

团长用英语致欢迎辞，然后代表外交使团向新娘和新郎赠送一个大银碗和两个银色沙拉碗。（今天，我收到团长的一封信，信中告诉我礼品花费三百英镑[1]，我要交六英镑。）为礼物出了钱的使团所有领导人的签字模本都刻在碗内侧，我的名字位列第一。当人们向里面看时，会立刻被这些签名吸引。玛丽娜会不会觉得这很有趣？恐怕，这只会倒她的胃口。……

11月27日

关于王室婚礼的第二个"功效"！

在白金汉宫为玛丽娜举行了盛大的晚宴。超过八百名嘉宾出席，其中包括使团所有领导人。此外，还有整个王室"大部队"——皇家全部成员（国王[2]和王后[3]，威尔士王子，约克公爵[4]和他的妻子，肯特公爵，小儿子约翰，国王的女儿"长公主"和她的丈夫，只有格洛斯特公爵[5]缺席——他目前在澳大利亚），丹麦国王[6]和他的妻子，挪威国王[7]和他的妻子，南斯拉夫摄政王保罗[8]，荷兰朱丽安娜公主[9]（继承人），等等。还有很多不同国籍的大公，

---

[1] 当时的1英镑约合今日393元人民币。——译注
[2] 英国国王乔治五世，1910—1936年在位。
[3] 维多利亚·玛丽，国王乔治五世的王后，1910—1936年在位。
[4] 后来的国王乔治六世。
[5] 亨利·威廉王子，格洛斯特公爵，国王乔治五世的第三个儿子。
[6] 丹麦国王克里斯蒂安十世，1912—1947年在位。
[7] 挪威国王哈康七世（名为克里斯蒂安·弗雷德里克），1905—1957年在位。
[8] 南斯拉夫王子保罗，1934—1941年为南斯拉夫摄政王，1941年3月签署南斯拉夫加入轴心国的合约后，在政变中被废黜。
[9] 奥伦治-拿骚王朝的朱丽安娜公主，1948—1980年为荷兰女王。

包括基里尔·弗拉基米罗维奇·罗曼诺夫[1]（"俄罗斯皇帝"！），他由妻子和作为今日八个伴娘之一的女儿基拉[2]陪同。还有很多公主（来自希腊、南斯拉夫等）……

婚礼过程：所有来参加婚礼的、其首领在场的国家大使和特使，根据资历在宫殿圆厅排成半圆形，其余的特使和代办被安置在紧邻的长厅内。英国贵族和上层资产阶级代表在其他房间聚集。一长列显眼的皇家车马队从邻近圆厅的角落房间里出现。首先，英国国王和女王穿过排成一列的大使及大使夫人，与所有人握手，并与选定的客人愉快地寒暄几句。后者包括我们团长（凭自己的地位）和松平[3]（英国人畏惧日本人！）。国王夫妇从圆形大厅走到公使们所在的隔壁房间，并没有在个别外交官面前停留，只限于朝左右做一般的点头致意。外国王室夫妇（丹麦人、挪威人等）、英国王室成员也和国王夫妇一样，和我们握手并礼貌地微笑……其实也并不完全如此，有一些例外。玛丽娜的母亲从阿格尼娅和我的身边径直走过，表情夸张，却没跟我们打招呼。好吧，我们会在没有与她握手的情况下勉强活下去！两三个满脸褶皱、极为丑陋的老女巫从角落房间里走出来，犹豫不前，看向我们并窃窃私语，然后决定绕过大使们的队列直接前往特使们的房间。苏联大使让她们大吃一惊！一些披绶带、顶冠冕的女士和先生，不管在哪里见到我都会立刻向后退。那一定是基里尔和他的随从。总的来说，我在皇家招待会上的出现令某些客人感到非常扫兴。……

---

[1] 基里尔·弗拉基米罗维奇·罗曼诺夫，俄罗斯大公，1924—1938年是名义上的俄国沙皇和全俄罗斯的君主，在沙皇家族被处决后继承皇权。
[2] 大公夫人基拉·基里洛夫娜，俄罗斯大公基里尔·弗拉基米罗维奇的二女儿。
[3] 松平恒雄，1929—1936年任日本驻英大使。

［迈斯基的回忆录，尤其是俄文版，旨在证明苏联在战争前夕的政策是正确的，提供了一个邪恶但通常不真实的阿斯特夫人形象。回忆录确实揭示了迈斯基发现这位极具魅力又风趣的美国人是多么迷人——她是1919年第一位进入国会的女性，一位支持苏联事业的保守党议员（1931年，她访问了俄罗斯，并在克里姆林宫会见斯大林）。迈斯基虽然没有被她迷住，但显然还是被吸引了：她"小巧，窈窕，优雅，一头微微飘扬的黑发，脸上表情丰富，眼神活泼机灵"，这使她成为"永不安歇的绝对化身"。即使在1937年之后，迈斯基仍经常造访她位于白金汉郡克莱夫登的凡尔赛式公寓——在当时，那里是张伯伦、哈利法克斯[1]、霍尔[2]和其他人度过漫长周末的圣地。］

11月29日

王室婚礼终于在今天举行。天一亮，甚至从前一天晚上开始，伦敦的河岸就挤满了人。多达五十万人从全国各地赶到首都。许多外国人从欧洲大陆过来。人群挤满了婚礼队伍计划经过的街道，他们前一天晚上便聚集在这里，以占据最佳观赏位置。果然，人群里几乎全是女性。至少在从大使馆前往威斯敏斯特教堂的路上，我几乎看不到一个男人。一些报纸也提到了这一点（比如《曼彻斯特卫报》）。沿着游行队伍方向，在不同位置搭起了大型平台，每个座位

---

[1] 爱德华·弗雷德里克·林德利·伍德，第一代哈利法克斯伯爵，牛津大学万灵学院奖学金获得者，1926—1932年任印度总督，1935—1938年任英国上议院保守党领袖，1935年任陆军大臣，1935—1937年任掌玺大臣，1937—1938年任枢密院议长，1938—1940年任外交大臣，1941—1946年任英国驻美大使。
[2] 塞缪尔·约翰·霍尔，第一代坦普尔伍德子爵，保守党员，1931—1935年任印度事务大臣，1935年任外交大臣，1936—1937年任第一海务大臣，1937—1939年任内政大臣，1939—1940年任掌玺大臣，1940年任空军大臣，1940—1944年任英国驻西班牙大使。

售价一至十基尼。这座城市，特别是市中心，俗丽地装饰了旗帜、彩带和绘有新郎新娘肖像的横幅。是夜，全城灯火通明。换句话说，所有的灯都开着。婚礼变成了真正的国家事件。

……这次，我被迫在威斯敏斯特教堂参加婚礼仪式。这是莫斯科决定的。这是我离开学校后第一次参加教堂礼拜，已经三十三年了！真是相当长的一段时间。

外交使团坐在入口右边，入口左边是政府成员。西蒙坐我对面，和我搭档。麦克唐纳在仪式中热情地吟唱《诗篇》，鲍德温疲倦地打呵欠，而埃利奥特[1]直接打起了瞌睡。丘吉尔[2]看起来深受感动，甚至一度像在用手帕擦拭眼睛。亨德森[3]激情澎湃地演唱《天佑国王》。王室成员全部聚集在布道坛两侧，贵族和大企业的代表挤在他们身边。身穿白衣的唱诗班占据了楼上的特殊座位，从那里传来管风琴的嗡嗡声，演奏巴赫、亨德尔和埃尔加作品的乐声充塞了教堂高高的穹顶。

我在教堂的出现引起了外交官和政府官员之间的眼神交流和窃窃私语。……我身边的尼泊尔公使[4]非常引人注目：他头戴一顶

---

[1] 沃尔特·埃利奥特，1924—1945年任保守党议员，1932—1936年任农业大臣，1936—1938年任苏格兰事务大臣，1938—1940年任卫生大臣，1941—1942年任英国陆军部公共关系科主任。

[2] 温斯顿·伦纳德·斯宾塞·丘吉尔爵士，1924—1931年和1939—1945年任埃平选区保守党议员，1924—1929年任财政大臣，1929—1939年"下野"，1939—1940年任第一海务大臣，1940—1945年和1951—1955年任首相。

[3] 阿瑟·亨德森，1908—1910年和1914—1917年任工党主席，1911—1934年任工党总书记，1929—1931年任外交大臣，1934年获诺贝尔和平奖。

[4] 巴哈杜尔·S. J. B. 拉纳将军，1934—1936年任尼泊尔首任驻英大使。他是1947年尼泊尔宪法改革委员会主席，其官位比王公低两级，他还是拉纳家族的首相和国家实际的统治者。在拉纳家族政权结束后，他从公共生活中消失了。非常感谢牛津大学万灵学院的戴维·盖尔纳教授提供相关信息。请参阅1935年6月5日的日记记录。

镶有大钻石和红宝石的金色帽子，帽子顶端装饰了一根巨大的"鸡尾"。整体效果相当搞笑，但是在那一刻，尼泊尔使者的头上无疑顶着数万英镑。

12月1日

一场可怕的灾难！基洛夫同志[1]在列宁格勒的斯莫尔尼宫遇害。谁杀了他？什么动机？谁指使的？……我至今一无所知。舰队街上有很多流言，版本不一。有人说行刺者是一个对基洛夫怀恨在心的工程师。其他人（《每日快报》）暗指希特勒的副官阿尔弗雷德·罗森堡[2]脱不了干系。我只知道一件事：（我在广播中听到）由斯大林、莫洛托夫、伏罗希洛夫[3]和其他人签署的讣告指出，"刺客是阶级敌人派来的"。[4]

晚上九点左右，我们得到了关于暗杀企图的消息。晚上十一点三十分，奥泽尔斯基[5]、阿尔佩洛维奇和卡根聚在我的办公室，我们

---

[1] 谢尔盖·米罗诺维奇·基洛夫，1926—1934年任苏共列宁格勒州委书记，自1930年起任苏共中央政治局委员。
[2] 阿尔弗雷德·罗森堡，纳粹党报《民族观察者》编辑，1933—1945年任纳粹党外交部国务部长，1941—1944年任东部占领区部长。
[3] 克利缅特·叶夫列莫维奇·伏罗希洛夫，1934—1940年任国防人民委员，1935年被授予苏联元帅军衔，1939—1940年在对芬战争中任苏联军队司令，1940—1945年任苏联人民委员会副主席，1941年任西北军和列宁格勒前线司令。
[4] 尽管经常有人猜测，但并未证实暗杀事件与1934年基洛夫对斯大林构成的政治威胁有关。在苏共十七大上，基洛夫发表了一场热情洋溢的讲话，获得了如潮的掌声，这与斯大林相当乏味的演讲效果形成对比。毫无疑问，斯大林利用暗杀事件发动了"大恐怖"，并在暗杀当天发布了一项指令，主张严酷处置可疑的恐怖分子，包括动用死刑。迈斯基一如既往地对斯大林的说辞信以为真，并予以支持，但他后来认识到这一行为的后果，也只是保持低调。
[5] 亚历山大·弗拉基米罗维奇·奥泽尔斯基，1931—1937年任苏联驻英贸易代表团团长。被召回莫斯科后遭到逮捕并处决，后经平反恢复名誉。

都想待在一起，在集体中寻求同情，排遣忧虑。我们讨论，交换想法，做推测和猜想。……

简直太可恶了！我国在过去一年的发展中竟遭遇这次完全意想不到的剧变。我越早了解所有细节，就越容易判定斯莫尔尼宫这场悲剧的重要性。

12月6日

今天，基洛夫同志的骨灰盒被放在红场旁的克里姆林宫的墙上。数十万人到场，包括军队、中央委员会和政府成员。……

在伦敦的我们也纪念故去的领导人。使馆降半旗。我们整个苏联社群在大使馆聚集。大厅饰以绿叶和鲜花。列宁的半身像和斯大林、基洛夫的画像沿墙摆放。我简短发言，悼念死者。拉兹扬[1]（来自贸易代表团）与我们分享了他和基洛夫的回忆。我们在钢琴的伴奏下演唱《葬礼进行曲》。然后，我们怀着沉静而忧伤的心情离开会场。……

我根本无法接受这个可怕的悲剧。仅仅六个星期前，我还坐在基洛夫的办公室，与他就国际形势，特别是英苏关系作深入探讨。基洛夫对外交事务了解透彻。他的观点通常表面简单，实质却深刻而生动。他认为英国保守党是一个非常重要的敌人。记得1931年秋，保守党在英国大选中获得压倒性胜利之后，我在去赫尔辛基的途中到列宁格勒拜访了他。当我们谈到选举时，基洛夫感叹道："在完全保持自我控制的同时赢得如此胜利——这是治理艺术的最高境界！只是没想到，昨天海军发生了暴动（他指发生在因弗戈登的事）。"[2] "如果是墨索里尼获得这样的胜利，他之后会怎么做？他会

---

[1]　I. 拉兹扬，米高扬在伦敦贸易代表团的手下。
[2]　英国大西洋舰队的海员罢工，抗议减薪百分之十的政策。

把这些叛变者辗为齑粉，他会枪决数百名水手……保守党又做了什么？他们保持清醒的头脑，没有沉浸在胜利中。他们赢得了巨大的胜利，并对叛变者说：让我们忘记过去吧！是的，这些人知道如何统治。他们需要被认真对待。"

基洛夫的话语透露出深深的厌恶，但又掺杂了深刻的敬意。

……基洛夫遭遇暗杀，在政治上对我们来说是一个非常糟糕的时刻。它与我国的内外发展整体方向背道而驰。它不可能源自苏联体系深处发生的某些重要进展。相反，它反映了过去的残渣余孽仍未被完全清除。但指的是哪些呢?!……

无论如何，暗杀事件对身处欧洲的我们会产生一些影响。尽管不是严重的困扰，也是一种困扰。时间会证明一切。

12月13日

在李维诺夫的指示下，我向范西塔特介绍了12月5日的《苏法互助条约》。[1]范西塔特对于我们的关注显然很高兴，并再次确定英国政府到夏天时仍然赞成《东方公约》。

12月19日

今天，范西塔特和我总结了始于12月13日的谈话。

---

[1] 在德国和波兰拒绝参加《东方公约》后，俄罗斯人恢复与法国的联合协定，并于1934年12月5日在日内瓦签署。法国和苏联承诺不与其他国家达成可能破坏东部区域协定的多边及双边协议。捷克斯洛伐克两天后签署该协定。李维诺夫指示迈斯基转告范西塔特，该协定源于希特勒通过传播分别与法、苏谈判的谣言，"一会儿是苏联，一会儿是法国"，试图在苏、法之间"播下不信任的种子"。李维诺夫和迈斯基一样，担心英国可能对德国示好，因为这可能束缚法国。

范西塔特首先对我们关于英苏关系进行的"联合调查"的结果表示满意。我也表示了满意，但补充说，苏联与英国之间的和解仍然是一朵非常娇嫩的花，需要很多关注和照料才能正常生长和发育。……

然后我们谈论一个问题：接下来呢？我说："目前的英苏关系让我想到了以下画面：一段风雨过后，终于风平浪静。仍有点雾，有点冷，天空阴沉，太阳还没有出来。当然，相比以前，这是一个巨大的进步……"

"你想说，但这还不够，需要一些阳光，一些温暖……"范西塔特笑着大声说道。

"为什么不呢？"我反问。

"我完全同意。"范西塔特说。

于是我们开始讨论让英苏关系的气氛变得更好的实际步骤。……谈话最后，我们说到英国大臣和主要公众人物访问苏联的可能性。我问："为什么英国高层人物能轻松自由地旅行全世界，却不能去苏联？这不也是一种根深蒂固的'歧视'吗？然而，他们的访问可能极有助于拆除十月革命以来我们两国之间搭起的长城。"

范西塔特试图用安排得极其满当的时间表为英国大臣辩解。他说"我几乎没有离开过伦敦"，并给出一个有力的证据："我只在1929年和麦克唐纳访问胡佛[1]时才去过美国一次。"

我半开玩笑地说："但你在意大利度假！为什么不去高加索呢？"……

12月20日

置于本篇日记之前的是1934年12月20日《曼彻斯特卫报》的

---

[1] 赫伯特·胡佛，1929—1933年任美国总统。

一则剪报：

> 西里西亚州州长尤利乌斯·施特莱彻先生[1]，在慕尼黑举行的纳粹律师协会会议上对三千名北巴伐利亚的律师和法官说："犹太人如果与非犹太女性结婚，作为惩罚，必须处以死刑。"这番话赢得欢呼。他补充道："一个犹太人的血球，与北欧日耳曼人的完全不同。从嫁给犹太人的那一刻起，一个非犹太女孩将永远失去自己的人民。"

彻头彻尾的蠢货！而且是嗜血的野兽。清算之日终将来临，希特勒将为数百万人的苦难付出代价。[2]

枪击事件带来的混乱并没有减少。我刚刚平息"左翼"工党的抗议活动，右翼又出现了。这主要拜西特林[3]所赐。今天，《每日先驱报》发表了一篇义愤填膺的社论。[4]

12月27日

圣诞节前夕，范西塔特突然邀请我去他家。在去往外交部的路上，我有些焦虑。但事实上，没有什么要担心的。……

范西塔特……告诉我，他多次思考了我们上次的对话，并得

---

[1] 尤利乌斯·施特莱彻，反犹《先锋报》周报的创始人和编辑。
[2] 如果迈斯基身在德国，这将直接关系到他的个人处境。
[3] 沃尔特·麦克勒南·西特林，1926—1946年任英国劳工联合会总理事会秘书，1929—1946年任《每日先驱报》主管。他反对1925—1927年苏联和英国工会之间组成的联盟。
[4] 题为《俄罗斯恐怖》的文章最后总结道："俄罗斯的处决是野蛮的，这与它自称世界上最先进的政权并不相符。"

出结论：对苏联进行部长级访问将是改善英苏关系的最佳途径之一。……我将对话引向牛赖特提出的制衡《东方公约》的四国条约，并直截了当地表明，我们绝对无法接受任何形式的四国条约（例如作为五方或六方权力的公约），因为它只会削弱国际联盟的权威。范西塔特答应将我们对协议的态度通报内阁。[1]

当我准备离开时，范西塔特以一种非常亲密友好的口吻，"绝对私密地"告诉我，如果苏联继续干涉英国的内政，我们改善英苏关系的所有努力都会付诸东流。[2]……

12月31日

又一年结束了，而我即将跨入新的一年！我不由自主地回忆起过去的十二个月……

就政治和经济方面来说，去年对我们来说是成功的，尽管基洛夫的去世使年末变得灰暗。我们已经强大、成长，开始扮演全球重要角色。我们一直保持急剧的上升势头。特别在过去一年，英苏关系出现转折：签署贸易条约；我与范西塔特在夏季谈判；英国政府声明支持《东方公约》；7月13日，丘吉尔和奥斯丁·张伯伦[3]在议会的惊人辩论中，宣称自己是苏联的"朋友"，并坚持让它加入国

---

[1] 李维诺夫指示迈斯基，未来与德国、法国或英国达成的任何协议都应以遵守《东方公约》为条件，并排除任何可能恢复1933年7月15日由英国、法国、意大利和德国签署的四国条约的行为。四国条约因签署国之间存在重大分歧从未生效。

[2] 迈斯基给国内的报告非常简洁。将观点归于范西塔特的做法显然超出他的权限，但却成为他今后的习惯。他声称，范西塔特"确认"苏联和英国之间不存在任何必要的摩擦，而事实上，次官只是被诱导去证实迈斯基曝光的大量内容。

[3] 约瑟夫·奥斯丁·张伯伦，内维尔·张伯伦同父异母的兄长，1892—1937年任保守党议员，1924—1929年任外交大臣。他是《洛迦诺公约》的设计者，并由此获得1925年诺贝尔和平奖。

际联盟。这些都标志着英苏关系开始进入新阶段。不是说英国贵族们突然对我们底层的布尔什维克产生好感。不，事实并非如此，也永远不会如此，只是时机已到：英国政治家特有的"面对现实"（无论是否令人愉快）的本领，最终战胜了他们基于阶级和政治的对我们的仇恨。我们现在已经成为一支重要且稳定的国际力量，即使是最无可救药的保守派讨厌鬼也不能再无视我们，不论愿不愿意，也得被迫"承认"我们的存在，这些本性难移的政治投机者还得试图从我们身上获取任何可能的利益。……

对我个人来说，今年又过得如何？我仔细思考，回忆，理清事实和日期。阿格尼娅和我都很好。菲卡[1]和我们在伦敦待了一个月，我们一起愉快地游览了英格兰和苏格兰……然后，我们回苏联继续度过两个半月的假期，来回都经过了柏林。我们在莫斯科、列宁格勒（只有我，阿格尼娅没有去）、基斯洛沃茨克、索契、苏呼米、加格拉和诺维阿丰都待过。我们的体重增长，心情畅快。我离开温泉疗养地时体重达六十九公斤。……我想，大概就这些了。不会总有那么多好事，事情也不总是那么有趣。与1934年我在苏联的政治、社会和经济生活中目睹的那些真正重大的事件相比，这些经历显得苍白无力。……为什么苍白？应该这样理解：对于共产党人来说，个人必须融入集体，或者至少远退幕后。……

---

[1] 菲奥科蒂斯塔（菲卡）·波鲁多夫，阿格尼娅的妹妹。她的丈夫波鲁多夫因签署反对斯大林的"十条纲领"信件被捕后遭到处决，而她被赶到古拉格劳改营，在那里待了八年。

图18 游览苏格兰

图19 访问索契附近的一个集体农庄

图20 阿格尼娅在索契疗养院

1935 年

1月18日

  米哈伊尔·肖洛霍夫[1]已离开。他和妻子在伦敦停留大约两周。他们住在大使馆。我为他安排了两场招待会：一场面向采访他的新闻工作者（但关于采访的报道很少），另一场面向作家们。……我非常喜欢肖洛霍夫。他年轻（二十九岁），尽情享受生活乐趣。他是狂热的猎人和垂钓者。他尽管有名气，却没有被惯坏。他谦虚直率。他会一直这样吗？让我们拭目以待。他的妻子非常好——乐观，积极，友善。这对他来说是一大福音。像她这样的妻子，不会让他像我们的年轻作家那样干许多蠢事。肖洛霍夫的外形非常迷人：身材匀称，金发碧眼，中等个子，面容精致，卷曲的头发覆在大而宽阔的前额上，嘴里总是叼着一根烟斗。正如你想象中的诗人那样。他在英国只见到这么少人，真是遗憾。他大部分时间都与文

---

[1]　米哈伊尔·亚历山德罗维奇·肖洛霍夫，1965年获诺贝尔文学奖，著有《静静的顿河》《被开垦的处女地》《他们为祖国而战》。

学界人士会面，参加派对和购物（他有很多钱，是在国外出版《静静的顿河》后收到的稿酬）。

2月4日

我获悉英法两国部长会议的以下细节。[1]

麦克唐纳和西蒙一直支持希特勒，特别是麦克唐纳。鲍德温和艾登谨慎地支持法国。范西塔特强调，意大利参与到所有欧洲联合体中来的意义重大。麦克唐纳不遗余力地劝法国人不要相信《东方公约》可行（"若是德国不需要，他国也不可能将任何事务强加在德国身上"），建议他们不要坚持，而只留在西方的安全组织里，东欧则顺其自然。

麦克唐纳和西蒙遭到法国人的强烈反对。诚然，弗朗丹大部分时间都保持沉默，但赖伐尔的发言时间很长。……法国人……赞成推进《东方公约》。英国人虽曾抵制，但最终妥协：公报中的所有问题要"一并"解决。但是，这种方法的思路不够清晰。德国没有出席日内瓦会议，但除了日内瓦，还能再找到一个合适的场所来举行有如此多强国参与的复杂谈判吗？英国人似乎愿意在德国和其他国家谈判时扮演调解人的角色，但法国人根本不喜欢这个主意。等着瞧吧。……

---

[1] 皮埃尔·艾蒂安·弗朗丹，1934—1935年任法国总理。弗朗丹和他的外交部长赖伐尔于2月1—3日访问伦敦，并会见麦克唐纳和西蒙。

2月6日

马萨里克[1]（捷克特使）今天通知我，昨天他与范西塔特进行了坦率的交谈。马萨里克没有掩饰他对英法两国部长会议的担忧……但范西塔特向他保证，捷克斯洛伐克没有理由担心她的未来。他说英国非常关心捷克斯洛伐克的统一和繁荣。范西塔特对即将与德国进行的会谈持怀疑态度，不认为此会谈能取得积极成果。但即使只为启发英国舆论，也应该这样做。……

我从一个可靠的新闻来源中得知，赫施（德国大使）在西蒙的同意下建议希特勒，在答复英法联合提案时，应该将《东方公约》问题置于谈判议程的最后。如果前面的所有项目达成协议，《东方公约》很容易被"埋进沙子里"。一个狡猾的举动！但是希特勒会聪明到遵循他大使的建议吗？

2月10日

麦克唐纳和西蒙……正系统地游说扼杀《东方公约》，并将注意力完全转移到"西方安全"问题上。换句话说，他们在告诉希特勒："不要理会法国和英国。作为补偿，你可以在东欧为所欲为。"我的印象是，鲍德温、艾登和范西塔特意识到协助和教唆的政策是无效且危险的，但在目前形势下，他们还是让麦克唐纳和西蒙全权处理。……

我们苏联的行动如今是影响国际舞台的一个重要因素。我认为

---

[1] 扬·加里格·马萨里克，1925—1938年任捷克斯洛伐克驻英大使，1940—1945年任流亡伦敦的捷克斯洛伐克政府外交部长，1941—1945年任副总理。

已经是时候表明苏联对2月3日公报的态度了。[1]

2月21日

……西蒙在议会大厦接待我。会议期间艾登一直在场，但很少发言。西蒙以我在国联会议上的发言开场，恭维我，并让我解释各种观点。我大声朗读我们对公报的评价，并把文件放在了外交大臣的办公桌上。……我向西蒙提出了几天前问过范西塔特的问题：如果德国接受了除《东方公约》外伦敦计划的所有要点，英国政府会怎么做？我的问题让对方感到尴尬，他开始胡说八道，言过其实又语无伦次。这些话似乎要表达：如果德国拒绝了我们的要求，这个协议将被"阉割"，双方会达成一个简单的互不侵犯条约，而不是互助条约。

我开始激烈地反对，我承认自己有话直说。我说，军事互助是协议的核心，我们无法在这一点上让步，如果没有互助的《东方公约》，即使仅就西方而言，也不会有裁军或欧洲安全。

西蒙显然很担心。他揉着鼻梁，冷嘲热讽地问道："你准备拿什么换取德国同意《东方公约》？"我回答说，如果能达成协议，德国将与其他国家一道获得安全保证，这就是足够的回报。西蒙把目光移到天花板，相当暧昧地耸了耸肩。

我离开时有一个非常明确的感受，西蒙终于明白将苏联排除在解决"欧洲绥靖"问题之外的企图已经失败。如果想在这方面取得

---

[1] 法英公报同意废除《凡尔赛和约》对德国武装部队的限制，并呼吁签署新的军备协议，以配合德国重返国际联盟、缔结《东方公约》以及维护奥地利独立。

进展，就得让苏联加入并同其他大国平起平坐。[1]

2月28日

过去一周我一直处于非常困难的境地。

我十分肯定《泰晤士报》和《每日电讯报》中关于英国大臣访问莫斯科的报道出自外交部，尤其是范西塔特之手。在接下来的一周里，新闻界以各种可能的方式持续并有计划地渲染这个话题。……大约在我向范西塔特介绍普特纳[2]的时候，他告诉我，尽管外交部与涉及部长级访问的新闻宣传运动无关，但这个想法本身值得好好听取。总而言之，英国政府已经意识到，如果没有我们，就不可能拼凑出"欧洲安全"。它已经决定让苏联参与安全组织，这样至少可以从中获益——特别是作为柏林和莫斯科之间的调解人（英国人一贯喜欢的角色），就《东方公约》问题寻求和解。……

但是我们在莫斯科的人不会让步。当媒体发表第一篇报道后，我立即发出第一个请求，询问自己应遵循的路线，得到的答复是报纸报道缺乏权威，我应该保持冷静，而且如果英国外交部因此接触我，我应通知莫斯科。外交人民委员部最初甚至认为，西蒙访问莫斯科是为了掩饰他对华沙的访问（据新闻报道，这位英国大臣将从

---

[1] 西蒙让迈斯基确信，《东方公约》的主要目标是"给予必要的信心，使军备协定成为可能"。而且英国政府认为，仍然可以通过达成一项全面的欧洲军备协定来解决德国的合理抱怨。迈斯基则告诉道尔顿："务必与希特勒谈谈，并达成协议与和解。不过要握着步枪与他谈判，否则他不会尊重你的意愿。"

[2] 维特沃特·卡齐米洛维奇·普特纳，因在苏俄内战中的表现为世人所知。1923年，他支持托洛茨基反对派。1927—1931年，他曾任苏联驻日本、芬兰、德国武官；1934—1936年，又任驻英武官。1936年夏从伦敦召回后被捕，遭受刑罚并被判处死刑。1938年，迈斯基被迫在莫斯科发声谴责他。1957年，普特纳得到平反，恢复名誉。

柏林前往华沙，再前往莫斯科）。我援引自己掌握的资料对此提出异议，并询问苏联媒体是否可以谨慎地对西蒙的访问表示好感。但外交人民委员部连这点也不同意，理由是怀疑西蒙是否真心造访。尽管如此，我还是在2月26日前设法获得了许可，至少在与英国外交部打交道或相关人士就此接触我时，可以对西蒙的访问表示鼓励。……2月25日，西蒙在回应下议院的一个问题时说，政府正在考虑他访问莫斯科的事情。我再次请求李维诺夫，今天我终于接到指示，并告诉范西塔特，一旦英国政府明确解决英国大臣访问苏联的问题，我就能被授权向西蒙发出官方邀请。但外交人民委员部只想要西蒙而非其他人……嗯！当然，这里主要考虑的是名声：如果去柏林的是西蒙，那么去莫斯科的也必须是他。非常清楚。但我仍不会发出这类关于西蒙的最后通牒。事实上，艾登可能会更有利。尽管如此，今天还是松了一口气……

2月29日[1]

昨天，劳合·乔治一家和几乎他的整个"党派"与我们共进午餐：老先生本人，他的妻子，格威利姆[2]，梅根[3]；梅特兰[4]（著名的保守党），贾维（银行家）[5]，"独立的"工党党员约西亚·韦奇伍

---

[1] 原文如此。——译注
[2] 格威利姆·劳合·乔治，劳合·乔治之子，自由党议员和贸易委员会政务次官。
[3] 梅根·劳合·乔治，劳合·乔治的女儿，1929—1951年任自由党议员，1957—1966年任工党议员。
[4] 阿瑟·梅特兰。
[5] 约翰·吉布森·贾维，联合多米诺信托的主席，1932年在格拉斯哥举行的一次重要演讲中赞扬了斯大林的五年计划。斯大林此后经常引用贾维的演讲，但省略了其中的定性评论，即尽管俄罗斯声称"将成为共产主义国家，然而毫无疑问，迄今为止它是在实行国家资本主义"。

德[1]，以及其他人。

我忍不住敬佩劳合·乔治。他已经七十二岁，仍然精力充沛。在最近的一次休假后，他看起来气色很好：浓密明亮的白发下是一张坚定、黝黑、精神饱满的脸孔。老人心情愉快。他吃饭时不喝酒，但他喜欢伏特加，喝过一次后又喝了几杯。

劳合·乔治表示，他目前对德国问题并不感兴趣。因德国好战而引发的恐惧被夸大了。德国需要至少十年才能恢复它的军事、经济和金融实力。在此之前，欧洲可以高枕无忧。

劳合·乔治更关心远东地区的事务。……日本到处使用"胡萝卜加大棒"的政策，显然谋求在亚洲大陆建立一个强大的"黄色"帝国。

……劳合·乔治突然发火，对政府方针提出大量的批评。他十分娴熟地严厉抨击政府官员，说他们是没有丝毫想象力的笨蛋，政策名不符实。麦克唐纳和［内维尔·］张伯伦被他挑出来辱骂。

3月4日

在大使馆用餐时，作为高级女宾的范西塔特夫人坐在我旁边，用最坦率的言辞形容了她丈夫目前面临的困难。……西蒙为英法协定遍访欧洲各国首都的问题已经使范西塔特生活在地狱中。问题出在范西塔特和西蒙在许多事情上持不同观点。此外，西蒙很少花时间在外交部上，还将所有的日常业务推给范西塔特。后者从清晨到深夜都忙于工作，而西蒙每个周末都去自己的乡间别墅打高尔夫

---

[1] 约西亚·克莱门特·韦奇伍德，第一代韦奇伍德男爵，1919—1942年任工党议员。1940年，他谋求驻苏联大使的职位，但丘吉尔选择了克里普斯。

球。……在我告诉范西塔特苏联政府对于西蒙访问的积极态度之后，他认为有必要将推进这项活动的通过当作紧急事项处理。但他有好几天无法与西蒙取得联系：西蒙结束在巴黎的演讲后回国，甚至没有回外交部看一眼，就直接到自己的乡间别墅打高尔夫球。范西塔特试图联系西蒙，但西蒙显然正尽力避免与他会面。3月3日，星期日，范西塔特的耐心消耗殆尽，他独自出发去见鲍德温，然后见麦克唐纳。他与二人进行了长时间会谈，并获得了他们对西蒙访问莫斯科的批准。最终决定很可能会在最近，即3月6日的内阁会议上发表。但是，这一切给她丈夫带来了非常大的压力，并使他神经紧张。……我问范西塔特夫人，西蒙是独自一人去柏林还是和艾登一起去。她松了口气，答道："幸好是他和艾登一起去。西蒙很容易被奉承，希特勒可能在这方面很慷慨。这可能会促使西蒙在柏林发表一些草率的陈述。艾登会阻止并纠正他。"

3月5日

范西塔特夫妇在大使馆和我们一起用餐。晚饭后，我和范西塔特聊了一会儿。……我提醒范西塔特注意英国媒体和某些内阁成员，尤其是西蒙对希特勒的奴颜婢膝。这是一个糟糕的策略，只会激起希特勒的胃口，让他更加顽固。虽然西蒙还没有到德国去，但在2月28日，他在巴黎与赖伐尔谈话时就已经提出用德国与其邻国之间的双边互不侵犯条约取代互助的《东方公约》。这将起什么作用？我补充说我们不会在《东方公约》问题上让步。

……真是一个不幸的巧合：英国的西蒙和法国的赖伐尔。在我们看来，想象不出还有比这两位更糟糕的外长，尤其在这样严峻的时期！

3月7日

作出决定了!

范西塔特今天打电话跟我说,内阁已经决定派艾登前往莫斯科。西蒙将在议会晚宴后发表一项声明。

……我说了一些称赞艾登的话,但补充说,我已被授权将官方邀请函交给西蒙,或西蒙和艾登两人。现在情况发生了变化,我必须再次向莫斯科请示。范西塔特没有反对。最后,他说了一段意味深长的话:他恳请我相信,决定让艾登出访是现阶段能做到的最大限度。我明白。

所以,艾登即将启程!很好!毫无疑问,这是历史性的一步。

3月8日

毫无疑问,派遣艾登而不是西蒙,是英国政府歧视苏联的一种温和形式。……

事实上,艾登对我们来说比西蒙好,因为艾登是冉冉上升的新星,而西蒙即将落下。艾登得到了颇具影响力的保守党人鲍德温的拔擢,而西蒙基本不代表任何人。西蒙既不受保守党喜爱,也不受自由党和工党待见,只好妥协待在国内。最后,艾登对苏联持宽容态度,而西蒙是我们的宿敌。是的,艾登好多了!

……我今天给莫斯科发去长电报,要求亲切接待艾登。我们等着看看反响。[1]

---

[1] 在传达该决议时,迈斯基敦促李维诺夫接待艾登,还提出了一项误导性的论点,即"目前整个柏林之行悬而未决,尚不清楚是否会进行"。

[1934年秋,迈斯基首次提出了英国政府对莫斯科进行部长级访问的想法。早在外交大臣考虑访问柏林之前,迈斯基和范西塔特已经背着李维诺夫及西蒙商议出这项计划。然而,迈斯基没有得到李维诺夫的鼓励,后者担心俄罗斯的任何主动举措都可能被英国人怠慢,或者被用作与德国人谈判的筹码。

迈斯基非常相信他能够与范西塔特和艾登一起走一着好棋,矢志不渝地推动他的计划。2月11日,他敦促李维诺夫就即将举行的会议提供指导方针,他声称提议开会的是范西塔特,但实际上是他。李维诺夫勉强答应让迈斯基去确认英国人的态度,但对结果仍高度怀疑,抱怨说甚至连德国人都相信英国人"对《东方公约》没有一点儿兴趣"。迈斯基并不羞于向一些意料之外的人寻求支持:他向斯大林的亲信、人民委员会主席莫洛托夫求助。当西蒙去柏林会见希特勒的意图曝光时,李维诺夫终于屈服于迈斯基施加的压力,允许他自由决定在合适的时候发出邀请。]

3月9日

欢呼!莫斯科看起来很青睐艾登。李维诺夫要求我发出官方邀请,建议艾登尽快来到莫斯科……与西蒙去柏林的同时或在柏林会谈之后。……我已打电话给莫斯科,问我是否应该陪着艾登。如果获得肯定,那就太好了。

3月11日

……里宾特洛甫几天前在柏林会见弗朗索瓦-庞赛[1]，告诉他一些事情：让我们解决德法间的所有争议性问题。忘掉俄罗斯吧，它是一个亚洲大国。为什么我们欧洲人要让俄罗斯进入欧洲呢？弗朗索瓦-庞赛回答说，根据自然和政治地理，俄罗斯位于欧洲。

真是个笨蛋德国人！

3月12日

英国外交部为苏联媒体没有回应艾登访问这一决定感到担忧和困惑。事实上，莫斯科这种做法不太正确。我得推动莫斯科有所行动。……我们将看到它会产生什么结果。这是一次冒险，但值得……李维诺夫仍然怀疑艾登的访问。他甚至认为访问可能根本不会发生，或者近期不会。出于这个原因，他推迟决定我是否应该陪同艾登。他另有一点疑义：艾登不是外交部长。但我仍然会去。我会安排好。

3月13日

或许是因为昨天我与艾登的电话交谈，今天西蒙和艾登邀请我去议会。我在下午三点到达，我们聊了大约四十分钟，主题是艾登访问莫斯科的时机。西蒙几乎一直在说话，一边花言巧语一边沾沾自喜。艾登发言不多。……西蒙懒洋洋地把目光移到天花板，突然

---

[1] 安德烈·弗朗索瓦-庞赛，1931—1938年任法国驻德大使，1938—1940年任驻意大使。

问道:"问你这个问题我很抱歉,对你来说可能很奇怪:掌玺大臣能否与斯大林先生会谈?"

我等他问完,然后冷静地回答:"我不知道。斯大林先生不是人民委员会委员,通常不会与外国部长、外交官会晤。"

西蒙再一次试图说服我。哦,他自然不会要求将与斯大林的会面作为艾登到访莫斯科的必要条件。他非常了解李维诺夫,并且尊敬和重视他。尽管如此,斯大林仍是英国公众心中苏联的主要人物。英国政府非常重视艾登对莫斯科的访问,希望安排好他的访问,给英国舆论留下尽可能好的印象。我必须非常清楚地认识到,并不是所有英国人都赞成政府派大臣到苏联去的决定,一些有影响力的圈子因这一举动皱眉头。因此,利用这次访问实现公众舆论的根本改变非常重要。就这一点而言,艾登与斯大林的会面就很令人向往了。

我答应在莫斯科开展必要的调查。……就在那一刻,西蒙的秘书冲进房间,说西蒙应前往下议院。……只剩下艾登和我。艾登以非常特别的口吻补充道:"在筹备工作及与德国谈判期间,我应该一直陪着约翰爵士(西蒙)。"

这可以理解为:保守党坚决拒绝让西蒙单独去柏林,"党代表"艾登必须协助他。

3月14日

正如我昨天在电报里要求的那样,李维诺夫下午一点从莫斯科打电话给我。他就在斯大林同志的办公室与我通话。他的答复如下:让艾登于3月28日来到莫斯科;斯大林同志将接见他;我应该从柏林开始就陪同艾登;西蒙最好就访问柏林和莫斯科的同等重要性发表公开声明。……

下午三点，我回到议会，这次是在艾登的办公室里。他有些迫不及待地问我："那么，有什么消息？"我向他通报了莫斯科的答复。艾登非常高兴。他谈到与斯大林的会晤："你当然明白，就我个人而言很难坚持要求这一点。但对于英国公众、普通民众来说，这样的会面非常重要。"[1] 听到我会陪伴他，他深受感动。

……欢呼！李维诺夫表现出了他仁厚的一面：我被允许同艾登一起前往莫斯科，或提前一天出发——前提是艾登必须马上出发。我不明白这个前提，但主要的事情已经解决了。即使艾登不那么快出发，我也会和他一起走。这事已十拿九稳！

3月17日

昨天是一个有着重大历史意义的日子：希特勒颁布了一项新法律，在德国推行义务兵役。德国军队人数已达五十万。

这是走向又一场世界大战的重要一步！

所以，德国摊牌了。《凡尔赛和约》已被公开地、郑重其事地撕成碎片。纳粹德国正在变成一股强大的军事力量。其军队在数量上将超过法国。2月3日的英法宣言实际上已作废。西蒙访问柏林失去了意义——在新情况下，他在那里可以谈些什么呢？

德国最新举措的后果不可估量。弗朗丹和赖伐尔梦想的法德和解的尝试已被终止。接下来缔结的《东方公约》没有德国，也可能没有波兰。法国人对此事始终犹豫不决，但现在必须终结一切不确

---

[1] 迈斯基向艾登解释，斯大林如今不仅是苏共书记，而且在"他们选出的委员会执行委员中也占据特殊地位。迈斯基还笑着说，他自己现在是一名下议院议员了"。迈斯基刚刚入选苏共中央委员会。

定性。晚间新闻宣布赖伐尔即将访问莫斯科。很好。《东方公约》很可能在莫斯科签署。当然，英国人会拖延，玩均势外交，但事情发展的逻辑不会让他们长时间这么做。……

死亡印记愈发清晰地显露于资本主义世界的表面。残酷而愚蠢的《凡尔赛和约》、英法愚蠢的战后对德政策、希特勒愚蠢的挑衅行为……导致这个世界越来越快、越来越无法控制地冲向一场军事灾难，无产阶级革命正在其中孕育！

3月19日

……李维诺夫非常生气，确该如此，与英国就3月16日法令向希特勒递交的照会[1]有关。他认为这是彻头彻尾地向德国投降。

我再补充一些羞辱性的细节。这份照会是由菲普斯[2]（英国驻德大使）于18日下午四点左右递交的。当日下午七点左右，菲普斯收到德国答复，便立即电话告知伦敦。晚上九点，议会中断会议（史无前例！），让西蒙传达喜讯：希特勒最终还是愿意接见英国大臣！

多么可耻！竟如此堕落！对苏联是有多大的仇恨，才会做这种事……

3月20日

……范西塔特今天邀请我去见他。他有些忧郁，甚至有些沮丧，好像前一天生了场病，到现在还没有完全康复。范西塔特谈到

---

[1] 在未同法国人磋商的情况下，3月18日，英国政府向德国发出一份抗议其单边行动的照会，却以询问德国人是否仍对西蒙和希特勒之间的会谈感兴趣结束。
[2] 埃里克·菲普斯，1922—1928年任英国驻法公使，1928—1933年任驻奥地利公使，1933—1937年任驻德大使，1937—1939年任驻法大使。

改善英苏关系的极端重要性、他个人为此付出的努力，以及对艾登即将访问莫斯科的喜悦。是的，他认为艾登的访问是一个重大的历史性事件，重要的是，他的访问将会产生重大的历史影响。……范西塔特用近乎颤抖的声音补充道："几个月以来，我们一直在为英苏和解事业共同努力，而且我已将其带到目前的阶段。在这个阶段，你们已经提议部长级别的直接会谈。当然，在这里，我必须隐藏自我，退居幕后……"

我有些惊讶地瞥了范西塔特一眼，然后惊讶之感越来越强：显然，他嫉妒我与艾登接触，或者说嫉妒英苏之间的和解正在推进，但他扮演的角色不如以前那样活跃！……

3月22日

今天，艾登、范西塔特和我进行了会谈。……艾登和范西塔特向我保证，[关于柏林会议]我们没有什么可担心的。英国大臣未被授权决定或同意任何事情，他们的任务是解释和调查。他们完全理解东方安全的作用。他们将以坚定的态度面对希特勒。我心想："希望你们说到做到。让我们看看结果如何……"

下午四点，我和卡根在克罗伊登机场[1]为艾登送行。斯特朗[2]和汉基[3]陪同艾登。在场的还有艾登的妻子——一个高挑、漂亮的女人。汉基的妻子也在。我们以多种造型、组合拍合照。……27日

---

[1] 当时，克罗伊登机场是伦敦的主要机场。
[2] 威廉·斯特朗，1930—1933年是英国驻苏大使馆成员，1933—1937年任国际联盟外交事务办公室主管，1939—1943年任外交部副次官。
[3] 莫里斯·汉基，第一代汉基男爵，1912—1938年任帝国防务委员会秘书，1916—1938年任内阁秘书，1939—1940年任无任所大臣，1941—1942年任财政部主计长。

图21 迈斯基和艾登的妻子正为大臣送行——他先前往柏林见希特勒,后到莫斯科与斯大林会面

上午,西蒙将返回伦敦,而艾登将于26日晚在柏林的火车站接我,我们要从那儿经波兰前往莫斯科。……

艾登的飞机在空中轰鸣、怒号,飞掠过程中卷起一阵大风时,我不禁想到:"一趟重要的班机正在启程,它可能真的会名垂青史……会吗?"……

[从柏林到莫斯科的火车旅程中,迈斯基一直陪着艾登。在与李维诺夫进行预备会议后,艾登不情愿地接受安排,参观普希金博物馆大量印象派艺术家的作品——属于"资产阶级艺术",不向普通民众开放。艾登匆匆离开那里,前往李维诺夫的乡间别墅。他们

图22　在莫斯科火车站受到李维诺夫和英国大使切尔斯顿欢迎的艾登

在附近树林里冻结的土地上艰难地散步，然后参加宴会式午餐。午餐提供的黄油是玫瑰花样式的，每一块底部都有李维诺夫著名的格言："和平是不可分割的。"这引起了斯特朗揶揄式的警告，当时迈斯基正要给自己切一块黄油："你得注意怎么切！"在访问的最后一天，艾登被带去参观刚刚完工的壮观的第一条苏联地下铁路。当然，他并不知道这是由劳教所的囚犯建造的。

但艾登此行的重点显然是3月29日与斯大林的会面。与李维诺夫的预备会议让俄罗斯人准确、详细地了解到失败的柏林会谈。的确，在去莫斯科的途中，艾登已经致电国内，认为德国不太可能重返国际联盟，但他提出的在国际联盟范围内建立一个集体安全体系的建议没有得到应有的重视。会议持续了一个小时又十五分钟。艾登恭维性的言辞被斯大林粗暴地打断。正如李维诺夫强迫艾登承认

1935年　079

的那样，英苏之间主要的观点分歧是"前者不相信德国政策的侵略性"。斯大林质问艾登："比如说，与1913年相比，情况更好还是更坏？"斯大林很难被艾登说服，去相信现在的情况更好。斯大林认为，日本和德国的侵略姿态如今构成了严重的战争危险，只能通过互助条约阻止。在拒绝了艾登对双边协定的倡议之后，斯大林用比喻说明他的观点，当然，迈斯基不会对这个比喻感兴趣：

> 把我们六个人放在这个房间里。假设我们缔结了互助条约，并假设迈斯基同志想攻击我们中的一个，会发生什么？以我们的综合实力，我们会狠狠地揍迈斯基同志一顿。
>
> 莫洛托夫同志（幽默地）：这就是为什么迈斯基同志表现得如此谦卑。
>
> 艾登（笑）：是的，我很理解您的比喻。

尽管迈斯基和李维诺夫投入了大量精力，但这次访问在推进《东方公约》方面收效甚微，也没有明显改变艾登的观点。艾登发现，斯大林是"一个具有强烈东方特质的人，具有无法撼动的自信和控制力，他的礼貌绝不会掩盖其无可缓和的冷酷"。

在他们的回忆录中，迈斯基和艾登都把莫斯科之行称为推动英苏关系转变的外交努力的顶峰，并为建立有效的反纳粹联盟打下基础。然而，迈斯基对艾登的期望显然太高。他既不是第一位，也不是最后一位被艾登欺骗的政治家——被后者的高尚举止、魅力和看似赢得的尊重，以及表现出权威和力量（而他完全不具备）的能力所欺骗。据迈斯基所说，"威尔士奇才"劳合·乔治曾经对艾登及其勇气有着莫大的信心，但后来认为他是"胆小鬼"。劳合·乔治的判断很刺耳："他们都称他为亲爱的，说他的心在正确的位置，但我怀疑他的脊柱并非如此!"

克里姆林宫内的谈判仍在进行,李维诺夫却被告知,法国人经英国人劝阻,不愿在它们的互助协议(1935年5月2日与俄罗斯人签署)中作任何切实的承诺,这使军事援助在实质上变得空洞。4月中旬的斯特雷萨会议将俄罗斯排除在外,这进一步激起了莫斯科的怀疑,当时意大利人、法国人和英国人讨论了对德国的遏制。1935年4月17日,国际联盟理事会特别会议以对德国单方面违背国际义务予以无力的谴责而告终。直到6月初,迈斯基的日记才记录此事。

比起反对德国,英国外交部中的强硬派进一步对德让步的意见在内阁中占据主流(这与迈斯基所预测的不同)。5月21日,希

图23 迈斯基的妙计:艾登在克里姆林宫斯大林办公室里(从左至右:艾登、斯大林、莫洛托夫、迈斯基、切尔斯顿和李维诺夫)

1935年 081

图24　在外交人民委员部朴素的办公室拜会李维诺夫

特勒在德国国会的讲话中拒绝了英法关于裁军和组建东欧集团的建议。在日内瓦国际联盟总理事会会议期间,艾登故意避开李维诺夫,后者意识到纳粹刺耳又持续地鼓吹"布尔什维克危险"的行动颇有成效。]

6月5日

一个相当不寻常的邻居——将军巴哈杜尔·沙姆谢尔·江格·巴哈杜尔·拉纳先生,尼泊尔特命全权公使——连同其工作人员,去年搬进了第十二号房屋(我们的使馆在第十三号)。我从报纸了解到,巴哈杜尔带着特殊任务来到伦敦,要将尼泊尔最高荣誉授予英王,他庄严而成功地完成了使命。后来,因忙于日常事务,我忘记了巴哈杜尔,甚至以为他已经回到他的山地国度。

然后有一天,我突然发现巴哈杜尔是我的邻居!考虑到英国人对"印度事务"特别敏感,我吩咐使馆工作人员以保守甚至冷淡的态度对待邻居,不与他们交朋友。然而在一个美好的夏日,巴哈杜尔来拜访我。尽管我们所在的建筑比肩而立,他却乘车前来(噢,东方人!)。他穿着民族服饰:头戴一顶圆形的小羊皮帽,矮胖的身体穿着黑色长袍(介于长礼服和犹太长衫之间的衣服),紧身黑短裤在小腿处绷紧,脚穿没有后帮的软白鞋。巴哈杜尔甚至在室内也没有摘下他的黑帽。那是下午茶时间,侍女端来一个托盘,上面有两个杯子、一个茶壶、热水和其他必要的材料。我亲切地邀请巴哈杜尔一起享用……然后!然后他的脸色十分恐惧,双手痉挛,似乎要保护自己不被棍棒击打。我困惑地看着我的客人,他带着抱歉的语气说:"我国法律禁止我和外国人用餐。"

……我惊讶地看着巴哈杜尔,问道:"你要怎么在伦敦工作?在这里,人们永远在午餐、晚餐或下午茶时间点聚会。"

"是的,我知道,"我的客人回答说,"但我无能为力。"

女仆离开了,我随手关上了门。巴哈杜尔小心翼翼地环顾四周,说道:"你无法想象,对我来说在伦敦生活有多难。我非常清楚,如果不与外国人用餐,我在这里什么都做不成,但我又能怎么办?这是我国的法律。我已经向我的国王陛下写信,表明了这些困难,并且我急迫地等待陛下解决这个严重的问题。"

看看社会主义革命时代和苏维埃统治苏联十八年可能会出现什么问题!吃还是不吃,这是个问题!

我同情巴哈杜尔。或者出于感动,或者考虑到我来自苏联,他对着门谨慎地瞥了一眼,近乎耳语地对我说:"在这里,我可以私下破例一次,但不要让别人知道……"

巴哈杜尔腼腆地从我手中拿走一杯茶，但很干脆地拒绝了糕点。喝了半杯茶之后，他把杯子放在桌上，恳求道："这是我们之间的秘密。"我庄严地发誓会保守他的秘密。

然后谈话转向其他主题。我们谈论了各自的家、在伦敦的生活状况、天气等。出于某种原因，我的客人对我是否有牛棚这个问题非常感兴趣。我困惑地回答说，我有一个车库，但不是牛棚。

"但我感兴趣的恰恰是牛棚。"巴哈杜尔含糊地坚持道。

我无法理解他在做什么。为什么一个在伦敦的男人突然需要牛棚？经过一番谨慎的询问，我发现巴哈杜尔真的需要牛棚。根据尼泊尔的习俗和宗教法律，他从尼泊尔带来的不仅是他的民族服饰、室内装饰和仆人，还有他自己的尼泊尔奶牛。喂养这头奶牛一直使我这位邻居感到困难重重。由于家里没有牛棚，他不得不为他的四脚朋友单独租用房屋，事实证明这非常不方便。这就是为什么他非常想知道我是否有牛棚。

……巴哈杜尔的妻子遇到了匪夷所思的事。巴哈杜尔到伦敦时已经结婚了。他的妻子因病去世，但我不知道是什么原因，只知道她在丈夫访问意大利期间生病了。他当时正在意大利为墨索里尼和意大利国王授予他国家的最高荣誉。巴哈杜尔的随从预料到她会去世，便将她带到乡下的一处空地，她最终在那里死去。显然，这是因为根据印度教戒律，在石墙之间保存遗体对故人不利。出于对女主人的关心，仆人们及时将她从石制的伦敦运走。有一次，我碰巧去拜访巴哈杜尔，他正在哀悼。他接待我时似乎穿着夏季薄外套，里面是宽松的白色棉布裤子，脚穿没有后帮的软白鞋，头戴一顶小白帽。这个景象非常滑稽（好像这个人晚上刚从床上跳下来），但这套服装竟然是尼泊尔的丧服。

几个月后，巴哈杜尔离开伦敦，他回来时带着一位从不走出房门的新妻子。她甚至不敢冒险涉足大使馆花园。

6月6日

我去拜访范西塔特。他热情地接待了我,但看起来有些疲倦和沮丧,面色比平常苍白。他把我带到一边,以完全保密为前提告诉我(但是按国内的要求,我还是告诉了苏联政府!):塞缪尔·霍尔被任命为外交大臣。他本希望有更好的人选,但霍尔也不算太糟糕。……然而,范西塔特担心霍尔这个名字在莫斯科可能给人留下不好的印象,苏联媒体可能会对他充满敌意。我们不应该匆忙得出结论……我回答说,我们会冷静看待英国政府的重组,而且我们将通过行动而不是话语来判断这个新的外交部门乃至整个新政府。

* * *

今晚,为了接待艾登,我们举行了盛大的晚宴。二十七位嘉宾出席。尽管霍尔被任命为外交大臣,但气氛并不差。艾登和塞西尔勋爵[1]向我保证,霍尔是一个坚定的集体安全倡导者,他会成为一名优秀的外交大臣。让我们拭目以待!

[范西塔特协助迈斯基在保守派圈子内建立了一个强大的游说团。迈斯基被介绍给舰队街巨头比弗布鲁克[2],《每日快报》首次亲善地提到了莫斯科。据迈斯基所说,该报此前只发表"明显的诽

---

[1] 罗伯特·塞西尔(加斯科因-塞西尔),切尔伍德的第一代塞西尔子爵,1923—1945年任国际联盟主席,1937年诺贝尔和平奖获得者。
[2] 威廉·马克斯韦尔·艾特肯,第一代比弗布鲁克男爵,生于加拿大的英国政治家、金融家和报业大亨,1916年起任《每日快报》集团的出版商,1918年创建《星期日快报》,1923年起成为《伦敦标准晚报》的所有者,1940—1941年任飞机生产大臣,1941—1942年任供应大臣,1943—1945年任战时生产大臣和掌玺大臣。

谤"。迈斯基更被邀请参加范西塔特在家设的宴会,他在那里遇到了丘吉尔。比弗布鲁克写信给迈斯基:"我向你强烈推荐这位先生。就性格而言,他在英国政坛上没有对手。我非常清楚他心怀偏见,但一个敢说真话的、有个性的人对国家来说非常重要。"丘吉尔确实告诉过迈斯基,因为纳粹主义兴起,英国面临着变成"德意志帝国主义手中的玩具"的威胁,他放弃了与苏联的长期斗争,不再认为苏联会对英国构成任何威胁,至少在未来十年如此。丘吉尔完全赞同集体安全的想法,认为这是唯一能够挫败纳粹德国的战略。但是,由迈斯基和范西塔特在1934年开始的恢复英苏友好关系的潮流正在逆转。《苏法互助条约》为德国人提供了一个方便的借口放弃签订《东方公约》。在这种情况下,英国外交部在深秋拒绝了"漂流"政策(等待事情发生)和"围剿"政策(与法国、俄罗斯和小协约国建立反德军事联盟),而选择第三种政策——"与德国达成协议",这是向"绥靖"政策过渡的标志。]

6月12日

我刚刚结束与霍尔先生的第一次会面。他依照会见所有驻派伦敦的外交代表的惯例邀请了我,但我们的谈话持续了大约四十分钟,远远超出礼节上的限定。我对"我的"新外交大臣第一印象如何?

首先是外在细节。办公室里原来的办公桌被移走——新官上任三把火。接下来,我想知道,霍尔会只限于重新布置家具吗?……时间会告诉我们答案。

霍尔冷淡、优雅、身材矮小。他看起来敏锐,机智,谨慎细心。他很礼貌、体贴,但很小心。他对自己的新职位仍然没有把握,不熟悉当下的问题,最害怕以任何方式对任何人作出任何承诺。他希望腾出双手,并在各个方向上保有回旋余地。

……我问霍尔是如何设想在欧洲实现和平的。霍尔示意自己一无所知并拒绝回答,强调他才刚上任三天。……然后,霍尔开始"自言自语"。我很快就有充分的理由证明我的疑虑不是没有根据的。霍尔的"想法"归结为以下几点。英国人厌倦了无尽的、无益的谈话。他们想要行动,而不是空谈。一次实际的小成功比一卡车喋喋不休的雄辩更好。裁军会议失败了,因为它给自己设定的任务过于宽泛、全面。十五年前,如果这些国家通过单独的类别而不是综合的条款进行军备限制,我们现在面临的情况会很不一样。英国公众现在想要"以某种方式、在某处完成某件事"。

我回答说,我发现霍尔的理论非常危险。裁军不可能逐步完成,而"某处"一词可能很容易被人用希特勒式概念解释为西方的"安全"和在东欧的为所欲为。霍尔是否支持这种概念?他认为和平是可分割的吗?霍尔回答说英国政府在制定外交政策时当然会考虑我们的观点,但他又回避了我直率的问题。……

我的结论是什么?

我有些担心。虽然范西塔特向我保证霍尔的观点与他自己的基本一致,但我认为,在未来几个月内,霍尔可能比西蒙更危险。他是新手,他低估了困难,而且倾向做实验。他希望通过迅速、具体、明显的成功,向英国公众证明任命他是正确的。他希望以他"清醒""具体""实际"的政策,反对西蒙"模糊""松散""怯弱"的政策。这很危险。较之所有的负面特质,西蒙还算有些经验。西蒙曾多次遭到失败,并在试图整治各种国际问题时碰得鼻青脸肿。……霍尔显然希望在英德关系领域开展实验,这会有什么后果?霍尔当然会从中得到教训,但是我们希望这个过程的代价不会太大。[1]

我们必须倍加警惕！法国、小协约国和苏联必须展示最大的活力！

6月17日

昨天，我拜访了郭泰祺。他心情不好。这不奇怪。日本人已经占领了河北省，包括北平和天津，意图攫取察哈尔和绥远，并计划将影响力扩大到黄河——而且没有人着手阻止他们。南京束手无策，甚至不敢向国际联盟或《九国公约》成员国提出上诉，以免进一步激怒日本。美国只是"观察到"在中国北方地区发生的事件。郭泰祺拜访了范西塔特，并在南京的指示下告知了中国的情况。此外，他主动提请范西塔特注意日本违反了《九国公约》。范西塔特没有作出承诺，只是强调英国政府将于7月下旬或8月初派财务顾问李滋罗斯到中国审查情况，并制定对中财政和经济援助的措施。不过，郭泰祺怀疑，如果日本反对，英国人是否会真的提供这些援助。……

[1934年春，日本政府警告英国，它无法容忍自己以外的国家干涉中国事务。而胡萝卜是一份改善两国经济关系的提案。被外交部解雇的内维尔·张伯伦（当时他已任财政大臣）向外交部施压，要求达成协议，他坚信英国现在"有一个很棒的机会大赚一笔，我非常希望不要错过它"。三年后，他几乎用同样的说辞来表明应与

---

[1] 迈斯基向国内报告，说他有一个"强烈的印象"，认为霍尔将努力与德国迅速达成协议。确实，五天后《英德海军协定》签署。

德国达成协议。然而，外交部却坚持认为，"我们和日本达成的任何协定，即使带有互不侵犯保证，都会引起中国人的强烈不满，他们更多迁怒于我们而非日本"。对东京进行侦察后，外交部及时发出警告，说日本"蓄意**捏造**一份英日非正式协议……这一切都是一个陷阱……日本人当下的心态是，友谊是给予和索取的平等交换，我们给予，他们索取。而且我相信，如果现在接受他们的提议，我们就会犯最高等级的政治失误，后果可能非常严重"。从迈斯基的日记中可以清楚地看出，英国的政策仍在摇摆：要么与日本联合起来对抗中国，要么单方面向中国提供贷款以对抗日本。1935年6月，政府重组后任命塞缪尔·霍尔为大臣。他是张伯伦的崇拜者，上任后立即表示："难道我们不该考虑在中国采取更多积极政策的可能性吗？例如这样一份协议：我们应该接受日本在中国北方地区占优势这一明显的事实，从而巩固我们在南方的地位……难道没有办法既与日本人就势力范围达成协议，又让我们保有一些讨价还价的筹码吗？"

这种做法令张伯伦高兴，却让外交部极度厌恶。尽管日本人确实忙于控制中国北方地区，但这种控制没有得到公开承认，只有在极其必要的情况下才能用来讨价还价，但外交部希望永远不会出现这个情况。同样，霍尔不反对张伯伦在1935年7月制定的计划——以伪满洲国的税收为担保向中国提供贷款——如此一来，这一"国家"的存在将不仅被英国，也被中国认定为**事实**。7月31日，张伯伦写道："我已经和外交大臣讨论过这个建议，我们都完全同意应该推进这一方案……"

在张伯伦的鼓励下，霍尔不打算让他的常务官影响他的行动方向。政务次官斯坦霍普勋爵声称自己"一点儿也不相信任何中国政治家，但是无论他们有多腐败，都不敢在一份承认伪满洲国的文件上签字"。霍尔坚持说:"我非常不希望我们对这个提议采取消极或苛责的态度。每一种可能的行动都会招来反对意见。任何不作为的建议也会招致同样强烈、在我看来可能更强烈的反对意见。"然而,尽管霍尔热心地支持,张伯伦也不可能单凭意志力实现这件不可能的事,也不可能仅仅因为某一政治路线是合理或明智的,甚至有利的,就迫使中国或日本遵守它。向中国提供贷款的提议一直拖到1938年,因为这实在太难实施了。]

6月19日

我了解到(当然,是从第三方)斯大林与赖伐尔会面的一些细节。

彼此问候之后,赖伐尔以法国议会的最高礼节声明,他对最近签署的《苏法互助条约》感到高兴,他说这并不是针对某个特定的国家。斯大林回应说:"你这话是什么意思?这绝对是针对一个特定的国家——德国。"

赖伐尔有些惊讶,但他立即试图纠正自己的说法,并以同样迷人的礼节对斯大林的坦率表达了他的愉悦。只有真正的朋友才能像那样互相交谈。

然后,斯大林问他:"你刚从波兰回来。那里发生了什么?"赖伐尔一头栽进冗长、客气和华美的解释,他说尽管波兰的亲德姿态仍然很强大,但有迹象表明情况有所改善,而这将最终促使波兰政策有所转变,等等。斯大林打断赖伐尔,简洁地说:"在我看来,根本没有这种迹象!"然后他补充说:"你是波兰人的朋友,所以请尽量让他们意识到他们正在玩一场会给自己带来灾难的游戏。德国人会欺骗并出卖他们。德国人会让波兰一起冒险,当波兰衰弱后,他们要么占领波兰,要么和另一个大国分享她。这就是波兰人要的吗？"[1]赖伐尔再次因斯大林的直接和坦率感到震惊。

在谈到天主教会的权力和影响时，赖伐尔问斯大林，苏联和教皇[2]之间是否难以达成和解，也许可以通过与梵蒂冈达成某一协议来实现……斯大林微笑着说："协议？与教皇签订协议？不，那不会发生！我们只与那些有军队的人达成协议，据我所知，罗马教皇没有军队。"

6月27日

更多咏叹调出自歌剧《情势变化》！

两天前，哈里·麦高恩爵士[3]请我吃午饭。他是一个大人物，是英国著名的帝国化学工业公司的头儿。这是英国最强大的企业之一，对外交政策的影响很大。我听说麦高恩是英国亲日派的中坚力量——突然间，他邀请我到泰晤士河畔的豪华宅邸私密地共进午餐。我们从未见过面，只听说过对方。发生了什么事？

我们的谈话内容大致如下。麦高恩最担心大英帝国，尤其是远东地区的未来。日本的侵略使他极为害怕。日本在经济和政治上正成为英国的可怕竞争者。麦高恩去年访问了东京，并就瓜分化学品市场（中国、荷兰、英属印度、中东和非洲）进行了谈判。日本的大臣们很会讲话，并且发誓与英国保持永恒的友谊，但日本工业家拒绝作出任何让步。虽然谈判失败了，但麦高恩仍对将来与日本达

---

[1] 迈斯基的日记是这次会面的极其重要的资料来源。斯大林未卜先知的评论，暗示德国和苏联会以波兰为筹码达成某项协议，这可能阻止了俄罗斯人解密其官方报告。
[2] 庇护十一世，1922—1939年任教皇。
[3] 哈里·邓肯·麦高恩，第一代麦高恩男爵，1931—1934年任化学工业学会副会长，1926—1930年任帝国化学工业公司（ICI）总经理，1930—1950年升任ICI董事长。

成协议抱有不切实际的希望。英国人也没有与日本人就纺织品问题达成和解。在政治上，日本力图征服中国——那么英国在亚洲的立场会发生什么变化？简而言之，风暴云已经聚集。还能抱什么希望呢？麦高恩只看到一个：英国、美国和苏联在远东地区开展密切合作。显然，正是为了向我传达这个精彩的想法，麦高恩决定邀请我共进午餐。

他还有一个考虑：英苏贸易能否扩大？我解释说，这只有在至少五年期贷款的基础上才有可能实现。麦高恩想了想，意味深长地点了点头，回答说对我的想法很感兴趣，他会就此和伦敦金融城的朋友们讨论。

我们到时候就知道了。

7月2日

阿比西尼亚[1]是今天关注的焦点。[2]英国人有麻烦了。昨天的议会会议很有意思。将一小块包括塞拉港口在内的英属索马里领土割让给阿比西尼亚的方案引起了议会的一片哗然！当霍尔说议会应该"信任"行政当局时，叫喊声从议员们的长椅上传出！有人甚至喊道："希特勒！"

我不知道英国政府如何摆脱这种困境，但如果英国外交的天赋尚未消亡，那么鲍德温会从帝国主义长久以来的政策中得到启发，

---

[1] 1941年5月5日，海尔·塞拉西皇帝将国名改为"埃塞俄比亚"。——译注
[2] 在与赖伐尔达成默契后，墨索里尼试图在北非和阿比西尼亚重振衰弱的意大利帝国。1935年9月，意大利军队入侵阿比西尼亚。国际联盟谴责意大利的侵略行为并对其实施经济制裁，却受到德国和美国阻挠。这样的结果暴露了国际联盟的无能，加速了希特勒与墨索里尼之间的友好关系，最终导致"轴心国"的形成。

应该制定并实施大致如下的计划。……英国同意与法国、苏联组成统一战线；然后，三国政府立即将此告知墨索里尼（尽管非洲战争尚未开始），声称如果国际联盟宣布意大利是侵略者，他们将被迫对意大利实施经济制裁。……如果英法找到实施这样一个计划的力量和决心，不仅阿比西尼亚问题将在未来很多年内得到解决，国际联盟的声望也会大大提高，而且英国、法国、意大利和苏联应对德国威胁的统一战线将得到巩固，欧洲通向相对平静的道路将会开启。英国和法国能够找到必要的力量和决心吗？我对此表示怀疑，但时间会证明一切。

7月9日

范西塔特请求见我一面，以便"陈述他的立场"……当然，范西塔特为海军协定辩护。[1]他顺便提到他自己也赞成签署该协定。原因？有以下两点。（1）有协定总比没有好……（2）如果没有达成协定，英国政府在不可避免的海军军备竞赛的刺激下，不得不在一两年内提高税收。到时候，国内将引起轩然大波，并指责英国政府为了取悦法国而拒绝德国提出的前景很好的提案。……

在我看来……（1）保守党和工党正拼命争取和平主义者的选票，而海军协定可以作为向选民展示的第一个真正削减、限制军备的步骤，对英国来说，这和海军同等重要；（2）在对集体安全有效性的信心不断减退之后，希望通过缔结有利的双边协议来"抓住时

---

[1]《英德海军协定》于1935年6月18日签订，批准德国建造一支占英国海军总吨位百分之三十五的舰队。1939年4月28日，该协定被希特勒废除。迈斯基评论说："在与德国签署海军协定时，英国已经取得明显的优势。他像一个贪婪的男孩要抓取桌上的蛋糕，结果很可能消化不良。"

机"……（3）**反苏因素**：以防万一，为何不在波罗的海加强德国的力量？为何不把"苏联人"捆在欧洲？谁知道呢，也许有一天他们会想把《共产党宣言》挑在刺刀上介绍给西方人民？……

[在前往基斯洛沃茨克疗养院开始漫长的夏季假期之前，迈斯基向塞缪尔·霍尔告别。双方的谈话给迈斯基留下糟糕的印象：霍尔"已经作好充分准备，在欧洲安全的基础上与德国达成妥协"。在莫斯科时，迈斯基发现克里姆林宫对英法试图与德国和解的传闻感到"极度不安"。他们相信，德国打算瓦解捷克斯洛伐克，吞并奥地利。迈斯基担心现在的形势正促使俄罗斯人陷入孤立主义的境地。他感觉自己立足的土地在快速移动。在一封写给李维诺夫的私密信件中，他为自己可能被派到华盛顿大使馆感到担忧，并从专业角度和个人观点对他的调任提出强烈反对。]

11月6日

在离开英国近三个月后，为恢复与霍尔的联系，我前去拜访他。霍尔非常有礼貌，却让我感觉不太舒服。在这种礼貌中有太多甜腻和拘谨，让你不由得变得警惕……

当然，我们谈到了意大利与阿比西尼亚之间的冲突。

霍尔开始抱怨法国人：他们过于乐观，认为可以很快解决冲突。唉，由种种迹象判断，解开非洲症结将是一个漫长的过程。意大利人的要求对于阿比西尼亚来说仍然是不可接受的，这与他们对国际联盟和英国做的一样。最好是在没有赢家和输家的情况下结束战争，和平在未来才会变得更加稳定。

……我向霍尔介绍我们的立场。我们与意大利没有争端。在过去十年里，苏联和意大利之间的政治、经济关系一直很好。我们对非洲不感兴趣。如果我们当下表明了对抗意大利的立场，也只是以国际联盟忠实成员的身份，因为我们想要以此作为警告，教训未来的侵略者。意大利不是一个非常严重的侵略者，但世界上有更危险的侵略者，尤其是在欧洲。必须为他们设置适当的先例。

霍尔向我保证，英国的立场和我们的完全一致。英国在冲突中并没有获得好处。他声称，英国纯粹是因为忠于国际联盟，并希望警告一个可能在三五年或十年内出现的更危险的潜在侵略者（霍尔和我一样，不认为意大利是一个可怕的侵略者）。霍尔以这样的方式表达了他的观点，他心里想的显然是德国。

11月15日

就这样，我们五个人（阿格尼娅、我、卡根夫妇和米罗诺夫）昨晚在皇家汽车俱乐部一直坐到凌晨两点，收听电台播报选举结果。我们沿着街道走了一会儿，街上很平静，对大选之夜来说并不常见。今天，我们已经了解到昨天投票的基本结果。嗯，结果不坏，但与我的预期不同。……国民政府必须对苏联采取更加谨慎的政策，并且必须强调其对国际联盟的忠诚。它将更难参与任何反苏的图谋。改善英苏关系的可能性更大。只要工党不会用那荒谬的亲德政策把一切都毁掉！让我们拭目以待。[1]

---

[1] 保守党在议会中赢得四百三十二个席位，工党获得一百五十四个席位，自由党获得二十一个席位。

12月14日

情况变得越来越离奇。

9月11日,霍尔在日内瓦发表了他的著名演讲,他坚决表示,从现在开始,英国的外交政策将以国际联盟的政策为准。他的演讲在国内外都受到欢迎,被视为国际政治领域里一个伟大的、几乎具有历史意义的里程碑。在接下来的两个月里,鲍德温、霍尔、艾登和英国政府其他成员都宣布、强调并鼓吹他们忠于9月11日的承诺。

……我曾认为忠于国际联盟仍然非常符合英国政府的利益,这时霍尔-赖伐尔的"和平计划"[1]突然在巴黎出现!这个计划标志着对国际联盟原则最厚颜无耻、最无礼的背叛!计划是什么时候出现的?大选三周后!在哪个精确的时间点出现?在意大利军队于阿比西尼亚出现明显失利的时刻,以及在墨索里尼面对的国内问题日益增多之时!

这真是无法理解!这是怎么回事?谁应该受到谴责?

了解了这里的政治和外交习惯后,我可以轻松想象以下事件……选举后与赖伐尔建立联系……毒药正在帝国主义的地狱厨房里熬制。当霍尔去瑞士"度假"时,他只得到最一般性的指导:尽快结束冲突,甚至可以"修正"阿比西尼亚边界,并为意大利提供一些在尼格斯(Negus)[2]帝国的经济特权(说到底,得给墨索里尼

---

[1] 1935年12月8日的《霍尔-赖伐尔协定》提出解决意大利与阿比西尼亚冲突的意见:阿比西尼亚政府将其大部分领土割让给意大利,以换取厄立特里亚南部的阿萨布海港及其与大陆相连的狭长地带。国际联盟的反对促使墨索里尼于1936年5月5日占领亚的斯亚贝巴。英国国内的愤怒使得鲍德温用国际联盟的拥护者艾登取代了霍尔。

[2] 海尔·塞拉西,阿比西尼亚(埃塞俄比亚)皇帝,1930—1974年在位。

一些东西！）。霍尔抵达巴黎。赖伐尔向他施压，明确表示在与意大利的武装冲突中，英国不能指望法国。他还断然拒绝支持石油制裁……那要怎么办？霍尔感受到帝国主义情绪的高涨（这对他来说很自然），并决定表明他不像西蒙或其他人那样只会喋喋不休。他可以成为英国外交政策中的亚历山大大帝。

……与此同时，英国爆发了真正的政治危机。今天的报纸报道霍尔匆匆回国，并将于12月19日在众议院发言。霍尔在英国滑冰时成功摔伤了鼻子。出于这个原因，他会在家里待上几天。多么具有象征意味！是的，霍尔在政治和身体上都摔伤了鼻子。他和政府会得出正确的结论吗？霍尔会辞职吗？我们等着瞧。说实话，我对此表示怀疑。

1936年

1月20日

威克姆·斯蒂德[1]和我一起吃午饭。……我们谈到了国王的病情，斯蒂德谈到了乔治五世及其前辈们的一些有趣的细节。……关于国王爱德华七世：斯蒂德曾经在卡尔斯巴德担任皇家随从，国王曾去那里治病。爱德华国王需要给英国的童子军发送问候电报。国王的秘书问斯蒂德能否起草电报。斯蒂德照做了。第二天，秘书沮丧地通知斯蒂德："你写的恐怕不行。国王读了你的草稿后说：这些话不是父亲般的君王对他的孩子们说的话，而是《泰晤士报》的社论，这不适合我。"爱德华自己写了电报；据斯蒂德说，确实比他写得更好。

乔治国王的大部分演讲和国民致辞也是自己写的。几年前，当斯蒂德还在《泰晤士报》工作时，国王的秘书让他派一个人来起草

---

[1] 亨利·威克姆·斯蒂德，英国广播公司驻外记者，《泰晤士报》前任编辑，赞同《锡安长老会纪要》。尽管他的反犹太主义臭名昭著，但他很早就警告了希特勒的意图。

国王的演讲稿。斯蒂德派出了一位出色的记者。一个月后，这位记者失望地回到斯蒂德身边，说："那里根本不需要我。无论我想写什么草案，国王都会从头改写它，几乎不会留下我写的任何一句话。我辞掉了宫里的职务。"斯蒂德称，1928年，国王在生病前不久，心情非常低落。他觉得没有履行好自己的职责，并且在自己的臣民中不断丧失权威和尊重。他甚至萌生了退位的想法。当时担任首相的鲍德温试图使国王安心，且坚决反对逊位。1928年12月，乔治国王病重。国民表现出的普遍同情给病中的国王留下了深刻的印象。在确定大英帝国需要他之后，他变得更加冷静，他的生存意志突然变得清晰。七年前，这种心理状态极大地促使国王近乎奇迹般地恢复健康。斯蒂德总结道："谁知道呢？也许同样的生存意志将拯救国王乔治五世……"

1月21日

国王乔治五世昨天去世了。

圣诞节期间已有关于他生病的传言。被官方否认了。国王甚至通过广播向帝国发出圣诞节呼吁，包括萧伯纳在内的许多人都公开称赞国王广播演讲的技巧。然后，所有的谣言都消失了。直到1月17日晚上才发布了一份医疗公告，专门介绍国王的健康状况。听众被告知，国王心脏衰竭的情况"令人担忧"。这是一个非常严重的症状，一次严重的警告。病况不断恶化。一位著名的心脏病专家被召到桑德灵厄姆；公告更频繁地发布，其内容也更令人不安。1月19日，星期日，我用电报通知莫斯科关于国王去世的可能，并要求如果确实如此，加里宁[1]要向王后和王室发送吊唁电报，同时，莫洛托夫要向鲍德温发送电报。1月20日，阿格尼娅和我去了电影院。晚上十一点左右离开电影院时，我们在报纸上看到"国王生命垂危"。回到家后，我们调收音机开始收听广播。每一刻钟都更新、播送一次公告。卡根一家过来和我们一起听。半夜十二点十五分，电台播音员悲恸地说："非常遗憾……"一切都很清楚了。1月20日晚上十一点五十五分，国王去世了。

我们叫醒了法林[2]（我们的司机），然后……开车进城去看发生了什么事。交通异常拥堵。白金汉宫附近排了一条长长的黑色队伍，正缓缓经过大门，大门上悬挂了国王的死讯通告。宫殿前方的广场和相邻的街道上挤满了汽车。大量警察艰难地维持着秩序。有一种克制的、坚定的沉默，但没有眼泪或歇斯底里——又或许是被黑暗掩盖了。我们驱车前往热闹的舰队街。报童抱着刚印出的大量报纸四处奔走，高呼："国王逝世！"路人拦住他们，匆匆买下仍带墨味的报纸。我们也买了一些。这些报纸都是第二天发行的主流报纸（《每日先驱报》《每日快报》《每日邮报》等），几乎用整个版面报道国王去世的消息。这些报纸已经就这个问题发表了社论，对国王的统治进行了长篇回顾，概括了乔治五世作为君主和个人的性

---

[1] 米哈伊尔·伊万诺维奇·加里宁，1926—1946年任苏共中央政治局委员，1938—1946年任苏联最高苏维埃主席团主席，是名义上的苏联国家元首。尽管加里宁在大清洗中幸存，但他的妻子被逮捕，遭受酷刑并被送往劳改营。1945年，就在加里宁去世的前一年，其妻被释放。

[2] 迈斯基的司机显然被命令监视迈斯基的行动。比阿特丽斯·韦伯回忆起由迈斯基和一个叫贝内特的上尉参加的派对，后者在内战中被布尔什维克俘虏，但是逃脱了。比阿特丽斯·韦伯在她的日记中记录，迈斯基的司机被召唤带贝内特回家时，"前狱卒和逃犯立刻认出了彼此。苏联司机竟然是苏联特勤局（GPU）官员。迪克和威廉·珀西勋爵——两人都与英国特勤局有联系——加入了他们，于是四个'神秘人'一起出门散步，还友好地喝酒抽烟，令各位使节和其他客人惊诧不已"！

格特点，并向新国王爱德华八世致敬。我检查了我的手表：时间还没有到凌晨一点。国王的心脏在一个多小时前才刚停止跳动。伦敦报纸的动作实在迅速！毫无疑问，社论、回忆和致敬都是事先写好的，印刷厂只是在等待向世界投放出数百万份报纸的信号，但尽管如此……

我给莫斯科发了一封电报，建议正在日内瓦附近的李维诺夫参加乔治国王的葬礼。他们会同意吗？我们拭目以待。他们应该这样做，否则看上去像我方故意表现冷酷，此时这在政治上对我们高度不利。

[1932年11月，迈斯基第一次见到乔治国王时，他对国王与他的表弟沙皇尼古拉二世[1]如此相似感到震惊。迈斯基坦白："我以为他会视我为一个……杀人犯，但是和我预期的完全不一样。"迈斯基反感这种暗示。他对范西塔特夫人说："如果说我们是弑君者，杀了沙皇尼古拉，那你们就杀了查理国王，法国人就送路易十六上了断头台。"范西塔特女士反驳道："是的，但那是两百年前的事了，而你们杀了整个皇室。"正如迈斯基回忆的那样，她接着以典型的英式腔调反问道："嗨！你们甚至杀死他们的狗！"观察力敏锐的范西塔特夫人注意到迈斯基走到沙皇表兄的灵柩后面时，他的眼中含有泪水。]

---

[1] 尼古拉·亚历山德罗维奇·罗曼诺夫，乔治五世的表弟，1894—1917年在位的最后一位俄罗斯皇帝，1917年二月革命后被迫退位，1918年7月与家人一起被布尔什维克击毙。

图 25　迈斯基欢迎李维诺夫来到苏联驻伦敦大使馆

1月26日

李维诺夫刚到，我前往多佛见他。

在我发出1月21日的电报和第二天的补充电报的同时，李维诺夫也发了电报，建议莫斯科派一个由他本人和红军高层人员组成的特别代表团参加葬礼。我们不谋而合……

阿格尼娅忙于准备我们放在国王灵柩上的花圈。花圈非常精致：白色百合花和铃兰花的中间配以红色兰花。黑红相间的丝带上写着："来自苏联中央执行委员会。"报纸上登载了这美丽的花环和它的摆放细节。……

1月28日

国王的葬礼最终在今天举行。一切是那么庄严肃穆，但我不会详细描述仪式，那些在报纸上可以读到。我想在这里记录一些其他的东西，是报刊上没有提到，也可能永远不会提到的。

在过去的八天里，我们所看到的真是一团糟！

国王于1月20日晚上去世。我希望外交部和使团团长在第二天早上告诉全体外交官应该做些什么。根本没那回事！没有人告诉我们任何事情。……接下来是关于使馆旗帜的问题：降半旗应该持续多久？外交部和使团团长还是不能给出确切的建议。我决定降半旗直到葬礼当天，而这也被证明是正确的：其他外交官也这样做。1月23日，国王的遗体从桑德灵厄姆运到伦敦，灵柩被安置在议会的威斯敏斯特大厅。成千上万的人正排成纵队从灵柩旁走过。外交官是否应该加入队伍？外交部和使团团长连这个都不知道。

……十二点五分，我们抵达温莎。葬礼定于一点十五分开始。

因此，有一个小时的时间差。为什么这样安排？要做什么？我们从车站直接走到圣乔治教堂，坐在祭坛前的椅子上等待。天气又冷又不舒服。女士们裹着大衣和斗篷，紧紧地挤在一起，瑟瑟发抖。我们低声与邻座交谈……管风琴在演奏着，时不时有披着长长面纱的深肤色女性出现，在长椅上就座，像来自其他世界的幽灵。这很乏味。时间长得令人难以忍受。我观察坐我对面的政府成员及其妻子的面孔。其中有鲍德温、西蒙、哈利法克斯、达夫·库珀[1]、埃利奥特和斯坦利[2]等人。艾登坐在我身后的某个地方，我看不到他。钟声敲响，一刻钟过去了。没看见灵柩。一点半，一点四十五分……仍然没看见灵柩。发生什么事了？我们开始感到不安。经过很长时间，大约到两点，传来响亮的踏步声、小号和指挥的声音，装饰着紫罗兰色天鹅绒的国王灵柩被带入教堂。为什么延迟了？在去帕丁顿的路上，人群突破了警戒线，街道和广场挤满了人。大约花了四十分钟才开辟出通道。……

灵柩被置于祭坛前的基座上。王室成员在灵柩后面就座，在他们后面是军人、大臣和其他许多人。最后的祈祷，告别的话，葬礼结束。基座开始缓慢下降。灵柩一点点地降到教堂地下室，现在它已经降到最底层了。王后（在我的座位上能清楚看到她）颤抖着，蜷缩着身体，但她保持镇静，没有流泪。但阿斯隆公爵夫人[3]当众哭泣。新国王将一些泥土分三次撒入敞开的地下室。然后，王室成

---

[1] 达夫·阿尔弗雷德·库珀，阿尔德韦克的第一代诺维奇子爵，1934—1935年任财政大臣，1935—1937年任陆军大臣，1937—1938年任第一海务大臣，1940—1941年任情报大臣，1941—1943年任兰卡斯特公爵领地事务大臣。
[2] 奥利弗·斯坦利，1924—1945年任保守党议员，1935—1937年任教育委员会主席，1937—1940年任贸易委员会主席，1940年任陆军大臣，1942—1945年任殖民地事务大臣。
[3] 爱丽丝，阿斯隆公爵夫人，维多利亚女王最后一位仍在世的孙女。

图 26　为沙皇尼古拉二世的表兄乔治五世的逝世致哀

员列队缓慢地经过地下室。外交官和政府人员没有加入，转而从另一扇门离开。西班牙大使走过来问我："你能告诉我为什么他们让我们在严寒中等了整整两个小时吗？"我也想问这个问题。

我们回到火车站。一列火车驶离了，又一列火车，第三列火车……经过四十分钟的等待，我们登上了外交列车，车上有定好的"午餐"（当时我们都饿了）。但"午餐"只有茶和三明治。我们四点到达伦敦，半小时后回到家。

如此杂乱无章！在类似的情况下，我相信德国人会把一切组织得更好。即使我们在莫斯科，也可能避免英国人这番失礼。我越来越相信，英国人擅长管理每年都会举办的活动（例如在亨顿的飞行表演）。他们积累且善于运用经验。但当他们从头开始安排某些事情，尤其是急于安排某些事情时，你很可能预见到失败。……

1月29日

一整天的约见和会议。

昨天晚上，艾登邀请李维诺夫、阿格尼娅和我于今天下午一点三十分同他共进午餐。今天上午，外交使团典礼官（西德尼·克莱夫爵士[1]）告诉我，国王将在下午两点三十分私下接见李维诺夫。然后，鲍德温的秘书来电说，首相期待在今天三点三十分与李维诺夫见面。我不得不打电话给艾登，让他把我们的午餐时间调整到一点。

我们在艾登的私人公寓用餐。这是我第一次去艾登家。没有什么特别之处，也不豪华。一个普通的中产阶级英式房子，相当冷，有二手家具和淡淡的波希米亚情调。一叠留声机唱片放在客厅的地

---

[1] 西德尼·克莱夫爵士，中将，1934—1945年任外交使团典礼官。

板上：华尔兹、狐步和波尔卡舞曲。墙上挂了几幅精美的画作，餐厅里有维格兰[1]的一些画。我们来得有点早：艾登仍在参加内阁会议，艾登太太忙于做家务。艾登和国防大臣达夫·库珀一同到家。我们在楼下的一间小餐厅坐下，桌子最多只能容纳十个人。出于某种原因，我发现自己坐在女主人的右边，而李维诺夫在她的左边。半小时后，达夫·库珀的妻子翩然出现，她非常漂亮且令人印象深刻。我们没有进行严肃的对话。……离别时，我们和达夫·库珀约好，到我们的大使馆共进午餐，他可以在那里见到图哈切夫斯基[2]。当艾登在楼梯上告别时，他对李维诺夫说："如果你想和我谈谈，我随时奉陪。"

李维诺夫直接到白金汉宫，而阿格尼娅和我回了家。国王的接待非常礼貌和友好。……根据国王的意愿，他们的谈话持续了五十分钟，而不是正常的十五或二十分钟。对话的内容非常广泛。爱德华从一个主题跳到另一个主题，提出问题并等李维诺夫回答。有些问题非常微妙。例如，爱德华问尼古拉二世为什么以及在什么情况下被杀害。是不是因为革命者害怕他复辟？……然后爱德华提到了托洛茨基[3]，并询问他为什么被驱逐出苏联。李维诺夫再次给出了必要的解释，并强调了关于在一个国家建设社会主义的可能性或与之

---

[1] 阿道夫·古斯塔夫·维格兰，挪威雕塑家。
[2] 米哈伊尔·尼古拉耶维奇·图哈切夫斯基，苏联元帅，杰出且具有革新精神的军事理论家。1924—1928年先后任红军副参谋长及参谋长，1934—1936年任国防人民委员。他于1938年6月被捕，是军事清洗的受害者之一，遭受酷刑并被判处死刑，死后得到平反。
[3] 列夫·托洛茨基（列夫·达维多维奇·布隆施泰因），在1917年是威望仅次于列宁的革命者，1917—1918年成为首位外交人民委员，随后担任陆海军人民委员，1927年被斯大林赶出政治界和俄罗斯。他是斯大林主义最严厉的批判者，1940年在墨西哥寻求避难时被暗杀。

相反的争论。国王仔细地听他说,然后恍然大悟:"所以托洛茨基是国际共产主义者,而你们都是国家共产主义者。"在外交政策领域,国王对我们与德国、波兰的关系感兴趣。李维诺夫表示,我们希望与这两个国家保持良好关系,并朝着这个方向努力,但不幸的是,迄今为止没有取得太大的成效。苏联的政策是和平政策。"是的,"爱德华回答说,"所有国家都渴望和平,没有人想要战争。"在对谈过程中,他也表示:"德国和意大利什么都没有。它们不满意。就原材料、贸易等而言,应该做些什么来改善它们的状况。"……对于国际联盟,爱德华有些怀疑:他担心国联努力的结果可能是战争在整个欧洲蔓延。爱德华对《霍尔-赖伐尔协定》的失败表示遗憾。

……总体而言,国王给李维诺夫留下的印象是充满热情、生气勃勃,对国际事务有着浓厚的兴趣。

与国王结束谈话后,李维诺夫去看望鲍德温。他们的谈话很简短,持续了十五至二十分钟,内容相当琐碎。李维诺夫后来称之为闲聊。鲍德温告诉李维诺夫……他在战争初期就学过俄语,他喜欢俄国文学……我们晚上去看电影。真是个馊主意。我们看了《礼帽》[1]——一部非常愚蠢的喜剧,李维诺夫不喜欢。看完电影后,我们在斯科茨餐厅吃饭,这家餐厅在十九世纪五十年代已开业。

1月30日

……在李维诺夫抵达伦敦之前,我曾暗示范西塔特,与李维诺夫私下会面可能对他很有好处。我提议在大使馆吃午餐。范西塔特拒绝了我的提议,坚持在他家吃午餐。我没有反对。……这顿午

---

[1] 典型的弗雷德·阿斯泰尔和琴吉·罗杰斯的电影。

餐感觉像家庭事务。……整个对话都被希特勒的幽灵所支配。我们谈到德国的危险以及如何阻止它……我讲述了近期与奥斯丁·张伯伦的谈话,并强调后者的观点:只有在"强大的国际联盟"的支持下才能维持和平,只有当国际联盟中的大国——英国、法国和苏联——采取统一政策并彼此密切合作时,国联才具有强大的实力。……"我完全赞同张伯伦的对策。"李维诺夫回应。

……下午五点三十分,李维诺夫前往外交部与艾登谈话。……谈话结束后,他的总体印象如下:艾登对他提出的政治路线非常满意,但不想就他们达成一致的对局势的评估下任何具体定论。

[如果迈斯基指望莫斯科访问能把艾登争取过来,他会失望的。艾登记录道:"我并不同情迈斯基先生,我希望下一次在迈斯基先生抱怨时,他会被告知我国的善意取决于苏联政府的良好行为,即让他们不要插手我国政治。最近我尝到了这种行为的后果。……我已经和这类莫斯科人断绝往来。"

艾登现在被任命为外交大臣,让迈斯基的预期受到了考验,特别是在英国迅速采取绥靖政策的背景下。1月6日,作为外交大臣与外国大使介绍性会谈的一部分,艾登与迈斯基短暂会晤。迈斯基向国内报告时强调艾登在莫斯科已采取的立场以及他遵守《东方公约》的承诺。但英国档案中出现了不同的描述,它叙述迈斯基如何努力地推动双边关系。迈斯基对艾登毫无隐瞒:如果错过了这次机会,"对他自己来说将非常痛苦……也是欧洲的不幸"。然而,艾登向外交部的官员通报说:"虽然我想和熊保持良好的关系,但我不想靠他太近。我不相信他,也确信他心中对我们支持的一切怀有仇恨。"

当艾登告诫和他站在同一阵线的外交部官员说"让我们提防迈

斯基先生，他是一个不屈不挠的宣传者"时，无论迈斯基曾对绥靖的趋势抱有怎样的希望，这种希望都破灭了。3月7日，当希特勒撕毁《洛迦诺公约》并进入莱茵兰非军事区，理由是《洛迦诺公约》与2月27日通过的《苏法互助条约》不相容时，人们开始清醒。鲍德温在内阁承认，在苏联的帮助下，法国可能击败德国，但他担心这会导致德国布尔什维克化。他坚定地说，如果希特勒去了东方，他就不会伤心。]

3月8日

我不喜欢英国人对希特勒在莱茵兰发动"政变"的回应。今天的周日报纸令人震惊。在《观察者报》中，加文委婉地指责希特勒的无礼行为，并坚持认为需要"以同情和善意"，重视"德国元首明智、及时的建议"……我没有听见任何有权势的人谈论它（这个"周末！"），但是我感觉到英国政策中有一个非常危险的亲德新转向。……

3月9日

我没能与四点飞往法国的艾登会面，因此，我和他的副手克兰伯恩子爵[1]沟通。英国人的心态？当然，他们倾向谈判。这显然是英国的一个国民弊病：谈判，谈判，谈判……因此，英国政府准备开始探索（多可爱的词啊！）……

---

[1] 罗伯特·阿瑟·詹姆斯·加斯科因-塞西尔（克兰伯恩子爵，后来成为第五代索尔兹伯里侯爵），1935—1938年任外交部政务次官，1940—1942年和1943—1945年任自治领事务大臣，1942年任殖民地事务大臣，1942—1943年和1951—1952年任掌玺大臣。

3月10日

　　李维诺夫发来了指令。内容与我昨天告诉克兰伯恩的完全一致。李维诺夫坚持认为，英国的立场意味着对侵略者的奖赏、集体安全体系的解体以及国际联盟的终结。在希特勒发表讲话后的第二天就与其会谈，后果比《霍尔－赖伐尔协定》更严重。英国的信誉将遭受永久损害。国际联盟将失去自己作为和平工具的价值。苏联愿意支持国际联盟的一切集体行动。很有道理！……

　　……艾登和哈利法克斯邀请《洛迦诺公约》相关国家的代表于3月12日来到伦敦，邀请国际联盟理事会全体人员于14日到场。因此，我很快会在伦敦见到李维诺夫。他昨天离开莫斯科。

4月3日

　　从柏林来的里宾特洛甫带来了希特勒的新备忘录！英国人对此反应较好。……几乎所有的媒体都支持谈判，但比以前更冷静。……艾登显然在拖延时间。就在今天，他告诉里宾特洛甫，关于希特勒的建议，英国需要"冷静考虑"一段时间。

　　……我个人的看法是，暂时孤立德国是最低要求，欧洲的其他国家为欧洲大陆制定一个"和平计划"（无论是否在国际联盟框架内）也是最低要求。然后需要把这个决定交给希特勒。莫斯科正在考虑同样的问题。

4月8日

　　阿格尼娅和我在范西塔特夫妇家吃午饭。我本以为会与范西塔特就目前的情况坦诚交谈，但他似乎想避开这场谈话。……范西塔特心情愠怒。他让人感觉不太对劲。……范西塔特认为不可能避免谈判：英国公众难以理解拒绝谈话。谈判应该用于揭露希特勒的野心。这是对舆论进行教育的最简单的方式。

……复活节要到了，我们要去法国待十天。是时候让头脑清醒一下了。

[在一封非常私人的信件中，迈斯基力促李维诺夫在4月24日率队参加一场欧洲调解会，纠正德国所谓正当的不满。此外，迈斯基还建议："如果我们不希望严重削弱我们在欧洲民主分子中的权威和影响力，那么我们应该在最严厉地批评希特勒外交政策的同时，促进……我们的'和平计划'。在这一计划的支持下，我们可以开始动员东西方民主主义者与和平主义者。"他给萧伯纳写信："在我看来，现代政治家最大的罪行是思想和行动上优柔寡断。这个弱点在不久之后可能使我们陷入战争。令人高兴的是，斯大林在最高程度上拥有相反的品质！"

矛盾的是，迈斯基仅有的慰藉来自大英帝国的捍卫者——比弗布鲁克和丘吉尔。迈斯基邀请丘吉尔共进"双人午餐"，并发现他赞同苏联的观点：和平是"不可分割的"，而且德国带来的危险迫在眉睫。丘吉尔告诉迈斯基："如果我们因为假想中的社会主义危险会威胁到子孙后代而拒绝向苏联提供帮助，那我们就是十足的傻瓜。"]

5月3日

昨天，尼格斯（阿比西尼亚皇帝的称号）逃离了首都。……他计划穿越边境进入巴勒斯坦。……战争结束了，阿比西尼亚被征服了，墨索里尼获得了胜利。这也是钉上国际联盟棺材的最后一颗钉子。欧洲正处于命运转折的交汇点。你可以闻到火药味！一场可怕的风暴正在全速逼近！

我花了整整一个早上在花园里思考如何以及何时在大使馆下面建造一个避难所，以防毒气攻击。我们很快会需要它。我将不得不向人民委员部申请特殊津贴和指示。

5月10日

5月5日，我向新国王递交了新国书。仪式被简化，但完全符合惯例……当然也参照了已故的乔治五世创造的先例。没有宫廷用车来接我，我的"随员"没有跟着我，我自己开车到宫殿。所有外交使团团长聚集在弓厅，并按资历排列，将他们的国书呈给在毗邻房间的国王。大厅的门是敞开的，那些等候的人可以听到国王与正在出示国书的外交使团团长交谈的只言片语。

……我走进房间，把装着国书的信封递给艾登。他站在一边，把它放在小篮子里类似的信封上面。与此同时，爱德华和我握手，开始询问符合这个场合的问题。……最后，国王说："我在1月和李维诺夫先生进行了一次长时间而有趣的对话。"我回答说我听说过那次谈话，而李维诺夫先生对他与国王见面感到很高兴。就这些。在我看来，国王对我，比他以韦尔斯王子的身份与我会谈时还要冷淡。为什么？这是英国外交政策一团糟的结果吗？还是因为传言中爱德华日益增长的亲德倾向？又或者是我误会了，国王的态度其实不是特别冷淡？

离开王宫时，我遇到了议会外交部礼宾司司长蒙克，并告诉他我将在最近的接见会上向国王引见我国外交使团的新成员。

"那是当然!"蒙克回答。

"但是你知道的,"我继续说道,"其中一位新成员是女性——贸易代表团副团长莫西娜。"

蒙克脸上的表情变了。他试图用大笑来掩饰自己的尴尬,大声说:"哦,那完全是另一回事!"

他犹豫片刻,继续说道:"这位女士也许最好不要在接见会出现,而出席夏季的花园派对?你怎么看?"……

我们的谈话……让我想起了柯伦泰[1]的任命在瑞典宫廷和礼宾司中引起骚动的故事。……国书于早上递交。没有制服的大使通常会身穿燕尾服,也就是晚礼服。柯伦泰应该穿什么衣服?女士晚礼服?女士在早晨穿晚礼服不合适。一件小礼服?礼宾司司长吓坏了。随后,柯伦泰把难题揽到自己身上,并宣布:我会穿一件白色蕾丝领的黑色长袖连衣裙。礼宾司司长皱了皱眉,但表示同意。

此外,根据瑞典的礼仪,任何人在国王面前都不能遮住头部。男性递交国书时不能戴帽子。柯伦泰要怎么办?她是一位女士,女士在日常事务中要戴帽子。随后,大家为此进行了漫长而热烈的讨论。柯伦泰与礼宾司司长为了一顶帽子争论不休。最后,这位可怜的礼宾司司长精疲力竭地问道:"你有什么样的帽子?"柯伦泰说:"一顶黑色的无沿小帽。"礼宾司司长举手叫道:"好吧,好吧!一顶黑色的无沿小帽。但请戴那种非常小的帽子!"所以,两人就这个

---

[1] 亚历山德拉·米哈伊洛芙娜·柯伦泰(婚前姓多蒙托维奇)出生于一个富裕的家庭。她是沙皇总参谋长的女儿,是提倡女性平等的杰出先驱。作为一名好战的革命者,她是孟什维克第一位女性党员,但在一战爆发时却站在列宁和布尔什维克一边。1917年,她成为社会福利人民委员,但因与工人反对派的关系,其政治生涯被扼制。后来,1923—1926年和1927—1930年被派往挪威担任大使,1926—1927年任驻墨西哥大使,1930—1945年任驻瑞典大使。1945—1952年,她被召回苏联外交人民委员部,任非现役参赞。

1936年　115

重要的全球性问题也达成了一致意见。

……还有一个"问题"。在递交国书后，国王要与特使交谈。两人都应该站立。但是，在瑞典社会，当一个男人与一位女士交谈时，他要请女士就座。柯伦泰该如何处理？在礼宾司司长的坚持下，决定让柯伦泰像男性特使一样站着与国王交谈。

活动当天，没有任何一处是按计划完成的。当柯伦泰带着国书出现在门口时，国王显然尴尬地微微一颤，犹豫地朝她走了几步。他们在半路相遇。当柯伦泰递交了国书并开始与国王谈话时，国王再次变得不安，有些困惑地说："现在看来，我应该请你坐下。"柯伦泰坐下，国王坐在她旁边，他们在扶手椅上继续交谈。……就这样，这位绅士胜过了国王……

5月26日

约翰·卡明斯[1]向我讲述他和丘吉尔的谈话。丘吉尔大骂政府的懦弱和优柔寡断。鲍德温首当其冲。卡明斯问鲍德温什么时候退休，丘吉尔暴躁地大声说："他永远不会自动退休！他希望一直待到国王办加冕礼之时，而且如果可以的话，加冕礼之后他也想继续留下。必须把鲍德温踢出去，这是摆脱他的唯一方法。"然后丘吉尔补充道："鲍德温让我联想起一个紧紧抓住上升气球吊篮的人。如果他在气球离地面仅五六米时放手，他会掉下来，但不会摔断骨头。他在上面坚持的时间越长，他就越不可避免地会摔死。"

好吧，这真是丘吉尔的风格。这让我想起大约三个月前，丘吉

---

[1] 阿瑟·约翰·卡明斯，1920—1955年任自由派《新闻记事报》编辑。他报道了诸多著名事件，如大都会-维克斯公司英国工程师事件（1933年，莫斯科），以及国会纵火案审判（1933年，莱比锡）。

尔在回答同事关于鲍德温推迟国防大臣任命的问题时说的极讽刺的俏皮话："嗨，鲍德温要找一个比自己矮的人当国防大臣，这样的人可不容易找到呢！"……

5月28日

昨天，爱德华·格里格爵士[1]和斯皮尔斯将军[2]来吃午餐，他们在英语表达和有强国大使在场的情况所允许的范围内，最大限度地诅咒、辱骂鲍德温和政府。内阁没有骨气，无法就严肃事项作出决定，也没有任何政策，特别是外交政策。它已经在光天化日之下迷失方向，正迅速把这个国家推向灾难，把欧洲推向战争。但是，当我试图弄清来客的政治路线时，却遭遇尴尬：他们自己也感到困惑，无法作出明确的表述。用格里格的话来说，群众……需要政府的指导。但政府什么也没有。因此，如果希特勒袭击捷克斯洛伐克，"英国将什么也做不了——除非苏联愿意帮助她？"……

[在相当关键的时刻——其标志是两国关系迅速恶化，莫斯科的政治审判和恐怖活动开始蔓延——迈斯基的日记出现长时间的空白。迈斯基感慨，英法两国在处理墨索里尼问题上的失败导致苏联政府怀疑"与英国政府这种半心半意的伙伴捆绑在一起是否值得"。尽管迈斯基经常遭遇挫折，但与李维诺夫不同，他仍然坚信，直到

---

[1] 爱德华·格里格，第一代奥特林厄姆男爵，1923—1925年任路透社社长，1933—1945年任保守党下议院议员，1939—1940年任信息大臣政务次官，1940—1942年任陆军部联合政务次官。
[2] 爱德华·路易斯·斯皮尔斯爵士，1922—1924年和1931—1945年任保守党下议院议员，1940年5—6月为丘吉尔对法总理事务的私人代表，1940年6月为丘吉尔对戴高乐将军事务的私人代表，1942—1944年担任驻叙利亚和黎巴嫩的英国大臣。

战争爆发，英苏的利益都是和谐的，英国人一定会逐渐寻求苏联的援助。但是目前，他显然不得不遵从克里姆林宫的外交路线，尽管他会一直进行颠覆性的尝试，为接洽英国打好基础。

然而，事态的迅速变化使得苏联很难保持中立，因为希特勒在争取英国政客方面似乎卓有成效——主要通过掀起"红色恐慌"。尽管希特勒对苏联伸出的试探性触角怀有敌意，但斯大林仍选择在柏林开展进一步的徒劳的谈判。7月17日，可怕的西班牙内战爆发，弗朗西斯科·佛朗哥将军[1]对西班牙人民阵线政府发动军事反击。经过一段时间，这场战争的影响才在莫斯科完全显现。它破坏了李维诺夫为巩固一战联盟反抗德国所作的努力。他受到越来越多的批评，同时他的私人生活也陷入了混乱。1936年7月底，他决定让十七岁女孩吉娜——被（李维诺夫的妻子）描述为"年轻风骚……非常庸俗、非常性感"——"作为女儿"陪他到基斯洛沃茨克的疗养院，使得艾薇[2]收拾行李到遥远的斯维尔德洛夫斯克去了。她不顾李维诺夫焦虑的恳求，在那里教授中小学生英语长达三年，直到李维诺夫被贬职。李维诺夫的忧郁和解职经常归因于集体安全的失败和他部门中令人痛心的清洗，但显然在很大程度上应归因于他的个人生活方面。[3]

起程前往基斯洛沃茨克前，李维诺夫虽然鼓励迈斯基休初夏

---

[1] 弗朗西斯科·佛朗哥将军，1935年任西班牙总参谋长，1936年任加那利群岛战争总司令，1936—1939年任西班牙军队总司令和民族主义政权的国家元首。
[2] 艾薇·李维诺夫，马克西姆·李维诺夫的英国妻子。
[3] 艾薇的离开让李维诺夫深受冲击。艾薇写道，和大多数男人一样，李维诺夫想要一个妻子和一个情妇。她回忆："我过去常常去镇上，走在街上时，我们那辆巨大的凯迪拉克会突然掠过。吉娜坐在司机旁边，去逛街……她身着全套骑马装备，到外交人民委员部接他。"他们从乡间别墅回城的路上，李维诺夫"会搂着她，咯咯地尖叫着大笑，挠痒痒……惹得电车里的人俯视他们"。

图27 艾薇和马克西姆·李维诺夫曾经的快乐时光

假，但继续回避迈斯基重修他们流亡时期亲密关系的努力，同时重申他是同事中的领头羊。"这会很困难，"他回应迈斯基出席9月国联大会的请求，"没有合适的理由让你替换波将金[1]或施泰因[2]，他们已经在那里建立了非常好的人际关系。"8月11日，迈斯基离开英国回到苏联，先去索契，然后高兴地与外界切断联系，开始了愉快的高加索之旅。回到莫斯科时，等待他的是严峻的现实。他被紧急召到外交人民委员部，简要介绍西班牙战争，并匆匆赶赴斯大林的夜间会议，被要求立即回岗。

在伦敦，迈斯基面临的严峻形势将在未来三年内困扰他。在他离开的那段时间里，英法两国组建了一个"不干预"委员会，苏联于8月23日加入。委员会未来三年数不尽的会议耗尽了迈斯基的精力，更暴露出俄罗斯与西方愈发疏远的无奈。其中很大一部分原因是希特勒成功将西班牙内战包裹在意识形态的披风中，不断提起英国人对共产主义将从西班牙传播到法国的恐惧，而时任法国总理是领导人民阵线政府的社会主义者莱昂·布鲁姆[3]。西班牙战争一举剥夺了迈斯基在英国获得的有限成功。出于对英国的剧烈反应、法国

---

[1] 弗拉基米尔·彼得罗维奇·波将金，教育家，开始为苏联教育人民委员部的学校设计革命课程。1922年，在内战期间成功掀起的政治风潮开启了他的外交生涯。他于1932—1934年任苏联驻意大利大使，1934—1937年任苏联驻法大使，1937—1940年任苏联副外交人民委员。1939年，他在李维诺夫的解职风波中幸免于难，但一年后又被免职，转回此前所在的教育领域，受托到苏联学校中复兴俄罗斯民族传统文化。

[2] 鲍里斯·叶菲莫维奇·施泰因，1927—1932年在日内瓦裁军会议上任苏联代表团总书记，1932年和1934年任外交人民委员部第二欧洲司司长，1934—1938年任苏联驻国际联盟代表团成员，1933—1934年任苏联驻芬兰大使，1934—1939年任苏联驻意大利大使，1939年降为外交人民委员部外交学校讲师。

[3] 安德烈·莱昂·布鲁姆，自1904年起加入法国社会党，1919—1928年和1929—1940年任国民议会议员，1936—1937年、1938年和1946年任法国总理，1937—1938年和1948年任副总理。

废除互助条约的威胁，以及战场上不稳定局势的担忧，李维诺夫成功地说服斯大林逐渐停止苏联的援助。"西班牙问题无疑使我们的国际地位明显恶化，"他向反抗的迈斯基解释道，"它破坏了我们与英法的关系，在布加勒斯特甚至在布拉格播下了怀疑的种子。"]

12月1日

今天，洛西恩和我一起吃午饭。尽管一路走来有些磕磕绊绊，但我们还是经常见面谈话。这真有趣。他是英国资产阶级帝国主义一派中最杰出的代表和思想家，他的声明常常反映出英国资产阶级最新的倾向性……

今天的气氛模糊不清，令人担忧。洛西恩勋爵的亲德情结已经消退，尤其因为希特勒的殖民地需求。他说："我强烈警告我的德国朋友不要提这个要求，因为它可能在英德之间播撒不和谐的言论，但他们充耳不闻。"洛西恩也批评了《反共产国际协定》和《苏法互助条约》，并称后者催生了前者。……至于西班牙问题，洛西恩似乎比我想象中更接近我们的想法。从大英帝国的利益出发，洛西恩更倾向西班牙政府获胜。为此，他严厉批评了英国政府的立场。洛西恩说："所有明眼人都清楚，我们目前在西班牙看到了苏联与德国、意大利之间的首次严肃对决。包括英国未来的政策定位，很大程度上取决于这一实力检验的结果。英国人总是倾向胜者。如果法西斯势力在这场冲突中占上风，英国最终可能极不情愿地加入他们。如果苏联获胜，英法苏联盟将在近期变为既成事实。"

1937 年

1月10日

　　过去两三个月，英国外交政策出现了明显的变化。这一变化首先被艾登于去年11月和12月的四次演讲，接着被英国政府在西班牙问题上转变的态度所暗示。

　　……评估艾登的演讲后，我将以如下方式定义英国政府目前的立场：至少在艾登宣布的指导方针仍然有效的情况下，英国在面对侵略时已不再采取长期以来的撤退战略，但是对侵略者还没有进行反击。

　　……现在就西班牙问题说几句。去年十月，英国政府明显将赌注押在弗朗西斯科·佛朗哥的胜利上。臭名昭著的"不干预"委员会对此的表现再明显不过了。此外，艾登在议会中发表了一个轻率的对苏声明。……据说，艾登是因为受工党下议院议员的侵扰，才在极度生气的情况下无意说出这番话，后来他对自己缺乏克制深感后悔……也许吧。

英国政府的态度已经有所好转。……当然，当前的任何幻想都是危险的。英国人深受"妥协"和"均势政治"毒害。此外，英国对苏联的阶级仇恨仍然是一个固有现实。而且，目前的情况阻碍伦敦金融城在政治和经济领域进行重大变革。我不知道英国的政策是否会维持现有水平（如果不高于这个水平的话），但上述转变肯定是有趣的，也是不容忽视的。

1月16日

日本大使吉田茂[1]突然来访。……吉田显然是来为《反共产国际协定》产生的影响提供一些保证的，这同时说明他不属于日本政治思想中的激进派。当然，吉田非常坦诚。他严厉批评自己国家海陆军所采取的行动，还说日本人民不得不为他们的"愚蠢"付出沉重的代价。……

3月12日

3月4日，所有外交使团团长向新国王乔治六世[2]递交了国书。程序已被简化，全体一起进行。所有的大使和特使按资历在白金汉宫的弓厅排列好。他们被准许一个接一个进入隔壁的房间，国王在那里等着他们。他们向国王递交国书，礼节性地交流几句话，然后离开，给那些仍在等待的人留出位置。国王与每位外交官交谈两三分钟。艾登出席了仪式并提供了一些帮助，因为国王沉默寡言，容易尴尬。国王还有些口吃。整个仪式顺利进行。唯一引起媒体和社

---

[1] 吉田茂，1936—1939年任日本驻英大使，1946—1954年任日本首相。
[2] 乔治六世国王，1936—1952年在位。

图28 迈斯基在大使馆的花园向苏联马拉特号战舰的水手致敬

会轰动的是里宾特洛甫的"纳粹礼"。当德国大使进入会议室会见国王时,他不像往常一样鞠躬,而是举起右手问候。这种"新奇"深深冒犯了英国人,在保守派中引发了负面反应。里宾特洛甫被指责不得体,并被拿来和我相比——一个向国王正确敬礼的"好男孩",没有将一只紧握的拳头高举头顶。[1]

为了会见外交官夫人,国王和王后在今天下午五点还举行了茶会,邀请外交使团团长及其配偶。里宾特洛甫再次举起一只手向

---

[1] 迈斯基总结了他对里宾特洛甫的印象:"我在'不干预'委员会的议席上,坐在德国大使斜对面一整年,因此有机会近距离研究他。我得直截了当地说,他是一个粗鲁、愚蠢的疯子,具有普鲁士低级军士的观点和行为。我始终不明白,希特勒为何任命这个笨蛋为外交事务首席顾问。"

图 29　出发前往白金汉宫参加"下午派对"

国王敬礼，但他向王后正常鞠躬。小公主们也在场：伊丽莎白[1]和玛格丽特·罗斯[2]都穿着浅粉色的连衣裙，显然非常高兴能出席这样一个"重要"仪式。但她们幼稚地对周围的一切感到好奇。她们站着左摇右晃，然后开始咯咯地笑，接着开始胡闹，让王后相当尴尬。克罗默勋爵[3]把我和我的妻子带到国王夫妇面前，我和国王、阿格尼娅和王后分别聊了很久。女士们大多时候在讨论孩子，而国王询问我们的海军和白海－波罗的海运河的状况。当我告诉国王马拉特号战舰将前来参加加冕仪式时，他表示非常满意。

4月16日

艾登邀请我和我的妻子到萨沃伊共进午餐。客人形形色色：国防协调大臣英斯基普[4]、外交使团典礼官克莱夫、中国大使、奥地利大使等，共二十五人。我是这次午餐的高级宾客。

午餐时间，艾登的妻子不停地抱怨自己多么忙碌，最重要的是，每件事都要匆忙完成。没有时间反思或者放松一下。一切都以惊人的速度在运转，你发现自己陷入了无法逃脱的旋涡中。真的，我们的父亲和祖父生活在更美好的时代！当时的世界安静、平和又稳定。有足够的时间散步、读书或思考。"为什么我不在那个时候出生？"艾登太太叹息道。

午餐后，我和她的丈夫交谈。我们的谈话围绕西班牙展开。……迄今为止，艾登成功地稳住了英国政府目前的立场，该立场不承认

---

[1] 大不列颠及北爱尔兰联合王国女王伊丽莎白二世，1952年至今在位。
[2] 玛格丽特·罗斯·温莎公主，斯诺登伯爵夫人，乔治六世的女儿。
[3] 罗兰·托马斯·巴林，第二代克罗默伯爵。
[4] 托马斯·英斯基普，第一代考尔德科特子爵，1936—1939年任国防协调大臣。

佛朗哥交战的权利。

艾登对西班牙问题的立场本质上令人反感：表面上看，英国并不关心哪一方获胜，因为西班牙在内战结束后会被极度削弱，届时它将不得不开始寻求资金，而这只能在伦敦或巴黎找到。英镑比大炮更强大。因此，英国政府不太担心西班牙战争的结果。另一方面，艾登非常担心英国可能会被困在西班牙事件中，因为根据艾登的说法，对任何试图介入其事务的国家来说，西班牙都是一个死亡陷阱。拿破仑，惠灵顿，现在轮到墨索里尼。在墨索里尼出兵西班牙之前，他的威望比现在高得多。除非他尽快离开西班牙，否则他将面临一个糟糕的结局。

说到这里，艾登狡猾地笑了笑，补充道："你们正出色地进行着你们在西班牙的活动。你们正做着所有你们认为必要的事情，却不会陷入困境。你们甚至还保持着完全无辜的样子。"我用同样的口吻回答说："现在连里宾特洛甫都不再嚷嚷有一支庞大的苏联军队驻扎西班牙。""你说军队？"艾登大声说道，"你们给西班牙人的东西比军队更重要，特别是像意大利军队那样的。"我笑了，说道："'不干预'委员会未能证实苏联参加了西班牙战争。"

4月17日

那是一顿不错的午餐！吉田显然坚持了他试图改善与苏联关系的路线，举办了一场午宴，我和中国大使都是高级宾客。日本驻苏联大使重光葵[1]、李滋罗斯、伦德尔[2]（外交部东方司司长）等人也出席了午宴。原来这是日苏中友谊的一种表现。这是我驻伦敦期间第一次接到日本大使的午餐邀请，而且是一次非常特别的午餐！

午餐后，吉田希望我明白：以林铣十郎[3]为首相的新任政府将采取更加温和的外交政策，特别是对苏联和中国；现任政府在即将举行的议会选举中会被击败；历史悠久的政党将获得大多数选票；此外，在选举后，林铣十郎组成的新国家党派试图分裂民政党和政友会。但是，他能否圆满完成这项任务还有待观察。然后，吉田开始抱怨苏联的"侵略性"——苏联在远东地区保留了大部分军事力量。但如果我们同意将部分部队转回国内，日苏关系就会立即恢复和平的氛围。我把他的抱怨变成一个笑话，说："大使先生，难道你不知道我们在远东的所有军事力量的唯一任务是保护苏联边境免受'匪徒'的袭击吗？根据你们日本提供的消息，他们仍大量驻扎在中国东北。"

去年，伦德尔在关于蒙特勒海峡问题的会议上遇到了李维诺夫同志，并向他作了详尽且极其热情的发言。

4月18日

范西塔特夫妇来我们家吃午饭。这是一个四人小型午餐，我们的谈话很坦率。范西塔特确定内阁将在加冕仪式后重组，鲍德温

---

[1] 重光葵，1933—1936年任日本外务省次官，1936—1938年任驻苏联大使，1938—1941年任驻英大使。

[2] 乔治·威廉·伦德尔爵士，1930—1938年任外交部东方司司长，1938—1941年任驻保加利亚公使和全权代表，1941—1943年任驻流亡伦敦的南斯拉夫政府公使和（后来）的大使。

[3] 林铣十郎，1934—1935年任日本陆军大臣，1937年2—6月任日本首相。

将辞职，张伯伦接替他的位置，而西蒙最有可能成为财政大臣。艾登将留任。我询问张伯伦的外交政策，范西塔特表示其总体性质不变，但会更明晰。关于对德问题，张伯伦被认为是可靠的。那么，等着瞧吧。我对范西塔特的保证有些怀疑。我还记得在1935年春，他试图让我放下对霍尔的担忧，结局如何，众所周知……

根据范西塔特的说法，反德和反意情绪在英国日益高涨。在这方面，《泰晤士报》的立场变化特别有说服力。连洛西恩也越来越怀疑德国。达成新《洛迦诺公约》的希望非常渺茫。……

4月21日

艾登和他的妻子来大使馆吃晚饭。这里还有许多外交官、公众人物和其他客人。总体而言，一切正常。

晚饭后，我与艾登长谈。……西班牙自然占据了我们的大部分讨论，在我看来，艾登表现出毫无根据的乐观情绪。德国越来越倾向放弃西班牙。同样的趋势也在意大利蔓延，"西班牙战争"在那里越来越不受欢迎。

……如果艾登的期望能够实现（他也希望如此），那么欧洲的主要问题将在初冬之前得到解决。尤其是英国的军备到那时会大幅增加，而德国和意大利的内部困境会加剧。

我对此表示反对，还批评了艾登的设想。特别是，我坚信墨索里尼不会如此轻易地撤离西班牙。我在"不干预"委员会的每次会议上都感受到了这一点。艾登坚持自己的观点，最后说："你们苏联人永远都是悲观主义者。你们觉得危险无处不在，即使在根本没有任何危险的地方。"

"但你不觉得我们十有八九是对的？"我反驳道。

艾登笑了，但就在这时，他的妻子走过来跟我道别。

6月9日

我去拜访范西塔特。……我说我观察到英德关系最近发生了某些转变。我列举了一些事实：菲普斯从柏林调到巴黎；内维尔·亨德森爵士[1]——一位热情的亲德者被任命为驻德大使，取代希特勒不喜欢的菲普斯；英国保守党媒体对德语气有所变化；英国媒体广泛报道了向直布罗陀空运医务人员，为受伤的德国水手提供援助的消息；[2]最后，亨德森在柏林递交国书之时，特别是在英德协会[3]安排的晚宴上发表的演讲。这些事实引发了某些看法。我特别强调，亨德森的最后一次演讲在莫斯科引起了"震惊"，更不用说其他更明显的情绪了。

当然，范西塔特试图说服我相信什么都没有改变，一切如常，只是"原地踏步"。……至于亨德森，他在于柏林举办的英德协会晚宴上的讲话完全是他自己的创作……但范西塔特说他具有可以"减轻罪责的情节"：亨德森缺乏经验，缺乏对当前欧洲政治局势的认识——他此前一直待在南美洲。范西塔特表示，他希望亨德森将来能更谨慎。……

[苏联外交人民委员部和伦敦大使馆在向"绥靖政策"转移问

---

[1] 内维尔·亨德森爵士，1937—1939年任英国驻德大使。
[2] 1937年5月29日，该巡洋舰遭受共和党军队炮击。6月3日，迈斯基预先提醒莫斯科，说英国绕过"不干预"委员会，试图单独与德国、意大利和法国制定一个"事实上的四国条约"。
[3] 由帝国政策小组与伦敦金融城各银行家组建的协会，旨在推动英国向纳粹德国和日本靠拢。

题上作出了相反的估计。李维诺夫坚持认为英国政府不打算干涉西班牙问题,而迈斯基"不太重视"对柏林提出的建议。迈斯基希望希特勒能够使出"新伎俩",让德国和西班牙的和解难以为继。]

6月15日

澳大利亚总理莱昂斯到大使馆见我,我们一边喝茶一边坦率地交谈。

我询问了《太平洋互不侵犯公约》的相关事宜。莱昂斯表示,比起互不侵犯公约,他更喜欢互助公约,但由于他确信英国,尤其是美国都不会接受这样的提议,他已经准备好承认互不侵犯公约,作为朝理想方向迈出的第一步。但他所认为的互不侵犯公约应该规定,当一个公约成员国受到另一个国家(不管这个国家是否为公约成员国)侵略时,该公约的参与方都要进行协商。然后,莱昂斯向我介绍了他在伦敦与各国代表的会谈结果。总的来说,英国对该公约的态度总体上是积极的,外交部已被告知要处理细节问题。新西兰当然支持这一公约,加拿大也如此,但没那么热情。中国驻英大使向莱昂斯保证,该公约得到了中国的全力支持。与莱昂斯交谈过的日本大使对此提出了诸多疑问,但没有表达自己的观点。罗斯福在两年前与莱昂斯的对话中赞同公约,现在美国驻英大使宾厄姆已经证实了这一立场。最后,莱昂斯问我苏联关于这个问题的立场。

我回答说,苏联政府对《太平洋互不侵犯公约》持非常积极的看法;政府虽然更喜欢互助公约,但也准备好加入互不侵犯公约。在苏联政府看来,唯一正确的谈判策略是让日本人从一开始就明白,无论他们加入与否,这个公约都会出现。只有在这种情况下,才有希望促使日本开展一定程度的"合作"。

莱昂斯听了之后非常高兴，并补充说，我的话让他又充满了活力。他认为我们的战略路线是正确的，并承诺将以这种方式在相关大国中继续"宣传"，其中包括大英帝国、法国、荷兰、苏联、日本、中国、美国和葡萄牙。

然而，莱昂斯目前在《太平洋互不侵犯公约》方面几乎无能为力。回澳大利亚后，他将不得不举行联邦议会选举。如果他赢了（他也如此期待着），那么为《太平洋互不侵犯公约》而战将成为他外交政策的主要目标。如果反对派获胜，那么根据莱昂斯的说法，该公约将近乎死亡，因为反对派已经深受孤立主义的影响。

然后我们详细地谈论了苏联。莱昂斯问了我很多问题，我给了他答案。他对我们国家的印象相当模糊。他表达了有朝一日亲自访问苏联的愿望，但不是"现在"，因为他"现在"没有时间。

这位澳大利亚总理看起来非同寻常：中等身高，健壮，跛脚，面容坚毅，有一头亮灰色头发，散发着光芒。莱昂斯对澳大利亚的政治意义与拉姆齐·麦克唐纳对英国的大致相同。

6月16日

今天我拜访了蒂杜莱斯库[1]，他一如既往地住在丽兹酒店，一如既往地哗众取宠、耀眼、自信，甚至无礼。

蒂杜莱斯库已经在伦敦待了大约一周。他设法见到了张伯伦、艾登、范西塔特、丘吉尔和其他许多高级官员。

……蒂杜莱斯库对每个人都或多或少说了几句相同的话：欧洲

---

[1] 尼古莱·蒂杜莱斯库，1927—1928年和1932—1936年任罗马尼亚外交部长，1920—1936年任国际联盟常驻代表。

的和平和大英帝国的完整，取决于能否及时建立由英国、法国和苏联领导的和平阵线。如果能做到，一切都会好起来。否则，人类，特别是英国，将不得不承受两幕悲剧：第一幕是德国打造中欧，第二幕是中欧毁掉大英帝国。英国人应该尽快作出选择。

……蒂杜莱斯库还观察到，自他在1936年3月最后一次访问伦敦以来，英国的亲德情绪大幅升温。

在回答关于他近期计划的问题时，蒂杜莱斯库首先非常详细地向我讲述了德国人如何在瑞士和布加勒斯特三次企图毒杀他的故事。然后他说他会在10月回到罗马尼亚。这当然很危险，但他必须这样做。他不想做逃兵，因为这意味着他严肃的政治活动和斗争的结束。毕竟蒂杜莱斯库充满激情，内心坚定。他在临别时说了一句经典的话："如果我在回国后的头六个月内没有被暗杀，罗马尼亚就是我的了！"[1]

7月1日（与劳合·乔治的谈话）

……我一提到"政府"这个词，劳合·乔治几乎从座位上跳了起来。"政府？"他讽刺地问道，"这还算是个政府吗？更像一群平庸之辈，一群无药可救的懦夫。他们有决心吗？还是有勇气？他们能保护我们的利益吗？他们从祖先那里继承了丰厚的遗产，但管理得非常糟糕，我担心他们会把遗产挥霍掉。他们都是讨人厌的懦夫。建立和保护我们伟大帝国所需要的不是懦弱，而是勇气！"

我观察到，目前在欧洲民主的地平线上，几乎看不到重要人物。

---

[1] 蒂杜莱斯库曾提出与俄罗斯人签订互助协议的想法，于1936年底被国王卡罗尔二世免职。他对协议的支持不是基于对莫斯科的任何偏好，而是为了"保持与俄罗斯的友好关系，使其不觊觎比萨拉比亚"。

"你说得完全正确，"劳合·乔治惊呼道，"那些重要人物在哪里？欧洲民主陷入饥荒。……在英国和法国寻找都没有意义。鲍德温、张伯伦、布鲁姆或肖当[1]——他们有什么用呢？他们不得不与真正重要的、强大的人物打交道——希特勒和墨索里尼。那些法西斯独裁者不是傻瓜。他们是残暴的，使用粗野的方法：武力、无礼和恐吓。但他们有行动力，精力充沛，他们的国家也追随他们。面对独裁者，我们的大臣们能站出来维护我们的利益吗？他们能做到吗？根本没那回事！如果温斯顿·丘吉尔是首相，他会知道如何让独裁者认真对付他，但保守党人士却害怕让丘吉尔进入政府。结果就是，我们让懦夫与希特勒、墨索里尼这类实干家打交道。这两个人都是法西斯分子，都是民主的反对者，多么可耻。但不得不承认他们是有影响力的人。哎，你能想象艾登与墨索里尼谈判会发生什么吗？墨索里尼肯定轻松将其彻底击败。这正是阿比西尼亚战争中的场景。你们的斯大林却完全不是这样。他是个大人物，非常有决断力。他有很强的控制力，能引起独裁者的重视，有能力击败希特勒和墨索里尼。我们就非常不幸，比如张伯伦这样一个狭隘、能力有限和毫无建树的人。一个冷酷的笨蛋——这是我在最近的议会辩论中对他的描述。……张伯伦的'总体计划'包括以下内容：明年内与德国和意大利讲和，并缔结一个四国公约。至于中欧和东南欧，张伯伦已准备满足于独裁者们模糊的不侵犯承诺。你的国家将被欧洲人拒之门外，自生自灭。完成这些之后，艾登还想进行投票。他会告诉选民：'绥靖欧洲这个不可解决的问题，已经由我和我的政府解决了。现在一切都好。请给保守党投票！'赢得选举后，他将确保他的政党再统治五年。邀请牛赖特访问伦敦就是他干的

---

[1] 卡米耶·肖当，1930年2月、1933—1934年和1937—1938年任法国社会党总理。

好事。……"

"然而,"劳合·乔治接着说,"我可以坦率地告诉你,我们的反对派特别是工党,比政府好不到哪里去。事实上,它更糟糕、更弱。反对派没有领导人,没有计划,没有精力,也没有斗志。"

……我问劳合·乔治关于他去年访问德国的感想。劳合·乔治变得活跃,说:"我与希特勒见面,并与他长谈。他给我的印象是一个非常朴实、谦和又受过良好教育的人。我们可以和他讨论问题,冷静地交换意见。然而,他有一个痛处——共产主义。每当希特勒提到共产主义或共产主义者时,就立即精神错乱,脸色也突然变了:眼里闪烁着邪恶的火焰,嘴唇不由自主地开始抽搐。我好几次试图使他明白,与贵国的不健康关系只会使德国处于不利地位。但这对希特勒丝毫不起作用。他会再次对着共产主义和共产主义的威胁大声嚷嚷,大发雷霆。他真的相信自己被召唤来这个世界是为了完成一项特殊的使命:拯救西方文明,粉碎共产主义怪物。就我在这次会议上所看到的,我完全相信他绝不会同意与苏联签订任何条约,也不会在国际文件上斯大林的签名旁边签上自己的名字。"

7月27日(与艾登的谈话)

(1)艾登邀请我到下议院与他会面。他告诉我他要度假三周(但不出国)。哈利法克斯勋爵将在他缺席时代理他的事务。艾登想和我讨论两个问题:①远东,②西班牙。

(2)艾登从远东开始谈起。就在今天早上,他收到了来自北平的令人震惊的消息。[1]这似乎证明了他最初的乐观是不合理的。中国的事态正在发生非常严重的转变,日本现在随时可能进入北平。这非常糟糕,因为北平有许多英国公民和各种英国机构。此外,英国与北平、天津地区有着重大利益关系。(这一切非常令人遗憾。)近期事件的主谋是关东军而非东京。但这并没有改变事情的本质。早上,艾登在收到北平方面的消息后立即致函东京,再次要求日本政府注意,英国以极大的关注跟踪中国北方地区的事态发展,并坚定地希望日本和中国能避免战争。但很难说这份外交照会有多大效果。

(3)然后艾登询问我们对中国事件的评估。我回答说,这些事件的本质已经暴露无遗。日本试图重复六年前的九一八事变。换句话说,日本的目标是在中国北方建立第二个伪满洲国。手法与1931年的相同。日本和其他侵略者一样,在试图扩张的过程中,主要以经验主义和机会主义考量为指导。她正探寻自己能在不受惩罚的情况下走多远。因此,日本新冒险的成败主要取决于两个因素:①中国的抵抗力量,②在远东地区有利益的大国的行动。艾登认为,我们对形势的分析非常可信,但他补充说,今天的中国已不再是1931年的中国,这一次日本将遭遇更强大的抵抗。蒋介石[2]的忍耐是有限的,艾登认为已经达到极限。因此,我们完全有理由相信,远东地区可能很快会爆发大规模军事行动。

(4)我问艾登,其他大国打算如何应对即将发生的事。艾登耸耸肩,说:"我不知道。"他告诉我,他曾两次试图将美国拉入三国

---

[1] 日本于1937年7月7日发动的中日军队冲突事件(七七事变——译注),成为日本对中国发动大规模进攻的借口。
[2] 蒋介石,中国国民党前国民革命军总司令,1928—1938年和1943—1949年任中华民国总统。

（英国、美国和法国）统一战线以反对日本侵略，但都没有成功。美国人固执地拒绝了这个想法。他们只愿意参与"平行行动"。不幸的是，"平行行动"远逊于联合行动。美国甚至已经在东京采取了某种"平行行动"。英法两国政府也向日本政府发出声明，以防止最坏的情况发生。但这一切还不够。没有美国，英国只能向日本政府送去一些不痛不痒的外交照会。

（5）艾登不经意地问我，中国驻苏联大使[1]提交了什么样的外交照会，南京政府有没有向我们提建议。他从中国驻英大使那里听说过这件事，但如果我能提供一些细节，他会非常感激。我回答说，中国驻苏联大使确实与李维诺夫同志进行了一次交谈，并问后者苏联如何看待与远东有关大国采取"联合行动"的可能性。李维诺夫同志回复：如果苏联政府收到关于联合行动的提议，我们会进行讨论。艾登非常注意听取这些信息，连忙说他觉得这很有趣。不过，他没有再追问下去（中国驻英大使郭泰祺后来告诉我，艾登一直小心翼翼，没有引导苏联参与联合外交照会的讨论，以免激怒德国和意大利）。后来，艾登要求我，在他离开伦敦期间，要与负责远东事务的次官卡多根保持联系。……

[1937年5月，张伯伦被任命为首相后，立即从艾登那里夺回主导权并推行自己的外交政策。他希望通过让意大利加入，与英、德、法一起达成四国条约来恢复与意大利的良好关系。1932年11月16日，迈斯基第一次见到当时还是财政大臣的张伯伦。张伯伦虽然鄙视这个"反叛但聪明的小犹太人"，但与迈斯基的早期接触并没有显露出此后形成的敌意。在张伯伦写给妹妹的一封信里，他对同

---

[1] 蒋廷黻，1936—1938年任中国驻苏联大使。

一天遇到的意大利大使格兰迪[1]和迈斯基的态度形成鲜明对比，他写道："我与格兰迪的访谈似乎给意大利留下了非常好的印象，我看到他们刚刚'透露'，说我给墨索里尼写了一封私人信件……我和迈斯基的访谈是应后者的要求进行的，他的目的无疑是反示威，但他其实无话可说。"]

7月29日（与张伯伦的谈话）

1.遵循英国习俗，我早就计划对新任首相进行正式访问。[2]……7月29日，他在下议院的办公室接见我。知道他很忙，我决定不浪费时间，单刀直入。在访问张伯伦之前，我已经得到消息，四国条约的达成，特别是英德关系的改善，是他外交政策的总路线。我想确定这是否属实，并直截了当地问他：在他看来，实现"绥靖欧洲"的最佳方法是什么？

2.张伯伦显然没有预料到这个问题，他迟疑了一下，或惊讶或尴尬地看着我。然后，他开始回答，语速很慢，偶尔还结巴："我不知道取得这个成果的捷径。绥靖欧洲是一项复杂而漫长的事业。这需要极大的耐心。任何可能证明有效的手段和方法都是好的。任何可能的机会都应该被利用。"首相顿了顿，思索了一会儿，继续说道："我认为，成功解决西班牙问题可能是绥靖欧洲的第一步。"……张伯伦认为意大利人和德国人真的准备从西班牙撤回他们的所谓"志愿者"吗？我对此表示怀疑。张伯伦没有立即回答我。他先望向窗外，再看看天花板，然后开始慢慢地说："毫无疑问，墨索里尼

---

[1] 迪诺·格兰迪，1929—1932年任意大利外交部长，1932—1939年任驻英大使，1939—1943年任司法部长。
[2] 迈斯基因一场严重的疟疾病倒了。

非常热衷于看到一个法西斯西班牙。……在墨索里尼看来，佛朗哥的胜利是出于避免西班牙变成'布尔什维克国家'的必要。如果佛朗哥失败了，共产主义在西班牙的胜利将不可避免，这是意大利不能接受的。"

……随后，首相停顿了一下，并转向另一个话题。"我总是被一个特别的想法困扰：今天的欧洲充满了恐惧和怀疑。国家和国家之间互不信任。一旦一个国家开始武装自己，另一个国家便立即开始怀疑这些武器是用来对付自己的，也开始武装起来，以抵挡真实或想象的威胁。……绥靖欧洲需要多年的时间，但至少我们可以先迈出第一步，在我们所处的地区创造一种更加友善的气氛，不是吗？"我问张伯伦他到底在想什么。首相回答说："和西班牙问题相比，还有一个次要但非常重要和紧迫的问题——德国问题。我认为还有一点非常重要，让德国人不再使用'富有'和'贫穷'等泛泛用语——没人理解它们的真正含义——转而实际、高效地讨论他们的愿望。如果我们能把德国人带到谈判桌上，手里拿着铅笔，清点他们所有的投诉、索赔和愿望，这将大大有助于消除疑虑，或至少使目前的情况明朗化。这样我们就能知道德国人想要什么，也知道是否有可能满足他们的要求。如果有可能实现，我们会尽量满足他们；如果没有，我们会作出其他决定。"

……这次谈话给我留下的总体印象是，张伯伦正在认真考虑四国条约和构建西方安全，并准备对德国和意大利作出相当大的让步，以实现他的目标。然而，在事情发展过程中，如果无法与这两个国家达成协议，或者英国无法接受为达成协议所付出的代价，那么他将对法西斯国家采取比鲍德温更坚定的立场。[1]

8月1日

远东地区一片火海。后果难以预料，但可能是巨大的。

7月中旬，当日本在北平附近发动进攻后，中国驻苏联大使问我们打算怎么做。他特别想知道，我们是否准备单独干预，还是与其他大国一起干预。李维诺夫回答说，我们不会单独干预，但如果向我们提出一份联合外交照会，我们将予以讨论。

中国驻英大使、驻法大使[2]和驻美大使[3]都采取了类似的措施。此外，南京政府还向《九国公约》的成员国发送了一份关于冲突的备忘录。

英国人变得非常担心。艾登（在7月17日和27日）告诉我，英国政府非常忧虑，并希望在东京组织一个伦敦－巴黎－华盛顿联合行动方针，坚持和平解决冲突。但是美国人拒绝参加联合行动，只准备与英国采取"平行行动"——一个弱得多的选项。因此，英国和法国分别在东京和南京发表了相同的声明，呼吁停止武装冲突并进行调解。美国单独制定了相同的外交照会。但艾登对这类举措的有效性没抱多大信心。他有怀疑的充分理由。

最近从美国抵达英国的中国财政部部长孔祥熙[4]，在郭泰祺的陪同下于7月23日来看我。孔祥熙约五十岁，身材敦实，活力四

---

[1] 迈斯基记得张伯伦说："哦，如果我们可以和希特勒坐在同一张桌子上，手中拿着铅笔，讨论我们之间的所有分歧，我相信气氛会得到极大的改善！"
[2] 顾维钧，曾署理中华民国北洋政府国务总理，摄行大总统职，1936—1941年任驻法大使，1941—1946年任驻英大使。
[3] 施肇基，1933—1937年历任中国首位驻美公使和大使。
[4] 孔祥熙，1933—1944年任中国财政部部长，1933—1945年任中央银行总裁。

射，魅力十足，不拘小节。他单刀直入，要求我们援助中国，还相当笨拙地强调，日本人夺取北平只不过是攻击苏联的前奏。具体而言，他建议我们在中国东北边界进行军事佯动。当然，我没有按照他的想法给予任何保证。此外，孔先生告诉我，他在不久前见过罗斯福，后者赞成《太平洋互不侵犯公约》，但认为一个互不侵犯公约不足以维持和平（空头承诺在今天还有什么价值？）；他渴望更有效的方法，尽管他指的不是互助条约。但同时非常重要的是，在实现美国海军计划之前，罗斯福不可能认真对待协议问题！孔祥熙还表示，去美国之前，他在德国与政权领导人进行交谈，发现戈林[1]是个十足的反苏者，沙赫特反而是"亲苏者"。据说，与孔祥熙进行了两个小时的谈话后，希特勒开始相信德国和苏联之间的关系也许可以正常化。

7月27日，郭泰祺邀请我和我的妻子共进午餐。之后，郭泰祺、孔祥熙和来自巴黎的顾维钧带我进入隔壁的房间。孔祥熙又一次生硬地对我说，无论英国和美国如何行事，中国和苏联都必须团结起来反对日本的侵略，因为两国都是受东京军国主义者威胁最大的国家。由于我非常不愿意在这个问题上作出回应，孔祥熙急忙转向实际问题。他不再坚持在中国东北边境进行军事佯动，而只是提出了苏联向中国供应武器的问题。我答应就此事与莫斯科沟通。

郭泰祺今天拜访了我。他告诉我，他见过艾登两次，并坚持让苏联参加远东地区的联合行动。然而，艾登拒绝了他的请求，认为这只会让情况变得复杂。郭泰祺认为艾登仅仅是害怕德国和意大

---

[1] 赫尔曼·威廉·戈林，1932年任纳粹德国国会议长，1933—1934年任普鲁士邦内政部长，1933—1936年创立德国国家秘密警察并任总长，1933—1945年任国家航空部长和纳粹德国空军总司令。

利。关于这一点,他告诉我,德国和意大利驻苏联大使已经通知中国驻苏联大使,只要苏联不介入中日冲突,德国和意大利将保持中立。但如果苏联卷入远东冲突,德国和意大利将支持日本。

郭泰祺还告诉我,德国以给予孔祥熙一亿马克的信贷力度继续向中国运送武器,以换取中国的原材料。同时,意大利积极回应了中国最近提出的特定武器和弹药的要求。这就是当今资本主义世界的矛盾力量!但我倾向于认为,如果远东地区的战火加剧,意大利和德国终将显露其意识形态色彩。

还有一个来自不同领域的细节。据郭泰祺介绍,英国驻德大使亨德森正试图说服美国驻德大使多德[1],为希特勒提供英美联合贷款。而且,在与纳粹领导人的会谈中,他表示英国会很容易接受德国以"联邦条款"兼并奥地利和捷克斯洛伐克。混蛋!

8月10日

马萨里克来找我。我从他的叙述中注意到以下内容。(1)前几天,他坦率地问范西塔特:英国人对捷克斯洛伐克的"俄罗斯政策",特别是对《捷苏互助条约》的态度如何?欧洲普遍认为英国不赞成这项政策,尤其是该条约。这是真的吗?范西塔特回答说,这绝不是真的。考虑到欧洲当前的局势,英国非常理解甚至赞同捷克斯洛伐克和苏联现在的关系。(2)马萨里克这样理解英国对捷克斯洛伐克的态度:英国对捷克斯洛伐克的命运并非漠不关心;它甚至同情捷克斯洛伐克,认为后者是中欧民主的前哨;但是这份同情不冷不热,如果捷克斯洛伐克受到威胁,我们很难指望伦敦方面作

---

[1] 威廉·爱德华·多德,1933—1937年任美国驻德大使。

出积极的回应。在我看来，马萨里克对形势的描述是正确的。（3）范西塔特和外交部都对首相与墨索里尼的暧昧关系感到不满。他们认为达成协议的时机尚未到来，最重要的是，他们对张伯伦在试图与意大利达成共识一事上完全忽视外交部而感到恼火。

8月23日

我拜访了范西塔特，问他英国政府对华军售的最后决定是什么，以及中国是否打算在即将召开的国际联盟会议上提出日本侵华问题。范西塔特在回答时非常保守，强调政府尚未就我关注的事项进行讨论或作出决定。他答应一旦作出决定就通知我。

总的来说，范西塔特非常悲观，特别是关于远东和地中海。情况越来越糟，危险越来越近，却没有采取真正的反抗措施。世界将走向何方？

今年发生的国际纠纷破坏了每个人的假期，对于这一事实，范西塔特深感不快。他本人必须常驻伦敦。艾登正在度假，不过是在英国境内，而且只有短短的三周——还要不时到首都出差。就连首相也不得不中断假期，召开内阁特别会议。这是战争爆发以来，首相第一次无法平静地度过他的假期。这就是我们现在的处境！

我听着范西塔特的诉说，暗自发笑：要是被破坏了的假期是唯一的麻烦，那就好了！

8月25日

今天，郭泰祺告诉我，到目前为止，英国对中国出口武器没有受到任何阻碍。最近，中国人通过现金加信贷，在法国购买了几架飞机。孔祥熙与捷克斯洛伐克的斯柯达公司签订了大量的军事订单。

最有趣的是，中国也从德国获得了武器，是孔祥熙以原材料和一亿马克信贷换取的。意大利也答应向中国出售武器。这就是资本主义现实的矛盾！的确，他们引起了一阵嘲讽的笑声。

10月27日[1]

我任驻英大使的第一个"五年计划"已经完成！……

自那以后，五年过去了。这是怎样的五年啊！……我的脑海中闪过一个念头："我要在这里待多久？我会看到什么？我将如何生活？未来会给我带来什么？……"

11月6日

……我见到了科利尔。他告诉我一个令人欣喜的消息。外交部认为，一个德国航空公司经阿富汗飞往中国和日本的计划，即使不是永远搁置，也已耽误了很长时间，原因是中日战争、德国飞行员两次首飞中国新疆失败，以及英方的压力。英国人对今年夏天德国飞机在印度边境附近频繁飞行特别不满，德方声称这是为了寻找失踪的德国飞行员。如果真的无法避免，英国人可能会让德国飞机沿着英国和荷兰飞机目前使用的航线穿越印度飞往远东，但是要避免德国将阴谋之手伸向阿富汗和印度之间的边境。

---

[1] 此记录已移至本书的引子。

11月16日

今天，我和阿格尼娅参加了由乔治六世为比利时国王利奥波德为期四天的访问而举行的"国宴"。这场宴会如往常一样：一百八十位嘉宾、王室全体成员、政府人员、大使（但不是特使）和英国各界知名人士。我们用金制刀叉和盘子吃饭。与大多数英式晚餐不同，这顿饭很美味（据说国王有一个法国厨师）。其间，二十四名苏格兰"风笛手"进入大厅，多次围绕餐桌缓慢走动，半原始的音乐响彻宫殿的穹顶。我喜欢这种音乐。音乐里藏着苏格兰的山脉和树林，藏着距今几百年的时光，以及人类的原始过往。管乐对我来说总有一种奇异的、令人兴奋的效果，把我引向远方，带我到旷野和无边无际的草原上——那里既没有人也没有动物，让人感觉年轻又勇敢。但我发现许多客人不喜欢这种音乐风格。他们觉得在庄严而精致的宫廷气氛中，它显得粗犷、尖锐和不雅。利奥波德正是其中一个不满的就餐者……

乔治六世和利奥波德发表了两次演讲，宣称两国间的友谊牢不可破。之后，客人们移步相邻的大厅，而我们这群大使聚集在所谓弓厅，在那里见到了两位国王、大臣和一些高级朝臣。女士们与年轻的王后、年迈的王太后一起待在相邻的大厅里。在这里，一切都像"国宴"一样：首先，两位国王彼此交谈，而大使们像昂贵的"外交家具"一样撑起了墙壁。然后，克罗默勋爵和其他朝臣开始在客人当中大声交谈，并把那些即将受到"最高关注"的"少数幸运儿"带到两位国王中的其中一位面前。利奥波德与张伯伦、霍尔、蒙塔古·诺曼（英格兰银行行长），以及大使格兰迪、里宾特洛甫和柯宾[1]进行了会谈,明显偏向"侵略者"和与侵略者勾结的人。

当然,我就没这么荣幸了:苏联如今已过时,尤其是在保守党的高层里。躲在角落里的日本大使吉田茂也没有受邀表示自己的敬意。也难怪,日本的枪支目前正对准了英国首都以及英国在中国的威望!……

我终于厌倦了这种沉闷的盛大场面,打算溜到其他房间,在那里我可以见到很多我认识的有趣的人。但就在这时,弓厅突然发生了一阵骚动。我抬起头,意识到发生了什么。克罗默勋爵从隔壁房间出来,为利奥波德引见了丘吉尔。乔治很快加入了他们。他们三人进行了热烈而漫长的对话,丘吉尔有力地作着手势,两位国王大笑。然后,观众离场。丘吉尔从国王身边离开时正好碰到里宾特洛甫。里宾特洛甫和这位著名的"德国克星"对话。一群人立即围绕在他们周围。我没有听到他们在说什么,但是从远处可以看到,里宾特洛甫像往常一样,对某件事情表现得忧心忡忡,丘吉尔则以玩笑回应,引起周围的阵阵笑声。最后,丘吉尔似乎感到无聊,他转过身来,看见了我。接下来,事情发生了:在众目睽睽之下,在两位国王面前,丘吉尔穿过大厅,走到我面前,坚定地握住我的手。然后,我们展开了一场热烈而持久的对话。其间,乔治国王走到我们身边,对丘吉尔说了一些话。这让人觉得,乔治国王为丘吉尔对这位"布尔什维克大使"展现出的令人费解的亲近所困扰,决定将他从"莫斯科魔鬼"的手中解救出来。我退到一旁,看接下来会发生什么事。丘吉尔结束了与乔治的谈话,回到我身边,继续我们被中断的对话。我们身旁那些珠光宝气的贵族们都惊呆了。

---

[1] 安德烈·查尔斯·柯宾,1933—1940年任法国驻英大使。

图30　患难见真情

丘吉尔说了些什么？

丘吉尔直截了当地告诉我，他认为《反共产国际协定》首先针对大英帝国，其次针对苏联。他非常重视侵略者之间的这一协定，认为相比现在，它对未来的影响更甚。德国是头号敌人。丘吉尔接着说："对所有维护和平事业的人来说，主要任务就是团结一致，否则我们就毁了。一个衰弱的俄罗斯对和平事业和我们帝国的神圣不可侵犯性来说是最大的威胁。我们需要一个强大的、非常强大的俄罗斯。"这时，丘吉尔像在说秘密似的，开始低声问我：苏联发生了什么事情？最近的事件难道没有削弱我们的军队吗？这些事难道没有动摇我们承受来自日德压力的能力吗？

"我可以以反问作为答复吗？"我开口，继续说道，"如果一个指挥兵团或军队的不忠诚的将军被一位诚实可靠的将军取代，这是削弱还是加强军队？如果一个从事破坏活动的大型枪械工厂负责人被一位诚实可靠的负责人取代，这是弱化还是加强我们的军工业？"我继续用这种方式，破除目前在这里流行的那些关于"清洗"影响了苏联总体情况的无稽之谈。

尽管丘吉尔不时怀疑地摇头，但他仍然全神贯注地听我讲话。当我说完，他回应道："听到这些，我感到非常欣慰。如果俄罗斯变得越来越强大，而不是越来越弱，那么一切都好。我再说一遍，我们都需要一个强大的俄罗斯，非常需要！"停顿片刻后，丘吉尔补充说："那个托洛茨基，他是一个十足的魔鬼。他是一股具有破坏性而非创造性的力量。我完全支持斯大林。"

我问丘吉尔，他对哈利法克斯即将访问柏林有什么看法。[1]丘吉尔苦笑着说，他认为这次远行是一个错误。不会有什么结果，德国人只会更加目中无人，把这次访问视为英国软弱的标志。这无论对英国还是和平事业都毫无用处。但至少哈利法克斯是一个诚实的人，不会向任何"可耻的"计划屈服，例如背叛捷克斯洛伐克或放任德国在东欧胡作非为。尽管如此，他们也本不该为这次访问烦扰！

丘吉尔握了握我的手，建议我们多见面。

[苏联外交人民委员部的三次清洗浪潮于1937年底开始，在慕尼黑会议之后势头增强，在1939年5月初李维诺夫的职务被解除，以及随后对外交人民委员部的清洗时达到顶峰。斯大林决心拆散旧派系，最重要的是，消除当时盛行的对他和对各党派与国家机构中

---

[1] 哈利法克斯以"米德尔顿狩猎大师"的身份接受德国邀请，参加在柏林举行的国际狩猎展览。在此期间，他与希特勒进行了长时间的交谈。与此同时，迈斯基从劳合·乔治那里得知，与德国和解也已经成为张伯伦的主要目标，即使这意味着牺牲西班牙、奥地利和捷克斯洛伐克，也违背了艾登的具体意愿。

的掌权者的双重忠诚。苏联外交人民委员部尤其容易遭受攻击，因为其中的核心人员是由契切林和李维诺夫亲自录用的，他们受世界各地文化影响，通晓多种语言，思想独立，很多是沙皇时代的革命知识分子。这类人尤其意味着通过直接接触诱人的资产阶级环境而造成污染。老干部将被新一代领导人取代，这批新领导没有"因为参与革命而自视甚高"，他们的升迁要归功于斯大林本人。

外交人民委员部由于被内务人民委员部的官员渗透，至少百分之六十二的高级外交官和行政官员被清除，只有百分之十六留任。全面的大清洗和生存本能使外交官们在秘密和公开的场合相互对抗。其次，同样重要的是，大恐怖给国外留下骇人的印象。迈斯基对李维诺夫的副手克雷斯廷斯基[1]被处决感到震惊。取代克雷斯廷斯基的是波将金，这是一个狡猾又雄心勃勃的外交官，他在李维诺夫面前"卑躬屈膝，阿谀奉承"，但在上司视野之外，至少没有人怀疑他会成为一位出色的外交人民委员。

迈斯基对他的兄弟哀叹道："去年冬天和今年夏天，我在国际事务中感到非常不安，这严重影响了我的健康。更重要的是，我今年的忙碌程度比以往提升了一半。……随着时间的推移，这对我的神经、注意力，以及我的日常工作都产生了重大影响。"他的话间接证明了当时难熬的形势，这是典型的抑郁情绪。当镇压的浪潮开始拍打外交人民委员部的大门时，驻欧的整个苏联外交使团也被这种抑郁情绪笼罩。小心谨慎显然已成为当时的规则，1937年下半年迈斯基日记记录的稀少可以很好地说明这一点。对于一名外交官来说，如果他被起诉，一个不谨慎的评论或一次情感爆发都可能是致

---

[1] 尼古拉·尼古拉耶维奇·克雷斯廷斯基，1930—1937年任副外交人民委员，1938年被枪决，死后得到平反。

命的；然而，对自我表达和同理心的需求几乎让人无法抗拒。迈斯基在结婚纪念日给阿格尼娅写了一封情书，信中暗示了未来的脆弱性，以及庆祝这个短暂时刻，尤其是庆祝过去的需求。它的开头两行来自阿纳托利·涅克拉索夫预言性的诗歌《新年》：

>……曾经从生活中获取的一切
>命运无力收回。
>
>亲爱的，心爱的，带着点疯狂的阿格涅什卡！诗人是对的。未来会带来它要带来的，但我们一起度过的十五年是我们的，没人能做什么来改变它。这十五年尽管偶尔有阴影，但更多的是爱情、生活、战斗和运动的岁月……请接受我这份朴实的礼物。至于未来……让我们在友谊和欢呼中迈向我们的"银婚"。
>
>米哈伊洛维奇

因此，当夏季假期到来，迈斯基决定在去往疗养院时避开莫斯科也就不足为奇。李维诺夫也在压力之下身心俱疲：他很喜欢在捷克斯洛伐克接受的治疗；更重要的是，在国际联盟大会召开之前，他有多余的五天时间参观奥地利和瑞士，尽量不去考虑国际舞台上阴云密布的场景"和其他不愉快的事"。他现在通过在日内瓦与大使们商讨来保护他们。一年前曾被阻止出席国联大会的迈斯基现在受到欢迎，但同时被告知要推迟他在俄罗斯的假期，并留在他的岗位上。苏联驻伦敦代表团的两名重要成员——驻外武官普特纳和贸易代表团团长奥泽尔斯基被召回后遭处决。和其他许多经验丰富的外交官一样，资深的大使馆一等秘书卡根也被召回莫斯科——表面上是为了防止他们"过于适应特定的国家"。伦敦媒体盛传迈斯基即将被召回的谣言。

大清洗时期,奉行清醒的政策已经非常困难,但就像为了测试迈斯基似的,他的朋友和敌人不断要求他为自己解释。比阿特丽斯·韦伯指出,迈斯基会"对逮捕和有关逮捕的传言有所保留;为其中某些人辩护,否认另一部分事实"。她发现,当阿格尼娅的姐夫一被逮捕就被送到劳改营时,阿格尼娅感到"疲倦,觉得自己抑郁了",并想知道"迈斯基能否长期担任驻英大使……可怜的迈斯基夫妇,他们过的是一种怎样的生活啊"!阿格尼娅确实患过神经衰弱,直到1938年初才部分康复。]

11月17日

洛西恩离开将近一年以后,终于来看我了。我们喝茶,谈论世界问题。

洛西恩显然被这三个侵略者吓坏了。11月6日在罗马签署的《反共产国际协定》首先针对英国和法国,其次针对苏联。"对你们来说还好,"洛西恩惊呼道,"你们享有优越的地理位置,你们几乎无懈可击。而且,大家都知道,俄罗斯无法被征服。但是我们呢?我们可以从十几个方向遭到攻击。"洛西恩详细地询问我,苏联在远东地区帮助英国的条件是什么?我回答说,我的个人意见归结为以下几点。仅英苏之间就远东地区达成协议对我们来说毫无价值,只有达成欧洲和远东的互助总协定才是可行的。实现这一目标的最简单方式是恢复国际联盟,苏联过去和现在都是集体安全的热情倡导者。洛西恩似乎有些失望。

我们应该做些什么来击退逼近大英帝国的威胁?洛西恩认为,西班牙政府应该得到帮助,中国应该得到金钱和武器的支持。如果中国能继续战斗哪怕一年，日本将无法应对，然后崩溃。

12月1日

十月，"克莱夫登帮"尤其活跃和积极。它以阿斯特女士的沙龙为中心，有《泰晤士报》和《观察者报》作喉舌。这个小集团的关键人物是阿斯特夫人、加文、杰弗里·道森[1]（《泰晤士报》的编辑）和洛西恩。洛西恩最近的态度似乎有些摇摆不定，但还没有与克莱夫登帮断绝关系。道森的精力尤其充沛。

阿斯特夫人的集团在内阁中拥有强大的代表：大多数"老人"，包括霍尔、西蒙、哈利法克斯、金斯利·伍德[2]和海尔舍姆子爵[3]。霍尔是"克莱夫登帮大臣"中最活跃的。他讨厌艾登，想取而代之。作为首相，张伯伦试图保持中立，但他基本上和"老人"持共同的态度和观点。

"老人"的计划大致归结为以下几点。

即使付出巨大牺牲，也要与德国、意大利达成协议（至少以四国条约的形式）；德国将拥有在中欧、东南欧和东欧自由活动的权利；西班牙将出局；希特勒将获得一些有关殖民地的赔偿。

……接下来就是为许多人笑称的克莱夫登阴谋。

以下是"阴谋"的各个阶段。

整个十月，"共谋者"聚集在阿斯特女士位于克莱夫登的乡村庄

---

[1] 乔治·杰弗里·道森，1898年牛津大学万灵学院奖学金获得者，1912—1919年和1923—1941年任《泰晤士报》编辑，绥靖政策的支持者。
[2] 霍华德·金斯利·伍德爵士，1935—1938年任卫生大臣，1938—1940年任空军大臣，1940年4—5月任掌玺大臣，1940—1943年在温斯顿·丘吉尔内阁中担任财政大臣。
[3] 道格拉斯·霍格，第一代海尔舍姆子爵，1924—1928年任检察总长，1928—1929年和1935—1938年任大法官，1931—1935年任陆军大臣。

园。他们制定了一项重大行动"计划",果断改变英国政策的总体路线,将其转变为四国条约并与德国达成和解。霍尔扮演主角,哈利法克斯和金斯利·伍德是积极的参与者。

《田野》杂志向哈利法克斯发出邀请,请他参加将于11月举行的柏林世界狩猎展。"共谋者"决定抓住机会,组织哈利法克斯和希特勒之间的"私人会议"。西蒙和海尔舍姆对此表示支持。张伯伦在自己没有参与的情况下对此给予祝福。内维尔·亨德森(驻德大使)在希特勒的陪同下考察了会场。希特勒同意与哈利法克斯会面。艾登和范西塔特从一开始就直截了当地反对这次冒险,但却无法阻止。

11月初,在罗马签署《反共产国际协定》(11月6日)之前,关于此次会面的初步纲领——明显由戈林提出——从柏林经亨德森之手传达。以下是"纲领"的要点。

艾登和范西塔特再次明确反对哈利法克斯的远行,尤其鉴于"纲领"的传达。张伯伦认为德国人的要求"太过分",但认为哈利法克斯仍然应该去德国:为什么不照原计划跟希特勒谈谈呢?这不会带来任何伤害。内阁随即发生了一场漫长的斗争。艾登于11月1日参加布鲁塞尔会议[1],5日返回过周末,并再次试图阻碍哈利法克斯的访问。8日,他回到布鲁塞尔。关于哈利法克斯访问的问题悬而未决。

11月10日,在艾登缺席的情况下,"四大臣"(张伯伦、哈利法克斯、霍尔和西蒙)通过内阁匆忙决定了哈利法克斯的访问,哈利

---

[1] 布鲁塞尔会议于11月3—24日举行,此前国际联盟决定审查中日冲突。苏联提议适用盟约第十六条对日本人实施集体制裁,但遭到西方列强反对。李维诺夫把这次会议的不利结果归因于英国希望成为中日间的调解人。

法克斯将于11月16日前往德国。艾登抗议并以辞职相威胁（但他并未辞职）。

……希特勒和哈利法克斯在贝希特斯加登相遇。听希特勒讲话时，哈利法克斯偶尔提问或发表评论。希特勒的发言总体而言较为温和。他要求在原则上承认德国有权拥有殖民地且无任何附加条件，有权与中欧国家调整双边关系，并暗示他准备在特定条件下返回"改革后的"国际联盟。哈利法克斯指出，英国政府无意对抗德国，并承认有可能在中欧作出某些改变，但只能通过和平手段，还要经过法国同意。在实际谈话中几乎没有提到苏联和共产主义。

11月22日，哈利法克斯相当沮丧地返回伦敦。张伯伦也很失望。但艾登很高兴，并在22日傍晚，在一家餐厅为他的几个朋友举办了一场盛宴（正如马萨里克告诉我的那样）。艾登夫人很高兴地宣布，笼罩在她丈夫头上的乌云已经散去。在我们11月26日的谈话中，哈罗德·尼科尔森[1]证实了哈利法克斯访问的结果巩固了艾登的地位。然而，危险还没有过去，因为张伯伦肯定会再次尝试与德国达成谅解。

……我的结论是什么？就是这些了。

"克莱夫登阴谋"显然遭遇了失败。改变英国外交政策的尝试失败了。政策依然如往常一样：在侵略者面前是软弱的、摇摆不定的、反复的、退却的，但至少不是以牺牲第三国为代价与侵略者结盟的政策。

张伯伦得到了很好的教训。艾登的地位得到了极大的巩固。在不久的将来，首相显然不得不"理顺"他的路线。

---

[1] 哈罗德·乔治·尼科尔森，1909—1929年任外交部官员，1935—1945年任全国劳工议员，1940—1941年任情报大臣的议会私人秘书，是社会名流和日记作家。

1937年

……最后的结论：我们必须进入全面戒备状态！

[残酷的大清洗意味着迈斯基的个人生存已经与集体安全的成功紧密相连，他在伦敦建立的特殊联系对集体安全的成功至关重要。这是一个非常微妙的平衡：他必须在为莫斯科提供客观的评估和维持与西方结盟的可能这两个需要之间来回周旋。迈斯基绝不同意苏联是被强行孤立的观点。他恳求李维诺夫寻找折中的办法。可能是害怕斯大林，也更可能是在遵循他自己的信念，不服气的李维诺夫拒绝了迈斯基的请求，认为："我们有时宁愿被孤立，也不愿与其他人一起作恶，这就是为什么孤立没有吓倒我们。"然而，当迈斯基打出"孤立"牌以引起伦敦对四国条约计划的关注时，他被严厉斥责造成了"不必要的紧张和困扰"。此时，迈斯基坚持不懈地寻求与艾登合作，这甚至获得了斯大林个人的认可。]

12月12日

今天，和韦伯夫妇共度周末。

……比阿特丽斯向我们讲述了萧伯纳婚姻的趣事。

那是1908年。萧伯纳每周的收入不超过六英镑，并与韦伯夫妇一起在农村生活。他气质风流，有关他的绯闻不断。这位作家的"女朋友们"经常大吵大闹，给韦伯夫妇带来无尽的麻烦。例如，萧伯纳那些被抛弃的女朋友因其轻佻恋人的背叛而指责比阿特丽斯。她们嫉妒她，用愤怒和绝望困扰她。最后，比阿特丽斯厌倦了这一切，决定让萧伯纳结婚。

在这个关键时刻，比阿特丽斯的老同学夏洛特·汤森来看望她。夏洛特未婚；她的父亲去世后，她每年有大约五千英镑的收入。夏

图31 在大使馆招待萧伯纳

洛特决定搬进韦伯家。比阿特丽斯提醒她,有两个人住在那里——萧伯纳和格雷厄姆·沃拉斯[1](著名的费边社作家)。夏洛特对此毫无反应。比阿特丽斯同西德尼讨论她所制定的婚介计划。她遗憾地告诉丈夫,以夏洛特的性格和品位来看,她担心夏洛特与沃拉斯(他当时也单身)会比与萧伯纳相处得更好。令她惊喜的是,夏洛特和萧伯纳在三天内成了最亲密的朋友。他们有一段暴风雨般快节奏的恋情,但萧伯纳不想结婚,因为他这样一个穷光蛋,怎么可能娶一个富有的女人?

就在这时,韦伯一家正要去美国。比阿特丽斯把萧伯纳叫来,直截了当地告诉他:要么立即结婚,要么离开我的房子。如果没有我们和你一起留在这里,你们的关系世人一看便知,而且会带来很大的麻烦。

萧伯纳拒绝结婚,第二天就搬了出去,在伦敦的一间阁楼里定居。夏洛特也离开了。她去罗马观光。韦伯夫妇前往美国。

过了一段时间,韦伯夫妇早已到达美国,他们接到了来自沃拉斯的一封电报,称萧伯纳生命垂危(萧伯纳患有肺结核,阁楼生活几乎要了他的命)。这一消息使韦伯夫妇大为震惊,他们准备返回英国。然而,第二天,他们收到沃拉斯发来的第二封电报,又大吃一惊:萧伯纳已经和夏洛特结婚了。

韦伯夫妇感到困惑。后来真相大白。沃拉斯首先发了一封电报给夏洛特,告诉她萧伯纳病了。夏洛特赶到英国,并把萧伯纳安顿在一座美丽的别墅里。她叫来了医生,开始了一个紧急疗程。萧伯纳对夏洛特说:"如果事情就是这样,那我们必须结婚。这一定是命

---

[1] 格雷厄姆·沃拉斯,政治心理学家和教育家,在早期费边社与西德尼·韦伯、萧伯纳一起占据主导地位。

运。"他们在当天结婚。萧伯纳和夏洛特现在仍然住在一起。萧伯纳八十岁，夏洛特八十二岁。

12月14日

英国人越来越为远东事件[1]所困扰。他们活该。现在是时候让他们在世界的某个地方得到教训了。这对清理他们已经迟钝的大脑非常有益。

过去几天我见过很多人：阿瑟尔公爵夫人、莱顿（来自《新闻记事报》）、韦伯夫妇、化学大亨麦高恩、机床制造商阿尔弗雷德·赫伯特[2]、霍勒斯·威尔逊（张伯伦的首席秘书）、罗德里克·琼斯（路透社负责人）等。他们都责骂日本，为英国在中国遭受的损失唏嘘不已。他们绝望地举起双手，喊道："啊，我们现在能做什么？"他们说，与美国的合作是万灵药。问题在于美国人不愿意合作，他们的害怕并非没有理由，英国人想要利用他们，让他们火中取栗。

我的一些对话者（尤其是阿瑟尔公爵夫人和麦高恩公爵夫人）谨慎地试探我们是否同意在远东支持英国，以及如果我们同意，我们可能会提什么条件。

我是这样回答的。苏联可以很好地防止外部攻击，只需静待事态发展。我们认为，与日本侵略作斗争，只是在集体安全框架内与任何侵略作斗争的一部分。为什么远东应被视为例外？只因为英国在那里被压榨？无论如何，我无法想象与英国单独达成特别协议来

---

[1] 指1937年11月日本占领上海，一个月后占领南京。
[2] 阿尔弗雷德·爱德华·赫伯特爵士，全球最大的机床公司阿尔弗雷德·赫伯特有限公司的总裁。

共同抗击日本侵略的可能。如果英国最终想要发动一场反侵略的严肃运动，那也很好。只要在国际联盟框架内，在远东和欧洲进行一般规模的斗争，我们就会支持英国，贡献力量。更重要的是，现在随着意大利离开国联以及所有主要侵略者逃离日内瓦，爱好和平的国家将有机会把国际联盟变成所有爱好和平国家的联合阵营。我的对话者对此有些失望。

1938 年

1月4日

我在新年授勋者名册上找到范西塔特的名字。但这是什么样的"荣誉"？至今也很难说清。

范西塔特被授予一个崇高的奖项和一个新的职位：他不再担任常务次官（这是外交部里最重要的职位，是外交部工作人员的实际负责人，因此在很大程度上就是外交部的负责人），并成为外交大臣的"首席外交顾问"。这意味着什么？……如果范西塔特成为首相的随行人员（如英国政府首席工业顾问霍勒斯·威尔逊[1]），并获得后者的信任，那么新任命对他来说将是一次重大提升，他的影响力也会增加。然而，如果范西塔特没能做到这点，却只是维持外交部"顾问"的身份，那么新任命应该被视为一种降级，或者更确切地说，是一份退休证明，只不过有制服、勋章和养老金。我们拭目

---

[1] 霍勒斯·约翰·威尔逊爵士，1921—1930年任劳工部常务次官，1930—1939年任英国政府首席工业顾问，1937—1940年因特殊事务被临时借调至张伯伦处。

以待吧。……

[迈斯基向韦伯夫妇透露，苏联政府"正在趋于孤立，尽管她不会离开国际联盟，但她也不再对联盟感兴趣。集体安全必须处处实施——在西方的德国和东方的日本"。日丹诺夫[1]在对李维诺夫的正面攻击中，严厉抨击了外交人民委员部的政策，迈斯基对此明显很关注。日丹诺夫现在担任最高苏维埃外交委员会主席，该委员会逐渐从泄了气的中央政治局和外交人民委员部接管外交政策的制定工作。在绝望中，李维诺夫写了一封辞职信给斯大林，但没有寄出去。

1月24日，迈斯基秘密请求李维诺夫，允许他在几天内前往日内瓦讨论"一个非常重要的私人问题"。如果不能以出差为由，他甚至准备将这次旅程定义为"私人旅行"。尽管没有关于日内瓦事件的报告，但确凿的证据似乎证实了迈斯基日益担心他的保护人兼导师李维诺夫的未来，不亚于对自己在伦敦去留的担忧。新闻界广泛流传他即将被召回的谣言，又有内务人民委员部对大使馆的干涉，生活因此变得无法忍受。]

1月15日

[随日记附上的是1938年1月15日《伦敦标准晚报》的一篇文章，为1月15日在英国驻日大使馆发生的事件提供了两种说法。据

---

[1] 安德烈·亚历山德罗维奇·日丹诺夫，取代1934年被刺杀的基洛夫，担任列宁格勒市委书记；1938—1947年任苏联俄罗斯联邦最高苏维埃主席；1939—1948年任中央政治局委员。他积极参与二十世纪三十年代的大清洗活动，引入了日丹诺夫主义——东欧的严格共产化和战后时代的文化清洗。

警方报道,一个叫渡边允的日本公民,与英国驻日大使罗伯特·克雷吉[1]会面,对后者说大不列颠岛必须调整对日政策。然后,渡边允抽出一把长剑递给大使。这名男子被逮捕并接受审讯。根据日本同盟通讯社的官方说法,这把剑被授予大使,以表彰他为改善英日关系所作的努力。]

典型的日本怪异行为!日本同盟通讯社的解释简直一派胡言。

我不禁回想起自己在日本的经历:1928年的一个漆黑夜晚,我独自在大使馆工作。使馆的所有同事,包括大使特罗扬诺夫斯基,都去欣赏歌舞伎表演。使馆窗户下传来两声震耳欲聋的爆炸声,警报响起,使馆工作人员举着火把彻底搜查了花园……一条白色的丝绸手帕用匕首钉在使馆入口对面的一棵树上,手帕上用日文写着:"布尔什维克,滚回家去!"

这一切是由一个秘密的日本法西斯组织实行的。幸运的是,他们用的是爆炸装置而不是炸弹……

另一个记忆是,当一家歌舞伎剧团从莫斯科返回后,日本的"爱国者"在剧团回国后的第一场演出中策划了一次充满敌意的示威。在表演开始前,他们将活蛇散落在大厅周围的椅子下。表演期间,蛇在观众中开始嘶嘶作响。恐慌爆发了。男人咆哮,女人尖叫,孩子大哭,幕布不得不降下,表演被打断。直到最后,所有的蛇被捉住并带出剧院后,演出才得以恢复……

那是在1928年。同样的事情现在还发生。

东方永远不会改变。

---

[1] 罗伯特·莱斯利·克雷吉,1934—1937年任助理次官,1937—1941年任英国驻日大使。

1月20日

中国仍是重要议题。

郭泰祺几天前来过。他抱怨说，英国人拒绝向中国提供足够的武器和飞机，声称他们自己也短缺。另外，他们要求所有东西都用现金支付。关于郭泰祺提出的赊销武器的问题，英国政府至今没有回复。

1月12日，我去找卡多根，他向我保证蒋介石坚决反对投降。蒋介石拒绝了德国驻华大使转交给他的由日本提出的和平条件，现在转向游击战。蒋介石仍然拥有可观的军事资源，包括精锐部队和大量武器储备。有从美国、英国、法国运来的武器，最有趣的是通过印度支那或中国香港运来的德国武器。卡多根也对苏联向中国提供军需之事非常满意，后来证明他比我更了解这件事……

1月25日

今天，张伯伦接见了全国劳工委员会（工会、工党执行委员会和议会工党）的代表团，他们向首相正式提交了急需加强反日斗争和援助中国的建议。西特林、诺埃尔−贝克和达拉斯[1]作为代表发言。张伯伦回答说，任何针对日本的重大举措只能采取海军军事行动的形式，美国的合作对此至关重要，但后者没有表现出任何行动意愿。张伯伦顺带提到，苏联在陆地和空中都很强大，但是在海上很弱，所以在这种情况下与莫斯科的合作无关紧要。

所以，英国政府仍然不愿意与远东的侵略作斗争。好吧，迟早有一天，也许在不久的将来，它将为此感到非常懊悔。

---

[1] 乔治·达拉斯，工会会员。

1月27日

我拜访了范西塔特，询问他的新职位和职责。

按照范西塔特对我说的来看，情况如下。他仍留在外交部，保留旧办公室，阅读所有信函，但不再参与行政事务（任命、人事、财务等），也不参与伦敦外交部工作人员的日常管理或其他事务。后两项任务将由新常务次官卡多根承担。范西塔特将专注于拟定外交政策的主要问题并提出建议。……

关于与德国、意大利的谈判，范西塔特认为快速进展是不太可能的。需要很长时间才能作出实际的决定（如果他们这样做的话！）。

最后，范西塔特开始试探我关于远东问题的看法，询问我们在这个地区的打算，以及伦敦和莫斯科在那里展开合作的可能性。我答复他的态度与回答其他问这个问题的英国人时相同。我特别强调，我们在远东地区的地位不可侵犯。范西塔特有些失望，并详细地争辩说，即使出于完全自私的国家利益，苏联也绝不会甘心日本在中国取得胜利；毕竟，和平是不可分割的。我仍坚持己见。当我问他加入抗日国际联盟的想法时，他却极力回避。

2月7日

看来，希特勒给他的军队重重一击！[1] 反对"党"统治地位的合法"反对派"——分布在德国国防军中，包括大工业家、地主、老派外交官等——已被彻底清理。沙赫特的免职是高潮即将到来的

---

[1] 2月4日，希特勒将权力集中到自己手上，以凯特尔将军取代陆军总司令维尔纳·弗里奇，接管国防军，同时废除国防部。无论是否受到斯大林的启发，希特勒继续清洗外交部的专业外交官骨干，以里宾特洛甫取代牛赖特任外交部长。

标志。布隆贝格[1]与一位平民的婚姻是最后一根稻草。"大清洗"结束了吗？很难说。我倾向认为，不光彩的军方会迎来更多的流亡和逮捕等。说句公道话，希特勒以闪电般的速度非常巧妙地执行了这次任务。即使只是百分之七十五的胜利，也是一次胜利。……总的来说，军方是制约德国政策的一个因素：它反对占领莱茵兰地区，对西班牙的冒险行动也非常冷淡。军方相信德国还没有作好大规模战争的准备，因此不应该过度冒险。

在这场军事镇压之后，我们可以期待什么呢？日益增强德国政策的侵略性（里宾特洛甫被任命为外交部长并非没有原因），加强轴心国和反共集团的联系，以及由此加速形成的两条战线——尽管后者的发展可能不呈线性。更有深意的是企图攫取奥地利，也许攫取捷克斯洛伐克也是很有可能的，对殖民地问题采取更具争议性的做法，为日本在远东、意大利在西班牙的活动提供更加积极的支持。

2月4日的事件给英国留下了深刻的印象。……我毫不怀疑，英国政府的第一反应将是加快英德谈判。张伯伦集团辩称，必须采取最后的机会来避免战争。哦，这些永恒的绥靖者！他们的短视和怯懦什么时候才能到尽头？

……如果希特勒的行为不像瓷器店里的公牛，特别是如果他在2月20日的演讲中说几句鼓舞人的话，[2]张伯伦将非常渴望作出让步。然而，范西塔特最近与我谈到的英德谈判的缓慢步伐将有所加快，以中欧、东南欧和东欧为代价的四国条约纲要将清晰地浮出水面。

---

[1] 维尔纳·弗里茨·冯·布隆贝格，1933—1938年任德国国防部长和战争部长，1935—1938年任德国海陆空三军总司令。
[2] 事实上，希特勒宣布，他打算纠正他人对德国人在奥地利和捷克斯洛伐克行为的不满。

2月11日

我去看艾登。……我刚进门,艾登就开始连番发问:我对德国的发展有什么看法?高加[1]辞职的影响是什么?墨索里尼真的要撤出西班牙吗?还有其他问题。艾登处于一种活跃的,甚至是激动的状态,我不得不问他为何这么高兴。

艾登承认他有好一段时间没有那么开心了。……由于最近的事件,德国肯定会在一段时间内变得更弱。诚然,纳粹党已经战胜"温和派",但新创造的"平衡"绝不是固定的,可能会发生各种意想不到的事情。艾登随后列出德国政府活动的各个部门,并在说明了自2月4日起陆军部、经济部、外交部等部门的人事变动后得出结论,地位更低微、经验不足的人取代了更有分量的人。这必然会影响国家机器的效率。当艾登提到外交部时,他作了一个吓人的滑稽手势,仿佛正在躲避一个突然出现在他面前的幽灵,并大笑着说:"出于外交礼仪考虑,我必须保持沉默,但你知道我是怎么想的!"我放声大笑。那时,里宾特洛甫的阴影笼罩着我们。我尖锐地反驳了艾登的乐观主义,并说,相反,我现在预计德国在各个方向会加强侵略。尤其是,在奥地利和捷克斯洛伐克会发生什么?艾登试图辩护,但不是特别成功。最后,他说德国可能比以往任何时候都更加丑陋,但实际上它的危险性降低了。我怀疑地摇了摇头。

……我再次批评了艾登的自满。我希望他是对的,但我认为没有充分的理由证明情况属实。……艾登无疑在同李维诺夫竞争!或者,更准确地说,他希望在每一次政治转向中都能与苏联保持联系。这让人非常安心。这是我最近在他身上观察到的新特质,在我

---

[1] 奥克塔文·高加,1937—1938年任罗马尼亚总理。

们新年前夕的会谈中表现得如此生动。

但艾登和张伯伦之间的关系根本没有改善。我从各种渠道获悉,艾登认为解决西班牙问题是与意大利达成协议的基本前提,而张伯伦准备将放弃西班牙作为最后手段。到目前为止,艾登显然已经成功说服内阁支持他的观点,但不能保证张伯伦次日不会报复。[1]

2月25日

经过过去几天的折腾和担忧,生活正在恢复正常。张伯伦终于成功了,哈利法克斯被任命为外交大臣,但将在下议院就所有更重要的外交政策问题发表讲话的却是首相。一个叫巴特勒[2]的前劳工部政务次官已取代克兰伯恩。……

[在哈利法克斯的任命后,迈斯基为他绘制了一幅肖像,称他是"老一代保守派的典型代表"。在赞扬他的才智和行政能力(他曾获牛津大学万灵学院奖学金)的同时,迈斯基对他的外交政策观点不以为然,它旨在实现"权力平衡和西方安全……对英法合作毫不关心,倾向与德国和意大利和解。他对苏联的态度是敌对的,但到目前为止还没有表现出反苏行为"。"特别不喜欢与俄罗斯人和日本人对话"的哈利法克斯一上任,就倾向将此类会议委托给他的政务次官巴特勒。]

---

[1] 张伯伦决定背着艾登与墨索里尼谈判,导致艾登在2月20日辞职。张伯伦向他的妹妹透露,他已经逐渐得出结论:"实际上,安东尼不想与希特勒或墨索里尼交谈,而且正如我所做的,让他离开是对的。"
[2] 理查德·奥斯丁·巴特勒,1932—1937年任印度事务部次官,1938—1941年任外交部次官,1941—1945年任教育大臣。

3月1日

今天，哈利法克斯连续接见了所有大使。蒙克在接待厅会见大使，指导来访者，并通知每位大使，他们与哈利法克斯的会谈时间是十至十五分钟。

"好吧，"我开玩笑评论说，"这足够向外交大臣提些问题，破坏他的心情了。"

"唉！唉！"蒙克带着一丝忧郁回答，"在过去，初次会见新任外交大臣时，谈一些严肃的话题是不符合习俗的。"……意识到留给自己的时间太少，我只向哈利法克斯提了两个问题：

（1）英国对中欧的立场是什么？答案让人难以理解：英国认为自己是该地区的利益相关方，却不能提前作出任何承诺。一切将取决于具体情况。这种态度似乎有意为之，以刺激希特勒的强烈欲望，惹他发动侵略。

（2）英国对西班牙的立场是什么？更具体地说，伦敦和罗马之间是否可能达成协议，而它又是否会忽略"解决"西班牙问题，即撤离在西班牙的外国军队？答案再次含糊不清、模棱两可。……

我的问题无疑破坏了哈利法克斯的心情，但我现在至少知道了我们的处境。英国外交政策的新领导们不会为中欧或西班牙出一丁点力。我甚至有这样的感觉：张伯伦已经决定以他认为的合理价格将西班牙"卖"给墨索里尼。

哈利法克斯有着英国贵族的优良举止。他有礼貌，近乎友善。谈话很少，且多陈词滥调。关于他喜欢谈论的高贵情感与崇高原则，他一半相信，一半扮演伪君子假装相信。他总留意自己的利益。让我们看看他接下来会怎样做。……

3月8日

内维尔·张伯伦。为了更好地理解以艾登辞职而结束的内阁危机的起源和意义，我们必须更清楚地了解现任首相内维尔·张伯伦的性格……他当然不是一个德高望重的人。他心胸狭隘、枯燥无味、缺乏创见，不仅缺乏外在光辉，也毫无政治眼界。在这里，他经常被称为"政治会计师"：主要通过分红和外汇行情的棱镜来看待整个世界。正因为如此，张伯伦成为伦敦金融城的宠儿，这个地区给予他绝对的信任。与此同时，张伯伦非常顽固且坚决，一旦他有一个想法扎根脑海，就会为之辩护，直到面红耳赤——对于现在的大国首相来说，这是一个相当危险的品质，但这是他的本性。张伯伦性格中一个特别重要的特点是他高度发达的"阶级意识"，当然，这是强大英国的一个资产阶级分子的"阶级意识"。

……鲍德温认为，资本主义解体后，在其废墟上建立新的社会制度可能是难以避免的，所以他只向上帝祈祷一件事："让它在我死后发生吧！我想死于资本主义制度之下。我已经习惯了；在这种情况下，我还没感到有什么强烈不适。新一代可以做自己想做的事。"张伯伦不一样。他虔诚地信奉资本主义。他坚信，资本主义不仅是最好的，而且也是过去、现在、未来唯一可以接受的社会经济体系。对张伯伦来说，资本主义与万有引力原理一样，是永恒不变的。这使他成为资产阶级意识生动而自信的代表，正如我们所知，这种意识如今只能以强烈的反动色彩来装点自身。

实际上，张伯伦是一个老道的保守分子，反苏立场明确。……他既在理论上承认这一点，也<u>全身心</u>认为苏联是主要敌人，他所珍视的资本主义体系面临的主要威胁是共产主义。……这就是我们现在在英国要对付的首相。……

<u>如今的前景是什么？</u>……接下来的六到八个月内发生的事件将被证明是至关重要的，未来的历史学家有朝一日可能将1938年作为我们这个时代国际政治发展中决定性的一年。同时，我们应该为英苏关系恶化期作好准备，这种恶化持续的时间直接取决于四国条约的命运。

[迈斯基小心发展与艾登的关系，后者的辞职是对集体安全的又一次打击。希特勒于3月12日吞并奥地利——六个月后捷克斯洛伐克崩溃的先兆，英国对此的缄默进一步破坏了集体安全。迈斯基认为张伯伦将恢复四国条约，对于此条约"排除苏联"，他"极度悲观"。他对张伯伦不抱太大希望，以为张伯伦完全由其意识形态倾向引导。迈斯基主要的担忧是，这场危机可能会加剧"莫斯科早已显露出的"孤立趋向。他对法国驻英大使说，如果有可能在苏联、法国和英国之间建立更紧密和更有效的联盟，"他的政府当然会采取更积极的欧洲合作政策，但连续的失望导致苏联逐渐转变态度"。迈斯基对劳合·乔治说，张伯伦"正打出一张牌，他把所有赌注都放在这张牌上"。的确，3月18日，张伯伦向妹妹吐露，他已经"放弃对捷克斯洛伐克或法国履行义务的想法"。

尽管李维诺夫成功地说服斯大林不要保持"完全被动"，但他并不指望欧洲对采取集体行动的"最后呼吁"作出积极回应。呼吁的目的，不仅是使俄罗斯免于潜在的孤立主义指控，而且还在于戳穿大清洗导致其军力软弱的广泛流言。迈斯基还必须保护自己免受酝酿中的莫斯科风暴的影响；在莫斯科，对前托洛茨基分子的第三次公开审判刚刚开始，他们被指控与德国人和日本人密谋推翻苏维埃政权。其中一名被告是七十岁的苏联首任驻英大使克里斯蒂安·拉科夫斯基，以及迈斯基1926年在伦敦的上级阿尔卡季·罗森格茨，两人均被定罪，并最终被枪决。]

3月22日

今天我回访了新任美国驻英大使肯尼迪[1]。他是一个相当有个性的人：高大魁梧，一头红发，充满活力的手势，声音响亮，低沉而富有感染力的笑声。他是一个健康、有朝气的商人的真实体现。在美国，这种没有复杂心理和崇高梦想的人非常多。[2]

肯尼迪来看我，待了整整一个小时，临走时大声说："只要给我一个机会，让我把所有这些访问和手续办完，我就来看你。我们可以花一两个小时一起讨论所有我感兴趣的问题。我喜欢你。你能胜任这一行。伦敦的外交官中没人用这种简单的人类语言与我交谈。我珍惜这一点。我不是一个真正的外交官。我喜欢真实的对话。"

今天，我造访了他位于格罗夫纳广场的新办公室。这是一幢四层办公大楼，不仅设有美国大使馆，还包括其所有附属机构：空军和海军武官、商业和农业顾问等。大使馆全体员工，包括服务人员在内共有一百七十名员工。不错！

肯尼迪再一次大笑起来。顺便说一下，他告诉了我一件非常有趣的事。

"跟我讲讲，"他大声说，"所有英国人都向我保证，根据最可靠的消息来源，你的国家正面临一场巨大的国内危机（这就是为什么

---

[1] 约瑟夫·帕特里克·肯尼迪，美国金融家，罗斯福总统竞选活动的重要赞助者，1937—1940年任美国驻英大使。
[2] 迈斯基对比阿特丽斯·韦伯说："美国人没有自己的文明。他们是一流的机械师，出色的组织者，坦率而机警，但从根本上看，没有民族文化或传统背景；这些文化从某种意义上说存在于英国、法国、德国和斯堪的纳维亚半岛。"

最近对外国人来说，前往苏联的旅行变得如此复杂），你们的军队正在瓦解，不适合进行重大军事行动。所以，英国人声称，如果捷克斯洛伐克遭到德国袭击，即使你们有意愿也无法帮助它。英国人也这样对法国人说，还问他们：在这种情况下，是否值得你冒险履行与捷克斯洛伐克之间的协议？"

我对英国人的含沙射影嗤之以鼻，向肯尼迪澄清事实。[1]他感谢我，并承认他实际上对苏联一无所知。他希望有朝一日能访问我们的国家。

这就是英国人！张伯伦想从它的东方盟友手中夺走法国，为此，他利用了我们最近的审判。那是行不通的。

3月23日（与丘吉尔的谈话）

（1）伦道夫·丘吉尔[2]打电话给我，说他父亲很想见我。我们同意在伦道夫·丘吉尔的公寓共进午餐。我发现温斯顿·丘吉尔非常焦虑。他单刀直入，对着我说了这些话："你能坦率地告诉我，你的国家发生了什么事吗？……你知道我的基本立场。我深深地憎恶纳粹德国。我相信它不仅是和平与民主的敌人，也是大英帝国的敌人。我认为，制止这只野兽的唯一可靠手段可能是，在国际联盟框架内，由所有爱好和平的国家组建'大联盟'。俄罗斯应该在这个联盟里占据其中一个最重要的位置。我们迫切需要强大的俄罗斯来

---

[1] 肯尼迪给罗斯福写信，说迈斯基对审判作了很长的解释，"看起来，他把自己吓个半死"。肯尼迪的印象是，"如果电话响了，对方说'回俄罗斯'，迈斯基马上会死在我这儿"。对此，总统回应："可怜的苏联大使！如果他被召回，我希望他不会死于恐惧。"
[2] 伦道夫·丘吉尔，温斯顿·丘吉尔的儿子，1940—1945年任保守党议员。

制衡德国与日本。尽管我发现自己是本党中的少数派，但我一直并将继续努力促成这个联盟。然而根据我最近听到的各方消息，特别是来自保守党的朋友及其周边大臣和官员的说法，称俄罗斯目前正经历一场严重的危机。他们根据被认为还算可靠的消息来源，说俄罗斯正在进行痛苦的国内斗争，说你们的军队因近期事件而处于衰弱边缘并丧失作战能力，而且从广义上说，俄罗斯已不再是国际政治上的重要因素了。"……

丘吉尔的神色、语气和姿态无疑表露出诚意。我不得不开始发言，为我的对谈者较详尽地解释基本政治情况，提供他所要求的关于近期事件的说明。丘吉尔极其认真地听我讲话，偶尔以简短的评论和问题打断我。在我说完后，丘吉尔稍稍面露喜色，松了一口气，大声说："好吧，感谢上帝。你让我感到安心些了。"然后，他狡猾地咧嘴一笑，说："当然，你是大使，你的话必须有所保留；但对我来说，很多事情现在变得更加清晰，我开始理解你的国家正在发生什么。"接着，停顿一分钟，丘吉尔继续说："我讨厌托洛茨基！我长时间关注他的行动。他是俄罗斯的邪恶天才，斯大林找他算账是一件很好的事情。"又暂停了一分钟，丘吉尔仿佛在自问自答，大声说道："我绝对支持斯大林的政策。斯大林正在创造一个强大的俄罗斯。我们需要一个强大的俄罗斯。我希望斯大林万事成功。"[1]……

（2）我们讨论完苏联的国内局势后，我决定以其人之道还治其人之身，向丘吉尔提问：英国现在发生了什么事情？在我的外交生涯中，过去五年来我一直密切关注居住国的外交和国内政策。而且

---

[1] 在给莫斯科的简明报告中，迈斯基相当狡猾而且极其谨慎地借丘吉尔之口传达了审判对苏联利益造成的损害，同时想方设法赞扬了斯大林的领导。

我不得不说，我每年都对所有与英国外交政策相关的事感到越来越悲观。……英国政府的软弱和优柔寡断，及其向侵略者的不断屈服极大地削弱了英国的威望，助长了德意法西斯主义。更重要的是，这一切对和平事业造成了极大的破坏，并在包括苏联在内的其他国家引起孤立主义情绪。我并不是说苏联政府正在奉行孤立主义政策。它当然不是。苏联政府一如既往地坚持集体安全原则和《国际联盟盟约》。……然而，我不得不说，越来越多的苏联人开始问自己："西方"民主国家能否对侵略者采取任何有力的回应？

（3）……我预计对话者会抗议和反对，但我错了。他的反应截然不同。丘吉尔承认我对保守党的评论文章很有道理，他表情苦涩。在过去的五六年里，党内领导层确实在某种程度上表现得怯懦而短视，这在历史上即使有前例，也很少见。……我问谁将在重组后的内阁中担任首相。是张伯伦吗？丘吉尔耸了耸肩，回答说："现在，事情变得非常复杂。保守党不会让任何人决定谁应该成为其领导者。另一方面，反对派完全不会接受张伯伦。有人想让鲍德温回归。"……需要指出，我前几天已听说这个建议，以及这个备选方案的支持者提名丘吉尔为政府的真正领导人，在下议院代表内阁。丘吉尔似乎读懂了我的想法，他开始边想边说，他多么喜欢"独立保守党党员"这个身份，因为可以批评政府，并表示他不会用它换取一个内阁职位。

丘吉尔愤恨地说："读书或写作远比试图让大臣中的平庸之辈相信二乘二得四更令人愉快。"显然，他只是在炫耀，故作矜持。我询问艾登的意见。丘吉尔回答说，现在下结论为时过早。在他的印象中，艾登不想与保守党发生冲突。这样的争吵总是令人不快。争吵给这位"反对者"带来无尽烦扰。此外，艾登已经习惯了权力和高位。这可能会宠坏一个人。因此，丘吉尔认为艾登会恋栈。预计重组内阁之时,艾登无疑会回到内阁并担任要职。……

(4)我们的谈话转向国际问题。丘吉尔认为形势危险。希特勒要去哪里?丘吉尔毫不怀疑希特勒的梦想是一个"中欧"——从北海[原文如此,迈斯基指的可能是波罗的海]延伸到黑海和地中海,可能远至巴格达。除非遭遇其他大国的适当抵制,否则他会有一个极好的机会。……但丘吉尔并不倾向认为希特勒会在不久的将来攻击捷克斯洛伐克。这对希特勒有什么好处?公开侵略捷克斯洛伐克可能会将法国和苏联卷入战场,这不合时宜,因为希特勒还没作好全面战争的准备。……丘吉尔认为苏联的孤立主义情绪是相当危险的,据我所知,他可能是从苏联的某些特定舆论中看到的。他认为,希特勒在建立"中欧"之后的下一步将几乎不可避免地向东进攻苏联,因其领土辽阔、资源丰富。

(5)我反对这些观点。对于更遥远的未来,我的看法截然不同。即使我们假设希特勒能够成功创造一个"中欧",我也不相信他接下来会重点攻击东方。……如果丘吉尔的预测是正确的,希特勒需要四五年才能成立"中欧"(如果他没有遭到其他大国的抵制),这意味着在此期间苏联的和平将得到保证。相应地,这表示我们可能完成我们的第三个五年计划。……

(6)我的推理似乎给丘吉尔留下了深刻的印象,因为他回答说:"让我们假设'中欧'对我们俩来说同样危险。这难道不意味着我们应合力对抗希特勒的德国吗?"我回答说,我们从前一直是,并将继续作为反侵略集体斗争的积极支持者,无论这种斗争发生在哪里,这也正是我们加入国际联盟的目的。现在这一切取决于他的国家,而不是我们国家。据我判断,张伯伦不打算与侵略作斗争,而是以牺牲中欧、东南欧和将被孤立的苏联为代价,以"四国条约"的形式与侵略者达成协议。……丘吉尔恼火地打了个手势,轻蔑地回答:"四国条约? 胡说些什么! 会有什么四国条约? ……张伯伦对外交政策一窍不通,这就是他为什么可以郑重其事地谈论四国条约。"丘吉尔开始详述他的想法。目前,他主张在国际联盟框架内建立一个"大联盟"。该联盟的首要目的是联合英国、法国、小协约国和苏联。

(7)丘吉尔继续说道:"但这当然是最后的最坏解决方案。实际上,与其说这是解决办法,不如说是别无良策。我仍然没有放弃美好希望。我相信大联盟时代将会到来。……今天,共产主义对帝国来说不是一个危险了。今天,大英帝国面临的最大威胁是德国纳粹主义,后者以全球霸权为理念,这就是我现在不遗余力地与希特勒进行斗争的原因。如果有一天,德国法西斯主义对英国的威胁消失了,共产主义的威胁再次抬头,那么我坦率地告诉你:我会再次举起反对你们的战斗旗帜。但是,我预计这种情况在不久的将来不会发生,或者至少在我有生之年不会发生。"(丘吉尔现在六十三岁。)"与此同时,我们走的是同一条路。这就是我提倡建立'大联盟'的原因,也许伦敦、巴黎和莫斯科还应有进一步的合作。"丘吉尔在讲话结束后微微一笑,问:"告诉我,苏联要求我们做什么?"我回答:"我们不要求任何东西;我们只希望像英国这样的国家,能够成为国际联盟的好成员。"丘吉尔大声说道:"那也是我的愿望。是我很多朋友的愿望。"

3月29日

这是我在英国第一次参加上议院会议——无论是在流亡时期还是在革命之后。

外交政策问题提上议程。最多有一百或一百二十人坐在红色皮长椅上。这些人看起来就像掉进牛奶里的苍蝇，因为这个房间可以容纳三四百人。但今天是一个"大日子"！通常情况下，出席的上议院议员不超过三四十人，而议院的法定人数总共……三人！……

但这是一个怎样的会议啊！工党反对派领袖斯内尔勋爵[1]主持开幕，抨击了政府的外交政策。几天前在下议院，我从艾德礼[2]和诺埃尔－贝克[3]那里多少听到了相同的话。但差异多么大，表达方式多么不一样啊！发言者声音低沉，外表相当体面，姿态几乎像牧师那般，他的话仿佛裹在棉花里。斯内尔之后是一位自由党贵族，他声音太小，以至于我什么都没有听懂。他看起来八十岁左右。然后是坎特伯雷大主教发言，而他……给予张伯伦充分的、无条件的支持！他对国际联盟一贯的忠诚到哪去了？他的反德倾向到哪去了？大主教穿着那件远远望去皱巴巴、蓬乱不堪的白色斗篷，活像一只鹰钩嘴大鸟。在他之后，其他几位我不知姓名的贵族称希特勒是一个出色的人，他占领奥地利是正确的：毕竟，通过这样，他把世界从欧洲的另一场"内战"中拯救出来——令人难以置信！一位发言者呼吁以不超过一先令的价格出版希特勒《我的奋斗》未删节英译本——他对希特勒作品的深度和远见印象深刻。面对执政党席位上的强烈欢呼，庞森比[4]解释了为什么英国不应为国际联盟担心，以及为什么援助捷克斯洛伐克不符合英国利益，称捷克百分之

---

[1] 亨利·斯内尔，第一代斯内尔男爵，1934—1938年任伦敦郡议会主席。
[2] 克莱门特·理查德·艾德礼，第一代艾德礼伯爵，1935—1955年任工党领袖，1940—1942年任掌玺大臣，1942—1943年任副首相兼自治领事务大臣，1943—1945年任枢密院议长，1945—1951年任首相。
[3] 菲利普·约翰·诺埃尔－贝克，1929—1931年和1936—1970年任工党议员。
[4] 阿瑟·庞森比，舒布雷德的第一代庞森比男爵，1922—1930年任工党议员，1931—1935年任上议院反对党领袖。

九十九的国民都不知道国家该去向何方。……我该如何总结我对这次会议的印象?

我一生中从未见过上议院这样的反动集会。岁月痕迹明显。室内的空气浑浊发黄。连窗户透出的光线都很暗淡。坐在红色长皮椅上的人是像鼹鼠一样的历史上的瞎子,像一条挨了打的狗,随时准备舔纳粹独裁者的靴子。他们会为此付出代价的,我们走着瞧!……

4月12日

与孙科进行了非常有趣的会谈。(顺便提一句,与许多人认为的不同,他不是孙中山[1]的儿子。他和孙中山唯一的联系是,他第二任妻子是中国伟大革命家的外甥女。)[2]

孙科在莫斯科待了六个星期,寻求与苏联政府就援助中国达成协议。他心满意足地离开了,并对我们全面执行在莫斯科达成的协议表示感谢。孙科其实最初并不乐意与莫斯科谈判。我从他相当模糊的解释(他通常讲话清晰、准确而坦率)中可知,他曾希望说服苏联政府相信有必要与中国联合采取对日军事行动。苏联政府拒绝了这一提议,但的确承诺通过给予武器、飞机等方式积极援助中国。这在中国的军事行动中效果显著。毫无疑问,中国过去三周的胜利很大程度上归功于我们的飞机、坦克、大炮等武器的到来。难怪感觉孙科几乎是得意扬扬的。

---

[1] 孙中山(孙逸仙),中国革命家,1912年创建国民党,1921—1922年和1923—1925年任中华民国领导人。
[2] 孙科是孙中山与前妻卢慕贞的儿子。孙科的第一任妻子陈淑英是孙中山三叔的外孙女,与孙科是表亲。——译注

他与斯大林的重要会晤的细节很有趣。"我被告知与你们领袖会面的日期,"孙科说,"但却不是那一天。我作好准备。我坐在大使馆里等待。夜幕降临:八点,九点,十点,十一点……什么事也没发生!有点失望,我决定算了。我脱下衣服上床睡觉。然后,差一刻钟就到午夜时,有人突然过来告诉我:'请等一下,斯大林想见你。'我跳下床,穿好衣服就出发了。莫洛托夫和伏罗希洛夫陪同斯大林。在会谈快结束时,米高扬[1]和叶若夫[2]也到了。会谈从午夜一直持续到早上五点三十分。那时,所有的问题都有了决定。"

据孙科所说,正是在那次谈话中,苏联政府打消了直接通过军事介入中日战争的想法。斯大林给他的理由可归结为以下几点:(1)苏联的军事行动会立刻团结整个日本,而日本目前在入侵中国一事上远未团结一致。(2)另一方面,苏联的军事行动可能会吓走中国的右翼分子,从而分裂中国最近形成的民族统一战线。(3)苏联军事行动取得胜利的前景会使英国和美国惊慌,并可能将其对中国的态度由目前的同情转为反对。(4)尤为重要的是,德国会利用苏联的军事行动,从我国欧洲领土对我们发起攻击,这将引发一场世界大战。出于这些原因,斯大林认为苏联对日本采取公开的军事行动是不明智的。但他确实打算向中国提供援助,比如武器等。

根据孙科的说法,现在这种援助很顺利,且成日常必行之事。经新疆通往兰州的公路令人满意。从苏联边境到兰州的运输平均需要两三周。在冬季,公路沿途的居民主动清除积雪,因此,交通一

---

[1] 阿纳斯塔斯·伊万诺维奇·米高扬,1935—1952年任政治局委员,1938—1949年任对外贸易人民委员,1939—1945年任国防委员会委员。
[2] 尼古拉·伊万诺维奇·叶若夫,1936—1938年任内务人民委员和国家安全总局委员,主持实行了"大恐怖";1938—1939年被降职到人民水运委员部;1939年4月被捕,被指控犯阴谋和间谍罪,于1940年2月被定罪后枪决。

天也没有中断。飞机在夏季到达中国。苏联的飞机是一流的，飞行速度非常快，以致中国飞行员最初无法正确地驾驶它们。现在他们正逐渐能掌控飞机。苏联专家在训练中国飞行员方面提供了很大的帮助。中国军队中的大多数德国教官被希特勒召回。只有三四十人拒绝前往德国，并宣誓效忠中国政府。德国还终止了对中国的武器供应。意大利教官很久以前就离开了中国。中国政府有多达六百个外国人（主要是美国人、英国人、荷兰人等）在空军服役，在编飞机五六百架。一些武器来自美国，一些来自英国（截至今日约六十架飞机）、比利时、法国和捷克斯洛伐克（布伦机枪），但总体来说数量不多。但是，英国政府继续允许武器从香港过境是非常重要的，并保持滇缅公路缅甸一侧通畅。中国政府正加紧完成云南一侧的公路，雇用了多达十七万名工人。这条公路将在6月开通，然后将有一条香港之外的绝对安全的新路从印度洋向中国运送所有必需的进口货物。

在谈到通信路线时，孙科突然想起了以下几点："我在与你们领袖交谈时，提出铺设连接阿拉木图、新疆和兰州的铁路，有助于苏联向中国输送武器。斯大林对我的想法感兴趣。他拿出一张地图，我们仔细研究，看具体可以铺设哪条铁路。我们计算出该铁路的长度约为三千公里。在最有利的情况下，建设周期需要三年。当这一点变得明朗时，斯大林指出：'至少就目前的战争而言，一条铁路并不具有决定意义。这是和平时期的一项任务。'我回答说：'为什么你认为我们谈论的铁路在军事上不具有即时的重要性？中国准备抗战五年。'斯大林笑了，但他显然很高兴，并说如果是那样的话，他应该更加严肃地对待我的想法。"

我问孙科他在英国的谈判情况。他的目标是以贷款或赊购的方式为中国的钨和锑筹集两千万英镑，但进展甚微。哈利法克斯在与孙科的谈话中表现出对中国的友好，但在供给和金融问题上含糊其辞。西蒙也表示了同情，但认为如果没有政府的保证——这个保证很难在众议院通过，伦敦金融城就不会批这笔贷款（纯属无稽之谈！）。

因此，政府派出李滋罗斯，为一组需要钨和锑的英国公司起草一个项目。这些公司可能会向中国政府提供一笔预付款，以换取未来的供应品。这个计划显然很糟糕！虽然金钱上的帮助源源不断，保守党高层还是已经堕落到无法捍卫自己利益的地步。

4月8日，我为孙科安排了一顿丰盛的午宴，他似乎受宠若惊。4月6日，我参加了在中国大使馆为他举行的午餐会；7日，我参加了他抵英后的招待会。

[迈斯基的法定暑假已经到了，更可怕的是，新设立的外交人民委员部大使年度听证会程序要开始了。[1]迈斯基向苏联外交人民委员部提交的关于绥靖政策的悲观报告被错误的信念冲淡，后者主要源于迈斯基与反对派成员如丘吉尔、劳合·乔治和比弗布鲁克的对话："虽然英国政府的脚步不够快，但已经在有计划地转移立场。"为保险起见，迈斯基在前往莫斯科之前，设法从劳合·乔治那里获得了"一封向斯大林致敬的热情问候信，称斯大林为世上最伟大的

---

[1] 柯伦泰写了一封病态的告别信——实际上是遗嘱——给一位密友："如果我去世了（旅途中总会发生一些事情）"，自己的日记和私人信件就委托给这位朋友。然后，她在日记中透露："现在的世界是如此可怕，令人紧张。对很多朋友来说，这个世界太可怕。我为他们担心，我的心为他们饱受折磨……如果我没有'被［历史的］车轮碾压'，那会是因为奇迹。"李维诺夫向驻意大利大使施泰因的妻女解释，施泰因正恳求他允许自己返回莫斯科休假，"待在罗马比坐在这里更好"。施泰因的神经已经崩溃。他在日内瓦遇见的一位私人医生，建议他通过"一个月毁坏一次餐具，愤怒地将它猛摔在地上"来宣泄情绪。

政治家"。同时，迈斯基经常向这位年长的自由党人通报自己在俄罗斯的行踪，在离开英国后仍保持通信。尽管他很清楚这是一种监视。同样地，迈斯基在向外交人民委员部的报告中强调了张伯伦的"苏联示威"这一说法。在5月11日的皇家招待会上，张伯伦对迈斯基的假期计划很感兴趣，据称，他急于知道迈斯基什么时候可以回伦敦。迈斯基急忙补充说，这种不同寻常的做法引来记者们广泛报道，他们从凌晨开始给大使馆打电话。

与以前的假期不同，迈斯基被限定在莫斯科郊外的一个疗养院度假，他确实在那里接到外交人民委员部传唤，并被要求撰写一份自白书。他在自白书中承认自己的政治短视，没有认识到"人民的敌人"潜藏于他的大使馆内。他面对的证词来自他的前下属——大使馆武官普特纳和驻伦敦贸易代表团团长奥泽尔斯基。在被处决之前，这两人显然都提出了对迈斯基不利的证据。6月1日，迈斯基和李维诺夫一起被紧急召至克里姆林宫。在莫洛托夫和伏罗希洛夫在场的情况下，斯大林要求他们保持低调，谨慎行事。因此，迈斯基获得"假释"，并充分意识到自己处境的脆弱。

7月底，迈斯基和阿格尼娅回到伦敦，向韦伯夫妇透露了克里姆林宫"对英国的冷淡，对作为苏联敌人的张伯伦的仇恨，对捷克斯洛伐克的担忧以及对当前法国政府的清醒"。在与哈罗德·尼科尔森和范西塔特进一步坦诚的会谈中，迈斯基警告说"俄罗斯刚出现走向孤立的苗头"，并将其归因于西方与俄罗斯"保持距离"的意图，但"他希望俄罗斯不要走太远"。但正如他几天前与哈利法克斯会面时说的那样，他承诺"在苏台德地区受到侵略时，如果法国和英国对捷克斯洛伐克给予武装支持，俄罗斯会站到我们这边"。

迈斯基个人的获救在于集体安全的成功。随着李维诺夫越来越被克里姆林宫摇摆不定和怀疑的态度所束缚，因其部委遭受清洗而被削弱，被国内问题困扰，迈斯基从此将成为试图改变对英政策的唯一动力。迈斯基希望通过非常规办法达到这个目的。在接下来的一年里，他向莫斯科提交的报告和英国记录（以及他那具有误导性和倾向性的回忆录）之间的巨大差异表明，他费尽心思把自己的想法归于他的对话者。他这样做是希望引起莫斯科的积极回应。这也可能引发连锁反应，推动集体安全理念，并使苏联摆脱日益被迫孤立的状态。也许同样引人注目的是，他公然干涉英国内政，挑动反对张伯伦的反对派，还一厢情愿地期望日益恶化的国际形势能够鼓励反对派推翻首相，让艾登或丘吉尔取而代之。]

5月10日

霍勒斯·威尔逊爵士过来吃午饭。……我是在1932年末以大使身份到英国时认识他的。……印象中，他总是一个聪明、狡猾、有些愤世嫉俗的人，精通贸易政治，擅长制定妥协方案，且热心捍卫英国工业家和商人的利益。我从未见过他发表对国际政治的见解，也没有参与这些复杂而敏感问题的意愿。

……今天，威尔逊和我共进午餐，促膝长谈。当然，我们谈到了国际事务。我提出并证明希特勒当前的目标是建立一个"中欧"，张伯伦的政策只会助益他实现这一目标。与此同时，"中欧"看起来不仅会威胁苏联的利益，而且可能更大程度上威胁英国的利益。

威尔逊以一种微妙而清晰的方式暗示，"中欧"目标实现之后，希特勒下一波攻击会被引向东方，对付苏联，这符合英国的利益。……"我承认您的考虑有充分的依据。希特勒也可能不会转向东方。即使在这种情况下，我仍然不认为'中欧'会对英国构成如此严重的威胁。你知道，如今的德国是一个庞然大物：一个民族，一个国家，一个领袖。这是德国的力量。但'中欧'不同，是由民族、国家组织和经济区域组成的集团，内部矛盾、摩擦、斗争和冲突不可避免。所有这些缓和因素必将发挥作用。因此，'中欧'可能比现在的德国更弱。我毫不怀疑它的攻击性会降低。德国要填饱肚子。她会变得巨大、冷静……"

所以，这就是威尔逊或者张伯伦的"哲学"！

8月4日

郭泰祺和新任中国驻美大使[1]（我忘了他的名字）一起来看望我。郭泰祺对我苏联之行的效果很感兴趣，并向我介绍了他的情况。唉，他的消息令人不太安心。在我休假的时候，英国政府拒绝了在春季谈判时达成的协议：向中国提供两千万英镑贷款。原因是日本可能会觉得被"冒犯"。孙科发起的以华南地区矿产资源作为抵押提前获得信贷的会谈也未见成效。正在进行的谈判是要向中国提供长达十年的出口信贷，牵涉的金额高达一千五百万英镑。即使最后一项计划成功，中国政府也只能用贷款购买机动车辆、铁路设备等，不能购买武器。郭泰祺还告诉我，英国驻日大使克雷吉是"亲日派"，他希望不惜一切代价恢复东京与伦敦之间的"友谊"。但他的努力是徒劳的：克雷吉与日本政府在东京达成的任何协议，都被侵华日军无情推翻。

……关于国王访问巴黎期间举行的英法会谈，我收到了有趣的信息。……在捷克斯洛伐克问题上，哈利法克斯坚持以下观点：捷克斯洛伐克是一个既不能自卫也得不到援助的人为构建的国家。英

---

[1] 胡适。——译注

国不会脱离中欧的发展，但法国应该对布拉格施加更大的压力，要求亨莱因[1]作更大的让步。必须让捷克人对德国人妥协。……

8月6日

马萨里克要告诉我很多有趣的事。

5月21日，英国在柏林采取的政策[2]发生高度戏剧化的进展。首先，在伦敦的严格命令下，亨德森（英国驻德大使）向里宾特洛甫指出：德军在捷克斯洛伐克边界的集结可能对世界造成严重的后果；捷克斯洛伐克将武装抵抗德国的任何侵略，这会导致法国和苏联的军事干涉；在这种情况下，战争将升级到欧洲层面；英国无法置身冲突之外。要让希特勒思考一下，将大英帝国视为德国的敌人是否有利，并根据这一前景评估其后续行动。

性格刻板的里宾特洛甫被亨德森的话激怒，大声说道："你的大英帝国是一个空壳。它正在堕落与腐烂。如果不是德国的支持，英国早就崩溃了。你有什么权利来这里提建议，并干涉那些与你无关的事务？"

现在轮到亨德森大怒。他用拳头重击桌子，大声宣称他不会容忍那些针对他国家的话，然后抓起帽子向门口走去。里宾特洛甫在后面喊道："英国被犹太人统治。哈哈哈！不是吗？"

亨德森大吃一惊，在门口停下，转过身来大声说："我们至少由绅士管理！"

---

[1] 康拉德·亨莱因，1933—1938年任位于捷克斯洛伐克的法西斯苏台德日耳曼祖国阵线党领袖，1939—1945年任波希米亚和摩拉维亚的地方长官。

[2] 这一政策是由错误的情报引起的。这些情报促使捷克斯洛伐克政府部分地发起动员，以应对据报在该国边境集结的德国军队。

英国大使砰的一声关上门,离开了里宾特洛甫的办公室。

收到亨德森与德国外交部长谈话的报告后,哈利法克斯感到有些尴尬,并提议洛西恩私下告知希特勒:英国在5月21日的行动并非侮辱他,英国政府相信他的和平意图,并且不会武力保卫捷克斯洛伐克。当洛西恩断然拒绝执行这一任务,并表示不赞成英国政府的屈服政策时,哈利法克斯非常震惊。

……我的天哪!英国政策的曲折和变化!马萨里克还告诉我以下情况:自从纳粹德国吞并奥地利,哈利法克斯不断要求捷克斯洛伐克应尽快给予苏台德日耳曼人最高特许权。

……可以想象,7月中旬,当哈利法克斯邀请马萨里克到家里做客,并彻底改变观点时,后者一定感到很震惊。他从英国政府的角度表达了他的担忧:鉴于眼下的问题还很严重,捷克斯洛伐克政府和亨莱因之间的谈判进展过快;谈判没必要太急;如果捷克人能将谈判拖到深秋,那真是太好。起初,马萨里克什么都没搞懂,但不久之后,疑团清理殆尽。英国政府了解到,希特勒正准备公开袭击捷克斯洛伐克,还打算利用捷克斯洛伐克政府和亨莱因之间的谈判破裂作为借口。英国政府感到害怕。……张伯伦突然想出拖延谈判以争取时间的"绝妙主意"。

后来成立了朗西曼[1]使团。这是张伯伦(或者,在我看来更可能是霍拉斯·威尔逊)自己想出来的。无论是哈利法克斯、外交部、柯宾、马萨里克,还是捷克斯洛伐克和法国政府,都对首相的"天才计划"一无所知。所有与此相反的谣言和主张都是假的。在哈利

---

[1] 沃尔特·朗西曼,多克斯福德的第一代朗西曼子爵,英国政治家和航运大亨,1931—1937年任自由党下议院议员、贸易委员会主席,1938—1939年任枢密院议长。

法克斯和国王前往巴黎的半小时前，张伯伦对外交大臣说："顺便问一下，你能打听到法国政府对这个计划的态度吗……"接着，他大概讲述了计划中的朗西曼使团的捷克斯洛伐克之旅。这就是英国现在执行外交政策的方式！……

8月10日

假期结束后，为了恢复联系，我拜访了奥利芬特[1]。他还是老样子，一点儿都没变。

我问他朗西曼使团的任务是什么。奥利芬特向我投来轻蔑的目光，捋了捋他那长长的红胡子，用几乎难以察觉的讽刺口吻说："朗西曼能在布拉格做什么？他在那里呼吸空气。"

我忍不住笑了。据奥利芬特所说，朗西曼将在捷克斯洛伐克待四到六周。他没有固定的计划，只有几个想法。当然，无论有多少人否定，朗西曼本质上是英国政府的代表。但说到底，这又有什么所谓呢？如果朗西曼成功调停了捷克人和德国人，那就太好了。如果他失败了，那也没有理由哭泣：至少我们争取到一些时间。

"你不高兴吗？我可以从你脸上看出你对我们在捷克斯洛伐克的政策感到愤怒。为什么？"

"是的，"我表示同意，"我们对你们的政策感到不满，因为你们不断抵制受害者，而不是侵略者。朗西曼的任务也是为了同样的目的。"

奥利芬特试图争辩，但最终意识到这样的印象确实早已在欧洲大陆形成。

---

[1] 兰斯洛特·奥利芬特，1936—1939年担任外交部副次官。

反过来，奥利芬特向我询问发生在中国东北地区的事件。他急于知道我们是否故意挑起事端来支持中国。我的回答让他失望；后来他自己也承认，根据英国的消息来源，这次的侵略者是日本人。我询问英国人对中国东北地区事件的反应，奥利芬特回答说："日本人轻举妄动，现在必受其报。他们活该。这就是英国人对张鼓峰冲突的一般看法。"

然后奥利芬特问我，在中国东北的冲突是否会发展成一场大战。

"这完全取决于日本人。"我回答，"苏联不希望发生战争，但我们决心保护我们的权利和我们的领土。"

"所以没有需要调停的事务了？"奥利芬特继续说道。

"是的。"

真正的世界掮客！为调停而疯狂！

最后，奥利芬特向我抱怨克雷吉在东京处境困难。在过去一年里，克雷吉实际上已成为维护英国在华利益（海关、贸易、航海等）的说客，但他所获无几。

奥利芬特总结说："我们能够与日本扯平的时机将会到来，但不是现在。"

[张鼓峰事件：迈斯基指的是1938年7月29日至8月11日之间发生的哈桑湖战役，当时苏联军队抵挡住了伪满洲国（日本傀儡政府）对苏联主张的领土的军事入侵。]

8月11日

因此，中国东北地区的战事已经停止。停战协议已签署。双方仍待在原地，也就是说，我们保住了张鼓峰。很好。结果肯定对我们有利。

冲突是由日本引起的，不是我们。日本人想占领张鼓峰，或至少是为了防止我们在那里设置要塞。他们两次都失败了。我们守着张鼓峰，也没有承诺退出山顶。这场冲突是由当地军国主义者激起的。日本政府担心事态扩大并寻求立即停止敌对行动，与军方和重光葵的意愿相抵牾。

与"西方民主国家"一样，日本也得到了很好的教训。

8月17日

哈利法克斯在我休假前过来道别，让我从莫斯科一回到英国就去拜访他。

……会议今天举行。哈利法克斯问我对捷克斯洛伐克问题的看法。我借此机会详细讨论此事。我告诉他，当我到达苏联时，我就注意到了对英国和法国的政策的强烈失望。我在莫斯科的朋友认为，这些政策表现出"西方民主国家"的弱点，也因此鼓励了侵略者。奉行这些政策的政府应为新的世界大战的爆发负责。捷克斯洛伐克正是我刚才所说观点的一个很好例证。在我们看来，英国和法国在这个问题上采取的做法体现了一种不健康的扭曲。他们在努力限制侵略的是受害者而不是发起者。在布拉格，他们的声音大得让捷克人感觉被冒犯，而在柏林，他们的声音又轻柔得无法让希特勒注意到。公平与正义到哪儿去了？苏联政府不赞成这种政策是可以理解的。苏联政府认为，捷克斯洛伐克的命运掌握在"西方民主国家"手中。如果英法两国愿意并能够对德国采取强硬立场，捷克斯洛伐克将得到拯救，欧洲的持久和平将得到保证。

我的话很刻薄,近乎刺耳,而且我以为哈利法克斯会为英国政府的政策作出有力的辩护。但我又错了。哈利法克斯没有想要反驳。他的全部言行举止、他的姿态和寥寥几句评语都很清楚地表明,我所说的话即使不是全部,也有很大一部分得到了他的认同……[1]

8月24日

尼科尔森证实艾登正觊觎首相职位,但后者可能需要一些时间来实现他的野心。他还证实了张伯伦仍然很强大("他使我们免于战争!"),尽管所谓"坚定的保守主义意见"开始越来越反对他的外交政策。但公开挑战首相始终是一种不爱国行为……

8月26日

多么糟糕的生活!

马萨里克来给我传达最新消息。真令人痛心。德国的反捷克斯洛伐克运动日益增多。亨莱因拒绝所有让步。就他本人而言,他当然同意和解,但希特勒不同意。朗西曼的任务正处于失败的边缘。……在这幅悲惨画面中,唯一的亮点是今天从莫斯科传来的信息,经布拉格传递给马萨里克。德国大使舒伦堡[2]向李维诺夫同志发表声明……强调德国对日苏最近在中国东北地区的冲突保持中

---

[1] 英国的档案显示,迈斯基实际上遭到了回击,哈利法克斯直截了当地告诉他,英国政策的转变是"毫无疑问"的。为了促使李维诺夫出席日内瓦会议——这再也不能被视为理所当然,迈斯基进一步操纵了哈利法克斯,使他明确表达出与李维诺夫会面的强烈意愿,并在国际联盟大会中就时事交换意见。
[2] 弗里德里希-维尔纳·格拉夫·冯·德·舒伦堡,1934—1941年任德国驻苏联大使。

立,并表示,德国如果必须亲自解决苏台德问题,希望得到苏联相应的回报。然而,李维诺夫回复说,在这种情况下,苏联不能站在一旁,苏联将履行《捷苏互助条约》中的所有承诺,法国也不得不干涉,而且从长远来看,英国也会被卷入战争。……

马萨里克询问李维诺夫,能否在媒体面前公开发表类似的声明。这将具有重大意义,并将大大加强法国援助捷克斯洛伐克的决心。我答应将他的请求转达给莫斯科。

我问马萨里克:目前英国人的立场是什么?

马萨里克绝望地挥了挥手,说:"好啦,你懂英国人!就在昨天,哈利法克斯对康邦[1]说,英国政府虽然认为中欧的局势非常严峻,但几乎不会超出3月24日(张伯伦的讲话)[2]和5月21日(亨德森的对德知会)的声明。"西蒙明天将以同样的论调发言。可恨!这种模棱两可的姿态和狡猾的半吊子承诺能有什么用?如今,何时才能有人痛下决心避免这场灾难?……

8月30日

内阁今天举行会议,政府作出了一个非常"重要的决定":什么都不做。内维尔·亨德森出席了会议以阐明一些问题。明天他将回到柏林,但与昨天的传言相反,他并没有携带张伯伦给希特勒的"私人信件"。他甚至不打算与希特勒或里宾特洛甫会面。

所以,"等等看"。英国最喜欢的政策!

---

[1] 罗杰·康邦,法国驻伦敦大使馆参赞。在1940年6月26日柯宾大使辞职,到1940年7月5日康邦接受任命期间,他继续担任临时代办。
[2] 张伯伦宣布,英国对该地区没有义务,因为她在此的既得利益没有像法国和比利时的那样重要。

* * *

我的一位熟人向我传达了哈利法克斯的话:尽管在今天的内阁会议上没有作出任何决定,但在三个小时的辩论后,除了一个人(是谁呢?金斯利·伍德?),所有大臣都确定,如果捷克斯洛伐克爆发战争,英国不可能袖手旁观。

很好。但综上可以得出什么实际结论呢?有两个可能的结论。<u>第一个</u>是现在给捷克斯洛伐克提供有效支持以吓阻希特勒,从而避免一场战争。<u>第二个</u>是在捷克斯洛伐克境内施加"友好的"压力,使其完全和平地屈服于希特勒,从而避免战争。我强烈怀疑内阁可能会选择后者。

[张伯伦瞒着迈斯基,刚刚拿出了最"非常规、大胆"的"Z计划",这"让哈利法克斯喘不过气来":他提议,如果捷克斯洛伐克的危机延续,应飞至德国见希特勒,以避免战争。9月2日,在他前往日内瓦的前夕,李维诺夫请法国驻莫斯科临时代办帕亚特[1]给法国外交部长邦尼特[2]传话,称如果德国发动袭击,苏联将根据契约坚定履行对捷克斯洛伐克的承诺。他呼吁英国、法国和苏联立即举行会议,以配合苏联、法国和捷克武装力量的代表间所进行的磋商。然而,帕亚特向他的上级隐瞒了这个信息的本质(他毫无依据地认为这个信息不可信)。得到消息后,迈斯基听取了李维诺夫对情况的简要介绍,并向各界透露了向帕亚特提出的建议。]

---

[1] 让·帕亚特,1931—1938年和1939—1941年任法国驻莫斯科大使馆一等秘书。
[2] 乔治斯-艾蒂安·邦尼特,1936—1937年任法国驻美大使,1937—1938年任财政部长,1938—1939年任外交部长,1939—1940年任司法部长,1941—1942年任全国委员会委员。

8月31日

霍勒斯·威尔逊爵士今天拜访了我，我们一起吃午饭。……威尔逊的心情与四个月前完全不同。那时的他充满活力、自信和乐观。他相信将与张伯伦一起在欧洲的"绥靖"之书上写下光辉的新篇章。现在威尔逊看起来有些阴郁、焦虑和消沉。与他的对话也呈现出一种沮丧、近乎恐慌的气氛。

的确，花瓣已凋零，火苗也熄灭了……

……希特勒显然激起了他的恐慌。期待落空，只剩麻烦。四国条约已经退到朦胧的远方。捷克斯洛伐克是今天的关键问题。如果它沦陷了，"中欧"的建立将不可避免。……

"但是，如果你非常清楚捷克斯洛伐克问题至关重要，"我说，"为什么英国不愿意采取明确和坚决的立场？它确实可以制约希特勒并防止战争发生。"

威尔逊开始喋喋不休地用英国人惯用的陈词滥调作为回应。舆论"不会理解"笼罩着捷克斯洛伐克的战争，各自治领反对其母国干涉欧洲事务，英国的重新武装计划远未完成（飞机的生产在去年7月才开始加速）。作为英国最亲密的盟友，法国在财政、政治和军事方面存在内部弱势（航空工业达不到标准等）。如果冲突能推迟十二个月或至少六个月，英国的感觉会更好，一切都会有所不同。

这熟悉的调子让我惊慌失措，我不顾一切地说道："让我们假设，如你所说公众舆论不会同意'为捷克斯洛伐克而战'，但这件事与其说关系到捷克斯洛伐克，不如说关系到大英帝国的未来。假设真的是这样，难道不能提出一个更容易理解，更接近普通英国人的口号，比如'我们会在任何条件下支持法国'吗？"……

威尔逊耸耸肩，开始自言自语。当然，这样坚决的声明很可能会阻止一场战争。但这意味着挑战德国！为了什么呢？为了避免一个假设的、再过几年也不会变得紧迫的危险？怎么能为这种事承担责任呢？如果希特勒感到害怕最好，但如果他不呢？如果他发动攻击怎么办？太可怕了！不，最好是静观其变。也许事情会以这样或那样的方式自行解决。

这就是如今首相首席顾问的模样。……

9月1日

昨天温斯顿·丘吉尔请我吃晚饭。我们在他儿子伦道夫的公寓里见了面。[1]

老丘吉尔直切主题。欧洲的情况特别严重。战争现在随时可能爆发。如果捷克斯洛伐克武力抵抗德国入侵，无疑将会得到法国的援助。甚至英国也将不得不进行干预，尽管可能不是从最开始就进行的。……

但最重要的是阻止战争。怎么做？丘吉尔有一个计划。在关键时刻，当布拉格谈判最终走入死胡同，希特勒开始挥舞他的军刀时，英国、法国和苏联应该向德国发出集体外交照会——丘吉尔强调，必须是集体的——以抗议其对捷克斯洛伐克发起攻击的威胁。照会的具体用词不用太决断，如有必要甚至可以温和。关键在于三国联合行动的事实本身。这种行为毫无疑问会得到罗斯福[2]道义上的支持，会吓住希特勒，并为伦敦–巴黎–莫斯科轴心奠定基础。

---

[1] 到目前为止还没有关于这次会面的其他信息，它让人们对二者后续在9月4日的会面有了新的认识。

[2] 富兰克林·德拉诺·罗斯福，1928—1932年任纽约州州长，1933—1945年为美国第三十二任总统。

只有这样一个轴心的存在，才能再次避免生灵涂炭。……

我对他的计划有什么看法？苏联政府会做什么呢？

我回答说，这不是我可以代表苏联政府发言的。就我个人而言，我认为该计划是很好，但它没有实施的机会。我根本不相信张伯伦会同意与苏联一起抵抗德国。……

9月2日

……刚从埃维昂莱班度假回来的柯宾来访。在巴黎，他遇见了达拉第[1]和邦尼特。据他们说，欧洲的局势非常危急，柯宾希望与我保持尽可能密切的联系。西蒙在巴黎的讲话被认为不够明确和坚定。法国自身将履行对捷克斯洛伐克的义务。

非常好。然而有一些我不太喜欢的事情。我问柯宾，法国政府认为什么样的侵略行为才足以使其必须站出来反对德国？……柯宾感到困惑，开始"原地踏步"。他最终表示很难详细讨论假设的情况。……

9月3日

昨天在莫斯科，李维诺夫和法国临时代办帕亚特进行了一次特别重要的对话。

帕亚特是应邦尼特的要求来的，他提出官方查询：鉴于波兰和罗马尼亚不愿意让苏联军队和飞机通过其领土，那么在德国侵略的情况下，苏联怎么向捷克斯洛伐克提供援助呢？

---

[1] 爱德华·达拉第，分别于1932—1934年、1936—1938年和1939年9月—1940年3月任法国国防部长，1933年1—10月、1934年1月和1938年4月—1940年3月任总理。

李维诺夫以他特有的尖锐言辞指出，实际上苏联应该向法国提出类似的问题，因为法国对捷克斯洛伐克的义务是无条件的，而苏联的义务只有在法国履行之后才会生效。

对于李维诺夫的问题，帕亚特不能或不愿给出明确答复，但李维诺夫仍然不为所动。

只要法国履行其义务，<u>苏联也决心履行《捷苏互助条约》规定的义务</u>。如果国际联盟承认德国是侵略者，捷克斯洛伐克是侵略的受害者，那么罗马尼亚不愿意让苏联军队通过其领土的问题很可能会被解决。帕亚特说难以期望国联在这个问题上达成一致决定。李维诺夫指出，即使只有多数联盟成员投票支持（特别是如果投票者中有大国），其决定将产生巨大的道德效应并对罗马尼亚产生必要的影响。他希望罗马尼亚能够与大多数人一起投票。鉴于国际联盟机制的迟缓，李维诺夫认为应该尽快利用《国际联盟盟约》第十一条的规定开始为采取这一行动作好准备。

李维诺夫进一步提议，三个国家（法国、苏联和捷克斯洛伐克）在各自没有初步编制相应的军事计划的情况下谈捷克斯洛伐克的军事防御是毫无意义的。这需要三国军队总参谋部进行谈判。苏联准备好参加这样的谈判。

然而，目前最关键的是阻止战争爆发。在这方面，李维诺夫认为，他在3月17日，即纳粹德国吞并奥地利后接受采访时提出的建议，现在正变得特别重要。世界上所有爱好和平的国家都应该聚在一起，商讨并寻求反对侵略的措施。英国、法国和苏联在罗斯福所保证的道义支持下发表一份联合声明，可能比其他任何事情更能阻止希特勒方面的暴力行为。

不幸的是，我们的时间不多了，我们必须迅速采取行动。

……因此，我们在捷克斯洛伐克危机中的立场已经非常明确。

1938年

如果其他国家准备履行职责，我们将随时向捷克斯洛伐克提供武装援助。他们是否会站出来回应这个极其严峻的历史时刻所提出的要求？我们拭目以待。但无论如何，即使捷克斯洛伐克仍然遭受毁灭，德国成为西欧霸权，也不能把责任推给苏联。

9月4日

我到丘吉尔的乡村庄园拜访他。

一个美妙的地方！八十四英亩的土地。一片巨大的绿色山谷。在一个山岗上，矗立着主人的两层石屋——巨大而高雅。阳台上可以欣赏到肯特丘陵的壮丽景观，一切都笼罩在英国深蓝色的雾霭中。在另一个山岗上是一片美丽的树林。山坡下有三层池塘，里面都有大小不一的金鱼：上层池塘里的金鱼估计重达三四磅，下层池塘里的金鱼则有些小，而真正的小金鱼在山谷底部最下层的池塘里。丘吉尔对他大大小小的鱼很着迷；他高兴地讲出它们的每一个细节，显然认为它们是英国最具特色的景点之一。

庄园里还有一个可供游戏和淋浴的人造游泳池，一个美丽的花园，丰富的水果（李子、桃子等），一个网球场，关着能模仿人类说话的蓝鸟的鸟笼，除此之外还有很多其他的东西。丘吉尔带我去了一间墙上挂着几十幅他自己作品的展馆兼工作室。我非常喜欢其中的一些作品。最后，他向我展示了他的骄傲和喜悦：一座建设中的小砖房，是他闲暇时亲手建造的。

"我是个砌砖工，你知道的，"丘吉尔笑着说，"我一天最多能砌五百块砖。今天我干了半天活，你看，我已经砌好了一堵墙。"

他深情而愉悦地拍打着潮湿的、未完成的砖墙。

英国资产阶级领袖们的生活还真不错！在他们的资本主义制度

下，有很多东西要他们保护呢！

丘吉尔一定猜到了我的心思，因为他扫视着他那生意盎然的庄园，笑着说道："你可以心无旁骛地观察这一切！我的庄园不是人剥削人的产物：它完全靠我的文学版税购买。"

丘吉尔的文学版税相当可观！

然后，丘吉尔、他的妻子和我一起喝茶。除了茶，桌子上还摆放着一大堆各种各样的酒精饮料。为什么，难道丘吉尔离不开它们吗？他喝了一杯威士忌苏打，并给了我一杯战前的俄罗斯伏特加酒。不知他以什么方法保存了这种珍品。我由衷地表示惊讶，但丘吉尔打断我说："这算不了什么！在我的地窖里，有一瓶1793年的葡萄酒！不错吧，呃？我会在非常特殊的场合开它。"

"我可以问是什么场合吗？"

丘吉尔狡黠地笑了笑，顿了一下，然后突然宣称："当英国和俄罗斯击败希特勒的德国时，我们会一起喝这瓶酒。"

我几乎目瞪口呆。丘吉尔对柏林的仇恨确实已经到了无以复加的程度！

他的妻子给我留下了很好的印象。此前我几乎不认识她。她是一个活泼、聪明的女人，对政治感兴趣，也有所了解。丘吉尔看了一眼他的妻子，和蔼地说："我什么都告诉她，而她知道守口如瓶，不会泄露任何秘密。"

伦道夫·丘吉尔不在场。他在军队中进行为期三个月的训练。

[这一天的日记没有透露与丘吉尔在两天内第二次会面的主要目的：向丘吉尔"详细"披露帕亚特对李维诺夫的声明，并提醒他将信息转达给哈利法克斯。迈斯基主动采取行动。丘吉尔回忆起迈斯基是如何"因事情紧急"要求到查特韦尔见他的。丘吉尔认为这

次会面十分重要，以至于在他的战争回忆录草稿中用整整一章的篇幅——"迈斯基事件"——来记录，但后来被舍弃了，因他的文学经纪人批评这次会面的最终记录不够生动。]

9月5日

今天，我见到了柯宾，惊讶地发现他仍然对9月2日李维诺夫与帕亚特的对话一无所知。我不得不把每一个细节都跟他说一遍。真奇怪！在这样一个关键时刻，如此重要的话题似乎应该立即传达给法国驻伦敦大使，然而……这里有些不对劲！同样奇怪的是，尽管法国人健谈，但法国媒体对莫斯科谈话却只字未提，似乎是邦尼特想把这个消息压下去……

9月8日

一个意外的邀请，让我去见哈利法克斯。[1]原来，哈利法克斯想请我转达他对李维诺夫的歉意：由于欧洲危机，他未能在日内瓦与李维诺夫见面。他真的非常抱歉，他非常期待与李维诺夫见面并交谈，但遗憾的是无能为力。英国参加国联的代表团将由德·拉·瓦尔勋爵[2]率领。

接着，哈利法克斯转而谈起了时事，他担心亨莱因可能会拒绝第四个计划。我有些恼怒地指出，《泰晤士报》昨天的社论肯定有助于亨莱因作决定。哈利法克斯突然变得活跃，甚至面色泛红，说社

---

[1] 这是误导。此次会议由迈斯基策划，但未能达到预期效果。
[2] 埃尔布朗·爱德华·唐纳德·布拉西·萨克维尔，第九代德·拉·瓦尔伯爵，1936—1937年任殖民地事务政务次官，1937—1938年任掌玺大臣，1938—1940年任教育委员会主席，1931—1943年任全国工党主席。

论令人遗憾，它没有表达英国政府的意见，而且布拉格和柏林都已经知道这一点。"不幸的是，"哈利法克斯有些天真地说，"没有人相信我们的否认。"

我没有发表任何评论，但我也不相信他们。我是对的。因为当我问哈利法克斯，英国政府是否认为第四个计划是对捷克斯洛伐克的绝对限制时，外交大臣看上去很困惑，只是说这代表了"向前迈进一大步"。……

9月11日

我们终于到了日内瓦。

我们于9月9日早上九点离开伦敦。中午时分，在多佛登上渡轮。海面上波涛汹涌，但阿格尼娅勇敢地承受住了。在加来，与期待中的相反，我们在火车站的餐厅吃了一顿相当难吃的午餐。晚上十一点我们就到了巴黎，旅途中没有什么可说的。让我吃惊的是法国道路的空旷：车很少，我们很少需要超车。这和英国相当不同。

大使馆也是空荡荡的。苏里茨[1]和他的家人已经去了日内瓦。赫希菲尔德正在苏联休假，并将继续在莫斯科工作。许多大使馆的工作人员都不在，不是度假就是出差。……10日早上，我们在城里走了一圈，买了些东西。大约三点，在沿途一家餐馆吃了午饭后，我们便出发。我们希望在夜幕降临前赶到第戎，但傍晚天色昏暗，

---

[1] 雅科夫·扎哈罗维奇·苏里茨，和迈斯基一样，于1902年加入革命运动。他被捕并最初被流放到托博尔斯克，最终流亡柏林，在那里学习政治学。1918年，他被招募为外交人民委员部工作人员；1923—1934年任苏联驻土耳其大使；1934—1937年任驻德大使；1937—1939年，他是苏联驻国际联盟的代表团成员；1937—1940年任苏联驻法大使。1940年3月，法国人宣布他为不受欢迎的人，他被召回莫斯科后转向幕后外交事务，直到1948年退休。

图32 在前往日内瓦途中短暂休息的勇士

阴沉潮湿,所以我们决定在阿瓦隆停留。我们在通往这个小镇路上找了一间狭小而简陋的酒店留宿,酒店为我们提供了一顿华丽的晚餐。我对食物的品质向来不在意,但这次的阉母鸡肉让我的味蕾感到惊喜。上午十一点,我们继续上路。在勃艮第的首府第戎享用午餐。又一个惊喜,法国人简直就是烹饪方面的天才。我们用餐时喝了美妙的勃艮第葡萄酒。不知是因为葡萄酒还是其他原因,我把导游手册落在了餐厅。……大约三点,我们心情愉快(因天气晴朗而变得更好)、酒足饭饱地离开第戎,之后穿过汝拉山脉,当晚七点左右抵达日内瓦。

我们发现里士满号上空无一人。今天是星期日,李维诺夫在整个代表团和"副部长"索科林[1]的陪同下,像往常一样,早上出发去法国郊游。估计很晚才回来。在酒店安顿下来后,阿格尼娅和我快速游览了这个小镇。我们在巴伐利亚餐厅用餐。

9月13日

趁委员会还没有真正开始工作之前,我和阿格尼娅驱车前往蒙特勒。天公作美:日内瓦湖波光粼粼,但不巧的是,薄雾覆盖了法国海岸。我们参观了西庸城堡。我曾在侨居时期到过那里,它给我的印象是昏暗、骇人和雄伟——也许我当时正受到拜伦那首著名诗歌的影响,我在童年和青年时期都很喜欢拜伦。城堡现在似乎不那么令人印象深刻,介于博物馆和看起来很旧的酒店之间,浪漫消失了,只剩平淡无味的生活。我甚至觉得无聊。也许是时间磨损了他们?毕竟,从我第一次踏入西庸城堡到现在已有三十年——三十年过去了!

从蒙特勒返回的路上,我们曾在乌契(位于洛桑)停下来吃午餐。我找到了昂格勒特酒店,拜伦在这里参观了西庸城堡后被深深触动,并于1816年写下那首著名的诗歌[2]。酒店墙上的一块金属牌子令人想起这件事……

* * *

形势正变得越来越严峻。在希特勒昨天的演讲后,亨莱因今天宣布……公民投票应提上议程。苏台德地区已经开始出现骚乱和挑衅行为。紧张情绪无时无刻不在增长。艾德礼再次去见张伯伦,并

---

[1] 弗拉基米尔·亚历山德罗维奇·索科林,1936—1939年任苏联驻巴黎大使馆参赞。
[2] 《西庸的囚徒》。

表示目前情况下的公民投票意味着捷克斯洛伐克的分裂，这就是为什么英国工人运动反对公民投票。首相回答说他也反对公民投票，但他这种说法令艾德礼在离开时充满怀疑……

我的观感是，世界正在不受控制地滑向新的世界大战……唯一不确定的是它何时爆发。

9月14日

这一天是在无聊的委员会中度过的。……深夜，卡根从伦敦打来电话，带来了最新的消息：今天的内阁会议已经决定，张伯伦明天将飞往贝希特斯加登与希特勒会面。[1]

难以置信！大英帝国的领导人到卡诺莎向德国"元首"点头哈腰。英国资产阶级堕落到何等地步！

[拉·巴特勒对绥靖政策和《慕尼黑协议》的支持甚至超过了张伯伦，他在回忆录中说，"毫无疑问，俄罗斯人不是认真的"，"李维诺夫在蓄意回避，含糊其辞"。然而，日记和佐证材料支持这样的观点：斯大林的谨慎和李维诺夫模糊的公开声明反映出苏联的困境。任何公开声明都可能被德国视为挑衅，如果英德谈判确实如预期的那样取得了积极结果，则会产生难以想象的影响。因此，虽然不太可能出现单方面的援助，但苏联没有动摇对协议义务的承诺，前提是法国首先履行义务。这种态度是三国联盟谈判的先导，它吸取了1934年与法国签订的协议未能变成全面军事同盟的影响深远而记忆犹新的教训，以及对德全面绥靖之时在西班牙单独行动的惨痛经

---

[1] 在伦敦的劳合·乔治提醒迈斯基："我担心，捷克人正遭受内维尔和达拉第的背叛。"

历。在欧洲边缘与德国人、意大利人作战是一回事；在苏联边境独自面对德国时发现西欧无动于衷，又是另一回事。因此，李维诺夫宁愿在日内瓦徒劳寻求与伦敦和巴黎方面开启军事会谈（这可能会阻止希特勒），而不与贝奈斯[1]在布拉格的城堡进行谈判。

道德破产的国联会议实际上忽视了捷克危机，其召开恰逢张伯伦与希特勒在慕尼黑会谈。这最终成为李维诺夫的绝唱。李维诺夫与邦尼特结束会面后碰见了柯伦泰，他"不耐烦地挥了挥手，显然很生气：'结果吗？没有……法国人不打算履行对捷克斯洛伐克的义务。谈到我们苏联的提案时，邦尼特躲躲闪闪，支支吾吾，声称他要先征求伦敦的意见。换句话说，这是一种拖延策略。现在每个小时都很重要。'"9月23日，在与英国代表团的会晤中，李维诺夫反复重申"苏联政府履行《捷苏互助条约》中所有义务的坚定决心"。但是，他要求在巴黎或伦敦召开有关国家的紧急会议，这牵涉在戈德斯堡会谈破裂的背景下协调军事计划，却被外交部断然拒绝，后者认为这种会议"没有多大用处"，因为它"肯定会激怒德国"。]

9月15日

早晨，阿格尼娅和我开车去卢塞恩湖，回来的路上在洛桑停下。又在昂格勒特酒店吃午饭。我们在城里逛了很长时间。我找到了1908年夏天我从托博尔斯克省移居至此后住过的房子和所在街道。房子位于爱德华·达普尔大道十七号。……无数回忆涌上心头。

---

[1] 爱德华·贝奈斯，1919—1920年任巴黎和会捷克斯洛伐克代表，1918—1935年任捷克斯洛伐克外交部长，1935—1938年和1946—1948年任捷克斯洛伐克共和国总统，1940—1945年任流亡伦敦的捷克斯洛伐克政府临时总统。

图33　休息日与阿格尼娅在一起

从那时起，多少河水从这桥下流过！时代发生了多大的变化！我又发生了多大的变化！ 1908年和1938年——它们就像两个完全独立的世界，相隔几个世纪。

* * *

……张伯伦对希特勒的访问是人们关注的焦点。

艾德礼和格林伍德[1]会见了张伯伦，张伯伦向他们解释了此行的目的。你没看出来吗，有必要了解希特勒在苏台德问题上想要什么，同时告诉他"英国的意图"。首相没有具体的提案，他不会在贝希特斯加登作出具有约束力的决定。典型的英国把戏。一股

---

[1] 阿瑟·格林伍德，1935—1954年任工党副主席，1940—1942年任战争内阁成员及无任所大臣。

腥味。

卡根告诉我，伦敦对此非常警觉，英国政府正在逐步调动陆海军。公海的舰船甚至已装配实弹。

9月16日

李维诺夫告诉我他在日内瓦（9月11日）会见了邦尼特和赫里欧[1]（稍晚到场）。

邦尼特一如既往地淘气与推诿。他想知道我们对捷克斯洛伐克的立场。李维诺夫重复了他于9月2日在莫斯科对帕亚特所说的话，但这次果断得多。我不确定那些话给邦尼特留下什么印象，可能不会很好。邦尼特正竭尽全力避免履行1935年《法捷互助条约》的义务。我们坚定的立场破坏了他的计划。他可能会试图混淆视听……

* * *

所以，张伯伦今天到了贝希特斯加登。据媒体报道，他至少会在一两天内与希特勒会面。

《泰晤士报》当然很快往汤里投老鼠屎……暗示苏联的意图不明，而捷克斯洛伐克也无法从苏联那里得到任何真正的帮助。里面一定有不可告人的动机。昨天曼德[2]说……根据他的情报，英国和法国将对捷克斯洛伐克施加强大压力：她应该废除与苏联的协议，这实际上更像是一种损失而非收获。看来事情已经有所发展：今天，

---

[1] 爱德华·赫里欧，1919—1935年任激进党领袖，1924—1925年、1926年和1932年任法国总理，1934—1935年任副总理，1936—1940年任国民议会议长。
[2] 杰弗里·勒·梅苏里尔·曼德，1929—1945年米德兰实业家、艺术收藏家和充满激情的自由党议员，是一位反绥靖主义者和二十世纪三十年代国际改革者，1942—1945年任阿奇博尔德·辛克莱爵士（空军大臣）的议会私人秘书。

图 34　迈斯基和柯伦泰在日内瓦附近的农村，哀悼他们同僚的命运

捷克斯洛伐克政府向苏联政府发出正式请求——捷克能指望我们在当地履行《捷苏互助条约》吗？

9月18日

星期日。以李维诺夫为首的代表团全体前往法国萨沃伊。我们吃得好，散了步，聊了天，晚上就回家了。

事件继续以极快的速度发展。与所有人的预期相反，张伯伦只在9月16日与希特勒有过一次会谈，然后决定立即返回伦敦。昨天，17日，他在克罗伊登着陆。……

傍晚，从伦敦传来第一条消息。张伯伦在会议上提议，将德国人口超过百分之五十的苏台德地区割让给德国……并由西方四国保证捷克斯洛伐克的其他领土。……

卡根通知我们，他已应莱顿[1]的请求，与忧心忡忡的卡明斯会谈。一位内阁成员告诉莱顿，即使法国动用武力保护捷克斯洛伐克，苏联除了在国际联盟中提出德国侵略的问题外不会采取任何行动。这是真的吗？卡根当然会嘲笑和驳斥这个谣言。但它是从哪里流传出来的？……

9月19日

今天的日内瓦真是死气沉沉！国联大会、委员会、会议、协议、午餐和晚餐、走廊里的政治流言……现在谁还需要这一切？它真的很重要吗？世界上最重要的事件正在发生，欧洲乃至全人类的未来直接取决于这些事件。但在这里，在庸俗、迟钝、沉闷的日内瓦，我们像瞌睡的苍蝇一样徘徊在国联的走廊和我们的旅馆里，等待消息从那个巨大而真实（尽管也令人厌恶和鄙夷）的世界传来，像一股激流，呼啸着越过这些美丽、迂腐的山峦。真遗憾，我在这里，在日内瓦。……我对日内瓦厌倦至极，我急切地要去伦敦。好吧，我们必须坚持下去……

来自伦敦的消息称，英法两国部长会议制定了解决苏台德问题的三项所谓"英法计划"。……据说，捷克斯洛伐克驻巴黎特使奥索基[2]与邦尼特会面后泪流满面。在伦敦，马萨里克收到哈利法克斯的计划文本的内容后破口大骂（他很了解俄罗斯人！）。

……工党代表团与张伯伦进行了激烈的对话，要求果断回击希

---

[1] 沃尔特·莱顿，1922—1938年任《经济学人》编辑，1940—1942年任供应部项目主任。
[2] 斯特凡·奥索基，1920—1939年任捷克斯洛伐克驻法大使。

特勒，宣称："机会难得！"首相认同与德国的战争不可避免，迟早会打，但他认为目前并不合适开战。……道尔顿（代表团三个成员之一）打断了张伯伦，他说根据所掌握的情报，苏联的立场非常明确，苏联政府准备履行《捷苏互助条约》的义务也是毫无疑问的。

张伯伦有些尴尬，说他收到邦尼特最近在日内瓦与李维诺夫会面时所获取的苏联立场的情报。……邦尼特，原来他是所有有关苏联立场谣言的来源！一个卑鄙的人。……

9月21日

李维诺夫今天在大会发表了重要讲话。有力的、毒辣的、极好的演讲！听众们屏息凝神。这是整个大会期间全场第一次座无虚席。我注意到他们的表情：许多人表示同情，许多人在李维诺夫自由发挥他尖刻的机智时忍俊不禁。……

英国人和法国人的卑鄙无下限！昨天晚上，在收到捷克斯洛伐克的答复，建议通过仲裁解决德捷争端后，张伯伦深夜（我被告知是凌晨三点）与达拉第联系，两位首脑甚至没有通知各自政府内阁，就向捷克斯洛伐克政府发出最后通牒：<u>要么捷克斯洛伐克接受"英法计划"，要么伦敦和巴黎在德国进攻时让捷克斯洛伐克听天由命</u>。法国人甚至宣布，在这种情况下，他们将不再认为自己受《法捷互助条约》的约束。<u>捷克人被要求在六个小时内回复</u>。……

9月22日

捷克斯洛伐克政府已经辞职。……德国沉浸在一片欢乐和庆祝活动中。确该如此。这不仅仅是因为希特勒兵不血刃地得到苏台德，而且是由英国人和法国人把苏台德放到盘子里端给希特勒。……

今天，阿格尼娅乘车前往瑞士旅行。为什么她不能去看看这个国家呢？谁知道我们是否还有机会再来这里？毕竟，希特勒明天可能会同样正当且成功地将爪子伸到瑞士。……

根据德·拉·瓦尔的说法，英国局势日益紧张。"英法计划"非常不受欢迎。不幸的是，法国人采取了彻底投降的立场。在伦敦最近举行的会议期间，达拉第和邦尼特的行为使希望采取更主动策略的英国支持者大受打击。现在最关键的是，至少要在未来几天内提升捷克斯洛伐克的士气，还得让法国转变立场。然后，英国就会出现巨大的波动，一切都会自行解决。坦率地说，德·拉·瓦尔的推理在我看来似乎过于乐观，但是……毕竟，他刚从伦敦回来，他是那里的内阁成员！……

9月23日

……我出席了第六届委员会会议，会上继续讨论盟约第十六条。……就在会议结束之前，英国代表团的一位秘书靠近李维诺夫，说德·拉·瓦尔和巴特勒想立即与我和他谈一谈。一刻钟后，我们聚集在英国次官的办公室。大约晚上八点，房间里充满了半明半暗的浪漫气氛。

德·拉·瓦尔首先发言。他刚刚收到伦敦的指示，要尽快见到李维诺夫和我。戈德斯堡的情况很糟糕。[1] 谈判随时可能破裂。英

---

[1] 9月22日，在巴特戈德斯堡举行的张伯伦与希特勒的第二次会晤中，希特勒拒绝进一步谈判，并威胁在次周入侵苏台德地区。

国政府和法国政府已经通知捷克斯洛伐克，他们不再有权阻止她动员。布拉格可能会在今晚宣布动员。德国肯定不会容忍这种情况发生。所以我们可以预见希特勒对捷克斯洛伐克采取武装行动。然后呢？在这种情况下，苏联的立场是什么？

李维诺夫回答说，他想先了解实情。戈德斯堡发生了什么？他们在那里谈了些什么？他们遇到了什么困难？

然而，德·拉·瓦尔和巴特勒对此不太了解（或假装不知道）。他们解释说，戈德斯堡到伦敦的电话线被德国人窃听了，所以在戈德斯堡的英国代表团必须非常小心。纯属无稽之谈！但我当然没有排除这样一种可能，即伦敦有意将德·拉·瓦尔和巴特勒蒙在鼓里，让他们对真正发生的事情一无所知。张伯伦推行的外交工作方法就是如此。但是这两位英国人确实说过，希特勒提出了一系列让人难以接受的新主张，而首相明天将返回英国。英国和法国很可能立即在伦敦召开新的部长级会议。但是，我们怎么看待这种情况？

李维诺夫回答说，在9月21日和今天的国际联盟演讲中，我们已经足够清楚地阐述了自己的立场。我们真诚地准备履行《捷苏互助条约》中的义务。这取决于法国。英国的立场也很重要。

德·拉·瓦尔试图弄清楚苏联政府是否已经采取了一些军事措施。军队是否已经动员起来？至少是部分动员？军队是否已调到边境？

李维诺夫避免直接回答这些问题，说他已经在国外待了近三周。……巴特勒则说，他想弄清楚苏联准备何时以及在何种条件下采取行动。仅在法国行动之后？还是更早？

李维诺夫非常明确地回答说，情况是这样的：只会在法国之后。这些是苏联根据《捷苏互助条约》承担的义务。

"接下来会采取什么实际的措施？"德·拉·瓦尔问道。

李维诺夫回答说："如果英国政府决定认真干预潜在的冲突，那么我认为下一步应该是英国、法国和苏联立即召开一次会议，目的是制定一个总行动计划。"

德·拉·瓦尔同意这一点，并问李维诺夫会议在哪里举行。

李维诺夫说，地点是次要的，只持一个保留意见：这次会议不应该在日内瓦举行。希特勒习惯把日内瓦与不负责任的言论联系在一起，因此在那里召开的任何会议都不会给他留下足够深刻的印象。而这种印象现在比任何事情都重要。

德·拉·瓦尔和巴特勒承认了这一意见的真实性，然后，德·拉·瓦尔问李维诺夫是否反对在伦敦举行这次会议。李维诺夫回答说他不反对。

"谁能代表苏联参加会议？"德·拉·瓦尔继续说道，"你能亲自参加吗？"

李维诺夫回答说："如果其他国家的部长出席会议，那么我也准备来伦敦。"……

临别时，德·拉·瓦尔和巴特勒多次强调："让我们把今天的会议视为两国政府之间建立联系的第一个'非正式步骤'。"当然是"非正式"的。只是"非正式"！

在回家的路上，李维诺夫和我就与英国人的会晤交换意见。与往常一样，李维诺夫持怀疑态度。我的心态也不太乐观，但有一点我很清楚：如果伦敦无论怎样都急于与苏联政府进行非正式接触，那么张伯伦的日子一定非常不好过。

夜里，大会主席德·瓦莱拉[1]在贝尔格酒店举行了大型招待会，

---

[1] 埃蒙（爱德华）·德·瓦莱拉，1917年任新芬党主席，1932—1948年和1951—1954年任爱尔兰总理。

聚集了上千形形色色的人。会场闷热、拥挤，但似乎没有人注意到。每个人都在考虑别的事情。捷克斯洛伐克的动员消息已于下午晚些时候传到。戈德斯堡会谈被认为是彻底的失败。

……我整晚都无法摆脱那种不再有出路的想法，这场战争是不可避免的。……希特勒当然会使用武力。捷克斯洛伐克也将以武力回应。战争将要爆发，法国将不得不援助布拉格。我们将跟随法国，然后事件就会不可避免地发生。

9月24日

今天是一个可爱、明亮、阳光灿烂的日子。从我们酒店的窗户可以看到黑压压一大片的萨雷布山，绿色的田野和树木，似乎在微笑的蓝色湖泊，小镇的黄色蚁丘沐浴在欢快的春天般的阳光下……

在这个迷人的环境中，你很难相信世界正处于一场巨大灾难的边缘。或者，也许不是呢？

今天是星期六。国联极少委员会在今天开会。上午，李维诺夫和我去散步和购物。……我们逛了好久，买了气压计、温度计、信封、纸张和其他小东西。穿过一座桥，低头看着清澈湛蓝的湖水在我们脚下喧嚣着翻滚出浪花，我不禁感慨："多么美好的一天。天气真好。"

"别说了，"李维诺夫抱怨道，"你在为明天招来恶劣天气。"

明天是星期日，他计划照例开车到郊外远足。

"当苏里茨打牌时，他总是大喊大叫，'好牌！好极了！'，然后，通常最后一无所有。"

李维诺夫半是抱怨，半是发笑。但是！……甚至连他也不能免于迷信这类事情。

*　*　*

张伯伦从戈德斯堡回来后正赶上在伦敦吃午餐。细节逐渐浮出水面。

据悉，希特勒在戈德斯堡向英国首相提出了一系列出人意料的新要求。……胃口越来越大。从贝希特斯加登回来后，希特勒的胃口看来已大增。考虑到张伯伦在那里的行为，这并不奇怪。但即使是张伯伦，也能接受希特勒的无礼要求吗？法国人会接受吗？如今这是问题的关键。看来伦敦和巴黎方面都对戈德斯堡的最后通牒感到窒息。但谁知道呢？……哈利法克斯今天将备忘录交给了马萨里克。下面是他们的对话：

<u>哈利法克斯</u>：我和首相都不认为有可能就希特勒先生的备忘录向你提建议。但我想坦率地对你说：在给出否定答案之前，先好好想想。首相确信希特勒先生只想得到苏台德地区，而且如果他得到了，就不会再提出任何要求。

<u>马萨里克</u>：所以你相信这个说法？

<u>哈利法克斯</u>（严厉地）：我告诉过你，首相确信这一点。

<u>马萨里克</u>：如果你和首相都不想就备忘录给我们提建议，那么首相的作用是什么？

<u>哈利法克斯</u>：邮差，仅此而已。

<u>马萨里克</u>：我是否应该理解为，英国首相已成为希特勒那个杀手和强盗的跑腿？

<u>哈利法克斯</u>（尴尬地）：是的，如果你非要这么想的话。

*　*　*

来自莫斯科的消息称，波特金昨日召见了波兰代办，并向他发表正式声明：如果波兰越过捷克斯洛伐克边界，苏联政府将视其为波兰实施的侵略行为，并立即放弃1932年签署的《苏波互不侵犯条约》。……

9月25日

星期日。国际联盟停止工作。的确，尽管日内瓦以外的大世界正发生不祥事件，这里的温度计仍显示40℃。在布拉格，人们正准备为国家的自由和独立牺牲。在伦敦，英国内阁昨天开了好几个小时的会议。而今天，英国和法国的大臣、部长将就戈德斯堡最后通牒问题举行另一场会议。但在日内瓦，今天是星期日：沉默、平静，劳碌后的休息，就像我们在孩提时代歌唱的那样。

除了柯伦泰，我们所有人都要再去法国一趟。李维诺夫想要在杜谢（汝拉省）的某个地方找到一些新的、还没尝试过的餐厅。在路上，我们下车散步、聊天、打赌。李维诺夫问我："嗯，你怎么想，那里会不会发生战争呢？昨天在莱芒湖，我们的观点出现了分歧。我相信英国人和法国人会再次屈服，不会发生战争。雅科夫·扎哈罗维奇·苏里茨同意我的意见，鲍里斯·叶菲莫维奇·施泰因和弗拉基米尔·亚历山德罗维奇·索科林持相反观点。你说呢？"

施泰因闯入我们的谈话，并开始争论说捷克人会拒绝最后通牒，英国人和法国人将无法在这种情况下对其施加压力。德国人将发动进攻，而捷克人将会抵抗，法国人就不得不支持捷克，然后事件的发展就像一场自发的雪崩。我听着施泰因的话，他的逻辑似乎无可辩驳。然而，灵魂深处的一个声音告诉我："当情况发展到需要明确地说出战争时，张伯伦和达拉第会坚持他们的立场吗？我对此表示怀疑。"所以，我这样回答李维诺夫的问题："以我对英国朋友

图35 由于国联暂停工作,遭清洗的外交官的幸存者在法国阿尔卑斯山避难。从右至左:迈斯基、李维诺夫、苏里茨和施泰因

的了解,我倾向同意你的看法。但目前情况下还有其他因素未被考虑在内,这些因素有可能发挥重要作用,例如捷克人在危急时刻的表现。因此,我无法下注。"

杜谢的餐厅非常棒。食物非常可口。午餐后,阿格尼娅和我想喝茶。加入我们这一桌的餐厅老板(有何不可呢?李维诺夫一下子就被认出来,我们被一种大惊小怪但友善的气氛持续包围着),露出一副惊骇和难以置信的表情。"茶?"他几乎惊呆了,问道,"你想要茶吗?"

我们意识到自己冒犯了当地风俗。店主接着说:"我有一流的咖啡!……上好的咖啡……你在其他地方不会找到这么美味的咖啡!"

我们被打败了。他们为我们送来香浓的黑咖啡……

深夜,当我们回到日内瓦时,传来了捷克斯洛伐克拒绝戈德斯堡"备忘录"的消息。

9月26日

　　莫斯科今天下达指示，苏里茨、米列卡洛夫[1]和我应该返回我们的岗位。苏里茨已经在巴黎待了五天。和李维诺夫商量后，米列卡洛夫和我决定明天离开。我将乘火车出发，以便在9月28日之前到达。届时议会将召开一次会议，张伯伦会就他与希特勒的会谈发表声明，不知道在这次会议上是否会作出关于战争的决定。阿格尼娅将在一两天后乘车回来。……

* * *

　　张伯伦从戈德斯堡回来后，艾德礼和格林伍德去看望他。哈利法克斯也出席了会议。

　　张伯伦首先就希特勒是"一个诚实的人"这一主题讨论了很长时间。他认为，希特勒一旦得到苏台德地区就会满足。格林伍德对张伯伦的发言感到厌烦，他打断首相的话问道："你读过希特勒《我的奋斗》吗？"

　　张伯伦气急败坏地回答："是的，我读过，但我已经与希特勒交谈过，你却没有！"……

9月27日

　　我早上开始为回程作准备。阿格尼娅和我买了最后一些物品，进行最后一次游览。灰蒙蒙的天，大雾弥漫。偶尔下毛毛雨。傍晚时分，日内瓦实施灯火管制。整个城市陷入一片黑暗。四处穿梭的

---

[1] 阿列克谢·费奥多罗维奇·米列卡洛夫，1937—1938年任副对外贸易人民委员。1938年4月，他受斯大林私人任命，任驻柏林大使，一年后发起与德国的和解，但1939年5月被召回莫斯科，转而指导国内肉类加工业。

图 36　迈斯基与另一幸存者苏里茨在日内瓦

图37 忧郁的李维诺夫、迈斯基和苏里茨,在日内瓦束手无策

汽车化身车灯下的深蓝色阴影。尽管这是一次试验性的警报，或许正因如此，街道很快就挤满了人。到处都能听到脚步声，伴随着压抑的笑声和人们的交谈声。年轻人特别多。对他们来说，这很有趣！

火车站里一片漆黑。我好不容易找到一个搬运工和我的车厢。我跟阿格尼娅道别后火车离站。路易斯·菲舍尔[1]原来是我的旅伴。我们就西班牙和欧洲事务进行了一次长谈。此外，他告诉我，张伯伦当晚在电台上发表了讲话。首相几乎要哭泣，他的声音在颤抖，他无法接受现在随时可能爆发战争的想法。那很糟糕。这样的演讲预示情况不妙。……

9月28日

火车准时到达巴黎。那时大约是早上七点。有人在车站接我，我去大使馆待了半个小时。考虑到时间还早，我决定不叫醒苏里茨。我在馆内只看到一两名雇员。我去伦敦的火车在八点二十分出发。我特意选择了早班车，于下午三点二十一分抵达伦敦，因为我打算直接从车站前往参加议会会议，张伯伦预计三点三十分在那里发表讲话。……

从巴黎到伦敦一路顺利。海面很平静。……在英国的海岸上，巨大的失望正等着我。过去几天的"战争警报"已经影响了列车的正常运行。我们从多佛到伦敦的火车晚点一个小时。这让我非常不快。我本来希望在九分钟内从维多利亚站赶到议会，及时赶上张伯伦开始演讲。但我到达伦敦时是下午四点二十五分，而不是三点

---

[1] 路易斯·菲舍尔，革命后期得以接触苏联领导层的美国记者。

二十一分。火车到站时，我不禁在想：现在去议会是不是太晚了？但我打消了这个念头，跳下车厢赶往威斯敏斯特。

当我沿议会走廊快步行走，气喘吁吁地跑到了外交人员专用旁听席的入口时，门口那位胖乎乎的、和善的警察一眼认出了我，绽放笑容，并急切地说道："你听到好消息了吗？首相刚刚通知下议院：希特勒先生邀请他参加在慕尼黑举行的新会议。明天。"

我跑上楼。不仅旁听席，甚至所有通往旁听席的通道都挤满了人。我好不容易挤到了前排，但没有办法挤入外交官专用旁听席。更糟糕的是，那里没有空位了。我站在原地，开始留意周围环境。楼下的会议厅里黑压压的全是议员。不仅所有的长椅都被坐满了，连让一只猫移动的空间都没有，而且还有大群议员聚集在座席间的通道上。你可以感受到巨大的紧张感，令人无法忍受，仿佛处于自动爆炸的边缘。

张伯伦在讲话。当我进入大厅时，他的演讲快要结束了。他刚刚宣布了希特勒的邀请，并表示同意第二天飞往慕尼黑。……

9月29日

哈利法克斯邀请我过去。他首先作了辩解。英国政府担心，今天在慕尼黑召开的四国会议可能会引起苏联政府的一些猜疑，因为他非常熟悉我们对任何类似"四国条约"的态度。哈利法克斯希望消除我们的疑虑。虽然只有四个大国参加慕尼黑会谈，但英国政府一直且一如既往地希望与苏联保持良好关系，也无法理解这为什么做不到。

接着，哈利法克斯介绍了慕尼黑会议召开的前情。因极力想避免战争，首相在9月28日上午向希特勒和墨索里尼发出最后的呼

图38　戴维·洛的漫画《什么？没我的位子？》

吁。下午四点，张伯伦在议会演讲时，收到希特勒的邀请，于29日在慕尼黑参加一个还有墨索里尼和达拉第出席的会议。张伯伦在没有与法国协商的情况下表示同意，因为这件事情对他来说似乎很明确。达拉第也在未与英国协商的情况下同意前往慕尼黑。英国政府没有提出是否邀请苏联的问题，因为：首先，时间非常紧迫，连一分钟也匀不出来；其次，也是最重要的是，英国政府事先就知道这样的提议会得到希特勒怎样的答复。不能因为争论与会成员而浪费最后一次维护和平的机会。[1]……

听完这些，我询问了会议安排。哈利法克斯摊开手说，他们没

---

[1] 正如迈斯基的报告所证实的，哈利法克斯确实对此感到抱歉，向迈斯基解释说："我们都必须面对事实，其中一个事实是，他非常清楚地知道，德国政府和意大利政府首脑不会愿意与一位苏联代表坐下来开会。"

有时间制定计划,议程会在很大程度上取决于"元首"的意图和心情。无论如何,哈利法克斯不排除在慕尼黑讨论一些捷克斯洛伐克之外的其他问题的可能,比如西班牙问题、一般性的欧洲"绥靖"问题等。……

9月30日

……昨天我坐在收音机旁边听广播,直到凌晨四点左右才睡觉。两点四十五分,终于宣布在慕尼黑达成了一项协议,欧洲的和平得到了保障。但这是一个怎样的协议!又是怎样的和平!

张伯伦和达拉第完全投降了。四国会议实质上接受了戈德斯堡的最后通牒,只作了一些微不足道的调整。英法两国赢得的一个"胜利"是苏台德地区将在10月10日而不是10月1日交给德国。多么了不起的成就啊!

我在餐厅里踱步很久,陷入沉思。我的思绪很不安。很难立即把握住刚才所发生的一切事情的真实含义,但我感觉到并明白,昨天晚上发生了具有重大历史意义的里程碑事件。量变引起质变,世界突然改变了……

上午醒来时,我头痛欲裂,首先想到的是应该立即去拜访马萨里克。当我进入他的接待室时,那里没有人。一分钟后,我听到有人在楼梯上匆匆走过,主人侧身走了进来。他那高大强壮的身材有些奇怪和不自然,仿佛突然被冻住了,而且失去惯有的敏捷。马萨里克看了我一眼,试图用平常的方式礼貌地开场:"今天的天气真好啊,不是吗?"

"忘记天气吧,"我不由自主地挥了挥手,"我不是为这个来的。在这个极其艰难的时刻,我对贵国人民表示深切同情,同时对英国

图39 迈斯基使马萨里克重新振作

和法国的可耻行为表示强烈的愤慨!"

马萨里克高大的身体中似乎有某种电流通过。冰块一下子融化了。身体由静止变得颤抖。他相当滑稽地摇晃着走过来,突然摔倒在我怀里,痛哭起来。我手足无措,感到有些迷惑。马萨里克吻了我,流着泪喃喃说道:"他们把我卖给德国人当奴隶,就像他们曾经将黑人卖到美国当奴隶那样。"

渐渐地,马萨里克平静下来,开始为自己的软弱道歉。

我坚定地握住他的手。……

昨天我与丘吉尔进行了一次长谈。这是在慕尼黑传来消息之前,丘吉尔几乎完全相信张伯伦这次绝不会对希特勒作出任何重大让步。无论如何，张伯伦无法从9月18日的英法计划中抽身！丘吉尔真的是大错特错！……

最后，丘吉尔告诉我关于在伦敦进行的反苏运动的情况。据悉，克莱夫登帮和其他相关人员一直忙于散布苏联空军力量薄弱的谣言；最近的"清洗"几乎把它所有合格人员都清除了。……丘吉尔从内阁成员那里了解到，英国政府收到一份文件，里面确认我们空军中百分之六七十的军官已经以某种形式被"清算"。在讲述这一切时，丘吉尔试图露出怀疑的微笑，但我看得出，他收到的"情报"令他感到担心。我对克莱夫登帮的闲言碎语嗤之以鼻，并试图让丘吉尔放心。我不知道自己成功了几分。

10月1日

我在丘尔特拜访了劳合·乔治。我们就这场危机进行了长谈。此外，劳合·乔治给我讲了一个非同寻常的故事。一周前，鲍德温来找张伯伦，说："不管条件有多屈辱，你必须尽一切力量来避免战争。想想看，如果开战了，会发生什么！会立刻显示出我们完全没有准备，然后愤怒的公众会把我们吊到路灯上。"劳合·乔治深信，这一考虑在慕尼黑投降中起到了重要作用。……

劳合·乔治对苏联关于慕尼黑会议的回应很感兴趣。我回答说我还没有完全了解情况，但我确信回应会非常负面。对英国和法国的失望与愤怒无疑会增加，广大民众的孤立主义倾向也会加剧。当然，苏联政府因其固有的现实主义（与张伯伦的现实主义相去甚远）很难匆忙作出重大决定。最有可能的是，它会等待，反复思考，衡量当前的形势，研究以后的发展，然后再调整我们的外交政策。但我现在说的不是苏联政府，而是普通民众的情绪。

[对于苏联（以及李维诺夫和迈斯基本人）而言，《慕尼黑协议》是一个可怕的挫折。英国驻莫斯科大使报告说，李维诺夫"这一年来为实现他针对德国的集体安全政策所作的不懈努力，似乎……已经落空"；自他从日内瓦回来后"几乎不见踪影"。迈斯基遭受严厉指责。在《慕尼黑协议》之前，哈利法克斯等人假装与苏联"合作"和"协商"，而迈斯基未能对"欺骗的幌子"作出批判性的回应。他受到了训斥："人们的印象是，你认真地接受了这场骗局，然而，这对你来说应该是再明显不过了。"毫不奇怪，迈斯基从此显得"表述模糊，尖酸和不祥"，几乎毫不掩饰他对张伯伦政策"难以言表的厌恶"，他担心这种政策会催生出一个四国条约，导致对俄罗斯的孤立制度化。他现在把张伯伦视为"敌人"，还给哈利法克斯起了个绰号叫"主教"，说他"退休后去祈祷，出来后会比以前更虚伪"。

苏联对《慕尼黑协议》的猛烈谴责本应使张伯伦注意到苏联可能会退避，其可能的结果是与希特勒达成和解。然而，在没有其他替代政策的情况下，李维诺夫曾一度劝阻斯大林不要陷入孤立，特别是在1939年3月希特勒占领布拉格之后。用于维护集体安全的迈斯基的存在主义思想导致了一种矛盾心理，即关于孤立的不祥征兆与不可能发生孤立的保证相互纠结。]

10月11日

在今天的早报中，我看到了温特顿勋爵[1]（内阁成员和兰开斯

---

[1] 爱德华·温特顿勋爵，1937—1939年任兰开斯特公爵领地事务大臣，1938年3—5月任空军副大臣，1938年3月—1939年1月任内阁成员。

特公爵领地事务大臣）10月10日在肖勒姆发表的讲话。他说:"俄罗斯没有为危机中的捷克斯洛伐克提供任何援助,并且由于其军事力量薄弱,只作了一些含糊而笼统的承诺。"

我决定立即采取行动,甚至没有跟莫斯科进行初步汇报。首先,我把关于温特顿诽谤内容的答复寄给了媒体,然后要求与哈利法克斯进行会晤。……我作了如下声明:

> ……我所提及的那些散布诽谤者的目的是绝对清晰的。他们只是想把责任从病态的一方转嫁到健康的一方,并使人觉得英法在侵略者面前按部就班地撤退的责任在于苏联,这一企图最终在慕尼黑会议达到顶峰。……

我以为我的任务已经完成,正准备离开时,哈利法克斯显然被我最后一句话激怒了,他拦住我并开始说:"在我看来,您和欧洲的其他很多人一样,对英国的立场理解得不够清晰。我们认为,当今世界正在目睹两条意识形态战线——法西斯主义和共产主义——的斗争。我们英国人既不支持前者,也不支持后者。甚至,这两者我们都不喜欢。我们有自己的观念和制度,这是几个世纪以来形成的。我们不想因为其他任何事情改变它们。在两条战线的斗争中,我们是中立的,或者请理解为占据了中间位置。正因如此,我们在欧洲大陆经常遭到误解,并且经常遭到来自双方的攻击。"

我已经听了上千次这种懦弱英国人的"哲学",而且可以毫不费力地找到必要的反驳依据。我带着一丝嘲讽的口吻说,臭名昭著的《反共产国际协定》据说起初是针对苏联的,但至今也针对中国、西班牙、捷克斯洛伐克、阿比西尼亚,并且违背了英法帝国的利益。[1]……

10月22日

广州昨天沦陷了。郭泰祺今天紧急约见我。他很担心，也很不安。他立即转向谈论中国面临的困难。英国没有帮助中国。中国人在战争期间从英国得到三十六架飞机，并且必须用现金支付。英国人既不提供资金也不提供信贷。美国间接援助中国（通过购买中国白银，非正式地禁止其工业家向日本供应飞机，等等），但这还不够。法国既不给钱，也不给武器，并且严重拖慢了中南半岛的过境速度。总的来说，所有"伟大的民主国家"都背弃了中国。感谢苏联，只有它提供真正的帮助，特别是为中国提供了质量上乘的飞机。

然而，现在随着广州沦陷和汉口即将被清洗，形势变得严峻起来。仅仅提供武器和飞机是不够的。需要更有效的手段。

我问郭泰祺，他是什么意思。

郭泰祺说：我们需要再来一个张鼓峰！否则，中国民众的对日求和运动将难以控制。

我当然不能说些什么来鼓励郭先生。但我向他保证，苏联不会"离开"积极的外交政策领域，我们仍对正在为独立斗争的中国持最友好的态度。

郭先生离开后，我想了很久：这是郭泰祺在广州沦陷后的一个"自发"举动，还是他根据政府的指示来探听苏联的意向？抑或是与郭泰祺长期保持友好关系的汪精卫[2]的阴谋？

---

[1] 迈斯基的讽刺性评论于1939年3月被斯大林在其著名的"栗子"演讲中采用，见本书第xvii—xviii页和第251页。
[2] 汪精卫，国民党亲日派领导，1940—1944年在日本支持下的南京伪国民政府任主席。

时间会证明一切。

10月25日

战争大臣霍尔－贝利沙[1]来吃午饭。……霍尔－贝利沙很高兴，一口气喝下俄罗斯伏特加酒，还说了一些很有趣的事。德国与英国的飞机比例是3∶1。德国飞机制造厂的生产能力为每月八百架，而英国人计划在不早于1939年底将其产量增加到每月七百架。……我问他，内阁是否至少打算在近期成立供应部以动员工业界。

"还没这个打算。"霍尔－贝利沙回答。

"为什么？"我坚持问。

"为什么？"贝利沙耸了耸肩，用讥讽的口吻说，"你最近去过唐宁街十号吗？"

"不，我没有。"

"你看，我说对了吧。如果你去过那里，就会看到首相府的公寓里塞满了来自全国各地的女性崇拜者送给首相的鲜花。首相真的认为自己在慕尼黑取得了胜利，并相信如果他以巧妙的方式应对希特勒和墨索里尼，他将成功绥靖欧洲。"

转化成政治语言，这意味着张伯伦打算进一步撤退。霍尔－贝利沙证实了这一点：尽管内阁还没作出官方决定，但大多数大臣的普遍看法是，应该与希特勒达成"殖民地交易"。

---

[1] 莱斯利·霍尔－贝利沙，德文波特的第一代霍尔－贝利沙男爵，1937—1940年任战争大臣，1939—1940年任战时内阁成员。

11月3日

哈利法克斯邀请阿格尼娅和我共进午餐。……除了主人,还有英斯基普、德·拉·瓦尔和巴特勒携眷出席。食物很新鲜、很家常。没有讨论什么严肃的事情。午饭后,英斯基普突然抱怨他不懂军事术语,让我捧腹大笑:"什么是师?有和平时期的师和战争时期的师,有大陆师、帝国师、驻扎师和领地师,每个师的人数都不一样。有时候,人数相差多达五六成!拿空军中队来说,一个中队有多少架飞机?九架?十二架?十五架?你永远说不清。再说海军,一个舰队有多少艘舰艇?我完全不明白这些术语。军方为什么不能将其表述简单化、具体化?"

这就是英国国防[协调]大臣所说的话!这个国家的防务如此不堪有什么奇怪的吗?[1]……

11月9日

我再次参加了伦敦市长大人[2]的传统宴会。这是第六次了。每年都重复同样的仪式,越来越无聊。

……在餐桌上,我坐在霍尔夫妇之间,与塞缪尔爵士进行了一次非常有趣的对话。起初,我故意避开政治,主要谈论文学。霍尔说他也读了很多俄语书。他喜欢司汤达和梅里美。他对阿列克谢·托尔斯泰的《彼得一世》大为赞赏,读的是翻译版。霍尔也是普希金的热情崇拜者,他读过普希金所有作品的原文。

---

[1] 丘吉尔尊敬这个职位。英斯基普的任命引发了一些评论,例如:"这是自卡利古拉让他的马成为领事以来最讽刺的任命。"
[2] 弗兰克·亨利·鲍沃特爵士,1929—1930年任伦敦名誉市长,1934—1937年任伦敦郡议会议员,1938—1939年任伦敦市长大人。

图40 迈斯基招待作家阿列克谢·托尔斯泰

……然而,渐渐地,我们的谈话转向了政治主题,而我从霍尔那里听到的内容极具特色和启发。

据内政大臣和张伯伦"内阁决策委员会"成员霍尔所说,现在欧洲的和平前景据传比六个月或十二个月前更好。为什么呢?只是因为捷克斯洛伐克问题——这个唯一可能给欧洲带来灾难的问题已经得到解决。德国向东南扩张是一个"自然过程",不会导致欧洲战争。西班牙不再是欧洲和平的威胁,所以不再有因欧洲战争而爆发的政治纠葛。……

我从与霍尔的谈话中得出的结论是,英国政府并不打算认真武装,而且显然已经甘心接受德国获得空中霸权的未来。这背后的原因是什么呢?

在我看来，主要原因在于张伯伦还没有放弃以牺牲第三国而与侵略者"达成协议"的希望，并且希望它们，特别是德国和日本，与苏联对抗。

11月25日

艾登和他的妻子来吃午饭。他们用鉴赏家的眼光打量黄色客厅和上层餐厅的墙壁。他们对库斯代耶夫[1]和格拉波[2]的画作及屋子里的家具赞不绝口。他们还称赞了其他一些画作与雕刻。我记得，当艾登计划去莫斯科旅行时，他让我把参观西方绘画博物馆列入行程。他的艺术背景可见一斑！

我们一桌有四个人。对谈非常坦率，远比艾登当外交大臣时坦诚得多。

我问艾登对英国的近期前景有什么看法？张伯伦和他的"绥靖"政策会持续多久？

艾登耸耸肩，回答说目前的形势很不明朗。张伯伦当然享受他的党派支持，并且可以坚持到下次选举。……

我推论道："所以，现在英国的外交政策还是没有希望改变吗？"

"我还能说什么呢？"艾登回答，"即使没有选举，政策的改变也是有可能的。事态的发展可能会迫使现政府采取行动。"

艾登稍停片刻，继续说道："如果我是张伯伦，我会采取以下做

---

[1] 鲍里斯·米哈伊洛维奇·库斯代耶夫，俄罗斯画家和舞美设计师，以创作传统乡村生活中的肖像和场景闻名。
[2] 伊格尔·埃曼纽洛维奇·格拉波，描绘古代俄罗斯或古老乡村庄园建筑景观的苏联画家。1913—1925年任特列季亚科夫画廊主管，1944—1960年任艺术史科学研究所所长。

法。我会对党派和国民发表讲话,说:我已尽我所能与德国达成协议,确保欧洲的'绥靖'。为此,我作出了各种让步。我作了许多牺牲。我已经准备放弃自己和国家的自尊,为了实现这个目标忍受攻击、批评和指责……但现在我看到,我所有的努力都是徒劳的:德国不想要一个对双方来说都体面的和平,它想要一个德国式的和平。我不能同意这一点。眼下已是极限。我们已无能为力。我们必须自卫。如果首相像这样提请表决议题,他就能团结起他身后的整个国家,并能执行一个坚定而有尊严的真正的和平政策。"

"你认为张伯伦能够作出这种转向吗?"

艾登笑了笑:"不,他当然不会这么做。"

"那你怎么会期待现任首相改变外交政策?"我继续问。

"我说的是政府,而不是首相。"艾登回答,"当然,只有在现任内阁大幅改组的情况下,才有可能改变政策。"

……问题在于政党机器的威力大增,使许多议员惊恐不安。大约二十五年前,许多保守党议员都有非工资性的私人收入,他们觉得自己是独立的,并且很少关注首席党鞭的指示。他们按照自己的意愿发言和投票。如今,绝大多数保守党议员在选举期间都得到党派资金的补贴,所以他们想方设法迎合首席党鞭。

"是不是这样,比阿特丽斯[1]?"艾登转向他的妻子,总结道。

比阿特丽斯同意丈夫的观点,并将她已故的父亲作为一个典型的例子。在我们谈话的剩余时间里,艾登在陈述完自己的观点后会重复一遍:"是不是这样,比阿特丽斯?"

显然,比阿特丽斯不仅是艾登的妻子,还是他的顾问。

……艾登对张伯伦的外交政策进行了最严厉的声讨。它直接导

---

[1] 比阿特丽斯·艾登,安东尼·艾登的妻子。

致大英帝国的崩溃。首相的重整军备政策实际上是犯罪行为。法国的近期前景令艾登非常担心。他对我们在国际事务中的立场非常感兴趣，而且当听到我们并不急于作出明确的结论，只是跟踪欧洲的事态发展时显然很高兴。他重申，在他看来，救赎只存在于伦敦－巴黎－莫斯科轴心，并就此补充说，他要把他1935年访问莫斯科时在晚宴上的讲话列入即将出版的演讲集。

在我们的谈话中，我随口提了一句：资本主义已是强弩之末。我很惊讶地听到艾登回答："是的，你是对的。就资本主义制度目前的形式来说，它已经过时了。什么会取代它？我不确定，但肯定是一个不同的制度。国家资本主义？半社会主义？四分之三的社会主义？完全的社会主义？我不知道。也许这将是一种特别纯粹的英国式'保守社会主义'。我们将拭目以待。"

12月18日

……前两天，我遇到马萨里克，他告诉我，在他的告别觐见中，国王向他详细抱怨了张伯伦在与希特勒和墨索里尼这类人打交道，并试图推行"绥靖"政策时所面临的困难。然后，国王逐字逐句地说："这些人（希特勒和墨索里尼）曾对他们的国民很有帮助。他们团结国民，激起国民的勇气和信心。但希特勒和墨索里尼的助益使命已经完成。他们现在所做的一切都在针对我们和人类文明。"

马萨里克希望在美国与罗斯福见面。在他的告别访问中，哈利法克斯请他向罗斯福转达自己的观点，即"首相和我都不对德国抱任何幻想"。

有发病的征兆了。

12月19日

今天，我们为马萨里克举行了欢送晚宴。……倒戈的前外交官人数迅速增加：弗兰肯施泰因[1]，奥地利人，现已入英国国籍，头衔为乔治·弗兰肯施泰因爵士；马丁，阿比西尼亚人，自11月15日（《英意协定》生效之日）以来，一次也没有受邀参加过正式招待会；现在又有马萨里克。这一切都发生在短短一年的时间里！多么快！问题是：下一个是谁？

在马萨里克那讨人喜欢而又含糊不清的演讲中，他说道："我要为再次在德国唱响《洛勒赖》而奋斗！"[2]

[慕尼黑会议已经证实，李维诺夫设法将英国和法国纳入集体安全是徒劳的。他的观点现在非常符合克里姆林宫所持的孤立主义视角，但他的停滞不前也反映了他与集体安全这一不足信的观念之间的联系，以及他显然拒绝考虑与德国和解这一明显的备选项。迈斯基转换战术的余地已大大缩小，但他还保留着一丝修复损伤的希望。他不遗余力地试图激发政府圈子内的反对派采取行动。

就在这一年即将结束之时，他继续用鱼子酱和伏特加作为礼品招揽合作者。但是，迈斯基为与领导人的声音保持一致，向李维诺夫转达了他的信念，即张伯伦的政策目标"不是抵抗，而是在侵略者面前进一步撤退"。他从张伯伦的随行人员那里听到了下面这句话："喂养一头无论如何都会被希特勒宰杀的奶牛有什么意义？"李维诺夫高兴地看到迈斯基并没有"高估英国反对派的胜利"。

---

[1] 冯·翁德·楚·弗兰肯施泰因，格奥尔格男爵，1920—1938年任奥地利驻伦敦使节。
[2] 在纳粹时期，由迈斯基最喜爱的犹太诗人海因里希·海涅撰写的《洛勒赖》十分流行，被认为是"一个佚名诗人"所作。

对迈斯基来说，1938年就这样悲惨地结束了。他和李维诺夫变得有些疏远；作为迈斯基在莫斯科仅有的救兵，李维诺夫自己也在深渊边缘徘徊。今年早些时候，迈斯基曾虚情假意地欢迎外交人民委员部向大使馆输入的"新血液"，并承诺"帮助这些新人自力更生"。然而，似乎是出于自我保护，他警告说，新干部"没有外交工作经验，尤其要考虑到在伦敦这样的中心地区开展的工作是困难而敏感的"。

他的私人领域在当时越来越多地受到侵犯，最终导致一个调查委员会就大使馆的布置和运作方式作出了严厉的报告。迈斯基的反驳恰好反映出苏联大使当时岌岌可危又饱受屈辱的地位：

> ……在过去几年中，我试图增加和更新大使馆的绘画作品，以展现新老艺术家合适的作品。因此，我添加了……当代苏联艺术家的几幅画、斯大林同志的一些肖像……列宁半身像和其他作品。……报告第七条可能会让人们以为大使馆没有挂任何领导人的肖像。事实却完全相反。我们正在讨论的接待室里，就有一幅由索科洛夫创作的真人大小、制作精良的斯大林同志的大幅肖像[1]，展示的位置占据了整个房间。……在大使馆的其他房间和区域，还有这位领导人的许多肖像。]

---

[1] 米哈伊尔·肯森福托维奇·索科洛夫以高产的、极富创造力的至上主义派画家身份开始了他的创作生涯，后在1936—1938年成为莫斯科画家和平面艺术家协会的一员，以社会主义现实主义风格结束了自己的绘画生涯。正是在这段时间里，斯大林委托他创作了这幅肖像，以及列宁在1917年抵达芬兰火车站领导俄国革命的画像。这幅画像描绘了斯大林跟随列宁下火车，但实际上他并不在场。1938年，索科洛夫被捕并被流放，在西伯利亚被监禁了七年。

图41—42 在"个人崇拜"之前及在此期间，大使官邸的大厅

图43　耸立于迈斯基上方的斯大林同志肖像

1939年

1月10日

新的一年。会发生什么事情?

图44 暴风雨来临前:在巴黎小憩

我预计今年将是风雨飘摇、艰难的一年，甚至可能是我们这个时代的决定性时刻。我们拭目以待……

我们在巴黎庆祝新年。阿格尼娅和我离开了五六天，换换环境。我们厌倦了伦敦司空见惯的环境。我们玩得很开心。花了很长时间在巴黎闲逛，巴黎是一个很棒的城市！令人遗憾的是，它也是一个深度衰败国家的首都。我们参观了博物馆、画廊和剧院——我们几乎看完了所有时下流行的戏剧。当然，我还与苏里茨就各种政治话题聊了很多。……

1月19日

伊万·米哈伊洛维奇，祝贺你迎来一个重要的生日。今天，你五十五岁了！

我已经活了半个多世纪。而我生活在一个怎样的时代啊！我的生命已经延伸到两个伟大时代的边界：资本主义的终结和社会主义的开始。……未来该何去何从？

……不考虑我们这个时代大量不可预知和意想不到的事件，我正在制定以下"余生计划"（毕竟，人生的终点并不那么遥远）。

根据我目前的健康状况判断（再次忽略不可预见的事件和情况），我预计自己能活到七十五岁左右，所以我还有约二十年可以支配。我将这段时间分成两个差不多相等的部分。在我六十五岁以前的十年，可以用来积极地为党和国家服务，也就是为社会主义服务。考虑到我的经验、知识和所受的训练等，留在外交政策领域对我来说是最适宜的。接下来的十年，在六十五岁到七十五岁之间，应该致力于对我的生活进行总结和"谢幕"，尤其是写我的回忆录，我可能将其命名为"我人生的小说"。……

1月26日

巴塞罗那已经陷落。一想到这里,我就心痛。在过去两年半里,当命运把我和西班牙的遭际紧紧联系在一起时,我与西班牙共和国的英勇斗争融为一体。她的胜利就是我的胜利,她的失败也是我的失败。看起来可能很奇怪,好像我们苏联人突然重新发现了西班牙人民一样。西班牙和俄罗斯的命运从未如此相连。我们对这个国家和她的人民知之甚少。我们从未对他们产生过兴趣。直到现在,在西班牙战争的轰鸣声和雷声中,我们突然明白并感受到了西班牙民族是多么美好、自尊和英勇,以及在长期的压迫和痛苦中积累了多少革命能量。……

巴塞罗那已经陷落,我担心这是终结的开始。……

2月3日

拜访巴特勒。外交部走廊里一片混乱:文件柜、箱子、成堆成捆的文件等。人几乎走不过去。我问服务员出了什么事。原来,外交部正在建造一座防毒掩体,必须临时清理地下室。……

[在《慕尼黑协议》之后,从克里姆林宫吹来了孤立的恶风,李维诺夫的沮丧、幻灭和被排斥于政策制定之外——政策的制定越来越牢固地掌握在斯大林和莫洛托夫的手中——又加剧了这股恶风,让迈斯基陷入孤僻状态。但迈斯基自己也有部分责任:为了跟上克里姆林宫的步伐,他认为张伯伦"故意推动德国'乌克兰方向'的侵略,意图使希特勒走上这样的道路",这引起了莫斯科方面的怀疑。与此同时,迈斯基公然忽视要求他置身事外的指示,试

图通过发出警报来刺激英国人行动。李维诺夫不认同迈斯基的评估，不认为：保守派正在经历一个"清醒"的过程，张伯伦不可能无限期地"追求'绥靖'之路"，以及现在可以肯定地说：'到此为止，不再继续！'"]

2月4日

我从一个很可靠的消息来源得知，希特勒的总体政策大致如下。

他的长远目标是肢解苏联，并建立一些能与德国保持"友好"关系的"独立"国家。

然而，在执行这项"庞大而复杂的任务"之前，希特勒认为有必要通过从英国和法国那里获得"实实在在的保证"，以保卫他西部大后方的安全，确保他在执行东部计划时不会受到攻击。……

2月27日

这一天将作为一个耻辱和愚蠢的日子记入英国和法国的史册：伦敦和巴黎方面在法律上承认佛朗哥政权……

英国和法国用了七年才承认苏联政府，而承认佛朗哥政权仅用了七天。这些事实反映了"资本主义民主国家"的真正本质，正如一滴水可见太阳。

2月28日

下午六点左右，阿斯卡拉特[1]来看我。他内心深感不安，甚至

---

[1] 巴勃罗·德·阿斯卡拉特-弗洛雷斯，1936—1939年任西班牙驻英大使。

是动摇的，但在表面上，他仍然保持着平时的克制和镇静。

昨天，阿斯卡拉特收到了外交部的一封信，哈利法克斯用优雅而礼貌的措辞告诉他，英国政府已经决定承认佛朗哥政权，因此"你的名字不能再出现在出庭的外国代表名单上，你的外交特权必须终止"。然而，这封信仁慈地承诺将阿斯卡拉特的个人特权，特别是税务豁免权再延长三个月，以便他可以在结束自己的公务时不至于过分匆忙。

阿斯卡拉特不愿亲自将使馆移交阿尔巴[1]，他同意了外交部从他手中接管该建筑，并在晚些时候让阿尔巴入驻其中的提议。……

[迈斯基从一开始就与李维诺夫在内战问题上存在分歧。他虽然暂时得到斯大林的支持，但后来被迫为"干涉了不完全在（他）职能范围内的领域"而忏悔。在英国承认佛朗哥政权之后，"不干预"委员会于4月20日解散。]

3月2日

昨天，如同今天的英文报纸的夸大其词，我们在大使馆举行了一场"历史性的招待会"。事实上，招待会并没有什么所谓特别之处，就只是我们每年为"朋友"和"熟人"举办的日常晚宴……

但是，关于客人名单……的确是例外！

我会从头开始讲述。1月底，我在发出3月1日招待会的邀请函时，按照惯例，向所有内阁成员送去了卡片。我预计所有大臣都

---

[1] 雅各布·菲茨-詹姆斯·斯图尔特，第十七代阿尔巴公爵，1930—1931年任西班牙外交大臣，1939—1945年任西班牙驻英大使。

会礼貌地拒绝，或者只有两三位接受邀请，但不会真的现身。一贯如此。

想象一下我当时有多惊讶：2月1日，我收到首相办公室的一封长信，通知我张伯伦将出席招待会；他的妻子虽然不巧要在当晚出席慈善舞会，去见格洛斯特公爵夫人[1]，她还是会尽量在招待会露面，并在晚些时候向迈斯基夫人告知她的最终决定。看完这封信之后，我对自己说："啊哈，这背后一定有缘由！在苏维埃统治时期，没有一个英国首相（甚至是工党党员）迈进苏联大使馆的门。看看现在：不仅'撑伞人'出席，连他的妻子也极其渴望参加我们的招待会！"……最重要的是，谁接受了邀请。所有支撑着社会运作的人：重要的下议院议员和商人、银行家、勋爵、顽固的保守党党员、贵族、政府成员……好吧，好吧，好吧！十三名内阁成员，即一半以上的人承诺会来，而且其中的大部分确实出席了。我在伦敦工作的六个年头里，这是前所未有的。这就是国际形势转变的意义所在！这就是苏维埃力量增长的意义所在！

尽管如此，直到最后一刻，我仍然怀疑张伯伦本人是否会出席。我反而期待一些"不可预见"的事情，让他在最后一刻退缩。……很难描述首相的出现在会客间引发的骚动。没有人提前知道这件事，没有人（超过五百名受邀者）相信他会跨出这样"勇敢的一步"。会场上出现大范围的喧嚣和骚动。人们停止交谈，像孩子一样急忙跑去围观出现在苏联大使馆里的张伯伦。我先带他去白色宴会厅，然后到我的办公室，在那里我为他和他女儿提供了点心。张伯伦谢绝了伏特加，但没有拒绝加香热葡萄酒。办公室很快就挤满了人。我试图和人群保持距离，但一直没成功。我和首相站在餐柜

---

[1] 艾丽斯·克丽斯特贝尔王妃，格洛斯特公爵夫人。

图45 惊恐的张伯伦,抓着帽子,在他女儿的鼓励下进入龙潭虎穴

图46 与"叛逆但聪明的小犹太人"交谈

旁讨论了各种话题。

张伯伦首先提到了哈德森即将来访的问题。来访目的是解决各种贸易分歧，为扩大英俄贸易奠定基础。与哈利法克斯和范西塔特不同，张伯伦对这次访问的政治意义只字未提。

稍微平静下来后，首相开始询问我国与德国和日本的关系。德国贸易代表团是否真的来过莫斯科？我告诉他，德国人在1月底确实打算派出一个贸易代表团前往莫斯科，但后来不知何故改变了主意。这完全是德国的主意，我们对访问及其延迟的消息同样不为所动。

我们害怕日本的侵略吗？我回答说，根据经验，我们知道日本是一个很不安分的邻国，但我们相信日本人在侵犯我们之前会三思：他们非常了解我们在远东的实力。

张伯伦点头表示同意,并补充说日本在中国陷入困境,以至于难以在其他方向上进行冒险。日本在中国的局势越来越使张伯伦想到拿破仑在俄国的境遇。

……我询问首相关于他对欧洲近期前景的看法。

张伯伦回答说,不管发生什么,他仍是一个"乐观主义者"。总体情况正在改善。德国人和意大利人不想战争。希特勒和墨索里尼都亲自向张伯伦保证,他们的任务是让可支配的资源和平地获得开发增长。张伯伦很肯定地认为,希特勒和墨索里尼害怕战争。

我笑着说同意他的一个观点:希特勒和墨索里尼确实害怕发生任何严重的战争。然而,这种情况的危险在于,他们坚信,他们可以获得<u>不流血的胜利</u>,而胜利建立在虚张声势和比世界其他领导人更好地控制自己的勇气之上。

张伯伦的脸色突然变得阴沉,又似乎把腰伸长了一英寸[1]。他急躁地说:"这种胜利的时代已经过去了!"

……从我们的谈话中,我得到的印象是首相认为自己是"应运而生的人"!他来到这个世界是要执行一项"神圣的使命"。

这是一种危险的心态。

3月8日

(1)我和妻子与哈德森一家共进午餐。我和哈德森单独坐在一边,因此能够就他即将访问莫斯科的计划进行细致而不受约束的讨论。起初我们谈了一些琐事,比如莫斯科人穿什么,天气怎么样,

---

[1] 1英寸 = 2.54厘米。——译注

在城市及其周围地区应该看什么景色，等等。……

（2）哈德森直接提出以下问题："莫斯科"真的想和英国就有效改善两国关系进行讨论吗？他在伦敦不止一次听到他人质疑这一点。他被告知在慕尼黑会议之后，莫斯科决定撤退到边界，与西方决裂并实行孤立政策，因此与莫斯科寻求共同语言毫无用处。哈德森访问的主要目的——比贸易谈判本身重要得多——是通过接触苏联领导人来估判莫斯科在这方面的心态。哈德森认为，即使不能影响整整一代人，接下来的六个月至十二个月对英国未来许多年的外交政策也至关重要。他说，事实上，在过去的两三个月里，英国（保守党）的情绪发生了极其重大的变化，正如我恰好观察到的。……"对共产主义的偏见这一阻碍我们两国合作的因素几乎完

图47　罗伯特·哈德森，在莫斯科虚张声势

全被克服了。然而，伦敦怀疑我们是否希望进行这种合作。"哈德森的关键任务是弄清楚这一点并向内阁报告。……哈德森一身轻地前往莫斯科。……

（3）我告诉他，他当然会在莫斯科得到友好的接待，而且苏联政府的代表确实愿意与他谈论他所关心的问题。……

3月15日

我在伦道夫·丘吉尔家吃午餐。他的父亲、达费林勋爵[1]（殖民地事务副大臣）、卡姆罗斯勋爵的儿子[2]（《每日电讯报》出版商）和美国记者罗伊·霍华德[3]也在场。1936年3月，斯大林同志与罗伊·霍华德的那场著名访谈，阻止了日本人对蒙古人民共和国的侵略。今天我们谈论的当然是国际形势，首先关于捷克斯洛伐克。

温斯顿·丘吉尔表达了他的看法，希特勒对捷克斯洛伐克采取的行动绝不意味着他转向东方。在重击西方之前，希特勒先要保障自己的后方，即消灭捷克斯洛伐克陆空军等。此外，希特勒非常迫切用捷克斯洛伐克的武器、弹药、飞机和优秀的军备工厂来增强自己的实力。

温斯顿·丘吉尔非常焦虑地询问斯大林演讲背后的意义。[4]他

---

[1] 巴西尔·汉密尔顿-坦普尔-布莱克伍德，第四代达费林和阿瓦侯爵，1936—1937年任英王侍臣，1937—1940年担任殖民地政务次官。
[2] 约翰·西摩·贝里，第二代卡姆罗斯子爵。
[3] 罗伊·威尔逊·霍华德，1931—1960年任《纽约世界电报》和《太阳报》编辑兼社长。
[4] 3月10日，斯大林在十八次党代会的讲话中为俄罗斯的孤立辩护，并敦促共产党员"保持谨慎，不要让战争贩子把苏联卷入冲突；他们习惯让其他人火中取栗"。斯大林借用了迈斯基在几个月前所用的一个隐喻。

是否拒绝与民主国家合作？

我回答说这样的解释是不正确的。我们一直主张集体反击侵略行为，但"民主国家"也应准备好与侵略者作战，而不仅是喋喋不休。

丘吉尔非常重视哈德森的访问。这是统治集团的意见发生变化的明显迹象。即使张伯伦认为哈德森的访问仅仅是一种战术策略（我提出了这种可能性），事件发展的逻辑将赋予它更严肃的基调。

我不喜欢罗伊·霍华德——太自大，太原始，太"美国"。我和他有过一次小争论。霍华德以一种相当傲慢和轻蔑的态度，开始向我们所有人，特别是向英国人说教他们在外交政策领域必须做什么和不应该做什么。他给人的印象是，我们美国人对欧洲漠不关心。温斯顿·丘吉尔对此作了详细的反驳，精彩地论述说英法是美国的第一道防线，如果这道防线被打破，德国人将出现在南美洲和加拿大，并威胁到纽约和华盛顿。但霍华德根本不想听这些。

霍华德的态度激怒了我，我开始进攻。我对欧洲的事态非常不满，我经常严厉抨击英国和法国的政策，因为这是他们咎由自取。但是，是谁给了美国这样凌驾于我们所有人之上的权利？美国自己的立场是什么？美国政治家在中国发表反对日本侵略的精彩演讲，美国工业家却向日本侵略者提供枪支和飞机。这就是正当行为的例子吗？我以这样的心情持续讲了一段时间，英国人为此感到非常高兴。

受到我的演讲鼓舞，其中一人（我觉得是卡姆罗斯爵士的儿子）认为捍卫英国在中国东北地区问题上的立场是明智的。此时，我不得不大声反对英国人，我以非常强硬的措辞谴责他们在1932年的行为。现在轮到霍华德高兴了。他握住我的手，大声说："你看，我们站在护栏的同一边了！"

3月19日

欧洲局势持续升温。3月17日晚上,张伯伦在伯明翰发表演讲,严厉批评了德国最近的行动,但他没有冒险给出全部的重要合理推论。昨日报纸的头版带来了关于"德国对罗马尼亚的最后通牒"的轰动新闻。……据我所知,这个消息是同一天晚上由哈利法克斯交给媒体的。"德国的最后通牒"给英国人和法国人留下了深刻的印象。

然而,哈利法克斯并没有局限于只发布有关"最后通牒"的消息。3月17日晚上,他向巴黎、莫斯科、华沙、安卡拉和其他一些国家的首都发出紧急询问,想知道各国政府对德国侵略罗马尼亚作何反应。

西兹[1]在3月18日上午向李维诺夫介绍了这份询问。李维诺夫也询问了英国政府的立场,并补充说,罗马尼亚本身并没有向我们寻求援助。尽管如此,他承诺向苏联政府报告西兹的询问,并于当天晚上将我们的建议转达给西兹:立即组织最关心此事的六个大国(英国、法国、苏联、波兰、土耳其和罗马尼亚)开会,讨论应对即将发生的危险的措施。最好在布加勒斯特举行会议,但这可以协商。

当西兹在莫斯科首次访问李维诺夫时,我在伦敦被哈利法克斯召见。他首先谈到了哈德森(他即将于3月18日下午两点离开伦敦),并请求给予他热烈的欢迎。……

我在十二点四十五分会见了哈利法克斯。早些时候,上午十一

---

[1] 为实现毕生志向,威廉·西兹学过俄语,并于世纪之交在圣彼得堡度过了一段时间。他在1938年被任命为驻苏联大使,在莫斯科组织了三方联盟会谈,但因双边的政治,以及随后1939年12月苏联人侵芬兰,他失望地返回伦敦。

图48 迈斯基与西兹告别

点,我和范西塔特进行了一次对话,他激动而详细地谈论了让哈德森"成功"访问的重要性。由于最近的事件,英国人的看法正在迅速变化。外交政策的领导权正从唐宁街十号回到外交部。哈利法克斯现在与范西塔特对事态发展持相同观点。

……今天下午三点,我去见哈利法克斯,告诉他我们对英国的询问的答复(虽然西兹一定已经通过自己的渠道通知了哈利法克斯,但我重复这一点并没有什么坏处,只是为了确认一下),最重要的是了解英国政府对此的看法。那天是星期日,但哈利法克斯在外交部。此外，他在上午早些时候已经与首相就我们对六国会议的提议交换了意见。哈利法克斯认为提议"不太成熟"：如果会议没有提前作好准备，可能会导致失败并造成负面政治影响。此外，我们必须迅速采取行动，而召开一场会议需要一些时间。因此，英国政府建议立即发布"四国（英国、法国、苏联和波兰）宣言"，而不是举行会议。宣言的内容是上述国家将立即组织磋商，讨论对抗侵略威胁的措施。这是第一步。接着，在四国签署宣言后，将邀请其余爱好和平的国家加入，再召开各国会议，讨论打击侵略者的方式和形式。当然，协议必须主要由大人物来达成，如"四大国"。

我开始反对。我说过如果有意愿，会议可以在几天内召开，明天就能公布会议日期和地点，仅此一项就能产生深远的政治影响；而如果英国严肃对待，会议失败的风险非常小。但哈利法克斯仍坚持己见。他告诉我，四国宣言正在起草中。内阁将于明天上午通过，并立即送交有关国家。……

张伯伦显然不希望进行真正的反侵略斗争。他仍致力"绥靖"。

3月22日

今天，我们答复了英国人：如果法国和波兰也签署这个宣言，那么我们也准备表示同意。为了增加宣言的分量，我们建议不仅由四国的外长签字，也要有首相或总理签字。

英国、法国和苏联已经表示同意。但波兰呢？昨天，在为纪念勒布伦[1]而于宫殿举行的宴会上，我就此向拉钦斯基伯爵[2]（波兰大

---

[1] 阿尔伯特·勒布伦，1932—1940年任法国第三共和国第十四任（最后一任）总统。
[2] 爱德华·伯纳德·拉钦斯基伯爵，1932—1934年任日内瓦裁军会议波兰代表，1934—1945年任驻英大使（也被称为"波兰人"）。

使）提出质疑。他说他亲自批准了这项宣言，也愿意签字，但他不确定华沙是否同意他的看法。拉钦斯基是贝克的一名可怜的代表。他已经西化，也支持国联，你很难用他来判断波兰政府的想法。等着瞧吧。……

[迈斯基向道尔顿承认，苏联提案是为了"测试英国和法国的可疑意图"。仍然高度怀疑的李维诺夫禁止他的外交人员采取主动。"如果英国和法国真的改变了立场，"他指示道，"他们应该对我们以前的建议发表意见，或者提出自己的意见。一定要由他们主动。"迈斯基发现难以遵守李维诺夫的指示，于是继续用刺激对话者的老办法来提出常常是源于他自己的想法，而克里姆林宫对此并不知情。]

3月25日

……我大致上认为，首相仍然相信绥靖可行，仍然希望将希特勒推向乌克兰。但公众的思想倾向正迅速变得坚定。英国人的脑海中再次出现欧陆大国争夺霸权的幻影。这个幻影唤醒了英国人灵魂中过往的恐惧和强烈的愤怒。西班牙菲利普二世，路易十四，拿破仑一世，恺撒！英国对过去的"霸权"发动了顽强的破坏性战争。只有当这些霸权被完全湮灭，英国才会感到满足。今天希特勒的名字引发了同样的感受和情绪。当然，如果希特勒转向东方，可以推迟对德国采取决定性行动。但大多数保守党党员并不相信希特勒的"东方愿望"。他们中的很多人害怕出现相反的情况：已经获得了巴尔干和波罗的海原料及食物资源，并以某种方式控制了波兰的希特勒，将用这股巨大的、新获得的力量向英法施压。

[3月29日下午，张伯伦接到哈利法克斯通知，从柏林发来的情报称，德国即将袭击波兰。两人决定"当场"发出担保声明，承诺"在发生任何明显威胁波兰独立的行为的情况下"向波兰提供援助。张伯伦反对参谋长的强烈建议，执意选择波兰而不是俄罗斯作为盟友。他这样不仅使俄罗斯进一步陷入孤立，而且无意中促成了苏德和解的局面（由多疑的克里姆林宫下令，希望抢先英国一步）。]

3月29日

我拜访了卡多根。[1]

首先，我要求就公报提及的哈德森访问莫斯科时发生的奇怪事件给出解释。[2]……卡多根问我是否读过首相昨天在议会发表的声明。我回答说读过并感到非常惊讶。张伯伦说，英国政府的意图"远非单纯的磋商"，而且"正在和我们协商的国家已经明了我们在某些情况下准备采取的行动"。到目前为止，我有充分的理由相信苏联是英国正在磋商的大国之一，但我也只知道确实有正在"协商"的"四国宣言"草案，仅此而已。昨天首相揭露的事情令我措手不及，这很奇怪吗？

---

[1] 迈斯基一直试图与哈利法克斯会面，但徒劳无功。他最终转向卡多根，而卡多根奉命"拖住他"。
[2] 英国驻莫斯科大使馆的官员抱怨，虽然哈德森抵达莫斯科，但他带来的是哈利法克斯指示他的"温和的鼓励"以及达成政治协议的模糊承诺。在他离开莫斯科前的几个小时，一封来自伦敦的电报指示他"坚持商业谈判，在任何情况下都不得提及任何政治问题"。李维诺夫从他的别墅被拉回莫斯科，"不悦地"抱怨说"以为正在与全权代表打交道，但现在发现他是一个二等勤杂工"。3月28日，他通知迈斯基："这次访问没有任何政治或经济影响。"

同时，我特意稍作夸大：我已经从非官方渠道收集到一些关于英国政府新计划的内容，但外交部对此一字不提。

卡多根有些尴尬，开始解释目前的情况。原来"四国宣言"现在已经过时。目前主导英国政府的观点是：在初始阶段，有必要建立英、法、波兰和罗马尼亚四国集团，前两者承诺，在后两者面临德国侵略时为其提供武装防卫；苏联目前仍站在一边，但将在第二阶段加入。……听了卡多根的话，我没有掩饰对其深深的不信任。我了解英国人和英国外交政策的传统，不相信张伯伦会对东欧作出任何坚定的承诺。[1]……

3月31日

波兰是关注的中心。德国媒体正在发起一场针对波兰的狂热运动。德国军队集中在波兰边界。预计希特勒随时可能发动攻击，但会在哪个方向？目前还不清楚。最有可能是在但泽或西里西亚，或者同时在两地出现。

鉴于目前的情况，英国外交机构在过去的七八天内一直以非同寻常的疯狂节奏工作。当得知由于波兰的反对，"四国宣言"无法成形时，英国政府在没有向我们透露一个字的情况下加紧寻找其他方法以制止侵略。像往常一样，英国人走上了迟滞的经验主义道路，即依赖经验。他们决定：既然此时面临严重危险的是波兰，那我们就考虑如何帮助波兰，而且只考虑波兰。我们对广义的欧洲侵略作战不感兴趣。两天前，卡多根告诉我英国政府正在考虑的政策

---

[1] 根据卡多根的说法，迈斯基对新计划感到震惊，他认为这个计划无异于"英国政策的革命性变革"，可能会产生"影响深远的结果"。他的积极回应是在公然蔑视李维诺夫所主张的保留意见。

方向。顺便说一下，3月29日内阁会议最终没有作出任何决定。但是在当晚和昨天，即3月30日，内阁与外交政策委员会（张伯伦、哈利法克斯、西蒙、霍尔和另外两三位大臣）几乎不间断地举行会议，试图找到帮助波兰的最佳方式。直到今天，唐宁街上的这些不寻常活动的结果才为人们所知。……

29日午餐后，我接到了外交部的电话，要我在晚上七点拜访哈利法克斯。我接受了。但是在下午六点，哈利法克斯的秘书再次给我打电话，表示很遗憾，部长今天不能接待我，要我第二天下午四点来。我再次接受了。3月30日下午三点，外交部又打来一个电话：原来外交大臣今天也不能接待我，希望将我的访问推迟到次日上午十点三十分。我仍然接受了。31日上午十点，来自外交部的又一个电话称：哈利法克斯无法履行他最后的承诺。他能见我的时候会通知我的。最后，3月31日中午，哈利法克斯的秘书让我在十二点四十五分来外交部。直到那时我才与哈利法克斯会面。

会面始于外交大臣的鞠躬和懊恼。他为不得不一次次推迟我们的会议感到非常抱歉；在过去的两天里，他一直在主持开不完的会议。哈利法克斯为自己辩解道："编辑一份文件并非易事，这意味着我们外交政策的巨大变革。"

然后，他给了我一张纸，上面是首相在下午三点的议会讲话内容。我迅速浏览了文件。哈利法克斯专心地看着我的脸，当我看完时，他急切地问我关于讲稿的想法。我回答说，由于我才看到首相的声明文本，因此很难准确给出一个深思熟虑的意见，但我的第一反应是该文件不够严谨。……

哈利法克斯开始为这份声明文本辩护，不过我的话明显让他有些困惑。他随后问道："但是总体而言，这份声明与你们的目标一致，不是吗？"

"也许，"我说，"但还是不够坚定和一致。"

哈利法克斯顿时沉默，过了一会儿，他脱口而出："如果首相告诉议会，苏联政府也赞同他的声明，你会怎么想？"

然后，他稍稍犹豫了一下，似乎被迫说出违背他意愿的话："如果首相可以这样说，那将极大缓解局势……这将防止在我们中间发生不必要的争论与不和……"

我立即意识到这份声明的背后，是张伯伦想用苏联作为抵御反对派攻击的盾牌。我非常惊讶地回答说："我不太理解你，哈利法克斯勋爵。你们在准备波兰的行动时并没有咨询我们。苏联政府没有看到这份声明。我自己也是在几分钟前才有机会看到它。在这种情况下，首相怎么能说苏联政府赞同他的发言呢？我认为这相当不合适。"

哈利法克斯很尴尬，赶紧说："也许你是对的。"……

[与其说是《慕尼黑协议》、斯大林的"栗子"演讲或他在5月解雇李维诺夫，还不如说给波兰的保证似乎才是为《苏德互不侵犯条约》铺平道路的关键事件，也拉开了二战的序幕。通过给波兰承诺，张伯伦几乎完全放弃了英国作为欧洲大国平衡仲裁者的传统地位，转而正面针对德国。对波兰的担保有两个潜在的重大影响。除了消除因希特勒粗暴废除《慕尼黑协议》所施加的屈辱，张伯伦最想要的还是威慑效果：（他希望）这些保证能牵制希特勒并将其带回谈判桌。第二种可能的后果被张伯伦忽视了：如果希特勒坚持他对波兰的领土主张，那么避免双线作战的军事原则就会迫使纳粹与苏联达成协议。因此，迄今为止还不太可行的德国选项突然向苏联敞开了。反过来，一旦张伯伦明白，通往"二次慕尼黑"的道路并非一帆风顺，战争的可能性已变为现实，他将被迫向苏联寻求一定程

度的军事承诺,这对实现给波兰的保证非常重要。就这样,在没有预先设计的情况下,苏联现在成为平衡欧洲势力的中心。]

4月1日

昨天,在议会宣读声明后,张伯伦邀请劳合·乔治到他的办公室就国际事务交换意见。自张伯伦和劳合·乔治交恶以来,这是前所未有的。

在谈话中,劳合·乔治以最激烈的措辞提出让苏联参与欧洲安全保障的问题。张伯伦一如既往地回答说,他很愿意这样做,但波兰和罗马尼亚正在制造麻烦。劳合·乔治接着问:"但是如果让苏联参与的问题仍然悬而未决,你怎么能向波兰给予英国单方面的保证呢?这太危险了。"

张伯伦回避了劳合·乔治的话,称根据政府提供的消息,希特勒绝不会冒险开辟两个战场。

"你指的第二战场在哪里?"劳合·乔治厉声反驳道。

"波兰。"张伯伦回答。

劳合·乔治大笑,开始嘲笑首相:"波兰!一个经济疲软、内讧四起的国家,既没有飞机制造业,也没有装备精良的军队……这就是你指的第二战场!胡说八道!没有苏联就不可能有第二战场。对波兰的保证若是没有苏联参与,就是一次不负责任的赌博,对我们的国家来说可能会非常糟糕!"

张伯伦没有回答。[1]

---

[1] 张伯伦的人际圈发现,迈斯基在辩论期间的议会外的活动令人厌恶。亨利·查农爵士在他的日记中记录:"我看到[丘吉尔]和劳合·乔治、布斯比、伦道夫一起得意扬扬地围绕在迈斯基身边。迈斯基是集酷刑、谋杀和目录中每一项罪行于一身的大使。"

4月6日

今天，我看到哈利法克斯，他向我简要介绍了与贝克会谈的结果。哈利法克斯说，贝克在伦敦待上三天是很有益的。主要成就是首相今天在议会宣布了反侵略双边互助协议。这样，英国在3月31日对波兰提供的单方面保证现在变成了两国间的互助协议。……[1]

在离别时，哈利法克斯说他特别希望能够在复活节回他的庄园待五天。想象一下：他整整六个星期没有回"家"！

他会离开吗？我不知道。乌云正在阿尔巴尼亚地平线上聚集。

[迈斯基向韦伯夫妇承认，自己像其他苏联外交官一样，在相当矛盾的苏联政策中谨慎穿行，这让他变得越来越孤立，几乎无法与任何领导人保持联系，并被"排除在莫洛托夫－斯大林政府的圈子之外"。他坦言，莫斯科"不信任（张伯伦），而且如果张伯伦仍然是首相，他们不一定会加入协议"。他继续谨慎地对抗莫斯科的犹豫，敦促李维诺夫指示他"在这里工作应该采取的方向"，尤其是如果西方列强提供了互助条约。然而得到的回应却是严厉指责他因疏忽大意而被张伯伦和范西塔特操纵。尽管已决心"保持沉默，不要表现出任何紧张或不耐烦"，他还是忍不住劝诱中间人（前提是不提他的名字）去鼓励外交部邀请李维诺夫前往伦敦。"我认为与苏联的关系更多的是累赘而不是财产。"卡多根如此结束争论（与张伯伦如出一辙）。]

---

[1] 张伯伦赞同贝克关于欧洲的看法。正如他向他妹妹所透露的，他"非常急于不与俄罗斯捆绑在一起……因为这对德国的意见和政策有影响"。他总结道："我承认自己非常赞同他的观点，因为我认为俄罗斯是一个非常不可靠的朋友，它几乎不具备积极援助的能力，但对其他国家的刺激作用非常大。"

4月11日

哈利法克斯最终没能成功逃回他的庄园！7日上午，意大利人袭击了阿尔巴尼亚，所以从今天开始，国王索古[1]已经成为流亡难民。

应哈利法克斯的要求[2]，我与他会面。我们详细地谈到了侵略在欧洲的蔓延以及需要采取紧急措施来应对。哈利法克斯想知道我们是否会同意以能被华沙接受的方式（武器、弹药、飞机等，但不包括大规模地面部队）给予波兰保证。我拒绝给他一个直接的答案。哈利法克斯进一步让我明白，英国政府正在起草对希腊的保证，对罗马尼亚可能也是如此。他试图辩解说，英国像苏联一样，正考虑在整个欧洲建立安全组织，只是方法不同：英国希望"从底层"建立安全，向上一块一块地砌砖，而苏联希望通过建立一个包罗万象的和平集团，"从高层"建立欧洲安全。在哈利法克斯看来，英国的道路更加切实可行。

我反对，称侵略就像水一样：如果你在一个方向上阻止它，它会从另一个方向流走。我们不应在小事上争论不休，像外行一样抨击它。我们必须立即停止侵略在欧洲蔓延，唯一的办法就是围绕"三驾马车"——英国、法国和苏联，形成一个"和平集团"。当然，我们的交流没有任何结果，但我想我已设法给哈利法克斯的头脑中灌输了一些有用的想法。……

［李维诺夫并不看好迈斯基在与哈利法克斯的交谈中所采用的

---

[1] 艾哈迈德·穆赫塔尔·贝吉·佐戈利，阿尔巴尼亚国王索古一世，1928年至1939年在位。
[2] 哈利法克斯请迈斯基"与他保持联系"，但故意向他隐瞒与波兰人达成协议的所有细节。

1939年

路线。他剑走偏锋，通过寻求斯大林的同意来谴责迈斯基，并指示迈斯基"在与英国政府代表的谈话中应有所保留"。]

4月14日

根据莫斯科的指示，我今天去看哈利法克斯。我提到他在我们此前的谈话中希望苏联以某种形式给予波兰和罗马尼亚援助，并且说苏联政府原则上准备帮助罗马尼亚，但首先想知道英国对组织这种援助的最佳方式有何看法。

哈利法克斯很高兴听到这个消息，但同时有些烦恼。据了解，就在我造访之前，他刚写好给西兹的指示。他建议西兹询问苏联政府，是否同意像英法那样给波兰和罗马尼亚提供单方面的保证，条件是苏联只在华沙和布加勒斯特发出请求并同意的情况下开展援助。哈利法克斯认为，通过这种方式，能够避免那些导致"四国宣言"流产的困境。这些指示本应在当天晚上发去莫斯科。但是在听到我的消息后，哈利法克斯现在应该怎么做？是照样发出指示，或者根本不发？

哈利法克斯停止了说话，开始思考。最后，他说："你的消息和我的指示并不矛盾。因此，我会按原样发送，并补充说我在写好指示后，才收到了您的消息。"

哈利法克斯表示，他希望我们能争取在4月17日以前，尽快对英国的询问进行答复。他想知道我对英国提案的看法，但我回避了这个话题。……

[哈利法克斯提出，苏联政府应该发出一份"单边、主动的公开声明"，并小心地以如下条件加以限定："如果苏联的欧洲邻国遭

到任何侵略和抵抗，并向苏联提出请求，苏联政府将以最便捷的方式提供援助。"哈利法克斯认为，苏联政府的"积极声明"将起到稳定国际局势的作用。这种关于"稳定作用"的想法反映了一直在寻求调停的英国政策中的威慑因素。]

4月15日

昨天深夜，我收到命令：立即前往莫斯科，就英苏谈判进行商讨。非常好。这对于我明确未来的任务非常重要。

今天是星期六，因此在17日，即星期一之前不可能完成所有手续。我会在18日离开。为了节省时间，我将经由斯德哥尔摩飞往赫尔辛基，然后从那里搭乘火车经列宁格勒前往莫斯科。我从未坐过飞机。让我试试吧。现在是时候习惯最现代的交通工具了。

4月16日

[迈斯基描述了他对哈德森乡间别墅的访问。]

……我在哈德森家见到了埃利奥特，我和他的对话很有趣。他把我拉到一边，和我一起在公园里散步，还披露了大量有趣的信息。

我问埃利奥特："英国政府似乎正在改变对外政策的方针，这是一个严肃的变化吗？"……是的，埃利奥特说，英国政策的转变是严肃的。与苏联合作的愿望是完全真诚的。……张伯伦？一个怪人！到目前为止，他仍真心相信希特勒，认为对方只有一个目标：将所有德国人团结在一个国家里。布拉格对张伯伦来说，无论是政治上还是心理上，都是一次可怕的灾难。首相的观念无疑正在发生深刻的变化，但这一变化尚未完成。此前的痕迹仍然存在，比如张伯伦对意大利的态度。他对希特勒非常失望，但仍然对墨索里尼抱有一定的信任。这也终将改变。

张伯伦明白，英国和苏联之间的合作是不可回避的。他正朝着这个方向前进，但速度缓慢，步履蹒跚。他做这个改变并不容易。目前，首相有两个疑虑：（1）红军的战斗力如何？他像一个真正的商人一样，在购买商品之前想要先检测。（2）苏联的真实意图是什么？……[1]

[迈斯基与英国开展积极对话的坚定决心终于使李维诺夫产生共鸣。面对斯大林和莫洛托夫的明确反对，李维诺夫现在强烈建议向伦敦提出一项提案，即以一个全面的约束性三重盟约取代单边保证。该提案是在4月17日提出的。为了抓住正快速从手中滑落的对苏联外交政策的控制权，李维诺夫徒劳地保护迈斯基并阻止对他的召回。李维诺夫发出警告：如果迈斯基离开伦敦，大使馆将"停止运作，因为没有人可以进行严肃的外交谈判，也没有人能引起英国人的重视"。苏里茨也被从巴黎召回，他收到波将金手写的留言提醒，要保持警惕，因为"最轻微的失误不仅会被记录下来，而且会引起迅速而激烈的反应"。米列卡洛夫是因这次会议被召回的第三位大使，他再也未能返回柏林，并被驱逐出外交人民委员部。]

---

[1] 首相在给他妹妹的一封信中承认，他几乎无法相信迈斯基的补充性说明："[对俄罗斯] 深表怀疑……她的努力仅用于怂恿他人，而承诺模糊的援助……我们的问题因此变成：让俄罗斯居于幕后，不与她正面对抗。"

4月17日

新闻界因我前往莫斯科的行程产生巨大轰动,今天所有的报纸都不停地向大使馆打听,想了解我何时离开,从哪个站点出发。到目前为止,我们已经设法对一切保密。

这一天如同任何一次旅行之前那样,在平常的忙碌中度过。我跟卡多根短暂通话,处理一个小问题,并通知他我的离开。在艰难的外交谈判全面展开时,我很难毫无预警地消失。然后,我参加了由《财经新闻》的编辑布伦丹·布拉肯[1]安排的银行家午餐,劳埃德银行负责人安瑟姆·罗斯柴尔德等人出席了会议。接着,我和我们的工作人员进行了谈话。

晚间十一点左右,《新闻记事报》编辑沃尔特·莱顿爵士突然打来电话。他为这么晚还打扰我而道歉,并询问是否可以马上来拜访,只是想在我离开之前见一面。他于十一点三十分抵达,立即将谈话引向目前的英苏关系。他坚持认为,英国的舆论在过去四五个星期内发生了根本变化;从长远的角度出发,英国坚决采取新路线;英国真诚地希望与苏联合作,击退侵略。从莱顿讲话的语气和性质可以明显看出,这次姗姗来迟的拜访并非由他主动提出,而是根据某人的指示……是谁的指示?我不能肯定,但他可能是按照首相的指示行动,因为我知道莱顿可以接触到张伯伦,而且在9月危机期间,张伯伦不止一次亲自向莱顿传递了情况。

英国政府似乎非常担心我被召回莫斯科,并希望在我离开之前通过我说服苏联政府相信,他们是真心希望与我们一起共同建立和平阵线。

---

[1] 布伦丹·伦德尔·布拉肯,《银行家》编辑,《财经新闻》社长,《经济学人》执行总编;1940—1944年担任首相的议会私人秘书;1941—1945年任情报大臣。

4月18日

　　昨天，李维诺夫将我们对英国4月14日提案的答复转交西兹。以下是我们答复的要点。

　　在英国询问苏联政府是否准备在我们的近邻欧洲国家面对侵略时为其提供援助之后，莫斯科收到了法国的一项提案，即法苏承诺相互提供军事援助，以对抗侵略者。苏联政府接受了法国提案的原则并遵循其精神，也希望为三国关系奠定坚实的基础，便力求结合英法两国的提案，提出以下几点供两国政府考虑：

　　（1）苏联、法国和英国签署一项为期五年至十年的协议，三方承诺在缔约国之一遭到侵略的情况下，立即提供包括军事援助在内的所有形式的援助。

　　（2）苏联、法国和英国承诺，在位于波罗的海和黑海之间的与苏联接壤的东欧国家遭到侵略时，提供包括军事援助在内的各种援助。

　　（3）苏联、法国和英国应尽早讨论和确定履行条款（1）和（2）时向上述各国提供军事援助的形式与范围。……

4月28日

　　我上回写的回忆距今已过去十天，它现在对我来说几乎像是一个童话故事……所以，4月18日早上九点十五分左右，我在克罗伊登机场乘坐飞机。……我登机时下巴高举，但是我承认自己的心中不无焦虑：如果我最终变成一个不幸的乘客该怎么办？最后的告别……最后的飞吻……乘务员最后的关切……螺旋桨发出喧嚣的轰鸣声，巨大的道格拉斯号飞机载着二十一名乘客，沿着跑道缓慢出发……然后它突然脱离地面并开始上升……绿色的田野，飞机库，有红色屋顶的小房子——所有东西都开始快速地、毫无预兆地消逝……越来越远……出于某种条件反射，我四处寻找软木救生圈，然后突然意识到：它们有什么用？如果飞机发生事故，软木救生圈也无济于事。当飞机还在空中或撞到海面时你就已经死了。……突然，飞机的巨大钢体颠簸了好几次。它长长的、强有力的机翼剧烈地时而向左转，时而向右转。震动非常强烈，座椅上的乘客被弹起来，不安地抓紧座椅安全带。飞机两侧是厚厚的白雾。透过窗户什么也看不见。我们在云里。飞行员再次拉升高度。高度表上的指针正在旋转……向上，再向上……已经两千五百米……雾已经消散，我们离开了云层……我们上方只有明亮但有些冷的太阳和无尽的蓝天。我们下方再次出现一大片卷曲的白色棉花。我们飞机的影子像一只邪恶的猛禽般快速移动，又像一个黑色十字架。

柯伦泰和一等秘书在机场接我。另一群人是摄影师和记者。我们坐进一辆车里，前往使馆……

我打电话到伦敦，告诉阿格尼娅我已安全到达，以及我战胜了坐飞机这件事。

* * *

我在斯德哥尔摩住了一晚，19日上午九点飞往赫尔辛基。……傍晚前的几个小时飞快地过去了。当然，记者们围着我，急切地想知道我带来的是什么"提案"。我笑着回绝了他们："我的口袋是空的。"这只会让记者朋友们更加好奇。我没有拜访任何一位部长，只寄去了我的名片。然后，我在城里逛了一圈，买了一些东西。晚上十一点二十分，我从赫尔辛基乘火车出发。火车还是和以前一样。我像个婴儿一样睡了一觉，早晨在拉贾约基下车，舒展双腿，喝点东西。这里也没有什么变化。我们越过了谢斯特拉河……

我的祖国！贝鲁斯托夫！我深吸一口气，倾听我内心的声音：是的，气氛不一样了！强大的，清新的，嘹亮的，尤其这是属于我们<u>自己的</u>！

……在列宁格勒，我遇到了布杜科夫[1]。娜塔莎[2]因肺炎住院了。这个意外让我感到不悦。我看到了我的孙子——一个蓝眼睛、浅色头发的漂亮小男孩。他最喜欢的娱乐活动是拿起一个玩具用力扔到地上。我到医院看望娜塔莎，晚上前往莫斯科。

在莫斯科待了四天（我的上级不允许我停留更久），这就像一场梦一样过去了。我住在莫斯科酒店。我住在三楼一间相当体面的带浴室的房间，每天的房费是四十七卢布，但是，唉，浴缸的状态让我不想使用它。我见了很多人，参加了有关英法苏谈判的各种会议，顺便到我的公寓与我的亲戚们聊天，而且……甚至都没去一趟剧院。时间不够。

4月24日，我乘坐红箭号列车回到列宁格勒，并在那里待了半天。我去医院看望娜塔莎，和我的孙子一起玩，并与布杜科夫交谈。我还见到了列宁格勒的一些官员。下午六点二十五分，我动身前往赫尔辛基。……这次我不得不与芬兰的部长们见面。埃尔科[3]通过德列文扬基[4]明确地邀请我去拜访他，如果我再拒绝就不合适了。于是，我又来到了非常熟悉的外交部大楼，坐在非常熟悉的部长办公室中的扶手椅上。

---

[1] 阿列克谢·瓦西列维奇·布杜科夫，苏联的蒙古国探险家。
[2] 迈斯基唯一的女儿，来自他的第一段婚姻。
[3] 尤霍·埃尔加斯·埃尔科，1938—1939年任芬兰外交部长，1939—1940年任芬兰驻瑞典大使。
[4] 弗拉基米尔·康斯坦丁诺维奇·德列文扬基，电气工程师和虔诚的布尔什维克党人，他被招募到外交人民委员部工作，1938—1939年任驻赫尔辛基大使，1940年4—10月任驻拉脱维亚大使，此后逐渐沉寂。

……下午五点半，我飞离赫尔辛基。晚上八点，我已经坐在柯伦泰位于斯德哥尔摩的舒适公寓里。尽管波罗的海上空浓雾笼罩，但这是一次平稳的飞行。

27日上午九点，我离开斯德哥尔摩，下午四点在巴黎安全降落。我只在哥本哈根停留了一站，在那里被摄影师和记者团团围住，后来他们向全世界发布荒唐的假新闻。我和苏里茨聊了整整一个晚上。之后，我们在巴黎老城区逛了好几个小时。苏里茨满怀深情，知识渊博，向我讲述了许多与1789—1793年事件有关的建筑的历史。他讲得引人入胜，感情真挚。

今天上午十点三十分，我乘火车离开巴黎前往布伦-福克斯通，下午五点左右抵达伦敦，无事发生。

我回到家了。似乎我从未离开过。

[迈斯基在日记中用一个相当平淡的段落为4月21日"在莫斯科的难忘的会议"作了总结。莫洛托夫、米高扬、卡加诺维奇[1]和伏罗希洛夫——中央政治局负责外交事务的全体委员——出席会议，李维诺夫和波将金也到场。在对英国总体情绪、政治观点以及协议支持者和反对者之间的平衡进行全面汇报后，迈斯基被要求评估英国对苏联提案作出积极回应的前景。他在回忆录中的简洁叙述并没有传达他第一次看到李维诺夫、斯大林和莫洛托夫之间"极度紧张"的关系时是多么震惊。后来比阿特丽斯·韦伯询问他与斯大林会面的事，她从"他阴沉的表情和简短的答复"中得知，迈斯基

---

[1] 拉扎尔·莫塞维奇·卡加诺维奇，斯大林内廷成员，1935—1944年任交通人民委员，1937—1939年任重工业人民委员，1938—1944年和1944—1947年任人民委员会副主席，1942—1945年任国防委员会委员。

"对这位被偶像化的群众领袖没有特别的好感"。迈斯基发现,希特勒正在为战争作准备的消息令莫斯科"心烦意乱"。表面看起来很冷静的斯大林"明显对英国不满",因其把苏联的提议"悬在空中"。莫洛托夫显然"变得粗暴,与李维诺夫不断发生冲突,指责他犯有各种不可饶恕的罪行"。

从回忆录和日记来看,迈斯基显然未能消除一种普遍的顾虑,即"伦敦或巴黎可能密谋将莫斯科卷入战争,再弃之不顾"。迈斯基没有提到莫洛托夫坚持认为应该考虑其他选择,包括改善与德国的关系,也没有提到李维诺夫戏剧性地提出辞职,被斯大林(暂时)拒绝。自1934年以来,莫洛托夫始终对集体安全不冷不热,他是与柏林重启谈判的各种尝试的幕后推手。

在迈斯基的回忆录中,他对这次会议稍纵即逝的描述掩盖了这样一个事实:一旦了解了主导着克里姆林宫的情绪,他启程前往莫斯科当晚的乐观看法就让位给一份"不太令人欣慰"的报告。事实证明,这是对德国与绥靖派之间谈判前景的灾难性预言,显然也加剧了斯大林的过分担忧:可能达成某个"但泽协议",使德国在东方自由行动。他的报告与李维诺夫的观点形成了鲜明的对比,后者拒绝接受英法两国正在努力试图将德国卷入与苏联的战争的观点,而这一立场导致李维诺夫在两周后下台。

迈斯基在克里姆林宫所作的概述,无疑鼓励了斯大林与被匆匆召来参加最后一小时会议的米列卡洛夫进一步探究选择德国的可行性。在按惯例互致问候之后,斯大林直截了当地问米列卡洛夫:"德国人到底会不会向我们推进?"米列卡洛夫在他不完整的回忆录中误导读者(像迈斯基一样)说,无论斯大林想听什么,他都会迈出"大胆的一步",告诉他的领导人,希特勒可能一心要在1942—1943

图49　忧心忡忡的迈斯基被召回莫斯科，1939年4月

图50　迈斯基从莫斯科返回，1939年4月

年进攻苏联。事实上,米列卡洛夫仍然受4月17日与魏茨泽克[1]会面的影响,开始不断思考与德国至少达成短期和解的前景,因为要想德国把注意力放在法国和波兰身上,苏联的中立是绝对必要的。

尽管迈斯基赞同斯大林再次与西方谈判的决定,但毫无疑问,该谈判"处于试用期",要坚定地以苏联的提案为基础。在4月28日记录的手写附文中,迈斯基潦草地写下了莫斯科交给他的指示的纲要,须继续优先考虑与法国、英国结成大联盟,期限至少为五年,条件是:明确界定侵略行为;苏联军队有权从外国领土过境;确定同时缔结政治和军事协议;解决关于黑海沿岸势力范围的问题;承诺"一旦达成协议"就不再分别进行谈判。然而,鉴于英国人的拖延习惯,李维诺夫和迈斯基清楚地知道,他们现在的工作时间非常宝贵。]

4月29日

我从莫斯科回来前的几个小时里,收到了哈利法克斯的访问邀请。我今天去见他。他首先询问我的旅行是否有趣,显然以为我还沉浸在曝光的事件中。我只说了一句"是的,非常有趣",然后转而问起我们在4月17日给出的提案,而英国人至今还没有回应。

哈利法克斯为延迟表达歉意,他认为英国政府在过去的两周内一直专注征兵问题,但随后他开始谨慎地批评我们的提案。是的,它们"很有逻辑,整合得很好",但在实际执行中会遇到很大困难。然后,他开始谈起有关波兰和罗马尼亚的老调。

---

[1] 魏茨泽克,恩斯特男爵,1938—1943年担任德国外交部事务秘书。

然而几分钟后，哈利法克斯开始自相矛盾。在谈到加芬库[1]（罗马尼亚外交部长）的访问时，他说，根据加芬库的说法，罗马尼亚在发生战争时需要苏联的援助，但在此之前，罗马尼亚担心与苏联的公开结盟可能会"激怒"德国。罗马尼亚希望暂时在苏联和德国之间保持一定的"平衡"。因此，罗马尼亚反对将苏联纳入安全保障似乎属于一个策略问题，而不是原则问题。

……最后，我们谈到了希特勒昨天的讲话。[2]哈利法克斯认为，这不会改变目前的形势。他预计近期内英国不会与德国进行任何新的谈判，尽管希特勒发出了间接邀请。具体到海军谈判，哈利法克斯就不太确定了（老牌"绥靖者"！）。

哈利法克斯（在回答我的问题时）有些尴尬地解释了英国大使返回柏林的原因：

事情是这样的，你看，如果你与一个国家保持外交关系，那么你就需要在那里派驻大使。所以亨德森只能被召回一小段时间。希特勒即将发表演讲——我们应该怎么做？如果演讲结果是"尖锐的"，亨德森立即返回将会很尴尬。但如果演讲结果是"柔和"的，他的回归也会很尴尬，因为这样的举动很可能被解释为英国政府相信希特勒承诺的证据，但希特勒这个人永远不应被信任。面对这种困境，哈利法克斯决定快刀斩乱麻，在希特勒发表讲话的前几天把亨德森调回去。亨德森只有一项任务：在议会正式宣布征兵决定之前，把英国政府的决定告知德国政府。所有其他谣言都是纯粹的猜

---

[1] 格里高尔·加芬库，1932年、1939—1940年任罗马尼亚外长，1940—1941年任驻莫斯科公使。
[2] 作为英国推广义务兵役的回应，希特勒宣布废除1935年6月18日与英国签订的海军协议，并以《但泽协议》为名，撕毁了1934年的《波德互不侵犯条约》。

测，不值得关注。[1]

[英国外交政策委员会在讨论苏联给出的"极其不便的"提案时，赞同张伯伦的拖延战术，即重复原来提出的单方面保证，同时否认其政策是出于意识形态上的厌恶。"言下之意"，外交部发表评论说，内阁采取这种态度的真正动机是"希望获得俄罗斯的帮助，同时牺牲俄罗斯，放手让德国向东扩张"。]

5月2日

英国目前的状况如何？

总结我掌握到的所有材料，我有如下描述。

除了苏格兰的部分地区，各地广大人民的反德态度都很尖锐。……政府的情况有些不同。

……政府重构。这一点现在被认为是绝对不可避免的，甚至比弗布鲁克的报刊也开始了这种运动。但是，张伯伦顽固地把艾登、丘吉尔等人进入内阁的时间推迟到最后一刻。

……我们的提案。毫无疑问，英国政府最终会接受这些提案。它的处境是绝望的。然而，张伯伦却顽固地抵制，让我们等待英国人答复的时间已经超过两周。而且，最初他还试图隐瞒苏联的提案，不让公众知情。然而，多亏政界的英苏军事联盟的支持者，我们的提案被一点一点地泄露给新闻界，在我从莫斯科抵达伦敦时，这些提案的精髓已经为公众知晓。反对派开始在议会施加压力，报

---

[1] 考虑到斯大林设定的最后期限，哈利法克斯的反应等于给迈斯基"泼了一桶冷水"。他敦促哈利法克斯"在下周内"给苏联政府答复。

刊上也展开了热烈的辩论。因此，英国政府必须在不久的将来以某种方式对苏联的提案作出回应。它可能不想立即接受，但迟早会这样做。……这就是为什么，我把微不足道的日常细节放在一边，倾向乐观地看待英苏关系发展中的"总路线"。

5月3日

参加了一次英中晚宴，郭泰祺、查特菲尔德勋爵[1]和斯内尔勋爵在晚宴上发言。有客人提到苏联大使时，大家一致热烈鼓掌。

演讲即将结束时，弗农·巴特利特[2]走到我身后，匆匆把一张纸条塞进我手中。纸条上写着："刚从莫斯科传来消息，李维诺夫已经辞职。"

[5月3日李维诺夫被解职，对国际舞台和迈斯基都产生了巨大的影响。作为李维诺夫的门徒，迈斯基一下子失去了他的庇护者。当他读到这封电报时，不难想象他的震惊。这封电报异常地由斯大林亲自签署，通知迈斯基和其他重要的大使，李维诺夫和莫洛托夫之间发生了"严重冲突"，这是由"李维诺夫同志对苏联人民委员会的不忠态度引起的"。迈斯基被认为是过去时代的遗存，逐渐被排斥。他现在实际上是唯一一提倡与西方达成协议的人。尽管莫洛托夫保证李维诺夫的辞职并不意味着苏联改变了外交政策，但西方国家流传着大量焦虑的猜测。

迈斯基自己在事后也声称，正是英国人不关心苏联的提案，才

---

[1] 阿尔弗雷德·厄恩利·蒙塔卡特·查特菲尔德海军上将，第一代查特菲尔德男爵，1939—1940年任国防协调大臣。
[2] 弗农·巴特利特，《新闻记事报》的反绥靖左派记者。

图51　戴维·洛的漫画《跳舞的熊——换个节目》

给"有效的集体安全政策带来沉重打击,并导致李维诺夫下台"。然而,把李维诺夫被赶下台和转向德国的责任完全归咎于英国的"绥靖"政策,这种观点越来越难立足。

李维诺夫的下台将苏联的外交政策引向了一个新的方向。这种转变应该放在斯大林主义体系的大背景下考察。这个过程导致第一代苏联外交骨干被苏联外交人民委员部除名,这些骨干大部分是从沙皇时期的革命知识分子中吸收的。他们很快就被缺乏经验的外交官取代。这些外交官充满热情,是受过教育的斯大林主义青年,他们受到信赖,特别是在这样一个关键时刻,他们可以遵循克里姆林官的路线。新手们被刻意剥夺了参与决策的机会,他们的回旋空间受到限制。柯伦泰在日记中承认,她意识深处的某个地方认为,"莫斯科长期以来对马克西姆·马克西莫维奇感到不满……这些征兆是隐形的，但真实存在"。艾薇·李维诺夫后来回忆说，到1938年底，"越来越多与李维诺夫关系密切的人"遭到迫害，"不祥之兆"变得越来越"清晰可见"。1938年底，李维诺夫曾向法国驻莫斯科大使抱怨："我如何才能在卢比扬卡[1]对面推行外交政策？"

这两类革命者特有的针对个人的反感和嫉妒加剧了他们之间的隔阂。"你以为我们都是傻瓜！"在李维诺夫被解职并离开斯大林的办公室时，莫洛托夫对他嚷道。在1939年7月的人民委员会会议上，莫洛托夫指责李维诺夫未能遵守党的路线，并且"接近那些对党和苏联怀有敌意的人"。斯大林政府不再容忍具有独立思想的大使继续存在。迈斯基之后会发现，贯彻莫洛托夫对大使角色的看法是极其困难的，即"只传达他们被告知要传达的东西"。"集中式外交"规定，"大使不能采取任何主观行动……在其中起决定作用的是斯大林，而不是某个外交官"。一年后，西兹反思说，"那个精明的世界主义者李维诺夫"被撤职使得苏联的政策落入斯大林及其心腹的手中，他们是"地方主义者"，并认为妥协是"虚伪的标志"。

4月27日，继任者贝利亚[2]将审讯叶若夫的报告一字不差地转交斯大林，这也使得李维诺夫被解雇。这份报告将促使内务人民委员部对李维诺夫的"叛国罪"进行初步调查，在6月晚些时候调查又被撤销。此外，叶若夫回忆起他如何意外地与李维诺夫在梅拉诺的疗养院度过了一个晚上。在跳完狐步舞后，李维诺夫嘲笑他："我们在这里消遣、去饭店和跳舞，如果被他们发现我们在苏联做这些

---

[1] 指苏联位于莫斯科卢比扬卡广场的秘密警察总部。——译者
[2] 拉夫连季·贝利亚，接替叶若夫成为内务人民委员，1953年12月斯大林去世后被处决，被指控意图推翻共产党政权。迈斯基的生活中隐藏了一些被迫与贝利亚建立颠覆关系的相关经历，而当时贝利亚正在争夺权力。

事，真的会引起骚动。这里没有发生什么特别可怕的事情，但是，你知道，我们没有文化，我们的政治家根本没有什么文化……如果我们的政治领导人与欧洲政治人物建立了私人关系，那么我们与其他国家关系中的许多棱角可能变得平滑。"

迈斯基的处境变得非常危险，因为来自外交人民委员部的压力有增无减。莫洛托夫受斯大林指示，要清除部里的"半党派"分子，特别是犹太人。此外，内务人民委员部加强了对大使馆的直接控制，实际上整个部委的骨干人员都被撤换了。迈斯基被那些新来的外交官疏远。他们被莫洛托夫那种更受欢迎的、更友好的领导风格吸引，这似乎让苏联外交人民委员部重新焕发活力。然而，对"二次慕尼黑"的严重恐惧，令迈斯基在伦敦的继续存在变得不可或缺。]

图52 警备的改变：斯大林与李维诺夫和莫洛托夫在红场漫步

5月6日

哈利法克斯召见我并直接问道：李维诺夫退休了，苏联的旧政策仍然有效吗？特别是，我们4月17日的提案是否仍然有效？

英国政府已经准备好对我们提案的答复，但在寄给西兹之前，哈利法克斯想听听我对他所提问题的答复。

我笑着说，我不明白他的疑惑，我们的政策和提案当然仍旧有效。

听到我的回答，哈利法克斯显然松了一口气。

然后他列出了英国答复的要点。这远不能让人放心。英国政府认为不可能接受我们关于三方协议的提案，它认为这样的条约只会吓跑其他国家，而让他们参与"和平阵线"是十分重要的。……因此，英国政府决定再次向我们提出4月14日的方案。……

我表示非常失望。英国政府花了三个星期来考虑我们的提案，结果雷声大雨点小。……毋庸置疑，英国政府有权向莫斯科送去任何它想送的方案，但我可以提前告诉哈利法克斯，莫斯科会拒绝这一方案。

5月9日

昨天，英国政府终于对我们4月17日的提案作了回复。一个不能令人满意的答复。[1]……这是一个相当冗长、混乱和笨拙的声明，尤其是它甚至比哈利法克斯在5月6日告诉我的内容还要糟糕。我去见哈利法克斯，想找出造成这种差异的原因，但外交大臣只告诉

---

[1] 在大使馆与迈斯基共进午餐的劳合·乔治发现，他"非常沮丧，并担心他的国家可能会回归孤立政策"。

我，在我们谈话时方案还没有明确地制定出来。这说明一定是首相修改了外交部准备的方案。顺便提一句，5月6日，我在离开哈利法克斯的办公室时，他的秘书进入房间，说首相希望哈利法克斯在接待我之后去一趟唐宁街十号。

……哈利法克斯向我保证，英国政府渴望尽快与我们谈判并达成协议。

我在整个会谈过程中保持冷静和批判性。众多迹象表明，希特勒4月28日的讲话使政界暂时重现"绥靖"。《泰晤士报》日前写道，应该再次尝试与德国达成和解，所以这一定是首相的观点，或至少是霍勒斯·威尔逊爵士的观点。这是行不通的！"绥靖"的时代已经过去。无论张伯伦是否愿意，他都必须对我们的观点作出重大让步，因为这是当前形势的逻辑。

5月11日

……在我今天就另一个问题（比如下面这个问题）打电话问哈利法克斯时，他的第一个问题是："你有没有接到苏联政府的指示，要与我沟通什么事情？"

当得知我没有办法就这个问题提供任何消息时，外交大臣感到非常失望。

国际联盟理事会将于5月15日，即星期一召集，由苏联主持会议。苏里茨请求莫斯科休会至5月22日，以使波将金也可出席会议，后者刚结束为期三周的巴尔干和中东之旅返回莫斯科。这当然是合理的。然而，国联会议延期需要所有成员国（主要是大国）一致同意。苏里茨已经获得了法国的同意。我必须得到英国的同意。

哈利法克斯打开他的日志，开始自言自语："从5月22日开始的一周对我来说已经很满了……但是……这里的关键应该是你们政府派代表来日内瓦的可能性……所以，虽然这对我来说相当困难，但我还是同意延期。"

然后哈利法克斯问我究竟谁会从莫斯科来。莫洛托夫同志，还是波将金同志？

出于谨慎，我没有透露名字，只是说"苏联政府的代表"会来。

哈利法克斯显然已经认定莫洛托夫同志不会去，因为他突然问道，波将金同志是否会说英语。哈利法克斯大体上能够用英语与在日内瓦的苏联代表团交谈吗？

我半开玩笑地回答："如果找到共同的政治语言，语言问题将很容易克服。"

5月15日

我已被任命为出席即将召开的国际联盟理事会会议的苏联代表。波将金同志不会去日内瓦。苏联代表团中除了我，没有其他人。这就意味着到时我还要主持理事会会议。

这是一个尴尬的局面。我们要求国联会议延期，以便苏联代表从莫斯科赶到日内瓦。现在，会议根据我们的要求延期了，实际上却没有人从莫斯科过去。英国人和法国人肯定会感到不快和恼火，而哈利法克斯对与苏联政府就"欧洲安全"问题达成最终协议的可能性寄予了极大的希望。

……哈利法克斯在日内瓦见到的会是迈斯基，就是那个在伦敦随时都能见到的迈斯基。是什么原因导致会谈一再延期？必须给出快速而直接的答案。

[哈利法克斯应该前往莫斯科与莫洛托夫进行"直接"讨论的想法源于迈斯基。然而，哈利法克斯倾向在即将于日内瓦举行的由俄罗斯人主持的国际联盟理事会上进行会谈。他期待与莫洛托夫或波将金会谈，"他们能在充分了解苏联政府的思想的情况下发言"。]

5月16日

5月14日，在莫斯科，西兹拿到了我们对英国5月8日提案的答复。意见可以归结为：

英国政府5月8日的提案无法成为组织和平阵线以对抗欧洲侵略进一步扩大的基础。……

5月17日

昨天，范西塔特夫妇来吃了一顿"亲密"的午餐。我们详细讨论了国际事务，尤其是英苏谈判。范西塔特表示，我们最近的提案中的第二点（军事谈判）很容易实施，但第一点（三方互助协议）和第三点（对中东欧国家的保证）就比较困难了。我则向范西塔特十分明确地表示，我们提出的这三点已经是最低限度，如果英国政府不愿意接受，我看不出有任何达成协议的机会。

今天中午十二点三十分，范西塔特紧急召我到外交部。他不是在自己的办公室，而是在隔壁的秘书办公室接待我。他向我表示歉意，说一个重要的会议正在他的房间召开。确实，在我与范西塔特的谈话中，他办公室的大门被短暂打开，我瞥见几名吞云吐雾的外交部官员。

范西塔特看起来非常激动。他说，昨天午餐后，他有机会与哈利法克斯交谈，之后他决定"由他自己主动"，尝试加快找到两国政府达成协议的基础。为此，他起草了一个方案，但在发给莫斯科之前想听听我的看法。……我回答说，没有必要将范西塔特拟定的方案发给西兹。它肯定被拒。

……今天晚上七点，范西塔特再次邀请我到外交部。这次他在自己的办公室接待了我。他看起来比上午更加激动，递给我一张外交部常用的蓝纸，要我不带偏见地对待他准备的文件，并意识到在这些关键的日子里我们所肩负的责任。也许这份文件并不理想，但却是目前最能被内阁接受的。……我浏览了范西塔特的新方案后，抬起头来。范西塔特屏息凝视，等待我的回应。

我怀疑地摇了摇头。

我说："你的新方案构思巧妙，但实质上与你上午给我看的东西几乎没有不同。这也决定了我对它的态度。"……范西塔特坚持要求我把这个方案提交给莫斯科，并把它介绍给苏联政府。他还希望尽快收到我们的答复，最好是在第二天，即5月18日。……

5月18日

今天早上在使馆花园散步时，我对范西塔特昨天的举动进行思考。我认为可以用以下方式解释。

苏联政府5月14日的答复使英国政府陷入了困境。我们的提案清晰、简单、合理，而且能够吸引普通民众的注意。提案已经泄露给媒体，如果英苏关于协议条件的争论要由英国公众来评判，张伯伦肯定会输。

另一方面，英国政府对波兰、罗马尼亚和希腊的承诺，使得从英国的角度来看，与苏联迅速达成协议是绝对必要的。因为如果没有我们，这些承诺就不能兑现。事实上，如果德国进攻波兰和罗马尼亚，英国（甚至英国和法国一起）到底能为它们做些什么呢？很少。在英国对德国的封锁可能成为严重威胁之前，波兰和罗马尼亚已经不复存在。因此，英国在远东做出保证却不与我们达成协议，将不可避免地意味着英国的军事失败，以及随之而来的一切后果。这是在英国遵守承诺的前提下。如果它背信弃义，并以某种借口不向波兰和罗马尼亚提供援助，那么它是给自己的大国身份判死刑。这不仅会导致其全球政治、经济公信力的灾难性丧失，而且会使大英帝国迅速瓦解。

所有这些本土的、帝国的和国际的考虑，无疑占据了张伯伦及其大臣的思想。他们眼下特别关注这些事务，因为下议院定于5月19日就外交政策进行辩论，丘吉尔、艾登、劳合·乔治和其他"明星"将会在这场辩论中发言，并基本归结为同一个问题：为什么还没有与苏联签署协议？[1] 与此同时，出于心理上的原因，首相仍无法接受这样的协议，因为这会决绝地将他甩入反德阵营，从而结束所有旨在恢复"绥靖"的计划。这就是为什么张伯伦像一个老吉卜赛人一样和我们讨价还价，试图将一匹坏马而非好马硬卖给我们。这是行不通的！但他仍然抱此希望……

---

[1] 丘吉尔在下议院的讲话中详细介绍了迈斯基关于谈判情况的电话，指责张伯伦受到情感而不是国家利益的指引，国家利益呼吁与俄罗斯结盟。亨利·查农爵士观察到，迈斯基是一只"傻笑的猫"，"正从大使旁听席的栏杆上探出身子，如此险恶和自鸣得意地坐着（我们是否将我们的荣誉、安全放在了那些血迹斑斑的手中？）"。

5月19日

令我惊讶的是，莫斯科的答复于18日下午五点到达。……正如我预料的那样，答复简短而明确：不可接受。

今天上午十点三十分，我到范西塔特的寓所去看望他。他对我们的答复似乎并不意外。在我们5月17日晚的谈话之后，他似乎已经为此作好充分的准备。他只是叹了口气，仿佛在自言自语："好吧，我无能为力。看来我们必须重新开始工作，想些新办法了。"

……晚上七点，范西塔特让我顺便到他的公寓里待几分钟。当我走进大厅时，他连忙迎上来，兴奋地宣布他有好消息要告诉我。刚刚出了决定，让西兹通知苏联政府：通过最近的交流（英国5月8日的提案和我们5月14日的反提案，以及我与哈利法克斯、范西塔特等人的会谈），已经明确双方的立场，并准确界定了现有的困难。英国政府将尽一切努力克服这些困难，并希望找到适当的办法来推进。但是，新提案需要内阁作出特别决定，并有可能在5月24日的会议上通过。……范西塔特希望下周能达成协议。

我怀疑地摇了摇头，离开时以完全非官方的方式打趣范西塔特："承认吧，罗伯特爵士，在你内心深处，你很高兴我们采取了坚定的立场！"

范西塔特大笑起来，大声说："也许吧！"

我们直到月底才离开。我和阿格尼娅要乘夜班列车去日内瓦。

5月21日

我们到了日内瓦。

我们在昨天早上九点抵达巴黎，在城里闲逛到傍晚。与苏里茨谈了很多。买了一些东西。

……哈利法克斯和我碰巧从巴黎乘坐同一列火车到日内瓦,我们甚至在同一节车厢。车站里的摄影师把我们的生活弄得一团糟:他们很想让我和英国外交大臣拍一张合照。但我设法避开了。

当火车开动,哈利法克斯在我们的车厢走廊遇到我,说他希望第二天在日内瓦与我相见并作深入讨论。他答应在我们到达后立即给我打电话。他还没打。

早上七点十三分,巴黎的火车很早就到达了日内瓦。我们爬出车厢时睡眼惺忪,脸色阴沉,有些不高兴。不知为何,哈利法克斯决定从车站步行到酒店。那是一个天色灰暗、细雨蒙蒙的早晨,他撑着黑色雨伞朝日内瓦走去的瘦长身影就像是从戴维·洛[1]的漫画中跳出来的。

* * *

哈利法克斯打来电话,我们于上午十一点三十分在他的旅馆见了面。斯特朗也出席了会议。会议持续了近一个半小时。

哈利法克斯首先要求我解释,为什么苏联坚决反对英国5月8日提出的方案。

我强调这是我个人的答复后,指出我们采取这一立场的原因。

苏联今天可以采取两条路线中的一条:

(1)在国际事务中采取孤立和行动自由的政策,这可以确保苏联相对安全(考虑到实力、丰富的资源、人口规模等)。我说"相对",是因为这样的政策无法避免世界大战,以及随之而来的一切

---

[1] 戴维·洛,英国政治漫画家和讽刺画家,1919—1927年任职于《星报》,1927—1950年任职于《伦敦标准晚报》,1950—1953年任职于《每日先驱报》,1953年任职于《曼彻斯特卫报》。他是苏联大使馆的常客。

后果。

（2）旨在主要与英法两国建立和平集团的政策，这将使苏联担负沉重的军事义务，并限制其在国际事务中的行动自由，但能保证更大的安全，有望避免世界大战。

苏联倾向第二条路线。……是的，苏联准备放弃行动自由并承担重大义务，但条件是英国和法国要真心实意。否则，苏联放弃第一条路线中的机会是没有意义的。

……哈利法克斯回答说，英国政府有两个主要动机。

首先，波罗的海国家出于对德国的恐惧，不希望接受一个三方协议的保证。说到底，不能将保证强加于人。

其次，也是更为重要的一点，许多英国人认为，三方协议可能会使希特勒立即发动战争，因此，该协议不但不能防止战争，反而会加快战争步伐。哈利法克斯强调这不是他自己的观点，而是包括他的一些同事在内的英国有影响力的圈子的共同观点。

我回答说，我认为这两种观点都没有说服力。波罗的海人的不情愿被夸大了（正如波兰和罗马尼亚不愿意与苏联结盟的说法被夸大了那样）。至于一个三方协议对希特勒的行为可能产生的影响，情况应该是相反的。英国某些领袖所犯的最严重的错误，是他们完全没有抓住希特勒和墨索里尼等人的心理。这些英国人把他们看作伦敦金融城的商人或英国的乡村绅士。他们错得离谱！侵略者的心态完全不同！想了解侵略者心态的人，最好把阿尔·卡彭当作典型来看。我们在日本已经亲身体验到这一点。这个经验和我们对欧洲事件的观察让我们得出了坚定的结论：侵略者只尊重武力！只有武力才会让他们脱帽致敬！这就是为什么我绝对相信，缔结三方协议不仅不会导致战争，而且会使希特勒和墨索里尼退缩。

哈利法克斯饶有兴趣地问道："毕竟，日本人似乎承认了你们在渔业方面的所有要求,不是吗?"

"是的,他们是这样做的",我回答说,"但你想想他们的行为:几个月来他们一直提要求、坚持和威胁,用无休止的会议来折磨李维诺夫。但当他们终于明白不能吓倒我们时,在最后一刻,准确来说,是在距离十二点还有五分钟的时候,他们对我们的所有要求作出了让步。距离十二点只差五分钟!日本人很强硬,但事实证明我们的神经比他们更强大,结果我们赢了。"……

5月23日

作为理事会主席,我今天在贝尔格斯酒店为国联理事会和秘书处所有成员举办午宴。我从伦敦带来了鱼子酱和伏特加。我们吃了

图53 1939年5月,邦尼特和哈利法克斯不情愿地考虑在日内瓦建立三国联盟

传统的俄罗斯开胃菜、库莱比卡派、腌蘑菇和其他美食，因为李维诺夫，苏联的午餐在日内瓦早已闻名遐迩。

午餐期间，我和哈利法克斯谈了很多，他作为贵宾坐在我右边。哈利法克斯问我关于苏联宗教的状况（他是一个非常虔诚的人，是英国国教的高层代表之一）。然后，谈话不知不觉转向罗曼诺夫王朝的灭亡，我向哈利法克斯介绍沙皇俄国统治最后时期中的

图54　1939年5月，在战争前的最后一次国联会议上，迈斯基取代缺席的莫洛托夫，担任国际联盟理事会主席

许多奇特细节。他对拉斯普京[1]和革命初期公布的沙皇与沙皇夫人之间的通信表现出极大兴趣。

我们很少谈及时事。我只问了哈利法克斯在我们5月21日的谈话之后是否得出了什么结论。哈利法克斯没有立即回答，而是反问我："那么，你很肯定三方协议可以避免战争的威胁吗？"

"是的，我很肯定。"我回答。

哈利法克斯没有什么可补充的，但他让我觉得，他正在脑海中强化明天在内阁发表的讲话中的某些段落或其他内容。……

5月25日

根据哈利法克斯的指示，巴特勒今天早上在国联与我会面，并递交我一份备忘录，其主要内容如下：

国王陛下的政府在仔细考虑这一问题后，现在倾向同意苏联、法国和英国政府在欧洲进行有效的合作以抵御侵略，这种合作可以建基于一种相互保证的体系，并与国际联盟的原则基本保持一致。有关保证将包括：欧洲国家对三国中任一国的直接攻击，以及任一国因欧洲其他遭受侵略的国家而卷入战争的情况。后者适用的条件需要仔细判断。

……备忘录最后指出，在不久的将来，苏联政府将得到"一个能体现上述原则的方案"。

"那么，你觉得怎么样？"巴特勒在我看完备忘录后询问。

我回答说："这无疑是一个进步，但在看到用白纸黑字承诺的

---

[1] 格里戈里·叶菲莫维奇·拉斯普京，俄罗斯神秘主义者，曾任萨利纳·亚历山德拉·费多洛夫纳的私人和国内政策顾问。1916年12月，君主主义者怀疑他图谋不轨而谋杀他。

'方案'之前,我不会作出最后的判断。"

"你很谨慎。"巴特勒笑着说。

"我在伦敦学会如此。"我以同样的心情回应。

[迈斯基修改了他从日内瓦发回国内的报告,以符合莫洛托夫和斯大林的观点,他已在上一次逗留莫斯科时熟悉了这些观点。迈斯基写道,英国政府"非常明显地避免签署三方协议,是因为不想与希特勒和墨索里尼交恶"。然而,他在谈判中表现得乐观,相信哈利法克斯会重视他的观点,并"向内阁提交一份有利的报告"。记者们预计协议将在一两个星期内完成。

张伯伦对哈利法克斯未能"撼动迈斯基"的结盟要求感到失望。然而,出于对国内情况的考虑,他"非常不情愿"地承认拒绝苏联提案是最难办到的。然而,他仍对苏联的目的深表怀疑。正如迈斯基准确推测的那样,他最担心的是,这样的联盟"会使与极权主义者的谈判或讨论即使不是不可能,也变得困难重重"。然而,内阁对时局的严峻认识超越了这种顾虑,如果要威慑希特勒,结盟必不可少。]

5月27日

理事会会议结束了!但在过去的四天里,我不得不面对相当多的困难和复杂情况。

起初看来,本届会议似乎可以在5月24日或25日结束。议程上的各个项目本来可以在一次会议上解决。我们在没有很好的理由的情况下花了两次会议才结束对它们的对谈。有两个政治问题比较重要——中国和奥兰群岛。根据以往的经验,我在5月22日的第一次会议上就提出了中国问题。随后选出了一个起草中国决议的委员会，并于5月24日提交了决议，但结果并不理想，因为英国人和法国人拒绝同意成立中国人所坚持的协调委员会（我一直支持中国人）。然而，无论如何，中国问题得到了解决。只有奥兰群岛问题依然存在，我们被卡在这里。

5月28日

今天，我一身轻松地离开日内瓦，带走一种隐隐约约、令人不快的余味。整天的天气都很糟糕。国际联盟散发着腐臭的味道，但在日内瓦最令我反感的是，我目睹了它在法律程序上耍花招的惊人力量，它早已在"万国宫"筑好巢穴。

……昨天，即5月27日，西兹在莫斯科向莫洛托夫同志提交提案。这些提案是5月25日巴特勒在日内瓦交给我的备忘录中所讨论

图55 阿格尼娅非常爱惜最新推出的ZIS-101，它是仿造当时的别克轿车设计的

的"原则"的具体表现。

5月30日

由于哈利法克斯和卡多根离开小镇去过圣灵降临节，奥利芬特邀请我去见他。他与我会面时有些闷闷不乐，一副受到不公和侮辱的样子。[1]

他首先向我宣读了过去四五天来伦敦和莫斯科之间交换的许多加密电文。……哈利法克斯一心期待我们立即接受这些提案，莫洛托夫却以一连串令人不快的评论来迎接西兹：英国政府拖延谈判；英国实际上并不希望有效抵抗侵略；国际联盟被列入英国的提案中，仅仅是为了给迅速反击侵略者制造障碍；等等。西兹和帕亚特试图打消莫洛托夫的怀疑，但显然失败了。

奥利芬特认为这一切非常令人不安。他说，英国政府希望尽早达成协议。为了克服新的困难，奥利芬特昨天向西兹发出新的指示。……

奥利芬特让我知晓这些指示后，询问这些能否打消苏联政府的疑虑，以使会谈早日得出结论。

我回答说，我无法明确回复他的问题。这些指示当然是为了消除我们的一些疑虑，但我不确定它们是否会成功。苏联政府习惯相信行动，而不是言语。

就我个人而言，我只能说，在了解英国的提案后，我也感到失望。在日内瓦与哈利法克斯谈话后，我曾预计这些提案会更清

---

[1] 在莫斯科，西兹和帕亚特也被莫洛托夫激烈的反应吓倒了。西兹试图说服莫洛托夫相信，英国政府的决定"是英国外交政策的一个根本转折点"，却徒劳而返。

晰、更简单、更明确。事实上，其中有许多含糊不清的陈述，可作不同的解释。由于我完全了解外交部工作人员，特别是参与制定这些提案的人的高素质，因此很难将这些缺陷归咎于疏忽。在那些措辞的缺陷中，一定隐藏着某种目的。这不得不让我和苏联一方的其他人都感到怀疑。我们正在就一份最具政治和军事重要性的文件进行谈判，这切实关系到千百万人的生命，因此我们理当仔细斟酌文件中的每一个词和每一项条款。哈利法克斯没有理由感到惊讶或失望。……

［克里姆林宫的政策继续为张伯伦根深蒂固的怀疑所推动。正如莫洛托夫提醒西兹那样，《苏法互助条约》"原来只是纸上谈兵"，它使俄罗斯人懂得了"同时达成政治和军事协议"的"绝对必要性"。5月31日，莫洛托夫在对最高苏维埃的讲话中指出，很难不去怀疑，英国那些正在"庆祝带来不幸的《慕尼黑协议》获得成功"的权威代表背离了"真诚地希望放弃不干涉政策与不抵抗进一步侵略的政策"的方向。他担心英国试图转移侵略，并将它限制在"某些地区"。当莫洛托夫宣称"没有必要拒绝与德国、意大利这样的国家建立商业关系"时，被斯大林在"栗子"演讲中打开的缝隙进一步扩大了。］

6月3日

［1939年6月2日，俄罗斯流亡报纸《最新消息》发表了流亡诗人唐－阿米纳多（阿米纳德·什波良斯基）的一首讽刺诗《十日谈》，未作评注。诗作嘲笑英苏联盟："婚礼"最终以"俄罗斯女士"和希特勒、"英国贵族"和"意大利女士"之间的通奸而终止。媒人

波将金和迈斯基发现自己身陷囹圄。]

十日谈

他们迥异如六月与十二月,
他们都自视甚高。
新娘是共青团员,
新郎是英国士绅。

他们无法解决这种反差,
但他们仍然决定结婚。
她穿着一件纯棉印花裙
而他穿着一件丝绒燕尾服。

如此在登记处,
履行公民义务,
她吻了丈夫一下
散发迷人的美。

加里宁的电报来到,
哈利法克斯随后回复。
我们这对夫妇开始了旅途,
一步一个脚印向前走。

他们尝试过,他们努力过,他们承受过。
出入各种墓地,

他们为苦工和工人歌唱，
希望生活得更加愉快。

但不久左邻右舍悄悄说：
他们的爱情在褪色，
夫人在拜访希特勒，
丈夫有意大利玩物……

执政者如西奈的天使，
把他们直接送到地狱。
代理人波将金和迈斯基
被迅速判处入狱。

唐–阿米纳多 [奥利弗·雷迪英译]

6月8日

哈利法克斯邀请我今天见他，并向我告知英国政府决定派斯特朗前往莫斯科。这项决定的动机如下：西兹与外交部已失联数月，而且他对英国政府目前的意见和愿望知之甚少。哈利法克斯想将他召回伦敦接受指示，但因西兹患流感而取消。因此决定派斯特朗前往莫斯科协助西兹并向他简单通报情况。此外，英国政府认为迄今为止实行的交换函件的方法会导致误解和浪费时间。与此同时，危险的国际局势促使我们必须加快行动。为此，英国政府希望在莫斯科举行"圆桌会议"。参加会议的英国代表将是西兹，而斯特朗将被证明是一名好助手。在所有这些雄辩中，有一点我很清楚：外交部认为西兹不具备严肃谈判的资格,因此派斯特朗去增援。好吧,随他们!

[具有讽刺意味的是,迈斯基此后愈发被排除在谈判之外,而身处莫斯科的莫洛托夫在谨慎谈判的同时,将触角伸向德国。哈利法克斯不愿意在伦敦举行会谈,因为他怀疑迈斯基"在谈判中能否被给予活动余地"。现在可以感觉到一种明显的不和谐。尽管迈斯基对达成协议的前景表示有信心,但莫洛托夫仍然保持怀疑,态度强硬。迈斯基淡化了这些障碍,他在写给柯伦泰的信中"倾向认为"联盟将在"不远的将来"形成。他告诉韦伯夫妇,协议将在"本周或下周确定并签署"。]

6月12日[1]

……斯特朗在我们会谈期间出席了会议。哈利法克斯写下了我所说的一切。他似乎很高兴,并问是否向巴黎的法国政府也发出了同样的声明。由于我无法给他一个明确的答案,哈利法克斯说他会亲自向法国人传达我的信息。……他和西兹已经被充分授权,可以在考虑英国总体立场的前提下,当场寻求与苏联政府达成协议的途径。哈利法克斯希望他们能成功。其次,如果为开启军事谈判设定一个确切的日期,能否消除我们对苏联最近提案的第六段(协议和军事公约将同时生效)的疑虑?

---

[1] 6月12日,迈斯基向哈利法克斯转达莫洛托夫的口信,重申苏联坚持将政治协议和军事协议相结合的要求,并"密切关注"将斯特朗送往莫斯科的决定。

我没有反驳哈利法克斯的这些问题，只是指出所有这些问题都有可能在莫斯科讨论。

……然后，我像是随意一提，我不明白为什么哈利法克斯认为有必要在这个特定的时间发表周四（6月8日）的讲话。[1]这让我觉得为时过早。

哈利法克斯有些尴尬，他为自己辩称演说内容很均衡，他较为公平地分配了苛刻和柔和的口吻，其主要目的是对抗戈培尔[2]所谓德国被"围剿"的宣传，对抗不幸已触动德国人心弦的宣传。再采取绥靖政策是不可能的。……我总结道："你的最近一次演讲已经引发了各种各样的猜测，本来可以更明智地避免这些的。"

……在离开之前，我轻描淡写地暗示说，哈利法克斯访问莫斯科是好事，那里会有热烈的欢迎仪式等着他。我的暗示有根有据。果然，哈利法克斯开始找一些常规的国际局势方面的借口，说他没办法离开伦敦，但我看得出他喜欢我的想法。他答应会仔细考虑。[3]

英国人显然对波将金未能如约出席日内瓦感到不悦。伏罗希洛夫拒绝参加英国的演习也刺痛了他们。哈利法克斯6月8日的讲话，无疑是想对我们在谈判中不屈不挠的方式示威。但我仍然认为，除非出现特殊情况，哈利法克斯将前往莫斯科。

［迈斯基逾越了莫洛托夫严苛而简洁的指示，"暗示"哈利法克

---

[1] 哈利法克斯说，如果德国准备讨论"一个真正的解决方案"，英国政府"会支持它"，只要该方案是通过谈判实现而非诉诸武力。
[2] 保罗·约瑟夫·戈培尔，1933—1945年任纳粹德国国民教育与宣传部长。
[3] 迈斯基认为，莫洛托夫的苛刻要求是对英国政府的"诚意的'严峻考验'"，如果哈利法克斯前往莫斯科，有可能恢复该诚意。关于艾登作证哈利法克斯不愿去莫斯科，请参阅1941年10月13日的记录。

斯在莫斯科将受到欢迎。事实上,英国的档案详细记载,迈斯基恳求哈利法克斯:"这很大程度上取决于你个人……如果你立即同意,在本周或最迟下周去莫斯科,将谈判进行到底并签署协议,欧洲的和平就能得到维护。"然而,到目前为止,张伯伦已经压下哈利法克斯最初对建议派丘吉尔或艾登前往莫斯科的积极回应,他认为"派一位大臣或前任大臣与莫洛托夫这样强硬的讨价还价者对抗,是最糟糕的策略"。然而,张伯伦真正担心的是,他知道反对派一直与迈斯基密谋合作,可能会利用这一访问让他垮台。]

6月17日

6月15日,莫斯科的会谈才开始。这是一次真正的"圆桌会议":一方是莫洛托夫和波将金,一方是西兹、斯特朗和那齐雅[1](法国大使)。但迄今为止,还没有什么成果。

在第一次会议(6月15日)上,英国人和法国人陈述了他们的观点,并提出几种可能的解决办法。尽管我在6月12日发出预警,但他们的草案如塔斯社[2]在下午晚些时候发表的一份公报中所说的那样,"完全不能令人满意"。问题的核心是,英国和法国拒绝完全满足我们对波罗的海各国作出保证的要求。

在16日举行的另一次会议上,莫洛托夫同志说,正如会谈所表明的那样,三方集团仍未准备好解决向小国提供保证的问题。因此,苏联政府提议,应该推迟向其他国家提供保证,而且目前我们应只就英、法、苏三国其一遭受直接侵略时进行相互援助缔结三方

---

[1] 保罗-埃米尔·那齐雅,1932—1939年任法国驻南斯拉夫和中国大使,1939—1940年任驻莫斯科大使。
[2] 苏联电报局。

协议。

英国和法国感到震惊，希望与本国首府协商。我认为我们的做法是正确的，而且巧妙。当然，莫洛托夫同志提出的解决方案根本不适合我们的合作伙伴，但我们在战术和本质上是正确的。

6月23日

哈利法克斯把我请来，开始痛心疾首地抱怨：我们正在制造不必要的困难，我们一点儿都不让步，我们使用德国的谈判方法（开出我们的价格并要求被百分之百接受），结果我们推迟达成协议，还对欧洲和平事业造成沉重打击。哈利法克斯以一个直接的问题结束了他的痛苦发泄："你们到底要不要达成协议？"

我惊讶地看着哈利法克斯，回答说，我觉得这个问题甚至没必要讨论。我觉得外交大臣的抱怨完全没有根据。……"对不起，哈利法克斯爵士，"我反驳道，"苏联政府不仅是对你说'不'，还提交了三份详细的反提案草案。"

哈利法克斯……承认，尽管他收到了来自西兹和斯特朗的大量电报，但他无法完全理解问题所在。为什么我们不满意英国最近的提案？在他看来，这个提案涵盖了波罗的海遭受侵略的所有可能状况。为什么我们坚持在协议中提到波罗的海那三个国家？我能不能更详细地阐明苏联的观点？

我回答说，谈判正在莫斯科进行，我并不了解谈判的每一个细节。如果哈利法克斯感到困惑或怀疑，最好的办法是要求莫斯科澄清。哈利法克斯显然不喜欢我的回答，但他无能为力。……

会谈中，我随时能感受到哈利法克斯的烦恼与不满。

[迈斯基在他的回忆录中声称，三国联盟是《苏德互不侵犯条约》可行的替代方案，应当放在德国和苏联正在进行谈判的背景下审视，而他对此知之甚少。一项关于1939年苏德长期谈判的研究使人们怀疑《苏德互不侵犯条约》是在没有任何替代方案的情况下，苏联在最后一刻被迫签署的。诚然，在莫洛托夫被任命为外交人民委员时，似乎没有收到任何要他改变政策方向以及寻求与德国政治和解的明确指示。当时的可选项仍然是与西方达成全面协议，或者孤立。这两项政策都得到了李维诺夫的赞同。苏联孤立的明显优势在于，它能够通过尽可能延迟选择来维护其新近获得的调节均势的地位。然而，退回"孤立"也是一个方便的伪装，可以在其中发展其他备选项。到莫洛托夫上台时，集体安全的破产已成现实，德国选项这一新前景得到承认。

苏联的政策被"经历过慕尼黑会议的人"用意识形态的有色棱镜检验。同样，斯大林决定考虑德国选项，是源于一种强烈的怀疑，即英国和法国决心将希特勒引向东方。从这项协议中获得的经济和军事利益的冷酷算计进一步支撑了这一决定。5月初，希特勒发布了进攻波兰的"白色方案"命令。一周之内，斯大林通过军事情报获得了关于德国计划的详细信息。但是，苏联仍怀疑英国和德国相互勾结。这在5月15日提交莫洛托夫的一份十二页的详细备忘录（迄今仍困扰着历史学家）中有所体现，它用"英国外交在1914年8月的秘密行动"作标题，试图说明那个时期的事件如何与"1939年5月的动作非常接近"。莫洛托夫在仔细查阅的过程中，在多处引用了以下内容的地方做了标记：英国在1914年同意保持所谓中立，并保证法国在德国向东转移作战方向时不主动介入。在与迈斯基和苏里茨通信中，他对三国联盟中"侮辱性的"英国提案表现出担忧与怀疑。政治局决定进行谈判的主要原因似乎是担心将来德国与波兰结盟,而英国和法国保持中立。

俄罗斯人毫不掩饰他们根深蒂固的怀疑:德国的提议是"一种游戏",目的是在莫斯科和伦敦之间横插一脚。莫洛托夫告诉德国驻莫斯科大使舒伦堡,克服这种不信任的方法是建立一个适当的"政治基础"。5月底,俄罗斯人得到保证,德国对俄罗斯没有侵略意图,意识形态上的差异不应成为关系正常化的障碍。苏联甚至得知,如果与英法脱离关系,德国人可能准备就"势力范围划分"作出安排。

6月初,在苏联向伦敦递交协议草案的同时,斯大林给莫洛托夫发出亲笔指示,要求查明德国人的态度是否认真,因为他"不能接受德国人出于意想不到的原因而中断谈判"。斯大林为谈判设定了指导方针,提供了包括重要军事物品在内的所需商品清单,这些清单明显旨在检验德国的意图。6月19日,斯大林收到克莱斯特将军在指挥部发来的一份情报,希特勒决心不惜一切代价解决波兰问题——即使冒着双线作战的危险。报告进一步证实了米列卡洛夫在4月22日克里姆林宫的重要会议上提供的信息:希特勒指望莫斯科"与我们进行谈判,因为苏联无意与德国起冲突,也不想因英国和法国被击败"。结论是,希特勒现在相信,至少在一段有限的时间内,"德俄关系应该达到一个新的《拉帕洛条约》阶段"。]

6月29日

[今天的日记摘录了日丹诺夫当天发表在《真理报》上的一篇文章,标题为"英法两国政府不希望与苏联达成平等协议"。迈斯基没有对该文发表评论。]

7月4日

我对莫斯科会谈的怀疑被证明是合理的。

……7月3日,莫洛托夫同志对我们合作伙伴的提案作了答复。

我们同意在附录中列出受保护国家名单,但令我们惊讶的是,以前的所有谈判都只基于八个"孩子",现在突然跃升至十一个。我们愿意妥协,准备将荷兰和瑞士列入受保护国家名单,但有一个条件:由于纳入后来者意味着义务的扩展,我们有理由要求以相应的方式扩大我们的安全保障,即以苏联为一方,土耳其和波兰为另一方缔结互助协定。此外,我们提议,在不违反公约所规定的即时援助的前提下,一旦出现需要履行互助义务的情况,就与"三大国"展开磋商。……

[莫洛托夫现在更加坚决地告诉迈斯基,英国的提案是"先前提案的重复",必须"视为不可接受的而拒绝掉"。为了缓解苏联对英国的主要目标——"诱使他们作出承诺,然后让他们陷入困境"——的恐惧,哈利法克斯于6月26日游说外交政策委员会,接受苏联将保证范围扩大到波罗的海所有国家的要求。卡多根在他的日记中写道:"我们正在作出最大让步,在我看来,没有任何切实的把握可以消除污蔑。"另一方面,莫洛托夫把英国谈判代表称为"无赖和骗子",他们正在玩弄"笨拙的把戏"。他执意从英国人或德国人那里获得一份无懈可击的协议。]

7月5日

在过去的几周中,议会里秘密进行着一场大规模的运动,要求立即进行政府改组。……我对这场运动的前景仍持怀疑态度（这已经是第几次了？），尽管其领导者的名头很"响亮"。下面这些话我听过很多次："不能继续这样下去"；"张伯伦在冒险"；已经开始洗牌，某处的某个决策中心正在拟定一份新任大臣的名单。然而一切都没有改变。张伯伦一点儿也不在乎，丘吉尔仍然坐在下议院后座中他最喜欢的角落里。我担心这次也会发生同样的情况：人们大惊小怪，吵吵嚷嚷，情绪激动，而政府保持原样。我越来越相信英国精英只会在宣战后的第二天授予丘吉尔权力。前几天，张伯伦夫人告诉她丈夫，"邀请丘吉尔进入内阁等于断送你的政治前途"，不无道理。

真可惜，要是丘吉尔今天进入政府，战争仍然可以避免。[1]

7月6日

哈利法克斯邀请我过来。

当然，他开始抱怨谈判进展缓慢，显然在暗示我们是应受谴责的一方。我毫不费力地挡开了他的反对意见。……哈利法克斯说，英国政府希望再作最后一次努力，就保证问题与我们达成协议。如果这次尝试失败了，英法两国目前将只限于达成一项简单的三方互助协定，一旦其中一个协约国受到直接侵略，该协议就会生效。

哈利法克斯试图吓唬我们。简单的三方协议对英国和法国都不适用。伦敦正在讨价还价。我们也会讨价还价。

7月12日

7月8日和9日在莫斯科再次举行会议，但我仍不清楚个中细

---

[1] 张伯伦深信，"推动"丘吉尔进入政府是一个阴谋，"迈斯基先生参与其中"。

节。……哈利法克斯今天又找了我。在"告知"我谈判进程的过程中，他说……就"间接侵略"而言，英国政府将坚持原有方式，否则，它"担心会把波罗的海诸国推入德国人的怀抱"。关于同时执行该协议和军事协定，英国政府很可能不会提出反对意见。……后来，哈利法克斯补充说，英国政府不反对立即开启军事谈判。能否通过确定军事谈判的开幕和结束日期，解决这一争端？

我回答说，我很难回答他的问题，他最好向莫斯科询问此事。

7月13日

英国政府目前正在进行一项重大运动，在新闻界、议会、公众和政界中广泛散布一些谣言：苏联政府在琐碎事务上顽固行事，蓄意拖延谈判；苏联政府只是在"玩耍"，实际上并不真正希望缔结一项协议。好像苏联政府正在与希特勒调情，并准备与德国结盟似的。

这场运动的目的很明确。张伯伦企图破坏会谈，让我们成为替罪羊。我们会尽力破坏他的阴谋。

然而，必须实话实说，这场运动甚至打击了我们在工党和左派圈子中某些"朋友"的士气。

7月18日

昨天，西兹及其随行才屈尊拜访莫洛托夫同志。就这样，哈利法克斯在12日通知我的这份最新指示花了整整五天才从伦敦送到英国驻莫斯科大使馆！根据我们的代表团评判，英国外交团一定是以牛作为传输工具的。

……在间接侵略问题上没有取得进展。……确实，7月17日的会议留下了如此令人不愉快的回忆，连我们莫斯科的民众都开始怀疑这些永无休止的谈判是否会有结果。从某些指标来看，不排除它们在不久的将来有被破坏的可能。现在，我们只能等待。

[7月19日的内阁会议上，哈利法克斯与张伯伦站在同一边，宁愿"谈判破裂"也不愿接受苏联的条件。成功挡住了与俄罗斯签订条约的压力，张伯伦转而试图通过向希特勒提供各种经济激励来阻止他诉诸武力。一些得到哈利法克斯支持的中间人为英国著名的工业家们会见戈林铺平道路。尽管谈判从未真正取得进展，但它们确实成功激起了苏联的怀疑，并且很可能使迈斯基在《苏德互不侵犯条约》缔结的两周前，在对英国意图作关键评估时转变态度。正如后面的日记所示，直到战争爆发，甚至开战后，迈斯基一直相信两国会达成协议；但他现在与莫斯科保持一致。]

7月22日

郭泰祺今天告诉我，法币贬值的直接原因是日本人组织的法币挤兑行动和一千万"平准基金"的枯竭。大约两周前，郭泰祺已经向哈利法克斯发出警告，该基金很快耗尽，必须增加基金金额。哈利法克斯答应考虑此事，但到目前为止尚未采取任何行动，因此导致上海证券交易所崩溃。

郭泰祺还要求英国从其六千万"政治信贷"基金中向中国政府提供八百万贷款。该请求也"正在考虑中"，目前尚无贷款。

我认为，英国政府今天刚刚开始跟日本就天津问题进行谈判，所以它不想借钱给中国。它不想因为支持法币"惹恼"日本人。换句话说，英国政府已经实现了日本最重要的要求之一：拒绝为法币融资。

张伯伦的政策显然是一次投降。他为远东慕尼黑的形成作好了充分准备。

7月25日

哈利法克斯邀请我去见他，并说，在7月23日于莫斯科举行的最后一次会议上，莫洛托夫同志提议立即展开军事谈判，还再次强调苏联政府在没有军事协定的情况下不会签署该协议。莫洛托夫同志进一步让西兹及其随行理解，如果军事协定的问题得到有效解决，剩下的政治困难（间接侵略）将不复存在。由于西兹没有被授权决定莫洛托夫同志提出的问题，他向伦敦发出请示。今天，英国政府作出了一个非常重要的决定：接受莫洛托夫同志的提议，并准备立即展开与政治谈判类似的军事谈判。协议和军事协定将同时签署。英国和法国的军事代表团将在七天至十天内前往莫斯科。特派团的组成人员尚未确定。

……我接着问哈利法克斯，应该如何理解他和首相昨天就东京谈判发表的言论。外交大臣回答说，英国的远东政策没有改变，这些声明的唯一目的是重申英国在被日本占领的地区所采取的中立立场。我问哈利法克斯，英国政府是否会继续资助中国政府，特别是支持法币。我补充说，这是一个测试，此问题的答案将向世界展示英国对华政策是否发生了变化。

哈利法克斯的脸色为之一变。我能听到他的声音中有一种不寻常的激动，但他说的话却让人无法理解。很显然，英国政府在耍诡计，它最不想做的事就是给中国人钱，至少现在是这样。如果给了，日本人又会说什么呢？

你可以感觉到酝酿中的远东慕尼黑。如果没成形，那也不是英国人的功劳。

8月4日

……莫斯科军事代表团成员——海军上将德拉克斯[1]（团长）、空军元帅伯内特[2]和少将海伍德[3]——来吃午饭。客人们在谈话中有所保留，并且倾向讨论狩猎山鹬之类无关痛痒的话题，他们显然必须在莫斯科度过这个狩猎季。

然而，在午餐期间，我获悉了一件令我震惊的事情。当我问坐在我右边的德拉克斯，为什么代表团没有乘飞机前往莫斯科以节省时间时，德拉克斯抿了抿嘴唇说："你知道，我们有将近二十个人和很多行李……在飞机上会很不舒服……"

这样的回答很难令人信服。我继续说："如果是那样的话，为什么不乘军舰……比如，一艘快速巡洋舰……这看上去激动人心，并且加快您到达列宁格勒的速度。"

德拉克斯再次抿了抿嘴唇，陷入沉思："但这意味着将二十名军官从他们的船舱中赶出来……那就尴尬了……"

我简直无法相信自己的耳朵。多么脆弱的感情，多么老练的

---

[1] 雷金纳德·艾尔默·兰夫利·普伦基特–厄恩利–厄尔–德拉克斯，海军上将，1935—1938年在普利茅斯任总司令。

[2] 查尔斯·斯图尔特·伯内特，1933—1935年任指挥英国皇家空军伊拉克司令部的空军官，1936—1939年在英国皇家空军训练司令部任职，1939—1940年任英国皇家空军监察长。

[3] 托马斯·乔治·戈登·海伍德少将，1936—1939年在奥尔德肖特任英国皇家炮兵准将。

图 56　英法军事代表团乘坐货运汽船前往俄罗斯的途中

方式！

不过，这位海军上将赶忙取悦我，因为有消息称军事代表团特许一艘特种船舶埃克塞特号把他们和法国代表团带到列宁格勒。这时，科尔日先生[1]介入了谈话，尖锐地指出，说他今天早些时候曾从这艘船的船主那里得知，它的最高航速为十三节。我惊讶地看了德拉克斯一眼，大声喊道："这可能吗？"

德拉克斯很尴尬，含糊地说："贸易委员会租了这艘船。我不知道具体情况。"

因此，英国和法国的军事代表团正乘坐货运汽船前往莫斯科！

---

[1]　米哈伊尔·瓦西列维奇·科尔日，1937—1942年任苏联驻英大使馆一等秘书。

以它的速度来判断一定是货轮！这是欧洲大地正在我们脚下开始燃烧的时候！难以置信！英国政府真的要达成协议吗？我越来越相信张伯伦一心在推进自己的游戏：这不是他需要的三方协议，而是将讨论协议作为与希特勒达成协议的王牌。

[迈斯基坚持认为，直到《苏德互不侵犯条约》缔结之日，除了偶然出现的失误，与西方列强的协议是不可避免的。在他带有致歉意味的回忆中，他对故事进行了误导性的润饰，因此，哈利法克斯拒绝前往莫斯科和这次离奇的军事代表团事件令他震惊，使他认识到注定无法达成协议。这种由迈斯基精心构建并广泛传播的叙述，是为了证明苏德条约的合理性，后来被斯大林采用。可以想见，哈利法克斯拒绝前往莫斯科，到莫斯科去的军事代表团也指望不上，这让他别无选择，只能达成苏德条约。迈斯基的这种叙述将被后面的日记记录推翻，那是当时他内心思想的生动说明。此外，两天后访问韦伯一家时，他确信"英国将被迫与苏联结盟"。]

8月5日

前往圣潘克拉斯火车站送别英国和法国的军事代表团。现场有很多人：记者、摄影师、夫人和年轻女孩。我遇到了法国代表团团长杜门克将军[1]以及他的一些同伴。英国代表团的领导们——德拉克斯上将（团长）、空军元帅伯内特和少将海伍德昨天与我共进午餐，我们像老朋友一样互致问候。

---

[1] 约瑟夫·爱德华·艾梅·杜门克，1937—1939年任法国第一军区统帅，1939—1942年任最高战争委员会委员。

在回家的路上，我不禁对历史那恶作剧般的幽默感到好笑。

从主观上讲，很难想象会有一种情况比英德集团对抗苏联更有利，而比英苏集团对抗德国更不利。确实，英国"上流社会"绝对自发地偏向德国。张伯伦做梦都想以牺牲第三国，即最终牺牲苏联为代价与希特勒达成协议。即便是现在，首相仍然梦想着实现"绥靖"。另一方面，在柏林的希特勒一直主张与英国建立联盟。他在《我的奋斗》中狂热地支持这一观点。在德国，法西斯主义者、银行家和工业家中有高度影响力的团体也支持与英国建立更紧密的关系。我再说一遍：主观因素不仅是百分之百，而且是百分之一百五十落后于英德集团。

然而，这一集团未能成形。英德关系正在缓慢而不可阻挡地日趋紧张并恶化。不管张伯伦为"忘记""宽恕""和解""达成条件"作了多少尝试，总会发生一些致命的事情，进一步扩大伦敦和柏林之间的分歧。为什么？因为从客观上讲，两国的切身利益被证实是截然相反的。这种根本的利益冲突很容易压倒主观因素的影响。排斥力比吸引力更强。

英苏关系的情况则相反。主观因素是强烈反对英苏集团的。资产阶级和内阁不喜欢，甚至厌恶"苏联共产主义"。张伯伦一直妄想着毁掉苏联。而在苏联方面，我们对英国的"上流社会"不甚满意。过去的负担、苏联时期的新近经验和意识形态实践交织在一起，以充分、正当的怀疑和不信任，恶化了我们对英国统治精英，尤其是首相的主观态度。我重申：在这种情况下，主观因素不仅是百分之百，而且是百分之一百五十反对英苏集团的。

然而，这个集团正在逐渐成形。当我回顾我在伦敦的七年时光，发现整体情况非常具有启发性。经历曲折、倒退和失败后，英苏关系正缓慢但稳步改善。从大都会–维克斯公司案件，到军事代表团的莫斯科之旅！这是我们已经跨越的距离！伦敦和莫斯科之间的分歧在缩小。战斗工兵正在固定横梁和椽子以弥合剩下的距离，进展顺利。为什么？因为两个大国的切身利益这一客观因素是一致的。而这种根本的一致超越了主观因素的影响。吸引力被证实比排斥力更强。

军事代表团的莫斯科之旅是一个历史性的里程碑。它证明吸引力已经发展到很高水平。

但讽刺的是，建立对抗德国的英苏集团的任务居然落到了张伯伦头上！

是的，恶作剧般的历史确实有一种恶意的幽默感。

但是，一切都在变动。上述平衡力与当前的历史时期相呼应。如果当苏联以外的无产阶级革命问题成为主流时，情况将发生巨大变化。

[现在，与英法的谈判和与德国的谈判同时进行，虽然后者自4月以来失去了一些动力。和苏联其他全权代表一样，迈斯基对这些谈判的存在一无所知。7月10日，德国人默许了俄罗斯人提出的将经济和政治谈判相联系的措施，并得到斯大林的及时回复："我们准备向前推进。"但是，进一步的谈判暂缓至7月26日，那天，苏联驻柏林的代办处被告知，里宾特洛甫个人一直对改善苏德关系很感兴趣。

鉴于迈斯基警告说英国人伪试图与德国人达成协议，斯大林决定在与民主国家进行军事谈判之前偷偷抢先一步。8月2日，阿斯塔霍夫[1]被获准与里宾特洛甫会面。他发现德国外交部长急于缔结一项贸易协定，这可能"预示着政治关系有所改善"。里宾特洛甫对他表示，苏德两国"从黑海到波罗的海"之间不存在任何冲突，"所有相关问题都是可以讨论的"。8月12日，阿斯塔霍夫在柏林补充说，由于预料到会同波兰发生冲突，德国人急于开启经济和政治谈判。

在莫斯科的军事谈判刚刚开始，舒伦堡就于8月15日建议莫洛托夫让里宾特洛甫来俄罗斯。多疑的莫洛托夫尽管对这一想法表示欢迎，但想要更准确的信息来了解德国提案的性质。此外，他显然希望在与民主国家进行军事谈判的同时，可从德国人那里获取最有利的条件。直到8月17日，在陷入僵局的军事谈判破裂之后，莫洛托夫才与舒伦堡一起提出互不侵犯条约和"特殊协议"的构想，专注于苏德两国的共同利益。8月19日，双方敲定该协议的文本措辞。

两天后，希特勒亲自向斯大林发去相当于最后通牒的信函，要求斯大林在接下来的几天内在莫斯科与里宾特洛甫签署协议。斯大林在两小时内作出回应。在克里姆林宫的谈判很简短。斯大林提出，签署互不侵犯条约，需要双方在原则上就一项秘密附属协议达成一致，该协议应该划分中欧和东欧的"势力范围"。他让目瞪口呆的里宾特洛甫直接电话联系希特勒，希特勒当场表示同意。]

---

[1] 格奥尔吉·亚历山德罗维奇·阿斯塔霍夫，1934—1935年任苏联驻伦敦大使馆参赞，1936—1937年任外交人民委员部新闻司主管，1937—1939年任苏联驻德大使馆参赞和临时代办。他被视为李维诺夫的门徒，1939年遭外交人民委员部驱逐，被控叛国罪而送往劳改营，1942年在劳改营去世。

8月21日

我们与英法的谈判似乎已经破裂。早在7月,莫斯科就有强烈的愿望要求终止谈判。现在事情变得越来越糟糕。通过从各种渠道收集到的信息进行判断,情况大致如下。

8月12日,军事代表团之间的谈判于莫斯科开幕,苏联请英法两国代表团出示国书。结果,军事代表团什么都没带。这自然会给人留下非常不好的印象。苏联要求英国人和法国人分别从伦敦和巴黎获取必要的文件。几天后,他们收到并提交了这些文件,但……这些文件太笼统、太含糊,我们开始了解到伦敦和巴黎没有认真签署协议的打算。

接下来是波兰问题。英法两国提出他们在波兰有需要时所能提供的援助,并询问苏联方面可以为波兰做些什么,伏罗希洛夫同志概述了我们的计划。由于苏联与德国没有共同边界,苏联当然能向波兰、法国和英国提供有效的援助,只要波兰让红军通过其领土。……波兰政府断然拒绝让苏联军队通过其领土,甚至宣称不需要苏联的任何援助。如果英国和法国履行了自己的职责,波兰自己能应付。波兰人最害怕的情景是红军穿过毕苏斯基[1]的出生地维尔诺。他们大声叫道:"如果我们允许俄罗斯军队通过维尔诺,毕苏斯基的鬼魂将从坟墓里钻出来。"

……谈判在这个问题上停滞不前。已经形成僵局。事实上,如果波兰人断然拒绝唯一能拯救波兰的计划,那么与英国人和法国人谈判又有什么用?

这再次证明,英法对达成协议的态度并不认真。抑或是他们煽

---

[1] 约瑟夫·克莱门斯·毕苏斯基,1926—1928年和1930年任波兰总理,1926—1935年任国防部长。

动波兰人拒绝我们的建议？

感觉一些重大决定正在酝酿中……

* * *

郭泰祺告诉我，英国政府经过多次拖延和犹豫后，最终向中国提供三百万英镑的贷款，期限为十四年，利率是百分之五。然而，他们认为这个协议应该保密。这显示了英国人多么惧怕日本人。

一个不寻常的细节。一切准备就绪后，外交部远东司司长致电郭泰祺，要求他发函确认在中国签署的协议不会被泄露。郭泰祺说，如果外交部以书面形式向他提出这个要求，他会提供这样一封信函。外交部吓了一跳，保持沉默。

[尽管英国政府接受了苏联希望迅速开展军事谈判的想法，但代表团被指示"慢慢进行对话"，"有保留地"对待俄罗斯人直到达成政治协议，并"等待伦敦授权才可处理核心问题"。苏里茨从巴黎向莫洛托夫发出警告，说杜门克将军对这些"不外乎宽泛和刻板的语句和言论"的指示感到不满。他在执行这项任务时，不禁想到"这艘旧货轮"具有一些象征意义，"……是古老的英国商业舰队的代表。坚固，有些过时，船员全是印度人，带着帝国的印记"。

8月16日，谈判陷入僵局，而德国的压力越来越大。伏罗希洛夫元帅警告，"明确"回应苏联"尽快"进入波兰的要求"至关重要"。莫洛托夫在与美国大使对话时坚持认为谈判具有"重大意义"，并且"期待谈判取得成功"，只是要以缔结互助的"具体义务"而非"一般性声明"结束谈判。杜门克及时告知他的政府，俄罗斯人"明确表示不打算搁置……而是认真采取行动"。他对苏联表述其潜在军事援助的"精确"印象深刻，他估计这是"相当大的……占我们即将部署军队的百分之七十至百分之百"。法国于8月

22日向伏罗希洛夫传递了部分积极的回应,但此类援助的性质取决于"事件的进程"。然而,到目前为止,德国已经发布了一个重磅消息:里宾特洛甫和一大批顾问将在第二天早上飞往莫斯科,签署一项互不侵犯条约。]

8月22日

昨天晚上十二点左右,我接到了国际新闻社员工希尔曼的电话,他非常惊慌和激动,大喊道柏林刚刚传来消息,德国和苏联签署了一份互不侵犯条约。里宾特洛甫明天将为此飞往莫斯科。这可能吗?

我不由自主地感到绝望。

各种报社和机构也很快打来电话。这只是开始。不到半个小时,大使馆外就停了一排出租车。一些记者试图强行闯入,要求我发表声明。不用说,我避开了新闻界的采访。门卫对记者说我出去了。他们决定等到我回来,坐在出租车上等待。但是,一些记者跑到了科尔日的公寓。他们包围大使馆一直到两点。两点后,疲惫不堪的记者们离开了,对于不会在那里抓到我感到满意。

今天清晨,城里发生了一场大骚动,甚至可以说是恐慌。电话。访问。要求见我。劳合·乔治专门从丘尔特过来,邀请我到他的办公室吃午餐。老人家很着急,但他完全理解我们。他坦率地告诉我:"我为此刻等了很长时间。我对你的耐心感到惊讶。你是如何与<u>这种</u>政府谈判这么久的?"

我们就目前的情况进行了长谈,并讨论了他在这个问题上的立场。最后,他直言:"只要张伯伦继续掌权,就不会有'和平阵线'。这个人将摧毁帝国。"

后来，阿瑟尔公爵夫人[1]拜访了我。她感到担心和困惑：这是什么意思？苏联完全中立？让德国在欧洲为所欲为？我们聊了很久。公爵夫人离开时有些放心了。

格林伍德和道尔顿晚上来看我。他们也担心、困惑，无法理解任何事情。……

[道尔顿和格林伍德发现，迈斯基"和我们一样，对最近发生的转变感到惊讶"。在斯德哥尔摩，柯伦泰在翻阅大使馆的报纸时得知了这个协议，她感到"生气和恼怒"。躲在别墅里的李维诺夫"差点疯了：'他们是什么意思？他们的意思是什么？他们真的打算与德国人结盟？'"正如阿格尼娅在午餐时不小心向艾登承认的那样，对迈斯基来说，"最近的事件令人失望"。自从6月中旬的谈判移至莫斯科，尽管迈斯基对此一无所知，但他还是坚信：虽然苏德已签署协议，仍有望与西方大国达成协议。由于"担心"军事代表团可能撤离莫斯科，他恳求道尔顿和格林伍德"加快并完成政治和军事对话"，因为"如果发生战争，苏联就会保持中立"。]

8月23日

内维尔·亨德森去过贝希特斯加登，并向希特勒递交了张伯伦的私人信件，后者在信中告诉元首，如果德国入侵波兰，英国将履行其承诺。希特勒用最尖锐的措辞回答说，英国的任何信函都不能阻止德国维护自己的"切身利益"。

---

[1] 凯瑟琳·马乔里·斯图尔特-默里，阿瑟尔公爵夫人，婚前姓拉姆齐，1923—1938年任金罗斯和西珀斯郡的保守党议员。

里宾特洛甫飞往莫斯科时，带着三十二名随从！他就是这样。我记得他任驻英大使时，在不少于三十至四十名副官的陪同下往返于伦敦和柏林之间。谈判已经开始。

……这个城市正在如火如荼地进行紧急情况的准备工作：挖掘避难所，在建筑物前堆放沙袋，遮挡窗户，清空博物馆和美术馆，疏散学校，组织好妇女和儿童，广播通知如何处理……猫和狗。

紧张局势不断加剧，预计会出现一些可怕的、威胁性的和不可避免的事情。这是认真的吗？或者这些只是为一个新的慕尼黑会议所作的心理准备？我们拭目以待。毫无疑问，张伯伦非常想要第二个慕尼黑会议。问题是希特勒的胃口迅速变大，这使得重演慕尼黑事件变得更加困难。……

8月24日

昨天深夜，苏联与德国在莫斯科签署互不侵犯条约；今天，里宾特洛甫飞回德国。该条约规定了两国政府就共同关心的事项进行磋商，并且不包含免责条款。条约的期限是十年。

我们的政策方向显然正在急剧变化，其含义和后果我尚不完全清楚。我必须等待莫斯科的进一步消息。……

8月29日

焦虑不安的一天。

战争与和平的命运被放在不稳定的、颤抖的天平上称量，谁知道第二天会发生什么？

……议会会议开始。张伯伦作了简短声明，他说，自8月24日会议以来，没有发生任何变化，战争的威胁没有减少。首相还指出了最近几天最重要的事件，例如亨德森的到访和英国对希特勒提议的答复，并再次强调英国将履行对波兰的义务。总体而言，首相的讲话听起来相当坚定。……飞机在空中不断嗡嗡作响。到了晚上，探照灯的光划过天空，"捕捉"敌方的轰炸机。

在莫斯科，心境明显不同：他们不想要战争，而是指望一个新的慕尼黑会议。事实如下。

几天前，我询问外交人民委员部，以外交邮件发送保密材料是否安全，因为铁路运输可能会中断，甚至在不久的将来德国和波兰之间可能会发生战争。我收到了答复：以正常的方式发送邮件——莫斯科显然希望告诉我："不要惊慌！"尽管如此，我并没有让邮递员寄送保密材料。我完全有理由不这样做。今天，我得知这些邮递员被困在柏林。

8月27日，外交人民委员部通知我，我已被任命为定于9月11日参加国际联盟大会的苏联代表团团长。感谢大家的信任。不过，我怀疑在目前情况下大会能否顺利举行。

今天，库珀塔西亚号从列宁格勒起航，搭载了红旗歌舞团的成员。明天，即30日，玛丽亚·乌里扬诺娃号[1]应该是和其他人一起离开。在南安普敦，歌舞团将登上前往美国的阿基塔尼亚号。然而，我担心这可能不会发生：新的事件可能会迫使歌舞团返回苏联。

8月31日

又是紧张和充满悬念的一天。……五点左右，阿格尼娅和我坐

---

[1] 这艘船以列宁的妹妹玛丽亚·伊莉妮琪娜·乌里扬诺娃的名字命名。

1939年　321

进一辆小汽车，在镇上转了一圈，看看发生了什么。一个工作日结束了。和往常一样，街道、地铁、公共汽车和有轨电车喧嚣不已。各家商店都在营业。咖啡馆开放。卖报人大声报出头条新闻。总的来说，这个城市看起来很正常。只有窗户下面的沙袋和指向最近的防空洞的黄色标志箭头，表明英国处于战争边缘。

傍晚，阿格尼娅和我去环球剧场，观看奥斯卡·王尔德令人愉悦的喜剧《认真的重要性》。演员非常棒。没有汽车、无线电、飞机、空袭、希特勒和墨索里尼，一幅逼真的"美好旧时光"画面。以今天的标准来判断，那时的人们有趣且天真。我们笑了两个小时。这是值得感恩的事情。

我们从剧院回来时，广播里传来爆炸性新闻：希特勒向波兰提出十六点要求，包括立即归还但泽，在"波兰走廊"举行公民投票，成立一个由意大利、英国、法国和苏联代表组成的国际委员会，1940年举行投票，等等。

这是什么意思？后退一步？慢下来？

我对此表示怀疑。希特勒若是撤退为时已晚。几乎能肯定的是，这是一种策略。难道这是在决定性的"飞跃"之前蒙蔽世人——或许还包括德国人——的一次尝试吗？

9月1日

昨天的疑虑完全成立。今天凌晨，德国在没有任何事先警告的情况下袭击了波兰，并开始轰炸波兰的城市。波兰陆军和空军在各地顽强抵抗。

所以，战争已经开始。一个巨大的历史绳结已被解开。第一块石头滚下了斜坡。接下来会有更多。今天，世界已经跨进了一个新时代的入口。世界会发生很大变化。人类生活发生巨大变革的时代快要来临。我想，除非有一些疯狂的事情使我折寿，否则我能活着目睹这些变化……

议会在晚上六点开会。当我驱车前往威斯敏斯特时，摄影师开始抓拍。怎能不拍呢，多么轰动的场景：苏联大使正前往参加一场关于战争的议会会议，而且是在《苏德互不侵犯条约》签署之后！

议会走廊上弥漫着紧张和惊慌。各个年龄层和地位的人群聚集在一起。有许多相当年轻的妇女和女孩，疯狂地打着手势，用尖锐的声音说话。我沿着走廊走到外交官旁听席的入口，议会警卫照例向我敬礼。里面挤满了大使、公使、高级专员和其他"知名人士"。门卫一看到我，就向后推开几位"公使"，为我打开一条通往楼梯的狭窄道路。途中，我向罗马尼亚、丹麦、埃及、芬兰和其他一些国家的外交官打招呼。我立即感觉到一种气氛：一种克制的敌意，又带有一丝敬意。

楼上也是如此，我挤过几位尊贵的陌生人，挨着郭泰祺坐在前排长椅上。和往常一样，我们以友好的方式互致问候。坐在郭泰祺另一侧的拉钦斯基握着我的手，似乎有些感慨。至于卡蒂埃[1]（比利时人）和在过去几周里头发变得相当灰白的柯宾，他们几乎没有伸出手来。我也只是伸出几根手指作为回应。肯尼迪看到我们即将坐在一起时，立即跳出座位，作了一个笨拙的手势，在第二排（"公使排"）坐下来，却带着美国大使的自大。最近几天的事件无疑影响了外交界的情绪。

我低头往下看。下议院的小会议室坐满了紧张不安的议员。他们像沙丁鱼一样挤在一起。政府的长凳都是一样的。所有的明

---

[1] 埃米尔·德·卡蒂埃·德·马赫辛男爵，1927—1946年任比利时驻伦敦大使。

星——如果存在的话——都在场：张伯伦、西蒙、霍尔-贝利沙、金斯利·伍德、布朗[1]、英斯基普和其他人。所有的反对派"明星"也坐在前排，除了最近一次术后尚未完全康复的艾德礼。气氛沉重、险恶而压抑。上议院的旁听席挤满新闻界人员和来客。穿着淡灰色西装的格洛斯特公爵和肯特公爵在"时钟"附近坐着。几位下议院议员身着军服，其中包括麦克纳马拉陆军上尉[2]，他就西班牙事务与我进行过几次对话。所有人的目光都集中在我身上，情绪是一样的：克制的敌意，又带有一丝敬意。我冷静地忍受这一串串目光的轰炸。随后我开始辨认一个个面孔。阿斯特夫人按照她的习惯，似乎在看着我，如坐针毡，好像打算抓我的头发。曼德、尼科尔森和艾伦·威尔金森[3]用友好而炯炯有神的眼神看着我。印象中，艾登也快速地瞟了我一眼，没有敌意，但我不确定。

这些演讲很简短，而且完全没有上升到这个场合应有的伟大历史高度。

张伯伦看上去非常沮丧，语气平静且毫无生气。他承认，在十八个月前（艾登退休时！），他曾祈祷自己不必承担宣战的责任，但现在他担心自己无法避免这一点。但是，发动战争的真正责任不在首相，而在"一个人——德国总理——的肩膀上"，他毫不犹豫地将人类投入巨大、苦难的深渊，"服务他那毫无意义的野心"。……张伯伦宣布，英国和法国驻德大使今天向里宾特洛甫递交了照会，要求德国政府停止对波兰的侵略并从其领土上撤军。如果不能做到

---

[1] 欧内斯特·布朗，1935—1940年任劳工大臣，1939—1940年兼任国家事务大臣，1940—1941年任苏格兰事务大臣，1941—1943年任卫生大臣。
[2] 约翰·麦克纳马拉，1935—1944年任保守党议员。
[3] 艾伦·威尔金森，工党议员，因在工会运动中扮演激进和积极的角色而得名"红色艾伦"，1940—1945年任内政部政务次官。

这一点（首相当然不期望实现这一要求），英国和法国的大使将不得不索回护照，英国和法国将使用一切可能的手段来帮助波兰。这意味着战争，一场漫长而艰难的战争，但"只有我们咬紧牙关，才能帮助他们渡过难关"。

坚决而严肃的发言。有时，张伯伦甚至试图用拳头砸向议长桌上著名的"盒子"。但是，他做的一切都要他付出痛苦的代价，他的眼神、语气和手势都表现得如此绝望，他的样子令人不快。这是大英帝国史上最关键时刻的领袖！他不是大英帝国的领袖，而是大英帝国的掘墓人！……

除非在最后时刻发生奇迹，否则英国将在接下来的四十八小时内对德宣战。

9月3日

今天，结局真的到来了。

上午九点，亨德森根据伦敦的指示，向里宾特洛甫递交了"最后照会"：英国政府要求德国政府在上午十一点之前出席会议，并对9月1日的照会作出最后回应，照会中包含对德国从波兰撤军的要求。此外，英国政府警告说，如果德国政府在十一点之前未作出答复，那就意味着两国关系的破裂和战争的开始。

不用说，希特勒没有回复。上午十一点十五分，首相在广播中宣布，英国对德宣战。

半个小时后，空中响起警笛声。人们纷纷跑回家，汽车停在路上，街上空荡荡。这是什么意思？一场演习？还是德国轰炸机真的来袭？

紧张和焦虑持续了十五分钟——然后我们听到拉长的警笛声：

"一切正常!"这只是一场演习。没有敌机。

中午之前我到了议会。因为警笛,我迟到了几分钟。[1]我在第二排第一个位子就座。张伯伦已经在发言,他的面庞暗淡憔悴,声音沙哑又断续,手势苦涩而绝望,整个人疲惫不堪。然而,说句公道话,首相并没有掩盖他惨败的事实。

"对我们所有人来说,今天是一个悲伤的日子,"他说,"没有人比我更伤心。我所做的一切,我所希望的一切,以及我在公共生活中所信仰的一切,都已被毁。"

我坐下聆听并思考:"这就是伟大帝国在其生死存亡之时的领导者!一把老旧的、漏水的、褪色的雨伞!他可以拯救谁?如果张伯伦长期担任首相,帝国会被毁灭。"……

9月5日

张伯伦对他的内阁进行了"重组"。一切都是按照张伯伦的风格来做的,即半途而废,吹毛求疵。他的内阁人数有所扩大,但质量提升不大。几位大臣互换职务。丘吉尔(海军大臣)和艾登(自治领事务大臣)等人作为"新鲜血液"加入内阁。

……如果内阁"重组"不再继续,丘吉尔和艾登将成为人质,英国也必将输掉战争。但我认为,"重组"不会就此结束。这仅仅是开始。后续措施将继续。……

[迈斯基的生存再次岌岌可危。《每日先驱报》暗示他将被召回

---

[1] 关于张伯伦的圈子如何看待迈斯基,亨利·查农爵士在日记中的记录是最好的证明:"过了一会儿,迈斯基竟然出现了,像一只柴郡猫般咧嘴笑。也难怪,这是他长期密谋并期待的一刻。"

莫斯科参加汇报。比阿特丽斯·韦伯为他感到难过,因为他的朋友注定要"变少"。她想知道他们即将到来的见面是不是"一次欢送会?恐怕是的……可怜的迈斯基夫妇,我们将再也见不到他们……他们会与他们的朋友李维诺夫一起,消失得无影无踪,希望他平安地生活在那片巨大而神秘的国度"。然而,迈斯基很快恢复了活力,希望已与他交往多年的艾登和丘吉尔加入内阁能使两国相互团结。丘吉尔在海军部的信纸上首次写道:"我衷心希望,我们两国之间的一切都会好起来,我相信你们会为此竭尽全力。"迈斯基对韦伯夫妇说:"温斯顿·丘吉尔会得到克里姆林官的信任。"]

9月8日

刚从库珀塔西亚号回来。我们开车回来时已经很晚了。令人难以置信的景象。

这座巨大的城市笼罩在黑暗中。没有路灯(被全部拆除!)。房子里没有灯。餐厅或咖啡馆的窗户不再闪闪发光。没有闪亮的告示牌或广告牌。仿佛魔杖一挥而过,一切变得漆黑。只有星星在空中闪烁,还有耀眼的自动交通信号灯。但是它们也正在变暗:不像往常明亮的红色、黄色和绿色,而像苍白、纤细的小十字架,忧郁地挂在夜晚幽暗的衣服上。

昏暗、漆黑而毫无生气的建筑看起来像险恶的悬崖。它们之间的街道如同黑色峡谷。汽车在厚重的黑暗中缓慢前行,像幽灵般的阴影。就像尾巴上长着红眼睛的神鸟。安静。阴沉。警惕。虚幻。来自但丁《地狱》的场景……

这就是伦敦,如此沉寂,等待着德国轰炸机的突袭。

9月17日

　　今天上午六点，波将金向波兰大使格兹波夫斯基[1]递交了一封照会，苏联政府在其中宣布，由于波兰瓦解、政府流亡，苏波之间的互不侵犯条约无效。在这种情况下，波兰，特别是其东部地区，已经成为任何事情都可能发生的地方。一千多万白俄罗斯人和乌克兰人居住在那里，他们受到波兰政府和地主的压迫。结论是：为了保护人民的生命和财产，红军正越过波兰边界并占领西白俄罗斯和乌克兰西部。

　　……这一切如晴天霹雳般袭击了伦敦。没错，德国与苏联达成的"分割波兰"的协议早已引起人们的讨论和怀疑，但红军越过波兰边界着实引发巨大震动。今天下午，格林伍德发表了一项"声明"，猛烈攻击苏联，申明必须恢复波兰领土。

　　英国对我们的行动会有什么反应？……我预计有抗议照会，首相在议会上的愤怒演讲，媒体发起的宣传，但仅此而已。

9月19日

　　我的预期开始变为现实。昨天深夜，英国政府就我们在波兰的行动发表了一份不痛不痒的声明，甚至没有提出抗议，还重申将战争进行到底的决心。我们明天就看看张伯伦在议会说什么。

　　……最近几周的事给人们的心灵造成严重伤害。戈兰茨感到绝望：在他看来，《苏德互不侵犯条约》消灭了共产主义。也因为这

---

[1] 瓦茨拉夫·格兹波夫斯基，1936—1939年任波兰驻苏联大使。

图57 在美好的日子里，迈斯基在社会主义出版商戈兰茨家里

份条约，斯特雷奇[1]来找哈里[2]时眼含热泪。卡明斯在《新闻记事报》（9月19日）中写道，简直无法理解这一切。达夫·库珀在今天的《伦敦标准晚报》中发表了一篇有关"两种布尔什维克主义——共产主义和法西斯主义"的文章。我每天都会收到许多信件——匿名信和其他类型——这些信件表明写信人处于极其震惊的状态。是的，场面凌乱不堪。而要解决这个问题也不容易：缺乏这方面的信息和材料。……

---

[1] 伊夫林·约翰·圣·洛·斯特雷奇，激进的共产主义者和马克思主义理论家，他从1924年起担任《社会主义评论》和《矿工》的编辑。1940年突然离开大不列颠共产党，战后成为工党主要政治家。
[2] 哈里·波利特，1920年大不列颠共产党的创始人之一，1929—1939年和1941—1956年任大不列颠共产党总书记。

9月21日

既然波兰已不复存在，我们完全有理由发问：英国会认真参战吗？

历史对英国资产阶级的精英们开了一个残酷的玩笑。今天，他们发现自己的确进退两难。

如果英国拒绝战斗并同意达成一个新的慕尼黑协议（张伯伦不变的梦想），后果将不仅是领土、资本方面的直接损失，而且还会造成更大的间接损失。……另一方面，战斗将意味着面临最严峻的军事困难，承受巨大的人员和物质损失，最终将转向"社会主义"。人们坚信"社会主义"将是一场大战的必然结果，这种看法现在已普遍存在，即使在资产阶级圈子里也是如此。当然，每个人对于这将是什么样的"社会主义"都有自己的想法，但是所有人都相信这是不可避免的。因此，战斗也很危险。

难怪资产阶级的领导人会犹豫不决。战争问题将如何解决？现在下结论为时过早，但不排除发生重大战争的可能性。张伯伦昨天在议会上再一次断言，政府为这场至少会持续三年的战争作好了准备。……

9月23日

今天，哈利法克斯突然邀请我过去。自7月25日以来，我已经近两个月没有见到他了。外交部熟悉的走廊里充斥着混乱：桌子、书柜、档案、盒子、文件，全都胡乱堆积。他们一定在额外作一些以防空袭来临的安排。

我与哈利法克斯的谈话持续了二十至二十五分钟。气氛一直很紧张且不自然。哈利法克斯说话缓慢，措辞谨慎。他经常停下来，叹口气，凝视天花板。他彬彬有礼，但我总是感觉到他在打量我：你是不是敌人？

其实，哈利法克斯叫我过去是想了解我们的心情和意图。他在很长一段时间内旁敲侧击，说国际形势在最近几周已变得面目全非，人们必须重新找到自己的方向，如果我和苏联政府能启发他了解我们对当前和近期局势的看法，他将非常感谢我们。

……我的总体印象是，英国政府对我们与德国的关系感到非常担忧，并希望了解我们与德国来往的进展。与此同时，英国显然正在考虑恢复与我们的联系，但在犹豫是否发出对应的外交照会，不知道我们将如何解读它。

9月29日

又是兴奋而轰动的一天。记者一整天都在打电话。

关于里宾特洛甫访问莫斯科结果的交流已经开始。一份友好和边界条约，一份关于加强贸易关系的换文，以及一份有关西欧和平的联合声明，此外还有《苏联-爱沙尼亚互助条约》。[1]……

[由迈斯基辛勤撰写，并被斯大林几乎逐字逐句采用的对推动协议达成的一系列事件的叙述，坚持认为苏联别无选择，只能与希特勒签署协议。然而，令人惊讶的是，与人们普遍的看法相反，斯大林认为他完全可以成功地避免战争。因此，德苏合作并不是短暂

---

[1] 9月27日，里宾特洛甫访问莫斯科，签署了七份单独文件中的一份关于划分势力范围的最终秘密协议。

而不稳定的，而是似乎具有长期前景。斯大林一心想利用新的机会来消除俄罗斯在他眼中所遭受的不公平，不仅包括在凡尔赛和会遭受的，还有在十九世纪遭受的——尤其是1856年屈辱的《巴黎和约》（克里米亚战争后）以及柏林会议（1877—1878年俄土战争后）。他像沙皇一样凝视巴尔干半岛、黑海沿岸和土耳其海峡。

与其说"和平运动"因革命爆发的意识形态期望而成为失败主义的表现，不如说它更多在为世俗的苏联利益服务。这有助于迅速结束战争。接下来是和平会议，大概在1941—1942年。因此，斯大林1939—1941年政策的主旨是在预期中的和平会议之前收集最好的牌。他预计这次会议：会有一个衰弱的大英帝国参加；推翻《凡尔赛和约》；承认苏联在中欧和北欧的新安全安排，并将之扩展到南方。]

10月3日

今天，张伯伦在议会对《苏德互不侵犯条约》进行评估。没有引起什么轰动，就像我预料的那样。首相没有向我们宣战。他甚至没有冒险表示不赞成该条约。

……[劳合·乔治的]演讲，一如既往，是雄辩之术炉火纯青的样板。他说话非常谨慎，因为这个话题非常危险，好像他一直在用看不见的手探查议事厅里的气氛。劳合·乔治对议会的感觉是惊人的，这源于他的天资和五十年的经验。议事厅里的人们紧张地听着他的发言，焦虑地呼吸，哪怕他明显是在逆流而上。只有工党席位上偶尔传来微弱的嘶嘶声，而就连这些声音也只是突显了充斥在下议院的深重寂静。

劳合·乔治说，在英国政府作出回应之前，议会应仔细研究和讨论预期的和平提案。然后他说希特勒当然是不值得信任的，但是如果苏联、意大利和美国等中立大国可以参与解决和平问题，就会出现另一种情况。威胁欧洲的可怕流血事件或许可以避免。

……最终，我厌倦了混时间，去见了劳合·乔治。他在议会房间里接待我。我们喝了茶，谈到了目前的形势。

"温斯顿非常生我的气，"老人笑着说，"你看到我发言时他的表现了吗？"

劳合·乔治演讲时，我看到丘吉尔的脸一阵红一阵白，他不安地摇头，总是通过手势和眼神表达出他与讲话者的不同意见。

"温斯顿疯了一样决心要战斗到底！他很气愤，除怎样压制德国人之外不想别的……但这没有困扰我。我向来想什么就说什么。在布尔战争期间，我反对战争……"

10月6日

丘吉尔的秘书打电话给我，要求我晚上十点到海军部见丘吉尔。[1]这可不是英国官员邀见大使的正常时间，但目前的形势远非寻常，邀请我的人也远非常人！

今晚的夜色漆黑朦胧，乌云低沉。大街上漆黑一片。我抵达海军部所在的骑兵卫队校场，路上不太顺利。我们不得不经常停车检查轴承。我们终于到了。熟悉的广场显得很陌生。海军部大厦从萦绕的迷雾中黑沉沉地耸起，如童话里的堡垒。视线内没有一丝光

---

[1] 这显然是由迈斯基发起并促成的一次会面，由头可能是丘吉尔在10月1日所作的一场著名广播演说。在演说里，他将俄罗斯描述为"一个由谜中谜裹着的谜"，但随后他提出了"俄罗斯国家利益"的关键，它不容许俄罗斯看到德国"在黑海沿岸扎根"。

亮,也没有人影。我对着不同的门又是敲又是按门铃——一片沉默。他们都在里面睡着了吗?还是这个每天二十四小时管理着全球范围内的英国海军活动的庞大机构已停止运转?……我开始失去耐心。最后,我在拱形门廊处看到一丝暗淡的光线,其后出现了一个昏昏欲睡的守卫。我讲明自己的来由。几分钟后,我坐在"第一海务大臣"的办公室里。

丘吉尔带着友好的微笑迎接我。他办公室的墙上覆盖着最为多样的、遍及世界每个角落的地图,上面密布海上路线。天花板上悬挂着一盏带宽大、深色灯罩的灯,发出很是令人惬意的柔和光线。丘吉尔对着灯点了点头,倒了威士忌和苏打水,满意地说:"二十五年前,这盏灯就在这里了,当时我是第一次担任海军大臣。后来它被移走。现在他们又把它装上了。"

很英式!

丘吉尔随后将我领到墙上一扇宽大的折叠门前,并打开了它。在那个深深的壁龛里,我看到了一张欧洲地图,上面到处插着古老的、褪色的小国旗。

"这是上一次战争中德国海军的行动地图。每天早晨,在收到海军侦察信息后,旗子就被移动,这意味着我们随时能知道每艘德国船只的位置。我在二十五年前订购了这张地图。它仍然完好无损。现在,我们将再次需要它。我们只需要更新旗子的位置即可。"

我看着丘吉尔微笑,并说道:"所以,历史在重演。"

"是的,它会重演,若不是手头正有摧毁舰船和人命的可怕任务,我很乐于对二十五年后重回这间屋子的特殊罗曼史进行哲学思考。"

我们回到当下,我问:"你如何看待希特勒的和平提案?"

丘吉尔一下站了起来,突然开始在房间里踱步:"我刚看了一遍，还没有时间与内阁的同事交换意见。就个人而言，我认为这些是绝对无法接受的。这些是征服者的条款！但我们还没有被征服！不，不，我们还没有被征服！"

丘吉尔在房间里再次恼火地踱步。

他继续说："我的一些保守党朋友建议和平。他们担心德国在战争中会转向布尔什维克。但是我绝对支持战争。必须毁灭希特勒。必须彻底粉碎纳粹主义。让德国成为布尔什维克，那不会吓倒我。共产主义比纳粹主义好。"

但这只是开场曲。丘吉尔深夜想与我讨论的主要是英苏关系的状况。

丘吉尔问我如何界定我们两国的现状。我复述了9月27日对哈利法克斯所讲的话。丘吉尔专心地听着，然后花了近一个小时跟我谈英国政府对英苏关系的看法。其实质观点如下：

英苏关系一直受到<u>相互猜疑的毒害</u>，今天比以往任何时候更加严重。这些猜疑是什么？英国怀疑苏联已与德国结成军事同盟，并有朝一日公开站在希特勒一边反对西方强国。丘吉尔本人并不相信这一点，但许多人（包括一些政界人士）相信。这种情况必然影响英国对苏联态度的总体基调。另一方面，苏联怀疑英国奉行对苏敌对政策，并在波罗的海、土耳其、巴尔干半岛和其他地方实施针对它的各种阴谋。这种情况必然影响苏联对英态度的总体基调。丘吉尔理解为什么我们今天的怀疑特别强烈。英法苏条约的谈判是以令人反感的方式进行的（我知道他对此事的看法），在莫斯科的心中留下了不好的记忆。但是，往事不重提。比起过去，现在和未来更重要。而现在和未来正是丘吉尔想要谈论的。

他的出发点是<u>英国和苏联的基本利益不会在任何地方发生冲突</u>。我知道这是他过去的观点，现在也一样。因此，没有任何理由

1939年　335

使我们的关系变得糟糕或令人不满。……我们不应太在意英国对《苏德互不侵犯条约》以及苏联政府随后的行动在英国遭到的批评和愤慨，这是因为出乎他们意料。但最初的震惊现在已经平息，人们开始以更准确的视角看待事物。

波罗的海诸国。苏联将成为波罗的海东部的主人。从英国利益的角度来看，这是好事还是坏事？是好事。……从本质上讲，苏联政府在波罗的海采取的最新行动符合英国的利益，因为这缩小了希特勒潜在的生存空间。如果波罗的海国家不得不失去独立主权，那么最好将它们纳入苏联国家体系而不是德国体系。……

最后是巴尔干半岛和黑海。丘吉尔走到一大张欧洲地图旁画出一条曲线，它大致绘出了新的苏德边界、罗马尼亚北部和南斯拉夫。然后他大声说："再也不能纵容德国！尤其重要的是，不能让德国到达黑海。"

他开始有些感慨地论述，如果德国要到达多瑙河河口，它不仅会夺取巴尔干半岛，而且还会不可避免地延伸至小亚细亚、伊朗和印度。它会想拥有乌克兰和巴库。英国和苏联都不允许这种情况发生。它们在这里的利益是重合而非冲突的。苏联政府如果认为英国正在土耳其和巴尔干半岛策划针对它的阴谋，那将是一个很大的错误。英国只对一件事感兴趣：不让德国到达黑海。……

综上可以得出什么结论？……英国政府将我们的中立声明视为一个有益的事实，只希望它是友好的中立。

……丘吉尔问我，可以做些什么来改善两国的关系。我没什么有用的方法或措施可供建议吗？

我没有提供建议。丘吉尔本人认为缓解紧张局势的最佳方法是扩大贸易活动。然后，仿佛在总结自己的想法，他狡猾地笑着指出："斯大林目前正在玩一场大型游戏，而且玩得很巧妙。他会感到满意。但我不清楚我们为什么要对此不满。"

我们"像朋友"一样分别。丘吉尔要求我保持密切联系，有需要的时候随时找他，不必客气。我会牢记这一点。……

10月12日

张伯伦今天在议会发表了他让人期待已久的关于希特勒"和平提案"（10月6日）的声明。声明的含义很清楚：不！

首相说："希特勒的提案本身是不可接受的。而且，我们不相信这个人说的任何一个字。如果希特勒真的想要和平，他必须首先以行动而不是言语来证明这一点。然后，我们可以正式开始协商。这完全取决于希特勒。"

……因此，如果希特勒在接下来的几天内不作出任何让步，而且没有直接或通过中立者（墨索里尼、罗斯福等）提出任何新的、更能让人接受的和平条件，那么战争将正式开始。

10月13日

艾登夫妇来找我们吃午饭。我们四个人坦诚交谈。艾登心情很好。对于重返政府核心，他显然很高兴。他浅灰色的西装和色彩斑斓的领带让他看起来很开朗，几乎青春洋溢。不过，他的"比阿特丽斯"一身黑色着装，显得异常严肃和沉默。

当然，我们谈到了当前的紧迫问题——战争。艾登坦承他对我们的政策变化感到困惑。当里宾特洛甫的莫斯科之行的消息传来时，他在营地带部队。一名军官于清晨六点在他的帐篷中将他叫醒并告知消息。艾登大声说"无稽之谈！"，转过身想继续睡觉。于是，这位军官把一份登载这条新闻的报纸塞到他鼻子底下。这使艾登立即跳下床。他清醒了。尽管随后的事件让艾登清楚了解了很多事实，但他还没有完全明白一切。

我向艾登简要解释了苏联行动的意义和原因，从《苏德互不侵犯条约》开始谈。他认真地听了我的话，似乎表示理解。

然后轮到他说话。他相信，就像四年前他所相信的那样，英国和苏联的利益不会在任何地方、任何问题上发生严重冲突。我们今天看到的是一个短暂的紧张局势。它必须得到缓解。怎样缓解？艾登像丘吉尔和埃利奥特一样，开始向我探口风：要不派一个官方代表团到莫斯科？或贸易代表团？又或是处理其他事务的代表团？或是政府成员？要是用更合适的人取代西兹呢？我们会喜欢谁：外交官，政治家，公众人物，作家，萧伯纳？艾登提到萧伯纳时咧嘴一笑，但其实他是非常严肃的。

由于我不知道莫斯科对此事的感受，因此我宁愿不提供建议。[1]

就战争而言，艾登坚决支持官方观点。战争是不可避免的，必须进行到底。

10月16日

哈利法克斯今天召见我，说英国政府愿意改善英苏关系。为了这个目的，他们已经准备好讨论所有可能的措施，但认为最好从贸易开始（真是个小店主之国！）。9月27日，在回应他的询问时，我

---

[1] 据艾登所说，迈斯基"几乎一直在发言"，并给他建议，说克里姆林宫更愿意看到一个获得英国政府信赖的人，而且"如果他们与左翼政治家打交道，而该国政府却是右翼的，这可能总令人存有疑虑"。

告诉哈利法克斯,苏联政府不反对开放贸易谈判。[1]……

* * *

我昨天去见了韦伯夫妇。……即使是最优秀的英国人也这么势利! 在与韦伯一家的谈话中,我提到丘吉尔前几天对我说的话:"共产主义比纳粹主义好!"比阿特丽斯耸了耸肩,指出这种说法在英国统治精英中没有代表性,我倾向同意她的见解。但接着,出于某种原因,她认为有必要补充一句:"你知道,丘吉尔不是一个真正的英国人。他有黑人血统。你甚至可以从他的外表上看出来。"

然后,比阿特丽斯·韦伯对我讲了一个冗长的故事:丘吉尔的母亲来自美国南部,她的家族有黑人血统,她的姐姐看起来就像个"黑人"。

我随后恰好提到著名的非洲探险家亨利·斯坦利[2]。……比阿特丽斯·韦伯突然变得激动起来:据悉,她从小就认识他。她形容斯坦利是一个相当不讨喜的人——我很愿意相信她——但有一件事让我感到震惊。谈到老斯坦利与一个年轻美丽的姑娘——她的朋友——的婚姻时,比阿特丽斯有些厌恶地说:"当时,所有人都为这桩婚事感到惊讶。她来自一个非常好的家庭,是一个有教养、体贴、美丽的姑娘,而他是一个真正的暴发户,一个粗鲁、鄙俗的家伙。"

比阿特丽斯转向她的丈夫,韦伯的表情和手势表示他完全同意。

问题的症结在于,斯坦利是……一个真正的平民,这很要紧,

---

[1] 根据哈利法克斯的说法,实际上是迈斯基提出了由一个贸易代表团访问莫斯科的想法;然而,在迈斯基的报告中,他(一如惯例)将其归因于哈利法克斯。
[2] 亨利·莫顿·斯坦利,1871—1872年指挥搜寻传教士戴维·利文斯通的探险队时发现了刚果河的源头。

即便是对韦伯一家来说。

10月17日

今天我和巴特勒进行了一场有力的对谈。……我们私密地共进午餐。他说话很坦率。首先，我对希特勒"和平攻势"的前景很感兴趣。巴特勒回答："暂时没有。不是因为我们反对和平——相反，我们非常希望避免战争，这就是为什么我们需要牢固持久的和平以及对此的保证。我们需要一个保证，如果我们今天缔结和约，那么它不会在六个月之内被破坏。我们准备为二十至二十五年的稳定持久的和平付出高昂的代价。我们甚至不会拒绝在殖民地层面向德国作重大让步。我们有一个庞大的帝国，我们不需要它的每个部分。可以让德国人得到些什么。当然不是坦噶尼喀，它很容易变成印度洋上的海军和空军基地，但可能是多哥、喀麦隆等。"[1]……

10月24日

一场奇怪的战争！

这就好像你在西线作战似的。法国总参谋部的公告包含以下短语："平安地度过了一夜"，"这一天进行了巡逻行动"，"约有一个连规模的德国军队发起了进攻"，等等。德国总参谋部公告板也是如此。

在空中，我们也只看到先遣部队的次要行动，没有造成严重的

---

[1] 莫洛托夫询问迈斯基，他是否认为巴特勒在暗示由苏联进行调停的可能性，"以特定的条款与德国缔结和约"。迈斯基没有形成这种印象，但认为巴特勒确实认同这种想法。

后果。德军不久前在广播中自豪地宣布,他们在将近一个月的时间里击落了三十七架法国飞机和十二架英国飞机。接着是英国人,他们在大约三天前吹嘘,说最近袭击苏格兰的三十架德国飞机中的百分之二十五被他们摧毁了!多么惊人的成功!

海上战争要严重一些。英军正式进行封锁,而德国人也感受到了这一点。英国和法国已击沉二十多艘潜艇。听说这占德国潜艇舰队的四分之一到三分之一。如果不是因为德国人已经开始像制造飞机一样快速制造潜艇,这是有可能的。反过来,德国在海上对英国施以数次重击,其中最让英国痛苦的当然是在斯卡帕湾损失了皇家橡树号战列舰。这对德国来说确实是一次极佳的打击,对英国来说是可耻的失败。尽管如此,即使在海上,"真正的"战争仍未开始。

一场奇怪的战争!人们会有这样的印象,今天所做的一切都只是前奏:主线故事还在前方。

……种种迹象表明,双方在前线的统治精英到现在还在努力寻找达成协议的方式。

他们会成功吗?我对此表示怀疑。垂死的资本主义体系中的帝国主义矛盾是如此之深,以至于对张伯伦和达拉第来说,在他们之间架设桥梁也是很困难的。除非发生真正不同寻常的事件——某种真正的政治"奇迹",否则,在不久的将来,可怕、野蛮、盲目的大屠杀即将开启。

10月28日

"容我冒昧地提一个问题:你贵庚?"
"有何冒昧?我五十五岁,你呢?"
"哦,我比你大得多……我五十七岁。"

"你让我吃惊!相差两岁对我们这个年纪的男人算什么?"

霍勒斯·威尔逊(就是他)耸了耸肩说:"也许你是对的。但这不是重点。重点是你和我属于同一代人,必定记得有过这样的日子:在任何时刻只有一件事发生,而不是上百件事;你可以生活、呼吸、不慌不忙地行动,为将来制定计划,更重要的是可以沉思——您熟悉这个英文单词吗?"

"是的。"

"我喜欢对生活、人与事进行'沉思'。但现在我压根没有机会这样做。事件以如此疯狂、不可阻挡的速度发展,让人们几乎喘不过气。那么,一个人掌控全局的机会有多大呢?你能顺其自然,避开来自左右两侧的最大冲击,就算是幸运的了。"

我凝视着这个长相平平的瘦弱男人,他举止镇定、优雅,有一张聪明又狡猾的脸。变幻莫测的命运将大英帝国的未来置于此人手中。我很想知道:"这是真的吗?他是在真诚地说话还是在扮演预谋好的角色?"

我们坐在桌旁接着讨论其他话题。当然,这场战争立即成为我们关注的焦点。我问威尔逊,他对和平的前景有何看法。

……"从理论上讲,仍可以提出和平问题。因为战争尚未正式开始。炸弹尚未落在伦敦和柏林。群众对交战的热情仍然处于休眠状态,还没有达到沸点。人们仍然能够冷静地思考与推理。"……

威尔逊喝了一口苏打水(他坚决拒绝喝酒的提议)并继续说道:"和平从何而来?……会议需要进行认真的准备工作,但没有任何迹象表明正在进行此类工作。加上我们还不得不与希特勒进行会谈!我们不相信这个人的嘴中吐出的任何一个字!"

我问:"这是否意味着任何和平会谈的先决条件都是希特勒的消失?甚至还包括他所有最亲密的同事?"

"是的，我们想与一个不同的德国政府打交道。"威尔逊答道，"只要希特勒消失就足够。"

……当威尔逊谈到希特勒时，我从他的语气和眼神中察觉到个人的敌意，近乎仇恨。显然，他无法忘记希特勒如何这样轻蔑和残酷地让他"失望"。我听说张伯伦现在对希特勒怀有同样的恶意和仇恨。……

11月13日

我在布拉肯位于威斯敏斯特（北大街八号）的公寓与温斯顿·丘吉尔、布伦丹·布拉肯共进午餐。从外面看，这是一个非常普通的小房子；在里面看，却是一间布置一流的现代公寓，与资产阶级知识分子代表人物的身份相称。

丘吉尔开完战时内阁会议过来，到得稍晚。他状态正佳：精神抖擞，更显年轻，充满活力，步伐轻快。他对自己的权力感到高兴，对他的部门感到高兴，并且因有机会发挥自己的力量对重大事件进程产生影响感到高兴。在我看来，满足感的另一个来源是对在他眼前展露的历史可能性的觉察和期望。

我提到莫斯科希望改善与英国的关系（这是我收到的最新信息）。丘吉尔容光焕发，大声说："太好了！愿望是最主要的。如果有意愿，就会找到办法。"

……然后，在丘吉尔的提议下，谈话转向芬兰。丘吉尔向我询问谈判细节以及我们进一步的意图。我再次向他抱怨英国外交官的行为：他们煽动芬兰人反抗，向他们承诺英国的"道义支持"，而芬兰人——那些人真是政界的大老粗——想象着这种"道义支持"将使苏联的耶利哥城墙塌陷，并顽固地拒绝承认我们完全合法的主张。由于伦敦的干预，莫斯科与赫尔辛基之间达成协议的希望变小了。英国外交为什么要这样做？我不知道。……"我对您提出的问题持如下看法，"丘吉尔答复，"俄罗斯有充分理由成为波罗的海国家的主导力量，而且应该这样做。俄罗斯比德国好。这符合我们英国的利益。我不明白为何要阻止你们在波罗的海沿岸建立海军和空军基地。我认为你们对芬兰的主张是自然且正常的。列宁格勒发现自己处在芬兰边境上的远程火炮射程内，或者芬兰人的岛屿将封锁住通往芬兰湾的入口，这些说法实在荒谬。你们完全有权要求芬兰人修正卡累利阿地峡的边界，并在芬兰湾分给你们一些岛屿。"

……丘吉尔随后抽了一口雪茄——我们已经吃完午餐——若有所思地补充道："……如果不是因为俄罗斯，马恩河战役将以我们的失败告终，战争的全部结果可能都有所不同。这就是为什么我认为英法两国总的来说都欠俄罗斯一笔历史债，无论俄罗斯是红色还是白色，我们现在都有道德上的义务帮助她巩固在波罗的海的地位。……芬兰不应该阻止英国与苏联之间的和解，这是我主要的政治目标。"

丘吉尔补充说："但是，我希望苏联不会诉诸武力解决与芬兰的争端。如果苏联选择走这样的道路，我相信你也知道，那将给英国留下最糟糕的印象，使英苏关系在很长一段时间内无法得到改善。"

……我们转而谈论战争。丘吉尔大声说："你们与德国的互不侵犯条约引发了战争，但我不怨你们。我甚至很高兴。很长一段时间以来，我一直认为与德国开战<u>是必要的</u>。没有你们的条约，我们会犹豫不决、迁延时日，拖到无法再赢得战争。但是现在，即使要付出高昂的代价，我们也将赢得胜利。"

丘吉尔阐述了他对战争的看法。在近期是不可能实现和平的。在和平时期，英国人看起来常常像被宠坏的骄奢之徒，但在战争和极端时期，他们变成了凶恶的斗牛犬，把猎物死死困住。[1]

11月14日

孙科来了。我于1938年春天第一次在这里遇见他。同年5月底，我在莫斯科一家剧院偶然碰到他。今天是我们第三次见面。他来伦敦的这几天是为了"探风"，而且最重要的是，要了解英国在远东的意图和政策。他还想用三百万贷款加速推动英国的供应（特别是机枪钢材），但这是次要任务。

孙科告诉我很多关于中国的、引人关注的事情。日本的攻势已失去动力。东京不再考虑新的征服，而是想要巩固它已占据的东西。在接下来的几周内，日本计划立汪精卫为（傀儡政权）[2]领袖，并与他签署和平条约。日本人希望在此之后，他们可以从中国撤出至少一半军队——目前在华士兵已接近一百万。但日本的算盘打错了。蒋介石正在建立和训练一支庞大的军队以作进攻。由于日本的进攻已经逐渐减弱，中国人打算开始全面、漫长而不屈不挠的攻势，只有在日本人被驱逐出大陆后才会结束。

当然，武器至关重要。中国有两个获取武器的来源：美国，特别是苏联。我们在武器、弹药、教官等方面为中国提供了大量援助。今年6月基于商品交换而缔结的信贷协议运作良好。穿越天津的道路状况良好。从图尔西伯到兰州的卡车运输大约需要三周。目前在莫斯科和重庆之间正建立的空中航线用时只需五天。燃料方面出现一些问题，但是找到了一个非常新颖的解决方案：燃料不是通

---

[1] 迈斯基给国内的详细报告回避了对于丘吉尔将成为下一任首相的重要预测，以及他自己对改善英苏关系的倡议，这显然超出了他从莫洛托夫那里获得的权限。

[2] 译者注。

过卡车，而是通过在途中不消耗汽油的骆驼运送到天津线路沿途的加油站；货物是通过卡车运输的。多妙的组合：诺亚方舟加飞机！

顺便说一句，最近在天津和甘肃发现了大型油田。苏联工程师已在天津开发油田，很快将在甘肃开发，然后建造炼油厂，这样就可以彻底解决天津线路的运输问题。

总体而言，孙科对未来很乐观。或者他只是在假装乐观……？

孙科对伦敦的印象相当模糊。他见了哈利法克斯和丘吉尔。哈利法克斯告诉他，关系到欧洲战争，英国政府非常希望与日本的关系正常化，但不打算以"中国为代价"实现这一目标。然而，孙科对外交大臣的讲话持非常怀疑的态度。哈利法克斯问他关于中苏关系的情况，并很高兴听到孙科说这方面没有变化。哈利法克斯告诉孙科，英国政府希望恢复与苏联的关系。

丘吉尔更加明确。他说："我们是中国的朋友。中国是苏联的朋友。我们三个都应该是朋友。"

丘吉尔向孙科详细询问了苏联的情况，并谈到英国政府打算改善与莫斯科的关系。丘吉尔对苏联给了德国多少经济援助特别感兴趣，并询问苏联是否真的向德国出售飞机和潜艇。孙科好像回答说后者不太可能，而且德国从苏联获得的食品、原材料等数量相对较少。丘吉尔还想知道苏联在波罗的海的新政策意味着什么。怎么说来着：是防御措施还是帝国主义大扩张的开始？孙科好像回答说我们是以防御性利益为导向的。然后丘吉尔说，如果是这样的话，他不会反对苏联在波罗的海和芬兰的行动，因为这些行动不与英国利益相冲突。有趣的是，在晚上我与丘吉尔会晤之前，孙科已与他进行了交谈。

孙科将在几天后飞回中国。

11月15日

比弗布鲁克与我们共进午餐。自从7月初在大使馆那顿难忘的午餐以来，我再也没有见过他。从那以后，他设法去了两次美国，而且一如既往地带回许多新闻，主要是来自海外的消息。用比弗布鲁克的话说，他最有趣的发现是，罗斯福相当明确地支持战争，相当明确美国要在战争中参与"盟国"一方，因为他认为必须彻底粉碎"法西斯主义"。当然，美国群众的孤立主义情绪阻碍了罗斯福实现该意愿，但他仍将竭尽全力帮助英法赢得战争。在某些情况下（例如，如果德国人袭击了荷兰和比利时），罗斯福甚至可能让美国参战。

比弗布鲁克本人反对战争。

"我是一个孤立主义者，"他发牢骚，"我关心的是大英帝国的命运！我希望帝国保持原样，但我不明白为什么必须为此发起一场为期三年的战争以粉碎'希特勒主义'。让那个希特勒见鬼去吧！如果德国人想要他，我会很乐意把这个宝贝让给他们，然后鞠上一躬。波兰？捷克斯洛伐克？他们和我们有什么关系？从张伯伦向波兰提供担保的那一天起，我们就受到了诅咒！必须立即召开没有任何先决条件的和平会议。如果能这样做，我会尽全力支持，哪怕不得不因此毁掉我的报纸。"

……比弗布鲁克确信张伯伦很快会因健康状况不佳而退休。他认为霍尔或哈利法克斯会接替他。显然，丘吉尔根本没有机会。艾登甚至更有可能成为首相。但是，我们将看到比弗布鲁克的预测是否正确，特别是就丘吉尔而言。我注意到比弗布鲁克对丘吉尔的态度是多变的：某一天，他可能称赞丘吉尔为英国最伟大的政治家，改天，他又可能称丘吉尔为"骗子""叛徒"或"政治痞子"。今天，他对丘吉尔非常恼火，这难道不是他对丘吉尔成为首相的可能性极度悲观的真实原因吗？时间会证明一切。

[迈斯基在未经授权的情况下向他在英国的前盟友示好，同时努力安抚莫洛托夫。在一份长达八页的乏味报告中，他谈到了英国是走向战争还是和平的关键问题。与日记相反，被莫洛托夫训斥过的迈斯基确认张伯伦牢牢地掌握了政权，成功建立了"统一民族阵线"并动员了全帝国。他预期张伯伦会"战胜"丘吉尔集团，并通过有尊严的妥协来结束战争。同时，他警告说，张伯伦的政策仍然敌视苏联，"最终，他可能会以某种方式成功地将希特勒引向东方"。]

11月20日

埃利奥特来吃午餐。

我们主要讨论了英苏关系。埃利奥特对我们愿意寻求改善英苏关系的方式表示欢迎。埃利奥特在回应我的评论时说，为了确保两国关系的改善，英国外交官应该停止反对苏联，埃利奥特说苏联的指责被严重夸大了。

然后，埃利奥特概述了全球形势，并在此过程中作了一些评论。他认为，英苏在远东的利益一致：双方都想阻止日本在中国取得胜利……

11月27日

哈利法克斯邀请我来讨论贸易谈判。但是，他从芬兰开始谈。

哈利法克斯对苏芬冲突加剧表示高度关切，开始详细询问我有关莫斯科会谈的情况。我把我所了解的情况都告诉他，强调芬兰政府的不妥协甚至挑衅行为，特别是埃尔克奥和卡扬德[1]的行为。我还指出，芬兰人拒绝接受现实，生活在一个难以理解的幻想世界里。……很明显，他们背后有人，鼓励并推动他们走向疯狂的政策。我之所以说"疯狂"，是因为尽管苏联最想以睦邻友好的方式解决目前的争端，但它必须考虑自己的安全利益，特别是列宁格勒的安全。毫无疑问，芬兰人受到了来自国外的影响。

哈利法克斯在这里打断我，并带着天使般的天真问道："那些影响会是来自哪里？美国吗？"

我回答说，整个美国，尤其是罗斯福对苏芬冲突的加剧负有某些责任，但有些"距离更近"的国家应负更大的责任。我提了斯堪的纳维亚半岛（尤其是瑞典）和……英国。哈利法克斯显然对我提及他的祖国感到震惊。……

……当他送我离开他的办公室时，哈利法克斯又回到了芬兰问题上。他向担任国联理事会主席的我发出呼吁，要求我将全部影响力用于防止与芬兰发生激烈冲突。……

11月28日

……我去和巴特勒共进午餐。他不是在家里接待我（他怕我可能从他生病的父亲那里感染流感），而是在他的政务次官家中。那是一幢美丽的豪宅，里面有许多画作、豪华的家具和一个阿尔罕布

---

[1] 艾莫·卡罗·卡扬德，1937—1939年任芬兰总理。

图58　迈斯基在《苏德互不侵犯条约》之后受排斥，不得已去找"拉"·巴特勒

拉风格的漂亮餐厅。主人不在。我们单独吃饭。[1]

在不到一个半小时的时间里，巴特勒以他的名誉发誓，千方百计向我辩说英国政府没有对苏联进行任何形式的外交博弈（巴特勒显然知道我昨天与他上级的对话）。我们对英国政府意图的怀疑完全没有根据。英国的政策并不像某些人认为的那样是马基雅维利式的。英国的政策很简单，目前被限定在一个基本和决定性的事实上——英国正与德国交战。英国忙得不可开交。……因此，贸易谈

---

[1] 范西塔特建议大臣们对迈斯基"敬而远之……因为他从他想象中的成功生出了一些错觉"。巴特勒认为迈斯基是一个"讨人喜欢的无赖"，礼貌地拒绝了迈斯基邀请他去大使馆进餐的请求，而是在他的政务次官亨利·查农的家中与迈斯基共进午餐，避免"在公共场合被看到与迈斯基在一起"。主人回来后，并没有忘记"检查鼻烟壶……但没发现少了什么"。

判的建议本身并不重要，而只是作为迈向全面解决关系问题的第一步。不幸的是，一个多月以来，苏联政府一直没有回应英国的提议。真是遗憾。哈利法克斯对我们的沉默尤为恼火：他在政府中奋力争取展开谈判，现在却发现自己陷于可笑的处境。……

11月29日

昨天晚上，苏联政府谴责芬兰的敌对行动违反了《苏芬互不侵犯条约》。与芬兰的外交关系从今晚起中断。……与此同时，我在广播中听见莫洛托夫在演讲中说，如果芬兰是一个友好相待的国家，苏联本有可能和芬兰讨论苏联卡累利阿共和国的统一问题。

……1932年1月21日，当我与当时的芬兰外交部长于尔约－科斯基宁签署条约时，从未想过该条约会这样结束。……我不明白芬兰政府目前的立场。当然，英国人、法国人和斯堪的纳维亚人全都在那里搅乱，使芬兰人感到困惑，并极大地加剧了本来可以通过友好方式解决的冲突。不过……难道芬兰人不知道，如果出现问题，他们不可能指望有人来帮助他们吗？谁会来帮助他们？瑞典人？英国人？美国人？这些人绝不会帮助他们！报纸上的喧嚣、道义上的支持、惊叹的喔啊之声，这些会有。部队、飞机、大炮、枪支，这些不会有。巴特勒昨天清楚地告诉我："万一发生什么事情，我们也无法向芬兰派遣哪怕一艘军舰。"

芬兰人在指望什么？

[早在1939年2月，斯大林就试图说服芬兰割让他认为对保卫列宁格勒——距芬兰边境仅三十三公里——至关重要的领土，没有成功。斯大林对内战期间西方在该地区的干预记忆犹新，并且感到

困扰，他担心芬兰可能会成为英法德进攻苏联的"跳板"。在使波罗的海国家服从类似的安排之后，与芬兰的谈判于10月12日在莫斯科恢复，并艰难地持续到11月9日。芬兰人拒绝了苏联的提议，11月30日发生的边界事件为俄罗斯人发动全面战争提供了借口。在"冬季战争"初期，俄罗斯人面临出乎意料的坚决抵抗，这暴露了清洗之后红军的脆弱。直到1940年3月，俄罗斯人才突破曼纳海姆防线并强行签署和平条约。将战争归咎于芬兰人的顽固——据称受到英国鼓励——这项不受欢迎的任务落到了迈斯基身上。]

12月1日

因此，我们也有自己的"战争"。卡扬德和坦纳[1]集团最终让事情到了危急关头。11月30日上午，红军被迫越过芬兰边界并深入其领土。……

英国人对此表示愤怒。报刊、广播电台、电影院、议会——一切都已发动。……英国政府持观望态度。它想观察风向。迄今为止，没有迹象表明英国会积极干预芬兰事务。但是我无法确定，如果芬兰事件继续下去，英国政府将如何行动。不管怎样，我怀疑张伯伦不会向坦纳和卡扬德集团公开提供军事援助：他不想在欧洲战争中除德国之外又与苏联为敌。

12月3日

战争持续了三个月。

在这短暂的时间内，英国人的生活发生了许多变化。已经有超

---

[1] 韦伊诺·阿尔弗雷德·坦纳，1939—1940年任芬兰社会民主党籍外长。

过一百万人被征召入伍,其中一些人被部署在法国前线,大部分留在国内接受训练。大街上,公共汽车里,地铁里,剧院内,溜冰场上,到处都是穿着军服的人。不仅是男人,可以看到有很多女人也身着卡其色军服:结实的靴子、短裙和神气的军帽,军帽中逸出几绺散发。她们是妇女辅助本土服务部队成员。道路上和城区里的汽车相对较少:汽油定量配给,配给量远远不够。沙袋高高堆积在楼房、商店、机构和古迹前。皮卡迪利广场的纪念喷泉被完全堆成了金字塔形的沙袋防护。在公园、花园和公共广场上都有避毒所、防空洞和防空炮台。空中布满数百个气球,它们银色的涂层在阳光(罕有出现)下闪闪发光。晚上实行严格的灯火管制。这里漆黑一片,尤其是在我们的肯辛顿宫花园。日落之后到处走动,是困难、危险又无趣的。剧院和电影院是开放的,但并非全部开放,那些开放的也早早关门。社交生活停滞不前:没有盛大的招待会,没有宴会,没有外交活动。甚至市长大人也取消了原定于11月9日举行的年度宴会。食品价格在上涨,而产品的数量和选择在减少。黄油、火腿和糖开始实行定量配给。某些地区的人抱怨食物短缺。行动自由、新闻自由、通信自由等都被施加了一系列限制。

　　是的,发生了很多变化。但是到目前为止,英国人的基本生活方式还没有受到太大的干扰。议会正常运作,尽管有一些限制。旧政党制度还在发挥作用,尽管在战争期间双方已达成了选举休止。旧政府也像以前一样工作,虽然随着丘吉尔和艾登的入阁,它已经有所"更新"。张伯伦比以前更强大:所有关于他退休的谣言和讨论都已平息。

　　……伦敦在外观上变化不大。仍是原来的老伦敦——没错,它皱着眉头,收紧腰带,穿上工作服去做肮脏的工作,但仍然是熟悉的伦敦。即使因"灯火管制"而显得黑暗萧瑟,娱乐场所仍旧塞满了人。

12月8日

芬兰事件在全世界引起了非常强烈的反应和回响。以下是一些细节。

郭泰祺两天前拜访了我。他非常担忧和沮丧。发生什么事了？原来是最近几天，一些英国人（他确认这些人不是来自外交部）一直在他耳边窃窃私语，说苏联改变了总体政治路线，人们不能再依靠苏联了，它迟早会抛弃中国并寻求与日本达成协议。苏联对芬兰的"进攻"就是证明。郭泰祺来问我这些谣言是否有根据。当然，我竭尽全力使他安心。最后，郭泰祺本人开始"几乎像马克思主义者"（他如此形容）那样推理。他构建了一个三段论："苏联的政策完全以其自身利益为导向。一个有能力抵御日本的强大中国，符合苏联的直接利益。因此，苏联不能任中国听天由命。"

郭泰祺放心地离开了。分手时，他告诉我他会尽力在国际联盟（郭泰祺是第二代表）"缓解局势"。我怀疑他能做些什么实事，因为中国这次在国际联盟中的处境非常微妙，而顾维钧（第一代表）并不是一个勇敢的人，他更喜欢在陷入困难时擅离职守。这种情况不止发生过一次——例如在西班牙问题上。

12月12日

红军在芬兰的前进速度较为缓慢。地形，气候，季节（白昼短，云层低，湖泊和沼泽尚未完全冻结）——一切都对我们不利。在这种情况下，红军的机械化部队无法充分发挥作用。而且，芬兰人加固了在卡累利阿地峡的防御，他们利用了无数的河流、湖泊和沼泽。当然，所有这些困难都会被克服，但现在需要的是耐心。……

芬兰事件发展缓慢，正在促使英国掀起一场疯狂的反苏运动。这场运动差不多两周前就开始了，目前尚无减弱的迹象，有的只是正在加剧的紧张局势。

媒体反应仍然激烈，"左派"（《每日先驱报》和《新闻记事报》）甚至比"右派"（《泰晤士报》《每日电讯报》等）更糟糕。关于苏联的各种诽谤、谎言和谬论出现在伦敦报纸的头版头条上。当谈到红军"轰炸妇女和儿童"和"使用毒气"，媒体总能表现出彩。我们已经发出官方否认，但无济于事。

……英国政府已明确决定不再回避。来真的！否则，整个疯狂的运动将是难以想象的。哈利法克斯于12月5日在上议院的讲话完全表明了这点。巴特勒在日内瓦具有挑衅意味的外交活动也表明了这点，他支持将苏联从国际联盟驱逐出去的提议。同样有趣的是，英国政府决定在莫斯科夏季谈判时出版一本"白皮书"。此前，外交部一直对此持反对态度，不止一次地指出"这可能会对英苏关系产生不利影响"。这个顾虑现在已被抛弃。不难想象这本"白皮书"的内容！英国政府将利用这次机会在会谈期间为其行为辩护并指责苏联。谎言，诽谤，歪曲事实——一切将被用来达到此目的。但很可能不是明目张胆的谎言，而是（危险得多的）狡猾地混合真相与欺骗的产物。

……至于反苏运动，有一点特别引人注目。在与波兰和波罗的海事件有关的运动中，苏联被指控为"帝国主义"。现在的斗争重点是"世界革命"和"共产主义"。问题是：谁是头号敌人？——德国还是苏联？……然而，尽管反苏的狂热主导了该国的社会和政治气氛，这里（不像法国）却没有谈论与苏联断绝外交关系。英国人比法国人聪明。而且，他们已经尝试过一次，不想重复不幸的经历。但是，我不能保证更遥远的未来。在战争时期任何事情都可能发生。

……我是个老手,这不是我必须面对的第一场风暴。芬兰事件一旦结束,风暴将会停息。英国人是接受"既定事实"的行家。

12月15日

昨天,国际联盟将苏联除名。

……英国和法国在日内瓦操纵了一切。美国通过向南美洲人施加压力来支持英法。一位美国代表作为"观察员"出席了国联会议。据说,法国驻日内瓦代表团团长保罗-博克尔[1]个人反对驱逐苏联,但作决定的是达拉第。至于巴特勒,他显然对分配给他的角色不满意,但他认真地跟随内阁的路线。结果是:英法在日内瓦尴尬地扮演了一个新的"反共产国际集团"组织者的角色。我不认为他们在完成自己的事业时比德国更幸运。

……当我在5月离开日内瓦时,我希望我再也不用去万国宫的豪华大厅了。我的愿望似乎已经实现。无论如何,我再也不必面对这个国际联盟了!

[迈斯基夫妇尝试表现得满不在乎。然而,他们显然遭到敌人和昔日朋友的排斥。来自莫斯科的消息被切断。正如他在给李维诺夫的一封私人信件中抱怨的那样,迈斯基担心英法两国"肯定变得对苏联怀有敌意,并计划与被打败的德国达成和平,然后组成反共联盟"!不过,在圣诞节,当关系破裂和他被召回的传言开始流传时,迈斯基的伪装被识破。迈斯基与莫洛托夫交换了几封相当尖锐的电

---

[1] 奥古斯丁·阿尔弗雷德·约瑟夫·保罗-博克尔,1932—1933年任法国总理,1932—1934年、1936年和1938年任外交部长,1932—1936年任法国常驻国联代表。

报,却没有从中受到鼓励。他竭力劝说莫洛托夫,自己继续留在伦敦对于防止战争爆发是绝对必要的,迈斯基的忧虑此时显而易见。]

12月31日

鉴于目前的情况,我们取消了大使馆为侨民团体举办的新年庆祝活动。我们决定单独或分组在家里迎接新年。阿格尼娅和我就是这样在伦敦时间九点迎接了新年,仿佛我们置身莫斯科。[1] 然后,我们到李维诺夫家的楼上待了一会儿,使馆的一些工作人员正在那儿和他们的妻子一起庆祝,载歌载舞。之后,我们驱车在城里转了一圈,看看英国人如何跨年。街道像平常一样笼罩在灯火管制中的黑暗里。人行道上白雪皑皑:对于英国而言,这一周异常寒冷多雪。街上有人,但比往年少了很多。皮卡迪利广场通常在新年前夜人头攒动,嘈杂喧嚣,歌舞相伴,现在却只有稀稀疏疏的沉默的人群。圣保罗大教堂前通常也是人山人海,歌舞欢腾,现在却人影全无。到处都一样。只有白教堂区比较热闹,但这也许是当地人性格所致。

战争!它的致命气息冻结了庆祝1940年新年的活动。

现在,我回到家坐下思考:明天会怎么样?……我在这里,在伦敦迎接1940年,在战争和"灯火管制"下,完全不确定不久的将来会是怎样——不仅是我个人的未来(那有什么关系?),而且是欧洲和全人类的未来。……我大半的生命已经过去。即使在最好的情况下,前头也只剩很短一段时间。但是到目前为止,我还没有惧怕死亡,也没有为四分之三的生命已经过去而感到强烈的遗憾。

---

[1] 莫斯科与伦敦的时差为三小时,伦敦时间晚上九点为莫斯科时间晚上十二点。——译注

1940 年

1月2日

郭泰祺来访，我们已有近一个月没见面。他一直在日内瓦担任国际联盟会议的中国半官方代表（我在正式代表名单中无论怎样都找不到他的名字）。

郭泰祺对日内瓦的印象有一点值得注意：美国在驱逐苏联方面扮演了重要角色。美国与南美各国一起出演了整部喜剧，并尽其所能怂恿法国。布利特[1]在巴黎发出了一个特殊的外交照会，之后达拉第给保罗-博克尔（法国驻日内瓦代表团团长）打了四次电话，坚持对苏联采取极端措施。保罗-博克尔本人反对驱逐苏联。据郭泰祺所说，英国人采取了更加被动的立场，而巴特勒最初反对驱逐。然而，当他获悉美国采取的立场后，他决定"不反对"。又或许只是英国人凭借他们惯常的机敏，在假装被动方面做得更好？

---

[1] 威廉·克里斯蒂安·布利特，1933—1936年任首位美国驻苏联大使，1936—1940年任美国驻法大使。

郭泰祺倾向隐瞒中国在日内瓦的表现，但向我强调了中国与苏联的深厚友谊。

这都是过去的事情了。如今，在英国政界中愈发激烈的关于形成两大对抗集团的讨论令郭泰祺担忧：

（1）"极权和大陆"——德国、苏联和日本。
（2）"民主和海上"——英国、法国和美国。

郭泰祺非常不喜欢这种讨论，焦急询问我关于这件事的想法。我尽可能让他放心。

1月3日

英苏关系的曲线继续下降。

有关莫斯科夏季谈判的"白皮书"将在两周或更短的时间内出版。一直有传言说，英国将以这种方式进行谈判准备（除非在最后时刻发生意外），这将不可避免地导致两国中断外交关系，或至少相互召回大使。

12月27日，《每日工作者》再次拉响警报，首次警告关系破裂的危险。同一天，外交部通过路透社和外国记者的采访驳斥了该报的报道。

然而，昨天，即1月2日，西兹因"休假"离开莫斯科。出发前，他拜访了波将金同志和莫洛托夫同志，讨论了英苏关系的状况。他得知苏联政府对英国没有敌意，但它坚决要消除敌对的资产阶级国家芬兰对列宁格勒的威胁。……西兹的离开只不过证实了传言："白皮书"的出版将有碍他继续留在莫斯科。同样的传言说，"白皮书"出版后我能否留在伦敦也变得非常不确定，尽管我承认不太清楚这种情况可能如何发生。时间会说明一切。

今天的报纸报道说，法国驻苏联大使那齐雅也将离开莫斯科"休长假"。意大利驻苏联大使罗索[1]也收到了政府的指示，要求其"休假"。……

所以，三个大国都正从莫斯科召回他们的大使。这不是巧合。这是达拉第在12月19日盟军最高战争委员会最后一次会议上所提计划的一部分。……计划最终决定采取观望政策，并使用各种手段煽动莫斯科与各国中断关系：向芬兰提供援助，召回大使，出版"白皮书"，等等。……

1月4日

在新年前夜，比弗布鲁克出乎意料地打电话给我，向我表达他的良好祝愿。昨天阿格尼娅和我去他家吃午饭。只有我们三个人，所以谈话很坦率。

比弗布鲁克之前曾告诉我，他认为当前的战争毫无意义，现在他最感兴趣的是和平前景。……英国统治集团的力量阵营是怎样的？"四巨头"（张伯伦、西蒙、霍尔和哈利法克斯）如果找到可以接受的基础，就准备在不打垮德国的情况下媾和。依靠工党自由派和保守派某些圈子的丘吉尔认为，在讨论和平之前，必须打垮德国。

前景如何？比弗布鲁克认为，如果希特勒同意接受包括波兰和捷克斯洛伐克在内的最低限度条件——换句话说，这些条件可以给该国作为对"战争目标"的实现，尽管不是彻底实现——"四巨头"将立即媾和。如果希特勒不同意，丘吉尔将取得胜利，战争将继续。

---

[1] 奥古斯托·罗索，1936—1940年任意大利驻苏联大使。

……比弗布鲁克非常担心英苏关系。他本人肯定是反对关系破裂的，当然也反对与苏联发动战争。故而他认为英国人可以"赞扬芬兰人的勇气"，但不应该向芬兰提供武器和弹药。不幸的是，即便冒着挑起苏联中断关系的危险，英国公众和政府中还是有一些显要人物喜欢干预芬兰事务。……如果美国断绝与苏联的外交关系，那么在芬兰问题上主张"坚决政策"的英国人将占上风。……丘吉尔支持对苏联采取"谨慎"的态度，这使他感到欣慰。这一点很重要，因为丘吉尔目前的影响力很大。因此，比弗布鲁克还没有失去希望，英苏关系仍有可能避免断裂，但他认为当前形势很危险。……

[比弗布鲁克的态度是一个例外。迈斯基在伦敦已经被蔑视。他发现大部分的门都向他关闭，而他发出的邀请也被礼貌地拒绝了。大使馆的门永远为记者乔治·比莱金敞开，其在日记中写道，当向苏联宣战的"呼声高涨时"，迈斯基的下眼睑出现了"深深的皱纹"："当我沿着寒冷、被冰雪覆盖的'百万富翁区'离开时，我想到了该区的主要租客。他为自己的使命热切地争取成功，去年年中几乎赢得胜利，却眼看着胜利被夺走。"

冬季战争结束后，迈斯基勉强恢复了社会地位。直到5月，对艾登和他的妻子"相当私密地"一起在大使馆吃午饭的邀请还得到冷淡的回复："如果可以的话，我会去的，我会晚些时候告诉你我妻子去不去，她目前在乡下。"道尔顿也在日记中描述了他独自在大使馆参加的午宴，因为他的妻子"宁死也不愿待在（迈斯基的）大使馆"。]

1月5日

今天发生了一件不寻常的事。

斯特朗意外来访。自8月初以来,我已经很久没见到他了,那时他刚对莫斯科进行了一次不成功的访问。

我请他坐下,递给他一支俄罗斯烟。斯特朗深吸一口烟后,宣称自己是"根据哈利法克斯勋爵的指示,但以私人身份前来"。1月中旬,专门针对莫斯科协议谈判的"蓝皮书"即将出版(竟然是"蓝色"而非"白色"的书,不同之处在于"白皮书"没有防尘套,通常比"蓝皮书"小)。除了其他材料,该书还将包括哈利法克斯与我的几次对话记录。出于礼貌和私人的考虑,哈利法克斯愿意在出版前让我有机会了解与我相关的内容,看是否需要修改。毕竟,对话的记录是在事后做出的,无法完全保证其准确性。说到这里,斯特朗从他的口袋里拿出校样(一个相当大的包裹),并将它们推到我面前,表明他准备留下它们供我仔细阅读和修正。

我承认我非常想把这本书拿到手中,但我立刻阻止了自己,因为脑海里突然闪过一个念头:"尊敬的"哈利法克斯为我设下了陷阱。……于是我极其礼貌地对斯特朗说,我很感激哈利法克斯的好意,不幸的是我不能利用他的好意。"蓝皮书"的出版并未得到苏联政府的同意,甚至后者都没有被告知发布该书的决定。……我没看"蓝皮书"的校样一眼,不动声色地将其推回给斯特朗。

斯特朗显然很困惑,但向我保证,他非常"理解"我,会把我的原话传达给哈利法克斯,后者当然也会"理解"一切。然后,斯特朗把校样装回口袋并补充说:"哈利法克斯勋爵认为向您提供这份校样是他的道义和责任……现在他可能认为自己问心无愧了。"

那就是哈利法克斯！普里特[1]曾经告诉我，根据巴特勒的说法，哈利法克斯在每个工作日开始时都会对他说："注意，巴特勒，我们今天决不能牺牲任何一个原则！"

而且，在他向上帝"祈祷"并使自己安心后，哈利法克斯会在英国外交政策的肮脏厨房中全神贯注地酝酿新的阴谋。

这些上帝的人，他们是危险的！哈利法克斯已经两次恶意企图欺骗我：第一次是在3月31日，与去年对波兰的保证有关；今天是第二次。他失败了，但我必须保持警惕！

斯特朗在今天的谈话中还宣称，英国政府不打算中断与苏联的外交关系（"当然，得要苏联政府不打算这样做。"他相当直接地补充道），西兹的确休了两个月假，以便休息和就医。

1月8日

尽管我礼貌地拒绝了斯特朗让我了解"蓝皮书"的建议，但我还是得知了书的内容。……英国政府选择和编排这些资料似乎是为了让人产生这样一种印象，即由于苏联"口是心非"，夏季谈判破裂。这体现在两个方面。（1）苏联政府在整个夏季进行了平行谈判，一方面与英国和法国谈，另一方面与德国谈。苏联实际上并不想与英法达成协议，仅仅是在进行操纵，以将"盟国"的破裂归咎于英法。（2）通过斯大林同志，苏联政府宣布自己有协助受侵略者的责任，而苏联政府本身充满侵略思想，并最终在芬兰实施。因此，该书的读者应该会得出这样的结论：苏联本质上是一只"披着羊皮的狼"，英国政府非常明智地避免与这样危险的伙伴达成协议。

---

[1] 丹尼斯·普里特，1935—1950年为激进的英国律师和工党议员。

谈判期间，莫洛托夫同志和我的角色分工被作为苏联"口是心非"的进一步证明。在莫斯科，莫洛托夫同志顽固地破坏谈判中的任何一个进展，设置了一个又一个障碍。与此同时，我在伦敦削弱英国政府的警惕性，用好话向政府成员保证苏联愿意与英国保持友谊，并赞扬英国的举动和提议，一直持续到谈判破裂的那一刻。

["白皮书"草案包含一百五十页文件，是1939年三方谈判的英国官方版本。该书的出版肯定会暴露迈斯基的自主行动（通过揭示他和哈利法克斯会议记录的差异）以及他与莫洛托夫路线的分歧。从事"白皮书"编辑工作的著名万灵学者卢埃林·伍德沃德更是以此为线索撰写了长篇分析性导言。他特别提到迈斯基3月底对卡多根的承诺：对波兰的保证"将是英国政策的革命性变化"，"会大大增加其他国家的信心"。迈斯基害怕"白皮书"的问世将导致他被召回。

因此，迈斯基对这份证明他有罪的文件一直耿耿于怀也不足为奇。但是，迈斯基侥幸获救。出版"白皮书"的想法从一开始就招致反对，因为该书不仅揭露了被认为是俄罗斯的背叛的事件，还暴露了张伯伦对达成协议的不情愿以及英法立场的冲突。3月6日，张伯伦在议会宣布，放弃出版"白皮书"。迈斯基适时从"苏联之友"那里成功获得了这本报废书的缩微胶卷，很可能是通过情报渠道（这就超出了他的权限），他对上级隐瞒了这一点。这份缩微胶卷是他在1955年受审时被起诉的主要原因。为了全面获得平反，迈斯基提出了一个可疑的声明，称这仅仅是一次疏忽和记忆"出错"。[1]

---

[1] 关于他被捕和接受审讯的内容，参见《名声的代价：迟来的压制》一章。

1月14日

最近两天我和郭泰祺、阿拉斯进行了有趣的交谈。

郭泰祺告诉我,他最近(约一周前)访问过哈利法克斯。他们讨论了各种问题,但英苏关系是核心。哈利法克斯告诉郭泰祺,他反对英苏关系进一步恶化,特别是英国的主动断绝,他对未来英苏关系可能改善没有失去希望。哈利法克斯认为,世界大到可以让大英帝国与苏联和平共处。过去的五个月里,两国关系中有很多复杂情况是虚构和人为的。如果两国政府友好对话,许多相互猜疑和不满很容易被解决和消除。芬兰的冲突是目前关注的焦点。是的,英国政府对苏联袭击芬兰一事深表遗憾。英国政府根据国联的决议和英国民意向芬兰提供援助,但这一事件的重要性不应被夸大。芬兰是英苏关系中暂时的冲突,在很大程度上是偶然的冲突。芬兰战争一结束,这场冲突也将终止。因为哈利法克斯不相信苏联正在计划征服瑞典或挪威(尽管他确实相信德国有这样的计划)。这样的行动意味着与德国、英国、法国,可能还有美国发生冲突。苏联不会冒险行动,尤其是在芬兰经验之后。哈利法克斯也不相信德国和苏联之间的友谊会长久:两国(在斯堪的纳维亚半岛和巴尔干半岛)之间存在严重的冲突点。而且,苏联政府不会希望手上永远只拿着德国牌。考虑到这一切,哈利法克斯认为,英苏关系不仅能够保持,而且在一定条件下也可以得到改善。这就是为什么他想要保持一切渠道畅通。但是,如果苏联政府另有考虑并计划使与英国的关系濒临崩溃,那当然就是另一回事了。英国政府将接受断绝关系的事实,并得出恰当的、切实可行的结论。但哈利法克斯会为这样的事态发展感到遗憾。

如果郭泰祺正确转述了哈利法克斯的表达,那么这一切就非常有意义。但郭泰祺是否忠于事实？我担心他的说法中有太大的主观成分，正如他告诉我的，中国首先希望避免在苏联和西方民主国家之间选边站的情况。……

1月26日

大约一个月前（12月24日），我在日记中记录了当时英苏关系的状况。今天，我可以总结一下自那时以来的进程。没有什么可庆祝的！

英苏关系的总体曲线继续走下坡路。……在这方面，芬兰问题对英国统治集团具有特殊的意义。他们希望通过帮助曼纳海姆[1]而一箭双雕。首先，他们希望唤起中立小国的士气（"盟国"不会在这些小国需要帮助时任其听天由命！），从而更容易将它们卷入战争。其次，他们希望延长在芬兰的战争以削弱苏联，把我们的手脚束缚在北方，减少我们在其他方面的行动自由，并在最后，剥夺德国人从苏联获取原材料和食物等的可能性。……

[这段记录与同一天发给莫洛托夫的长信内容相吻合。迈斯基深信两国关系即将断绝，他以阴沉的色彩描绘了英苏关系的状况，并警告说，这对苏联构成了"严重的危险"。这封预警信是为了让莫洛托夫意识到，芬兰战争越早"在对我们有利的条件下"结束，"英苏关系越有可能渡过当前危机"。工党领导层完全清楚，迈斯基意识到芬兰战争可能会导致英国介入，但他被迫为之辩护，否则

---

[1] 卡尔·古斯塔夫·埃米尔·曼纳海姆男爵，1939—1940年和1941—1946年任芬兰军队总司令，1944—1946年任芬兰总统。

"他将被召回并清算"。]

1月30日

　　我去看望巴特勒。……他问我对英苏关系的看法。我耸了耸肩，说他肯定和我一样了解这件事。我们之间没有发生尖锐而具体的冲突，但是……

　　"你的意思是说，"巴特勒打断我，"表面风平浪静，里层关系降到冰点。"

　　"是的，很可能你是对的。"

　　巴特勒问，有什么特别的事情可以改善我们的关系，或者至少防止关系进一步恶化。我反驳说，他应该更清楚：我们所有的困难都源于英国的政策，尤其是源于英国政府想要干预与它无关的事务。

　　巴特勒反击，说政府做得很好，但"公共舆论"反响强烈，正向政府施压。……巴特勒继续说："英苏关系的主要困难是你们支持我们的死敌。许多英国人相信，苏联与德国达成了一个牢固的协议，这实际上使你们两国结成一个集团。"

　　……我笑着说，苏联一直奉行并会继续奉行自己的独立政策。……

[迈斯基向韦伯夫妇保证，他正以"愉快的反抗者姿态"遵守"来自莫斯科的*留守令*"。然而，他的日记和他向莫洛托夫的报告都隐瞒了他对自己生存状况的严重担忧，以及一再恳求巴特勒"不要太引人注目……并维持我们的外交关系"。此外，他还对《苏德互不侵犯条约》表示歉意，感叹"我们生活在一个充满变化的时代，任何事情都有可能发生。在丛林里，最陌生的动物会聚在一起——如果它们认为其共同利益使得这样做是明智的"。

伍德沃德是"白皮书"的编辑，他在1962年出版的《二战中的英国外交政策》的官方历史中首次记录了迈斯基与巴特勒的会晤。迈斯基很生气，在回忆录中强烈否认自己曾使用丛林比喻。但据海军大臣亚历山大[1]的说法，几个月后他与迈斯基进行了交流，"我以一种随意的口吻说'我们生活在一个陌生而快速的时代'，他回答说：'是的，这是丛林时代。'"]

2月8日

盟军最高战争委员会会议于2月5日在巴黎举行。……法国人继续坚持与苏联断绝关系……但英国人在苏联问题上坚持了以前的立场（不是自己断绝关系，而是挑衅苏联这样做）。

……就芬兰而言，各方同意"加速"和"增加"对芬兰的物质援助，并"鼓励'志愿者行动'"。

召开最高战争委员会会议当天，法国警方粗暴地突袭了我们的贸易代表团。一次真正的阿科斯突袭[2]，大概比这更糟糕。显然，法国人想创造一个有利的"气氛"，便于与苏联决裂，并希望提前束缚英国的手脚。现在看来，他们已经失败了。……

2月11日

在丘尔特访问了*老奇才*。与他交谈总是愉快而有益的，特别是在困难时期。他有一个特殊的大脑：一种活跃的智慧能量凝块。他

---

[1] 阿尔伯特·维克多·亚历山大，1929—1931年和1940—1946年任第一位工党籍海军大臣。
[2] 1927年5月，英国突击搜查苏联贸易代表团驻伦敦办事处，导致英苏关系破裂。

能立即领会你的意思,并以一系列精彩想法和对比作为回应。他还有可以洞察事物的丰富高超的才智,不受闪闪发光的外在所惑,不会陷入愤怒,不会大叫、哭泣或激动,而只是理解和考虑周详,再作出适当的推论。每当你与劳合·乔治谈话时,你都会立即感觉到正在与一个极有才干的人打交道,他在周遭的大臣、议员和公众人物中出类拔萃。劳合·乔治和其他所有当代"领袖"的区别,就像

图59 与"老奇才"劳合·乔治在一起

克莱斯勒[1]与一位省级管弦乐团小提琴手的区别。可以毫不犹豫地说：他令人惊叹。

我们今天聊了大约三个小时。我将自己的论点和考虑放在一边，尽力传达"老奇才"告诉我的内容的要点。

"如果英国和苏联之间发生战争，"劳合·乔治大声说，抬了一下他的夹鼻眼镜，"这将是最大的灾难。甚至只是想想也很可怕。但人们不应对事实视而不见。自芬兰战争爆发以来，英苏关系一直在恶化，今天仍处于不稳定的状态。"

……情况非常严重，但并非完全没有希望。张伯伦、霍尔、哈利法克斯和金斯利·伍德反对与苏联开战。西蒙像往常一样两面下注。这个团体也许确实能够承受住法国的压力。但苏联政府也必须表现出灵活性。首先，它不能屈服于挑衅。苏联政府冷静回应日内瓦闹剧和巴黎贸易代表团遭到的突袭，这是非常好的。苏联政府没有因为西兹（"大傻瓜"）的离开而将我召回，这很好。绝不能从巴黎召回苏里茨。

2月21日

我们在前线取得了不可否认的成就（曼纳海姆防线西段的突破），在英国给人留下了强烈但褒贬不一的印象。

我们的成功使<u>更理性的</u>人——其中应该包括张伯伦集团、比弗布鲁克、希克斯[2]那样的工党党员、汤姆·威廉姆斯[3]、斯特拉波吉

---

[1] 弗里茨·克莱斯勒，美籍奥地利小提琴家和作曲家。
[2] 欧内斯特·乔治·希克斯，1931—1950年任工党议员，1925—1927年任英国劳工联合会的领导人，参与其下英苏联合咨询委员会的设立。
[3] 汤姆·威廉姆斯，英苏议会委员会成员。

和其他人——在对芬兰的援助问题上更加克制和谨慎。他们比以往任何时候都更不愿冒险与苏联发生战争。

<u>不太理性</u>的人,包括似乎由丘吉尔领导的某些大臣(尽管我没有丘吉尔关于芬兰问题的立场的确切信息)、霍尔-贝利沙的支持者、以辛克莱为首的自由主义者以及各家报纸——《新闻记事报》《星报》《星期日泰晤士报》等,他们得出了相反的结论。他们意识到曼纳海姆正在被削弱,于是在伦敦发起一场疯狂的运动,以最广泛的方式向芬兰人提供强有力的支持,包括派遣军队,却忽略了与苏联开战,以及将斯堪的纳维亚半岛转变成"盟国"和德国之间的战场的风险。

冷静地评估所有这些因素后,我倾向认为第一类人比第二类更有优势,因为英国本身就处在危险之中。……总体而言,这种形势被认为是危险的,充满各种突发事件。人们很容易被卷入一场大战。避免这种危险的最好方法是加快结束芬兰战争的速度。英法的算计是基于这样的假设,即芬兰事件直到5月才会进入决定性阶段。如果我们能够打乱这些算计,并在几周内结束战争(或者,如果不能完全结束战争,至少先对芬兰人造成决定性打击,如此一来,他们处境的无望便昭然若揭),我们将从危险区域脱身。

英国激进主义的根源是人们普遍相信苏联和德国是"盟友"——如果还没正式结盟,也是不久后的事。因此,人们不愿区分德国和苏联,并将二者都标记为"敌人"。这就是丘吉尔和霍尔-贝利沙改变方针的原因。……我试着向每个人证明,苏德"联盟"是荒谬的。但是,由于现在的外交界没有人相信任何人说过的任何话,我对于自己就这件事进行驳斥的成效不抱任何幻想。莫斯科应该以更明确的方式证明这一点。[1]

3月13日

我昨晚几乎没睡。莫斯科电台当晚宣布,午夜后将发送一则重要通讯。我立即明白这是关于芬兰和平条约的,于是坐在收音机前等待消息。这是一次漫长的等待。直到莫斯科时间凌晨三点三十分,电台终于宣告苏芬战争结束,交战双方缔结和平。

好哇!我准备将帽子抛到空中。

我们已经摆脱了大危险。我们有可能避免与帝国主义者交战。我们已经赢得了想要的东西:列宁格勒和我们的西北边界现在已经安全了。

下午我去了议会,张伯伦将在会上发表关于缔结和平的声明。外交部的走廊几乎是空的。只有我、保加利亚使者和……阿尔巴公爵(西班牙人)。但是下议院挤满了人,气氛沉闷,如同暴风雨前那样。

张伯伦作了一个简短的声明,仅仅是例行公事。……我记忆中没有见过[议会]处于如此激动与愤怒的状态。事实上,唯一能描述多数下议院议员情绪的字眼就是**愤怒**了,只有少数人例外。无效的愤怒也是愤怒——强烈、沸腾、泛滥的愤怒……

"失败了!真是可惜,失败了。"那些话语似乎回荡在空中。

---

[1] 这一日记记录因莫洛托夫给迈斯基所发电报而产生,电报谴责英国政府传播关于德苏之间建立军事联盟的"荒谬和诽谤性"谣言。迈斯基促使巴特勒提升由英国调停苏芬谈判的可能性。莫洛托夫予以全力支持,并提出和平条件,但都被内阁拒绝了。正如查农在与巴特勒会面后所说:"这是一个魔鬼般巧妙的计划,但迈斯基的和平鸽显然是一只秃鹫。"

这种狂热表现在大臣和议员在下议院对各种反苏攻击的反应。当张伯伦用"侵略"来谈论芬兰事件时，下议院响起一片肯定之声。当"独立派"麦戈文[1]瞄准苏联和斯大林同志时，大厅响起了整整一分钟震耳欲聋的喊声："对啊！对啊！"

我从外交部的走廊向下看，看到那种充满优越感又愤怒无能的荒唐表现。同时，我比以往任何时候更加清楚，和平要在恰当的时机才能达成。[2]……

[3月18日的日记记录（未在这里呈现）是迈斯基与巴特勒会面的官方记录。具有讽刺意味的是，在《苏德互不侵犯条约》缔结之前，巴特勒一直是典型的绥靖主义者和三国联盟的主要反对者，而现在他将取代范西塔特，成为迈斯基在外交部的"盟友"。他坚决——就像支持绥靖主义时一样——主张温和对待俄罗斯。他在会议记录中写道："英国的政策有种高贵的纯粹，它假设正义站在我们这边，以及大脑支配着行动的逻辑，这让反对我们的敌人一个接一个地增加。"他的看法这时反常地与克里姆林官寻求和平协议的新政策一致。这一协议将使战争早日结束，并建立一个新的欧洲秩序。在这个秩序中，苏联将与德国和遭受重创的英国分享欧洲的霸权地位。

迈斯基毫不怀疑"继续战争不符合希特勒先生的利益"，这让

---

[1] 约翰·麦戈文，1930—1959年任苏格兰下议院议员，1941—1943年任独立工党主席。
[2] 哈利法克斯亦有同感："我自己不由得有些庆幸，没有让一支远征队陷入不可维持的境地。同时我认为，从长远来看，任何事情都不会产生太大的变化。但我肯定不会公开表示这一点。"哈利法克斯肯定受到艾登在本月初发给他的一封颇为冷嘲热讽（但务实）的长信影响，信中问道：如果"芬兰人失败"，对盟国来说是不是"震动世界的悲剧"。

巴特勒印象深刻。巴特勒在谈话后确信迈斯基急于向他传达"一个观点,即我们应该让德国人相信,我们对彻底毁灭德国人不感兴趣"。迈斯基已经告诉研究俄罗斯历史的杰出学者伯纳德·帕雷斯,他的国家认为"反对扩大战争高于一切……俄罗斯宁愿通过谈判达成和平,而不是通过报复收获和平,后者会在任何一方胜利后带来更多战争"。迈斯基重申,尽管苏联"不希望屈从于德国,或被德国卷入更多复杂情形中",但可能会与(希特勒)达成协议,借此恢复德国的殖民地,而作为交换,给予波兰人和捷克人一定的自由。]

3月15日

……郭泰祺和我今天去看望韦伯一家。这对老夫妇很高兴见到我们,我开玩笑说今天在他们桌旁坐着三分之一人类的代表(中国有4.5亿人,苏联有1.8亿人)。在路上,郭泰祺告诉我,前几天他和丘吉尔吃过午饭。丘吉尔告诉他,英国与苏联的战争原本确有可能发生。如今危险已经过去,丘吉尔希望改善英苏关系。有趣至极。

3月19日

……我今天在比弗布鲁克家吃午餐。我发现他处于极度愤怒的状态:他对报纸上发表的"和平十一点"感到愤怒。据比弗布鲁克说,这些正是希特勒和墨索里尼在布伦纳达成共识的基础。[1]

"这是一种征服者的和平!"比弗布鲁克怒不可遏,"我们绝不会

---

[1] 3月18日,希特勒在其位于布伦纳山口的列车车厢中与墨索里尼短暂会晤,并提出了羞辱的和平建议。

同意这样的条件!"

比弗布鲁克认为英国可以放弃波兰和捷克斯洛伐克,甚至可以牺牲一些殖民地,但永远不会承认希特勒有权在欧洲建立"经济帝国",这是希特勒与萨姆纳·韦尔斯[1]讲过,并在"和平十一点"中概述的。

"你知道,我反对战争,"比弗布鲁克继续说道,"我想早日实现和平。但现在我完全支持战争!我赞成加强封锁和空中作战!我已经准备好在儿子驾驶的飞机上当一名枪手!"

比弗布鲁克反对战争中的一切多愁善感。国际法无关紧要。以眼还眼,以牙还牙!

我从未见过比弗布鲁克如此好战的状态。……

3月23日

芬兰战争结束,看起来局势已经恢复正常。……是的,无疑已回归奇怪的胶着战常态。

然而,我却越来越被一种模糊的感觉攫住,觉得我所看到的周围的一切都是虚幻和不真实的。

议会每周召开三次会议……议员们像往常一样提问……大臣们像往常一样读出答案……议长像往常一样戴着他的假发坐在那里点头……各部门像往常一样安排会议并做文书工作……报纸像往常一样炮制轰动性的故事,并像往常一样传播上流社会的八卦……商店出售商品……银行家数钱并发表年度报告……爱侣躲在公园里……成群的孩子在操场上嬉闹玩耍……出租车在车站排队……报童高声

---

[1] 本杰明·萨姆纳·韦尔斯,1937—1943年任美国副国务卿。

喊叫,像往常一样出售晚报……

一切照旧。为了每时每刻的利益,每个人都活在当下。没有人想到未来,没有人试图展望未来。即使碰巧有随兴而起的想法将人引向未来,人们的本能却避免这样做。所有人都特别强调,一切在以正常、习惯、传统的方式进行。没有新鲜之物。没有多余之物。

但对我而言,这一切似乎都是暂时的、虚幻的、不可思议的……

也许我错了,或至少不完全正确,但是在我的脑海里,同一个画面持续显现。

一个巨大的浪潮。它生长,膨胀,越升越高。它黑暗的深处隐藏着强大的湍流。不可估量的力量在那里聚集。如今,这种力量随时将以一种灾难性的、不可抑制的洪流突入。然而,当波浪的表面仍相对平缓、安静,满载乘客的小船习惯性地或有序或混乱地在波面来回航行。随着乘客彼此叫喊、欢笑和争论,这些小船汇聚又漂离,构成了错综的图案。绅士向女士献殷勤,女士涂脂抹粉并和绅士调情。彩色的手帕飘动,悠闲的声音在微风中飘扬。一切似乎都是永恒的、正常的、不变的、平凡的……没有人想到风暴即将来袭……

然后,突然传来巨响和咆哮声!……

灾难降临。

3月27日

[该日记附有1940年3月27日《泰晤士报》题为《苏联召回其大使》的剪报。这确实让迈斯基感到震惊。它声称,苏联驻法大使苏里茨向斯大林发送了一封电报,内容是法国在芬兰战争中的立场。该消息被审查员拦截,法国政府认为这是对其国内事务的干

涉。法国政府宣布苏里茨为不受欢迎的人。为了不让法国有中断法苏关系的借口，莫洛托夫（他一直认为苏里茨和迈斯基是李维诺夫的帮凶）谴责苏里茨，并免除他驻法大使的职务。］

一个愚蠢至极的故事！我不知道有关电报发出的任何细节（我们这里从来没有发过这种未加密的文字电报），但法国人显然在挑事。我无法理解他们的政策。他们在指望什么？

今天我通过电话与苏里茨交谈。他将在几天后离开巴黎。目前还没有决定谁会留在那里。……外交部新闻司今天表示，召回苏里茨纯属法国的事务，与英国政府完全没有关系，英苏关系仍能维系。我们拭目以待。

［3月27日的第二条记录是一篇给莫洛托夫的长篇报告，是关于与哈利法克斯的一次没有成果的会议。为了对抗法国人轰炸巴库油田带来的压力，迈斯基接到政府的指示，建议重新启动贸易谈判。哈利法克斯认识到，任何此类行动"几乎肯定会导致德国和苏联之间达成明确联盟"，于是指示外交部以"坚定沉着"的态度进行谈判，但又不会"阻止我们稍后阶段在高加索采取行动，如果土耳其人同意在那里与我们合作的话"。最后，正是德国对法国的进攻才使这种行动宣告终结，而它的确可能最终导致英国与德国、俄罗斯交战。］

3月28日

……伦道夫·丘吉尔是最近重新出现在我视野中的人物之一。他过去经常来访，他的电话更是频繁。战争开始后，他成为一个驻扎在郊外的坦克营军官，每次到伦敦时都会顺便来访。但在芬兰战争开始之后便不见他的踪影，我有三个半月没接到他的消息。上周，在与芬兰人达成和解之后，伦道夫突然拜访我。就在前几天，他再次拜访我，将他年轻的妻子带了过来（他在战争一开始就结了婚）。这很重要。伦道夫情绪的变化更能说明问题：当战争开始时，他夸口会轻松取得胜利，但现在他对战争的进程和结果表现得极其焦虑。

4月2日

毫无疑问，莫洛托夫同志在3月29日最高苏维埃会议上的讲话将产生积极的影响。[1]他的发言肯定会让那些反对我们的外国人，尤其是英国人和法国人的日子更难过。比弗布鲁克很高兴。他打电话给我，喊了一声："莫洛托夫支持孤立主义！太好了！这符合英国的利益。"

比弗布鲁克意思明确。在过去几个月里，苏联是"德国的盟友"成为英国的普遍共识。甚至巴特勒也表达了同样的担忧。过去几周，媒体就巴尔干半岛问题对"极权主义三国集团"（德国、意大利和苏联）进行了大量的争论。"盟国"以如下方式解读莫洛托夫同志的讲话：莫斯科和柏林之间不存在"同盟"；苏联坚持独立政策，这个独立政策意味着中立。还有什么比这更好的吗？……烦扰

---

[1] 莫洛托夫重申苏联坚决奉行中立政策，确保恢复和维护世界和平，这一演讲可能是迈斯基促成的。二十世纪三十年代，倡导人民阵线的工党议员查尔斯·特里维廉男爵的建议也可能对迈斯基产生影响，认为这是"一个最为重要的问题，一旦与芬兰达成和解，苏联政府就应该向世界发表一份完整的声明……这一声明越坦诚，影响越广泛，就越能防止战争日后扩大为对俄罗斯的攻击"。

伦敦和巴黎灵魂的噩梦不复存在。

但也有怀疑论者。有人说："中立……嗯……什么样的中立？有许多种中立。"

这些人认为与其开始敲锣打鼓，不如静观其变。……

4月5日

萧伯纳一家今天和我们一起吃午餐。我们好几个月没有见到这对老夫妇了。他们仍然精神饱满，特别是萧伯纳，但他们的健康情况开始不尽如人意。这不奇怪：萧伯纳现在八十三岁，他的太太甚至年纪更大。但萧伯纳的精力、记忆和对时局的兴趣仍令人惊异。餐桌上只有我们四个人（最后我们发现这对老夫妇对此感到高兴）。这是最佳的谈话环境，而萧伯纳陷入了对遥远过去的回忆，他在生动的讲述中用了很多手势。

"十九世纪八十年代成立费边社后，我们在海德公园筹备了五一会议。我是主席和发言人。会议结束后，我穿过人群，走出公园。突然，我被一个穿着褐色西装、中等身材的大胡子男人拦住。他祝贺我这次会议取得成功，并问道：'你认识我吗？'我感觉曾经见过他，但想不起是何时何地。我以惯常的话回复，说很熟悉他的面孔，但不记得我们会面的情况。那个大胡子男人笑了起来，并以一种亲切的声音说：'不，你不认识我。我是弗里德里希·恩格斯。'我想，原来恩格斯长这样。我听说过很多关于他的事，却与他素未谋面。第二年的五一节，我又在海德公园发表讲话。恩格斯又一次走到我面前，开玩笑地问：'你现在还认得我吗？''我当然认得你！你是伟大的恩格斯！'我高兴地叫起来，紧紧地握着他的手。"

……我们的谈话从恩格斯转向马克思。萧伯纳从未见过马克思，在他参加社会主义运动之前马克思已去世。但他认识马克思的女儿埃莉诺，她的小名为图西。

"她是一个引人注目的金发女郎，"萧伯纳说道，"生动活泼，非常聪明。她精通几国语言。经常在国际会议和代表大会上作口译。但她是一个非常'偏心'的翻译：她在翻译'她的人民'的演讲时，为原始版本增添了其所不具备的光辉（她自己就是一个出色的演讲者），但让她的'反对者们'看起来像傻瓜，而实际上他们并不是。我注意到这一点，便开始坚持为我们的代表大会聘请有偿的'无党派'翻译人士。"

萧伯纳的脸色短暂地沉郁了一下，继续低声说道："埃莉诺与艾威林[1]搅和在一起。你听说过这个名字吗？"

我点了点头。

"我不知道他们有什么共同点。艾威林是一个奇怪的人。我毫不怀疑他是一个坚定的社会主义者和无神论者，他愿为自己的信仰付出生命，但在日常生活中却是道德低下的人。"（"一个流氓，"萧伯纳补充道。）"他是一名大学教授，辅导大学新生，更偏爱女性（妇女刚刚获准进入大学学习）。艾威林通常预收十二节课的学费，向学生借更多钱，却只给他们上一节课。学生失去耐心后，丑闻就传出来了，但艾威林从未退还他们的钱。有一次他来找我借五英镑。我了解艾威林的为人，因此一分钱都不愿意借给他。他想尽办法说服我，最后宣称：'你大可放心，我会偿还债务，如果两个月后你向埃莉诺出示我的收据，并告诉她如果她不付款，我将被送入监狱，她会立即还钱给你。'我非常反感，把艾威林赶出了屋子。"

---

[1] 爱德华·艾威林是著名的"达尔文主义者"，他是社会主义同盟和独立工党的创立人之一。

萧伯纳停顿了一下，继续说道："可怜的埃莉诺！她自杀了。事情是这样的。埃莉诺和艾威林没有在教堂里结婚就同居了。艾威林有一个合法妻子，虽然没有与她一起生活，因此不可能与埃莉诺正式结婚。艾威林的妻子去世后，她的家人憎恨并竭尽全力攻击埃莉诺。他们刊发在报纸上的讣告中提到死者是艾威林的合法妻子，以强调埃莉诺的非法身份。尽管如此，艾威林也算是恢复了自由身。埃莉诺是一位思想进步和品格高尚的女性，丝毫没有坚持要将他们的长期关系合法化。她很乐意双方的关系一如既往。但你知道艾威林做了什么吗？既已自由，他离开了埃莉诺并娶了另一个女人。埃利诺过去已因艾威林的恶劣行径经受了巨大折磨，但无法忍受这最后一击，终结了自己的生命。我写剧本《医生的困境》时，化用了许多我所知道的艾威林的性格和越轨行为。"

萧伯纳再次停顿，然后补充说："还有那位特别的女性，海伦[1]……你肯定知道她。她曾在马克思家当用人。总让我感到可笑的是，马克思把自己的一生奉献给无产阶级，但他实际上只认识一个无产阶级者海伦，却从没给过她报酬！……是的，马克思的财政状况几乎总是糟糕透顶。这是一个真正的悲剧。马克思的妻子有时因绝望而发疯。尽管海伦没有领到薪水，她最终还是得到了回报：她的名字被刻在马克思的墓碑上。"

……然后萧伯纳转而回忆最近发生的事。

萧伯纳于1931年与阿斯特夫妇、洛西恩一起访问了苏联，斯大林同志接待了他们。路易斯·菲舍尔是他们的翻译。李维诺夫也在场。

当然，南希·阿斯特是第一个指摘斯大林同志的人。阿斯特夫

---

[1] 海伦·"琳蘅"·德穆特。

人试图向他证明，苏联在用错误的方式教育孩子。她举了一个例子。她刚刚参观了一所集体农庄学校。她不喜欢那样：孩子们穿得太整洁、太干净，这是不合常理的。除了用餐时，孩子们应该很脏——他们本来就该如此。他们应该穿得很简单：只需一块可以在半小时内洗净和晾干的布。南希有些激动地对斯大林同志说："送一个明智的女人到英国，我会教她如何对待孩子。"

斯大林同志微笑着请她留下地址。南希给了他。萧伯纳认为这仅仅是斯大林同志一方的礼貌而已，因此当他回国后发现，从苏联派来拜访阿斯特夫人的不是一名而是十二名女士时，他感到非常惊讶。

接着，洛西恩向斯大林同志解释说，英国自由党一分为二。西蒙领导的那一派与保守党站在一起，而另一派则面临抉择。洛西恩认为，由劳合·乔治领导的第二派在接受必要的训练后可能成为英国科学社会主义政党。

……紧接着发言的是阿斯特勋爵[1]。他发表了一个调解性的演讲，指出英国舆论总体上并不敌视苏联。在莫斯科，阿斯特勋爵的情绪非常激动。他觉得自己几乎就是一个"布尔什维克"，还穿着短袖衬衫。他想说一些能让斯大林同志喜欢的话。

斯大林同志转而问萧伯纳对阿斯特言论的看法。萧伯纳笑着说："在我的国家爱尔兰——您知道，我是爱尔兰人，不是英国人——人们仍唱着据称是克伦威尔唱过的一句歌词：'信任上帝，但保持你的火药干燥。'所以我会说，我不知道您是否信任上帝——我认为您不信，但我从心底建议您，保持火药干燥！"……

---

[1] 华道夫·阿斯特勋爵，政治家和报纸业主，与他的妻子南希·阿斯特一样，对英帝国和社会改革深怀敬意；1935—1949年，任皇家国际事务研究所所长。

4月6日

另一次内阁改组！老样子，老样子。这是以克雷洛夫的《四重奏》为原则完成的。我不禁引用这位寓言作家的话："我的朋友们，你可以随意变换座位，但你永远不会成为音乐家。"

然而，关于改组还有一点值得注意，比起当下，这一点对未来的影响更为深远：这种趋势或许会产生重大结果。我指的是丘吉尔的新角色。他被任命为由陆军、海军和空军大臣以及各参谋长所组成的委员会的主席。因此，理论上来说丘吉尔目前负责战争的指挥工作。但是……在最近的改组中，霍尔被任命为空军大臣。也就是说，张伯伦把自己人放在委员会里，以阻挠丘吉尔的活动。然而，这种趋势仍然存在，可能会比我们预期的更早显现。在战争时期，所有进程都以狂热的速度发展。我们拭目以待。……[1]

[迈斯基的声望不仅在英国跌入谷底，更令人揪心的是在莫斯科也是如此。对苏里茨的解职促使莫洛托夫削弱迈斯基的影响力。来自费奥多尔·古谢夫[2]的一系列信件严厉批评了迈斯基的外交工作。他被指示仅能与高级官员接触，并只能从媒体获得所有必要的信息。执行这些命令将会夺走他的王牌——他广泛的对话圈。迈斯基发现自己碰壁后，没有采用以往那种复杂的操弄与奉承的生存策

---

[1] 在丘吉尔的芬兰病"复发"后，迈斯基积极致力恢复他在莫斯科的名望。
[2] 费奥多尔·塔拉索维奇·古谢夫，斯大林和莫洛托夫指派的新任外交官，毕业于苏联建设与法律研究所，并在列宁格勒地区经济计划委员会工作。随着苏联外交人民委员部内的镇压达到高潮，他接受了外交速成课程。他对党的忠诚使他在外交人民委员部收获辉煌的职业生涯。1938年，三十五岁的他成为西欧司司长。1942年，他被任命为苏联驻加拿大大使，1943年又取代迈斯基成为苏联驻英大使。英国驻苏联大使阿奇博尔德·克拉克·克尔爵士将他描述成"粗鲁、缺乏经验和无礼的家伙"。

略，而是选择对抗。以下是一些很有趣的摘录，出自一篇给古谢夫的长达九页的富有远见的"训导"，主题是总体的外交策略及其在英国的特殊性。尽管这是一种辩解，却也是对现代外交前景趋于黯淡的悲叹，迈斯基现在几乎是唯一的幸存者：

>……每位大使的工作中，最重要与最实质性的组成部分是他与人的实际交往。阅读报纸是不够的，这可以在莫斯科完成。仅靠书籍和统计报告工作是不够的，这也可以在莫斯科完成。……没有出色人际关系的大使是不值得称道的。
>
>每个国家都有其独特之处。交往的性质和频率因各国的政治、经济和个人状况而有所不同。在这些问题上没有单一模板。在巴黎可以被接受的事情可能完全不适合东京，反之亦然。……就英国而言，与举足轻重的人物建立私交极为困难，大使需要花费非常多的时间。……为了使自己熟悉英国生活中不同领域的情况，仅了解各团体中的一两个人是不够的。……仅仅与诸如外交部长及其副手进行接触是不够的，还需要认识外交部北方司司长，因为苏联属于他的职权范围。……仅在外交部就有必要与十五至二十人保持联系。当然，我们的工作需要与其他部委开展业务：贸易部、金融部、经济部、国防部等。
>
>要不然，再举另外一个例子，说说议会和政党。它们是英国政治生活中极其重要的因素，参加更重要的议会会议（每年工作约八个月）是最有用的：你会对该国当前的氛围有非常准确的印象。但这还不够。如果你希望了解国内外政策的不同领域，那就需要与大量的下议院议员保持私人联系。

1940年

当然，与六百一十五名下议院议员维持关系是不可想象的，也没有必要。但我们说，你确实需要了解一百名左右各党派的下议院议员。

这里还有一个例子：新闻界。这是一个非常复杂和活跃的团体，拥有大量从业人员。这些人反复无常，不拘小节。他们会在白天或晚上的任何时间当面或通过电话，带着各种问题、调查与澄清找上你。……为了保持与新闻界的正常交往，需要认识约五十人。……我做了计算并得出结论，如果一名大使希望履行他应尽的职责，那么他需要与至少五百人保持联系（如果我们将上述所有团体的代表都包含在内）。

现在，来谈谈这些联系的性质。保持联系意味着什么？当然，与一个人只有点头之交，光每年在一些官方宴会或议会的走廊上见他一两次面是不够的。在这样的联系中你将一无所获。从我们的角度来看，可能有用的必须是更密切的联系。这意味着你必须或多或少地定期与他会面，邀请他去吃早餐或晚餐，去他家里拜访他，不时带他去剧院，必要时去参加他儿子或女儿的婚礼，在生日那天祝他欢乐常伴，在他生病时表示同情。只有当你的熟人变得更接近你（英国人需要相当一段时间的细察才会将你视为"朋友"），他才会开始松口，你才能开始从他那里收集信息，或者把必要的想法灌进他脑海。

……一名使馆官员应如何与他人保持联系？……每位同志都应该保持并拓宽对这一领域的了解，与相关人员见面，与他们共进早餐或晚餐（在英国，各种会见通常是在餐桌上进行的，包括早餐、茶点、晚餐等），向他们传达决定透露给他们的信息，使他们朝有利于我们的方向前进。但是这项工作没有明确的界限。

……我再说一遍，我们所有的交往都是由两个人——我和科尔日同志完成的。我们不得不像仓鼠一样在轮子上奔跑。优势在于，我是在英苏"友好"时期结识了我的老熟人，这使得我能够与很多人（劳合·乔治、莱顿、比弗布鲁克、丘吉尔、艾登、巴特勒、范西塔特及其他人）"坦率地"相处：不必在每次需要他们时为其提供早餐或午餐；有时我可以直接打电话给他们，或在议会走廊里与他们见面。然而，即便有了这些优势，我们有时也难以与应该保持联系的各种人保持有效联系，而且我们曾经并仍有很多隔阂。

如果我们认真对待（当然，这也是我们应有的态度）你已着手的项目，它会相当复杂。这个项目需要合格的工作人员花大量时间专门负责。现在我们的大使馆里有谁？你所希望的能够掌控情报收集的科尔日同志，他既没有文学或科学研究经验，也已经完全没有时间开展这项工作。他过去是一名水手，后来指挥一艘包船。在过去的两年里，他一直以第一书记的身份履行外交职责。实习生卡林斯基[1]同志受过技术教育，曾在华盛顿担任两年半的安全官员，刚刚开始大使馆的工作。我已委托他观察英国经济。他是一位热心的工作者，但对他来说这是个需要适应的新领域，目前还很难熟悉起来。另一名实习生米哈伊洛夫同志仍然不懂英语，并且是农业学院肄业生。在加入外交人民委员部之前，他在一个拖拉机工

---

[1] 阿纳托利（阿里尔）·马尔科维奇·卡林斯基，1939—1944年任苏联驻英大使馆秘书。

作站工作，从未做过任何外交或研究工作。……

我将用几句话收尾。……英国目前正处在间谍狂热的状态中，我们必须非常谨慎地观察，以免给敌人留下反苏的挑衅由头。我将用这一提醒结束这封信，希望外交人民委员部现在能与大使馆更紧密地合作。

然而，德国在西方发起的闪电战正中迈斯基下怀，使他再次成为不可或缺的人，并确保他在任期内继续留在伦敦。]

4月9日

事情真是出人意料地急转直下！

昨天，英国人还在计划长期的胶着战；今天，德国人已发起闪电战。

德国军队今天早上入侵了丹麦和挪威。丹麦似乎没有抵抗；如果德国的通信消息可信的话，丹麦将在未来四十八小时内被占领。哥本哈根已经落入德国手中。……

今天的议会充斥着混乱、愤怒和沙文主义。所有人心中都有一个同样的问题：我们了不起的海军在哪里？我们的海军怎么能让德国人不仅到达奥斯陆，而且还能抵达挪威在大西洋的港口？然而，曼德刚向首相提出这个问题，下议院四面就爆发了像野兽一样的吼声，反对那位过于鲁莽的议员。张伯伦的演讲虚弱而苍白。他再次被"突袭"。……从首相的话中，只能清楚知道一件事：盟国已明确决定向挪威提供军事援助。……

4月11日

丘吉尔今天发表演讲,对挪威事件作了更详尽的解释。我从未见过他这样。他显然几个晚上没有睡。他脸色苍白,词不达意,一直结巴和口误,丝毫不见往日在议会时的光彩。

总体而言,他的演讲并不令人满意。贯穿演讲的是一种道歉的语调。丘吉尔提出了相当蹩脚的论据来解释德军的突破:恶劣的天气,浩瀚的海洋,不可能控制一切,等等。……但坐在前排椅子上挨着丘吉尔的张伯伦却显然很高兴。这不奇怪:丘吉尔的失败等同于张伯伦的成功。

4月13日

政界动荡不已。德国即将对荷兰发动袭击。英国、法国和比利时的军事人员正在召开紧急会议。与荷兰保持联系。经常听到以下观点:德国人想进攻西方,以转移盟国对挪威的注意力——就这样吧。这甚至更好。盟国在西方发动战争比在斯堪的纳维亚半岛更容易。在西方,他们可以准备得更充分。……

4月15日

工党与大使馆的外交关系已经修复。……艾德礼和格林伍德今天终于拜访了我。

我们既没有提到"纷争",也没有提到芬兰。我们的谈话大体集中在英苏关系,特别是贸易谈判上。我向工党领导人通报了当前的情况。他们表达了改善英苏关系的迫切愿望,并承诺提供帮助。大部分时间都是格林伍德在讲话,还经常对艾德礼说这句话:"对不

图60 艾德礼和迈斯基之间恢复了"外交关系"

对,克莱姆?"

艾德礼一直回答:"哦,是的,当然。"

总的来说,我觉得艾德礼的态度比格林伍德更亲和。格林伍德喝了很多酒,这是他的习惯,艾德礼只是啜饮了他的樱桃白兰地。

就这样,外交关系得以恢复!

事实不容辩驳,苏联的实力无疑是其中一个元素。

4月27日

克里普斯从遥远的地方漫游回来了。他于12月初离开伦敦,此后设法访问了印度、中国、日本、苏联和美国。现在他满载有趣的故事归家。他告诉我的收获可以总结如下。

<u>印度</u>。英国政府在印度的行为是反动的,且目光短浅。其政策直接导致反对和革命运动的兴起。印度的"非暴力不合作"运动正

蓄势待发。甘地无疑仍是所有印度领导人中最有影响力的。

中国。蒋介石采取了强硬的立场。前线正处于僵持状态。日本人无法前进；因坦克、火炮、飞机等短缺，中国人也无法将日本人赶出他们的据点。游击行动范围广泛，但收效甚微。蒋介石面临两大危机。(1)对法币的威胁。稳定基金已经枯竭，法币随时可能暴跌。同时，法币不仅是一种货币，它还是中国统一的象征。多亏了法币的存在，日本"占领区"的人才可以向蒋介石交税。(2)国共关系恶化。这可能会导致公开的武装冲突。蒋介石的副官们负有主要责任（尽管他本人也是反共的）。根据克里普斯的观察，这一群体中有许多腐败分子。克里普斯在美国时试图打探增加稳定基金的可能性。看来美国人可能准备与英国人各付一半（总共需要一千五百万英镑）。

日本。该国经济形势艰难，但远非灾难性的。克里普斯与有田八郎[1]谈话，他认为日本真正害怕的只有苏联。有田还概述了与中国的临时和平条件：(1)承认伪满洲国和北平政府；(2)日本在中国的经济优先权；(3)确保日本在某些地区的势力范围，特别是与苏联毗邻的地区；(4)缔结日中两国反共产国际联盟，这被认为是赋予日本指挥和组织一支中国军队对抗苏联的权利。所有这些条件中，有田认为第四条是最重要的。

苏联。克里普斯和他的秘书杰弗里·威尔逊[2]从重庆飞往苏联。天气非常糟糕，他们被迫在古比雪夫停留三天。在返程途中，克里普斯乘苏联飞机到达中国天津非日占区后，还得乘汽车走两千多公

---

[1] 有田八郎，1936—1940年断断续续任日本外相。
[2] 杰弗里·马斯特曼·威尔逊，斯塔福德·克里普斯的秘书，1940—1945年在英国驻莫斯科大使馆和英国外交部俄罗斯司任职。

里。但结果很好。克里普斯喜欢我们的飞行员，并对在苏联受到的关注感到高兴。他与莫洛托夫同志的谈话为他澄清了很多疑点。克里普斯最感兴趣的是去年秋天英苏之间的贸易谈判出现的问题，以及两国谈判的前景。他向莫洛托夫同志讲述对中国的印象，并向他详细询问了苏联的对华政策。克里普斯返回重庆之前，在莫斯科只待了三十六个小时。克里普斯高度评价了英国驻华大使克拉克·克尔[1]，认为他是一个对苏联持友好态度的进步人士。

5月2日

在过去的两三天里，新闻界显然已经在为撤离挪威作舆论准备。今天张伯伦在议会中公开承认这一点。首相的讲话具有压倒性的影响。下议院议员们感到沮丧，在走廊上公开讨论不可避免的政府改组问题。张伯伦明显已失去公信力。但今天没有辩论。辩论已被推迟到5月7日，届时可能会有重要进展。

4月29日，我向哈利法克斯递交了我们对4月19日英国备忘录的答复。哈利法克斯告诉我，他必须与专家研究后才能回复。我遇到哈利法克斯时已经是下午六点多了。

4月30日中午，外交部新闻司一位代表在记者招待会上宣称，我们的答复在"权威圈子"中被认为"不令人满意"。稍后在收音机里又重复了这一点。因此，在不到二十四小时内，"权威圈子"成功地"研究"了苏联的答复并宣布了他们的结论！……

---

[1] 阿奇博尔德·克拉克·克尔，1938—1942年任英国驻华大使，1942—1946年任英国驻苏联大使，1946—1948年任英国驻美大使。

5月7日

比弗布鲁克来吃午饭。他坚定而好战。盟国将战斗到底！花上三五七年，管它的。双方最后都将被毁灭。文明将崩溃。就这样吧。英国不会屈服！英国不能屈服！

是的，挪威是一次失败，但失败在每场战争中都会发生。笑到最后的才是真正的赢家。

……我向比弗布鲁克询问政府的情况。鉴于今天即将开展的议会辩论，人们是否应期待这一领域有任何变化发生？

他不屑一顾地挥挥手，自信地断言，政府当然会在辩论中受到批评，但不会有什么严重的后果。张伯伦的境况是安全的。……

布伦丹·布拉肯昨天以同样的自信跟我谈到这个。毕竟，他是丘吉尔的心腹，对政界的所有动向了如指掌。

真奇怪。比弗布鲁克和布拉肯显然都是消息非常灵通的人。然而，我感觉英国已经接近了一个临界点，这些辩论应该产生某种结果，变化即将到来……

我们拭目以待。

5月8日

我的直觉没有错！经过两天的辩论，张伯伦政府已经垮台……虽然政府还没有正式下台，但这只是时间问题，并且只会早不会晚。毕竟，它已经受到致命一击。

这到底是怎样发生的？

事情是这样的，下议院议员们利用周末到各选区听取基层民众的意见和看法，直到5月7日，即星期二才回来，他们和5月3日离开时的自己已大不相同。"基层民众"——国民和选民——都对英国指挥战争的方式十分不满,对国家的未来也忧心忡忡、惶惑不安。这些感受在过去两天的辩论里体现得淋漓尽致,还导致了张伯伦政府的倒台。

昨天和今天,议事厅都呈现出奇特的光景。

张伯伦、霍尔、斯坦利以及最后的丘吉尔在发言时都为政府说话。前三位表现不佳。张伯伦讲的基本是废话。[1]霍尔发言时腿一直在抖,他尖声细气地讲了一些关于英国空军在挪威的袭击行动中诸如飞机起落等无关紧要的细节问题。霍尔是空军大臣,他说的细节也许能吸引相关领域专家的兴趣,甚至令他们振奋,但在这一关键时刻(政府的前途悬而未决,应对战争的方式成为众矢之的),霍尔却将整个演讲都用来陈述这些无关紧要的细节,这难道不使他看上去像个政治侏儒吗?斯坦利(陆军大臣)的表现稍微好些,但也只是相对而言。从总体上看,他们的发言不仅远不能提升政府的声誉,反而还对它造成了极大的损害。丘吉尔的发言稍挽回了一点儿局面。他的演讲有趣并且出色,但是缺乏说服力。……

相反,对政府的抨击异常尖锐、极其有力,有时候简直一招致命。在这一点上,劳合·乔治简直无人能及。当丘吉尔试图为政府辩护时,乔治面对大厅里嘈杂的笑声说道,丘吉尔"绝不能让自己变成防空掩体,帮他的同僚们挡弹片"。

说回张伯伦,这位老人用下面这句话结束了他的演讲:"没有什么比他让出职位,更能对这场战争的胜利作出贡献的了!"莫里森[2]

---

[1] 就连一向支持张伯伦的杰弗里·道森也认为这是"一场蹩脚的表演"。
[2] 赫伯特·斯坦利·莫里森,兰贝斯区莫里森男爵,工党议员,1934—1940年任伦敦郡议会主席,1940年任供应大臣,1940—1945年任内政大臣兼国内安全大臣,1942—1945年任战时内阁成员。

对政府及张伯伦个人展开了异常猛烈的抨击，最后，他要求首相、西蒙和霍尔辞职。达夫·库珀的发言非常精彩，而且他是政府支持者中第一个站出来称自己是将要投反对票的人。他的演讲给人留下深刻的印象。埃默里[1]也要求政府辞职。海军元帅凯斯[2]身穿全套军装、佩戴所有勋章来到议会，代表海军作了一场极有分量的发言。凯斯笨嘴拙舌，基本照着稿子念。他说话结结巴巴，时而陷入茫然和焦虑，但也正因如此，他的演说才感人至深。……他的话极具威力，有如十六英寸口径的火炮射出的炮弹。几乎所有在场的军事领域的下议院议员——海、陆、空三军代表——都站出来反对政府及其应战方式。这具有至关重要的意义。

昨天是辩论的第一天，当时还不清楚工党是否会要求进行不信任投票。……不仅是工党与自由党，还有许多的保守党议员都到了忍耐的极限。趁此机会，工党提出了投票的要求。

丘吉尔的总结发言以及他与工党议员的激烈交锋使得议会大厅的气氛陡然变得紧张，工党要求进行不信任投票更是火上浇油。投票开始，下议院议员们起身走出议事厅的两扇大门，此时整个大厅嗡嗡作响，像被捅的蜂窝一样嘈杂。当计票员进入议会大厅走向发言席的那一刻，紧张的气氛达到了顶点。计票员在一片死寂中宣布："不信任投票结果，二百八十一票反对，二百票赞成，提案被驳回。"

反对党席位上爆发出胜利的欢呼。张伯伦坐在位子上，脸色煞白。尽管对政府的不信任动议被驳回，但政府的多数票从未跌至如此之低。[3]

---

[1] 利奥波德·埃默里，保守党议员，1940—1945年任印度与缅甸事务大臣。
[2] 罗杰·凯斯，海军元帅，1940—1945年任联合作战指挥官。
[3] 旁听席上，坐在迈斯基旁边的肯尼迪在他的日记中写道："首相看上去受了不小的打击，虽然他看起来若无其事，但在我看来，他完全是一副颓丧失意的样子。"

……投票前,我在议会餐厅遇到了劳合·乔治。这位老人心情激动,情绪高涨。"好啦,这下张伯伦要完蛋了,"他高声说,"他或许还能撑几个星期……你知道的,跛脚的鸭子还能扑腾几下翅膀,但已在劫难逃,内维尔也一样。"

他突然话锋一转,问我:"希特勒下一步会进攻哪里?你怎么看?"

"没人能保证希特勒下一步棋会怎么走,"我回答道,"但我认为巴尔干地区是他现在最不可能考虑的地方。"

"我也这么认为,"劳合·乔治激动地说,"希特勒下一步将会进攻荷兰!"

"很有可能。"我表示赞同。

5月13日

结果,英国现在由一个新政府——丘吉尔政府领导!

跛脚的鸭子比劳合·乔治预想的更快完蛋。这得怪希特勒。不过,为免操之过急,我还是把事情原原本本地说出来吧。

在那次致命投票的第二天上午九点,张伯伦把埃默里叫来,说他认为当下应进行一次重大的政府改组,但同时也要采取措施以防工党当权。政府必须继续由保守党把控。接着,首相表示可向埃默里提供包括财政大臣或外交大臣在内的任何他想要的职位(首相的位子除外)。同时,他也许诺将善待保守党内的"反对派",接纳其主要成员担任内阁大臣级别的职务。然而,埃默里断然拒绝了张伯伦的提议。他说问题不在于他能否担任内阁大臣,而在于政府人员的构成,尤其是由谁来领导这个政府。埃默里认为张伯伦不可能继续留任首相一职。

眼看"收买"埃默里的计划落空，张伯伦又邀请艾德礼和格林伍德在午饭后见面，询问有无可能在由他领导的内阁政府中加入工党成员。……

一切准备就绪，威尔逊和马杰森[1]也已经作好牺牲一些最不得人心的大臣的准备，以发起一场大规模的"拯救张伯伦"运动。但希特勒出乎意料的动作把所有的计划打乱了。

9日至10日夜间，德国人袭击荷兰和比利时。这一情况对英国产生了极大的影响。英国的战争情绪迅速高涨。整个国家一下子紧张起来。事态以极其危险的速度发展。威尔逊和马杰森的计划需要一定的时间来落地，于是只能付诸东流。

所有人都清楚，重组政府是当务之急，并且要比之前的设想执行得更为彻底。

5月10日上午，除莫里森外的工党执行委员会全体委员动身前往伯恩茅斯，参加在那里召开的工党代表年度大会。作为伦敦郡议会及防空事务的领导人，莫里森留在了伦敦，以防德国对首都发起空袭。执委会在午餐时间到达伯恩茅斯，餐后马上召开会议，商讨如何解决张伯伦政府的问题。委员们的意见相当一致，他们断然拒绝继续接受张伯伦本人的领导，但同意加入一个由他人担任首相的政府，前提条件是在重要的内阁职位上，工党要有"充分的代表权"。……艾德礼和格林伍德刚上车就接到了张伯伦秘书的来电，询问工党执委会的决定。艾德礼在电话中告知了他结果。工党领导人随后启程返回伦敦。路上大概花了两个半小时，而当他们在晚上七点到达伦敦时，张伯伦政府已经不复存在。就在他们返程的途中，张伯伦已经向国王递交辞呈，而国王随即任命丘吉尔为新任首

---

[1] 戴维·雷金纳德·马杰森，1931—1940年任保守党党鞭，1940—1942年任陆军大臣。

相。[1]……

刚抵达伦敦,艾德礼和格林伍德就受邀到海军部与丘吉尔会面。在那里,他们与新首相谈了大约两个小时。在公共政策问题上,他们没有产生分歧。内阁职位分配是一个更为复杂的问题,但双方也很快达成了一致。……

最难与丘吉尔达成一致的是有关张伯伦的问题。正当艾德礼与格林伍德还在从伯恩茅斯返回伦敦的路上,张伯伦不只递交了辞呈,还接受了丘吉尔让他作为战时内阁成员加入新政府的提议。丘吉尔这样做主要是考虑到保守党议员中还有一大批张伯伦的支持者:把张伯伦当作"人质"放在内阁中,总比让他作为煽动者在外唱各种反调要好。……

就在同一天,议会在午餐之后召开了一个简短的闭门会议,丘吉尔的新政府在会上首次亮相。当张伯伦走进大厅时,保守党议员向他报以雷鸣般的热烈掌声,但此举只能被视为他们在向丘吉尔表达敌意。再对比丘吉尔进场时那点微弱的掌声——反对派还不习惯为保守党领袖欢呼,而大多数的保守党议员又保持沉默——这一点就表现得更加明显。但丘吉尔看上去并未将此事放在心上。他用几句简短而有力的话介绍了内阁班子。他说他能给予在座各位同僚的

---

[1] 据哈利法克斯所言,国王曾对他说,自己"一度希望如果内维尔·张伯伦下台,他就得跟我打交道"。然而,哈利法克斯担心,担任国防大臣的丘吉尔将成为事实上的领导人;相比之下,他本人跟下议院没什么交道,最终也只会"成为一个挂名首相,无法参与核心要务的决策"。丘吉尔曾"带着尊重和谦逊,以恰当的措辞"告诉哈利法克斯,"他真切感受到我话语中的力量,首相最后很不情愿地接纳了我的观点,但温斯顿显然没有那么不情愿"。

只有"热血、辛劳、眼泪和汗水",但他坚信英国终将获得胜利。[1]

这开启了这场战争历史上,也是英国政治史上的一个新篇章。

5月15日

我到劳合·乔治位于泰晤士宫的办公室拜访他。

他看起来忧心忡忡,认为比利时已经失守。但是,昨天发生在色当的事更加严重。有迹象表明德军可能在此突破防线。如果真是那样,情况会变得非常不妙。色当位于马其诺防线与比利时边境防御工事的衔接处,后者一直延伸至海岸,但防守相对薄弱。一旦突破法国防线,德国人就能到达马其诺防线和部署在比利时边境的英法军队的后方。这是极其危险的。它将决定这场在法国的战争结局。这就是为什么劳合·乔治会如此关注色当。

……我直截了当地问了他一句:"那么你认为法国和英国会战败吗?"

劳合·乔治摆了摆手,说道:"你这个问题问得太直接了。我不想……我无法回答这个问题。"

他犹豫了一下,接着说道:"盟国无法赢得这场战争。我们现在能做的就是想想如何抵御德国的进攻直到秋天,等那时再视情况作打算。"

能撑到秋季吗?……

---

[1] 迈斯基在其回忆录中非常同情丘吉尔。尽管他认识到丘吉尔天性中"多少带点表演天赋",但他描述当天的情境,丘吉尔是如何"真情流露,有时候连声音都嘶哑了"。至于他的表演天赋,哈利法克斯到丘吉尔的"防空洞"拜访时也评论道:"他就像置身于舞台上的人,身着一件有点像耶格牌的空军蓝衣服,按我理解就是护士们习惯称为'连体衣'的那种……我问他是不是要准备登台表演,他却说他早上都是这么穿的。他这样子真像戈林。"

1940年 399

劳合·乔治作了一个含糊的手势。这给我的一个确切印象是，这位老人担心盟国可能会战败，尤其是法国。他沉默了一会儿，大声悲叹道："去年没能和你们签订条约，真是万分不幸啊！"

劳合·乔治问我丘吉尔上台之后，我有没有和他会面，我说还没有。他又接着问："温斯顿没有邀请你去见他吗？"

"没有。"

劳合·乔治绝望地举起双手："难以置信！我要是在他的位子上，第一件事就是把你召来，来一场认真的开诚布公的谈话。"

接着劳合·乔治开始批评起丘吉尔来。丘吉尔曾邀请劳合·乔治加入战时内阁，但他拒绝了。他认为现任内阁毫无用处，也不想为其工作承担责任。为什么张伯伦和哈利法克斯会被纳入战时内阁？他们有百害而无一利。这算哪门子战时内阁？丘吉尔、张伯伦、哈利法克斯、艾德礼与格林伍德。撇开丘吉尔不说，其他几人何德何能？张伯伦和哈利法克斯都是是非之人，艾德礼和格林伍德又不成气候。这些人能给内阁带来什么？他们如何能成为丘吉尔的左膀右臂？……[1]

5月20日

英法资产阶级精英正自食其果。

---

[1] 丘吉尔这一马基雅维利式的举动，目的在于通过任命劳合·乔治为一个食品委员会负责人来利用其力量。虽然他也曾向哈利法克斯保证他"打算先对［劳合·乔治］进行一轮审查"，以确保"现在及以后所提出的和解条件不会对我们的独立造成破坏"。劳合·乔治表示，只要将张伯伦踢出内阁，他就接受丘吉尔的提议，但丘吉尔拒绝了。12月，丘吉尔曾试图将劳合·乔治安排到驻华盛顿大使馆，也没有成功。事实上，劳合·乔治曾向他的秘书透露，他"想……过段时间再响应国家对他的召唤……等到温斯顿下台之后"。

如果让我们回望过去二十年，看看欧洲这个大舞台上都发生了什么，我们一定能清清楚楚地看到，导致盟国当前这番困境的主要原因就是资产阶级精英对"共产主义"的不共戴天之仇。

在这二十年里，这种仇恨一直阻碍这个精英阶层和苏联建立任何稳定友好的关系。虽然经历过起伏，但是总体而言，双方的关系一直都不令人满意。毕竟，国际象棋棋盘上的强子就那么几个，棋手不管出于什么考虑舍弃哪怕是其中一个，都会极大地削弱自身的地位。

出于这种仇恨，英法两国的统治精英都有计划地支持日本的好战分子、墨索里尼和希特勒。此外，也正是在这群精英的支持和纵容下，希特勒得以坐大——他们一心想将祸水东引，借希特勒之手拧断布尔什维克的脖子。事实证明，"布尔什维克党人"实在太强大，也太能干了。结果，希特勒没有进攻东方，却攻向了西方。英法统治精英掉进了他们原本为我们精心设计的陷阱里。……

我们正目睹伟大的资本主义文明的崩溃，其意义与罗马帝国的衰亡一样重大。或者，也许这场的意义更为重大……

5月22日

克里普斯[1]跟我谈了一整晚。吃晚饭时，他告诉我他正为访问莫斯科作周密细致的准备。他跑遍了所有的相关部门：外交部、贸易委员会、经济作战部、供应部及其他部门，收集了很多材料，也得到了一些指导。他还告诉我，过去两个月递交给我的有关贸

---

[1] 理查德·斯塔福德·克里普斯，英国激进左翼知识分子，1931—1950年任工党议员，1940—1942年任英国驻苏联大使，1942年2—11月任战时内阁成员，1942—1945年任飞机生产大臣。

易谈判的所有笔记和备忘录应全部视作无效。英国政府希望重新开始。……

直到现在，就克里普斯作为特使访问苏联一事，还没有收到莫斯科方面的任何回复。克里普斯对此有些焦虑。我试图安慰他，但也小心地暗示他，回复确实有可能并非完全积极。我解释说，从个人层面而言，苏联政府很青睐克里普斯，到2月他就能亲自感受到了（那时候他从重庆飞往莫斯科）。可一旦涉及贸易谈判，苏联政府还是希望和一个能代表英国政府的磋商者交涉。克里普斯可以代表英国政府吗？……

答案只有一个，而克里普斯比谁都清楚那是什么。

5月25日

我去会见道尔顿。他执掌的部门就像一座堡垒：入口处是用沙包垒成的路障，堡垒里是手持步枪的军人。道尔顿对我的到来表示热烈的欢迎。他同我握手，为我安排上座，并对我报以微笑。道尔顿为担任大臣之职，并以这一身份接见我感到十分高兴。

……[道尔顿]向我保证，新政府已和过去的英苏关系划清界限，并希望和苏联建立真正的友好关系。……道尔顿希望英国政府派到莫斯科访问的克里普斯能成功签署一个贸易协定，或者至少能为之铺平道路。

5月26日

我从一个可靠的来源得知以下这个有趣的故事。

5月10日，丘吉尔被任命为首相。5月11日上午，霍勒斯·威尔逊爵士（现在所有人都喊他卖国贼霍勒斯爵士）像往常一样脸面光洁、穿戴整齐地来到唐宁街十号，像什么事都没发生过一样走进他的办公室——就在首相办公室隔壁。（张伯伦当政时，威尔逊是财政部常务次官和文职司长，在财政部和唐宁街十号都设有办公室。）但当他打开门时，却发现里面竟有几个"德国伞兵"。他们在夜里从天而降，占领了那间办公室：红发的布伦丹·布拉肯坐在威尔逊的桌子旁，伦道夫·丘吉尔则安坐在沙发上。两个"空降兵"意味深长地看着威尔逊，威尔逊也意味深长地看着两个"空降兵"，双方一言不发。霍勒斯爵士最终退了出去。

接着，威尔逊受邀去见新首相。丘吉尔请他坐下，说道："霍勒斯爵士，我听说你在财政部工作繁忙。"

丘吉尔停顿了一下，用强调的语气又重复了一遍："是的，霍勒斯爵士，工作<u>繁忙</u>！"

威尔逊低头看着自己的指尖，礼节性地保持沉默。

丘吉尔叹了口气，语气中带着威胁的口吻继续说道："霍勒斯爵士，要是让我知道，你在财政部的工作之外还参与了别的事情……恐怕就得另外给你找份差事了，比如说……去做冰岛总督！"

会面就此结束。霍勒斯作为首相在各项事务，尤其是外交政策方面的"首席顾问"的职业生涯也就此结束。……

5月28日

比利时利奥波德三世背着盟国与德国秘密谈判，达成了一项停火协议，甚至还让德国军队穿过比利时边界进攻英国和法国军队。盟国的左翼因此暴露于危险中，他们不得不迅速重新集结，并向敦刻尔克全线撤退。要是谁还希望堵上德军的突破口，现在必须放弃这种想法。盟军必须集结兵力，安然撤退。如果他们能把部分军队撤出法兰德斯就好了，但恐怕这一点也难以保证。……

议会今天阴云笼罩。丘吉尔对当下局势作了简要阐述，最后总结道："下议院必须作好准备，以应对这个惨重而令人悲痛的消息。"在议院走廊，同一个问题被反复提出：怎么会发生这种事？

随后，我到劳合·乔治的办公室去见他。他非常激动，也非常忧心忡忡。我从未见过他如此焦虑。……我问他对于德国进攻英国的可能性有什么看法。

这位老人举起双手，说道："要是在两个星期以前，我会说这绝对不可能。但是，过去许多被认为是不可能的事，希特勒都做到了。关于入侵一事，我不想作任何预测。"

6月4日

丘吉尔今天在议会的发言非常有力，给议员们留下很好的印象。这完全可以理解。5月28日，首相号召他的同僚们作好准备，以应对来自法兰德斯的令人沮丧的消息。今天，他向议会坦言，一个星期前他对成功营救三四万人几乎不抱希望。幸好天无绝人之路。多亏了军队的英勇、高效的运输及绝佳的天气，经过一番艰苦努力，百分之八十受困法兰德斯的英国远征军（约二十万人）和超过十万人的法国军队，共计三十三万五千人得以成功撤离。这是一次无可争辩的巨大成功，也为丘吉尔赢得了议员们的赞誉。

不仅如此，大家都为丘吉尔没有试图掩盖当前的危急局势感到欣慰。丘吉尔坦言，同盟国在法兰德斯遭受了一场"巨大的军事灾难"，前线的战况十分险峻，而且不管撤离实施得多么成功，最终也不可能靠撤离取得战争的胜利。最后，丘吉尔还宣告，斗争仍将继续，如果有必要，英国甚至会独自作战！

……丘吉尔的演讲结束后，我到议会厅的露台喝茶，在那儿遇见了伦道夫·丘吉尔和布伦丹·布拉肯；布拉肯现在已经成为丘吉尔的议会私人秘书。我们聊了一下战局和近期事态的发展方向。希特勒下一步会进攻哪里？……

[后面的日记记录主要讲述的是迈斯基在斯塔福德·克里普斯被任命为英国驻苏联大使的过程中所扮演的角色。这一任命常被归功于丘吉尔。现在回想起来，丘吉尔应该为当初没有充分认识到这样一个事实感到后悔，即"比起保守党人和自由党人，苏联共产党人更憎恨极端的左翼政治家"。然而，在5月，丘吉尔的主要注意力一直放在法国军队与英国远征军在法国所遭受的灾难上。正是迈斯基遵循一套熟悉的模式，在与巴特勒讨论时向其提议协商应"以口头而非书面方式"进行，然后顺带提起克里普斯想担任中间人的愿望。5月16日，巴特勒向哈利法克斯传送信息，敦促他任命一名驻苏联大使，以便"真正加快一点儿步伐"。当晚，外交大臣请克里普斯共进晚餐。哈利法克斯与克里普斯两人间奇怪的勾结可以追溯到他们在世界基督教会联盟运动中的联系，而那次运动的发起人正是克里普斯的父亲帕默尔勋爵。克里普斯概述了他对印度和俄罗斯的看法，还主动提出要到莫斯科去，看如何利用不断变化发展的局势。

第二天早上，哈利法克斯向巴特勒询问意见，巴特勒在他面前热情地替克里普斯背书。巴特勒建议给予克里普斯"一定的自由裁量的空间，让他能就相当广泛的领域与苏联政府进行讨论"。"内阁会议结束后，"哈利法克斯在日记中写道，"我（和丘吉尔）在花园里谈了一会儿，一部分内容涉及我不得不派斯塔福德·克里普斯到莫斯科完成考察任务的想法，一部分涉及我对战局发展的展望。"

5月20日拜访韦伯夫妇时，迈斯基还不知道情况已经发生了变化，因此对哈利法克斯"充满怒火和鄙视"，说他是个"道貌岸然的老蠢货"。当天早些时候，有人在外交部的走廊上看见迈斯基，他看起来"非常烦躁不安"，那是因为刚得到消息说法国防线已崩溃，德国国防军已前进至英吉利海峡。当时他并不知道，就在那个时候，卡多根向西兹透露了实情，说后者"不用再返回莫斯科了，那个极端的左翼议员斯塔福德·克里普斯爵士将代为前往，以执行某个特别使命"，也希望"克里姆林宫能以一种更负责任的态度对待新到访的大使，不要再像之前对待声名狼藉的（！）张伯伦政府的大使（西兹）那样对待他"。

等到晚上被召到白厅，迈斯基才惊喜地发现原来哈利法克斯还是很开明的。哈利法克斯"对英苏双方之间积累起来的一些不必要的误会担心不已"，提议派克里普斯与苏联政府"探讨"如何推进贸易协定谈判。迈斯基得到保证，克里普斯不仅被授予全权，而且"当然也会有充分的自由与苏方讨论他自己或是苏联政府希望讨论的任何问题"。

斯大林为德军的闪电战在法国取得全面胜利感到震惊。现在他担心克里普斯的特别任命会激怒希特勒，因为希特勒会将此举视为英国为了阻止德国进一步扩张而试图加强与俄罗斯的同盟关系的行动。于是他想出了一个解决方法，那就是确保克里普斯按照正常的外交程序，作为西兹大使的继任者派往莫斯科。5月26日，迈斯基再次会见哈利法克斯，向他转告了斯大林对英国立场的有条件接受。"苏联政府同意接纳克里普斯，"哈利法克斯在日记中写道，"但希望他以大使的身份前往。我告诉迈斯基我们本来就打算派一位大使过去，但我们不认为是苏联政府越俎代庖替我们决定了大使人选。"然而,结果恰是如此。]

6月14日

巴黎已经沦陷。德国军队正沿着香榭丽舍大道和林荫大道列队行进。希特勒下令德国全境升旗鸣钟。这也难怪!就连俾斯麦在1871年也未曾目睹这样的全面胜利。[1]

……两天前,阿格尼娅和我一起到凯恩斯[2]家吃午饭。我们发现他们都极度悲观。乐甫歌娃一副失魂落魄的样子,她对阿格尼娅说,她感觉旧世界正在走向灭亡,而新世界正在诞生。但这个新世界显然令她恐惧,让她不知所措。她重复了好几遍:"要是英国和法国还没准备好应战,又为何要宣战?"

凯恩斯本人则尽量让自己的言行举止看起来符合一个经济学家与哲学家的身份,但他承认,自己并不看好未来的发展局势。英国的统治阶层已经没落,这一点现在已确凿无疑。新的力量应该取而代之。那将是哪些力量呢?对于这个问题,凯恩斯并没有明确的答案。但他坚信,英国将会进行一场旷日持久、艰苦卓绝的战争,即便只有她自己孤军奋战。凯恩斯不认为德国会入侵不列颠本岛。

---

[1] 奥托·冯·俾斯麦,1871—1890年任德国宰相。此处指的是1870—1871年的普法战争。
[2] 约翰·梅纳德·凯恩斯,提尔顿的凯恩斯男爵,英国经济学家,著有《就业、利息和货币通论》(1936年),1911—1944年任《经济学杂志》主编。他的妻子是俄罗斯芭蕾舞团的芭蕾舞女演员莉迪亚·乐甫歌娃。作为不可知论者与自由主义者,他强烈反对马克思主义,认为其所基于的经济学理论是错误的。他认为,如果一个人需要找一个宗教信仰,那么他几乎不可能"在红色书店这堆混乱不堪的垃圾中"找到。

6月17日

……法国投降了。何故如此？

毫无疑问，德国在军事力量、机械化与航空工业等方面都比法国强太多。但这绝不是全部原因，甚至都不是主要原因。我越来越确信，法国投降主要因为内部瓦解。这是法国"二百家族"统治的后果：它分裂了法国，毒化了其政治氛围，削弱了其军队，为法国今天的战败埋下了伏笔。不仅如此，它还将一些腐朽因素带进了法国军队，削弱了军队的战斗力。

……现如今，英国该何去何从？

显然，它只能孤军奋战。除此之外别无选择。我记得几周前伦道夫·丘吉尔曾告诉我："退一万步说，即使法国失去了帝国的地位，它还能生存下去。……但英国的处境不同：如果失去了帝国的地位，我们不是沦为二流大国，而是沦为一个不入流的国家。我们将一无所有。我们全部都会饿死。因此，我们别无选择，只能战斗到底。"

在英国，法国投降的消息让人震惊而沮丧。如今，在街上随处可以听到英国不可能孤军奋战的言论。政客与记者毫不掩饰地叹息道："哎，要是法国能爆发革命该有多好，这样就能推翻贝当政府了！"

连保守党人也说过类似的话。这一点儿都不奇怪！甚至有人公开暗示，需要法国爆发一场革命，然后以革命为诱饵，把苏联也拖入战争。"巴黎应该做一场弥撒。"[1]亨利四世如是说。如今，英国保

---

[1] 意思是，如果能得到最佳回报，即使做自己不同意的事也是值得的。据说，虽然没有证据支撑，但此说法可能出自法国国王亨利四世。他本是新教徒，但为了拉拢法国势力，不情愿地加入了天主教。也就是说，为了得到法国首都巴黎，去天主教做弥撒是值得的。——译注

守党人也认为："能让苏联加入对德作战的行列，值得法国为此爆发一场革命。"……

6月18日

下午，我待在英国议会。丘吉尔今天的讲话非常鼓舞士气。他斩钉截铁地宣布，即便法国战败，英国仍将坚持战斗到底。他的演说赢得了在场所有人的热烈掌声。首相认为，德国不可能入侵大不列颠群岛，这一观点给大家留下了深刻印象。这是今天议会讨论的唯一主题。

……会议以一场颇为特别的致意结束。工党党员约翰·摩根[1]发言，建议下议院注意一个事实，即克里普斯已经抵达莫斯科并接任大使职位。该建议得到在场所有人的欢呼回应。议员们都朝外交官旁听席这边看过来，我就坐在旁听席的前排。随后，摩根祝愿克里普斯在工作岗位上一切顺利。友好和赞同的掌声再次在议事厅中回响，丘吉尔从政府成员席上半站起来，朝我这边看来，并向我挥手致意。其他内阁大臣也纷纷仿效首相，向我致意。显然，这次致意并没有预先准备，因为我当时坐在外交官旁听席上纯属偶然。……

6月23日

尽管法国已经投降，英国政府依然决定继续战斗，这一决定得到了广大民众的支持，尤其得到工人们的热烈拥护。当初的迷茫与困惑已经烟消云散。相反，英国人心里开始激起一股冷酷的、顽强

---

[1] 约翰·摩根，1938—1941年任唐克斯特选区工党议员。

的、真正属于英国人的怒火，并熊熊燃烧。看这阵势，英国是要战斗到底了。

这就是大致的背景情况。除此之外，我们还能看到一些重要形势。

……统治阶层的态度出现了明显的分野。丘吉尔一派准备战斗到底。为了这一目标，他们愿意满足工人们在国内政策和经济政策方面提出的诸多要求。相形之下，张伯伦一派被战争可能带来的社会和政治后果吓得半死。他们为了维护自己的资本主义特权，随时准备"媾和"。他们的论调很简单：与其在一个大帝国里"过苦日子"，还不如在一个小帝国里"过好日子"。张伯伦一伙人仍然没有放弃在战争的某个阶段将希特勒这股祸水东引的希望。自然地，他们现在保持沉默。……因此，战斗到底。但英国政府的整体战略计划是什么呢？我将了解到的信息概括起来，得出了如下推测。

英国政府打算直到今年年底都保持防御状态，因为他们没有足够的士兵、武器和飞机。政府希望在1941年初克服这些困难，取得对德国的制空权，转守为攻。在这之前，英国必须将自己打造成一个坚不可摧的堡垒，能够抵挡德国的每一次进攻。

6月25日

今天，我和美国驻英大使肯尼迪共进午餐。他对英国的前景持悲观态度，也怀疑英国能否在孤立无援的情况下长期坚持战斗。他认为德国有可能进攻不列颠群岛。他认为，英国被德国的空袭几乎彻底摧毁是绝对不可避免的。肯尼迪说美国愿意在未来的几个月里尽其所能帮助英国，如提供军火、飞机等，但在总统大选前是不可能参战的，除非有诸如德国使用毒气这样的极端情况发生。他批评英国政府去年没有和苏联政府达成一致意见，还说英国社会的上层阶级已经"烂透"了。从他这种身份的人口中听到这样的评价，还真是让人意外！……[1]

7月4日

丘吉尔今天的讲话是一场个人的胜利，同时也是爱国主义精神的一次重要展现。

刚开始，下议院的气氛难以捉摸。丘吉尔的到场引发了一阵鼓噪，但这喝彩声并非满场一致，也不特别令人印象深刻。与往常一样，大部分的欢呼声来自反对党议席，而保守党议员大多郁郁不乐，默不作声。到丘吉尔上台发言时，这种情况又重复了一遍。

但丘吉尔的演讲精彩绝伦，他越讲，议员的情绪就越受他感染。当然，丘吉尔演讲的主题是英国的胜券在握。他说，英国海军已经赢得一场巨大的胜利，法国舰队的大部分军舰要么已经落入英国手中，要么已经失去战斗力，因此德国入侵不列颠本岛的可能性已经大大降低……在场的议员们怎能不为此欢欣鼓舞？他们又怎能不对首相讲话里每一句振奋人心的话语报以热烈的掌声呢？

当然会。整个下议院一片欢欣，洋溢着喜悦。

接下来，丘吉尔谈到了未来。他态度坚决地断然驳斥了所有关于英国可能与德国媾和的谣言。他发誓英国将战斗到底。此时此刻，爱国主义激情的爆发达到了顶点。当丘吉尔结束演讲回到座位上，议员们不论党派归属，全都从座位上跳起来，热烈的欢呼和掌

---

[1] 迈斯基曾和一个朋友说过，"肯尼迪怀疑英国是否能抵挡德国对不列颠本岛的进攻"。另一方面，肯尼迪"并不悲观。（英国）手上有那么多牌可以用来解决问题，一切只是取决于它能不能坚定地用好这些牌"。

声响彻整个下议院,数分钟未能停息。丘吉尔坐在第一财政大臣席上,比刚才放松多了。他低下头,泪水从脸颊上滑过。

这一幕极具震撼力,让人无比振奋。"我们终于有了一位真正的领袖!"这样的呼喊在议院走廊里回响。奇怪的是,呼声更多来自工党。但不管怎样,与德国"媾和"的想法暂时可以搁置一边了。……

[法国的溃败使苏联政府对和平攻势的态度发生了急剧转变,从原先的自满变成深忧,并使苏联政府匆忙占领比萨拉比亚,吞并波罗的海诸国。自从签订了《苏德互不侵犯条约》,苏联的政策发生转变之后,迈斯基发现自己陷入危险的境地。他被排除在克里姆林宫的决策过程之外,在英国又遭遇社交和政治上的双重孤立。现在他很少收到来自莫斯科的外交邮袋或是报纸。作为犹太人的后裔,苏德之间日益密切的关系也让他的心情难以平静。后来他确切得知,待希特勒攻占英国,自己就在希特勒公布的处决名单的前列。迈斯基当然考虑到"在伦敦暂时出现德国人身影的可能性。……我甚至向莫斯科征询过,要是德国占领了我们大使馆所在的伦敦的区域,我该如何应对"。然而,事态发生了转变,随着英苏之间"漫长的'令人不满的冬天'"的结束,长时间以来两国断交的危险也烟消云散。

德国对苏联未构成威胁让迈斯基松了一口气,但是他又开始对英国忧心忡忡:英国是否有能力抵挡德国的进攻?它跟德国媾和的可能性有多大?6月28日,英国第一海务大臣亚历山大在与迈斯基会面后,提醒丘吉尔说,苏联对于英国可能依照法国投降的模式与德国媾和感到忧虑。最能说明问题的是,当亚历山大不无讥刺地说,直到当前,不列颠的共产党人"已经成为和平攻势的领导者"时,对亚历山大已经失去耐心的迈斯基坚持认为,"大不列颠共产党当前的态度就是要组织对入侵者的抵抗",并一再重申当前局势"万分危险"。丘吉尔自出任首相以来还未见过迈斯基,听完亚历山大的简报后,他于7月3日会见迈斯基。根据迈斯基的回忆录,此次会面(他没有将此次会面写入日记)"简短,但意义极其重大"。得知丘吉尔"明确而坚决地否认关于(英德)可能进行和平谈判的谣言",迈斯基感到宽慰。丘吉尔还解释说,他目前的战略是"在未来三个月坚守阵地",之后再转守为攻。英国外交部曾建议丘吉尔尽量避免与迈斯基进行任何重要的政治讨论,因为"他(迈斯基)已经不再信任自己的政府,因此没有利用价值"。"迈斯基是个亲英派,这一点您不会怀疑吧?"伦道夫·丘吉尔问比弗布鲁克,并鼓励他与迈斯基拉近关系。"伦道夫,我对此从未持怀疑态度,"那位报业巨头回答道,"但是我非常怀疑斯大林是否支持迈斯基。"]

7月5日

皮埃尔·科特[1]到访。科特因局势所迫来到英国。……科特跟我说了许多关于法国的引人关注的事情。他的话完全证实了内格林[2]之前告诉我的。法国一败涂地,根本原因在于统治精英阶层内部的腐败堕落。科特极为生动地向我描绘了这一过程。他详细地说到了法国政治中的"女性影响力"。每个法国重要人物都有一位妻

---

[1] 皮埃尔·科特,1928—1940年为激进的法国议员,1933—1934年及1936—1938年任法国航空部长,1938—1939年任法国贸易部长,1940—1944年流亡大不列颠。
[2] 胡安·内格林,1936—1937年任西班牙财政部长;1937—1939年任共和政府总理;在1939年弗朗西斯科·佛朗哥取得政权后逃往巴黎,并试图在巴黎组织流亡政府,1940年德国占领法国后前往英国避难。迈斯基在周末经常到他位于博温登的乡间别墅做客。

子，或者还经常有位"蓬帕杜夫人"[1]参与其政治活动——在绝大多数情况下，这些都是极端反动的政治活动。科特说，如果这个女能手是个蠢材，我们都应该谢天谢地，因为这样的她还不至于造成太大的危害。但她如果是个聪明人，那她将会是个极度危险的人物。比如，克鲁索尔夫人[2]不是什么聪明的人，反倒可以容忍；而雷诺[3]的妻子波茨夫人[4]聪颖过人，因而，无论在雷诺的人生中还是在法国政府的历史上她都扮演了一个极具破坏性的角色。[5]雷诺本身不是坏人，他心地善良，又懂得审时度势，但就是不够强势：他总是被身边的人牵着鼻子走，波茨夫人就是这帮人的头头。波茨夫人极端反动。她与邦尼特夫人和艾莉兹夫人等人交好。她们不仅观念完全逆历史潮流而行，还与德国保持紧密的联系。

为了更好地说明问题，科特举了他访问莫斯科失败一事为例。4月，他和我在伦敦会面，回去后他和雷诺进行了一次认真严肃的谈话，主题是与苏联的关系。雷诺非常明白事理。他理解与莫斯科重建关系的必要性，在与科特的会谈中，甚至提出了实现这一目标的大体措施。这让科特非常高兴。可是几天过去了，雷诺并没有采取任何具体的行动。当科特再次拜访雷诺，看到的却完全是另一番

---

[1] 蓬帕杜夫人，法国国王路易十五的著名情妇，社交名媛，是一个有争议的历史人物。她曾经是一位铁腕女强人，凭借自己的才色，影响到路易十五的统治和法国艺术。——译注
[2] 侯爵夫人珍妮·克鲁索尔。
[3] 保罗·雷诺，1938年任法国司法部长，1938—1940年及1948年任法国财政部长，1940年任法国总理。
[4] 伯爵夫人海伦·波茨。
[5] 爱德华·达拉第和保罗·雷诺是邻居，他们的夫人不仅相识，还是社交场上长久以来的对手。哈利法克斯在他的日记中提到，法国部长乔治斯·曼德尔曾问丘吉尔派遣至巴黎的特使乔治·劳合，自己能否随他到伦敦，"但他表示还有些'行李'"，特使明白那指的是曼德尔的夫人。"乔治拒绝了这个请求。"

景象：总理支支吾吾，说这里有困难，那里要小心。到底发生了什么事？想必是波茨夫人和他的其他幕僚亲信从中作梗，总理的善意已经消失殆尽。……

7月6日

我到陆军部拜访艾登。我已经有一段时间没有见过他了，想去试探一下他的态度。

……我把几天前问过丘吉尔的问题摆到艾登面前：英国在战争中的整体战略是什么？英国政府是如何理解这一问题的？

艾登作了如下回答。

当务之急是要抵挡住任何对英国的进攻。必须拼尽全力以实现对德国的制空权。艾登相信这一目标大约在半年后就能实现。同时，还要筹备一支数量庞大、训练有素、装备精良的军队，并对德国以及被德国占领的国家保持严密的经济封锁。之后，等到1941年初或春季的时候，英国将在空中和陆上对德国发起进攻。经济上的封锁给德国带来的严重后果应该能从内部削弱德国，这将有助于英国顺利展开攻势。

我问艾登是否会考虑在不久的将来签订和平协议，如果要签的话，实现的会是什么样的和平？

艾登断然排除了签订和平协议的可能。这场战争将会"打到底"。对法国舰队的行动就已表明英国的战斗决心。[1]英国态度坚决，立场毫不动摇。

---

[1] 丘吉尔决定，7月3日，在奥兰群岛附近的米尔斯克比尔港口击沉维希政府指挥的法国舰队。

7月7日

阿格尼娅和我一同拜访了韦伯夫妇。和往常一样,比阿特丽斯提出了一个值得深入思考的想法,具体如下。

毋庸置疑,英国能击退德国对其群岛的进攻,但始终无法从德国手上夺回法国、丹麦、挪威、荷兰和比利时。结果将会出现这样一种情况:德国依仗已征服的欧洲大陆地区,仍无法打败英国;而英国依靠英帝国的力量,或许再加上法兰西帝国的一部分力量,也依然无法打败德国。继而双方将陷入僵局。届时,苏联与美国可能会充当调停者,使欧洲实现一种体面的和平。

7月1日,克里普斯与斯大林进行了会谈,莫洛托夫也在场。我了解到以下细节。

克里普斯代表英国政府提出了四个问题:

(1) <u>总体政策</u>。德国已占领欧洲大片地区,并将建立欧洲霸权。德国正在一个接一个地鲸吞欧洲国家。这对英国和苏联来说都是十分危险的。两国不能建立联合战线以恢复欧洲均势吗?

斯大林回应:苏联高度关注欧洲局势的发展,因为这是战争带来的重大国际政治问题,欧洲应该在不久的将来予以解决。然而,苏联政府还没有在欧洲看到某一国家霸权的危险,更不用说德国吞并其他国家的野心了。……这些友好关系不是基于某种短暂和机会主义的考虑,而是建立在两国至关重要的国家利益基础之上。就重建欧洲"均势"而言,这种"均势"不仅会扼制德国,也会扼制苏联。这就是为什么苏联政府会尽其所能确保旧的"均势"不会被重建。……

(3) <u>巴尔干地区</u>。英国政府认为苏联应接管巴尔干半岛诸国,以维持巴尔干地区的现状。

斯大林回应：苏联政府认为，任何国家都不能宣称自己在统一与控制巴尔干地区的问题上一家独大。苏联政府确实对巴尔干地区感兴趣，但不会要求独占该地区。

（4）<u>黑海海峡</u>。英国政府注意到苏联政府对黑海海峡与黑海地区的形势不甚满意。英国政府认为苏联在黑海海峡的利益应当受到保护。

斯大林回应：苏联反对土耳其单方面控制黑海海峡，也反对土耳其在黑海地区独断专行。苏联业已将其态度告知土耳其政府。

7月8日

现在，克里普斯终于以英国大使的身份在莫斯科安顿下来，我试图在脑海中重新描绘他的真实形象。他究竟是怎样的一个人？他有哪些典型特征？

……毫无疑问，克里普斯是一个非常聪明并且接受过良好教育的人。他是英国的一位左翼知识分子，且自认是一个激进的社会主义者，但与马克思主义从没有半点关系。克里普斯的社会主义思想是一种特殊的英式社会主义，是宗教、道德理想主义和工会的现实要求的混合物。克里普斯也是一个共和主义者，这在英国十分罕见。近年来，他公然对王室权威展开猛烈抨击，他的名字有段时间在白金汉宫还成了"禁忌"。克里普斯非常情绪化，因此他有时反复无常，而且在不同时期的发言经常前后矛盾。但最难能可贵的是，克里普斯是个拥有<u>坚定信仰</u>的人，并时刻准备站出来捍卫自己的信仰。他不止一次用行动证明自己的诚实与勇敢，尤其是在"统一战线"的宣传中，他还为此付出了沉重的代价。

尽管以英国的标准来看，克里普斯被归为极端左翼分子，但他却是一个非常虔诚的教徒（当然，不是指那种形式上的教会式的虔诚）。他是个坚定的禁酒主义者和素食主义者，喜欢生食蔬菜甚于将它们煮熟。不过他的烟瘾很大。与克里普斯交谈非常有意思。他是一个出色的演说家，他的演讲深受周围环境的影响。在议会或是法庭上，他在逻辑和法律方面的口才堪称典范。但在大型群众性集会上，他就像变了个人似的：他一看见人群就兴奋不已，然后成了民众领袖。……克里普斯对苏联的态度是非常热情友好的。我还记得在与大都会－维克斯公司案相关的禁运的辩论中，他代表工党为我们辩护时所展现的勇气与辩论技巧。毫无疑问，他对于英苏关系也抱有良好的愿景。但是，他能否让两国关系取得重大改善？我无从知晓。这完全取决于英国政府的政策，可是英国政府在这一方面却比克里普斯要"右"得多。……

[作为议会中左翼少数派的一员，克里普斯现在身担要职。他被派到欧洲大陆唯一一个至今仍然保持独立的大国担任英国大使，哪怕此时他还是一个对英国首相直言不讳的反对派。克里普斯坚信，苏联最终会与德国开战，他希望能在战争期间为两国结盟奠定基础，进而为达成战后协议铺平道路。一在莫斯科安顿下来，克里普斯就提议与俄罗斯达成一项协议，协议将正式承认苏联获得的部分领土（主要是波罗的海沿岸诸国），并将促成苏联与土耳其建立一个东南欧同盟。他制订的一个详细的战后重建计划——预言了未来将要发生之事——包含了非常激进的想法：战争必定会引发国内的重大社会变革，在战争结束后，大不列颠必须"作好把自己视为美国前哨的准备"。克里普斯将这一想法写在给哈利法克斯的一封信中，后呈送丘吉尔。

7月1日，克里普斯向斯大林转交了丘吉尔的信（在德国入侵俄罗斯前两人的唯一一次会面），丘吉尔在信中泛泛声明：尽管两国之间的"政治思想体系截然不同"，但仍然希望维持"和谐、互利的双边关系"。克里普斯向斯大林提出的具体措施旨在于巴尔干半岛建立一道抵御纳粹德国的壁垒。然而，这一时机——法国刚刚战败后的一个星期——来得很不凑巧。斯大林担心，英国正兵临城下，胜负难料，可能会试图将俄罗斯拉入对德战争的泥潭中。他还怀疑英国有可能与德国签订和平协议。紧接着的"巴尔干之争"最好地证明了斯大林思维的本质以及《苏德互不侵犯条约》签订后他的一贯做法。1940年6月苏联占领比萨拉比亚，此举旨在通过控制多瑙河出海口，继而提高苏联在黑海地区的战略地位。]

7月10日

令人非常意外的是，时隔六周，哈利法克斯再次邀请我到他家（我上一次见他是在5月26日）。我在晚上六点抵达约定场所。

起初，哈利法克斯略带歉意：他找我只是想见个面聊聊天，并没有什么特别的事情要告诉我。我们已经很久没有联系了，此时时局也非常动荡复杂。

我向他鞠了个躬，似笑非笑地说道："悉听尊便。"

哈利法克斯坐回位子上，把他那双瘦长的腿交叉搭起，说道："克里普斯与斯大林先生谈了一次。那是一次非常有用而且有意思的谈话。双方都开诚布公。我认为此次的意见交换意义重大。我们应当得出适当的结论。"

鉴于我还不了解此次谈话的内容，所以我想最好还是礼貌地保持沉默，让外交大臣继续说。

……哈利法克斯问我，苏联与罗马尼亚的边界是否已经确定下来。我给了他肯定的回答。……"您怎么看这件事？"他接着问道，"比萨拉比亚的民众对这些降临在他们身上的改变是否满意？"

"这得看您指的是谁了，"我回答说，"比萨拉比亚的地主们当然不会高兴，但那里的农民显然对此非常满意。对于后者来说，并入苏联意味着民族自由与物质生活水平提高。"

我告诉哈利法克斯，苏联政府已经通过决议，建立第十三个加盟共和国——摩尔达维亚，并且，根据苏联模式进行的农业改革已经在比萨拉比亚展开。

哈利法克斯接着问道："您不觉得在不久的将来，巴尔干地区也可能被卷入战争吗？"

我对此表示怀疑。哈利法克斯也承认，他不认为当前巴尔干地区会发生军事冲突：德国与意大利都反对此事的发生。

接着他又问："假设明天希特勒被车撞了，又或者出于这样那样的原因被迫下台，德国现政权还能不能支撑下去？我对此表示怀疑。无论是戈林、戈培尔，还是赫斯[1]或任何其他人，谁都无法维护现政权。"

我不同意这种想法，想得太过简单了。

……哈利法克斯还想继续说点什么，就在这时，他的秘书走了进来，报告说劳合勋爵（殖民地事务大臣）有急事求见。哈利法克斯的脸沉了下来，他站起身，说："我们再约时间见面聊一聊……在这个时候，我们多交流意见是非常重要的。毕竟，我们正步入一个新世界。"

我们相互告别。

---

[1] 鲁道夫·赫斯，1933—1941年任纳粹党副元首。5月10日，他主动带着一个和平提议独自飞往苏格兰。参见1941年5月6日、7日、9日记录。

我的结论是：

（1）<u>总的来说</u>，正如上层统治阶级的其他许多代表一样，哈利法克斯内心充满了不祥的预兆，他知道战争会剥夺精英阶层的特权。从某种意义上看，这可能会将他推向与希特勒的"媾和"。

（2）<u>特别的是</u>，反对张伯伦的呼声日益高涨，这也让哈利法克斯受到沉重的打击，因此他必须用些计谋：他认为向人们展示他与苏联大使有联系对他而言是有利的。但我很怀疑这是否真的能帮到他。

7月12日

艾登和他的妻子与我和阿格尼娅共进午餐。我们坐在冬园里。天气很好，一如艾登的心情。他望着花园敞开的大门，笑着说："人们会仅仅为了休息来你这里的。"

"非常欢迎！"我也笑着说。

艾登询问了我们的境况，也回顾了过去，包括他出访莫斯科，以及他在外交部任职期间我们的会议与谈话。他说："你知道，那段时间对我来说最难做的工作就是让我的朋友们相信，希特勒和墨索里尼在心理、动机和行为模式方面都有别于英国商人或乡绅。可他们一点儿也听不进去。他们认为我对独裁者怀有偏见，也不愿深入理解独裁者。我反复地说：'当你和德国元首或是意大利领袖谈话时，你立刻就能感觉到你面对的是一个跟自己完全不同种类的生物。'后来，我们的一些政治家开始尝试以他们对待商人的方式跟这些独裁者打交道。结果大家有目共睹。"

接着我们讨论了当下时势。据艾登所言，英国政府正处在极大的惶惑中。有许多迹象和信息都清晰地预示了德国会在7月6日对英国发起猛攻。今天已经是7月12日，但还没见到德国采取任何行动。这是为什么？政府官员都在作各种推测，但是无法得出任何明确的结论。

我以为，推迟进攻可能是因为法国舰队。或许德国最初的进攻计划是基于这样一个设想，即法国舰队掌握在德国手上，然而经过7月2日至3日的事件，现在所有的计划都要重新修订。而这一过程需要时间。

艾登觉得我的想法非常有意思，并假设它是正确的，继续推理。他说，不论出于什么原因，推迟进攻都是英国政府所乐见的，因为能有更多的时间作准备。现在，在海上，英国已经得到全方位的保护。但空中形势却更为复杂。的确，机场已经加强了防卫，但英国有太多的天然降落带。政府正努力"破坏"这些天然降落带。全英国所有能用的挖掘机都被征用来完成这项任务。很多志愿者也前来援助。多数大城市外围的天然降落带都基本被"破坏"，但要在全国范围内完成这项工作还另外需要两周时间。要是德国人能多给英国人两周时间，那就太好了。

……我们最后谈到了法国战败的原因。艾登对这些原因总体上有着准确的把握。我问他，类似的情况是否也有可能在英国发生。

艾登断然否定了这种可能性。

"是的，"他说，"我们国内确实也有像赖伐尔[1]这样的人，但他们都没有身居要职，在政府里无足轻重。而且，我们的军队，起码大部分的军队都和德军交过战，发现'魔鬼并不像人们所画的那样

---

[1] 皮埃尔·赖伐尔，法国政治家。二十世纪三十年代担任过多个内阁职位，并于1931—1932年和1935—1936年两度担任法国总理。法国投降后，赖伐尔在希特勒的支持下于1942年4月出任总理。法国光复后，巴黎高等法院于1945年10月9日以叛国罪判处他死刑。——译注

黑'。这种认识非常重要。总体而言，英国军队斗志昂扬，因此我不认为在这方面会有任何令人不快的意外情况发生。"

[迈斯基对德国入侵前景的分析给艾登留下了深刻印象，以至于后者向丘吉尔发了一份个人简报：

> 迈斯基先生几次对希特勒筹划从海上发起进攻所面临的显著困难作了评论。他对这个问题的把握似乎比我预想的更深刻。他认为，德国如果不同时辅以空袭，单靠海上进攻将不会取得什么结果……迈斯基先生承认，即便如此，他也不知道该如何处理通信问题。

一位著名的美国记者曾写道："迈斯基对思想和情感的每日变化的实际把握，以及对整个战争的所有细节温和而不失冷静的思考，都让我感觉到，他是我有幸在英国遇见的最能干的观察员之一。"]

7月22日

法国投降已将近一个月，许多在那时就显而易见的事现在变得更加明朗。英国已经毅然决定独自与希特勒"战斗到底"（谁来定义"到底"指的是什么呢？）。

……这就是目前的情况。在这样的环境下，很难想象在不久的将来能实现和平。希特勒在19日的演说中"最后一次"告诫英国要"恢复常识"，与德国签署和约，但这在英国并没有产生任何效果。早前，德国与意大利还通过教皇与佛朗哥向英国派出"和平试探者"，但英国政府的回复只是简单的一个字："不！"总体而言，只要丘吉尔当首相,很难想象英国与德国能达成"交易"。……

当然,未来是很难保证的。如果发生大规模空袭,如果长期持续紧张的等待状态,如果英帝国的情况开始变得糟糕,又或者如果英国的资本主义精英阶层直面自身利益与特权受到大幅削弱的威胁,很难说会发生什么事情。但就目前而言,英国明显跟法国不一样。英国会与德国入侵者打一场硬战。

7月27日

昨天,道尔顿与我共进午餐。……他跟我说了一件关于霍尔的趣事。霍尔一直处于恐慌当中。他脑子里总是萦绕着一个想法,认为希特勒做梦都想抓走他,把他变成人质,威胁他说如果情况需要会要了他的命。这就是为什么霍尔不断向英国政府发出"慕尼黑"式的电报。道尔顿本来打算7月25日[原文如此]在议会发表声明,宣布英国政府已经决定"对西班牙实行配给制",却遭到了霍尔的反对。道尔顿不得不将发表推迟到7月30日。霍尔还坚持认为内格林应该离开英国。

据道尔顿所言,英国政府想解决黑海海峡问题;显然,克里普斯甚至还在莫斯科与土耳其大使就这一问题进行了讨论。

7月31日

以下是在昨天议会的秘密会议上发生的事情。

保守党议员沃德洛-米尔恩[1]对远东抱有极大的兴趣,他就滇

---

[1] 约翰·沃德洛-米尔恩爵士,1922—1945年任议员。他是个顽固的保守党人,1942年试图罢免丘吉尔。

缅公路关闭一事对英国政府进行了抨击。他的演讲充满激情,强调安抚日本是不可能的,任何的让步只会让它将来更加得寸进尺。沃德洛-米尔恩的演讲令在座的议员纷纷折服,以至于许多议员都要求政府即刻给出回应。按计划,下一个发言者本应是代表工党的诺埃尔-贝克,结果,临时换成了巴特勒,诺埃尔-贝克的发言只得推后。

巴特勒大约讲了五十分钟,内容基本是关于缅甸的。他说日本海军的实力很强,但英国却无法从欧洲派遣哪怕一艘军舰到远东。英国政府已经和美国政府协商,然而美国政府尽管很同情英国政府,也不会在英国与日本的武装冲突中采取任何实际行动。巴特勒从伦敦与华盛顿之间的电报通信中引用了许多保密信息来支撑自己的论点。此外,澳大利亚政府也强烈建议和平解决与日本的冲突,因为它已经将军队派往欧洲支援,因而感到国防力量薄弱。在这种形势下,英国政府别无选择,只能作出让步,尽管十分痛心与难过。但滇缅公路只是关闭三个月,并不是永久关闭!然而,巴特勒也不得不承认,没人能保证三个月后事态会如何发展。关于反对党对英国政府在这件事情上没有与苏联磋商的指责,巴特勒回应说,首相在议会发表声明的一天半前,他就已告知我英国政府的想法。最后,巴特勒宣称,英国政府在远东方面的政策不会改变:支持中国,同时与日本保持友好关系。至于英国政府如何化圆为方,巴特勒没有给出解释。

然后巴特勒谈到了西班牙。他对霍尔表示感谢,称霍尔"在马德里所做的工作"使情况有了明显改善,但在最后还是谨慎地补充说他仍然很难保证未来会变成怎样。

接着巴特勒把话题转向苏联。他代表英国政府宣称,英国希望与苏联保持并进一步发展友好关系,此外,克里普斯已经成功与苏联政府官员建立有益的联系。同时，他也指出英国政府当前正面临的一些困难：目前苏联政府的态度与当年彼得大帝追求纯粹"现实主义"政策的态度如出一辙。特别是现在苏联正忙于吞并波罗的海诸国。英国政府不打算耍弄政治手段，但也不承认波罗的海地区当前发生的改变。此外，鉴于波兰去年的教训，英国政府已拒绝将存放在英国的波罗的海各国黄金交给苏联政府，因为英国公民已就波罗的海诸国问题向苏联提出索赔要求。然而，英国政府确实希望改善英苏关系，也希望双方能尽早重启贸易谈判。但也必须注意，不要高估与苏联重建友好关系所带来的好处：无论发生什么，苏联当前不准备打仗。同样地，德国和苏联之间的冲突在客观上对英国有利，一如由来已久的"条顿人和斯拉夫人的斗争"。

巴特勒发言结束后，终于轮到诺埃尔-贝克。他严厉抨击了英国政府在滇缅公路问题上的态度，指责政府在推行绥靖政策。这时候，丘吉尔从座位上愤然跃起，大声叫道："对于一个发誓与德国战斗到底的政府，你怎么能冠以这样的罪名？"

诺埃尔-贝克异常尴尬，急忙收回刚才的指控。接着他要求政府采取积极措施，改善与苏联的关系。这态度转变得可真够彻底！我们回想一下他在芬兰战争期间的言行就知道了！

诺埃尔-贝克发言结束后，丘吉尔要求上台讲话。他的发言令人印象极其深刻。首相一针见血地指出："在刚才的发言中已经说过了，关闭滇缅公路的决定也令政府非常难过……非常难过！……我们做这个决定也是一万个不愿意！但政府别无选择，当下的力量对比的关系就是如此，我们无法采取其他行动。"

丘吉尔继续说，这种形势在未来三个月会有所改变，他对美国寄予厚望，而且英国很快也能向中国提供它应得的援助。同时，还要靠苏联帮助中国。

丘吉尔在讲话的后半部分谈到国防事宜，坚定地宣称英国正在作各方面的准备以应对可能的进攻，并且已取得重要进展。但摆在眼前的问题依旧是：希特勒是否真的打算入侵英国？对此，丘吉尔也不确定。

首相发言结束后，议事厅已人去楼空。

普里特发言，提出三个问题质问英国政府：

（1）为什么没有就滇缅公路问题与苏联磋商？

（2）为什么英国政府还没启动与苏联的贸易谈判？

（3）捷克斯洛伐克政府里既有思想反动的人，又有声名狼藉的人，为什么还要承认这样的政府？

下一个发言的是加拉赫（他"引起了"下议院议长的注意，因为此时已经没其他人要上台发言了）。他言辞激烈，愤怒地抨击了英国政府的立场，然后描述了苏联民众表示支持的情形。

鉴于坐在前排的巴特勒无意回答普里特与加拉赫提出的问题，议长只能宣布议程结束。

8月6日

伦道夫·丘吉尔身着轻骑兵的华丽军装，不期而至。原来他已从坦克营转到新组建的"机动部队"[1]，任务是在德军入侵英国时"发动游击战"。伦道夫跟我说了许多有趣的事。

他说英军官兵都非常不耐烦了：他们已经作好应对德军入侵的准备，热切盼望着给德军一个"热烈的欢迎"，可德国人就是不来。英国空军侦察机每天都监视着法国、比利时与荷兰海岸，但没有发

---

[1] 特别行动处。

现任何要进攻的迹象。希特勒是不是真的已经放弃这个打算了?

……对此大家毫无头绪,但英国政府还是希望为所有可能发生的情况作好准备。比如,政府目前正在中东地区集结军队。碰巧澳大利亚军队也正从英国调往中东。为什么要专门把澳大利亚人调走呢?主要有以下两个原因。首先,他们的战斗力很强。其次,在英国,没人知道该如何跟他们打交道。他们过于"无拘无束":无视纪律,不听指挥,粗鲁无礼,还总是跟英国士兵吵架。陆军部恨不得早点将他们甩掉,所以把他们调到了埃及和巴勒斯坦。

我问他,英国政府认为自己在这场战争中的总体战略是什么?

伦道夫回答说,英国政府的当务之急就是要消除入侵英国本土的威胁,之后再转向其他目标:空军在今年底或明年初要取得制空权;明年春天前要组建一支三百万人以上的地面部队;1941年转守为攻。

……我们说到了国内事务。对于英国精英阶层能否"战斗到底",我表达了自己的怀疑:说得尖锐一些,这事关他们现在所拥有的特权能否继续保留!他们准备好牺牲这一切了吗?不太可能。然而,伦道夫轻蔑地摆了摆手,笑道:"他们准备好了吗?父亲会有办法让他们作好准备的!"……

他毫不掩饰自己的敌意与愤怒,补充道:"我父亲一定会特别乐意粉碎上层社会的特权。噢,是的!他一定会非常乐意驱散那个肮脏腐朽的群体!"

这是什么意思?伦道夫的观点总是能反映他父亲的思想。首相准备从哪个方向"消除"上层社会的特权,向右(法西斯主义)还是向左(社会主义)?

8月15日

昨天见了劳合·乔治，他告诉我一些有趣的消息：张伯伦得了大肠癌，他虽然形式上还是内阁成员，但实际上什么都做不了。这会带来各种政治影响，其中一个已经众所周知：比弗布鲁克加入了战时内阁。事态可能还会有更大的变动。丘吉尔再次（通过比弗布鲁克）邀请劳合·乔治加入战时内阁，但这位老人拒绝了邀请，因为他与政府在两个问题上有分歧：外交政策与印度问题。

劳合·乔治认为，在外交政策领域，苏联应该是重点，但内阁却将赌注押在美国身上。这是个错误的选择。就算美国参战，在未来的两三年中它也发挥不了什么实际作用，因为美国既没有陆军也没有空军。而组建所有这些部队都需要时间。……

[8月17日，克里普斯向哈利法克斯抱怨，说卡多根"宣称俄罗斯人爱我们，我们必须倾囊相待，承认苏联（对波罗的海诸国）的占领，给他们黄金、船只和信任。真是愚蠢至极。同意他按兵不动。先看看我们这边能和迈斯基做些什么。照我说什么都做不了。但您建议先邀请迈斯基及其夫人一起用餐，还威胁我一定要出席！我们还要怎样哄骗自己呀。当苏联觉得条件符合自己的要求时，它就会改变策略。如果苏联人**确实**那样想，即便我们粗暴对待迈斯基也无关紧要。反之，就算我们授予迈斯基嘉德勋位也不会有一星半点的不同"。]

8月17日

温莎公爵已与辛普森夫人一同抵达巴哈马群岛，被任命为巴哈马群岛总督。当然，这实际上是流放。为什么前任国王会遭到如此苛刻的对待？

据可靠消息称，这是伊丽莎白王后[1]的意思。她是白金汉宫的"主人"，连国王都要听她的。她嫉妒心很重。她给自己定下任务，要为王室招揽人气、增添光彩。她要求国王到各个地方——军营、工厂、部队、前线——多露脸，这样人们就可以亲眼看到国王，进而逐渐习惯他的存在。她自己也从不闲着：出席义卖会、参观医院、看望电话接线员和农民等，送上她的祝福，用她的出现为其增添光彩，招摇过市。最近她还上演了一出非同寻常的炒作大戏。她那个在中东司令部任职的兄长安排了一场私人茶会，邀请十来个重量级的美国新闻记者参加。王后也出席了茶会，与记者"亲切地聊了"一个半小时——有多方谈话，也有一对一的密谈。当然，这不能见诸报端。王后非常担心温莎公爵会回国，"抢走"他弟弟煞费苦心经营的声望。这就是为什么温莎公爵会被流放到巴哈马群岛。

8月20日

单纯从演讲角度看，丘吉尔今天没有发挥出最佳水平，他在议会谈的是战事与外交政策相关事宜。……总而言之，他的演讲表达了两层意思：他对英国战斗力的信心与日俱增，而且相信最严峻的时期已经过去。

……丘吉尔讲话结束后，我走进了议会休息室。那里有很多人……各个情绪高涨，重新找回了信心，对英国空军赞赏有加。人们对飞行员的喜爱简直到了疯狂的程度。

---

[1] 乔治六世之妻。

梅根·劳合·乔治[1]很关心英苏关系的现状,但我却说不出什么能让她安心。她为此感到遗憾,责怪哈利法克斯,还对两国关系的僵局作出了以下解释:"我认识丘吉尔很多年了,那时候我还是个小女孩。他经常到我家里吃午餐或晚餐,跟我父亲讨论各种事情……他最感兴趣的就是战争。他研究过去的战争,思考未来的战争。他总喜欢把自己想象成一个军事领袖,带兵消灭敌军,横扫欧洲,推翻敌人的政权或者将其打跑。他总是三句不离军事,脑子里永远装满了各种军事方案和计划。我敢肯定,现在的他一定完全沉迷和陶醉于战争当中。他只考虑战争,只对战争感兴趣。对丘吉尔来说,其他所有事情都是次要的,包括外交部。他把外交部交给哈利法克斯掌管……哎,那个人!我认为现在哈利法克斯比张伯伦更危险。"

我觉得梅根的话还是颇有些道理的。

8月22日

我与沃尔特·蒙克顿爵士[2]共进午餐。他是个另类而又彻头彻尾的英式人物。他名义上是个保守党人,实际上思想却极端激进,甚至革命思想对他来说都不陌生。他是温莎公爵的法律顾问,也是克里普斯的密友。最近他出任首席审查官一职,思考欧洲的革命。

……话题转到了丘吉尔在此次战争中扮演的角色上。蒙克顿说,丘吉尔在军事攻势方面是一个出色的领导人。可他能否也成为

---

[1] 梅根·劳合·乔治,戴维·劳合·乔治最小的女儿,后成为英国下议院第一位女议员。——译注
[2] 沃尔特·特纳·蒙克顿爵士,一位杰出而激进的出庭律师,1940—1941年任情报大臣,后于1956年第二次中东战争期间在艾登的领导下担任国防大臣。

一个政治攻势上的领袖？蒙克顿还说不准，但他不排除这样一种可能性，即丘吉尔的帝国浪漫情怀加上他对权力的钟爱可能会使他成为这样一个领袖。丘吉尔在这个方向上能走多远？这对当前的蒙克顿来说也是未知数。丘吉尔可能有意大幅削弱资产阶级上层社会的特权，但这样足以帮他赢得战争吗？当然，在英国，所有的事情都会以英国的方式来处理，没有必要为了取得"胜利"而引入苏联制度。可能引入某种特定的、过渡式的社会主义就已足够。或许丘吉尔能够"接受"或"创造"这种形式，毕竟他既不是银行家，也不是商人——他不是一个属于伦敦金融城的人。他是个政治家，也是个作家，他靠笔头谋生。他不像张伯伦那些人，浸淫于资本主义制度之中。他也不靠股份、利息、地产等过日子。在任何环境下，他都会靠写作"谋生"。既然这样，那他为什么不能成为政治攻势的领袖呢？如果他做到了，英国多少能平和、镇定地转向新制度。但是如果丘吉尔反对向新制度转型，那么大规模的国内混乱将在所难免。

我一边听着蒙克顿的话，一边想：丘吉尔会走哪条路？向左还是向右？走向社会主义还是法西斯主义？在即将到来的事件中，他会扮演一个什么样的角色？他会以什么形象载入历史？

9月1日

德国向英国实施大规模空袭已长达三个星期。……

日间空袭的德军飞机在数量上比第一阶段要少，但攻击变得更加集中，更有针对性。德国人的空袭主要瞄准伦敦–多佛–波特兰岛这个三角地带，主要目标是这一地区的港口、机场、工业设施和铁路。很明显，这是在为日后的入侵作准备。空袭很频繁，一天会有好几次。到了晚上，只有寥寥几架飞机飞过英国，尤其是伦敦上空，但它们会连续盘旋几个小时，偶尔还投掷炸弹。这显然是针对广大普通民众的"心理战"；到目前为止，夜袭还没有对英国人造成太大影响。

当然，事情还没有结束。我们拭目以待。

["不列颠之战"只是海狮行动的前奏，该行动确定9月中旬进攻英国。7月31日，海狮行动在贝希特斯加登通过，然而，参与讨论的海军及陆军参谋长对此行动仍有顾虑，因为该行动还面临看似难以跨越的障碍。迈斯基为伦敦民众表现出的同仇敌忾与韧性折服，他坚信"英国不会被德军攻占，还会在明年取得制空权……空袭英国的规模会降低，而对德国及其占领区的空袭会增加，其造成的破坏和影响同时也会增加"。他还相信，英国能够守住其地中海要塞，只是还不知道英国如何才能将德国从其欧洲占领区驱逐出去。

在迈斯基看来，当前有两种选择，要么通过谈判实现和平，要么英国成为"一个社会主义化社会，未必仿照苏联模式，但几乎从资本主义和地主的控制中解放出来。苏联与英国之间确实可以达成一个现实且长久的协议，将欧洲从希特勒的统治中解救出来"。这些观点显然有别于斯大林的设想（迈斯基无从知晓这些设想），后者希望扩大《苏德互不侵犯条约》涉及的范围，使其涵盖巴尔干半岛地区，并结束这场战争，由苏联与德国共同统治欧洲。]

9月8日

德国似乎已经意识到他们此前的战术不起作用了，因为就在昨天，他们启用了新的空中战术。

昨天下午，德国对伦敦实施了一轮大规模、高强度的空袭。这是战争爆发以来德国第一次发动如此规模和强度的空袭。英国显然被突袭震住了，应对软弱无力。结果，德国炸毁了造船厂和许多建筑，以及伦敦东区的工人住宅。直到今天，大火还在肆虐。我开车在伦敦东区转了一圈，站在格林尼治公园的山顶上，清楚地看到从港口各个地方升起的熊熊烈焰和滚滚浓烟。据说这次袭击造成多达四百人丧生，一千五百人受伤。

7日至8日晚间，袭击彻夜持续。德军飞机继续轰炸这座城市，飞行员通过起火点判断目标方位。伦敦东区与基尔伯恩这两个工人聚集区遭受的损失最为惨重。工人住的许多棚屋都被炸毁了。工业设施、发电站、加油站等没有受到严重破坏，但是芬兰大使馆被夷为平地。我不清楚德国是否在瞄准军事目标，如果是的话，那飞行员的表现也太糟糕了。不过这也不奇怪：昨天和今天，德国飞机的飞行高度都在七千米左右。

昨天夜间，英国的反击有气无力。空中的探照灯四处照射，但却很少能发现敌军的飞机；高射炮也几乎没怎么开火。真是奇怪。政府没有展开适当的反击使得人心惶惶。再这样下去，政府将面临巨大的困难。

9月9日

苏波提切[1]几天前到访。他来这里的时候神色紧张：他刚从贝

---

[1] 伊万·苏波提切，1939—1941年任南斯拉夫驻英国大使。

尔格莱德得到消息，称苏联与德国就巴尔干半岛地区和中东[1]地区"划分势力范围"已经或者即将达成协议。据称，巴尔干地区会被划入德国的"势力范围"，而伊朗将被归入苏联的"势力范围"。土耳其的问题尚未下定论。可如果这些消息都是真的，难道南斯拉夫就没有可能会被划归到苏联的"势力范围"吗？

我开始调侃苏波提切，说他不应该听信那些陈芝麻烂谷子的谣言，尤其是眼下。苏联并不试图划分"势力范围"。它推行一种和平政策，根据时局要求采取相应的手段；它对扩大当前的冲突持反对意见。苏联在巴尔干半岛有利益，当然不愿看到这一地区燃起战火。

苏波提切离开的时候稍微安心了些，但还是没有完全信服。

今天我去拜访苏波提切，设法彻底打消他的疑虑。我代表苏联政府向苏波提切保证，苏德之间不存在任何在欧洲东南部与中东地区划分"势力范围"的协议，此事在德国与苏联的对话中甚至从未被提及。

苏波提切脸上的愁云一下子消失了。他用力地和我握手，说要马上将这个极其重要的消息电告贝尔格莱德。临别时，他说："在某种程度上，我们应该觉得自己处在苏联无形的庇护之下。"

9月10日

今天，我们第一次亲历了轰炸。大约在凌晨一点，德国飞机在我们头顶嗡嗡作响。阿格尼娅与我都在防空洞里，正准备睡觉。突

---

[1] 这是迈斯基所使用的俄语表述，应译为"近东"；但这个词在英语中已极少使用，而多用"中东"一词。

图61 迈斯基为在大使馆内建造的坚不可摧的防空洞感到骄傲

图62 在防空洞内

然，掩体受到一记重击，开始摇晃，灯全灭了。我们听到在离我们非常近的地方传来一声巨响，好像正是大使馆所在的那栋楼……

我首先想到的是，我们的房子被炸了。

我连忙抓起电话，问卡林斯基谁在大门口值班，发生了什么事。卡林斯基用颤抖的声音告诉我，炸弹落在大使馆附近的一个地方，使馆除了一些玻璃窗被震碎，没有其他损毁。他在黑夜中看得不太清楚，但是对街的那幢房子好像已经被夷为平地。

阿格尼娅和我从防空洞出来，绕着大使馆走了一圈，然后去检查我们的公寓。除了玻璃碎了，电缆断了，其他看上去都还好。我们放心了，又回到防空洞躺下休息。

早上六点，听到了空袭警报解除的通知后，我们起身走上街道。天色逐渐变亮。我们后院散落着马路的沥青碎块。对面立陶宛使者的房子完好无损，但它透过其破窗的空洞茫然地凝视我们。我们得知三枚小型炸弹落在了离我们这里两栋房子远的地方（唐宁街十一号对面），那儿还留着弹坑。人们四处翻找散落的家什，工人们也在忙碌。我走上前去，捡起一枚弹片，上面黏着的沥青还在冒烟。

我们斜对面的房子这次也幸免于难，只有两扇窗的玻璃需要更换。

我们返回大使馆，回到公寓补觉。

9月13日

今天是对伦敦密集空袭的第七天。

德国人永远是德国人。他们总是遵照一个细小而刻板的计划展开行动。就像现在这样。他们每天都在重复着同样的动作。白天实施两到四次短时空袭，每次一般不超过一个小时，有时候只有十五到二十分钟。大群轰炸机列队在战斗机的护航下，从法国海岸飞来。但通常在他们接近伦敦之前，英国的战斗机与高射炮就已在英国海岸将它们拦截。只有小部分德国飞机能成功突破防线飞抵伦敦。英国战斗机在伦敦上空与它们再次相遇。这时候空战就开始了，袭击者要么被击落，要么掉头返航（白天很少使用高射炮，以防碎片伤及民众）。日间空袭对城市的日常生活没有造成太大的影响，却让德国损失惨重：在白天的战斗中，德国每天要损失六十至八十架飞机，有时更多；相比之下，英国每天只损失二十至三十架战斗机。飞行员的伤亡更不成比例：英国人损失的是单座战斗机，其中百分之四十的飞行员无论如何都能成功自救；而德国损失的是一大批由四五人机组操控的轰炸机及一定数量的战斗机，其中一些是双座战斗机。

……我们尽量不去在意白天的空袭，照常工作，而我们通常也能做到。但到了夜间，便是另一番景象了。整个大使馆搬到了地下室，我们会从第一波空袭开始一直在那里待到就寝时间。如果爆炸点离我们非常近，我们就会转移到防空洞里。阿格尼娅和我在防空洞下面有一个专用的房间，我们在那里的生活就像学生时代一样。晚上，我们睡在相对安全的防空洞里，听不到炸弹和防空排炮的声音。我们会像军人一样保持警醒，睡觉时也穿戴整齐或者半裸。值班军官清晨五六点会来叫醒我们；一听到解除警报的声音，我们所有人——睡眼惺忪、蓬头垢面——又回到自己家中的床上再睡上三四个小时。这就是我们的生活。这多少还是可以忍受的（撇开职员们为防空洞里狭小的空间而发生的争吵不说）。但人能长期这样生活下去吗？再说吧。

伦敦这些天的变化太大了！面目全非。仅仅一个星期前，一切看起来还相对正常，伦敦还是原来的伦敦。可现在呢？

现在伦敦已经变成"前线"。许多街道都已经封闭。每走一步都能看到毁坏的建筑物、损毁的路面和破碎的窗户。绝大部分剧院和电影院都关门了，开放的那些也只有日场演出。晚上，灯火管制使得整个城市一片漆黑。街上空无一人。遭遇空袭的公共汽车、有轨电车和出租车就停滞在原地。只有地铁还在运行，还有开足马力的军车在城中穿梭。高射炮咆哮，而炸弹悄无声息地从天而降。一束束熊熊烈焰直入云霄，消防车在街道上呼啸而过……

的确，过去那个熟悉的伦敦已快消失殆尽。随着时间流逝，留下的将越来越少。

……在交通方面，德国实在没有什么可以炫耀的成就。确实，英国有部分造船厂被烧毁，但伦敦港却还在运转。确实，滑铁卢车站关闭了，查令十字车站和维多利亚车站轻微受损，也导致了一些小问题（晚点和车厢拥挤等）的出现，但铁路系统依旧照常运作。伦敦所有的大桥都完好无损。公交车、电车、出租车井然有序，地铁和机场的秩序也正常。真是了不起：德国人每天晚上都对伦敦最重要的车站进行密集轰炸，却没有造成任何严重的后果。……

士气又如何呢？

此轮空袭开始的头两三天，尤其是住在伦敦东区的民众，心中充满疑惑、不安与紧张。最让他们苦恼的是德国竟然未因自己的罪行受到任何惩罚，而英国对夜间空袭的回应又软弱无力。9月7日至9日，成千上万的民众从伦敦东区撤离到城市的其他地方。然而，这种心态很快成为过去。人们仍对未来充满担忧与不确定，这再正常不过。虽然大家都在抱怨和咒骂空袭带来的各种不便，但却没有任何失败情绪。相反，对希特勒和德国的愤怒与憎恶与日俱增。当英国人被逼到忍无可忍的分上，他也会变成危险的猛兽。

那政府的心态呢？噢，相当坚定：将战争"进行到底"！丘吉尔在9月11日的讲话中已经说得很明白。正是英国政府坚定不移、毫不含糊的立场，帮助广大民众战胜了他们最初的恐惧。这个国家没有出现恐慌，而丘吉尔也打算拼死战斗。……

9月14日

昨天我与艾登共进午餐。他看起来状态不错：精力充沛，皮肤黝黑，充满活力。他相当自信且内心坚定。我们当然谈到了战争。

艾登认为，未来十天是关键：在这十天里，希特勒要么试图发起进攻，要么不得不长时间推迟——若非无限期延迟。9月之后，海上将有暴风雨，出现雨雾天气，德国军队登陆时要面对的困难将大幅增加。并且，至少有半数德国士兵在到达英国海岸后会因为晕船而不适合作战（多数德国人是"旱鸭子"）。不过，就算希特勒决定冒险赌一把，英国也已经作好了准备。

艾登说："这里许多人都希望希特勒能冒险一试。他们确信我们能将德国人击退，这样战争或许就能早点结束。"

"那您怎么看？"我问这位陆军大臣。

"我也相信我们能想到办法击退德军，"他回答道，"但我更希望避开德国的入侵，因为那将给平民带来巨大的损失。"

我追问："那您还认为希特勒会下定决心发起进攻吗？"

艾登思索片刻，说："我认为他会发起进攻。他喜欢做一些别人没有做过的事，以及所有人认为不可能做到的事。入侵英国？……这是近千年来都没有发生过的事，对希特勒来说是个巨大的诱惑，所以我们才要作好准备。"

……艾登对英苏关系的现状和前景表现出兴趣："就我个人而

言，五年前我访问莫斯科时形成的观点到现在都没有发生改变。我认为英苏之间在世界任何地方都不存在不可调和的根本矛盾，因此两国之间可以并且必须维持良好关系。"

"老实告诉我，"我说，"您的其他保守党同事也这么认为吗？"

艾登承认，保守党内部确实有相当一部分人持不同的看法。

"这就是问题所在，"我说，"这就是为什么我对两国之间大幅改善关系的可能性已经失去信心。"

10月4日

克里普斯去会见莫洛托夫同志。

刚一见面，克里普斯就告知莫洛托夫同志，英国决定开放滇缅公路。据克里普斯所言，此举应有助于遏制日本的入侵。他还向莫洛托夫同志通报了英国政府对最近签订的《德意日三国同盟条约》的态度。

莫洛托夫同志表示，苏联不反对开放滇缅公路，但同样不会高估此举的重要性，因为这条公路的物资运输量一直不大。

接着，克里普斯大概表达了以下观点：英国政府认为，《德意日三国同盟条约》对苏联比对美国（这使美国国内反日情绪高涨）的威胁更大。有赖于美国的支持，英国政府对日本问题将采取坚定的立场。美国对中国问题还没有明确表态（因为美国即将举行总统大选），但是已经给了中国五千二百万美元的贷款。苏方立场将极大地影响美方的立场。比如说，如果苏联与日本签订互不侵犯条约，美国可能不会在太平洋地区采取积极措施，也不再插手荷属东印度群岛或英国殖民地等方面的事务，更不用说苏联的了。英国政府相信，美国、苏联与英国共同磋商援助中国的话，会对日本以及其他国家产生重大影响。与中国站在同一战线，必然会削弱日本的力量，打击其侵略气焰。

莫洛托夫同志的回应大致如下。苏联的对华立场尽人皆知，不需再多作解释。但他不知道克里普斯所说的三国间关于中国的磋商属于权宜之举还是于政治上有益之事。迄今为止，英苏和美苏从来没有就哪怕再小的问题达成一致（都不是苏联方面的原因），所以，又能期待三国就此重大问题所进行的共同磋商得出什么结果呢？

至于《德意日三国同盟条约》，苏联政府认为其中并没有添加新的内容，只是使一种本来就存在的关系在形式上得到确定而已。

最后，说到《德意日三国同盟条约》对苏联的威胁，苏联政府相信，当前德国正专注于欧洲事务，无法为日本提供任何实质性的协助。同样，日本实际上也帮不了德国。

克里普斯认为，美、苏、英三国就中国问题的共同磋商能为改善它们之间今后的关系铺平道路。

莫洛托夫同志听取了克里普斯的观点，并表示，如果在今天会谈所涉及的议题上还有任何进一步的意见，一定会告诉克里普斯。

10月12日

昨天的考察多么令人愉快啊！

先说说之前的事。9月10日，哈利法克斯夫妇为我和阿格尼娅安排了午餐，席间，我们就空袭和防空洞的事聊了很久。在那时的大约三天前，德国就已经开始对伦敦发动空袭。我去了一趟伦敦东区，看到了港口地区的火势和它遭受的损毁。伦敦的这片地区，防空洞数量极少，比我相对熟悉的其他地区都要少，这让我十分诧异。我在用餐时说到了这一点。大约两周半以后，我收到了一封来自哈利法克斯的长信,里面援引了相关的统计数据,他认为我的说法有误。[1]在信的结尾,他建议我亲自到伦敦东区的防空洞走一趟。哈利法克斯承诺由他来安排这次考察。我决定接受他的邀请,昨天和阿格尼娅一同参观了东区。

我们的"向导"是海军上将埃文斯[2],他刚被任命为伦敦防空洞的"专政者",他的参谋长[日记中遗漏了名字]上校也陪同我们一道。……在驱车逐一参观防空洞的途中,我们与上将闲聊。原来他是个十分开朗健谈的人。虽已年至花甲,他看起来却非常年轻。埃文斯和我们说了些他自己的事。

"我天生就是个探险家!"他爽朗地笑道,"这一点和我们的首相很相似。啊,丘吉尔先生也是一位伟大的冒险家!这就是为什么我坚信他能赢得这场战争的胜利。"

……我们在一个防空洞里走了大概十五到二十分钟,主要看了医疗救护站——我们被要求在那里的访客登记表上签字。另外,我们还察看了东区群众为自己设置的简陋——极其简陋——的休息点。那里十分拥挤,肮脏不堪;破旧的床单直接铺在硬石地板上;垃圾堆积成山;几百名儿童挤在一起,各个年龄段的都有,相貌各异。防空洞里住着各色各样的人,其境况也迥异,场景着实令人惊讶。有些人瘦骨嶙峋,饥肠辘辘,而另一些人面色红润,显然平时吃得好——他们大概属于白教堂区的老板那一类人。身材瘦高、性格冷漠的英国人与吵闹的爱尔兰人以及紧张兮兮、坐立不安的犹太

---

[1] 哈利法克斯的数据表明,伦敦东区的人口数量约为520 930人,共拥有328 913个私人防空洞,81 821个公共防空洞;而伦敦西区的人口数量约462 520人,共拥有128 744个私人防空洞,70 109个公共防空洞。相比之下,"东区占有绝对优势"。
[2] 爱德华·埃文斯海军上将,海军司令兼南极探险家。1935—1939年任诺尔总司令,曾参加挪威战役。1941年从海军退役后,被任命为伦敦民防组织地区专员。

人相互推挤。是啊，东区所有的人种都集中到这里了。

突然，上将对随行的防空洞负责人说："召集所有人！我有几句话想和他们说。"

负责人跳上一个简陋的高台，一边挥手一边扯着嗓门喊："都到这儿来！到这里来！埃文斯上将有话跟大家说！"

人们急忙来到高台周围，埃文斯也轻盈地跳上高台——他这个年龄的人能做到这样可真是少见。很快，一大群人就聚到了一起，密密麻麻，热浪翻涌。男女老少——有的戴圆顶礼帽，有的戴软扁帽，有的不戴帽子——共约两千人。阿格尼娅和我在高台底下尽量保持低调，好奇地等待接下来的事。突然，上将朝我们俯下身子，用力作了一个手势，对我说："您呢？请上这来！请上这来！"

上将开始用力把我和阿格尼娅拉上台。有人从后面推了一把，转眼间我们和上将并排站在一起。他用力挥动手臂，向人群喊道："靠得近一些！再近一些！别害羞！"

人们靠得更近了，紧紧地挤在一起。埃文斯脱下并挥动帽子，大声说道："我们国家是个公平的国家！我说得对吗？"

人们开始嘀咕。你可以将它理解为赞成，也可以理解为不赞成。上将对此没有感到丝毫难堪，接着说："几天前，国王和王后也到这里来看你们了！"

同样暧昧的咕哝声在人群中传开。人群后排有人喊道："那又怎样呢？"

上将不动声色，继续说他的。

"今天，"他突然提高嗓门喊道，"我给你们带来了一位特别的客人！我给你们带来了苏联大使！"

他猛地挥了一下手臂，指向了我和阿格尼娅。

人群中爆发一阵欢呼，每个人都开始喊道："好哇！苏联万岁！

苏联大使万岁!"

接下来,埃文斯转向别的话题。他说他发自内心同情东区人民。他不能向他们保证会有奇迹发生,但他已竭尽全力改善现状。隧道的一半已经开放用作防空洞。垃圾和恶臭都已清理干净。这就是进步,虽然也还只是个开始。

……上将擦了擦额头,戴上帽子。我们走到高台的边缘准备下去,我以为自己已经"没事了":鉴于我那微妙的外交官身份,要是让我在这个伦敦东区的临时集会上讲话,那可真有些尴尬。因此我急着下台。就在此时,人群突然间发出震耳欲聋的高呼:"迈斯基!说两句!说两句!"

我微笑着朝各个方向的人们挥手致意。我尽力避免讲话,但人

图63 迈斯基和海军上将埃文斯参观地下防空洞

群的呼声越来越高，前排的人都冲向高台，不让我下来。埃文斯上将张开双臂，友好地拍了拍我的肩膀，高声说道："真的，为什么不说几句呢？说吧！您一定得说几句！"

所有的退路都被切断了。我站在高台的边缘，挥手示意大家安静，说道："我代表我的妻子以及我自己，衷心感谢在场的各位朋友今天给予我们的热情欢迎。"

场地太大，我的声音显得太微弱，但人群还是予以热烈的回应，他们高呼："万岁！万岁！"

"各位的欢迎让我非常感动，"我接着说道，"因为我很清楚，你们的问候不仅仅是给我和我妻子，更是给我所代表的国家。"

呼声更响亮了。有人开始唱起了《国际歌》。

"请允许我再次表达我最诚挚的谢意！"我结束了讲话，走下高台。

很快，我们都回到了平地上。人群极度兴奋。他们为我们三人让出了一条路。我和阿格尼娅再一次被人群包围，他们拥抱我们，跟我们握手。一位淡棕色头发、满脸皱纹的年迈妇人用俄语喊道："我们的俄罗斯还在！"

两旁数以百计的人举起紧握的拳头向我们致意。《国际歌》唱得越来越响亮。

"他们在唱什么？"上将天真地问道，"《红旗歌》吗？"

"不是，"我回答，"他们在唱《国际歌》，那是我们苏联的国歌[1]。"

"是吗？"上将十分惊讶，"我之前从没听过。"

---

[1]《国际歌》在1922—1944年间为苏联国歌。1944—1991年，苏联国歌为《牢不可破的联盟》。——译注。

我们终于走到了汽车旁，坐进车里时人们还在高喊："苏联万岁！"

再一次，他们唱起了《国际歌》；再一次，他们举起了拳头。

上将有些吃惊。他万万没想到苏联大使竟会受到如此热烈的欢迎。但他现在依旧气定神闲，兴高采烈。我们前往大使馆喝茶。一路上我在想："今天伦敦东区人民是这样问候苏联大使的。如果战争再持续两年，他在皮卡迪利大路也会得到同样的问候。"

* * *

……伦道夫·丘吉尔顺道来拜访我。他向我保证，德国不会入侵英国了。他大致说了一下冬季的设想：英德空战与埃及防御行动。英国政府肯定能击退入侵埃及的意大利军队。等到1941年春，英国将实现对德国的制空权。接下来，英国会对德国发起空中攻势，并在欧洲与非洲地区对意大利发动海陆空全面进攻。1941年英国仍未作好从陆路进攻德国的准备。当然，对德国的封锁不会停止，也不会放松或妥协。

我想知道，如何才能实现这些目标。

[在日记中，比莱金描述了他的苏联大使馆防空洞之旅。这个防空洞是迈斯基任职期间投入一千五百英镑（约合今天六万五千英镑）在苏联大使馆内"很深的地下"修建（今天仍在原处！）的：

> 钢筋混凝土建成的通道，与英国的地铁隧道大小一样；它由一英尺钢筋混凝土与一英尺泥土一层一层交叠覆盖，总共有六层。整个防空洞通风很好。里面有好几个隔间，其中一个属于大使迈斯基及其夫人；我在这里看到了一台便携式无线收音机（主人通过短波频道快速收到来自莫斯科电台的

广播）、一台家用电话、一台分机电话、两种不同的照明设备以及上好的寝具（用的是雅致的蓝缎）。大使馆在防空洞里安装了专门的空气净化设备，消防斧、铁铲等工具一应俱全，有许多成箱的肉罐头、沙丁鱼罐头和桃子罐头，还有苏打水、刀叉、勺子等。

10月初，大使馆工作人员的家属（包括孩子）已经疏散，他们搬到切尔滕纳姆附近一个村子的"一所还算宽敞舒适的房子"居住。阿格尼娅断然拒绝离开伦敦。"她一直陪在我身边，"迈斯基回忆道，"这是对我极大的支持。而且出于政治原因，英国人如果看到苏联大使的夫人也'站在前线'，而非躲到后方，这对我们会更有利。"为了补充睡眠，他们周末还喜欢到住在伦敦郊外的一位挚友家小住，他就是西班牙共和政府前首相胡安·内格林。迈斯基好几次提醒莫洛托夫，也许能够要求德国不要攻击大使馆。他相信，正如他在给莫洛托夫的电报里说的，德军专门瞄准大使馆轰炸绝不是巧合。他将原因归结为里宾特洛甫对他个人的"极度仇视"，这还得追溯到这位德国外交部长还在伦敦任驻英大使的时候。"这似乎非常虚幻，"迈斯基总结道，"但我们正活在一个虚幻的时代里。"]

10月22日

克里普斯代表英国政府请求谒见莫洛托夫同志，商讨"极为重要的政治问题"。莫洛托夫同志无法接见克里普斯，于是安排他与维辛斯基同志[1]见了面，克里普斯向后者呈送了一份特别备忘录。备忘录结论包含以下三点：

（1）英国政府宣布，它愿意承认巴尔干半岛地区"事实上的"改变，以便未来——可能在战后——"从法律上"解决所有问题。

（2）英国政府宣布，它已准备好确保战后苏联能平等参与安排欧洲事务。

（3）英国政府承诺，它将不参加任何反对苏联的军事行动。

维辛斯基同志告诉克里普斯，他会将此事向苏联政府报告。

10月29日

克里普斯向外交人民委员部递交了一份照会，抗议苏联政府加入多瑙河委员会的决定。照会指控苏联此举违反了中立原则。

11月2日

维辛斯基同志向克里普斯递交了苏联政府关于多瑙河问题的回应。简而言之，就是要求英国政府不要干涉与它无关的事。……

[在英国递交照会的五天前，克里姆林宫收到了请莫洛托夫于11月11日到柏林面见希特勒的邀请函。劳合·乔治在给迈斯基的信中写道："看来这次我们好像又晚到了一步。"]

---

[1] 安德烈·雅奴阿列维奇·维辛斯基，曾加入孟什维克。1935—1939年任苏联检察长，负责以不正当手段操纵的政治审判，其中大多数政治犯最终都被判处死刑；1939—1944年任苏联人民委员会副主席；1940—1946年任第一副外交人民委员；1949—1953年任外交人民委员。

11月4日

7月3日，在与丘吉尔的对话中，我问他：英国政府的总体战略是什么？

丘吉尔耸了耸肩，笑着说道："总体战略？首先，就是要熬过接下来这三个月，再视情况而定。"

现在已经过去四个月，英国不仅熬过来了，与我和首相谈话的时候相比，它还变得更加强大。德国的入侵计划已经落空。著名的英吉利海峡再次拯救了英国，这在历史上已不是头一回。希特勒的海军力量薄弱，加之未能在海峡上空夺得制空权，破坏了德国克服这道四十公里宽的海域所构成的阻碍的唯一机会。希特勒正经历着与一百三十五年前的拿破仑一样的命运：败阵于不列颠之战。现在评估这一事实造成的全部后果为时尚早，但可以确定的是，后果一定很严重。

根据在伦敦获取的所有信息（它们较好地反映了事实），我们不难判断，希特勒的总体战略大致如下：在入冬以前获得战争的全面胜利。……希特勒的所有计划与希望彻底落空。英国的顽强抵抗出乎希特勒的意料，美国也在战争中扮演了日益积极的角色，这些都打乱了他的如意算盘。……

但是对于英国，现在却出现了一个极为棘手的问题。官方目标是"打倒希特勒主义"，相当于打倒德国。所有人，不管左派右派，都发誓要努力实现目标。很好……但要怎么实现呢？不被打败是一回事——或许英国可能认为自己已经做到了。要赢得战争则是另外一回事。恐怕在可预见的将来都无法明确该怎么达成这个目标。

……一场旷日持久的消耗战极有可能引发革命——对德国如此，对英格兰和英帝国也如此。毫无疑问，英国的精英阶层会在这些可能性成为现实之前开始寻找一条与"希特勒主义妥协"的路线。

这就是为什么在我看来，英国的统治阶级正面临严峻的困境：找到能帮助英国的新盟友，利用它们的权威与势力，通过纯粹的军事手段"结束"这场战争；如果上一条路行不通，就转而寻求一种妥协的和平……

现在英国正在寻找同盟，美国是优先选择。但是从长远来看，统治阶级也一直渴望能与苏联结盟，尽管我们一再反驳，一再解释。……

这就是我当前从我这扇"伦敦窗口"所看到的。

局势的发展还取决于许多现在无法考虑到的其他因素：德国的军事、外交行动以及国内状况，整个欧洲范围内民众的情绪，无产阶级的活动与意识……

谁能预见这一切？[1]

11月11日

10日至11日夜间，一枚巨型炸弹落在了贸易代表团大楼附近，造成了巨大的破坏。大楼虽然没有倒塌，但所有的窗户都被震碎了，内墙和隔断都倒塌了，家具也都损坏了。楼里已经不能再住人，修复还需要投入大量的金钱和时间。我们的经济规划员将不得不搬离。幸运的是，没有人受伤。大家都睡在代表团大楼的防空洞里，躲过了一劫，只是受了一场惊吓。……

---

[1] 迈斯基发回莫斯科的评估报告（基于这篇日记），显然对斯大林命令莫洛托夫到柏林与希特勒进行协商的指示产生了重要影响。

11月12日

苏波提切来见我。他对莫洛托夫同志访问德国一事十分不安，极为关切。

苏波提切说："意大利与希腊之间的战争、格拉齐亚尼[1]在埃及的计划以及英国在地中海的作战行动，这些都相形见绌。战争的结果，或许还有全世界的命运，都将取决于这次柏林会议！"

自然，苏波提切最担心的还是柏林会议与巴尔干半岛地区事务，尤其是南斯拉夫和土耳其问题之间可能存在的联系。他希望"俄罗斯不会忘记南斯拉夫"，希望柏林会议不会损害到南斯拉夫的利益。显然，莫洛托夫同志的柏林访问给贝尔格莱德造成了巨大的困扰。

我告诉苏波提切，我不清楚柏林会议的议程，但根据陪同莫洛托夫同志访问的人员判断，会议主要关注的应该是经济问题。此外，我也可以事先向他保证，柏林会议不会为我们的中立政策带来任何改变。

[自从法国投降后，希特勒就一直面临两难困境：是通过在东南欧的布置进一步更新《苏德互不侵犯条约》，还是继续积极备战。俄罗斯根本不打算从巴尔干半岛撤军，意识到这一点后，德国驻苏大使舒伦堡开始寻求德国、苏联、意大利与日本签订一个四国条约，以划定势力范围。但是希特勒对这次会议的期望却与他的大使不同，他认为"新欧洲"的轮廓总体成形时，这些协商会逐渐形成一个具体的、强硬的划界方案，届时苏联会被排除在欧洲与巴尔干半岛地区的势力范围之外，这一方案也将反映德国的军事霸权。他

---

[1] 鲁道夫·格拉齐亚尼，意大利内盖利侯爵，1936—1937年任埃塞俄比亚总督，1939年任意大利陆军参谋长，1940年任利比亚总督。

只想迫使土耳其在黑海海峡以及巴库地区安全措施等问题上作出保证，除此之外他并不打算顺应苏联。莫洛托夫到访柏林，并没有像流行观点所说的那样与希特勒合谋瓜分整个世界——更具体来说，瓜分英帝国。

这次会谈的指示，是斯大林在他的乡间宅邸口述，莫洛托夫在旁速记。斯大林要求谈话仅限于苏联在巴尔干半岛地区与黑海海峡的固有利益，将安全问题放在首要位置，反复提出苏联获得多瑙河河口的控制权且有权参与决定"土耳其命运"的要求。保加利亚，一如1877—1878年的那场战争一样，将成为"谈判的主要议题"，它也应该被纳入苏联的势力范围。为了削弱德国的影响力，斯大林计划近期召开和平会议，甚至试图让饱受战争摧残的英国也参会。迈斯基认定英国不能被抛弃，经过一场旷日持久的苦战后它甚至还会获胜，这一观点对于苏联在柏林会议谋求的目标至关重要。在前往柏林的火车上，莫洛托夫收到了斯大林的电报。电报重申：不得与德国讨论有关英帝国的任何问题。事实上，莫洛托夫在柏林提出了迈斯基的观点："埋葬英国还为时尚早。"]

11月19日

……肯尼迪来和我道别。确实，表面上他是回国与罗斯福"磋商"，但他也没有掩盖一个事实：他将一去不回。

不用说，我们聊的还是战争以及英国的前景。肯尼迪仍旧是个"悲观主义者"：德国入侵英国本土的威胁诚然已经过去，但在埃及又会发生什么？根据这位美国大使可靠而准确的消息判断，英国在埃及可能会打败仗。

我回答说我没有理由做个亲英派，但作为一名大使，我有责任尽量"客观"、冷静地权衡每一个"支持"或"反对"的观点,以便向我的政府提供准确的信息。用这种态度看待埃及战争的问题,我必须再次重复我在6月时关于入侵一事说过的话:正常来说,英国人手上的牌足以帮他们保住在埃及与中东的地位,就看他们能否把牌打好。我不敢说他们能不能做到,但是英国人在面对可能的入侵威胁时的举动让我相信,也许他们在埃及也能把牌打好。不过,时间会告诉我们答案。

我问肯尼迪,关于美国参战的可能性,他怎么看。

肯尼迪回避了这个问题。他说他很长一段时间没有回国,不清楚国内民众的普遍心态。他个人认为美国不应该参战。对于英国来说,美国直接参战还不如置身事外。接着,肯尼迪像在自我辩解一样说道:"我从未主张将绥靖作为原则。我所说过的一切可以总结为,如果英国政府推行的政策成功赶走了所有的朋友——不管是曾经的还是潜在的,那它冒险参战将毫无意义。"

告别之际,肯尼迪大笑着粗声说道:"在英国,做美国大使很容易,做苏联大使却很难!但是,天啊,你真的把工作做得非常好。"

我谢过了他的夸奖(他喜欢四处对人大加赞赏),可即使是出于礼貌,我也很难开口回以褒奖,因为虽然在英国当美国大使确实容易,但肯尼迪却没把他这份工作做好。罗斯福、丘吉尔以及英国政界——所有人都对他不满意。[1]这才是他被免职的原因,而不是他今天告诉我的想重返"商界"。归根到底,肯尼迪是个富有且正统的爱尔兰天主教徒,极度恐惧革命,更情愿与"法西斯独裁者"和谐共处。这就解释了为什么他不喜欢苏联,为什么他青睐张伯伦

---

[1] 哈利法克斯在他的日记中写道:"下午我见到了乔·肯尼迪,他说他已决定下下周辞掉工作。他看起来对自己的政府很恼火。我不认为他是个很好的人。"

并且一直支持后者，为什么他惧怕一场可能在某些特定环境下释放革命潜能的战争。

莫洛托夫同志访问柏林一事在英国引起了轩然大波。

一开始，每个人都被吓坏了。德国人夸大了这次访问的重要性，预测会议将作出一个具有重要"世界历史"意义的决定。他们放出风来，说正在为会议筹备一份至关重要的文件，暗示"轴心国"将与苏联共同"瓜分世界"：欧洲归德国，非洲归意大利，中国和东亚归日本，印度和伊朗归苏联。伦敦民众虽然对此半信半疑，但仍然很焦虑。政界最初的反应是："看看哈利法克斯将我们带到什么地方去了！他没有让苏联与德国疏远，反而让莫洛托夫出访柏林成为可能。"

到处都在传言哈利法克斯即将被免职。《新闻记事报》与《每日先驱报》都发表了耸人听闻的报道，这无异于火上浇油：哈利法克斯会在两周内离开外交部。官方否定了这一说法，但谣言与猜测却没有停息。……

11月30日

阿格尼娅和我到乡间拜访年轻的伦道夫·丘吉尔夫妇。[1] 他们住在赫特福德郡一个叫伊克福德的村庄，教堂旁边原教区长的宅子里；宅子已空置半个多世纪。这所大房子共有十五个房间，对当地的教区长来说过于昂贵，所以牧师们都住在那附近的一所小房子里，只需支付少量租金。感兴趣的人都可以租用那所大房子，一年

---

[1] 帕梅拉与伦道夫于1945年离婚，后又与罗斯福派驻欧洲的私人代表、美国驻苏联大使埃夫里尔·哈里曼结婚。

一百英镑（这个要价五十年不变——这就是英国人的守旧给你带来的好处！），教区长需要这笔钱用于日常开支。

伦道夫与夫人都为他们七周大的孩子感到非常自豪，他们给他取名为温斯顿[1]。他们让我们看了小宝贝：一个可爱的男孩，这么小就有很强的感知力。他多少有几分像他爷爷。我更喜欢首相的另一个孙子——朱利安·桑迪斯，一个三岁的红发男孩，活泼、机敏又开朗。桑迪斯[2]娶了首相的女儿，两家人同住在这所房子里。首相的另外一个女儿［莎拉］也住在这里，她还没结婚，是一名电影演员。总的来说，伊克福德像是一个"丘吉尔公社"。伦道夫很快就要动身前往地中海了，他和他二十岁的妻子今天都有些紧张，也许是因为他即将离开。

伦道夫很健谈，我们对战争的前景作了很长时间的讨论。当然，他只接受全面"胜利"。当我问及"如何实现"时，他开始语无伦次，含糊其词。伦道夫的推算基于以下观点：如果明年夏天英国给意大利致命一击，以及美国加入战争，届时德国的"士气"就会崩溃。

"要是没有崩溃呢？到时候怎么办？"我问道。伦道夫认为，战争将会持续一年、两年、三年甚至十年，直到英格兰在资源与人力方面的优势（包括英帝国在内）产生预期的效果。真是幼稚的论证！

我阐释了我的想法，即"政治攻势"是英国"赢得战争胜利"的唯一条件。伦道夫对我的观点置之不理，说道："在现任首相的领

---

[1] 1970—1983年间任保守党议员。
[2] 埃德温·邓肯·桑迪斯，邓肯-桑迪斯男爵，1935年成为保守党议员，娶丘吉尔之女戴安娜为妻。1941年在挪威的作战行动中负伤，在其岳父的内阁中成为一名副大臣，并在战后加入过多个保守党内阁。

导下，不会有这种攻势！我父亲不是一个社会主义者。"

我问他首相为什么同意担任保守党党首。在战争中，不可避免地要在国内外施展手腕，而这个职位可能会束缚他的手脚。

伦道夫说他父亲并不害怕发生这种意外。他有足够的自信做保守党的首领，而不是人质。我对这个说法也抱有严重的怀疑。不过，走着瞧吧。

12月16日

……我步行回家时，要穿过肯辛顿花园。天很潮湿，有些薄雾。公园里空无一人。在小湖的岸边，我看到了一幕几乎在圣经中才会出现的景象：一位年轻士兵在喂天鹅与海鸥，他戴着眼镜，身上的军装又皱又脏。他从胳膊下的一个大袋子里取出些面包屑撒向鸟群。三只硕大的天鹅从水中上岸，优雅地弯下脖子，径直啄食士兵手掌中的面包屑。数以百计的鸥鸟围绕在士兵周围，放声鸣叫，用力地拍打翅膀。它们像着魔一样挤在他的周围，在空中争抢面包屑，有些还落在他的手臂上、肩膀上，甚至头上。这位小个子士兵身体瘦弱、动作笨拙，还带着些淡淡的忧伤。他透过镜片，略带惊异地看着这个鸟儿王国，好像在说："是啊，人与自然本为一体。"

12月29日

我到丘尔特见劳合·乔治。这位老人依旧头脑清醒，精力充沛，精神状态也很好。真是令人叹服，毕竟再过三个星期他就七十八岁了！

劳合·乔治跟我说了丘吉尔想任命他为英国驻美大使一事的相

关细节。12月16日，首相邀请他共进午餐，并提出正式邀请（我想起来，当天我在他办公室跟他谈话时，西尔维斯特匆忙走进来，凑到老人的耳边低声告诉他唐宁街十号来电，请他下午一点前过去）。

但是劳合·乔治拒绝了这份差使。为什么呢？

这位老人解释道："首先，一名大使无权干涉他必须代表的政策。我不想让自己落入这样的处境。这是最主要的原因。其次，到华盛顿任职，我这身体实在吃不消。可怜的洛西恩上次回伦敦时就愤愤不平地抱怨说，自己已经变成一部会说话的机器……

……"当然，政治结果是积极的：艾登到外交部，哈利法克斯出任驻美大使。奇怪的是，哈利法克斯本人并不想去，他夫人为此暴跳如雷。王室也不满意这一安排：我想你也知道，哈利法克斯夫人是王后的女侍之一。但丘吉尔还是坚持己见，未作妥协。"

12月20日，劳合·乔治再次与首相共进午餐，他们讨论了战争与政治问题。

我问劳合·乔治，现在丘吉尔对苏联是什么态度。他说，首相总体上是希望改善英苏关系，而且在这方面会支持艾登，但他不会做得像艾登那么彻底，因为他希望没有苏联的帮助也能"赢得战争"，这样对苏联就不用尽什么义务了。而且，他指望得到美国的积极支持。

接着我们谈到了政府的处境。劳合·乔治说丘吉尔的地位非常稳固，但有相当一部分大臣"令人失望"，贝文[1]就是其中之一。

"总的来说，"劳合·乔治接着说道，"我们有一个很好的老派保守党政府。里面有些虽是工党人士，可有时候他们比保守党人还

---

[1] 欧内斯特·贝文，1925—1940年任英国工会联盟总理事会成员，1940—1945年任劳工大臣。绥靖主义与共产主义的狂热反对者，在战后的工党政府中任外交大臣。

保守。"

老人突然放声大笑，补充道："他们真的相信单靠军事途径就能赢得战争。真是一群资本主义白痴！"

……我问劳合·乔治他怎样看待这场战争。他的回答归结起来是这样的：他不认为英国能够单靠武装力量"赢得战争"。……只有军事攻势与政治攻势双管齐下，甚至某些时候要以政治攻势为主才能"胜利"。也就是说，在战争期间，英国要能像蛇一样褪去资本主义这层皮，从本质上变成一个社会主义国家。……尽管如此，老人还是有理由对英国政府是否乐意"褪去资本主义这层皮"表示极度怀疑。所以还能期望什么呢？……有利于启动和平谈判的形势可能要到明年秋季或冬季才能成形。到那时，苏联和美国将作为调停者与未来世界的建设者发挥重要作用。

[虽然迈斯基"不期待会有奇迹出现"，但艾登在平安夜重返外交部，这又让迈斯基有了新的期待。正如他在给艾登的信中所说，有"很多碎片亟待清理，并且越早开始越好"。假期过后不久，迈斯基很快就前往外交部拜访艾登。艾登笑容满面，十分兴奋。原来弥漫在哈利法克斯办公室的阴郁气氛，现在被明亮有序的氛围所取代。艾登表现出一副凯旋的模样。他希望让迈斯基相信，两国之间在外交政策上并不存在重大的利益冲突。这位大使也不拐弯抹角，他向艾登解释说，只有英国承认苏联兼并波罗的海诸国的事实，两国关系才有可能改善。事实越来越能证明，环境的变化并不会引起政策上的任何改变。像他的前任一样，艾登还是将重点放在战术上，旨在分离俄罗斯与德国。然而，迈斯基迫切想要利用这次改变的机会，他离经叛道，向艾登承认俄罗斯确实不希望看到德国最终以战胜国的姿态站在欧洲舞台上。他简洁明了地解释说，苏联的外

交政策基于三个原则：

> 第一，他们十分关切自身国家利益的提升。第二，他的政府不希望卷入战争。第三，他们希望避免战争进一步扩大，殃及俄罗斯周边的国家。总而言之，苏联的政策不是扩张性的：苏联人的领土已经够多了。

迈斯基确已尽其所能让他在国内的上司们意识到这一改变的重要性。]

12月30日

对伦敦——更确切地说，是对其中心的伦敦金融城——的集中空袭终于还是开始了。

29日晚，从七点到十点，大约一百五十架德国轰炸机在伦敦金融城上空投掷燃烧弹。据说德国飞机投掷了数万枚炸弹。因为晚上的伦敦金融城是个空城（白天的人口为五十万，而夜间仅为两万），没有人处理这些炸弹。在消防员赶来之前，大火已经在许多楼房与街道间蔓延。这是一个美丽但恐怖的场景。我们从大使馆向东望去，那边的天空一片火红。伦敦金融城的大火从昨晚烧到今天白天。即使到现在，火势也还没有完全扑灭。

……通常，一波燃烧弹的轰炸之后应该是一波高爆炸弹的轰炸，可是这次却只有燃烧弹。不过就算没有下一波空袭，伦敦金融城也已遭受巨大的破坏。诚然，英格兰银行与证券交易所都毫发无损（多么具有象征意义！），但那座有名的伦敦市政厅已被夷为平地，将近十二座具有重要历史和建筑价值的古老教堂（雷恩的杰作）被毁。许多办公楼、商家、小店铺等都没有幸免。穆尔盖特街成了一片废墟，已被封闭；1927年以前我们的贸易代表团一直驻在那里。至于"军事目标"，只有位于伦敦金融城的中央电报局受到重创，滑铁卢桥只是轻微受损。人员伤亡较少。

图64 迈斯基在私人书房的神圣一角

1941 年

1月1日

新的一年，1941年。今年会给我们带来什么？

我的预测如下。

对这场战争来说，今年是决定性的一年。希特勒一定会拼尽全力（很可能在春天或夏天），要在今年结束战争——当然，是为了他自己的利益。如果战争拖到1942年或者更晚，那对他来说将是灾难性的，因为到那个阶段，局势会对英国（与美国）有利。到1942年初，英国的军工生产将达到顶峰，而美国的军事工业也会进入全面生产的阶段，英美两国就可以对德国狂轰滥炸。到那时，英帝国也已充分调动人力物力。一言以蔽之，过了1942年，德国想在这场战争中打成平手都不太可能，更别说取胜了，因为世界仍停留在"正常"资本主义关系的层面上。……所以，希特勒最后的致命一击势在必行。

但是打哪里？朝那个方向打？

我想他会瞄准英国,因为除了英国,无论在哪个方向,都产生不了决定性的效果。……

1月12日

昨晚八点半左右,我正坐在打字机前,刚开始写回忆录的第三章——关于我迁居国外的部分,突然间,我听到外面响起了一阵机枪扫射的声音。我抬起头来。那是什么?一架正在俯冲的德国飞机?……

此时,阿格尼娅跑进了房间,她激动得喘不过气,大喊:"是炸弹!着火了……大街上亮得跟白天一样!"

我们一起跑到浴室的窗户边。外面确实火光烛天。数百簇炽白的火焰在肯辛顿花园的树下闪耀,那是燃烧弹。还有两枚在我们尼泊尔邻居的花园中燃烧。尼泊尔使者隔壁的庭院也遭殃了。我们眼见之处,燃烧弹在肯辛顿宫花园大街所有房子的庭院里都燃起青白色的火焰。

我们急忙透过另一扇窗户俯瞰自家的庭院。下方,有几枚炸弹在不同的地点燃烧,有的在避难所附近,有的在从白厅下来的楼梯附近。

我跑下楼,开始动员我们的员工。有两枚炸弹落在我们的前廊外,再远一些的车库旁以及我们和尼泊尔邻居之间的过道里也有炸弹。我们对面的立陶宛使者的庭院和更远一点儿的街道上也闪耀着火焰炸弹的火光。光线充足得可供人读报,只是我们的心思都不在阅读上。

我们的员工集合起来,一些跑去扑灭门前的燃烧弹,其他则冲进了花园。我和第二组人在一起。我们拿着沙袋,将沙子倒在火焰上。燃烧弹很快就被扑灭了。我扑灭了一枚燃烧弹,阿格尼娅跑下楼扑灭了另一枚。过了大约十五分钟,我们这里所有的燃烧弹都被扑灭了。幸运的是,没有一枚燃烧弹落在屋顶上。……

2月3日

几天前,我们家来了一位意想不到的访客:大名鼎鼎的犹太复国主义运动领导人魏茨曼博士[1]。他是一位个头很高、穿着优雅的老绅士,肤色淡黄,头上有一大块已经谢顶。他的脸上布满皱纹,还有些深色斑点。他长着一个鹰钩鼻,语气平静,慢条斯理。他离开俄罗斯已有四十五年,却仍能说一口流利的俄语。

魏茨曼来找我商量一件事:现在巴勒斯坦的柑橘销路不畅,苏联是否可以用毛皮制品交换。

……在谈论柑橘问题的同时,魏茨曼也说了一下巴勒斯坦的总体情况。此外,他还说到世界上的犹太人的目前处境以及他对未来的展望。他的态度十分悲观。……他特别提到了苏联的犹太人:"我并不担心他们,他们没有受到任何威胁。在未来的二十或三十年里,如果你们能维持现在的政权,他们就会被同化。"

"同化,这是什么意思?"我反驳道,"苏联的犹太人享有少数民族的一切权利,像亚美尼亚人、格鲁吉亚人、乌克兰人等等一样,这一点您必定知道吧?"

"这我当然知道,"魏茨曼答道,"但我说的'同化'指的是苏联的犹太人会逐渐融入俄罗斯人的主流生活,成为其不可分割的一部

---

[1] 哈伊姆·魏茨曼博士,1921—1931年和1935—1946年任世界犹太复国主义组织及巴勒斯坦犹太代办处主席,1949—1952年任以色列国总统。

分。也许我并不喜欢这样，但是可以接受：至少他们处境安全，他们的命运不会使我战栗。但只要想到生活在中欧和东南欧——德国、奥地利、捷克斯洛伐克、巴尔干半岛，尤其是波兰——的那六七百万犹太人，我总会感到恐惧。他们将面临什么？他们将去向何方？"

魏茨曼长叹一口气，继续说道："要是德国赢了，他们的死期就到了。但是，我不认为德国能赢。但即便英国赢了，那又能怎样呢？"

魏茨曼由此说出了他的担忧。英国人——尤其是他们的殖民地官员——都不喜欢犹太人，这一点在同时居住着犹太人和阿拉伯人的巴勒斯坦特别明显。那里的英国"高级专员"无疑更偏爱阿拉伯人。为什么？理由非常简单。英国的殖民地官员一般会在英属殖民地接受训练，像在尼日利亚、苏丹、罗德西亚等。这些地方都有一套明确的统治模式：为居民修建道路、法庭，有少量传教活动和医疗服务。这一切是如此简单、明确、稳定，没有严重的社会问题，被统治者对此也毫无怨言。英国官员喜欢这样，也习惯这样的模式。但是在巴勒斯坦呢？

魏茨曼更激动了，他接着说道："这样的计划在这里是行不通的。这里的问题很大，而且复杂。确实，在巴勒斯坦，阿拉伯人是管理者惯用的试验品，但那里的犹太人让管理者陷入了绝望。他们对所有事情都不满，他们有一大堆的问题，并要求得到答复——有些答复还不是那么容易就能给出的。管理者开始变得恼火，视犹太人为麻烦精。不过最主要的是，管理者总觉得犹太人在盯着自己，并暗自忖量：'你们很聪明吗？但是你们也许还不及我一半聪明。'"

……然后，考虑到这种种情况，魏茨曼焦急地自问："如果英国胜利了，它会给犹太人带来什么呢？"在他看来，这个问题的答案并不理想。因为魏茨曼想到的唯一一个能拯救中欧犹太人（首先是波兰的犹太人）的"计划"，就是将现在生活在巴勒斯坦的一百万阿拉伯人迁至伊拉克，然后将波兰和其他国家的四五百万犹太人安置于巴勒斯坦原先由阿拉伯人占有的土地上。英国人不大可能同意这个计划。如果他们不同意，会发生什么呢？

我对他的这个想法表示惊讶：他竟打算将五百万犹太人迁移到一百万阿拉伯人居住的地区。

"啊，不用担心，"魏茨曼突然笑了起来，"阿拉伯人常被称作沙漠之子。但其实叫他们沙漠之父更准确：他们懒惰和原始的生活方式能将一座繁茂的花园变成沙漠。给我一片一百万阿拉伯人居住的土地，我能在那里轻易安置好五倍数量的犹太人。"

魏茨曼伤心地摇头，总结道："唯一的问题是，我们如何才能获得这片土地？"

[10月，本-古理安[1]会见迈斯基，一如之前到访的魏茨曼，他也努力争取迈斯基的支持，强调虽然犹太复国主义对于复国运动有着"生死攸关"的重要性，但他们同样"极为看重"他们的社会主义目标，在巴勒斯坦成功建立一个"社会主义联盟的核心"就足以证明这一点。但是在这些意识形态的言辞背后，本-古理安还是希望能得到迈斯基对在巴勒斯坦实现犹太复国主义抱负的支持。他称扬苏联在其中的角色，期待它"至少能成为决定新世界命运的三个主导国家之一"。本-古理安的努力促使迈斯基在1943年从苏联返回的途中访问了巴勒斯坦。[2]]

---

[1] 戴维·本-古理安，1935—1948年任巴勒斯坦犹太代办处执委会主席。
[2] 参见本书第765—768页。

1941年

2月11日

苏波提切来访,说有最新消息称德国正不断向保加利亚施压,他为此深感不安。

他说贝尔格莱德的气氛目前还算平静。三天前,他甚至收到了来自贝尔格莱德的电报,说德国军队已暂停向保加利亚边境进发,这让他多少有点放心。但是,昨天他在英国外交部办公时,外交部确认了丘吉尔在9日发表的广播讲话,其中提到德国人正迅速向保加利亚"渗透"。在这艰难的形势下,苏波提切采取的第一个行动就是来和我交流看法,并请我转告苏联政府:他热切希望苏联能出面干预巴尔干半岛事务,阻止德国吞并巴尔干半岛。

[雅各布·爱波斯坦[1]是个左倾艺术家,鉴于此,维克多·戈兰茨安排迈斯基与其夫人前往爱波斯坦的工作室参观。爱波斯坦的作品《圣母与圣子》给阿格尼娅留下了深刻印象,她认为俄罗斯人可能会对此感兴趣,"尽管其名称与苏联的'意识形态'不符"。迈斯基从阿格尼娅那里得知爱波斯坦想为他雕塑一个半身像,于是连忙邀请这位艺术家在2月12日到大使馆与艾登一家共进午餐。他对爱波斯坦的提议深感高兴,尽管事务繁忙,但还是腾出时间供后者为他塑像。]

---

[1] 雅各布·爱波斯坦,出生于纽约的波兰裔犹太人。1905年到伦敦定居前跟随罗丹在巴黎学习,成为一名颇具争议的革命雕塑家。他在斯特兰德的一些雕像被正式、公开污损。

2月14日

雅各布·爱泼斯坦说服我同意让他为我雕塑一尊半身像。我提醒这位雕塑家，苏联是个真正的民主国家，因此苏联大使不能向资本主义世界的艺术家支付他们惯有的费用。爱泼斯坦坚持这么做。……我对一位大艺术家创作的过程感到十分好奇。因为不管怎么说，爱泼斯坦与维格兰是当代最伟大的雕塑家。

……第二次塑像的时间是今天。过程非常有趣。我坐在一张已经褪色的软椅上，椅子放在一个小平台上。雕塑家的"创作架"摆在我前面。那是一张小三脚桌，桌脚中间立着一根半米长的铁棒。铁棒上方的灰色黏土逐渐显现出我的头型。爱泼斯坦从一个锌制洗衣盆里一小块一小块地掐出已经和水的黏土，在手掌中搓成粗细不一的香肠状长条，用来塑造我的头像。我来了两次，塑像已经基本成形：能够看得出我的头、脸、眼睛、小胡子和胡须的轮廓……爱泼斯坦自己一直嘟哝着："这才刚刚开始……只是一个粗略的轮廓。"

看看接下来会怎么样。我总共要为塑像来这里坐上五六次。像爱泼斯坦这样的原创型艺术家，你很难猜到最后的成品会是什么样的——是你自己的头像还是一个怪物。我们拭目以待。我已经作好了最坏的准备。

他工作室的格局非常有趣。十二年来，爱泼斯坦一直住在离我们家不远的一栋典型的英式房子里：海德公园门街十八号。从门厅到房子后面的工作室要经过一条长长的走廊。工作室宽敞明亮，有两扇大窗户，一扇开在房顶，一扇开在左侧。惊人的凌乱美。桌椅上、长凳上还有地板上，到处散落着各种雕塑以及用黏土和熟石膏做成的头、臂、腿和人体其他部位。角落里放着一个生锈发黑的小炉子，里面烧着火却不暖和。雕塑家在杂乱不堪的物件中快速灵活地行动。他穿着一件破旧的姜黄色外套,里面搭配一件破烂的灰色衬衫,宽大的灰裤子上沾满了黏土和熟石灰。

爱泼斯坦是个颇具魅力的人。他已经六十岁了,但蓝色的眼睛里闪着特别的光芒,既如天才又像孩童。不知道为什么,他的脸庞、身形和行为举止总让我想起李维诺夫——尤其是他在创作过程中像孩子一样撅起嘴时。我跟他说他看上去很像李维诺夫。他听了十分高兴,说道:"我们是一类人,而且同属一个民族,又在同一个国家出生。毕竟,我的父母都是波兰犹太人。"

爱泼斯坦创作时,你能感受到他的灵感。他站到一旁,双眼出神而狂热地盯着一个地方。他会跑到"创作架"前,猛地往我塑像头部的那一大块湿润黏土上甩一长条黏土。或者,他会突然跪下来,一脸着迷地打量那逐渐成形的椭圆脸部。又或者,他会脱下那件姜黄色外套,甩在一边,好像觉得热了一样,然后开始把湿黏土一小块一小块地粘到半身像上。……

图65 爱泼斯坦欣赏他的迈斯基半身像

2月25日

我出席了斯科里亚洛夫[1]（武官）为庆祝红军建军周年纪念主办的招待会。……招待会上我和巴特勒进行了交谈。……巴特勒对于克里普斯前往安卡拉与艾登会面感到高兴。他两次特别交代我转告莫斯科，苏联政府如果在克里普斯离开期间需要与其联系的话，请务必通过英国驻苏大使馆，因为大使馆随时都与克里普斯保持直接联系。英国人真是天真。鉴于目前的英苏关系，他们真的认为我们会对克里普斯与艾登在安卡拉的会谈特别感兴趣吗？……

[艾登出任外交大臣后不久，就与总参谋长约翰·迪尔上将[2]一道前往中东地区，为集结由土耳其、希腊与南斯拉夫构成的巴尔干半岛阵营破碎的残余力量作最后的努力。在莫斯科，克里普斯十分清楚保加利亚在3月1日加入轴心国给斯大林带来的焦虑——保加利亚历史上一直被视为俄罗斯在黑海地区的安全体系的核心，同时也是通向多瑙河与土耳其的通道。因此，克里普斯迫切希望艾登能利用前往中东的机会到访莫斯科，"讨好"俄罗斯人，消除他们的疑虑。丘吉尔否决了这个建议，说在有关"艾登的个人安全与自由"方面，他信不过俄罗斯人。艾登专注于努力打造巴尔干半岛阵营，对于他与俄罗斯人的关系没有明确表态。]

---

[1] 陆军少将伊万·安德烈耶维奇·斯科里亚洛夫，1940—1946年任苏联驻英大使馆武官。
[2] 约翰·格瑞尔·迪尔爵士，1939—1940年赴法任远征军第一军团指挥官，1940年任英帝国副总参谋长，1940—1941年任英国国王副官及英帝国总参谋长。

2月27日

我和阿格尼娅与苏波提切一家共进午餐，出席的还有土耳其大使阿拉斯、外交部的萨金特[1]以及其他一两个人。鉴于最近巴尔干半岛方面的局势，这顿午餐的气氛就跟葬礼一样。苏波提切夫人不无卖弄地评论道："巴尔干半岛正垂死挣扎。"

苏波提切本人也很沮丧，他毫不掩饰地指出，巴尔干半岛各国都希望苏联在当地发挥积极作用，但苏联没有这么做。

……午餐后，我问起阿拉斯上回与丘吉尔会面（2月24日）的情况。阿拉斯说首相对土耳其没有提出具体的提议或要求。他只是告知阿拉斯，艾登正飞往安卡拉，并会严肃地提出土耳其在战争中的立场问题。然后，丘吉尔向阿拉斯保证，英国政府丝毫不希望在巴尔干半岛开辟新的战场，如果巴尔干半岛最终还是成为战场，那只可能是德国的责任。丘吉尔还表示，苏联在这片地区的"真正利益"与英国是一致的。苏联目前的立场可以解释为是为了避免与德国发生冲突。这是可以理解的，但是"苏联会改变其政策"，迟早都会。……

3月2日（1）[2]

我们拜访了劳合·乔治。他妻子去世的时候，我和阿格尼娅给他发去唁电。最近，他回了一封措辞温暖友好的信。我给他回了几句话，请他什么时候感觉好些，可以见客了就告诉我。三天前，劳合·乔治邀请我和阿格尼娅共进午餐，于是今天我们就去丘尔特看

---

[1] 奥姆·萨金特爵士，1939—1946年任英国外交部副次官。
[2] 原文如此。日期后的数字代表日记序号。后文不再注出。——译注

望他。

劳合·乔治看起来还不算太糟糕,但脸色暗淡。而且他还感冒了:他不断咳嗽,时不时就得从口袋里抽出手帕擤鼻涕。他的手有些抖,尤其是往杯子里倒水的时候。这位桀骜不驯的威尔士人老了,不知道他还能撑多久……

劳合·乔治根本不相信德国会入侵英国。他轻蔑地摆着手,冷笑道:"这不可能!"

但海上的形势却令他不安。……"老实说,"劳合·乔治总结道,"我认为这是对英国的一个严重威胁,也许是唯一存在的严重威胁。德军在空中无法打败我们。入侵是不可能的,至少在可见的未来是不可能的。"……劳合·乔治摆了摆手,补充道:"丘吉尔在打一场'保守党的战争'。他想在不损害上层统治阶层特权的情况下赢得战争,但这是行不通的。肯定会被迫放弃一些东西:要么放弃胜利,要么放弃特权。事实上,在我看来,关于如何打这场战争,战时内阁根本没有'总体计划'。我敢肯定,他们从未认真地讨论过此事。他们都觉得计划藏在丘吉尔的脑子里。我对此却深感怀疑。"

停顿了一会儿,老人总结道:"丘吉尔已经沦为保守党的人质,他正随波逐流。我曾不止一次和你说过,只有一个办法才能真正战胜德国:把苏联拉到我们这边来。但这不是英国政府想要的。英国政府很害怕这种'同盟'可能会对国内生活产生影响。他们宁可输了战争也不愿意'为布尔什维克主义铺路'。"

……我告诉劳合·乔治最近丘吉尔与重光葵谈话的行为。从首相的表现判断,恐怕通过妥协实现和平的可能性已不复存在。

"丘吉尔眼含泪花吗?"劳合·乔治微笑道,"是的,他会这样的。他是个十分感性的人。那又怎样?……现在,他落泪是因为他想打败希特勒。不出一年,他可能会被恐怖的战争吓得落泪……情况是会变的。"

……离开劳合·乔治家，我们驱车前往韦伯夫妇家喝茶。……我们讨论了当下时局。最令我印象深刻的是，他们与劳合·乔治的看法惊人的一致。韦伯夫妇也认为德国不可能入侵英国，他们将德国对英国的"封锁"视为主要的危险。他们也不清楚英国如何才能"战胜"德国……英国唯一的"胜算"就是将苏联拉到自己的阵营中，但英国的统治阶层惧怕布尔什维克主义，他们绝对不会这么做的。……

3月2日（2）

就这样，保加利亚已经投降，昨天签订了加入轴心国的协议，德国军队已经开始进军索非亚。……

苏波提切到访，他万分焦虑。

"巴尔干半岛的形势很糟糕，实在是糟透了。"他继续解释道，"现在保加利亚加入轴心国，南斯拉夫就三面受敌了。向苏联寻求有效的支持已经没有希望了。南斯拉夫政府必须想办法争取时间，但是情况肯定会一天比一天艰难。南斯拉夫准备与德国进行贸易来往，最大限度地与它发展经济关系（德国是南斯拉夫当前唯一的海外市场），但两国关系也就仅此而已。南斯拉夫不想成为'轴心国'成员，也不允许德国军队穿过它的领土与英国和希腊开战。南斯拉夫只想保持绝对中立。但是德国的要求不止这些。到底应该怎么做？要做些什么？"

……我试着宽慰苏波提切，向他说明我们的立场。我说："再等等吧！不会所有的事都在今天见分晓的！"

……由于政治上的交涉失败，克里普斯看上去似乎正在变成我们的敌人——失败的根源在于英国政府不愿意与我们和解。克里普斯启程前往莫斯科时，我曾提醒他，他可能会因为英国政府的过失而陷入一个十分尴尬的境地。毕竟，大使就像一个旅行推销员。如果销售的商品是好的，即使销售员品质很普通，他也能成功。但如果他销售的商品不好，哪怕他的个人品质十分出众，他也注定失败。在过去的十个月里，克里普斯基本上没什么东西可以拿出来卖，这是他失败的根源。但是克里普斯没有因为他的老板无法给他提供像样的商品而生气，反而埋怨有充分理由拒绝购买劣质商品的买家。真是鼠目寸光。不过即使是聪明人也常会这样。[1]

3月12日

我为比弗布鲁克和亚历山大安排了午餐，还邀请了普里茨和他的夫人、蒙克顿、斯特朗、坎利夫-欧文[2]以及其他一些人。

比弗布鲁克其实看上去还挺好，但他非常生气，席间一直在怒吼。……比弗布鲁克几乎不相信英国会受到入侵的威胁，但最令他焦虑的是英国商船队遭到的攻击。他以美国在不久的将来会正式参战的希望来安慰自己。

……蒙克顿告诉诺维科夫[3]，说克里普斯在访问安卡拉前的心情"很糟"。他看不到一丝希望。但他见了艾登之后就重新振作了。不

---

[1] 在从安卡拉返回莫斯科时，克里普斯坚信苏联与德国"在入夏前……最晚不会超过6月底"就会开战。
[2] 雨果·坎利夫-欧文爵士是一家以他名字命名的飞机制造公司的董事长，该公司在二战期间生产喷火式战斗机零部件。
[3] 基里尔·瓦西列维奇·诺维科夫，在金属工业领域取得一番成就后，于1937年被内务人民委员部招募，1939—1942年任苏联驻英国大使馆参赞，1942—1947年任内务人民委员部第二欧洲司司长，1947—1953年任苏联驻印度大使。

久前的一天，他发了一封电报给蒙克顿，说了一些别的事，还说艾登一回伦敦就会全心全意着手处理英苏关系。我们拭目以待。

[2月20日，迈斯基成为苏联共产党中央委员会的一名候选成员。他试图改善自己在英国十分不稳定的地位，于是在巴特勒面前吹嘘说这一"极大的荣誉"是"对我总体工作表现的肯定，尤其是在伦敦的表现"。然而3月初来了一位新参赞诺维科夫，此人极有可能是内务人民委员部的人，他受命出席迈斯基参加的每一个高层会议，这使迈斯基的独立性与机动性受到严重制约。艾登第一次见到诺维科夫就清楚他是"克里姆林宫派来监视迈斯基的人"。[1]]

3月13日

新上任的美国大使（约翰·怀南特[2]）首次拜访我。……怀南特给人的印象有些奇怪。他个头高大，一头黑发，举止缓慢而端庄，说话无精打采，让人几乎听不见他说什么，一副忧郁而若有所思的样子。他与他的前任，那个吵吵嚷嚷、自信满满、喋喋不休、狂妄轻浮的乔·肯尼迪完全相反，我不得不竖起耳朵才听得到他说话。

3月15日

我们显然正面临战争的进一步升级——两个强大的对手之间将展开一场新的战斗。虽然很难预见这第二场"力量角逐"的结果，但现在已经进入1941年的"战争季"，交战国手上各自有什么本

---

[1] 详见本书第509—510页。
[2] 约翰·吉尔伯特·怀南特，1941—1946年任美国驻英大使。

钱，还是可以评估出来的。在伦敦评估德国的潜在威胁确实有些不容易。但是对英国作个评估又如何呢？英国会拿什么去面对这场即将到来的残酷战争？

……"国民阵线"因凝成了一股团结的力量而得以存活。……通过镇压，印度暂时恢复了"平静"。虽然局势仍然不稳定，但撑过眼下这个"战争季"还是有可能的。因此，看起来无论在英国本土还是在英帝国的其他领地，短期内似乎不存在会对英国政府形成威胁的重大问题……

广大民众的士气高涨。在非洲取得的胜利，前线人员的轻微伤亡，过去三四个月里业已停歇的对英空袭，没有疫病，尚可接受的食品供应状况（虽比去年差，但也没到造成灾难的程度），最后还有政府的立场——所有这些以及其他很多因素都给整个国家带来了极大的信心，也带来了作战的意愿。美国对英国的公开支持也进一步强化了这种情绪。丘吉尔集团"战斗到底"的明确态度的确对国家机构及广大民众都产生了影响。那些让人回想起张伯伦时代的东西已经荡然无存；在那个时代，关于"高层"的怀疑、犹豫、优柔寡断的谣言、传闻和报道（并非全都毫无根据）漫天飞。……

3月24日

我回访怀南特。这位美国大使决定扮演一位民主派人士的角色：他舍弃美国大使惯常居住的那幢豪宅，搬进了他位于格罗夫纳广场的办公室楼上一间三居室的普通公寓。他的妻子很快就会到这边，但他也不打算再换住处了。我们拭目以待。

……我对怀南特的整体印象还是很清晰的：虽然他主张美国参

战，但还是在试图掩盖自己的想法。然而他的公使哈里曼[1]在这方面却毫无顾忌，并且忙于在大使馆建立一个特别的"部门"来监管美国对英国的物资供应。几天前，在会见美国新闻记者时，哈里曼"非正式地"宣称，他希望看到美国在未来的几个月内参战。[2]

……我从西莫普洛斯[3]那里回来……西莫普洛斯认为英国人已下定决心加入巴尔干半岛的战争，但他还不清楚英国军队已有多少人在希腊登陆。他说英国甚至没有向希腊政府透露人数。他认为英国政府已为希腊提供相当可观的兵力支持。为什么他会这么认为？因为艾登和迪尔与希腊政府在雅典进行协商时，希腊政府明确表示：英国要么向希腊提供包括地面部队在内的有力支援，要么就不援助。

……我试图与西莫普洛斯讨论巴尔干半岛的战略形势，但却徒劳无功：这位老人对战略学一无所知，对山地和平原的概念混淆不清，不知道师与军团的区别。每当问及有关军事战略方面的问题，他都会一脸疑惑地摊开双手，无助地呢喃道："您最好还是问我的武官，我对这些事情一无所知。"

当外交成为战略时，它就成了一份奇怪的差事。

4月3日

郭泰祺昨天来看我，说他很快就要离开伦敦（大约在两周后），

---

[1] 威廉·埃夫里尔·哈里曼，1941年3月任罗斯福总统派驻英国的公使衔特别代表，1943—1946年任美国驻苏联大使。
[2] 这次对话使迈斯基两天后向巴特勒暗示，"战争……有可能进一步扩大，美国将会参战"。他认为如果"一个大国，即苏联，能保持中立，并在战争结束之际参加进来凑个数"，会比较有好处。
[3] 哈拉兰博斯·西莫普洛斯，1935—1942年任希腊驻英国大使。

图66　迈斯基与美国大使怀南特及其妻子友好交往

因为他已经被任命为中国外交部部长。

我向他表示祝贺，但他的反应却很平淡。我问他为什么。

"你知道，"他说，"我离开伦敦的心情是复杂的。能出任外交部部长当然荣幸至极，但这同时也是一项艰难而复杂的任务，我不确定自己能否胜任这项工作。"

接着，他用更亲切的语气继续说道："在伦敦，我对一切都非常熟悉。各种关系也都建立起来了。最艰难的时刻也已经过去了。我们已经取得了胜利。现在我们只需要继续扩展和巩固我们的成果。但重庆的情况却完全不一样。我已经大约十年没有回国了。对我来说，重庆的一切都是新的。确实，上层领导我都认识，但对于领导层之间的关系我却知之甚少。我更不认识中下层的人物。中国的国际地位同样也非常复杂。我是个比较懒惰的人，已经逐渐适应了某种舒适的生活。回到中国后会怎么样呢？……总司令（他以此称呼蒋介石）提出让我出任外交部部长一职时，我犹豫了很长一段时间才作出答复。我最终决定冒险一试。主要是因为我离开中国太久了。如果不抓住这次机会，我以后可能会完全与祖国失去联系。"

我和郭泰祺谈到了他接下来的工作范围，建议他应抓住重要机会去影响中国的外交政策，让它朝着一个有助于中国走向胜利的方向前进。郭泰祺赞同我的意见，但他还是若有所思地补充道："确实没错，但另一方面，回到重庆后，我就会和外面的世界隔绝了。"

郭泰祺的家人现在在美国，他不打算带他们一同回重庆。会不会因为他还不清楚自己将在那儿待多久？

顾维钧将从法国维希政府调过来，接替郭泰祺成为中国驻英国大使。

4月4日

捷克人报告说：

（1）由于土耳其的立场，艾登未能促成南斯拉夫、希腊和土耳其三国集团。

（2）英国已有六个师的兵力抵达希腊，他们全副武装，装备齐全，此外，还有大量的飞机。增援部队还将陆续抵达。

（3）大批军队正经过布拉格向苏联边界开进。布拉格的一家地理研究所很早以前就落入德国手中。该研究所目前正全力赶制乌克兰的详细地图。……

4月6日

今天一大早，德国进攻南斯拉夫与希腊。

两天前，莫洛托夫同志召见德国大使舒伦堡，告诉他苏联与南斯拉夫即将签订友好和互不侵犯协定。他告诉这位德国大使，协定的签署有利于巴尔干半岛的和平，而巴尔干半岛的和平符合德国自身的利益，他希望德国能维护该地区的和平。舒伦堡回复说他原则上不反对苏联与南斯拉夫签署这样一个协定，但他认为签署的时间"非常不幸"。

今天，希特勒回应了莫洛托夫同志的照会。

我们应该铭记这件事，并从中得出有效的结论。什么结论？时间会告诉我们答案。有一件事是明确的：通过在巴尔干半岛的政策，德国正在采取重大行动迫使苏联正面面对它。这并不意味着苏联会急匆匆地对德国开战。我们应该尽量避免战争。但苏联正逐渐正面面对德国。苏联已不得不这么做。它不能对德国长期驻扎在康斯坦察与布尔加斯的重炮视而不见——最近德国人自己在广播里大肆吹嘘此事。

为什么希特勒的政策最近会发生这样的转变？他是否有意挑衅苏联？还是他找不到摆脱当前局势的其他出路？很难说。但目前越发明确的是，我们已经打出了"德国牌"，不会从中收获更多了（只要德国还在希特勒的掌控之中）。时间越来越紧迫，我们需要寻找别的可用之牌。

……在我们这个年代,预言家可不是那么容易当的,我也不想求助于茶叶占卜。我只能说,1941年战争季的开始与1940年的有显著的不同。

目前对德国有利的方面是:当时德国在其边界之外仅占领了波兰,可是现在,除了英国、苏联与半个巴尔干半岛,几乎整个欧洲都不同程度地受控于它。此外,德国军队的威望可能已经十分稳固。……在陆地上,德国被认为是"不可战胜"的。

目前对英国有利的方面是:德国已经不可能再发动突袭。丘吉尔业已取代张伯伦成为政府首脑。一年来,英国在空军与陆军方面较去年都强大了许多,并且在非洲打败了意大利。英国还保住了海上控制权。美国已经公开加入了英国阵营。……

情况确实不一样了,但在当下,战事的结果将会如何发展?

接下来这三四周的事态或许能向我们提供一些线索。一切都取决于德国在巴尔干半岛的闪电战能否取得成功。此后,局势将更加明朗。

还有一个对当前局势非常重要的影响因素——苏联。苏联的立场较上年已经有所不同,而且在特定的情况下,它可能还会有更大的改变。

[3月25日,德国使出惯用的威逼利诱,最终迫使南斯拉夫加入轴心国的阵营。但是,局势在两天后出现了逆转。贝尔格莱德的一场不流血的军事政变将十七岁的彼得王子[1]推上王位。4月4日至

---

[1] 彼得二世出生于1923年,1934—1941年一直通过摄政王保罗亲王维持统治,直到1941年经过一场政变才登上王位。

5日晚间，南斯拉夫与俄罗斯签署了《苏南友好和互不侵犯条约》，这在后来被称为是对德国的英勇抵抗。斯大林以为仅凭这一协定就足以向世人展示与南斯拉夫的团结，并希望以此阻止德国进攻南斯拉夫，将德国拖回谈判桌上。然而希特勒迅速作出反应，通过猛烈炮击贝尔格莱德和一场闪电战，不出两周就控制了整个南斯拉夫，接着又迅速占领了希腊。

在德国进攻的同时，克里姆林宫不断收到精确的情报，说德国正在苏联边境增加兵力部署。苏联防务方面的脆弱与漏洞在1月的军事演习中已暴露无遗，正是那次演习促使斯大林寻求扩展《苏德互不侵犯条约》的范围。这导致4月13日苏联仓促地与日本在克里姆林宫签署了《苏日中立条约》。事后回想起来，这份协议似乎是一个很聪明的举动，因为它消除了德国进攻苏联时苏联陷入双线作战的威胁。然而，正如斯大林对日本外交大臣松冈[1]所言，他最迫切的目标（这常被历史学家忽略）是希望"与签订了《德意日三国同盟条约》的伙伴开展广泛的合作"。该协议是南斯拉夫沦陷后俄罗斯迅速作出的反应，在松冈回日本经停俄罗斯首都时签订。斯大林迫切希望签署条约，为此不惜放弃了之前一直坚持的一些保留意见，并向日本大幅让步。他的直接目标在于通过日本重新接近德国，为俄罗斯与《德意日三国同盟条约》保持协同一致铺平道路。松冈从斯大林口中得知，他希望通过签订协议表明俄罗斯并不打算"与英美达成协议"。]

---

[1] 松冈洋右，1940—1941年任日本外交大臣，1941年4月在莫斯科代表日本与苏联签订互不侵犯条约。

图67 松冈在前往莫斯科和柏林的途中踏上跨西伯利亚的火车

图68 签署《苏日中立条约》

4月7日

我前往拜访苏波提切。

我就4月5日晚苏联与南斯拉夫签订了《苏南友好和互不侵犯条约》一事向他表示祝贺。苏波提切十分感动,对我又是拥抱又是亲吻,眼中还含着泪水。他高声说道:"条约拯救了南斯拉夫的灵魂。或许我们的人民正面临着艰难与痛苦,或许德国人会暂时占领我们的国家——但这些都没有关系。现在每一个南斯拉夫人,尤其是每一个塞尔维亚人,都将明白,俄罗斯没有忘记我们,它迟早会来拯救我们。我不是一个共产主义者,但在条约这件事情上,我要向斯大林深深地鞠上一躬。"

……苏波提切抱怨说,现在他很难与自己的政府保持联系。贝尔格莱德无线电台在德国袭击的第一天就被摧毁,南斯拉夫政府也从首都撤离。至于去了哪里,苏波提切自己也不清楚。

4月9日

苏波提切来电,向我通报了前线传来的一些令人非常担忧的消息:德国已经突破塞萨洛尼基和斯科普里防线,之前的防御计划彻底失败,必须马上制订新的防御计划。据苏波提切所言,德国取得成功的主要原因是其新型坦克可以在山地自由通行。德国人使用了大批这样的坦克来突破南斯拉夫的防线。南斯拉夫军队不知道该如何应对这些山地坦克。现在比任何时候都更明确的是,德国计划向西边的阿尔巴尼亚发起猛攻。如果他们此举取得成功,南斯拉夫与希腊和英国的联系会被彻底切断。

＊＊＊

我到议会听了丘吉尔的演讲。丘吉尔的情绪显然非常低落。这也难怪，德国人今天早上占领了塞萨洛尼基。然而他却丝毫没有表露出失败的情绪。相反，他表现出愤怒和对德国加倍的仇恨。从丘吉尔演讲期间议员们的评论以及他们在议会休息室的对话可以看出，整个下议院都怀着同样的心情。政治风向标依然明确地显示："战斗！"

总的来说，议会没有恐慌，只是焦虑。……英国对土耳其的不满实在太明显了。……同样明显的还有他们试图摸清在局势逆转的新形势下我们的态度。布伦丹·布拉肯今天在议会休息室和我聊到这个话题时，半开玩笑地说："你们最好加快移除在乌克兰的路标。"

范西塔特（我昨天去拜访他）也表达了同样的观点，他预言德国会提前攻打苏联。但范西塔特这些天的精神有些不稳定：在完成《黑色的记录》[1]之后，他似乎到处都可以看到德国人，甚至在他的床底下都能见到。

我回复所有这些主动向我表达对苏联关心的人说，我看不到任何理由会使德国与苏联之间的冲突无法避免，但即便真的发生冲突，苏联也能应对好。

[斯大林十分害怕英国的挑衅会将俄罗斯卷入战争，因此他不惜一切代价都要与德国达成协议。与丘吉尔的说法相反，直到入侵的前一周，英国情报机构一直误判了德国军队在东边大规模集结的

---

[1] 指的是范西塔特的《黑色的记录：德国的过去与现在》，1941年出版。他在书中表示，德国历史总是带着军国主义与侵略的印记，纳粹主义只是其最近的一个阶段。他主张战后严惩德国。

意图。英国人始终认为集结军队是德国人发动的一场"心理战",（据英国人猜测）以确保在即将与俄罗斯展开的协商中取得积极的结果。丘吉尔没有透露德国入侵俄罗斯的意图,而在4月初发给斯大林的那封众所周知的信中隐晦地指出,德国决定推迟攻打俄罗斯,并将战争的矛头先转向巴尔干半岛。丘吉尔相信,这一决定暴露了德国没有能力对南斯拉夫和土耳其发动战争的同时与俄罗斯开战。他希望斯大林能利用这个间歇与英国联合,共同组建一个巴尔干集团。但是这次警告的结果却适得其反：斯大林更加怀疑伦敦编造战争谣言是试图将俄罗斯拉入战争。迈斯基与克里姆林宫的观点一致,他向苏联政府报告说,英国政府精心策划了一场攻势,力图"用德国恐吓苏联"。他对丘吉尔4月9日和27日在议会的讲话尤其不安,因为丘吉尔预言德国会对俄罗斯发起进攻。]

4月10日

西尔维斯特打电话来,请我去拜访劳合·乔治。这位老人刚回到伦敦一天,他想找我聊聊。

我来到劳合·乔治的办公室时,他刚和丘吉尔一起用过午餐回来。他说首相很担心,甚至有些沮丧。利比亚局势的变化比最初预期的还要糟糕,英国非常依赖西西里海峡构成的天然屏障,为此不惜暴露昔兰尼加。出乎所有人的意料,德国人在的黎波里集结了一支规模颇大的部队……结果大家都看到了：班加西沦陷,德军坦克出现在埃及边境。英国政府当然要作出回应,但是它有时间吗？而且它还能依赖西西里海峡吗？

巴尔干半岛的形势更加严峻。德国在巴尔干半岛势如破竹,着实让丘吉尔大吃一惊。……老人怒不可遏,他咒骂英国的统治阶层被"阶级蒙蔽了双眼"。他甚至连丘吉尔也一起骂。看来首相的推断是这样的:因为乌克兰和巴库,德国在近期对苏联发动进攻是不可避免的,接着,苏联就会像"熟透的果子"一样掉进丘吉尔的篮子里。因此,何必费劲讨好苏联呢?它自己会乖乖就范。

劳合·乔治没有信心,能任由事态自行发展。他不认为希特勒会转向东方攻打我们,要是这么做,他得投入几乎所有的兵力。到时候西欧又该怎么办?……

尽管如此,这位老人认为我们的处境同样也十分艰难。要是希特勒进攻土耳其怎么办?苏联能放任德国夺取土耳其海峡吗?

我用一贯的口吻回答:苏联会应对好的。老人摇了摇头,回答道:"可别玩火!德国军队是一台可怕的机器。一旦巴尔干半岛战争结束,除了你们,欧洲大陆上别想还有能与德军抗衡的力量。希特勒会接受这样的局面吗?我对此深感怀疑。毕竟,希特勒的目标是称霸全球。况且,他手上还有一支数百万人的军队无仗可打。他们为胜利陶醉,希望投入战斗。希特勒能抵挡住诱惑,不向东进军吗?"

4月11日(3)

郭泰祺来与我道别。过几天他就要离开英国,取道美国回重庆就职。很快,我们将知道他会成为一个怎样的外交部部长。

郭泰祺热情地详述了与中国共产党建立民族统一战线的需要,他保证会全力合作以达目的。他还说,中国只有在全面的社会改革的基础上,才有可能掀起真正而持续的民族主义浪潮,尤其是在农民阶级之中。他有些天真地补充说,从根本上看,所有国民党人与共产党人都赞成这个观点。他们只在实行这些根本性改革的方式与时机上存在分歧。他就像歌德笔下的格雷琴。

在外交政策领域，郭泰祺希望与苏联建立一种非常紧密的友好关系，并与"民主国家"，即英美建立非常紧密的"同盟"关系。我想知道他如何能够做得面面俱到，我们拭目以待。

然而，这不是重点。最重要的是，在重庆当前的大环境下，郭泰祺的好意能在多大程度上受到欢迎。如果遇到抵制（这种可能性很大），他能否展现出足够的意志力与独立性坚持自己的路线，毕竟蒋介石是一个强势和专断的人。所以还是这句话：我们拭目以待。

郭泰祺的到访多少令我有些伤感。他比我早三个月到伦敦，八年来，我们一直相处得十分融洽。我们经常见面，一聊就能聊很久，已经相互习惯彼此。我们之间建立了互信的关系（当然，一个苏联人与一位资产阶级外交官建立信任是可能的）。郭泰祺从来不会欺骗或是误导我。当然，他也不会对我毫无保留，在有些话题上他会保持沉默，但我知道，只要是他愿意和我说的事，那一定是真话。我也投桃报李。我们在日内瓦也见过好几次，那时候他作为中国代表经常去那里。在日内瓦湖湖畔，我们也保持了十分友好的关系。在日内瓦的外交生活中，我的许多回忆都与郭泰祺有关：万国宫的招待会、部长级晚宴、时尚的"花园宴会"、政治家们的午宴，还有半官方的"周末"聚会……

经过八年循规蹈矩的外交官生活之后，现在郭泰祺却要永远离开伦敦了！他的离开让我想起了我作为大使首次踏足英国以来所有的日子。它同样提醒了我，没有什么是永恒不变的，很快，我也不得不永远离开伦敦。我已为此作好准备。老实说，1932年10月刚到伦敦时，我从未想过我会在这里待这么久。我觉得我大概还会在伦敦待上五年左右，但是至于会不会再久一些，我都没想过！

与郭泰祺道别时，我表达了自己的心情。我们回忆起外交圈子

图69　被逗乐的阿格尼娅看着迈斯基被介绍使用筷子，而塞西尔勋爵推辞并使用勺子

图70　任务完成……

中与我们差不多同期到伦敦就任的"同辈"们：赫施、格兰迪、柯宾、宾厄姆。命运真是迂回曲折啊！"有的人已不在人世，有的人已远去。"[1]……如今，郭泰祺也要离开了。他亲热地拍了拍我的肩膀，微笑着说："你留下来，坚守岗位！"

4月15日（1）

郭泰祺举办了一场大型招待会，与他众多朋友"道别"，我刚从那里回来。招待会来了六百多位客人——大臣、外交官、新闻记者、政治家、议员以及来自伦敦金融城的商人。可能自从战争爆发以后，伦敦已不曾举办如此大场面的招待会了。客人们都兴高采烈，容光焕发："上流社会"太怀念这样的外交场合了。

过两天，郭泰祺就会经里斯本飞往美国。在这里，我想重新刻画他的形象，从这些年来的会谈、对话、观察与印象中简单描出他大致的轮廓。

郭泰祺的外貌平平无奇：他是个十分瘦小的中国人，有一张东方人典型的圆脸，一副大大的牛角框眼镜架在他扁平的鼻梁上。他摘下眼镜的时候（他偶尔会这么做），可以看到他的眼睛非常小，脸也很平。从他的外表根本看不出他的年龄：或许是三十五岁，或许是六十岁。实际上，他大概五十岁。郭泰祺的动作总是不紧不慢，稳重优雅。这些都反映了他的个人性格与民族气质。正如对其他许多中国人一样，我对这个民族从骨子里散发出的庄重气质深感敬佩，那是由他们民族几千年的历史培育出的庄严的沉稳。在与他人的对话中，我曾有次因英国政府采取的某个行动，因日本使出的

---

[1] 迈斯基引用自普希金《叶甫盖尼·奥涅金》语。

某个阴谋诡计而勃然大怒、暴跳如雷,但郭泰祺总能保持冷静,只是说,"这些都会过去的……","这总会改变的……","不能失去耐心……"。

我总有一种感觉,郭泰祺是站在他们五千年历史的高度俯视我,就像一个睿智的老人面带微笑看着一个情绪激动的年轻人,他想说:"是的,我的人生经历了许多事情……许多事情……好的坏的都有……我也曾像这个年轻人一样激动过,但我再不会这样了。人生有它自己的平衡法则。人必须学会等待——该来的总会来的……总会来的!"

确实,所有的欧洲国家(哪怕是德国、法国与英国,更别说年轻的俄罗斯了)跟中国相比都显得稚嫩吧?英国以世纪为单位来谈论他们的历史,中国则需用千年。一个中国人在说最近发生的事件时,也会无意中脱口而出:"在唐朝就发生过这样一件事……"

或者是:"两千年前,某某诗人曾说……"

诸如此类。

郭泰祺出生于长江流域的一个"科学世家"。他年少时就失去了双亲,最后去了美国,在宾夕法尼亚大学学习政治学。这就是为什么他说的一口流利英语中带有轻微的美国口音。之后他回到中国,作为一名国民党人积极参与了民族革命活动。他曾经参加1926—1927年的战争。他一路跟随蒋介石,在中国政府中担任过不同职务。1932年,他在上海参加了与日本的停战谈判。是年年末,他作为中国公使抵达伦敦,后来成为驻英大使。作为中国的外交代表,郭泰祺非常活跃,也非常成功。他交际广泛,熟人颇多,所以消息灵通,而且他在对人对事的判断上也独具慧眼。他在外交部和政治圈内为自己赢得了良好声誉。无论是左翼分子还是右派人士,都与他保持良好的关系。他对戏剧和艺术都表现出浓厚的兴趣(至于是不是真的感兴趣我就不好说了）。

不用说，郭泰祺也有弱点。他是个爱奢侈喜享乐之人，并且越来越习惯于腐朽堕落的资产阶级生活方式。他的某些收入来源也比较可疑：我十分怀疑他利用外交官身份通过走私挣外快。他的家庭生活也有些问题。无论是在中国还是在美国，他总是试图与妻子（一个肥胖又没文化的相当普通的中国妇女）保持距离。在伦敦，他身边总是不乏年轻貌美的中国女性。不过，郭泰祺毕竟是个资产阶级外交官，而且还是个中国人——要是用共产主义的道德标准去衡量他也实在有些荒谬。

在政治领域，郭泰祺深受英国的影响。在当前战争的大背景下，他业已成为英美阵线的忠实支持者。然而，我们一起在伦敦的八年间，他也一直努力与苏联改善关系。他与我一直保持亲密友好

图71 迈斯基与他的朋友兼邻座，中国大使郭泰祺

的关系，同时也尽其所能为英苏关系的改善出力。在与我道别时，当说到与苏联、英国和美国都要秉持友好关系时，他的真挚也毋庸置疑。但这样的路线有可能实现吗？这在当前形势下行得通吗？

我不清楚。事态的发展会给我们答案的。

郭泰祺能不能坚持这一路线？

对此，我也没有答案。人都是善变的，尤其是在我们所处的这个时代。

4月26日

就在二十天前，在我记录德国开始攻打南斯拉夫时，我提出了一个问题：德国在巴尔干半岛的闪电战能取得成功吗？

如今，答案很明显了：是的，德国的闪电战取得了成功，甚至比以往的都要成功。

在我们这个时代，事态发展的速度实在快得惊人！仅仅二十天，南斯拉夫就已经不复存在了，再过两三天，希腊也会面临同样的命运。

……德国占领了南斯拉夫与希腊，也就等于占领整个巴尔干半岛（包括之前对罗马尼亚与保加利亚的一体化[1]），这就带来了一系列严重的问题。其中最重要的一个是：希特勒下一步会怎么走？

在我看来，他有两个可能的选择。第一，他会开始向土耳其施压，以外交或武力手段占领土耳其，再经由土耳其向小亚细亚和埃及进军。第二，德国暂时不管土耳其，而是将西班牙（甚至更理

---

[1] 迈斯基指的可能是 Gleichschaltung——"强制合作"，是纳粹在被其占领的土地上建立专制统治的一个术语。

想的是将西班牙和法国）拉进一个三方协定，向直布罗陀海峡进军，穿过海峡，夺取摩洛哥、阿尔及利亚和突尼斯，再通过北非夺取埃及，接着将魔掌伸到伊拉克和伊朗。第二个选择的可能性更大。……有一点是清楚的：战争已经进入一个新的、至关重要的阶段。接下来的六个月不仅会成为这场战争的一个重要转折点，还可能成为人类历史的一个重要转折点。我们拭目以待。

4月29日

几天前和郭泰祺聊天时，我评论道："至少有一件事我可以肯定，即现在的'波兰政府'绝不可能进入华沙掌权。"

郭泰祺笑了，他说："那似乎正是他们所希望的！他们在伦敦的日子就过得很好啊！"

郭泰祺跟我讲了许多关于"波兰政府"成员在伦敦的生活方式和行为举止的细节，很有意思。他们挥金如土。他们钟情于豪华酒店。他们所有人都有汽车、秘书、幕僚、仆人或是侍役。他们吃喝都要在伦敦最奢侈的餐厅里。他们只想结交最上层的贵族家庭（虽然不一定都能成功）。也就是说，"波兰的官方代表"挥霍他们的钱财，过着放纵的日子。在苏格兰海岸抵抗入侵的波兰军团总人数是一万七千人，而其中竟然有六千五百名军官！

这种情形跟过去的波兰施拉赤塔[1]多么相似啊！我回想起一个事实，十七世纪七十年代，波兰派到英国的使团人员超过了一千六百人！而在那时，瑞典、德国和其他国家派来的人员都不会

---

[1] 这是一个与波兰和立陶宛贵族地主有关的团体，自十五世纪以来，他们就一直享有制度和经济上的各种特权。

超过七十到一百人。你们也知道的,那些波兰"先生们"!他们绝不会落后于任何人!……

4月30日

布伦丹·布拉肯来吃午餐。我已经三四个月没见到他了。我们有很多事情可以聊。他在这里待了差不多三个小时,我们的对话主要围绕两个话题展开:英苏关系与战争。

……我问他英国政府是否有任何关于希特勒打算攻打苏联的确切消息,还是说这些只是他们的臆想。

布拉肯不得不承认,英国政府实际上没有任何关于德国准备进攻的确切消息。有的都是基于种种表象以及希特勒与一些他信得过的人之间的对话而作出的推测。在这些希特勒信得过的人中,布拉肯举了美国驻比利时前大使卡达希[1]为例,他是一位资深新闻记者,最近访问了柏林,并与元首进行了一番长谈。卡达希非常崇拜希特勒,因此布拉肯认为他说的话值得我们特别留意。在那次长谈中,希特勒提及苏联时态度十分不客气,说他现在对莫斯科的政策只是一个"战时策略",他在《我的奋斗》中所说的话将会全部实现。……

据说,希特勒还补充道:"苏芬战争教会我们很多。毫无疑问,我的军队将轻而易举地刺穿苏联。"

……很明显,英国政府和媒体发动的关于德国即将攻打苏联的宣传战没有任何坚实的基础,这只不过是在遵循"愿望为思想之

---

[1] 约翰·克拉伦斯·卡达希,1933—1937年任美国驻波兰大使,1937—1940年任驻爱尔兰大使,1940年先后任驻比利时大使和驻卢森堡大使。

父"[1]的模式。

5月6日

斯大林被任命为苏联人民委员会主席，莫洛托夫任副主席与外交人民委员。我们又回到了由我党和人民的领导人担任苏联人民委员会主席的列宁时代。

这是一个信号。战争的威胁已经临近我们的边境。要作出重大决定的时刻正在来临。现在需要斯大林亲自掌舵。

[战争爆发可能性的不断上升使得斯大林将手中的牌握得更紧。他采用了"分而治之"的策略，使军队对他的政治行动一无所知。外交官们也得不到斯大林的信任，尤其是迈斯基——莫洛托夫自上任以来也一直与他保持距离。他们刻意不让迈斯基了解斯大林为避免发生战争而采取的政治行动。迈斯基只能揣测斯大林的意图，并尽量遵照这些意图行事。在战争即将来临之际，迈斯基措辞谨慎的报告却不经意间在一定程度上导致克里姆林宫对德国的意图产生致命误判。

舒伦堡在逗留柏林期间，恰好遇到元首对苏联与南斯拉夫签订的条约大发雷霆，于是他决心修复损伤。他也在无意间误导了斯大林，使其相信战争还是可以避免的。舒伦堡的计划是促使斯大林"与希特勒进行谈判，以使希特勒至少在当前找不到任何采取军事行动的借口"。舒伦堡于5月5日、9日及12日三次与斯大林派驻柏

---

[1] 谚语"愿望为思想之父"出自莎士比亚的《亨利四世（下）》，但其德语表达更加普遍，以至于迈斯基认为这句谚语原本就写作德语而自始至终在日记中引用。

林的大使捷卡诺佐夫[1]秘密会见，提到了这项计划。会面地点是舒伦堡在莫斯科的私人住所，为的是避开大使馆里的潜在告密者。

舒伦堡也是巧妇难为无米之炊，于是选择向捷卡诺佐夫表明自己的看法："关于苏德战争迫在眉睫的谣言非常具有爆炸性，应该予以压制并粉碎。"这导致斯大林自此以后怀有一种挥之不去的担忧——如果公然迅速地向苏德边境调兵布防，可能会被柏林视为挑衅。然而舒伦堡的主动并没有起到任何作用。希特勒向他的大使发出指示，"没有任何外交手段能使他改变对俄罗斯的态度"。5月12日，捷卡诺佐夫再次来到舒伦堡的住所，以确认斯大林是否同意向希特勒发出一封私人信件，却发现舒伦堡对此"无动于衷"。这是他和舒伦堡一周之内第三次会面共进早餐了。舒伦堡表示自己确实曾与捷卡诺佐夫进行了"私下"交谈，但他的提议"只是个人的想法，没有得到授权"。

关于战争即将爆发的各种奇怪的消息接连涌入克里姆林官，同时，还有人试图劝说保持现有势头，再加上各种虚假情报，所有这些对本已处于混乱状态的克里姆林官来说无异于雪上加霜。斯大林困惑不已，他可以轻易就认为谨慎的政策仍可能催成一份协议。然而，这也可能只是给俄罗斯设下的陷阱，与德国过早的接触很可能被德国用作未来与英国谈判的王牌。确实，会议期间，舒伦堡作出的完全是一些猜测性的评估，"在他看来，英国与德国一定会很快达成协议，灾难、破坏以及对城市的轰炸将就此结束"。当柏林电台播发消息称，希特勒的副手鲁道夫·赫斯飞往英国去执行一项自作

---

[1] 弗拉基米尔·格奥尔吉耶维奇·捷卡诺佐夫，1939—1940年任苏联副外交人民委员，1940—1941年任苏联驻德国大使。在从事外交职业之前，他是内务人民委员部的一名重要官员。他与贝利亚关系密切，两人于1953年12月被捕并遭枪决。

主张的和平使命时，克里姆林宫当晚肯定会对这一声明进行认真研究。舒伦堡与克里普斯都曾在克里姆林宫对谈中提到英德单独媾和的可能性，这使斯大林提高警觉，觉得有必要进一步安抚希特勒，以便预先消除这种可能性。对德国的"绥靖"以及事态的不确定性给迈斯基造成了极大的伤害。亚历山大（工党第一海务大臣，迈斯基将他看作"一位老朋友"）已经产生了一种印象：迈斯基"对自己能否保住职位忧心忡忡……当然，尽管他没有说出来"。］

5月7日

昨天和今天我都在议会活动。议会辩论主要围绕战争的进程展开，很大程度上是出于英国在希腊的失利。从外交专席俯瞰这个熟悉的议会大厅，我不自觉地将它和一年前（5月8日至9日）挪威遭到攻击之后那场类似的辩论进行对比，而正是那场辩论将张伯伦政府送进了坟墓。对比之下，我问自己：这次辩论会不会与之前一样？

不一样，当然不一样。两者简直有天壤之别。

……从辩论中可以得出的总体论断是，英国的统治阶级不想与德国媾和，而是要与其作战。

为什么？

因为，当前的和平将建立在德国已经攫取的现有利益的基础上。换句话说，战争结束时，德国在苏联以西的欧洲大陆将会占有它所侵占或征服的国家的所有物资、技术及其他资源。这将使德国有能力用五年左右的时间建成一支不亚于英国海军的舰队，而这将标志着英帝国末日的来临。

尽管有以上种种顾虑，但也不排除英国统治阶级在某个时刻相对于战争而言会更倾向媾和，可这会是在什么时候呢？有两种情况：(1)英国遭受压倒性失败，而且毫无反败为胜的希望；(2)在英格兰境内或是在英帝国范围内，英国资产阶级自家庭院着火。目前还没有看到上述两种情况出现。

这就是大体的背景，而在这个背景之下丘吉尔的个性发挥了主要作用。只恨这个首相太晚出生。从历史的角度来看，他算得上是一个天生的冒险家，意志坚强，行事果断，对英帝国主义和战争充满浪漫情怀。如果他生活在之前的几个世纪，其成就一定能与科尔特斯或德雷克海军上将匹敌，或者成为新大陆的征服者，要么就是一个威震四方的海盗。……丘吉尔十分敬仰他的祖先马尔伯勒公爵不是没有原因的。马尔伯勒公爵生活于十七世纪下半叶到十八世纪初，是一位英明的军事领导，政治上的变色龙和大多数有伤风化的风流韵事的主角。确实，这位首相已为马尔伯勒公爵的职业生涯献上了四部厚重的书卷。

这些年来，丘吉尔不止一次告诉我英帝国就是他生命的全部，我没有理由不相信他。在1918年至1920年间，丘吉尔组织了一场对"布尔什维克主义"的征讨运动，那时候，他将布尔什维克视为对英帝国的主要威胁。……

丘吉尔同样热衷于战争。梅根·劳合·乔治曾告诉我，在她还小的时候，她听过很多关于丘吉尔的故事，比如丘吉尔拜访她父亲时，谈论的总是战斗、战役与征服这类话题，而且总是满腔热情，激动不已。他总是将自己想象成一个伟大的军事领袖，带领军队横扫欧洲，征服诸国，赢得辉煌的胜利。根据我从可靠渠道得到的消息，如今丘吉尔已经全身心投入这场战争。他终于得到了命运的眷顾。现在他正进行一场"属于他自己"的战争。在这场史无前例的大战中，他就像一位狂热的棋手，发誓要将希特勒的军。在这场战争中,丘吉尔既是最高统帅,也是总参谋长,同时还是带兵的指挥官。他不会将"自己的"战争交给其他任何人。而今,如果英国资产阶级想继续战斗下去,丘吉尔就是一场及时雨。但如果他们想要媾和,丘吉尔就可能成为他们的绊脚石。

然而,这些全都只是"空想"。当前,丘吉尔在英国要扮演一个极为重要的角色。他自然是国家的"主人",因为除了劳合·乔治(今年已七十八岁!),他比其他所有政治领导人都要出色。此外,丘吉尔还是一个极具天赋的作家和演说家——在我们这个时代,这些都是一个"名垂青史的冒险家"所应具备的极其重要的品质。

……这也与英苏关系息息相关。我的总体印象是,艾登的确真心希望两国关系得到改善,但他能做的却不多。……艾登面临着两大困难。第一是丘吉尔。这位首相的盘算是,要是他能指望苏联马上参战,或许还会努力改善双边关系。可他并不指望苏联参战,因此也就不再刻意关注苏联,并表示他现在对英苏关系的问题不感兴趣。此外,丘吉尔还笃信苏联与德国之间的战争是不可避免的。在这种情况下,他要做的就是耐心等待:一旦德国在边界上向苏联开火,苏联必将向英国靠拢。所以根本不必担心。这样的推断真是太奇怪,太荒谬了。[1]……美国是艾登面临的第二大困难。在我们4月16日的谈话之后,艾登就在华盛顿试水,但他提出的关于解决波罗的海问题的方案并没有得到任何支持。

---

[1] 迈斯基说得十分正确。丘吉尔嘱咐艾登说,苏联"十分清楚自己的危险境地,也清楚我们需要他们的援助。我们可以静观事态发展,如此一来,我们的获益一定会比拼命向他们示好多很多"。

5月9日

我和普里茨一起吃午餐，他准备飞往斯德哥尔摩，方式奇怪而冒险——乘坐英国飞机穿过德国边境。……启程之前，普里茨表示想见一见丘吉尔。于是这位首相邀请了普里茨及其夫人共进午餐（大概有六位客人）。

……在与普里茨的谈话中，除了其他话题，丘吉尔还提到了苏联与德国之间即将发生的冲突（这是丘吉尔近来"必说的事"）。普里茨表示他对这件事情感到十分焦虑，因为两个交战国都想利用瑞典领土来达到自己的目的，那时候瑞典就会发现自己陷入左右为难的境地。接着他问，一旦苏联与德国之间爆发冲突，是否意味着苏联会自动成为英国的同盟。

丘吉尔面红耳赤，两眼充血，愤怒地叫喊道："只要能打败德国，我可以跟任何人结盟，哪怕是与恶魔也在所不辞！"

[希特勒的副手鲁道夫·赫斯于5月10日带着和谈任务飞往英国，这对了解苏联对于即将来临的冲突的态度至关重要。英国档案揭露了军情六处的一项秘密行动，即经过秘密渠道向莫斯科传送虚假情报，试图阻止斯大林进一步加强与德国的关系。此项行动得到了英国外交部的支持。迈斯基任务艰巨，他要客观地评估赫斯这次到来的使命，同时又要留意莫斯科方面根深蒂固的观念，而战争正在迫近的谣言愈演愈烈，对他并无助益。他坚持不间断的日记暂停了十天没写，发回外交人民委员部的急件又寥寥无几，这与他为了弄清楚事情的前因后果而进行的密集会面形成鲜明对比。在英国外交部，迈斯基从巴特勒那里得知，赫斯与希特勒曾发生争吵，结果"赫斯决定飞往英国，希望能在此找到一些准备与德国讲和的有

影响力的人物"。他慢慢相信（就像斯大林一样），赫斯要么是被英国情报部门诱导过来的，要么是在德国政府完全知情的情况下飞来的——德国政府已受到本国情报部门的误导，认为赫斯能找到"一个强有力的与希特勒协商的集团"。虽然迈斯基确信丘吉尔绝不会屈从，但他也没能就英国可能的反应给苏联政府提供准确无误的报告。]

5月22日

我们去拜访韦伯夫妇。关于英国的政治心态，他们可谓是"智慧之泉"，我想汲取他们的真知灼见，同时也想了解在不久的将来，我们应对英国抱何种期许。我还记得很清楚，一年前我问他们：如果法国退出了战场，英国会怎么做？他们毫不犹豫地回答："英国会孤军奋战到底。"

之后发生的一切完全证实了他们的预言。

今天我问了韦伯夫妇另一个问题：如果英国失去了埃及和在中东的地位，她会怎么做？他们这次的回答同样断然："英国会继续战斗，直到这个国家被德国攻克（而且领导们似乎都十分确信英国不可能被侵占），我们一直相信埃及失守或者其他类似的挫折都只是暂时的——直至战争结束。此外，希特勒的节节胜利已使我们的资产阶级感到烦恼和愤怒。他们无法接受他所取得的成功。他们性格倔强，会尽一切努力打败德国。"

我很想知道，英国统治精英的态度到底是受英格兰日渐动荡的局面影响，还是受英帝国其他领地的局势影响，因为动荡肯定会不可避免地随着战争的进行而加剧。在这样的情况下，难道英国资产阶级不会更愿意默许与德国媾和吗？对此，韦伯夫妇也给了我一个相当明确的回答："目前，在民众中并不存在严重的动荡，在未来出现这种状况的可能性也令人怀疑。"……

6月3日

比弗布鲁克来我这儿吃午饭（我们三个人：比弗布鲁克、阿格尼娅和我）。……我问比弗布鲁克他如何看待赫斯。他毫不犹豫地回答道："噢，赫斯当然是希特勒派来的特使。"

有很多证据支持这个论断，但比弗布鲁克认为有两点最具说服力：赫斯的飞机上额外附带了一个油箱，而且他从德国飞往苏格兰得到了地面指引[1]的帮助。赫斯（也就是希特勒）寄希望于英国的"卖国贼"——汉密尔顿公爵[2]、巴克卢公爵[3]以及其他一些人。赫斯在汉密尔顿的地盘附近着陆不是没有理由的。根据现有的全部证据判断，赫斯打算在英国停留两三天，和当地的"卖国贼"谈判，之后再飞回德国。赫斯向英国提出的实现"体面"和平的条件包括：英帝国保持完整，欧洲大陆则归德国所有，再加上非洲的部分殖民地和一份为期二十五年的互不侵犯条约。这道大菜还配上了一份反苏"辣酱"：保护"文明免受布尔什维克主义的野蛮侵害"。然而，实现和平和签订协议的前提是丘吉尔必须下台。赫斯相信，只要丘吉尔还领导政府，德英两国之间就不可能建立"友谊"。比弗布鲁克讽刺地评论："赫斯大概认为，只要他向那些公爵们提出他的方案，他们就会跑到国王跟前，把丘吉尔赶下台，并建立一个'通情

---

[1] 无线电测向仪。
[2] 道格拉斯·道格拉斯-汉密尔顿，第十四代汉密尔顿公爵，1939—1945年在英国皇家空军服役，1930—1940年任保守党议员。
[3] 沃尔特·约翰·蒙塔古·道格拉斯·斯科特，第八代巴克卢公爵，保守党贵族。

达理的政府'……真是个白痴!"

赫斯在英国的"卖国贼"身上下的赌注全部泡汤。他从一个"特使"变成了一名"战俘"。据比弗布鲁克说,丘吉尔并不完全同意他的看法。但是,首相对于"赫斯事件"并没有一个明确的态度,所以他不想在议会讨论此事。

比弗布鲁克谈到了希特勒的计划。希特勒无疑是希望实现和平的:在法国陷落后,他马上通过瑞典提出了实现和平("以体面的条件")的提议;他通过赫斯提出和平建议;他当前在美国正发动一场声势浩大的"和平攻势"——这一切并没有也不会有什么结果!特别是,不管德国人怎么想,罗斯福都不会扮演和平缔造者的角色。另一方面,教皇似乎确实在寻求进一步接近希特勒的办法。但这在和平问题上对希特勒并无助益。

比弗布鲁克认为,希特勒目前的战略计划如下:首先进攻埃及和苏伊士运河,然后夺取直布罗陀,再消灭在地中海的英国舰队。

……比弗布鲁克对英国人进行了猛烈的抨击:他们逍遥自在、自由散漫,低估了局势的严重性;他们不思进取,做事拖拉;他们过惯了清静安逸的生活,不想放弃舒适。他们做蠢事倒是很在行!例子嘛?不胜枚举。

……为什么丢掉了克里特岛?当然不是因为德国人特别强大或能干。事情发生的原因很简单,尽管英国人在克里特岛待了七个月,但中东司令部却没有采取任何措施加强防卫。结果,克里特岛就落到了德国人手里。

在中东的军事指挥官?他们是谁?阿奇博尔德·珀西瓦尔·韦维尔吗?想想最近他得到的如潮的颂词吧!而现在呢?*一切荣耀就此消失。*

在比弗布鲁克(他是加拿大人!)看来,总体来说,英国人正

1941年　505

在沉睡之中。他们需要被唤醒。他们需要当头棒喝。……

6月4日

重光葵为我安排了午餐。这样的事情以前从来没有发生过。苏联和日本之间的协议显然正在发挥作用。其他客人有阿拉斯、蒙特罗[1]（来自葡萄牙）、纳什特帕夏[2]（来自埃及）、泰国公使和一些参赞，包括诺维科夫同志。客人中没有一位女士，也没有一个英国人。

阿拉斯坐在我右边。在过去的一年里他真的老了不少，越来越像一只老迈疲惫的兔子。此外，他还留着一条滑稽的灰色小辫子。他处于恐慌状态。他祈祷命运之神在未来两个月里保佑土耳其免受灾难。冬天即将来临……冬天里在小亚细亚半岛发动战争可不是一件容易的事情……土耳其将获得拯救，至少到下一个春天到来前是这样的。他询问我的看法，问我土耳其是否有可能不被卷入战争。我怎能作出这样的预言？……我不置可否。

餐桌上的气氛整体比较低沉。纳什特帕夏不停地谈论战争，"自古以来就如此，以后也会这样"。战争永远不会消失。战争存在于人类的血液之中。阿拉斯阐述了一个奇怪的理论：战争的胜利者实际上不是赢得战争的人，而是遭受失败的人。他以1914—1918年的第一次世界大战为例。有人问：谁是飞机的第一个发明者？重光葵带着他那经典的日本式微笑声称，第一架飞机是在他的国家发明的。事情好像是，一千年前一位住在山顶的日本圣人制造了一架飞行器，并坐着它从山上飞到山谷。然而，当他沿着山谷中的一条河流飞行

---

[1] 阿明多·蒙特罗，曾任葡萄牙殖民部长和外交部长，任驻英大使直至1943年。
[2] 哈桑·纳什特帕夏，1938—1945年任埃及驻英大使。

时,两个在河边洗衣的漂亮姑娘吸引了他的注意力。圣人俯下身子,想看得更清楚些,不料飞行器失去了平衡,翻转过来,带着圣人一起掉进了河里。我们都笑了。蒙特罗想起了伊卡洛斯。我则提到了列奥纳多·达·芬奇,他是第一个认真致力于建造飞行器的人。

"列奥纳多?"重光葵问道,接着他又说,"啊,那个希腊人……"显然,这位日本大使对欧洲历史了解不多。

"不,他不是希腊人,"蒙特罗纠正了他的错误,"他是一位意大利艺术家。"

午餐后,重光葵告诉我他过几天要回东京一趟,去向他的政府汇报,预计短期内不会返回伦敦。我认为他可能根本不会再回来了。重光葵是在日本最近的"清洗"之后幸存下来为数不多的外交官之一。现在可能轮到他了。

[迈斯基有意掩盖他在6月2日与艾登的一次极为重要的会面。艾登向迈斯基透露了有关德国在苏联边界部署的情报,但是,为了避免泄露情报源是对德国恩尼格玛系统的破译,他没有说得太直白。但是,面对迈斯基的坚持,艾登承认德军的集结也可能是"心理战的一部分",目的是"迫使苏联政府让步"。然而,艾登指出,迈斯基尽管断然否认这个传闻,但似乎"他也在一边讲一边试着说服自己"。没过几天,克里普斯出人意料地被急召回伦敦,旨在商讨如果俄罗斯与德国达成军事同盟,德国在中东会给英国带来的军事威胁。克里普斯此次回国的消息没有对外公布,再加上他在与维辛斯基的最近一次会面中暗示,如果情况发生变化,他可能不会再回莫斯科任职,又掀起了一波传言。迈斯基急于确认此次召回是不是赫斯使英的结果,是不是表明英国默许德国向东进发。]

1941年 507

6月10日（与艾登的谈话）

（1）在回答艾登提出的关于希特勒和苏联的"同盟"问题时，我表明，苏德两国既没有缔结新的协定，也没有解除现有的协定。深刻的印象和强烈的不信任。艾登说，他掌握了相关信息，表明德国和苏联之间正在就非常重要的问题进行严肃的谈判。我说："不应对所有传言信以为真。"……

（2）艾登问我，是否收到对6月2日他有关中东的提议的答复？我没有！我个人的看法是，考虑到英苏关系的现状，现在回复这一提议略有困难。……

（3）我询问赫斯的命运。艾登回答说他将不得不在英国待一段时间，直到战争结束。艾登的看法是，赫斯出逃不是因为与希特勒争吵，而是与另一位高官（里宾特洛甫或希姆莱[1]）发生争执。那些人彼此激烈竞争。……

6月12日

新闻界正大肆宣扬德军在苏联边界的集结以及苏德间已不可避免的战争……

以下是我刚刚了解到的这场宣传战背后不为人知的历史。6月7日，丘吉尔召见了伦敦各大报纸的编辑，向他们简要介绍战争情况，基调是他于6月10日在议会的发言精神。首相的讲话几乎没有让人高兴的内容。最重要的是，听众们看不出英国如何以及何时会赢得战争。

其中一位编辑问了丘吉尔一个关于英苏关系的问题。丘吉尔的

---

[1] 海因里希·希姆莱，1936年起任德国国家秘密警察（盖世太保）首脑。

回答是，苏联政府就像一条鳄鱼，不管你恶意打它还是善意拍它，它都会咬你。他说，英国政府已经尝试各种办法，试图改善与苏联的关系，试图影响苏联，但都徒劳无功。最后，英国政府得出一个结论：最好顺其自然。德国和苏联的迎头相撞是不可避免的。德军正迅速在苏联边界集结。世人都在等待……

6月13日

艾登来电，邀请我去他那里。他要我只身前往，因为他也是独自一人。我回答说，我没有理由不把诺维科夫带在身边。当我们在接待区时，艾登的秘书出来了，说诺维科夫最好在接待区等候。但是，我进去见艾登时还是带着诺维科夫。看到我们在一起，艾登很生气，脸涨得通红，我从没见过他这个样子。艾登大声嚷道："我不想显得无礼，但我不得不提醒，今天邀请的是大使，而不是大使和参赞。"我回答道，我和诺维科夫之间没有什么秘密，我不明白为什么他不能陪我一起参加讨论。艾登情绪激动，说他对诺维科夫个人没有敌意，但是他不能开一个不好的先例。如果苏联大使可以和他的参赞一起来，那么其他的大使也可以这样做。如果可以带参赞的话，为什么不再带两三个秘书呢？那整个外交使团来就行了，大使不用来了。这很不方便。艾登向来只接见大使，而且他不会改变自己的习惯做法。我耸了耸肩。诺维科夫还是留下了，但在整个谈话过程中艾登一直红着脸，闷闷不乐，气氛十分不正常。如果再次出现这样的场景，我将不得不鞠躬道别，返回大使馆。[1]

---

[1] 不管这篇日记的调子如何，这一事件使得迈斯基尤为尴尬。迈斯基一回到大使馆就马上对艾登的生日表示"衷心祝福"。他最后说："愿您在今后的岁月里健康和幸运，并且有能力在我们这个异常纷繁复杂的时代中找到正确的方向。"

（1）艾登代表首相通知我：德国军队加强了在苏联边界的集结，尤其是在过去的四十八小时内。集结的目的：战争或是一场心理战？万一最后战争爆发，英国政府希望苏联政府知道：如果德国发起进攻，英国政府将提供援助，动用驻扎在中东的空军部队；向莫斯科派遣一个军事代表团，以便分享对德作战中获得的经验；英国还将以所有可能的方式（通过波斯湾和符拉迪沃斯托克）推进与苏联的经济合作。

（2）我指出，英国政府提议采取的措施标志着一种高度的友好关系，而这种友好关系当前在两国间并不存在。

（3）即使在边界地区有军队集结，我也不相信德国人会进攻苏联。

（4）我将艾登的注意力转移到新闻媒体大肆炒作克里普斯返回英国一事上。他们忙于猜测，真是令人遗憾。

[在迈斯基的回忆录中，他夸大了自己对斯大林的警告。他成功地欺骗历史学家，让他们相信他在6月10日向莫斯科传递了一份"紧急"加密电报，电报的内容是他从卡多根那里获得的情报。因此，他声称自己对于斯大林在6月13日晚间以公报形式作为回复感到"极度惊讶"，公报否认了德国和俄罗斯之间即将发生战争的传言。然而事实上，公报是他自己作出的合乎逻辑的评价结果。他的说法隐瞒了一个事实：那次与卡多根的重要会议不是像他所说的发生在6月10日，而是6月16日，就是在这次会面中他获得了德国军队集结的详细证据。迈斯基公然篡改自己的说法，以掩盖他加深了在战争前夕影响克里姆林宫决策的自欺和幻觉。

6月13日，艾登召见迈斯基，告知他在过去四十八小时内，联合情报委员会不断收到可靠情报并确信，希特勒"已经下定决心要清除苏联这块绊脚石，并计划进攻她"。迈斯基仍然受到克里普斯从莫斯科返回后英国媒体炒作的影响，他没有注意到艾登急切地想指出这些信息是从极其可靠的来源获得的。尽管如此，迈斯基还是肩负着评估情报重要性的重任，他要求艾登"在今天或周末期间尽早"提供某些具体细节。

6月15日，即周日稍晚时，丘吉尔最终批准，将通过破译恩尼格玛系统获得的重要证据告知苏联政府。其中包括一幅地图，它详细描绘了德国军队在边境的部署。当卡多根以超然和单调乏味的语气向迈斯基介绍"精确、具体"的证据时，后者惊得目瞪口呆。然而，让迈斯基感到不安的，并不是像他后来在回忆录中形象描述的意识到"雪崩、烈焰和死亡将随时降临"俄罗斯，而是他之前给莫斯科的报告中那些误导性的内容，这导致莫斯科发表公报，否认战争即将爆发的传言。因此，他急忙给莫斯科发电报，推翻自己早先的评估。事实上，当克里普斯在6月18日与迈斯基一起用餐时，迈斯基给他留下了一种截然不同的印象：迈斯基"看上去对不会发生战争的自信心"远不比几天前他们会面时强烈。克里普斯注意到，他们的谈话使"苏联大使完完全全泄了气，他现在看起来非常沮丧"。]

6月18日

回到伦敦一个星期后，克里普斯和他的妻子一道来看望阿格尼娅和我。我们在大使馆共享午餐。

克里普斯夫妇情绪如何呢？

……克里普斯百分之百确信德国对我们的进攻不可避免，而且很快发生。

他指出："如果德国在7月中旬之前还没有发动进攻，那我会非常诧异。"

他补充说，根据英国政府掌握的情报，希特勒已经在苏联边界集结了一百四十七个师。

我开始反驳他的观点。我提出的反对意见是，在我看来，希特勒还没有打算自杀。与苏联开战无异于自杀，这就是为什么我很难相信德国将要进攻苏联，尤其是在接下来的几天。很难否认德国军队在我们的边境集结，但我认为这更可能是希特勒在玩弄"心理战"伎俩。我不排除希特勒开始在物资供应和贸易方面向我们提要求的可能。政治家会寻求创造一种适宜的心理氛围使自己的要求获得更多支持。但这竟是战争？是一场入侵？是一次军事进攻？……我实在不敢相信！这简直是疯狂之举。

……克里普斯不同意我的看法。他列举了以下论点。在消除来自东方的潜在威胁之前，希特勒无法与英国进行最后的决战。这在今年必须完成，因为苏联红军是一支强大的力量。1942年才进攻苏联为时已晚，因为到那时，苏军在与芬兰作战中暴露的所有缺陷都将得到纠正。红军实力太强，而德国军队的实力则有可能开始削弱。当前，经历了八场战事（奥地利、捷克斯洛伐克、波兰、挪威、法国、荷兰、比利时和巴尔干半岛）之后，德国军队正处于巅峰状态。军队士气格外高昂，还积累了极其丰富的作战经验。确实，苏联有更多人和机器，但是德国人在组织能力方面优于苏联人。克里普斯在客观地比较了双方之后，发现很难预测德国与苏联冲突的结果。但是有一件事很清楚：希特勒现在取得成功的可能性比一年以后要大得多。这就是克里普斯确信希特勒将发起进攻的原因。此外，克里普斯拥有绝对可靠的情报，表明这就是希特勒正在计划的事。如果希特勒能想办法击败苏联，那么他将把德国的全部

图72　1941年6月18日，克里普斯警告迈斯基，侵略正逼近俄罗斯

力量都押到英国身上。克里普斯已经和英国政府一些成员谈过，后者认为在攻击苏联之前，希特勒会向苏联发出最后通牒。克里普斯不同意这种观点。希特勒会在没有任何事先警告的情况下攻击我们，因为他感兴趣的不是从苏联获取食物和原材料等，而是摧毁这个国家，消灭红军。

我们进行了长时间的辩论。克里普斯一直坚持他的观点。

我问克里普斯什么时候返回莫斯科。他耸了耸肩，说这取决于很多因素。他开始详细阐述。首先，他提到了塔斯社在6月13日发表的公报，在他看来，这是为了取悦舒伦堡。其意义很清楚：苏联政府想让世人知道克里普斯已不再是一个"受欢迎的人"，所以最好离开莫斯科。我对此表示反对，并向克里普斯保证，苏联政府对他个人的评价很高，他在苏联遇到的一切困难都根源于英国政府的政策。然而，克里普斯并不同意我的说法，他以莫斯科今天发给他的一封电报作为证据；电报称，莫斯科的外交使团认为，这份公报是苏联政府的一个"礼貌的暗示"，目的在于请克里普斯离开苏联。克里普斯不断提及舒伦堡，称舒伦堡是他在莫斯科遇到的所有麻烦的起因。很明显，舒伦堡让克里普斯非常恼火。

……克里普斯走后，我陷入了沉思："克里普斯的判断对吗？希特勒真的会进攻我们吗？"

我没有得出任何确定的结论。在我看来，如果了解了我们的力量和我们抵抗的决心，希特勒似乎不可能发起进攻。但他了解这些吗？……

6月21日（博温登）

清晨

今天是个美好的夏日，阳光明媚，天气有点热。我们穿着轻便的套装骑行。我的车技有了很大的进步。

骑完车后我躺在草地上，把头枕在手上，凝望深蓝色的天空。我心里想："真的会发生战争吗？"

在过去的两三个星期里，伦敦的气氛一直很凝重，人们都在等待着德国进攻苏联。媒体在宣扬这件事；人们在议会的走廊里讨论这件事；丘吉尔不止一次在公开场合提起这件事，他还说英国政府将向我们提供支持；克里普斯在三天前还告诉我他对此消息深信不疑……

……说实话，我不愿意相信希特勒会攻击我们。与俄罗斯开战从来都不容易。入侵总是以发起者的悲惨结局告终，回想一下波兰人（动荡时期）、查理十二世、拿破仑和1918年的德皇恺撒就知道了。当然，柴油发动机给战争方法和可能性带来了巨大变化，但是……俄罗斯的地理条件没有发生变化。……

晚间

午饭后，克里普斯匆忙把我叫到伦敦。下午四点半，他前来见我。

他再次提到德国对苏联的进攻已经不可避免，而且很快就会发生。

"说实话，"他说，"我预料将在这个'周末'发起进攻，也就是明天，即22日，但是希特勒显然已经推迟到29日，也就是下个星期日。"

图73 在西班牙流亡首相内格林的乡间别墅度过周末

我问他:"为什么要到'星期日'?"

克里普斯回答说:"因为希特勒通常喜欢在星期日向他的被害者发起进攻。毕竟,这能带来一个小小的优势:敌人在星期日的防备会比平常弱一些。"

克里普斯确信苏联和德国之间的战争不可避免,于是他采取了一些准备措施。他和英国政府约好,战争爆发后立即派遣一个军事和经济代表团前往莫斯科。

……但克里普斯想知道,苏联政府对于这样的计划会持什么样的态度。苏联政府有可能在遭受德国入侵时与英国合作吗?还是宁愿独自应对?

我无法明确答复克里普斯,我答应他将立即联络莫斯科。

临别之际,克里普斯说道:"我现在要去乡下。在推动这些事情之前,我需要休息一下。"

晚上差不多八点时,我又回到了博温登。内格林和我一起散步。我们绕着花园走了很久,顺便讨论当前局势。内格林也像克里普斯一样,几乎肯定德国和苏联之间的战争即将爆发。

后来,关于进攻是否迫在眉睫的各种论点一直萦绕在我的脑海里。这似乎不太可能——一般情况下有可能,但不会是现在。尽管如此,一个令人困惑的问题依然困扰我:"真的会发生战争吗?"

当我上床睡觉时,我几乎已经说服自己相信,希特勒这次并不是在吓唬人,他是认真地计划发动一场重大的入侵行动。不过,我不愿意相信。

6月22日

战争!

早上八点,大使馆打来的一个电话把我从梦中惊醒。诺维科夫惊魂未定,他上气不接下气地告诉我,希特勒已经向苏联宣战,并且德国军队已于凌晨四点越过边界。

我叫醒了阿格尼娅。当然,我们也不可能再睡得着了。我们赶紧穿好衣服,下楼去听英国电台的九点新闻。几分钟前,诺维科夫打来了第二个电话:艾登想在十一点半见我。

我们急匆匆地吃了早餐,收听了九点新闻,但新闻并没有提供任何新的消息,接着我们就出发前往伦敦。我们在大使馆遇到了一大群人,到处都是喧嚣和骚动,每个人都很激动。大使馆就像一个被捅过的蜂窝。

当我坐进车里准备前往艾登的办公室时,我被告知莫洛托夫同志将于十一点半发表广播讲话。我请求艾登把我们的会面推迟半小时,这样我就可以收听人民委员的讲话了。艾登欣然同意。我坐在收音机旁，手里拿着铅笔，听着莫洛托夫同志的讲话，还做了几条笔记。

中午，我来到外交部。我被带到艾登的办公室。毫无疑问，这是一个重大的、严肃的历史时刻。在这样一个时刻，如果把眼睛闭上，一切都应该是不同寻常、庄严和宏大——这样想并不为过。然而事实并非如此。艾登像往常一样从他的扶手椅上站起来，脸上表情和善，朝我走了几步。他身穿一套朴实的灰色正装，系一条普通的软领带，他的左手用白纱布简单包扎——他的手掌一定是被什么东西割破了。纱布不断地往下滑，而艾登在我们对话时不停地把它放回原位。艾登的表情，他的衣服，他的领带，尤其是那块白纱布，完全消除了这次会面的"历史性"痕迹。当看到那块破白布的时候，我走进艾登办公室时心中那庄严的感觉也烟消云散。一切都变得相当简单、平凡和枯燥乏味。当与艾登开始谈话时，这种印象进一步加强——他用最单调乏味的方式问我前线的情况以及莫洛托夫同志讲话的内容。整个会谈的语调都是这样的"单调乏味"。我不禁回想起1939年9月3日的议会会议上，张伯伦向下议院通告战争爆发的情景。当时，我也觉得那太简单、太普通了，缺少应有的"历史凝重感"。现实生活中的一切似乎都比小说和历史书要直截了当得多。

……晚上九点，我屏住呼吸收听了丘吉尔的广播讲话。一次十分有力的演讲！一次精彩的表演！当然了，在所有与共产主义有关的事情上，首相都必须谨慎行事，不管是为了美国还是为了他的党派。但那些只是枝节问题。总体而言，丘吉尔的讲话充满战斗精神，态度十分坚决：绝不妥协，绝不媾和！英国将奋战到底！这正是当前我们最需要的。

与此同时，莫斯科方面对克里普斯昨天提出的问题作了回应：

苏联政府准备与英国合作，它对英国派遣代表团到苏联没有异议。

我打电话给艾登，让他转告丘吉尔，我对丘吉尔的讲话十分满意。我还答应第二天早上去见艾登。

所以，战争就这样开始了！希特勒真的在自寻死路吗？

我们不想打仗，我们根本就不想打仗。我们尽自己所能避免战争。但是现在德国法西斯将战争强加在我们头上，我们绝不会退缩。我们将发扬布尔什维克精神，坚定不移地奋战到底。我们首先要对付的是德国法西斯，之后的事，等着瞧吧。

[直到6月22日上午，斯大林还没有排除这样一种可能性，即德国正在恐吓俄罗斯，目的是让俄罗斯在政治上屈从它。斯大林的

图74 迈斯基通过莫洛托夫的电台讲话了解战况

1941年　519

误判是基于他相信希特勒只有在与英国达成和平协议后才会进攻苏联。据李维诺夫回忆,战争爆发时,"所有人都认为英国舰队正在全速驶向北海,以便与希特勒向列宁格勒和喀琅施塔得发起联合进攻"。这正解释了战争初期迈斯基不祥的沉默和困惑。最能说明问题的是,迈斯基在德国入侵当天会见艾登时,对英国和德国即将媾和的可能性极度担忧:"苏联政府能不能得到这样的保证,即我们的战争努力不会有所松懈?"迈斯基催促丘吉尔,在定于当晚向国民发表的广播讲话中打破关于英德媾和的一切传言(自从赫斯飞抵英国后这些传言就一直甚嚣尘上)。

英国也还没有准备好迎接结成某种形式的同盟这一新现实。《苏德互不侵犯条约》确立了一种难以动摇的政治宿命论——苏联是"潜在的敌人,而不是潜在的盟友",外交部不遗余力地鼓吹这一观点。就在战争爆发几乎已成定局之际(德军发动进攻的一个星期前),参谋长们评估,在三到六周内,德国军队将攻入俄罗斯,"轻而易举地"攻占莫斯科。英国政府对苏联抵抗前景的预测很悲观,即便在最理想的情况下也只能给英国带来一些喘息空间,让它得以推进边缘战略,但不包括建立一个全面的同盟,而是,如艾登所说的,"我们无法避免的……某种程度上的和解"。

丘吉尔在6月22日发表的著名演讲满足了各方的要求,并奇妙地掩盖了他避免作出重大承诺的决定。丘吉尔很乐于接受参谋长们和外交部提出的要求:不要将俄罗斯人称为"盟友"。他坚决支持俄罗斯的言辞加强了他对国内局势的掌控力——在德国猛烈轰炸英国的背景下,在北非、希腊和克里特岛的一系列军事惨败削弱了他的掌控力。当前,英国否认纵容德国进攻,并公开承诺将战斗进行到底,这让苏联人很满意。

丘吉尔的真正目标在于避免修改他的总体战略,因为这可能会影响到中东战场。在起草讲话稿的同时，他抓紧发出指示，通过物资供应和军事行动援助俄罗斯，前提是这些援助不影响英国在其他战区的部署，或不危及英国作战计划的制定和执行。]

6月27日

今天是战争的第五天。关于英国的总体局势，可以得出以下的结论。

（1）如果我们谈论的是英国和英帝国，那么为这场战争争取政治支持的第一回合的较量已经胜利。希特勒的算盘打得非常清楚：向东方发动进攻，重振他作为"使欧洲文明免遭野蛮的布尔什维克蹂躏的救世主"的荣耀，在"民主国家"的民意中制造分裂，以便实现对他们有益的和平，或是至少使这些国家退出战争，直到他完全击败布尔什维克。到目前为止，这个计划完全失败了。……

（2）在这个背景下，丘吉尔扮演了一个非常重要和积极的角色。他关于乐观青蛙的寓言已被证明出人意料地大有远见。他没有片刻犹豫，而是用自己的全部影响力和雄辩力应对当前的危局。首相在6月22日发表的广播讲话极其出色，不仅因其形式和内在力量，还因它毫不含糊、毫不妥协地宣示了英国将战斗到底并尽最大努力向苏联提供援助。……

（3）所以说，第一回合的较量已经胜利。英国和我们站在一起。希特勒跟"民主国家"分别媾和的企图迄今为止全部以失败告终。这是好兆头，但仍存在一些灰色地带。首先，英国的援助会包括什么？这是认真的吗？我不确定。……其次，公众心中仍然存在困惑。从心理上来说，这是很好理解的。直到最近，"俄罗斯"还被认为是德国的一个秘密盟友，绝非敌人。而突然之间，在二十四小时之内，它就变成了朋友！这个转变太突然了，英国人在心理上尚未适应这个新情况。

（4）第三，也是最后一点，各方都严重怀疑红军的作战效能。陆军部的人认为我们的抵抗不会超过四到六周。

[自从《苏德互不侵犯条约》签署以来，迈斯基长期处于外交上的孤立和与克里姆林宫的疏离状态中，但此时他很快摆脱了之前的尴尬境地，精力充沛。他不仅重拾信心——甚至在开战后第一次与艾登见面时就把诺维科夫甩在身后，而且还设法向人们传递这样一种观念，即他之前对与德国人相互牵扯的含蓄批评被证明是正确的。他提醒莫洛托夫时特别润饰了自己在战争前夕的立场："正如您可以从我之前发回的信函中了解到的那样，我认为英国进行战争的意愿将会相当强烈，而且英德两国在可预见的未来也不会达成协议。"对于英国政府采取行动时的"速度和决心"，他得意扬扬地补充说，"突然让我感到惊喜"。接着，他还赞扬了丘吉尔、艾登和比弗布鲁克——"俄罗斯朋友三人组"——所持的"对我们有利的坚定立场"。多年来，他一直努力与他们培养感情。]

7月6日（博温登）

第二周的战争已经结束。我多少感到轻松了一些。当然，我们最精锐的部队，我们的年轻一代，有成千上万人在战场上牺牲，一片血海淹没了我们苏联的土地，这太令人痛心了。但另一方面，这也证明，不仅在我们受到的爱国主义激励的想象中，而且在行动上，红军都可以与德国军队一决高下，可以抵挡机械化德国阿提拉的猛烈冲击。在这之前我也确信这一点，但是，在目睹了臆见是如

图75 忧虑的迈斯基与其一等秘书讨论战争的状态

何时常扭曲英国人看问题的视角之后,我有时也会问自己:对于苏联红军,难道我有时不也多少带些臆见吗?

现在,我的怀疑已经消除了。诚然,我们在兵员、坦克、飞机和领土方面遭到了巨大的损失。在战争的第二个星期,德国人越过西德维纳,到达奥斯特罗夫,越过普鲁特,进入比萨拉比亚,向别列津纳和沃伦斯基新城地区挺进,但这些都不重要。重要的是,德军没能在任何一处真正成功地突破我们的防线,粉碎红军的抵抗。……

然而,现在已经很明确的是,这是一个硬碰硬的局面。这是希特勒第一次遇到一支能够在装备、战法和作战技巧上与德军相抗衡的军队，而且这支军队在兵力和士气上超过他的军队。此外，希特勒第一次与这样一个国家抗衡：内部无比团结，领导层在决心、智慧和自信方面远超自己。7月3日凌晨，我用收音机听了斯大林同志的讲话，那次讲话具有最伟大的历史意义。它的主旨可以简单地概括为：这是一场爱国战争，必须战斗到底！直至胜利！绝不动摇！绝不妥协！一磅面包、一升汽油也不能留给敌人！……

[尽管前线形势严峻，但俄罗斯人从一开始就坚定认为，战争的目标、战后的解决方案和战略重点都需要明确。7月12日签署的英苏协议在措辞上十分含糊，它所承诺的援助"没有明确的数量和内容"；但从苏联的角度来看，协议最重要之处在于它是一个不与德国单独媾和的承诺。

由苏军副总参谋长兼苏军总参谋部情报局局长格利科夫[1]将军率领的苏联军事代表团于7月的第二周抵达伦敦。总参谋长迪尔将军认为与俄罗斯人的合作关系对英国来说主要是一种负担："是俄罗斯人要求协助，而不是我们……我们所有的力量都用于实现一个明确的目标——赢得战争，而这不允许我们向俄罗斯人提供援助。"确实，艾登甚为担心"得不到参谋长们甚至是首相的支持，虽然后者曾发出豪言壮语，但仍不同意发起突袭"。]

---

[1] 菲利普·伊万诺维奇·格利科夫，1940年7月起任副总参谋长和格勒乌苏军总参谋部情报总局局长，1941年任驻英国和美国军事代表团团长。

图76 迈斯基与由格利科夫将军和海军上将哈尔拉莫夫领导的俄罗斯军事代表团，受到无处不在的诺维科夫的监视

7月13日（博温登）

战争的第三周结束了。……今天下午两点，伦敦和莫斯科的电台播发了一项意义重大的声明：昨天晚上，苏联和英国在莫斯科签署了一项关于军事同盟的协议。双方承诺在战争期间将以一切方式相互协助，并且不会单独签署停战协议或和平条约。

这太好了！

我记得，大约在两年前，当英法军事代表团前往莫斯科谈判一项互助协定时，我在日记中写道，尽管双方都有主观愿望，但合乎常理的事态发展趋势正推动英苏抱团对抗德国。这就是国际局势。不过，我预计，当资本主义和社会主义最终的分歧成为头号大事时，两国可能不会再拥有共同利益，最后可能分道扬镳。我在日记里写下这几行字之后发生的很多事情似乎完全推翻了我的观点：与德国的互不侵犯条约，与柏林在经济和政治方面的和解，在苏芬战争期间与英国的争执，还有去年伦敦和莫斯科之间冷淡且充满敌意的关系……在这段时间里，我曾经不止一次问自己：我是否错误预测？我在1939年8月的日记中所记录的观点是正确的吗？我是否应进行修改？

但是我内心有个声音在不断地重复：不，你没有错！你的观点是正确的！而我也没有作任何修改。现在现实已经证明我是正确的：苏联和英国成了盟友。他们在一场激烈的斗争中携手对付德国。

英苏两国都可以说："我们现在志同道合。"但没有什么是永恒的。在很多情况下……它们也可能分"道"扬镳，尤其当资本主义和社会主义的问题以这样或那样的形式被置于议程之上时。

克里普斯一定很得意！他的人生梦想（至少从战争爆发以来）已经实现。而且，成功是属于他的。这极大地巩固了他的地位。他将以英雄身份回到英国，而这对西特林、贝文和艾德礼这样的人来说是一件极不愉快又极其尴尬的事——这些人去年把克里普斯送到莫斯科，希望摆脱他这个不安分和危险的对手，并且在过去一年里竭尽全力阻止克里普斯在改善英苏关系方面取得哪怕是一点点成果。

当前世界正处于最严重的矛盾之中。今天让我们看到了这一事实的一个生动例证。

自从苏联加入战争以来，一场悲喜交加的争论在英国爆发。英国广播公司去年开始在每周日九点新闻播出之前播放所有盟国的国歌。自然，6月22日之后，问题出现了：《国际歌》是否应该在广播中播放呢？答案似乎很明显：应该播放。但是，请记住：《国际歌》

不仅是苏联国歌，而且是国际无产阶级，特别是英国共产党的战斗之歌。成千上万的英国保守分子听到这首曲子时不寒而栗。媒体、议会和社会对此激烈辩论。……7月11日，达夫·库珀来电，问我们可否找苏联或俄罗斯的其他歌曲替代《国际歌》。他举了个例子，在6月22日莫洛托夫的演讲结束之后，他听到管弦乐队演奏《库图佐夫进行曲》——不能用它替代《国际歌》吗？不用说，我断然拒绝了这个主意。7月12日，我去拜访达夫·库珀。……我从和库珀的谈话中了解到，丘吉尔是这一切的幕后主使。丘吉尔宣称：我已经准备好为俄罗斯做任何事，但我不会允许共产党人从《国际歌》中捞取政治利益。……

苏联和英国之间缔结军事同盟的消息于今天下午两点宣布。我好奇地等着，想听听英国广播公司晚上八点四十五分会播放什么。然后呢？在国歌播放时段的第一首乐曲是……一首非常优美但鲜为人知的苏联乐曲。没有《国际歌》。在那首乐曲之后，其他盟国的国歌都相继奏出。

……在英国广播公司展示英国政府的懦弱和愚蠢时，我们在吃晚餐。阿格尼娅非常激动，同时也对我很生气，因为我很平静，还觉得这一切很有趣（我在嘲笑英国政府）。她叫道："我觉得我们在英国白待了九年！"

她无法克制自己，猛然起立，眼泪汪汪地跑出了房间。我花了好些时间才让她平静下来。……

7月20日

昨天早上，我收到了斯大林给丘吉尔的"私人信函"，并被要求立即将其翻译成英文交给丘吉尔。昨天是星期六。我上午跟艾登见面，讨论有关伊朗的问题，然后请他为我安排一次跟首相的会面。艾登低声问我，在我递交"信函"时，他是否应该在场。我回答说，这封"信函"涉及军事和战略问题。艾登大声说道："如果是这样，我不在场也行。"

……下午一点左右，艾登从外交部给我打电话，说丘吉尔将在下午五点见我，要我去一趟契克斯别墅——首相正在那里度"周末"。我翻译完信件并把它打印出来（为了保密，这些事情都是我亲力亲为），随后动身前往乡间。天气变幻莫测，雨停了，阳光明媚。司机特捷列夫以前没有去过契克斯别墅，所以迷路了，拐弯的时候走错了方向。当我们好不容易到达首相的乡间别墅时，已经将近五点半了。这令人很尴尬，但我们也没有办法。

一个年轻的秘书在门口迎接我，把我带到首相那里。

"他们在喝茶。"他边走边说。

昏暗的大厅，古老的画作，奇特的楼梯……一幢有几个世纪历史的坚固的英国老宅，令人肃然起敬，里面会是怎样的呢？我不知道契克斯别墅的历史有多长。当然，依照英国标准，也许它相对来说还算年轻。

终于，秘书打开了一扇门，我发现自己置身于一个明亮的矩形大房间里。里面人声嘈杂，充满活力。丘吉尔夫人坐在桌旁倒茶。桌子边还坐着几个青年男女。伊斯梅将军[1]坐在靠窗的一边。每个人都在说说笑笑，相互交换意见。屋子里到处都是说话的声音。丘吉尔穿着一身奇怪的蓝灰色外衣，还扎着一条腰带（这身行头既像砌砖工人的工作服，又像在防空洞里穿的套装），坐在房间的另一

---

[1] 黑斯廷斯·伊斯梅将军，1940—1945年任丘吉尔的军事顾问和战时内阁副（军事）秘书长。

个角落,和一个漂亮的年轻女孩玩正方跳棋。我为迟到的事情道歉,他友善地握了握我的手,和气地说:"没关系。喝杯茶吧,等我把这一局下完。"

丘吉尔夫人非常热情,让我坐在她旁边,而伦道夫·丘吉尔的那位一头红发的妻子请我吃饼干。我喝了两杯茶,吃了几块饼干。我们谈到了伦道夫。他的妻子抱怨说她对于近期和他见面几乎不抱什么希望。她还自豪地说,"小温斯顿"已经开始走路了。

首相终于结束了他的棋局。他站了起来,向客人们点头示意,然后领我下楼,来到一个略为宽敞而沉闷的客厅。我们在壁炉旁的沙发上坐下,我将斯大林的"私人信函"交给丘吉尔。首相聚精会神地慢慢读了起来,还不时地查阅手头的一份地图。他显然很高兴,因为他收到了一封"私人信函",而且也没打算掩盖他的喜悦之情。斯大林在信中写道,如果我们的军队不得不在苏联的旧边界而非新边界上开始防御的话,那么苏军现在的情况会更糟糕。当丘吉尔读到那一段时,他停下来,喊道:"说得太对了!我一直都表示理解,并尝试为斯大林过去两年所奉行的'有限扩张'政策辩护。"

等首相读完这封信后,我问他对此有何看法。丘吉尔回答说,他得先了解司令部的意见。眼下他只能作出一些初步的评论。他喜欢在挪威开辟北方战场的提议。

……好像是为了证明他的观点,丘吉尔拿起电话,要求与海军参谋长庞德上将[1]通话。他向庞德询问海军上将维安[2]的海上行动准

---

[1] (阿尔弗雷德·)达德利·庞德爵士,海军上将,1939年升任海军元帅,1939—1943年任第一海务大臣兼海军参谋长。
[2] 菲利普·路易斯·维安爵士,海军上将,1941年5月领导了对俾斯麦号战列舰的进攻,1941年7月晋升为海军少将,并被派往俄罗斯,开展海上合作,协助俄罗斯从斯匹次卑尔根岛撤离的行动。

备工作，以及贝柴摩地区航母作战行动的准备情况——这些行动都计划在本月底进行。他催促庞德迅速采取行动，并用尖锐、有些恼怒的语调给其下达命令。

但是在法国开辟第二战场的问题上，丘吉尔当即表示拒绝。这实在做不到，有风险。对于英国来说，这将是一场灾难，不会带来任何好处。在回复斯大林的"私人信函"时，他对所有这些观点都进行了详细的阐述。在我们谈话时，为了证明自己的立场正确，丘吉尔向刚刚走进我们谈话的房间的伊斯梅寻求支持。伊斯梅完全支持首相。……也许是为了淡化他拒绝此事的印象，首相开始谈论从西方对德国发动空中攻势的计划。

"我们将无情地轰炸德国，"他强调，"日复一日，周复一周，月复一月！我们将继续扩大袭击范围，加强打击力度。最后，我们将用炸弹打垮德国，摧毁德国人的士气。"

接下来，丘吉尔突然将话题转向伊朗。他所说的跟我今天早上从艾登那里听到的并无二致，只是他的语气更尖锐，立场更坚定。

"我们不允许伊朗国王耍花招，"首相激动地说，"波斯必须站在我们这一边！不管怎样，国王必须作出抉择。"

丘吉尔还补充道，如果国王继续摇摆不定，那么英苏军队有必要对波斯进行军事占领。此外，他还暗示说，在波斯的军事行动，和挪威一样，也可能成为某个"第二战场"。

因为现在显然还无法讨论在英吉利海峡对岸实施登陆行动，所以我转而谈论物资的供应问题，强调了它的重要性。

……接着，丘吉尔断言，只有美国积极参战，才有可能赢得胜利，并指出，苏联应该主要依靠美国提供物资援助。他承诺，如果有必要，将协助我们打通美国军火市场。

……我们的谈话即将结束时，霍普金斯[1]走进客厅，他以首相客人的身份来契克斯别墅度"周末"。我们互致问候，但是交谈不多。苏联在美国某些物资的供应方面遇到了困难，对此我询问了霍普金斯。他答应会去了解情况并告知我结果。很奇怪的是，霍普金斯的表情、举止和穿着使我想起旧时地方自治机构的统计员。

丘吉尔热情而友善地和我道别。在我离开时，我听到他的秘书召集参谋长们在当天晚上召开会议。丘吉尔答应会尽快通过克里普斯回复斯大林，并给我一份回信的副本。

今天晚上十一点，海军上将庞德前来拜访我，并给了我一份首相的回信。我在信中找到昨天我从他口中听到的所有信息。总的来说，回信没有给我带来多少安慰。当前不会在法国开辟第二战场。对抗德国战争机器的重担完全落在我们肩上。但是至少现在我清楚了首相的立场。这十分重要。不能抱有幻想！一厢情愿最是糟糕。

［艾登和比弗布鲁克向丘吉尔的俄罗斯政策提出了挑战。6月27日，比弗布鲁克在与迈斯基的会谈中首次提出了第二战场的想法。艾登经常想摆脱他那被丘吉尔宠溺的继承人形象。他早先曾尝试维持自己的独立地位，却毫无收获。德国人入侵俄罗斯，给受到俄罗斯人尊重的艾登带来了提高政治地位的机会。由于担心艾登使英国作出过多承诺，一直对俄罗斯兴趣不大的丘吉尔决定不再让艾登在其中扮演重要角色，而是亲自跟斯大林通信。私底下，艾登表达了对丘吉尔"感情用事和夸夸其谈"的电报的反感，认为这些电报注定会促使斯大林得出一个正确的结论："空谈替代不了枪炮。"］

---

[1] 哈里·劳合·霍普金斯，1938—1940年任商务部长，二战期间任罗斯福总统的特别顾问和私人助理。

7月29日

于是,哈里·霍普金斯现在在莫斯科!这是一件多么了不起的事。

7月25日,我在美国大使馆会见了霍普金斯。怀南特也在场。美国人向中东地区的英军输送了物资和战斗机,莫洛托夫要求我与霍普金斯讨论美国向我们提供类似物资和战斗机的可能性。我跟总统的"私人使者"谈论了这个问题,但是没有成功。……确实,霍普金斯向我保证,在反对希特勒的斗争中,罗斯福准备向苏联提供一切形式的支持,但同时提醒我,不要对美国武器援助的速度和范围抱任何幻想。

……讨论完这个话题,霍普金斯突然问我:要做些什么才能拉近罗斯福和斯大林的关系?

我没有马上领会霍普金斯的意思。于是他开始向我解释,对于罗斯福来说,斯大林只不过是一个人名而已,也许还是苏联政府的首脑,但也只是一个抽象的概念。罗斯福对斯大林没有任何具体、实际或私人的理解。……很明显,霍普金斯非常专注于罗斯福和斯大林之间"相互熟悉对方"的问题,他对此已经作了一些认真的思考。

……27日,我在博温登。晚上十点左右,大使馆打来电话,说怀南特迫切地与我相见,有重要事务商讨。我马上出发,赶往市中心。我进入使馆大楼时,已经十一点十分了。怀南特坐在我的办公室和诺维科夫聊天。原来,怀南特带来了霍普金斯及其两个助手的护照。他让我立即在他们的护照上做签证,因为他们三人过半个小时就要出发前往苏联。我不明白他在说什么。但怀南特不耐烦地喊道:"以后我会向你解释这一切的。现在给我办签证就行了。火车在十一点四十分开往苏格兰。霍普金斯已经在车站了。我必须在火车离站之前把有签证的护照交给他。"

给我办签证,说得容易!所有的签证贴和印章都在领事馆,开车去领事馆得花一刻钟,而且现在这么晚了,那里可能根本没人。怎么办呢?

我发扬布尔什维克作风,迅速变通。毕竟,霍普金斯对莫斯科的访问不能因为领事工作规范中的几段文字而被推迟!我拿起霍普金斯的护照,在一张空白页上写道:"我请求允许哈里·霍普金斯先生在行李不受检查的情况下通行。苏联驻英国大使伊万·迈斯基,1941年7月27日。"然后,我让莱佩金盖上我们的印章。另外两本护照我也作了相同的处理。我估计,外交人民委员部领事司的负责人看到"我颁发的签证"时会晕倒。我想,这样的签证在我们的外交史上是史无前例的。但是又何必担心呢?连彼得大帝都曾经说:"如果有需要,法律本身也可以修改。"此时,"需要"是毫无疑问的了。

怀南特拿着护照离开了,直到半夜才回来。

"我差点就没赶上,"他走进我的办公室大声说道,"当时火车已经开动了。"

[霍普金斯是罗斯福的亲密顾问,权力很大。他让丘吉尔清楚地意识到,总统极度重视东线战场提供的喘息空间,同时对北非战场给美国带来的沉重负担感到不满,还赞成重新分配资源。因为霍普金斯作为丘吉尔的特使来到莫斯科,克里普斯得以介入此事并劝说霍普金斯接受了这样一个观点:结盟的必要条件是立即开展军事合作以及签订长期的政治协议。霍普金斯提议召开一次会议,美国、苏联和英国在会上将"共同充分探讨各个战场的相关利益"。

对俄罗斯的援助,"我们不应仅是看看能够匀些什么来支持伙伴或盟友,而应该当作一项竭尽全力去做的重点工作"。克里普斯甚至为霍普金斯起草了一封给斯大林的电报。两周后,在普拉森舍湾与罗斯福的第一次首脑会议上,丘吉尔不情愿地签发了这封电报。]

7月30日

终于,我们在今天签署了《苏波互助协定》!我简直不敢相信。

今天下午四点十五分,诺维科夫、科尔日、津琴科[1]、佐诺夫[2]和我来到了英国外交部。空中乌云密布,大雨倾盆。我们走进接待室。我告诉我们的年轻人,在这个房间里曾经开过关于"不干涉"西班牙的会议。我的故事还没讲完,身穿将军制服的西科尔斯基在波兰色姆议长和几名部长的陪同下走了进来。……

艾登看了看表,急忙说:"首相还没有来……"

接着,似乎是为了表达歉意,他补充说道:"您知道的,首相喜欢在午餐后小睡一小时。他习惯了。他马上会到。"

接着,艾登把手放在西科尔斯基的肩上,将他领到一边,对这位波兰总理低声说了几句话。随后他走到我跟前,同样也把手放在我的肩上,带着些许尴尬轻声地说:"请原谅我问这个愚蠢的问题。在签字的时候,我会坐在中间……您介意让将军坐在我右边,而您坐在左边吗?毕竟,他是总理……"

我放声大笑,回答道:"不,我不介意。不是位置造就人……"

---

[1] 康斯坦丁·埃梅里亚诺维奇·津琴科,1940—1942年先后任苏联驻英国大使馆的二等秘书、一等秘书,1942—1944年在莫斯科的苏联外交人民委员部中心机构任职。

[2] 瓦西里·马特维艾维奇·佐诺夫,1939—1941年任苏联驻英国大使馆领事部部长,1941—1944年任大使馆二等秘书。

图77　西科尔斯基和迈斯基签署《苏波互助协定》

艾登如释重负地叹了口气,高兴地补充说:"非常感谢。"

丘吉尔还是没来。现场的人漫无目地在艾登的房间里徘徊。斯特朗和诺维科夫在将用于签约的桌子周围忙碌着。这张桌子很长,上面覆盖一块桌布,艾登通常在桌子的右侧接待他的客人,墙上展示着一尊皮特的半身像。

西科尔斯基用法语跟我打招呼。他对于我们即将签署协定感到高兴。很久以前,他就已经得出结论,波兰在它的东西方邻国间无法永远保持平衡。它必须作出选择:要么与德国一道对抗俄罗斯,要么与俄罗斯一道对抗德国。西科尔斯基本人一直认为波兰必须与俄罗斯联合,共同对抗德国。

……突然,好像有一阵大风吹进了房间。大家不再说话,而将

图78　互无好感：迈斯基和瓦迪斯瓦夫·西科尔斯基将军在仪式结束后

目光转向房门：首相出现了。事实证明艾登的预告没错，丘吉尔真是刚从床上爬起来的。这一点可以从他下垂的脸，发红的、略为湿润的眼睛，以及昏昏欲睡的样子看出来。[1]丘吉尔穿着黑色上衣和条纹长裤，肩宽腰粗，脑袋固执地垂下来——像一只真正的英国斗牛犬，带着一丝不易觉察的微笑环视四周。艾登急忙迎上去，把他引到屋子中央。西科尔斯基向丘吉尔介绍了自己的"随行人员"，我也介绍了我的同伴。

---

[1] 在场的波兰人也注意到"丘吉尔看上去疲惫不堪，但他明显深受感动。他声音颤抖，眼含泪水"。

我们随即直奔主题。现在已经四点半了。我们在桌前就座，准备签署协定。艾登坐在中间，丘吉尔坐在他的左边。我坐在左边的角落里，西科尔斯基坐在艾登的右边。波兰先生的计划落空，命运捉弄了他：他虽然坐到了艾登的右边，但是我坐在了丘吉尔旁边。

……最后，签字仪式结束。……我们相互握手道别。摄影师想拍西科尔斯基和我握手的场景。我们按照他们的要求握了手。临别时，丘吉尔对我说："我将随时尽我所能帮助你。如果你对这个问题有任何想法，来找我。我们可以谈谈。"

8月3日

霍普金斯对莫斯科的访问显然取得了成功。当然，我们只能以日后的情况来判断访问的结果（美国提供的援助如何交接呢？），但目前的情况看上去是令人满意的。

霍普金斯与斯大林同志在7月30日和31日进行了两次会晤。他们谈了很久，谈得很详细。霍普金斯代表罗斯福表示，美国将在没有签订特别协议的情况下向我们提供所有形式的援助。斯大林同志为此向霍普金斯表示感谢，然后向他列出了我们所需物资的清单（主要是重机枪和小口径高射炮）。斯大林同志还要求美国政府加速推进向我们提供的五亿美元贷款及早到位，这也有助于向世人公开展示美国、苏联和英国的团结一致。霍普金斯对此表示同意，并答应立即就这一问题以同样的口吻向罗斯福发电报。斯大林同志还信心满满地向霍普金斯保证，胜利必将属于我们，希特勒及其同伙必须被赶下台，因为他们毫无"绅士风度"，违反了所有的协定。鉴于不同的国家有不同的政府制度，遵守协定就显得尤其重要。

斯大林同志给霍普金斯留下了非常深刻的印象。怀南特回到苏格兰后会见霍普金斯（霍普金斯返回美国时没有途经伦敦），他告诉我，罗斯福的特使在离开莫斯科时就已经得出了以下结论：斯大林同志的头脑异常清晰，而且为人非常现实。他知道自己想要什么，是一个真正了解形势的人。他对前线战况了如指掌。他对胜利充满信心。斯大林不会提出不现实的要求，所以当霍普金斯告诉他美国当下不能向苏联提供太多帮助时，他并没有心灰意冷。相反，他开始冷静地与霍普金斯讨论一个关于未来的方案，以及在1942年春天之前向苏联提供援助的各种可能性。这给霍普金斯留下的印象是，红军有坚实的军事基础，而且总的来说，苏联是一个值得信赖的伙伴，美国可以跟它打交道。

霍普金斯与斯坦因哈特一起拜会了莫洛托夫（7月31日）。霍普金斯向莫洛托夫提了两个问题：

（1）关于日本，苏联政府希望美国政府做些什么？莫洛托夫回答说，如果美国政府能够明确反对日本向南北两方推进的计划，那是再好不过了。

（2）苏德战争对苏联与中国的关系将会有何影响？莫洛托夫回答说，苏联政府与蒋介石意见一致，但是鉴于当前的形势，苏联政府无法向中国提供大量的帮助。如果美国能增加对中国的援助，那就太好了。

对于莫洛托夫同志的回答，霍普金斯的反应并不是很明确。他只是说，美国不喜欢就日本的行动向其发出抗议照会，这样的照会不会有结果。

霍普金斯对苏联的总体印象是：从上到下，所有人都下定决心要消灭德国法西斯主义，并且对胜利充满信心。

8月10日（博温登）

战争已经进行了七个星期。

当然，未来是个未知数，但是一些非常重要的事情即便在当下也很明晰。最重要的是，红军已经挺住了德国国防军的攻势。事实证明，希特勒的战争机器无法像它对付包括法军在内的其他军队那样，击溃、瓦解和碾压红军。在战争的前两三个星期里，德军连这一点都做不到，尽管当时它在所有方面都占优势。……

斯大林同志向丘吉尔提议的在西欧开辟第二战场的想法由于难以实现而遭到拒绝。在北欧建立联合战线的想法原则上已经被接受，但因其执行缓慢又保守，我们的海陆军士兵正陷入绝望。来自西面的对德空袭行动还在继续，但首先，无法有效促使德军撤出东线，其次，空袭力度也不够。即使是在物资供应方面，英国人也只向我们提供了最低限度的援助。他们不想向我们提供足够的贷款，也不想给我们提供最急需的武器（小口径高射炮、战斗机等）。我想方设法、排除万难，从他们那里弄到了两百架美制战斧式战斗机[1]，现在他们对此念念不忘，不管合不合适，在所有场合都对此大吹大擂，称这象征着他们的慷慨大度。他们都说：连我们自己都没有这样的战斗机！这是一个站不住脚的说法。问题的关键在于……包括丘吉尔在内的英国政府成员，还抱着过去一年以来所推行的"防卫性战略"不放。在我们加入战争之前，这种战略是很自然和合理的，但是，在6月22日之后，这已经变得不合时宜了。

结果，一种自满情绪在英国上下弥漫，连工人在一定程度上都受到了影响。8月2日是法定假日，火车站里人潮涌动，他们都是去

---

[1] 战斧式战斗机，美国寇蒂斯公司生产，移交苏联的是P-40B型号。——译注

图79 大联盟是在肯辛顿官花园迈斯基住所暖房里的午餐会上结成的

乡间度假的，跟和平时期没什么两样。超过三百列火车载着"度假者"驶出了伦敦。关于英国人的自满，还需要更多证据来证明吗？

这就是为什么我并不指望在不久的将来能得到英国的全面援助，除了中东这个可能的例外。基本上，我们必须依靠自己。

8月26日

艾登询问我当前苏联国内的情绪。

我以私人身份（而非政府代表）作答。

英国的所作所为引发了广大苏联民众日益增长的困惑和失望。十个星期以来，我们一直在与史上最强大的战争机器殊死斗争。我们在孤军奋战！苏联人民和军队正在英勇战斗，但是损失巨大：七十万人、五千五百辆坦克、四千五百架飞机、一千五百门火炮，以及部分领土——其中有些极具价值,极其重要。

而这段时间里英国在做些什么呢?我们要在西方开辟第二战场的建议在7月遭到了拒绝。

……确实,英国也在采取一些行动,我们对此表示感谢。但是……对付狂暴的野兽,光掐尾巴是不够的,一定要用大棒当头痛击!英国轰炸机并没有迫使德军从东线撤出一个中队……热情、钦佩等赞美之词,虽令人愉快,却虚无缥缈。我时常在想:"我宁愿把钦佩换成更多的战斗机!"难怪苏联人民会失望和困惑。作为大使……我认为有必要就这样的情绪警示艾登。

我的话极大地触动了艾登。他半心半意地为英国辩护(他自己是开辟第二战场的支持者):英国还没有为德军入侵西欧作好准备;美国在物资提供方面行动迟缓;英国正在实施空袭,英国和苏联在伊朗开展合作;中东地区前景良好;在利比亚的军事行动即将开始。

我回答说:伊朗和利比亚是次要任务。[1]主要的问题是,如何击败德国?

……我说:"如果英国政府真想改善关系,我有一个好的建议,即不要在大西洋中央发表重要声明(机械降神)。问题不在声明的内容(内容其实还好),而在确定这些内容的方式。这给人的印象是,英国和美国将自己想象成世界的主宰,他们对包括苏联在内的其他身负罪恶的国家进行审判。你们不能在这样的基础上建立

---

[1] 当德国军队入侵俄罗斯并逼近高加索地区时,人们担心德国可能南向进攻伊朗,从而威胁英国在该地区的整体地位和资产。为了应对这一威胁,8月25日,英俄联合入侵伊朗。这一行动的公开目标是对抗德国驻于该国的"第五纵队",并开辟一条到俄罗斯的补给线,但这几乎难掩此举的真正目的:按照英俄两国在1907年划定的分界线强行分割波斯。丘吉尔告诉他的儿子伦道夫,这个"可疑的"行动"就像在模仿德国人"。艾登"对此感到羞耻",认为此次行动是英国"第一次进行'赤裸裸的侵略'"。

1941年　541

友谊。"

8月30日

我的提议一针见血。我和艾登在26日的谈话极大触动了莫斯科。来自D. I.[1]的回电以这样的文字开篇:"你与艾登关于战略的谈话充分反映了苏联人民的情绪。我很高兴,你对民众的情绪把握得非常准确。"回电接下来的内容是政治方面的一些考虑。希特勒的目标是逐一打败他的对手,今天是俄罗斯人,明天就轮到英国人了。当前英国政府不抵抗的态度正中希特勒下怀。没错,英国人对我们称赞有加,还猛烈抨击德国,但这实际上改变不了什么。英国人明白这一点吗?他们当然明白。他们想要什么?显然,他们希望看到我们被削弱。如果是这样的话,我们在和他们打交道时一定要非常谨慎。

D. I.还向我提供了关于前线战况的一些信息。最近,乌克兰和列宁格勒附近的局势进一步恶化,原因在于,德国又从西方调了三十多个师过来。如果把二十个芬兰师和二十二个罗马尼亚师包含在内,我们现在面对的是将近三百个师。德国人认为西方的威胁只不过在虚张声势,所以他们很乐意从那里调走每一支像样的军队。德国人的信心从何而来?……除非英国人能迅速振奋,否则我们的处境将变得十分危急。英国会从中受益吗?不,我想他们会是输家。

---

[1] D. I.这一缩写代表"instantsia",在俄语中含有"vlast"的意思,意为权力或权威。早年,苏联共产党中央委员会以D. I.的名义下发指示,这后来成为斯大林的专用。斯大林与一名大使直接沟通是极不寻常的事情,这显然让近两年来地位大幅下滑的迈斯基受宠若惊。

D. I.的结论很悲观：如果在三四个星期内，欧洲没有开辟第二战场，我们和我们的盟友可能会全盘皆输。这令人难过，但它可能会变成现实。

收到这样的一封电报，我在房间里长时间地来回踱步，陷入沉思。当然，D. I.对局势更为了解，但我还是很难相信我们会被打败。自从战争爆发，我一直坚信我们必将取得最后的胜利。对我来说，不确定的只是胜利的代价。我仍坚持我的想法。但D. I.的话证明了一个事实：局势已经变得极其危急。必须尽全力缓解紧张局势，或者至少要利用当前危局"唤醒"英国人。我更倾向后者，我立即就这一认识草拟了回电。

我解释说，如果局势如此严重，应该再作一次尝试，敦促英国政府在法国或在巴尔干半岛开辟第二战场。与此同时，我补充道：我不想制造任何无根据的幻想。在当前这样的时刻，您比以往任何时候都更需要了解真实情况。因此，让我提前告诉您，根据我的印象判断，政府部门（不是普通民众）总体上并不支持开辟第二战场。我在8月29日的午餐会上与首相的对话尤其证实了这一点。这种态度背后潜藏着各种复杂的动机：德国在陆地上不可被战胜这一说法的催眠作用；因我们强有力的抵抗而带来的逐渐增长的自满情绪（许多人说，苏联人在战场上表现不错，所以不用着急，可以稳步推进自己在1942年或1943年发起决定性攻势的计划）；削弱苏联的愿望（相当一部分保守党人肯定有这样的愿望）；英国对大规模登陆行动还准备不足；对重演敦刻尔克撤退的恐惧（这可能会破坏政府在国内的地位并损害其在美国的声望）。这是我对反开辟第二战场情绪的分析，而不是辩护。基于目前的情况，在我看来，我们在物资供应方面成功"唤醒"英国的可能性更大。

……不过，考虑到苏联面临的威胁，可以再次向英国政府提出开辟第二战场的要求。丘吉尔和其他人总归得明白，如果苏联出局，英帝国也就完蛋了。……然而，我们还必须考虑到问题的另一面：如果英国不开辟第二战场，而我们又向他们挑明了我们的危急处境，这可能会对物资供应问题产生不利影响。英国人可能会这样做：既然帮助俄罗斯人用处不大，我们最好还是把现有的坦克和飞机留着自己用吧！我所提议采取的行动的所有利弊都必须加以权衡。如果行动的话，可以采取以下两种可能的形式：（1）斯大林向丘吉尔发出私人信件；（2）我与丘吉尔就当前形势进行深入对话。在我看来，第一种形式更好，也更有效。

[9月4日，克里普斯收到了斯大林给丘吉尔的信。"这是一份严肃的文件，"他在日记中写道，"它让我感到十分震惊。……除非我们能够立即采取一些有效的措施来帮助他们，否则即便他们没有**彻底失败**，至少在很长一段时间内也会一蹶不振。他们将无法熬过这个冬季。如果俄罗斯现在崩溃了，我们也不可能取得胜利……我决定立刻返回伦敦，并带上梅森-麦克法兰[1]将军一起。"丘吉尔决心阻止克里普斯推进一个**既成事实**。然而，丘吉尔再也不能忽视克里普斯的挑战，他亲自给克里普斯写信，长篇大论地阐述自己反对直接向苏联提供援助的观点，嘲笑克里普斯要求作出超凡努力的呼吁，认为这是"一种超越空间、时间和地理条件的努力"。这封信预示了两人之间漫长而激烈的通信往来，较量的顶点是克里普斯从莫斯科回国后与丘吉尔争夺权力。

莫斯科会议前夕，丘吉尔与克里普斯之间出现了分歧，同时俄

---

[1] 弗兰克·诺埃尔·梅森-麦克法兰爵士，陆军中将，1937—1939年任驻柏林和哥本哈根武官，1941—1942年任英国驻莫斯科军事代表团团长。

罗斯前线的危机日益严重。9月8日至9日，德军重新开始向列宁格勒郊区推进。与此同时，希特勒不顾众多将领反对，决定于8月21日停止向莫斯科进军。在一场短暂但激烈的装甲部队战斗后，古德里安[1]在9月7日成功突破了俄罗斯在布良斯克和东南战场的防线。9月11日，传奇将军布琼尼[2]被困在基辅的突出部，他提出撤退的请求，结果被立即解除了指挥权，铁木辛哥[3]元帅被任命为其继任者。几天后，古德里安和埃瓦尔德·冯·克莱斯特[4]元帅的部队通过钳型攻势在基辅以东一百英里的地方会师，包围了铁木辛哥的部队。沙波什尼科夫[5]当天给总参谋部发去电报称："这就是你所知道的灾难的开始——也就是几天的事。"确实，基辅在9月18日陷落，这一战场的大部分苏军不是被歼灭，就是被俘虏。南部战线的局势看上去同样悲观，德国军队包围了敖德萨，威胁着整个克里米亚半岛。]

---

[1] 海因茨·古德里安，上将，德国装甲兵团理论的创始人，领导德军取得了西线和俄罗斯战役初期的胜利。他对东线战争持批评态度，1941年冬被希特勒解职，但1943年又恢复指挥权。

[2] 谢苗·布琼尼，陆军元帅，前沙皇军队骑兵。在大清洗期间，他与斯大林的关系救了他一命。在战争开始时，他是乌克兰和比萨拉比亚地区苏军的总司令，但在1941年夏季，他统率的部队遭受了惨败，之后他被解除了指挥权。

[3] 谢苗·康斯坦丁诺维奇·铁木辛哥，苏联元帅，1940年5月至1941年7月就职于国防人民委员部，1941年7月至9月任国防人民委员，1942年7月任斯大林格勒战役指挥官，1942年10月至1943年3月任西北战线指挥官。

[4] 保罗·埃瓦尔德·冯·克莱斯特，德国陆军元帅，1941年在乌克兰战役中任第一装甲集团军指挥官，1942年受命攻占巴库油田。

[5] 鲍里斯·米哈伊洛维奇·沙波什尼科夫，1928—1931年、1937—1940年和1941年任红军总参谋长，1941—1943年任副国防人民委员。

9月4日

我的建议被采纳了。今天早上，我收到了斯大林给首相的私人信件的文本。信件的措辞坚定、清晰、果决。信里没有任何幻想，也没有客套话，只谈客观事实和当前面临的威胁。这是一份了不起的文件。[1]

下午四点左右，我来到卡多根的办公室，讨论伊朗事态。我告诉他，我必须把斯大林的私人信件交给丘吉尔，如果可能的话，在今晚或明早安排一次与首相的会面。……我还要求卡多根安排艾登出席我与首相的会面。

"很抱歉，"我补充道，"我不得不打扰外交大臣休息，但是这件事情很重要，我想他不会为此责怪我的。"……

艾登已在几天前去了乡下，他要在那里度假一周。

卡多根认为，在我们讨论伊朗事务时，他应该会得到首相秘书的回复，但是不知为何，回复迟迟未到。我决定先回去，让卡多根通过电话告诉我和首相见面的时间、地点。我一回到大使馆，电话就响了。卡多根说，首相将于晚上十点在唐宁街十号见我，艾登也会到场。

我在约定时间的前一刻钟离开家。明月当空，形状奇特的云朵从西向东快速移动。当云朵遮蔽月亮，月光将云层的边缘染成红色和黑色时，整个画面显得阴郁而不祥，仿佛世界正处于毁灭的前夜。我沿着熟悉的街道开车，心想："再过几分钟，一个重要的，也

---

[1] 斯大林表达了对前线形势的严肃看法。结尾处，他请求在1941年于巴尔干半岛或法国开辟第二战场，从东部前线吸引德军三四十个师，还请求在10月前每月向苏联提供三万吨铝、至少四百架飞机和五百辆坦克。他警告说，如果没有这两项援助，苏联可能会溃败，或者被削弱到在很长一段时间内都无法为其盟友与希特勒的斗争提供积极支持的程度。

许是决定性的历史时刻将会到来,这会对我们产生深远的影响。我能自如应对吗?我是否拥有足够的意志力、力量、机智、敏捷和智慧,为了苏联和全人类,尽力扮演好我的角色?"……

我走进那所著名房子的大厅时十分激动,内心有些紧张。但平淡无奇的生活很快把我带回了现实世界。一名身穿制服、再普通不过的英国门房躬身接过了我的帽子。跟先前那位看似毫无区别的另一名门房领着我穿过一条光线昏暗的走廊。年轻男女在走廊上往来穿梭,他们或许是首相的秘书和打字员。他们让我在一张小桌旁坐下,然后就去报告我到了。经过了这么多年,我已经非常熟悉这一整套程序了,它就像一桶冰冷的水浇在我的心头。

随后,我被领进了首相办公室,或者更准确地说,是政府的会议室。丘吉尔穿着一件无尾礼服,嘴里跟往常一样叼着雪茄,坐在一张长桌的中部。桌子上盖着一块绿色的桌布,旁边还有一长排空椅子。艾登身穿轻薄布料做成的深灰色正装,坐在首相旁边。丘吉尔用怀疑的眼光看着我,吸了一口雪茄,像条斗牛犬一样咆哮:"有什么好消息吗?"

"恐怕没有。"我一边回答,一边将装有斯大林信件的信封递给首相。

他把信取出来,戴上眼镜,仔细地读了起来。每读完一页,他就把它交给艾登。我坐在首相旁边,一言不发,观察着他的表情。丘吉尔读完后,可以明显看出斯大林的信给他留下了极其深刻的印象。

我开腔了:"丘吉尔先生,现在您和英国政府都已了解事态的真实情况。我们抵御德国战争机器的可怕进攻长达十一周之久。德国人在我们的战线上集结了多达三百个师。在这场斗争中,没有人帮助我们。形势变得困难和险恶,现在还来得及改变。但是要做到这一点，非常重要的是，必须迅速而坚决地贯彻斯大林信中所写的内容。如果不立即采取适当的措施，机会可能转瞬即逝。……您要么采取坚决果断的措施，向苏联提供它需要的帮助——这样我们将会赢得战争，希特勒主义会被粉碎，人类将获得自由和逐步发展的机会。或者，如果您不向我们提供我们需要的援助，苏联将面临失败的危险以及随之而来的严重后果。"

……我说话的时候，首相一边抽雪茄一边听，只是偶尔通过一些手势和面部表情来回应我的话。艾登则在仔细研读斯大林的信件，并在信纸空白处做标注。

接下来，丘吉尔开始回应。……"我毫不怀疑，"丘吉尔大声说，"希特勒仍然希望推行他的一贯伎俩——一个接一个地击败他的敌人……如果牺牲五万英国人的生命，能从你们的战线上引出哪怕只是二十个德国师，我也准备好了！"

不幸的是，英国目前缺乏在法国开辟第二战场的力量。在这里，丘吉尔把他在7月就这一问题跟我说的并用于回复斯大林信件的那番话又重复了一遍。

"英吉利海峡阻止德国进入英国，"首相补充说，"同样，也阻止英国进入德国占领下的法国。"

丘吉尔认为，目前在巴尔干半岛开辟第二战场是不可能的。英国缺乏必要的士兵、飞机和海运能力。

"想想看，"丘吉尔说，"在春季，我们花了整整七周才把三四个师从埃及运送到希腊，而做到这一点还是基于希腊不是一个敌对国家，而是友好国家！不，不！无论在法国还是在巴尔干半岛，我们都不能明知必败还往前冲！"

……看到继续就第二战场问题作进一步争论已经没有任何意义时，我退回我的"第二战线"，特别强调军用物资的供应问题。正如我所预料的，在这一问题上，首相的态度要缓和得多。他承诺将以最大的善意考虑斯大林关于提供坦克和飞机的要求，然后给出明确的答复。

"但不要对我们期望太高！"丘吉尔警告说，"我们也缺少武器。超过一百万的英国士兵没有装备。"

就像一个小男孩吹嘘自己如何巧妙地欺骗了他的同学，丘吉尔眨巴着眼睛，跟我说他在大西洋会议上如何成功地从罗斯福手中骗到了十五万支步枪。十五万！而这就是我们今天要讨论的数字。至于坦克，一个月提供五百辆根本不可能做到。英国全部坦克的产量都达不到这个数字！

"我不想误导你们，"丘吉尔总结道，"我实话实说，在冬季到来之前，我们无法为你们提供任何重要的援助，不管是开辟第二战场，还是大规模的物资供应。我们现在有能力向你们提供的所有东西——坦克、飞机等——与你们的需求相比都是微不足道的。跟你说这种话，对我来说非常痛苦，但必须把事实摆在第一位。未来会变得不一样。到1942年，情况会有所改变。我们和美国人在1942年都能向你们提供大量物资。但是现在……"

最后，丘吉尔微笑着总结说："在未来六七个星期里，能够帮助你们的就只有你们不信仰的上帝了。而且，即使我们现在向你们运送坦克和飞机，它们也不可能在冬季到来之前到达。"

此时，我将话题转向了长期以来一直重压我心头的另一个问题。"苏联和英国是盟友，"我说，"它们正联手与共同的敌人进行着一场战争。人们可能会认为，这样的话，双方应该有共同的战略计划（即便只是基本的框架）。它们有这样的计划吗？不，它们没有。我们不知道英国人计划如何打败希特勒，而英国人也不知道我们计划如何做到这一点。两国的参谋长之间没有举行军事谈判。甚至没有人严肃建议开展军事合作。这不正常。即将举行的莫斯科会议难道不能扩大讨论范围吗？会上不仅应该讨论物资供应的问题，而且要讨论与共同战略相关的问题。"

丘吉尔原则上同意我的看法，尽管他的热情不高。他宣称，他已经准备好与我们共同制定一个总体的战略计划。

我问首相，他怎么看待战争的进程和结果。

……"我在1942年的计划是非常审慎的，"丘吉尔答道，"我的计划如下：坚守英国本土，不允许发生任何的入侵行动；固守尼罗河河谷和中东；夺回利比亚（如果有能力，还要夺回的黎波里）；确保经伊朗和其他方向对苏物资供应线的安全；将土耳其拉到同盟国这边；不断地轰炸德国，开展无情的潜艇战。其他还包括：加强陆军备战，强化空军力量，发展武器生产，加强中东防卫。我计划在今年底前将中东的驻军增加到七十五万（现在大约有六十万），到1942年春季达到一百万左右。"

从本质上讲，丘吉尔的意思是1942年应该还只是一个"预备"年，不会有重大的登陆行动，不会尝试结束战争。1943年可能是决定性的一年，在美国的帮助下，英国将把坦克数量增加到两万辆。然而，这也只是一个假设。我们不能排除这种可能性，即战争要延迟到1944年才能结束。

……当我离开首相时，已经十一点四十五分了。我们谈了将近两个小时。月亮已经消失无踪；由于灯火管制，伦敦的街道一片漆黑，笼罩在不祥的寂静中。总结起来，我想："这一切的结果会是什么？"[1]

---

[1] 无论在给莫斯科的报告中还是在自己的日记里，迈斯基都有意隐瞒了一个事实：丘吉尔感觉到了苏方的要求中"暗含的威胁"，极为愤怒。他告诉迈斯基，鉴于苏联在战前跟纳粹德国的合作，"不管发生什么，不管你们做什么，在所有人当中，你们最没有资格责备我们"。

9月5日

今天上午十一点，由丘吉尔提议的与参谋长们的会议在艾登的办公室举行。会议由艾登主持。参加会议的有海军上将庞德、迪尔将军、空军中将波特尔[1]以及其他两三名军官。我们这边参会的是我和哈尔拉莫夫[2]，为海军上将翻译的是巴拉诺夫。会议持续了大约两个小时。我们从纯战略的角度讨论了在法国开辟第二战场的可行性等议题。我非常失望，不是因为参谋长们认为这样的行动不可能实现（之前的一切已经让我对此有所准备了），而是因为他们的观点缺乏论据并且毫无新意。[3]完全没有任何新东西，丝毫不比我之前从别人——上至首相下至普通记者——那里听到过十余次的类似说法更令人信服。我能感觉到，参谋长们慑于德国战争机器的威力，已经完全丧失了主动性和勇气。迪尔给我留下的印象最好，庞德的较糟糕。艾登只是主持会议，几乎没有表达他自己的观点。我们在临近"午餐"时间之前结束了会议。参谋长们的结论是，无论是在法国还是在巴尔干半岛，开辟第二战场是不可能的。

……我问艾登："据我所知，英国政府正在考虑通过物资供应的方式扩大对我们的援助。依据是什么？现金还是信贷？"

我的问题让艾登措手不及，他说他会问首相。我补充说道："既然您要和丘吉尔谈这件事，您能不能提议基于《租借法案》向我们提供物资？"……艾登立刻来劲了，说他同意我的观点。他显然喜欢我的主意。他承诺在跟首相交谈时会提及我的建议。

---

[1] 查尔斯·波特尔，1940—1945年任英国空军参谋长。
[2] 尼古拉·米哈伊洛维奇·哈尔拉莫夫，苏联海军上将，1941年6月起任驻英国海军武官和苏联军事代表团团长，1944年起任苏联海军副总参谋长。
[3] 艾登得出一个错误的印象：迈斯基"最终对我们的弱点和局限性有了更清晰的认识"。

六点，我被安排在泰戈尔的葬礼上作简短发言。……我刚刚讲完，就接到大使馆一个工作人员递来的纸条：丘吉尔要我立即去唐宁街十号。我不得不向主席和参会人员道歉，随即就离开了。

我在首相的接待室坐了大约十分钟。其间，艾登一度从门边探出头来说："对不起，耽搁了。回信正在打印。"

接着，他略带歉意地微笑说："我们不能完全满足您的要求，但是我们能做的都做了……您会亲眼看到的。"

艾登走开后，我开始猜测英国可能会作出什么让步。

最终，他们把我领了进去。还是那个长形的房间，桌子上盖着绿色的台布。丘吉尔和艾登坐在桌旁，桌上放着一瓶威士忌和一些苏打水。如往常一样，首相嘴上叼着雪茄，他热情地打了个手势，请我坐下来，还给我倒了一杯威士忌苏打。然后他露齿一笑，说

图80 迈斯基与反对党人劳合·乔治、安东尼·艾登秘密商谈

道："回信的文本马上就会送过来……与此同时，我想谈谈另一个问题。"

我得知丘吉尔一天前见过劳合·乔治。这位老人批评了丘吉尔的对苏政策，顺便还说到英国政府甚至没有向我们提供应有的帮助。……丘吉尔据此认为，我向劳合·乔治抱怨了英国政府。这深深地刺痛了他。

"如果您对什么事情不满意，"首相说，"您可以来找我，找艾登或是马克斯（比弗布鲁克），我们将尽我们所能帮您解决。但是为什么要跟反对派说呢？毕竟，劳合·乔治代表了反对政府的那一派。对您来说，跟政府合作更加有利。反对派现在什么都不是……"

最后，他们送来了首相给斯大林同志的回信复印件。丘吉尔把文件递给我，得意扬扬地笑着说："这是我们现在所能做的。我想这对你们还是有些帮助的。"

我快速浏览了这封回信。我发现我的建议在其中都有所反映：原则上同意讨论联合作战计划，同意在物资供应问题上适用《租借法案》的原则。这是令人高兴的。令人不悦的是回信断然拒绝开辟第二战场。

9月15日

斯大林同志给丘吉尔的新的一封信今天到了，这是对丘吉尔在9月5日给斯大林同志信件的回复。这封信的主要观点是：英国政府如果认为不可能在西方开辟第二战场，那就派遣二十五到三十个师去苏联，与我们的士兵并肩作战，对抗德国人。

……艾登没有参加这次会议，我和首相进行了面对面的交谈。

在读了斯大林同志的信件后，丘吉尔开始"自言自语"。他的

"想法"可以归结为以下几点。

原则上，丘吉尔愿意满足斯大林的请求，并派遣英国军队到苏联。他甚至认为这样做是一种荣誉。但他必须事先与同僚和顾问们讨论这个问题。

首相预计，要满足斯大林同志的要求有两方面的困难。第一，他应该从哪里抽调部队来实施这样的远征？英国在中东的部队大约六十万人，并希望在圣诞节前将人数增加到七十五万。关于此事，丘吉尔已经跟我说过了。英国国内经过训练和装备齐全的部队总人数不超过一百万（不包括英国地方军、防空兵、海防兵等）。目前，军队正准备进攻利比亚。在这种情况下，还能否拨出足够份量的远征军团给苏联？当然，二十五到三十个师是不可能的——这已经超出了英国当前的能力——但是还能向苏联提供什么实质性的帮助呢？丘吉尔对此并不确定。

……然后我问：我是否可以认为英国政府原则上同意满足斯大林的请求？是的话，就可以立即在莫斯科或伦敦开展实质性的军事谈判。首相没有直接回答我的问题，只是重申他会与他的顾问们紧急讨论这个问题，并会立即通知我结果。在我听来，这话很不靠谱。"顾问们"（我立刻想到了庞德、迪尔和波特尔等人的面孔）当然会反对斯大林同志的建议，或者，即使他们不公然反对，也会在其实施过程中设置各种不可逾越的障碍——丘吉尔能够坚持自己的立场吗？我担心这一切根本就不会有结果，但还是让我们拭目以待吧！

丘吉尔用下面的话总结了当前形势："我重复一遍我在上次会议中对您说过的话——我不想误导您。即使英国政府决定向苏联派遣一支远征军，他们也不会在冬季到来之前就位。我担心接下来的六个星期对你们来说将是一个艰难的时期，但是在这段时间里，我将无法向你们提供任何实质性的帮助。这很令人难过,但不幸的是,事实就是如此。"

首相又快速浏览了一遍斯大林同志的信,脸上带着满意的微笑补充道:"斯大林先生终于相信我们对苏联的善意了,这很好。是的,我们希望你们胜利,因为这也将是我们的胜利。我准备为你们的胜利尽我所能。问题在于我能做的事情是有限的,请你们理解!"

接着,丘吉尔思考片刻后补充道:"我对我们的合作有信心,我相信斯大林先生。这有两个原因。首先,因为我们的利益是一致的:我们面临着来自同一个敌人的致命危险。第二,因为我知道,迄今为止,苏联政府一直信守诺言。"

关于这两点,我都支持首相的观点。

9月22日

在各个工厂。集会。[1]

在坦克前面的平台上,第一个驶出的是"斯大林"号。

人们的心情就像我们在革命年代的会议上一样。

工会代表的会议——所有人都承诺"不会让我们失望"。

比弗布鲁克精明老道。他组织了一切,包括工会代表的会议。他无所畏惧。

帮助英国增加产量是否值得呢?条件是有一部分能为我们所用。

---

[1] 比弗布鲁克倡导发起了"俄罗斯坦克周"活动。这一活动在伯明翰的一家工厂启动,阿格尼娅"拉动一根绳子,揭开覆盖了部分坦克车身的红旗",并透露这辆坦克的名字是"斯大林"号(这是迈斯基提前取好的)。迈斯基演讲的新闻片段在全国各地广为播放。他在演讲中谴责英国政府,暗示"这些好的机器不会被闲置,不会生锈。它们将投入到反对纳粹的战斗中"。

图81 迈斯基感谢制造"斯大林"号的工人们,这是第一辆运往俄罗斯前线的坦克

图82 迈斯基在大使馆舒适的书房里向英国人民发表广播讲话

我将在9月27日发表广播讲话。

"俄罗斯坦克周"使产量增长了百分之二十。

9月24日

……莫斯科会议。

9月24日,艾登在盟国会议上说,莫斯科会议应该在大约七到十天内结束。一切都已经准备好了。这是丘吉尔的方针——比弗布鲁克离开之前也告诉我,他希望在几天内完成主要的工作("需要的是采取行动,而不是调查")。"我钦佩俄罗斯人的勇敢和坚忍不拔。他们是真正的民族。您在战争的第一天告诉我:我们要像魔鬼一样战斗。我走到首相跟前,说:'迈斯基说俄罗斯人会像魔鬼一样战斗。我们必须帮助他们!'结果就跟您所说的一样。"

[9月29日,在德军对莫斯科发起决定性进攻的前一天,比弗布鲁克和罗斯福派来的对英物资供应协调员埃夫里尔·哈里曼抵达莫斯科。艾登令迈斯基相信,伊斯梅将军会被授权讨论向东线调派英国军队的问题。然而,丘吉尔禁止比弗布鲁克进行任何政治或战略会谈。尽管如此,比弗布鲁克还是决定从国内民众对俄罗斯的巨大支持中获利,以加强他在伦敦的政治地位,所以他将会议开成了"圣诞晚会"。在晚会上,美国和英国"向令人同情的俄罗斯赠送礼物"。他希望通过讨论《租借法案》扩大到苏联的问题和搁置争议性问题,将斯大林的注意力从"第二战场"和战后安排上转移。

斯大林和比弗布鲁克聊了不少闲话,这让我们有个难得的机会了解斯大林个人对迈斯基的态度。比弗布鲁克显然对迈斯基作为大使的种种优点褒奖有加,唯一抱怨他"有时表现得太过强硬"。斯大林似乎更担心迈斯基对英国人宣扬"共产主义理论"的习惯。比弗布鲁克"并不掩饰他对克里普斯的厌恶",问斯大林:"我们派驻在这里的那个家伙怎么样呢?"斯大林只是耸了耸肩,说:"哦,他还好。""对克里普斯有条件地接受。"比弗布鲁克报告丘吉尔说。这让比弗布鲁克认为克里普斯没犯什么错,只是不招人喜欢。"斯大林问道:'在这方面,他能跟迈斯基相提并论吗?'我回答说:'不能,但他能与迈斯基夫人相提并论。'斯大林非常喜欢这个笑话。"]

10月12日(博温登)

艰难的一周!在我的记忆里,过去这七天形成了一条阴郁的锁链。在希特勒的最近一次演讲中,他不仅自我辩解和大肆吹嘘,还宣传对莫斯科的大规模攻势。这是这场战争中最大的一次进攻。事实上,在最初的六七天里,他确实取得了重大成功:铁木辛哥的军队被迫后撤七八十公里,德军占领了奥廖尔,维亚济马和布良斯克的战斗还在进行,南部的别尔江斯克和马里乌波尔已被攻占。没错,在过去的三四天里,我们设法大大地拖延德国在中线推进的速度,但它还是没有停下来。今天,我们宣布,将进一步后撤到"新阵地"。我们能设法守住新阵地吗?我们能设法阻止敌人的进攻吗?我们能设法守住莫斯科吗?

某种直觉告诉我,我们能守住莫斯科,尽管需要为此付出巨大的努力和承受巨大的损失。但是直觉并不能保证什么,时间会告诉我们答案。我对南线战事的预想更加悲观。我们能守住顿巴斯吗?我不知道。其实可以感觉到我们在乌克兰前线抵抗的无力。……

我们前线的战事在英国引起了复杂的反应:对不能在无须英国付出巨大和艰苦努力的情况下尽快结束战争的失望,对东线事态的发展、对整个战争的过程和结果的焦虑。……

……这是英国人反应中的一个方面。另一个与它平行的方面，是对苏联大幅增长的善意和同情，尤其是（但不仅仅是）在下层社会中。……

……与"俄罗斯"相关的一切，如今都成为时尚：俄罗斯歌曲、俄罗斯音乐、俄罗斯电影和关于苏联的书籍——斯大林和莫洛托夫关于战争的七万五千册演讲稿单行本……销售一空。英国人对我们的友好态度在过去的两三个星期里突然大幅增强。在比弗布鲁克启程前往莫斯科之前，他组织的"俄罗斯坦克周"取得了巨大的成功。肯辛顿市长为阿格尼娅和我安排了一个特别的招待会：约五百位来宾出席，包括许多外交官、政治人物、公众人物、神职人员和形形色色的贵族。……10月10日，我应邀以贵宾身份参加伦敦金融城地位最为尊贵的利弗里俱乐部的活动，他们热烈欢迎我的到来。雅典娜俱乐部和圣詹姆斯俱乐部已经推举我为他们的荣誉会员。[1]10月11日，在皇家阿尔伯特音乐厅举行了国际青年集会活动，我向与会者致意时，被报以热烈的掌声，而迎接国王、丘吉尔、贝奈斯、约克大主教[2]和其他人的是一片死寂。

……伴随这种善意和同情的增长，越来越多的民众开始提出一个令人不安的问题："英国是否已尽其所能帮助苏联？"

---

[1] 《泰晤士报》对这一场景作了描述："圣詹姆斯俱乐部楼梯间的毛绒熊已经有些虫蛀了，上周发生的事情肯定让那头熊惊得瞪大了它的玻璃眼睛。……圣詹姆斯俱乐部始建于1757年，以其红酒、乔舒亚·雷诺兹爵士的漫画，以及会员资格的排他性而著称。……上个星期，俱乐部的传统被打破了，新成员是五短身材、厚重结实的伊万·米哈伊洛维奇·迈斯基。五十七岁的迈斯基是苏联驻英国大使，他面如满月，黑色的双眸里总是带着笑意，小胡子拉碴不平，这使他看起来像个老派的小魔术师。"

[2] 威廉·坦普尔，1929—1942年任约克大主教，1942—1944年任坎特伯雷大主教。

1941年 559

许多人发现这与事实相去甚远,他们得出这一结论并非没有依据。……推动开辟第二战场的努力会带来实际的成效吗?我对此表示怀疑。……丘吉尔本人反对在欧洲开辟第二战场。……在我看来,丘吉尔只是害怕德国战争机器的力量。此外,他过多地倚重他的"军事顾问",尤其是海军上将庞德的意见。

来自民间的压力能改变政府的政策吗?我不知道。目前看来,答案是否定的。

10月13日

当我们谈完正事(苏联、英国和伊朗之间的三方同盟条约),艾登突然在扶手椅里伸展四肢,用随和的口吻问道:"来杯威士忌苏打吗?"

"我不会拒绝。"我回答。

当时是晚上八点左右。艾登的办公室灯光柔暗。这个气氛适合进行亲密而坦诚的交谈。

艾登从窗边一个精致的柜子里拿出了两个瓶子放在他的桌子上。我倒了两杯满满的经典英式调和酒。艾登把他的扶手椅往壁炉方向移动,说:"啊,我们真是生逢乱世啊!整个世界都处在混乱和战争中。"

他思索片刻,又补充道:"我们对此也有责任……我的意思是我的国家……我们的政策并不总是明智或成功的。"

我喝了一小口威士忌苏打,回答说:"是的,我同意。有两个人对今天发生的事情负有特别重大的责任,我相信历史会严厉地批评他们。"

"这两个人是谁?"艾登显然对此很感兴趣。

"鲍德温和张伯伦。"

我停顿了一下,补充道:"在我看来,他们的责任比希特勒更大,因为他们推行的政策使希特勒得以坐大。"……

"您认为有可能达成协议吗?"艾登带着些许怀疑问道。

然而,在我看来,艾登并非真的对这件事抱有怀疑,他只是想听我证实他自己的想法而已。

"当然可能。"我确信地回答。

"我也这么想,"艾登坦言,"你知道我在谈判中做了什么吗?……当我得知哈利法克斯要把斯特朗送到莫斯科时,我走到他跟前说:'别这样!这样的举动不会带来好处!'我必须承认我当时很生气。为什么呢?在张伯伦和哈利法克斯去过罗马之后,在首相和外交大臣两人——他们一起!——'去了卡诺莎'之后,把斯特朗派往莫斯科……无异于侮辱!我明白这一切,我明白这样一个决定会让莫斯科方面怎么想,我想阻止谈判破裂。于是我要求哈利法克斯自己去,不要派斯特朗去。哈利法克斯表示反对,说他去不了,他很忙,等等。于是我提议自己作为特使前去谈判。我告诉哈利法克斯,这样做会更好,因为根据我的判断,莫斯科对我的态度并不坏——所以让我在这个至关重要的工作中考验自己吧!哈利法克斯答应仔细考虑此事。几天后,他告诉我,我的计划执行起来有困难。我明白这是怎么回事,当然是张伯伦反对我去莫斯科。我没去成,而斯特朗去了。"

"这么说,你认为这全是张伯伦的责任喽?"我问艾登,接着继续说,"我也觉得哈利法克斯应该承担很大一部分责任。我来告诉你为什么。1939年6月12日,就是斯特朗启程前往莫斯科的那一天,我去拜访哈利法克斯。在我们谈完各种日常事务后,就是在这个房间里,我问他:'哈利法克斯勋爵,难道您不觉得,如果您亲自去莫斯科,就可能会大大减少谈判中遇到的困难吗?我有充分的理由向您建议,苏联政府欢迎您到访。'是的,我当时并没有告诉哈利法克斯我说那番话根据的是莫斯科的指示,但其实也没那个必要。如果一个外国大使像我那样作出声明,这背后肯定有正当的理由,哪个外交大臣会不明白呢?"

"你真的跟哈利法克斯说了这番话吗?"艾登激动不已地叫道。

"是的,当然说了,"我回答,"而且是着重强调。我的表达不可能产生误解。"

"我可从来没听说过这件事,"艾登说,"哈利法克斯对你的声明有什么反应?"

"哈利法克斯回答说,我的想法很有趣,他会牢记在心。他就说了这些。哈利法克斯再也没有提及这个问题。因此,哈利法克斯对莫斯科的访问从未成行。6月12日,我建议哈利法克斯访问莫斯科,我认为那一天会是整个谈判进程的转折点。或者,更确切地说,不是6月12日,而是接下来的几天。"

……此时,艾登桌上的电话响了,是他妻子打来的。她从艾登目前居住的"外交大臣私人住宅"打来电话,问他现在在做什么。听说我和艾登在一起,而且我已经结束来访的公务活动,比阿特丽斯便邀请我们两个上楼("私人住宅"位于外交大臣办公室楼上两层)。在那里,我们遇到了著名的轻喜剧作家诺埃尔·科沃德[1],他的新作品刚刚被搬上舞台。艾登的妻子穿着一条深红色的短裙,很是引人注目。我很久没有见到她了,因为在过去的一年里,她一直背着她的军用水壶在全国上下奔走,很少在伦敦出现。

我们谈论了戏剧、文学和艺术。能够不谈战争和政治的话题,真是令人愉快。我提出一个问题:在他们看来,世界上有史以来最

---

[1] 诺埃尔·科沃德爵士,著名剧作家和一系列战时电影的制片人。

伟大的剧作家、最伟大的小说家和最伟大的诗人分别是谁?

大家都一致同意莎士比亚是最伟大的剧作家,列夫·托尔斯泰是最伟大的小说家。但对于最伟大的诗人,大家的意见各不相同。科沃德说,他认为莎士比亚是最伟大的剧作家,也是最伟大的诗人(我不同意他的观点)。艾登犹豫了片刻,提名但丁。艾登的妻子拒绝表态。我更倾向歌德,这遭到了艾登和科沃德的反对,他们不喜欢歌德。我回答说,我自己也不是很喜欢歌德,我最喜欢的德国诗人是海涅,但是,抛开个人偏好,我必须把歌德列为我所知道的最伟大的诗人(尽管不是最受喜爱的)。我们争论了好一阵子,但没有就谁是史上最伟大的诗人达成共识。

[德军于1941年10月2日发动了"台风行动",夺取了南部的奥廖尔和北部的托尔若克,并最终歼灭了被围困在维亚济马小块占领区的苏军部队。事实证明,莫扎伊斯克防线上的苏军后备力量根本不是横扫千军的德军装甲师的对手。10月13日,南翼的卡卢加落入德军手中;两天后,通往莫斯科的战略要地加里宁格勒陷落。现在,莫斯科的某些防卫区距离首都只有六十英里。招募来的大批平民在疯狂地挖掘反坦克沟渠,在通往克里姆林官的城市主干道上设置了路障和坦克陷阱。在莫斯科,军纪和士气低落,此前还只有少量平民逃离首都,而现在已有大批平民逃亡。局势迅速恶化,政府各个部委和外交使团仓促从莫斯科疏散到伏尔加河上的小城古比雪夫——迈斯基童年时在这里生活过几年。在接下来的几天里,古比雪夫人口将翻一番,从五十万增加到一百万。]

1941年 563

10月19日

这个周末，我们没有去博温登。阿格尼娅今天在一个关于红十字会对苏援助的会议上发表演讲。我留在城里，思考问题。

又一个星期过去了。这还不是决定性的一周，但是局势并没有改善，反而恶化了。……在南方，我们已经撤离敖德萨。这并没有让我感到惊讶。比弗布鲁克告诉我，如果需要加强克里米亚的兵力，斯大林可能会考虑放弃敖德萨。……

不过，我认为我们恶化的处境主要不在前线，而在国际政治局势方面。近卫文麿[1]内阁已经辞职，取而代之的是东条将军[2]领导的内阁。东条英机是臭名昭著的军国主义者和德国的朋友。所以，来自远东的进攻是预料中的事。诚然，现在在中国东北地区大规模开战似乎有点晚了，但是谁知道呢？就在一个月前，我还嘲笑了业余战略家们对冬将军的信念。当然，对日本来说，这个冬天仍带着"将军的肩章"，但是我们不能对日本的行动掉以轻心。

我在16日和17日见了艾登好几次，询问英国和美国有没有可能向日本发出"警告"——任何进攻苏联的企图都意味着日本与英语民主国家之间的战争。艾登就此事向华盛顿发了一封电报，并与怀南特沟通。我不知道结果会是什么，但我并不是很乐观……

……苏联政府从莫斯科迁到了古比雪夫。这个事件既有积极的一面，也有消极的一面。积极的一面是此举表明了对最终胜利的坚定信念，消极的一面在于这表明莫斯科面临巨大的危险。官方还没有就这一问题发表声明，总体看来，情况有些混乱和不明朗。……17日上午，我收到莫洛托夫从莫斯科发来的一封电报，他在电报中

---

[1] 近卫文麿，1937—1939年和1940—1941年任日本首相。
[2] 东条英机，陆军大将，1940—1944年任日本陆军大臣，1941—1944年任日本首相。

通知我，10月15日到16日晚上，大部分政府部门和外交使团已经启程前往古比雪夫，但他本人将留在莫斯科。莫洛托夫还表示，关于苏联政府撤离的官方声明"可能"会在17日发表。但是，迄今为止，还没有这样的声明。在过去的两天里，我没有收到任何来自莫斯科或者古比雪夫的电报。

发生了什么？最有可能的是，最高领导层正从莫斯科向古比雪夫转移，我们与政府的沟通暂时中断。当然，这种情况不会持续太久。

10月20日

阿格尼娅和我在萨伏伊剧院观看了《索洛钦集市》[1]。这部歌剧由怀特夫妇的一个剧团演出，导演是一个叫波梅罗伊的人，来自哈尔科夫，是个聪明的犹太人，绰号"黑市交易之王"。剧团演出的所有收入都捐给红十字会，用来援助苏联。剧院给我们提供了一个包厢。包厢里还有丘吉尔夫人，以及伊利夫[2]男爵和他的妻子。在演出开始前，先演奏《天佑国王》和《国际歌》。所有人起立。丘吉尔夫人也站了起来，尽管正是她的丈夫禁止《国际歌》与其他盟国的国歌一并在广播中插放。观众们鼓掌欢迎首相夫人，但阿格尼娅和我得到的掌声更为热烈。这场战争把事情搞得乱七八糟！苏联大使出席了怀特公司的演出，这家公司为红军[原文如此]募集资金，英国首相夫人也支持这一举动。

……演出中场，在我们一起喝茶时，丘吉尔夫人公开了她丈

---

[1] 穆索尔斯基根据果戈理的短篇小说创作的一部不完整的歌剧。
[2] 爱德华·毛格·伊利夫，第一代伊利夫男爵，经营报纸和期刊，1923—1929年任保守党议员。

夫生活方式的一些有趣细节。在战前的和平时期，他常常午夜时上床睡觉，早上八点起床。但他现在没有机会像往常一样睡八个小时了。他几乎总是在凌晨两三点上床睡觉，而且必须像以前一样八点起床。也就是说，他的睡眠时间不超过五六个小时。这是不够的。首相在午饭后得补一觉：他脱掉衣服，在一片漆黑中躺在床上，睡上一个或是一个半小时。经验表明，白天的短暂休息给予他旺盛的精力，所以他对此很重视。如果丘吉尔上午没有会议或是其他官方活动，他会在床上一直待到午餐时间，把秘书召过来跟他一起工作。

……当我离开议会时，某个身穿军人制服的年轻人走到我跟前，痛苦地说："迈斯基先生，我想告诉您，我为我的国家此时此刻的行为感到羞耻。"

我紧紧地握住了这个年轻人的手。

10月23日

今天我在议会待了半天。议员们讨论了战争的进程。到场的人相对较少，但是热情高涨。

……安奈林·贝文[1]的态度尤为严厉，他发表了一个真正充满火药味的演讲，特地攻击了哈利法克斯在美国发表的公开声明——宣称由于缺少船舶和武器，当前不可能"入侵欧洲大陆"。贝文称哈利法克斯的行为"无异于叛国"（特别是因为他是在希特勒准备对莫斯科发动全面进攻时说的这番话）。在讲话中，贝文好几次呼吁政府："如果你们不能改变你们的政策，那就下台吧！"

---

[1] 安奈林·贝文，1929—1960年任工党议员，1945—1951年任卫生大臣。

这一切都产生了巨大的影响：自从1940年5月导致张伯伦辞职的危机以来，在下议院就没有听过这样的言论。

11月3日

伦敦充斥着关于政府"重组"，尤其是比弗布鲁克可能辞职的传言。……对于我们来说，当前比弗布鲁克辞职会引起极大的不便！那天早上我去见了艾登，在我们的谈话即将结束时，我问他上述传言的背后有什么隐情。艾登耸了耸肩，说他对此一无所知。然而，他倾向认为比弗布鲁克现在情绪不佳，这通常还可能会引起他严重的哮喘。我向艾登表达了我对供应大臣辞职一事的看法。

同一天，午饭后，我去拜访比弗布鲁克，一见面就马上问他："这究竟是什么意思？"

比弗布鲁克心情不好。听到我的问题，他的脸色变得蜡黄，突然用拳头猛击桌子。

"如果内阁说我不应该辞职，我就不会辞职！"

他把头猛然转向我，大声喊道："公众是不会让我辞职的！"

在接下来的谈话中，我清楚地发现，尽管比弗布鲁克与丘吉尔的关系依旧很好，但是他最近与其他好几位大臣都发生了争执。比弗布鲁克不愿透露他们的名字，只是说："现在我和艾登的关系很糟糕。"

"为什么呢？"我惊讶地问。

"为什么呢？"比弗布鲁克重复了一遍我的问题，然后答道，"他缺乏勇气！他经常在我需要的时候抛弃我。"

……我竭尽全力想说服比弗布鲁克，让他意识到他的辞职将会给英国和英苏关系带来最可怕的后果，尤其是当前，莫斯科会议刚刚结束。在苏联，这将被解读为放弃或至少是削弱我们两国之间的合作政策，而唯独靠这一合作才能够赢得胜利。我当然知道，我这么说是给了比弗布鲁克一张王牌，但我觉得这并没有什么不好。相反，我私下已经决定尽我所能支持比弗布鲁克，因为目前我们找不到一个比他更好的供应大臣。比弗布鲁克很高兴。我的话对他而言是一种心灵上的慰藉。

[比弗布鲁克向迈斯基隐瞒了一个事实，即这次危机的原因实际上是他对莫斯科会谈处理不当，以及他为了对付克里普斯而使的诡计，这些都随着克里普斯写给艾登的一系列私人信件公开才得以曝光。10月中旬，丘吉尔在内阁遭遇了一场激烈的辩论，这是由来自克里普斯空前严厉的批评所引发的。克里普斯警告说，不在俄罗斯前线部署军队意味着英国"正在试图进行两次相对没有关联的战争，而不是在联合计划的基础上进行一场战争，这对希特勒极为有利"。他还补充道："苏联政府没有得到作为盟国应有的信任和尊重。"

艾登也对丘吉尔"表现出的明显的反布尔什维克情绪"感到担忧。现在，国防委员会（由丘吉尔组建，以确保他对战争政策无可争议的主导权）对克里普斯的提议反应积极。丘吉尔马上重新确立了自己的权威。他在给克里普斯的私人指令中明确重申了他不想改变英国现行战略的意图，因为"我们目前应该依照经过长期准备制定出来的计划开展战斗"。他早就想让迪尔将军辞职，在这一目标实现后，他任命了自己信任的顾问艾伦·布鲁克[1]将军担任总参谋

---

[1] 艾伦·布鲁克，第一代艾伦布鲁克子爵，1940—1941年任本土军总司令，1941—1946年任帝国总参谋长。

长。到11月下旬,丘吉尔的努力取得了成果,重组后的参谋长们承认,"鉴于援助苏联引发了非常敏感的政治问题,最终决定权必须完全由首相掌握"。]

11月9日(博温登)

又一个星期过去了,进入战争的第二十周。

情况似乎有所好转。的确,德国人占领了克里米亚的大部分地区,并且正在接近塞瓦斯托波尔和刻赤。……然而,最重要的是,德国人在莫斯科前线的推进已经停了下来。……看来在这条战线上德军的进攻已经到了强弩之末,特别是随着冬季的到来。不过,一朝被蛇咬,十年怕井绳。我不敢下定论。

……过去一周发生了两件令人高兴的事。第一件最重要,是斯大林在十月革命二十四周年纪念日的演讲。让人非常愉快的是:11月6日晚上,斯大林在莫斯科大彼得罗夫大剧院举行的一个隆重的公众集会上发表了演讲;11月7日上午,红场举行了盛大的阅兵式,斯大林简短的第二次演讲使阅兵式更为振奋人心。据说,希特勒原来打算在11月7日于红场检阅他的军队。

……第二件令人高兴的事是李维诺夫被任命为驻美国大使,尽管跟第一件事相比它的重要性要小得多。我十天前向国内发去电报,强调立即派遣一名驻华盛顿大使的必要性,电报显然在加速解决这一问题方面发挥了作用。……李维诺夫在美国工作再合适不过了。今天,我们比以往任何时候都需要在华盛顿有一个可靠、坚定和有影响力的代表。……

11月11日

看来我们已经遇到了"同盟国"关系的第一次危机!

今天,我向丘吉尔递交了斯大林对11月4日信件的回复。丘吉尔在他位于议会的办公室接待我。应我的要求,艾登也出席了。我们一道从外交部过来,在外交部时我已经就当天的各个问题与艾登进行了初步会谈。当我们走进首相办公室时,丘吉尔站起来跟我们打招呼。他握着我的手,友好地微笑着说:"让我们好好谈谈吧。"

我们在一张盖着绿色台布的长桌子边就座,内阁会议通常是在这张桌子上进行的。我把随身携带的包裹递给丘吉尔。他取出信,读了起来。我在观察他的面部表情:他的脸色变得越来越阴沉。读完信后,丘吉尔一言不发地将它递给了艾登。接着,他一声不响地从椅子上跳起来,在房间里快速踱步。首相好像变成了另外一个人:面色惨白,呼吸急促。他显然被激怒了。最后,丘吉尔稍稍遏制住自己的怒气,说道:"很严重的一封信!"[1]

接着,他冷冰冰地补充道:"现在我不想回复这封信!我得和同僚商量一下。"

听到他用这样的口气说话,我觉得我最好还是起身告辞。但是艾登要我先别走,我便留下了。

丘吉尔表面的克制并没有维持太长时间。他又一次在房间里来回几次踱步,越来越激动。终于,他打破了沉默:"那么,斯大林想知道我们的战后计划吗?我们确实有这样的计划,那就是按《大西洋宪章》所约定的!现在还有什么好说的呢?"

---

[1] 11月4日,丘吉尔通知斯大林,英国政府决定不向芬兰和匈牙利宣战,而这两个国家的军队正在与俄罗斯军队作战。丘吉尔没有回应斯大林提出的在俄罗斯战场部署英军的要求,也使斯大林耿耿于怀。

我提出了反对意见。我说《大西洋宪章》太笼统了，而且如果在其框架内（我们也承认《大西洋宪章》）对若干问题加以阐明会大有裨益。我只举了一个例子：大约三个星期前，艾登提到了斯大林在莫斯科会议上问过比弗布鲁克的问题，他告诉我，英国政府希望战后在友好合作的基础上发展英国和苏联之间的关系。难道这个问题不能在一份关于两国战后计划的协议框架内得到妥善解决吗？

"我确实和您谈过这件事，"艾登说道，"但是我要求斯大林先生在这件事上表明自己的想法。"

"我倾向将斯大林的a点意见理解为对您交给我的信件的回复。"我反驳。

艾登对此报以怀疑的笑。

丘吉尔又勃然大怒，他高声叫道："如果你们的战后计划是想让英国成为一个共产主义国家，你们应该知道，这永远都不会成功！"

"是什么让您有这样的想法！"我忍住笑提出了抗议，"在这个问题上，斯大林最近的演讲应该让您放一百个心。"

首相再次把斯大林的信拿在手里，他朝信的第二页瞥了一眼，看上去就好像他被信烫到了手。

"嗯！"丘吉尔愤怒地叫道，"我派了两名统帅去见他，但是他没有时间接见他们，除非他们被授权敲定那些协议……"

首相愤怒地用手指戳着信纸上的一段话，斯大林在那段话里指出，英国和苏联之间没有就军事互助和战后计划达成协议。

"不，我不会再提议进行新的军事谈判了！"丘吉尔用同样的口吻继续说道，"我受够了！"

首相再次在办公室快速踱步，补充道："为什么斯大林觉得有必要在我们的通信中用这样的调子说话呢？我不会接受的。我也可以这样说话！谁会从中获益呢？我们不会，你们也不会，只有希特勒会！"

1941年　571

我说我不知道他为何如此激动。斯大林现在所建议的实际上是我在两个多月以前就跟丘吉尔讨论过的问题——一项指挥战争的联合战略计划。这有什么不合理的吗？

"当前能有什么战略计划呢？"丘吉尔恼怒地叫道，"我们仍处于守势，你们也仍处于守势，主动权还掌握在希特勒手里……在这种情况下能有什么联合战略计划？我们只有坚守，直到我们能从敌人手中夺取主动权为止——这就是我们的计划！"

"当前，我们双方都必须考虑防御，我同意这一点，"我插话道，"但即使是防御也需要一个计划，比方说，你们和我们在1942年要做什么。在这个问题上达成一致难道不是一件好事吗？"

……就像碰到了滚烫的烙铁一样，丘吉尔再次爆发，愤愤不平地大声说道："是我在6月22日毫不犹豫地采取行动，向你们伸出援手。尽管在几个星期之前，我还不知道你们要做什么！也许你们会站在德国那边呢？……谁需要这些争端和分歧？……毕竟，我们是在为自己的生死存亡而战，无论发生什么事，我们都将继续为我们的生死存亡而战！"

"我们也是在为自己的生死存亡而战，"我回答，"而且表现也不差。"

"你们的战斗表现棒极了！"丘吉尔情绪激昂地喊道。

他思考片刻，瞥了一眼一直保持沉默的艾登，最后补充道："现在我不想回复斯大林……现在我情绪激动，可能会说很多不好听的话……我会咨询我的同人，等冷静下来再回信……您将收到及时通知。"

"不管您是否喜欢斯大林的信，"我最后说道，"过于激动是没有意义的。一个人必须保持清醒冷静的头脑。我们有共同的事业和共同的斗争。如果我能帮助搭建沟通的桥梁，我将竭诚为您服务。"

11月12日

比弗布鲁克今天打电话给我,用他一贯的风格脱口而出:"迈斯基!真是丢脸啊!我们必须想办法收拾这个烂摊子!您过来吧,我们谈谈。"

当我进入比弗布鲁克的办公室时,我发现贝内特[1](加拿大前总理)坐在那里。贝内特紧紧地握住我的手,并向我表达了他对红军以及苏联人民抵抗入侵的钦佩,然后就离开了,留下比弗布鲁克和我。

"是什么让斯大林如此愤怒?"比弗布鲁克直截了当地问道,"芬兰吗?"

"您为什么觉得他愤怒?"我重复了他的问题作为回答。

"好吧,您告诉我呀!"比弗布鲁克大声说道,"我知道他的脾气!我可以看出他生气了,他是对我们生气……是因为芬兰吗?"

我回答说,英国政府在芬兰和其他德国仆从国的问题上的所作所为很难让斯大林高兴起来。英国政府在派遣远征军的问题上躲躲闪闪的做派也不会令他感到振奋。斯大林是一个真正的现实主义者。他不关心言辞,只在乎行动。在这两个问题上,英国政府有什么行动呢?

"是的,但是在物资供应方面,"比弗布鲁克提出抗议,"我们现在做得可多了。我准备尽一切努力来履行我的承诺。你们会得到一切。如果你们有关于物资供应的怨言或要求,不要犹豫,直接来找我,告诉斯大林直接给我发电报。我担任对苏物资供应委员会主席。无论怎样,我都不会觉得被冒犯。我脸皮厚……斯大林是我的

---

[1] 理查德·贝德福德·贝内特,1930—1935年任加拿大总理兼外交部长,1938年移居英国。

朋友，我会为他做任何事。您读了我的曼彻斯特演讲吗？"

我告诉他我已经读过，我觉得非常好。

"当然啦！"比弗布鲁克心情大好，我的话让他高兴不已，"我为斯大林做了一个很棒的广告，是吧！……哈哈哈！"比弗布鲁克突然开怀大笑起来。接下来他变得很严肃，补充道："我们不应该为飞机损坏或是弹药丢失这样的事情向首相抱怨，让他感到不安！他太在意了！让斯大林直接联系我。我要用铁扫帚把那些不好好装运我们货物的破坏者统统扫掉。"

比弗布鲁克停顿片刻。

"话虽如此，"他意味深长地接着说道，"我们必须尽自己所能解决两国政府首脑之间的分歧！……毕竟，斯大林的信措辞十分严厉……必须承认这一点。丘吉尔非常敏感，也很固执。我们怎样才能缓和局面呢？"

比弗布鲁克用一种询问的眼光看着我。

我回答说，在我看来，解决这个问题并不难。首先，我们必须扫除芬兰、罗马尼亚和匈牙利问题。……

……"困难在于，斯大林希望这两个问题的谈判都应该由军方将领来进行……军方将领能讨论什么样的战后问题呢？这不是他们擅长的领域。对此，人们会说：如果斯大林想要这样做，那就意味着他根本不想谈判。"

我笑着说这是一个错误的结论。当然，军方将领并不是讨论欧洲战后重建问题的最佳人选，但是为什么政治家和外交官们不能在伦敦或是莫斯科讨论这些问题呢？

比弗布鲁克立刻欣然接受了这个想法，大声说道："我一定会支持在伦敦举行这样的谈判。"

"至于军事谈判，"我接着说道，"你们真的应该下决心了。派遣远征军到苏联的想法很好,那么,派将军们去莫斯科也合情合理。"……

我起身告辞。比弗布鲁克送我到电梯口,握着我的手,说:"当然,这一切都是不公开的。我相信您,所以与您分享我的想法和感受,但这仅限于你我之间。"

我发誓完全保密。

晚上七点,我应艾登要求来到他的办公室。这位外交大臣显然感到局促不安,邀请我入座后,他说要向我宣读以下官方声明[1]:"内阁正在考虑斯大林先生的信件。鉴于它提出的问题如此严肃,目前我还无法作出回应。然而,我无法向您隐瞒的事实是,首相以及内阁成员都对这一信件的语气和内容感到十分惊诧。"

艾登看着面前的一张纸,大声地读出声明。我让艾登重复了一遍,并逐字逐句地把它记下。

"这就是我现在能告诉您的全部官方信息。"他补充道。

他说这话的方式是想让我明白:"现在,如果您倾向非正式会谈,我随时为您效劳。"

……艾登承认,斯大林提出的建议里并没有不可接受或不合理的内容。他只是怀疑,在当前能否就战争结束后的世界组织问题提出任何具体的安排。……艾登还说,比弗布鲁克在处理这件事上给了他很多帮助,但一直在强调首相的敏感和固执。显然,艾登并没有试图掩盖这一事实:他对这一事件感到十分沮丧,并因斯大林对丘吉尔政府的不信任感到非常不安。

……"请帮我平息这件令人不快的事。就我而言,我将尽我所能去实现这个目标。"

---

[1] 丘吉尔指示艾登,"对迈斯基的态度要相当严厉"。

我回答说："我的善意您大可放心。"……

[11月24日，德国军队占领了克林——莫斯科西北方向的战略要地。四天后，德军进一步向前，距离克里姆林宫仅二十英里。与此同时，坦克部队司令古德里安将军则在南面广阔的战线上精心地推进钳形攻势，向卡希拉步步进逼。如果卡希拉被攻占，那么莫斯科就无险可守，注定要陷落。12月1日，在冬季的严寒天气中，陆军元帅冯·克鲁格[1]指挥德军沿着明斯克—莫斯科高速公路尝试发动最后进攻。然而第二天，朱可夫[2]将军成功将德军赶回了几天前他们所占领的阵地。避开德军的攻势之后，12月5日，朱可夫发起反攻，当时的气温降到了零下三十摄氏度。12月9日，德国人被赶回到他们发起总攻之前的阵地，之后他们的后方遭受了持续的袭扰，苏军在月底还发动了第二轮反攻。]

11月23日（博温登）

……上周（11月18日），英国人终于开始了他们期待已久的对利比亚的进攻。……艾登对此很乐观。如果英国人在利比亚的闪电战取得成功，可能会对战争的总体进程产生重要的影响，因为这一次他们肯定不会止步于班加西，而是继续进攻的黎波里，甚至有可能攻占突尼斯。这对于北非战场的胜利至关重要，还可能缓解地中

---

[1] 京特·冯·克鲁格，陆军元帅，德军第四集团军司令，在波兰和法国战役中获胜，但于1941年12月被迫从莫斯科郊外后撤。后担任中央战线指挥官，最后任西部战线总司令，均表现不俗。
[2] 格奥尔吉·康斯坦丁诺维奇·朱可夫，元帅。作为红军总参谋长，1941年12月，在莫斯科城下阻止了德军的进攻；1942年被任命为副国防人民委员，后领导实施的反攻作战让他成为驻柏林红军的首领；1955—1957年任苏联国防部长。

海的航运情况，并将开辟进攻西西里岛、撒丁岛和意大利的路线。欧洲的第二战场可能在春季之前开辟。但是英国人能发起闪电战吗？我不确定。好吧，让我们拭目以待。

11月30日

我们没能去博温登，在伦敦还有很多事要做。

前线的战事正在向好发展。希特勒继续在莫斯科附近裹足不前，遭受了重大损失。我的总体印象是，德国人不够强大，无法冲破莫斯科。

……我要前往莫斯科。陪同艾登，参与谈判！太好了！……

[1941年的日记没有更多的记录。迈斯基在伦敦一直积极（应艾登的要求）为会议作准备，接着，12月7—30日，与外交大臣一同前往莫斯科。他从来不确定未来会发生什么，但他确保带了"很多登喜路牌顶级香烟"送给斯大林。总体而言，艾登同意莫洛托夫的想法，希望在会上能签订两个协议，其一是确立双方在战争中的共同战略以及同盟关系，另一个将规定战后欧洲的性质以及边界问题（尽管他并不希望第二个协议过于具体和详细）。在艾登的鼓动下，外交部开始起草所谓《伏尔加宪章》，之后它被纳入《大西洋宪章》，其中承认了苏联在波罗的海和波兰东部建立缓冲区的要求。关于此事，他们声称这并不是对扩张主义野心的反映，而只是一种"合情合理的安全诉求"。丘吉尔又一次只考虑到此次访问的战术价值和宣传价值。为了避免承担不必要的义务，他将访问的时间定在发动利比亚攻势之后。他知道，这一攻势的发动可以阻止任何关于战略重点的讨论，并使艾登能够声称英国确实已经开辟了第二战场。

图83 迈斯基和艾登在皇家肯特号上,前往摩尔曼斯克的途中

图84 与艾登抵达莫斯科

与同期发生的两件大事相比，艾登在12月初的访问黯然失色。他在前往俄罗斯的途中得知日本袭击了珍珠港。在袭击发生的前一天，丘吉尔在与迈斯基的告别谈话中仍表现出和解与灵活，他详细地阐述自己对战后欧洲局势的设想，而苏联将在其中扮演重要角色。在袭击发生的几天后，丘吉尔在三军参谋长的陪同下急匆匆地赶往华盛顿，英美双方在白宫举行了关于共同战略的讨论，这一切与此前对待俄罗斯的敷衍态度形成鲜明对照。

第二个让艾登的访问黯然失色的事件，是苏联在莫斯科城下令世人瞩目的反攻。当俄罗斯人的信心增强时，艾登失去了他大部分讨价还价的能力。正如预料的那样，他必须面对前线战事和战略合作的问题。最初的友好氛围再次被苏联的期待所影响，很快就被失望和冲突取代。紧张的谈判陷入了僵局。最后，双方发表了一个措辞含糊的联合声明，克里姆林宫还举办了一个排场很大的欢送会，这些都有助于斯大林鼓舞士气，并向德国人显示英苏团结。]

图85 1941年12月,尾随从莫斯科回来的艾登

1942年

[迈斯基从莫斯科回来后几乎没怎么写日记,一次严重的疟疾复发以及他所承受的巨大工作负担只是部分原因。正如1939年那样,他长时间沉默的主要原因可能是他对克里姆林官的政策感到不安。这本日记只提到1942年第一季度在莫斯科的戏剧性的自我反省。

艾登对斯大林战后计划的积极回应,以及他在莫斯科给人留下的英国政府"不会制造困难"的印象吸引了迈斯基。英国内阁仅在2月5日和6日才首次讨论由艾登带回来的条约草案。只有比弗布鲁克一人强烈赞成接受斯大林的要求,他将波罗的海诸国称为"俄罗斯的爱尔兰"。丘吉尔的注意力都放在美国身上,他坚持认为斯大林的要求"应在和平会议上加以解决"。迈斯基与艾登一样,非常担心内阁所采取的先征求美国人意见的程序将不可避免地拖延时间。因此,迈斯基不顾莫斯科要求保持低调的指示,与艾登密谋商定在伦敦启动三方会谈,以便各方"不论在战争期间还是在战争结束之后,都保持密切的合作"。]

1月31日[1]

议会对政府政策进行了为期三天（1月27—28日）[原文如此]，的辩论。信任投票结果为四百六十四比一，二十七张弃权票。丘吉尔使出一记妙招：拿出你们的信心来！……在不久的将来，政府可能会面临暴风雨，许多现任大臣到时可能会被赶下台，但丘吉尔会一直在。资产阶级精英并不喜欢或不信任丘吉尔，但在对德战争仍然继续的情况下，他们离不开他。在英国政界，没有谁具有丘吉尔那样的品质和声望。

2月27日[2]

亲爱的马克西姆·马克西莫维奇［·李维诺夫］：

我认为有必要提请您注意以下事项：2月2日，哈里曼从美国抵达伦敦；4日，他致电我，并邀请我在5日同他共进午餐。就我们两人，在哈里曼的酒店房间里吃午饭。刚开始，我们谈了各种话题，但随后他就问我，能否安排一场罗斯福和斯大林的会晤。哈里曼相信美苏之间存在极大的不信任，英苏之间也一样。消除这种情况的最佳办法是罗斯福和斯大林之间进行一次私人会晤。哈里曼知道罗斯福很期待跟斯大林见面，但是斯大林呢？哈里曼提议会晤的地点选在冰岛或是白令海峡附近，并且强调说，对于罗斯福而言，会晤的地点选在谁的领土上都可以。

……从与哈里曼的谈话中，我得到一个印象：关于罗斯福与斯大林会晤的可能性的讨论，不是在美国国务院进行的，而是在总统

---

[1] 有一部分日记是匆忙写成的，使用了大量缩略表达，在此作了扩展，以便阅读。
[2] 写给李维诺夫的信的副本被收入，作为2月27日的日记记录。

圈子中的人之间进行，比如霍普金斯、哈里曼或是其他人。他们可能认为，通过伦敦、哈里曼—迈斯基渠道探寻我们在这一问题上的态度，要比通过华盛顿、赫尔[1]—李维诺夫渠道更便捷，更灵活。

……我向莫斯科汇报了我们的谈话内容，八天后收到的回复称：苏联政府认为首脑会晤是可取的，但是鉴于前线战事紧张，斯大林无法离开苏联，因此建议把会晤地点放在阿尔汉格尔斯克或阿斯特拉罕。我将此回复告知哈里曼。

……我纯粹是以个人方式向您报告上述情况，因为此事属于您的职责范围，而我完全无意参与其中。毫无疑问，一有机会，我将把这件事情转交给华盛顿使馆办理。

向您握手致敬。

伊万·迈斯基

[在华盛顿的哈利法克斯和李维诺夫，以及在伦敦的迈斯基，对于这三位关键人物而言，目前的形势使人回忆起1939年的局势，令人有些担忧。这三人实际都处于"流放"状态，得不到本国政府的信任。为了弥补自己在战争爆发前夕可能犯下的错误，哈利法克斯急于阻止苏德单独媾和，并致力推进英苏结盟。李维诺夫也为同一目标努力，但是却与斯大林和莫洛托夫一样不信任英国人，因为英国人在慕尼黑会议和三方同盟会谈时的表现让他失望。迈斯基和李维诺夫可以说是他们国家利益的最佳拥护者，却继续被莫洛托夫视为死敌。除了柯伦泰，他们是苏联老派外交官中仅有的活跃的幸存者。]

---

[1] 科德尔·赫尔，1933—1944年任美国国务卿。

2月15日

英国对于过去十周内苏联取得的军事胜利是什么反应？

……红军的声望正与日俱增，赢得了热烈的赞誉。德军"不可战胜"的神话已经被打破。我们很快就会摧毁德军。有人半开玩笑半认真地问："我们能不能向你们借些将军？"

……只要我们能够不断取得稳步胜利，那么统治阶层后备队就会保持沉默。但是如果红军开始进军柏林，那又怎么办？而且还是单凭他们自己？真是个噩梦！直冒冷汗！

这样的情况在1942年或1943年是有可能出现的。如果我们的推论被证明是正确的（我们有充分的理由），红军是有可能在英美之前单独抵达柏林的。为避免出现这种情况，英国可能会在今年年底抢先开辟"第二战场"。他们能做到吗？我不太相信。为了将作出"决定"的时间推迟到1943年，以便自己能够准备得更加充分，英美在对苏物资供应方面耍了很多花招。……

2月18日

政治氛围依旧紧张和令人不安。17日，我去了议会，丘吉尔谈到新加坡的陷落。[1]他看起来状态不太好，焦躁不安，动不动就发火，而且十分固执。议员们却对他冷嘲热讽，嗤之以鼻。他们令丘吉尔的入场和退场都很不愉快，这是我从来没有见过的。议员们提出的尖锐问题使首相很生气。

……总体的形势是明朗的。因为丘吉尔个人的原因，现在即使是他的朋友也很难支持他的政府。"我对一切负责！"这意味着人

---

[1] 2月8—15日发生了激烈的战斗。超过八万名英军士兵被俘。

们不能批评大臣、将军等人，虽然在他的保护伞下聚集了不少的蠢材、庸人和"第五纵队"的潜在代理人。"战时内阁是好的，不需要进行任何调整！"……

倘若丘吉尔辞职，有谁能接替他呢？人们谈论最多的两个名字是艾登和克里普斯。艾登接班的说法流传甚久，而克里普斯最近才异军突起（尤其是在他通过广播和在布里斯托尔发表演讲之后），原因如下：普通民众深信克里普斯"会带来好运"（"俄罗斯已经参战"）；他是个"新人"且为"党外人士"（人们对党派政治已经极为厌烦）；他思想进步，人很聪明，是个出色的演说家；最重要的是，他押对了苏联这个宝。……

就我个人而言，我支持丘吉尔任首相。在反对德国方面，他是靠得住的。他意志坚定，不为他人意见左右。无论是克里普斯还是艾登，都不如他那么意志坚定。丘吉尔为人脚踏实地。但他似乎准备妥协。……经过昨天的议会会议，他有可能在政府组成和军事指挥等问题上让步。妥协的需要比以往更明显。昨天，正当我离开议会时，一位与我相熟的议员在议会走廊里拦住我，问："您认为当前有什么能让英国民众爆发出强烈的热情？"——"究竟是什么呢？"——"如果铁木辛哥元帅被任命为英军总司令！"

2月20日

……政府改组……在内阁组成问题上，丘吉尔妥协了。……真是个老练的谋略家。

……总的来说，改组为丘吉尔加分不少，对比弗布鲁克则是不利的。克里普斯会代替比弗布鲁克吗？克里普斯表现确实不错，他成为战时内阁的一员和"下议院领导人"（对他来说是个好职位，可以让他显露头角）。对于他来说，领导工党（与他人一起）具有讽刺性的快感，因为三年前他曾被工党开除。一个不属于任何党派的人居然成了下议院领导人（地位仅次于劳合·乔治和安德鲁·博纳·劳[1]），克里普斯过去几年的事迹在英国政界简直是个神话。他今天的稳固地位完全要归功于苏联的影响力和红军的英勇表现。

[克里普斯从莫斯科回国时受到公众的欢迎，这让人回想起一年前丘吉尔"最辉煌的时刻"。在政界中，人们认为克里普斯的声望将"逐周上升"，而丘吉尔的地位会"相应下降"。各界普遍认为，正如怀南特告诉华盛顿的那样，克里普斯成为战时内阁一员标志着"努力加强与俄罗斯建立更密切的关系"。难怪迈斯基会立即对克里普斯进入战时内阁一事表示祝贺——他希望这一任命"对于总体战局，特别是英苏关系而言都是个好兆头"。但比弗布鲁克正确地指出，尽管克里普斯"竭力吹捧俄罗斯人……但他实际上是内阁中唯一支持苏联的人"，而且他自己辞职就意味着"俄罗斯的麻烦"。丘吉尔依靠丰富的政治经验维持他的权威。他让克里普斯加入战时内阁，并任命他为下议院领袖，这使克里普斯成了一个中立者。丘吉尔肯定知道，这一职位并不适合朴素、正直和克己的克里普斯。而且这是一项极其费时的任务，还疏远了克里普斯和他潜在支持者的关系。当3月英国国内关于俄罗斯的讨论升温时，克里普斯被委派前往印度执行一项旷日持久且成功无望的任务——丘吉尔用这"巧妙一击"让克里普斯"丢尽了脸"。在这种情况下，克里普斯久居内阁职位但又毫无建树，其信誉逐渐被削弱。英军在阿拉曼战役中取得胜利后，克里普斯被迫于年底辞去战时内阁的职位。

---

[1] 安德鲁·博纳·劳，保守党人，1922—1923年任英国首相。

此时，他显然是个失败者。]

2月28日

我们在比弗布鲁克位于切克利的家里，与哈里曼及其女儿，伦道夫·丘吉尔夫人以及迈克尔·富特[1]等人共进晚餐。

晚饭之前，在他书房里……壁炉台上悬挂着斯大林、罗斯福和英国国王的肖像画。

比弗布鲁克焦躁不安，他希望斯大林能够了解真相[2]。

图86　迈斯基夫妇被埃夫里尔·哈里曼及其女儿凯瑟琳迷住了

---

[1] 迈克尔·富特，1937—1938年任《论坛报》助理编辑，1942年任《伦敦标准晚报》代理编辑，1945—1955年及1960—1992年任工党议员。
[2] 指的是他辞职的原因。

3月4日

克里普斯。

克里普斯在我这里吃饭。

克里普斯正努力完成关于条约的各项安排。尽管不太情愿，内阁最终还是接受了1941年确定的边界。

……"不幸的是，大约一年前，当英国孤军奋战时，它希望美国参战，便向美国承诺，未经预先协商将不会承认欧洲边界的改变。英国完全依赖美国人。这种情形很尴尬，但我们又能做些什么呢？"美国人一点儿都不着急（关于条约的建议早已于三周前就发给美国了）。克里普斯派艾登前往美国的计划却失败了。英国正在发生一场内部危机。……

3月5日

艾登和克里普斯。

战况：（1）利比亚战场。英军拥有坚固的防御阵地，希望能守住防线。……（2）远东战场。荷属东印度被认为已经失守，现在轮到缅甸了。英军将会坚守缅甸，但不确定能否守住。……日本可能会进攻印度，但印度是个大国，日军未必能讨到便宜。此外，丘吉尔将于下周在议会发表关于印度的重要说明。……

[3月7日，艾登向犹豫不决的丘吉尔进言，说如今"能使美国人的天平向我们倾斜的唯一方法"就是他亲自给罗斯福写信。有必要克服美苏由于没有英国支持而产生的"不安"，以及旧有的关于英国想看到俄罗斯"被榨干血"的怀疑再现。反面的理由同样有

力:我们只有立即干涉欧洲大陆,才能确保足够强大的英美军事力量存在,以"阻止苏联政府任何可能的扩张计划"。

"战事日益吃紧,"丘吉尔给罗斯福发电报,"这让我感觉到,《大西洋宪章》的原则不应被理解为我们否认俄罗斯遭到德国进攻时所占领的边界……因此,我希望您同意我们自行与苏联签订条约,斯大林也希望如此。"罗斯福注意到其军事计划制定人员的告诫——确保俄罗斯参战——"至关重要",他明确无误地告诉丘吉尔,他迫切希望在"今年夏天"看到新的欧洲战场。罗斯福坚称:"没有什么比俄罗斯人崩溃更糟糕的了……我宁愿失去新西兰、澳大利亚或是其他任何地方,也不想看到俄罗斯人倒下。"

于是,3月12日,李维诺夫被召进白宫,罗斯福直截了当地告诉他,由于"现在很难跟英国人以及英国外交部打交道",他宁愿直接与李维诺夫讨论波罗的海国家问题。确实,几天之内,罗斯福在处理与俄罗斯的关系方面取得了重大成果。尽管表面上他看似在争取丘吉尔的支持,但为了表明自己跟俄罗斯人单独打交道是有必要的,罗斯福毫不留情地指出军事灾难对丘吉尔政治地位造成的冲击:

> 当我告知您,我能比您的外交部或我的国务院更好地处理与斯大林的关系时,相信您不会介意我如此直率。斯大林讨厌你们所有的高层人员。他认为他更欣赏我一些,我希望他会继续如此。

现在罗斯福占据了主动,他承诺会在几天内拟一份"更具体的、关于联合进攻欧洲的计划"发给首相。]

3月10日

……在发起所有进攻之前,有必要在欧洲开辟第二条英国战线,否则我们将失去赢得战争的唯一机会。

罗斯福召见了李维诺夫,谈及波罗的海国家问题。罗斯福大体上同意,但考虑到公众舆论,他反对签署任何公开或私密的协议。罗斯福直言:如果英国政府要和苏联签订一个他并不知情的秘密协议,他不会反对。——莫斯科方面此前已经告诉李维诺夫,它对这样的协议已经不再感兴趣。

3月13日

艾登。

英国政府接受了1941年确立的边界,已于10日同华盛顿方面交涉。如果可能的话,他们希望得到积极的回复,换句话说,就是希望美国不反对。怀南特支持英国政府,但他不知道自己能否表达美国政府的意见。他已经很久没回美国了,准备过几天回去一趟。他承诺要加强合作。……

[俄罗斯人还未建立起一个统一的战略和政治平台以有效应对德军即将发起的春季攻势,这使他们陷入严重的两难困境。迈斯基知道,英国在远东遭受的一连串失败,使斯大林对英国的"帮助、诚意,以及把战争进行到底的决心"产生了怀疑。尽管迈斯基声称了解情况,但他也含蓄地暗示,"有些人,比如斯大林,从来没有离开过俄罗斯,所以觉得我们(英国人)难以理解"。斯大林倾向认为英国"已把责任推给罗斯福,自己在骑墙观望"。但这样做可能

是灾难性的，因为斯大林曾预言，如果英国能在意大利或是巴尔干半岛"发动一场大的攻势"——更不用说跨海峡作战了，1942年会是这场战争决定性的一年，德军将会被瓦解。迈斯基努力消除双方在时间表上的明显分歧，他相信"英国人其实并非真的想在1942年获胜"，他们最多也只是在为1943年获胜作准备。

莫洛托夫严令李维诺夫避免提及开辟第二战场的问题。此举令人吃惊，大使对此也公开表示反对，然而莫洛托夫这样做恰好证明苏联越来越不抱幻想。苏联这一令人迷惑的立场转变一直以来被西方学者忽视或误解，他们常常把苏联单独媾和的传言归因于斯大林企图恐吓、"勒索"西方强国，以获得后者更多的承诺。西方拉俄罗斯人加入盟军阵营的主要动机与1939年一样，就是害怕苏德和解。苏联也怀有同样的疑虑，担心英德单独媾和。可以想象（也确实有证据表明），斯大林在绝望之际再次采取了他在1939年春季使用过的策略，并考虑通过贝利亚与德国接触，其实质是在1942年5月前停止对德敌对行动，同时丢出另一个诱饵——俄罗斯可能在1943年底前加入对西方的作战。作为回报，《苏德互不侵犯条约》的领土安排将重新生效，此外，巴尔干半岛，甚至可能连希腊都划归苏联的势力范围。这或许可以解释李维诺夫和迈斯基的紧张情绪，还有日记中难以理解的评论（以及长时间的沉默）。]

3月16日

在14日，周六，我收到了斯大林同志给丘吉尔的信件。我立即打电话给外交部，要求在16日，即周一同首相见面。不到一个小时，外交部来电通知我，丘吉尔将在周一下午五点见我。昨天是周日，我接到了外交部的另一个电话，通知说计划有变。首相在周一五点不能见我，取而代之的是，他邀请我周一到契克斯别墅共进午餐。我同意了。

所以，今天一点钟左右，我来到了契克斯别墅。之前我提出要艾登也参加我与丘吉尔的会谈，他比我稍晚几分钟到。当时我正在屋里等候，艾登一进来就把我拉到一边，满怀焦虑地说："我刚收到一份从华盛顿发来的电报，里面是罗斯福给李维诺夫的声明的主要内容……这是一份令人非常不快的声明，我们必须讨论一下。"

正在此时，首相的助手请我们去餐厅。严格来说，那并不是一个餐厅，而是一楼角落里的一个小房间，它给人非常私密的感觉，里面已经为丘吉尔、艾登和我摆好了一张小餐桌。首相仍穿着他常穿的连体裤，热情友好地同我打招呼，并为自己的居家穿着道歉。因为今天他刚做了个小手术，还不能回城里，所以只能在家里接待我。

我们在桌边坐下后，我把斯大林同志的信件交给丘吉尔。他迅速浏览了一遍，显然很满意。接下来，轮到艾登阅读这封信。起初，我们的谈话一直围绕近期的战事进行，然后艾登谈到了签订条约的问题。他又一次提到了从华盛顿发来的电报，并表达了他的担忧：美国的态度会使情况变得更复杂。

"当然，这并不意味着我们不会与你们签订条约，"艾登补充道，"但是你们必须理解，让美国站在我们这边是多么重要。"

这时丘吉尔插话了，他阐述了自己的立场："从一开始，我就不太愿意承认1941年确定的边界，但因为斯大林如此坚持，我最终才同意这么做……这可能是个偏见，但我一直都是民族自决原则的坚定信徒，这一点也写进了《大西洋宪章》中，但是在此……"

"但是，波罗的海国家已经进行了具有广泛代表性的公民投票。"我打断了他，我十分清楚丘吉尔接下来想说什么。

丘吉尔狡黠一笑，接着说道："是的，那里当然举行了全民投票，但都是一样的……"

他作了一个含义不明的手势，结束了谈话。

"坦诚地说，"我反驳道，"我不太理解英国政府在这一问题上的立场。据我所知，英国政府曾与美国'协商'欧洲边界问题。在此我要强调一下'协商'，英国并不是去寻求美国允许的。就像我理解的那样，'协商'早已发生。您在华盛顿的行为表明英美政府的意见有明显的分歧。很好。那接下来呢？我认为您应该早已告知美国人：'我们已经通知你们，我们打算承认1941年的苏联边界。虽然你们不喜欢这样，但我们坚持认为此举有助于战胜我们的共同敌人。我们正要采取这一步骤，希望你们能理解并意识到这项政策是正确的。'我们的条约应该在发表这样一个声明之后立即签署。总的来说，英国政府应该少去讨好'美国大叔'，而更多地考虑自己政策的独立性。"

丘吉尔和艾登听我把话说完，但没有作任何表态。丘吉尔只是说："您跟艾登谈吧，找出一个可行方案。"

于是就这么定下来了：明天，也就是17日，我将同艾登会面，讨论当前的局势。

接着，我又提到了斯大林同志的信件，提请丘吉尔注意信中的一段：斯大林同志在其中表示，他相信1942年将是决定性的一年。我问丘吉尔对这一问题有何看法。

丘吉尔的脸色立刻沉了下来。他耸了耸肩，有些不快地说："我不知道1942年如何会是决定性的一年。"

我正准备反驳，但是丘吉尔打住了我的话头，向我提出一个尖锐的问题："请告诉我，您觉得你们自己现在怎么样，是比1941年更强还是更弱？"

"当然是变强了。"我不假思索地答道。

"好吧，我觉得更弱了。"丘吉尔反驳道。

接着，他补充说明道："去年我们不得不对抗两个强国，而今年要对抗三个。"

"但是，现在你们有两个强大的盟友。"我回答道。

然而，丘吉尔不赞同我的观点，并开始谈起国内问题，诸如印度、媒体、议会和生产问题……

此时，我决定迎难而上。我对丘吉尔说："我不知道您是如何看的，但是我认为我们当前面临的局势非常危险。决定战争胜负的关键时刻即将来临。这就是'非此即彼'。当前局势是怎样的？德国正在准备发起大规模的春季攻势，它今年准备孤注一掷。如果今年春季我们能挫败德国的攻势，我们实质上就会赢得这场战争，希特勒战争机器的主要力量将在今年被击溃。接下来我们要做的，只是杀死这头疯狂的野兽。只要打败德国，其他的事情将会变得相对容易。现在，假设我们没能击败德国的春季攻势，假设红军被迫再次撤退，我们再次开始丢失领土，德国进占高加索地区，接着会发生什么呢？如果事情真的发展到如此地步，希特勒绝不会止步于高加索，他会继续前进至伊朗、土耳其、埃及、印度。他会与日本在印度洋某地联手，再将魔爪伸向非洲。这样的话，德国面临的石油、原材料和食物短缺的问题将迎刃而解。英帝国将土崩瓦解，苏联将失去特别重要的领土。……到那时我们获胜的机会有多大？我们何时才能获胜？……要么现在取胜，要么将永远无法取胜！这就是我们面临的选择！"

丘吉尔一直皱着眉，把头歪到一侧听我讲话。突然，他猛地直起身来，激动地喊道："我们宁死也不能接受这种状况！"

艾登跟着说："我十分同意大使的观点。问题正是：要么现在取胜，要么将永远无法取胜！"

我继续说道："跟去年相比，红军的实力无疑已经大大增强，而德军的实力已经减弱。当然，今年我们将有一场恶战。但是谁能对未来的事情打包票？……英国和美国仍然在商议、估量、思前想后，但就是不能确定关键年到底是1942年还是1943年。这种状况是无法容忍的。一方是苏联，另一方是英美两国，双方关于'战争时间表'的差异是盟国在战略层面最严重的错误，它必须被清除。英美两国必须都将宝押在1942年。这一年，不管准备的程度如何，他们都必须把自己所有的军力和资源投入战斗。"……

艾登再一次表示完全认同我的观点。

丘吉尔坐在那里，陷入了沉思。最后，他抬起头，说道："或许你是对的。我掌握的所有信息都证明德国人正准备在东线发起进攻。无数载着部队和武器的列车正在驶向东方。……是的，今年春天你们将不得不经受一场可怕的打击。我们必须竭尽全力帮助你们。我们会尽自己所能。"

然而很明显，对于丘吉尔来说，得出这样一个结论着实不是一件容易的事。

鉴于在这一原则问题上与丘吉尔的讨论已经取得成功，我将话题转到了更实际的问题上。……

接下来，我们进行了长时间的热烈讨论，有时甚至会发生观点的激烈碰撞。……丘吉尔说他正研究在欧洲开辟第二战场这一问题。从这可以明显看出，在我于3月12日与艾登交谈之后，他就跟首相说过此事了。我尝试进一步阐述这一问题，并提出支持开辟第二战场的理由，它们对说服艾登非常有效（需要一种进攻精神来训练英军）。丘吉尔对此作出的回复跟艾登的一样积极。他甚至说，与去年相比，当前开辟第二战场从技术层面上来说更容易些，因为目前英军拥有大量适用于登陆作战的船只。然而,首相仍坚决避免作出任何具体的承诺。

……印度。我顺便提到了这一问题,丘吉尔顿时勃然大怒。

"克里普斯在那里不会有任何建树,"他断言道,"印度人内部都无从达成一致意见……从军事角度来看,它并没有那么重要。里海—地中海战线要比印度重要得多。政治和情感就是另外一回事了。我们拭目以待。"

丘吉尔突然作了个手势,然后接着说:"总体来看,印度人并不是一个历史悠久的民族。谁还没有征服过他们呢?无论是谁,只要从北面攻入印度,都可以成为它的主人。纵观其历史,印度人几乎从来没有获得过真正的独立。看看印度的村庄,它们都建在山上。山从哪里来?千百年来,每个村庄都在垒泥造屋。每年一到雨季,泥屋就会被冲走,于是他们又用同样的泥土建造新的泥屋来取代旧的,继而新的也会被冲走。世代如此循环往复。因此,山越来越高。他们几千年来始终没有创造出更好的东西来,这到底是些什么样的人啊?"……

丘吉尔抿了一口酒,更加生气地继续说:"我已经准备好随时离开印度。无论如何,我们都不会在那里生活。但是接下来会发生什么?您可能认为那里会有自由、繁荣,以及日益发展的文化和科技……那您真的想错了!如果我们离开,印度到处都会爆发战斗,那里将会发生内战。最终,穆斯林会成为主宰,因为他们都是战士,而印度教徒只会耍嘴皮子。是的,空谈者!哦,当然啦,若是说到辞藻华丽的演说、巧妙平衡的解决方案及法律上不切实际的空想,印度教徒的确算得上是专家!他们一直自得其乐!然而一旦面对实际问题,以及必须立即决定并付诸实施的事务,印度教徒就会'束手无策'。这时,他们内心的虚弱就暴露无遗。"

……我一边听他说着,一边禁不住在想:"诚然,丘吉尔是个了不起的人,是一个重要的政治家。确实,他已经六十七岁了。但是,尽管如此,他身上还带有小男孩的一些本性——伊朗就是一个他喜欢的玩具,而印度则是一个他不喜欢的玩具。"

……丘吉尔表达了对红军的敬意,他说,随着苏联声望的提升,英国国内对苏联的好感也大幅提升。他笑着补充道:"您可以想象一下!我的妻子都已经完全苏维埃化了……她所谈论的一切都关于苏联红十字会和苏联军队,还有苏联大使的夫人,她们相互通信,通电话,还一起参加游行!"

他眼里闪过一丝狡黠的亮光:"你们能不能把她选进苏维埃啊?她绝对配得上。"

……在今天与首相的谈话中,他表现出一种"英雄迟暮"的情绪,这种前所未有的神色让我感到震惊。他甚至说出了这样的话:"我就快不久于人世了……很快就会化为灰烬……"

他在其他一些陈述中,也带着同样的调子。但是,每当提到德国,丘吉尔就勃然大怒,眼里闪烁着愤怒的光芒。我的总体印象是,他清楚地意识到自己已经日渐衰老,正在利用自己剩下的精力来追求一个压倒一切的根本性目标——赢得战争。这是他的终极目标。

艾登送我到走廊,迅速对我耳语道:"您今天设法让首相吐露了很多心声。他心情还算不错。近来他的脾气太大了,但这没什么必要——议会的批评和媒体的怀疑无疑使他很生气……同时,您也可以看到我们在作很多准备工作,虽然此时公开谈论这件事还为时过早……您在这里有很多朋友……如果您能做些什么缓解首相当前的一些情况,那我们都会从中获益。"

图87　丘吉尔和艾登在迈斯基的住所感觉宾至如归

3月17日

艾登。

我们就条约进行了商议。哈利法克斯已经把罗斯福声明的记录交给李维诺夫,而这是萨姆纳·韦尔斯交给哈利法克斯的,以供他参考。声明很长(单倍行距足有两页),主要内容如下:鉴于日前美国国内的主流民意,罗斯福得知英苏就1941年的边界问题进行谈判时感到"不安",他想对此作深入研究,他决不会批准任何一项秘密条约,也不会签署任何一项关于未来边界的条约。……

艾登问道:现在应该做什么呢?尽管美国在向他们泼冷水,条约还是必须立即签署的。然而,哈利法克斯的电报显然令他感到不安。我开始宽慰他。英国政府必须拿出自己的勇气。罗斯福的声明与其说是抗议,不如说是出于保险起见。

……经过我们的讨论,艾登得出了以下结论:让斯大林回复声明(声明的对象是他),然后艾登再按同一口径回复。接下来,我们着手起草条约。在艾登看来,斯大林的回复应该基于以下几点:并不存在秘密条约的问题,没有人邀请美国签署条约;苏联的安全需求要现在承认1941年边界,以便在英苏两国间建立信任。

我要求莫斯科方面将给罗斯福的回复以及罗斯福和李维诺夫之间谈话详情的副本发给我。

[迈斯基急于阻止政治谈判陷入僵局。艾登在他自己关于会谈的报告中也隐藏了这样一个事实,即尽管华盛顿"泼了冷水",他和迈斯基两人依然在密谋如何推进政治谈判。]

图88 "共谋者":艾登和迈斯基

3月23日

我告诉艾登：苏联政府实际上已经决定仅将罗斯福给李维诺夫的声明视为告知信息，不会作出回复；仅指示李维诺夫告知罗斯福总统，苏联政府已经考虑了他的声明。艾登顿时呆在原地。我安慰他：我们不欠美国什么，我们也没有向罗斯福提出任何要求。……

[莫洛托夫再一次表现出并不热衷于推进与英国的谈判。因此，值得注意的是，莫斯科此时没有明确要求进行跨海峡进攻行动，而是热切希望盟国能将东线放在最重要的战略地位上。迈斯基一边将列宁勋章别到曾在俄罗斯飞行的英国飞行员制服上，一边说道："我们没有时间等到最后一名士兵制服上的最后一颗纽扣都缝完再开始

图89　迈斯基为在俄罗斯服役的英国飓风式战斗机飞行员赠送勋章

行动。"]

3月24日

克尔大使[1]首次拜访莫洛托夫。莫洛托夫说……我们认为1942年是对德战争具有决定性的一年。德军正在准备发动春季进攻。我们正竭尽全力阻止他们组织攻势。为了不给德军任何喘息的机会，苏联军队正在整条战线上不停地发起进攻，以挫败德国的进攻计划。如果英美两国也能在自己力量所及之处对希特勒发动进攻，那么在1942年实现战争转折点的目标就能实现了。……

4月5日（博温登，复活节）

……局势依旧不明朗。当前局势或许标志着英帝国已经开始解体，但也有可能只是转型的过渡阶段。所有一切都将取决于英国人，尤其是统治阶级的"精神"。如果领导人不能表现出必要的灵活性，不能及时在英帝国内部各处作出足够的让步，那么它因战争而解体将是不可避免的。从另一个方面来说，如果领导人能表现出这些品质，那么英帝国实现转型也是有可能的。例如，印度战后有可能成为自治领，甚至正式成为一个独立国家。但如果英国政府事先能与印度签署适当的贸易、政治和军事条约，正如对埃及那样，那么英国仍然可以在印度保持相当大的优势。同理，在英帝国的其他殖民地也是如此。

到底局势会向着两个方向中的哪个发展？我的总体感觉是，正

---

[1] 阿奇博尔德·克拉克·克尔，第一代英弗查佩尔男爵，1938—1942年任英国驻华大使。

在更多地朝着第二个方向发展，即英国领导人正在竭尽全力挽救他们在英国国内和在整个英帝国的地位。

……很明显，英国的统治阶级正在滑向没落，随之而来的还有其他后果。它已经走上了一条下行的快车道。……这就是为什么在制订战后重建计划时，来自下层阶级和苏联的压力迫使他们做多少，他们才做多少。……而且现在统治阶级中间弥漫着一股十分忧虑和沮丧的情绪。不久前，我出席了银行家罗斯柴尔德举办的一场午宴。我委婉地谈及战后重建的前景这一话题。很快，我意识到自己触到了痛处。一场激烈的争论展开了。……主人用一句极富个性的话结束了这场争论："为了避免出现不眠之夜，我的妻子严禁我考虑未来。"

4月6日

继续我昨天记下的思考，我得出了以下结论。

在战争结束时，世界会是怎样的一番景象？当然，这是在说我们所渴望和正在期待的结局。

德国、意大利和日本将被彻底击败，而且在很长一段时间内都将衰弱不堪。法国已经失去了曾经的强国地位，其复苏将是一个缓慢而痛苦的过程。英帝国明显会比从前更衰弱（我为它选择了最佳方案：不是解体，而是转型）。中国会胜利，但它在抚平战争创伤和复苏国力的道路上将遇到重重困难。

在这样的背景下，苏联与美国这两个强国将为我们呈现出一种多少有些不同的景象。

苏联也必须疗伤，但是走出战争后，随之而来的是强大的军队、雄厚的工业实力、机械化的农业和丰富的原材料，它将成为最具影响力的强国。社会主义制度将帮助苏联比其他国家更快地克服战争带来的严重后果。

而美国将成为世界第二大强国,因为从表面上看,它将在战争中遭受最小的损失,其保存的实力远超其他所有国家。美国军队可能要在战争结束之际才能作好应对重大战役的准备。加上强大的海军、空军以及军事工业,这支军队将使美国强极一时。

战后,苏美在社会制度和国际关系领域将分别代表社会主义阵营和资本主义阵营的两极。因为到战争结束时,美国资本主义保存的实力要远超英国。美国将成为资本主义制度的堡垒。这就是为何战后最可能是以苏美而非英美之间的竞争为标志。……

当然,我也不排除希特勒在4月会搞出什么新花样。……无论如何,我认为希特勒今年的目标极有可能是攻占高加索地区,随之而来的后果将会显现出来。

……随着春夏季大战的来临,我们现在的境况是怎样的呢?

冬季的反攻具有重大意义:极大鼓舞了红军和全体苏联人民的士气,同时也使红军获得了极具价值的作战经验;我们因此收复了大片领土;使得希特勒不可能一边安度寒冬,一边大量集结后备兵力为发起春季进攻作准备;迫使德军整个冬季都不得不在严寒中苦战,并遭受巨大损失。……当然,这些对我们来说都是好事。但是对于我们收回的领土低于我预期一事,我多少有些失望。我原来想,今年年底我们至少会拿下斯摩棱斯克,把德国人赶出列宁格勒并解放克里米亚,但这些都没有实现,何况现在我们也无能为力。

前景会怎样?很难预测,特别是在没有任何来自苏联的准确信息的情况下。我们在12月发动的攻势一开始使德军陷入混乱,但显然希特勒已经从中有所恢复。到2月,谈论德国军队的瓦解显然为时过早。德军并没有在混乱和恐慌中撤退。……同时,我们在继续为红军的春季攻势作准备。我们征召了预备部队，为扩大军事生产作出巨大努力，并且尽可能多地从国外进口物资。……

[直到6月中旬，除斯大林和丘吉尔之间关于莫洛托夫在5月和6月初访问伦敦和华盛顿的电报往来之外，日记中没有更多的记录。迈斯基与莫洛托夫的关系空前紧张。在莫洛托夫访问伦敦期间和之后不久，这种紧张关系数次浮出水面。[1] 这种紧张关系，以及在德国恢复攻势之前的这段时间对克里姆林宫意图的不确定，大概可以解释迈斯基不祥的沉默。

艾登曾经向迈斯基解释，考虑到英国人在"向俄罗斯提供军事援助"方面的"作用相对很小"，丘吉尔正在寻求美国支持该条约，至少也要得到默许。这个理由引发了一个意想不到的后果：它使罗斯福通过支持俄罗斯提出的开辟第二战场的要求来预先阻止这个政治条约，从而把压力转给英国。罗斯福想知道丘吉尔是不是正在失去对国内局势的掌控。无论如何，罗斯福尤其希望"作战部队表现出一种勇于进攻的精神，而不是不断撤退和防御。还希望国内有一个高效、强有力的领导层，领导国家作出真正全面战争的努力"。霍普金斯自从访问莫斯科以来，就一直敦促罗斯福采用马歇尔将军[2]精心制定的横渡英吉利海峡的进攻计划，并且强迫丘吉尔接受。他坚称，为了在1943年4月初实施跨海峡进攻，必须"立即"作出这样的决定，以确保及时完成所有必要的后勤工作和兵力部署准备。与此同时，他提出一个在1942年9月发起进攻的应急计划，称

---

[1] 见本书第608—612页。
[2] 乔治·卡特利特·马歇尔，1939—1945年任美国陆军参谋长，1947—1949年任美国国务卿。

之为"为了共同利益作出的牺牲"[1]。

3月25日，马歇尔与史汀生[2]在白宫与罗斯福共进午餐。史汀生是第一次世界大战老兵，并且是一位经验丰富的陆军部长。他们敦促总统向丘吉尔提交他们的计划，然后"请您倾尽全力，果断地重新安排运输分配，并为最终进攻准备登陆设备"，最迟不超过9月。这些计划由三个独立的军事行动组成，在计划于1943年4月1日攻入欧洲时达到高潮。4月1日，总统批准了这些计划。第一个是"波列罗行动"。根据计划，美国将在英国部署大约三十个师，外加六个装甲师和三千二百五十架飞机。在"围捕行动"中，这些部队将在英国十八个师的兵力支援下，在布伦和勒阿弗尔之间的开阔地带登陆。"大锤行动"是一项应急措施，目的是于1942年初秋在法国的一个海港建立桥头堡，尤其是当苏联处于崩溃边缘之时。

丘吉尔一直以无力在战场上帮助苏联来为其决定与苏联缔结政治条约辩护。为了抢在英国首相之前采取行动，阻止英苏签署任何协议，罗斯福也打出了军事牌。他迅速将自己"非常重要的军事建议"告诉了斯大林，称根据建议，"我们部队的军事行动能够缓解你们在至关重要的西部战线受到的压力"。他敦促斯大林立刻派"莫洛托夫和一位将军"前来华盛顿，以便在美国人"最终确定"共同战略和具体行动之前提供重要建议。随后，他顺便向丘吉尔提及，他正召集两位来自莫斯科的"特别代表"一起讨论这个计划，并希望这个计划得到他们"热情的接受"。丘吉尔对罗斯福的主动极为不安，他想要"一个跟斗翻去"海德公园（罗斯福在纽约北部的庄

---

[1] 迈斯基仍对同盟国"会竭尽全力以赢得战争，为了共同事业牺牲自己的人力和财力"持怀疑态度。
[2] 亨利·史汀生，1929—1933年任胡佛总统的国务卿，二战期间任罗斯福政府的陆军部长，尽管他是一名共和党人并且就任时已经七十二岁高龄。

园）度个周末，因为"要解决的事情太多，还是面谈为好"。

4月8日，艾登告知迈斯基，尽管罗斯福持保留意见，英国内阁现在还是准备按照"斯大林希望的路线缔结条约"，并进行谈判，只有一些为顾及美国人感受而作的小修小改。随着英国担忧的日益加深——苏德单独签订和平协定，或是苏联成功发动攻势为进入柏林铺平道路——艾登热切希望莫洛托夫也能到访伦敦。然而，争论中最难解决的，仍然是斯大林坚持必须承认寇松线作为苏联与波兰未来的边界。或许是在咨询迈斯基之后，艾登建议，如果莫洛托夫不愿到访，可以授权大使签署该协议。莫洛托夫确实宁愿迈斯基代替他谈判（这让人不祥地回想起在1939年5月，大使代替莫洛托夫出任国际联盟主席一事）。艾登被告知，莫洛托夫对受邀访英表示十分感谢，但是斯大林给他安排了"更为重要的"工作。

4月12日和13日，马歇尔将军与英军参谋长们在伦敦举行会谈。他寸步不让，坚持认为美国人"不希望看到出现任何可能的逆转和在其他战区额外追加的义务，因为这一旦被接受，会影响计划的全面执行"。霍普金斯让丘吉尔确信，"为了拯救苏联战线，美国方面准备承担巨大的风险"。只要丘吉尔继续坚持认为"保卫印度和中东至关重要"，访问之后这种漫谈式的讨论会使人们对计划的实施产生怀疑。英国不能"为了实现马歇尔将军提出的主要目标，就完全放弃其他所有一切"。

然而，马歇尔在返回华盛顿时却自认为已经与英国人达成了"完全一致"，至少在关于1943年发动跨海峡进攻的需求上达成共识。尽管双方似乎都一致认为欧洲战区居于首要地位，但英国的边缘战略使跨海峡进攻的时机不可能在1943年5月之前变得"成熟"。就目前而言，罗斯福站在他的顾问那边，接受苏联的观点：不管有多明显的障碍，牺牲还是值得的。美国人推动了开辟第二战场的准备工作，而丘吉尔向内阁保证,英国"并不致力于在今年实施这一行动"。

虽然在马歇尔访问期间,国防委员会已经达成了原则上的一致,但是并未就第二战场的实际开辟作出"明确的"决定,而这需要与美国人密切协调。也难怪迈斯基在从艾登那里得知这一消息时会感到忧虑。丰富的经验使他看穿丘吉尔的伎俩,他很快就意识到宣言中并未明确指出"时间和地点"。

斯大林将他的希望寄托在美国人身上,于4月20日欣然接受了罗斯福让莫洛托夫前往华盛顿的邀请,以就开辟第二战场交换意见。他还宣布莫洛托夫将在伦敦作短暂停留。罗斯福满腔热情地向李维诺夫保证,美国"现在"已经开始着手开辟第二战场了。他也希望莫洛托夫返程途中能在伦敦停留,代表美国总统发言,对英国"施加双重压力"。

当莫洛托夫最终于5月20日到达英国时,并没有高层官员前往迎接他。他乘坐的是苏联非常先进的TB-7轰炸机——全世界只有六架。这架飞机于四天前在同一航线上进行了一次前往英国的试飞,当时飞机上搭载了斯大林的私人翻译和莫洛托夫的几名助手。巴甫洛夫[1]受命将最新修订的苏联协议草案带给迈斯基。苏联的疑心已经达到了这种地步:草案被缝在马甲里,他奉命亲自在莫斯科对草案进行加密,然后在伦敦的大使馆里破译。在伦敦,迈斯基只陪了莫洛托夫半程,很可能是因为巴甫洛夫在讲述他于伦敦大使馆停留的经历时对迈斯基大肆贬抑,以迎合外交人民委员对大使的蔑视。他对迈斯基的描述,加上几周后李维诺夫与莫洛托夫在华盛顿发生

---

[1] 弗拉基米尔·尼古拉耶维奇·巴甫洛夫,1939年受莫洛托夫招募,1939—1941年任苏联驻柏林大使馆一等秘书,并在二战期间先后担任莫洛托夫和斯大林的口译员。因与《苏德互不侵犯条约》有关联,他受到赫鲁晓夫排挤,被安排到进步出版社工作。

图90 莫洛托夫以一身飞行员行头抵达苏格兰,受到巴甫洛夫和一位英国皇家空军军官的欢迎

的争执,预示着这两位大使将在一年后被免职。因此,有必要将他的描述全部引出:

> 迈斯基建议我待在他位于大使馆的公寓里,等候莫洛托夫抵达英国。我忍受了一个晚上,但很不舒服,因为我觉得我的存在扰乱了主人的英式日常生活。因此,我"逃离"了那里,去找负责各流亡政府事务的大使博戈莫洛夫[1]。他热情

---

[1] 亚历山大·叶夫列莫维奇·博戈莫洛夫,1939—1940年任外交人民委员部第一西方司书记兼司长,1940—1941年先后任驻法参赞和大使,1941—1943年任苏联负责各流亡政府事务的大使,1943—1944年任苏联驻法兰西民族解放委员会大使代表,1944—1950年任苏联驻法大使。

图91 和谐的假象：莫洛托夫、艾登和迈斯基

地接待了我。

在迈斯基家里的一次午餐给我留下了特别糟糕的印象，大使馆的重要成员都受邀出席了那次午餐。餐桌上他们谈论的话题主要集中在1941年夏天苏德战场的困境。迈斯基的夫人阿格尼娅·阿列克谢安德洛夫娜受这个话题的影响，开始为丈夫和自己的命运担忧。她对迈斯基说："万涅奇卡，我认为英国人会妥善安排好我们的，就像1938年3月德国占领奥地利后，他们妥善安排奥地利驻伦敦大使一样。"迈斯基没有回应。这些就是迈斯基夫人脑子里成天想着的事情。

苏联要求英国立即承认德国入侵俄罗斯之前就已存在的苏波边界，谈判因这一问题而破裂。从个人层面讲，莫洛托夫似乎不具备

图92 谈判中的吸烟休息时间，唐宁街十号花园（从左至右：卡多根、艾德礼、迈斯基、莫洛托夫、艾登和丘吉尔）

李维诺夫和迈斯基能够引以为傲的外交美德。卡多根的评价是，莫洛托夫身上体现出来的"优雅与调和感跟图腾柱上的并无二致"。这与迈斯基形成了鲜明的对照，丘吉尔称迈斯基是"最优秀的口译员，翻译得既快又顺，而且对事务有广泛的了解"。丘吉尔虽然在原则上承诺支持开辟第二战场，但从一开始他就持保留意见，承诺

1942年 611

"一旦条件成熟"就会立即启动这项行动,但他也详细说明了英国政府现在面临的种种限制。

迈斯基的乐观预期与他在1939年的展望再次吻合,当然,这并不符合莫洛托夫的看法。这再一次反映了迈斯基一厢情愿的想法,或许这是存在主义的本能,而对操纵英国人的能力的愈发自信也加强了这种本能。他在给柯伦泰的信中说,他相信西方盟国正坚定地致力于开辟第二战场,他坚信关于进攻时机这一至关重要的问题,其答案是"今年的某个时候"。他的当务之急是"加快这一天的到来"。然而,莫洛托夫却很失望,他告知斯大林,他发现丘吉尔"显然没有同情心"。丘吉尔给他的印象是乐于旁观俄罗斯战线的事态发展,"不急于"达成任何协议。

图93　丘吉尔和迈斯基监督莫洛托夫和艾登签订同盟条约

当谈判陷入僵局，斯大林告诉莫洛托夫，前线的战局正在急剧恶化。铁木辛哥元帅在哈尔科夫反攻的"结局不利"，而德军在克里米亚地区轻易取得胜利使得克里姆林宫"相当震惊"。由于英苏对预期的分歧看似无法弥合，艾登提议先达成一个非常宽泛的协议作为替代。5月24日晚上，莫洛托夫出乎意料地收到了斯大林的指示，让他接受艾登提出的声明式条约。这份条约规定两国建立为期二十年的同盟，重申了军事互助，并就战后合作规定了模糊的一般性原则，同时避开了有争议的边界问题。斯大林非但不认同莫洛托夫对此条约的看法（"一个空洞的宣言"），反而认为这是"一份重要的文件"——不仅可以鼓舞国内士气，还可以向德国展示同盟国的团结一致。更重要的是（在此，斯大林再次暴露了同盟国之间阴魂不散的猜疑），他相信这将预先消除英德单独媾和的潜在可能性。斯大林为了让莫洛托夫放心，告诉他说正如艾登所害怕的那样，条约未能确定战后的边界，而这让俄罗斯在未来可以"自由行动"。

斯大林在给莫洛托夫的新指示中最后说道："尽快缔结条约，然后飞到美国去，这对我们来说是有利的。"斯大林接受了这份被削弱了价值的条约；作为交换，他希望得到罗斯福的支持。罗斯福是第二战场的热心支持者，但强烈反对最初的协议草案。接受新条约，但得到了美国的支持，苏联似乎确实从这场赌博中获得了回报。然而，丘吉尔却决意要阻止罗斯福在第二战场的问题上作出明确承诺。俄罗斯人刚刚动身前往华盛顿，丘吉尔就急忙给总统发去电报，附上他与莫洛托夫的会议记录，他在里面详细阐述了英国开辟第二战场所面临的障碍。但是一如丘吉尔的习惯，最重要的信息总是写在最后:他预计隆美尔[1]在利比亚再次发动的进攻将会是一场"力量的较量",为此必须向利比亚战场分配新的资源。"我们不能忘记'体育家行动'[2],"他总结道,"如果需要的话,其他所有方面的准备工作都应为此服务。"

当谈判于5月29日晚在华盛顿开始时,莫洛托夫特意向罗斯福总统示好。总统重申道,他个人已经作好了经历另一个敦刻尔克大撤退的准备,即便这意味着要牺牲"十到十二万"人。但总统在欧洲大陆部署最多八到十个师的提议让莫洛托夫很不满意,因为后者得到的指示是设法从东线战场转移至少四十个德军师。然而,莫洛托夫随后对前线形势悲观又坦率的陈述使罗斯福确信,除非在1942年向法国发动大规模进攻,否则俄罗斯人可能需要从莫斯科和巴库油田后撤,而这会使西方盟国的处境进一步恶化。"我们愿意在1942年开辟第二战场,"总统对这位人民委员说,"这是我们的希望,也是我们的心愿。"然而,罗斯福和马歇尔一样,怀疑把美国军队先运送到英国,再横渡英吉利海峡的可行性,因此显然还在犹豫不决。最后,罗斯福直截了当地问马歇尔,他能否告诉斯大林,美国正在"为开辟第二战场作准备"。将军的回答是肯定的。但这一切都取决于英国人,因为他们将为进攻提供大部分兵力。随后,总统"委托莫洛托夫先生通知斯大林先生,我们预计将在今年开辟第二战场"。

罗斯福现在把责任推卸给了丘吉尔,希望他能够"把这部分未完成的工作完成"。莫洛托夫离开美国的时候"比来时高兴多了,

---

[1] 埃尔温·隆美尔元帅,1940—1943年,因他领导了德意军队在北非的战役而被英国人称为"沙漠之狐"。
[2] 进攻法属北非的行动代号。

心满意足"。

斯大林寄希望于罗斯福跨海峡进攻的承诺,而这个承诺要实现还得先让英国同意,于是斯大林采用分而治之的策略。斯大林指示莫洛托夫"向丘吉尔施加压力,使其组织力量开辟第二战场,并在今年内付诸行动"。回到唐宁街后,莫洛托夫严格执行了斯大林的指示。丘吉尔对华盛顿的事情了如指掌,很快打消了参谋长们在1942年对欧洲大陆发动进攻的念头。他摒弃了这种尝试,将其视为对俄罗斯"抱怨"的回应,而不是"专业顾问的冷静决定与常识"。

在迈斯基与外交人民委员部越来越疏远的背景下,莫洛托夫此次访问的结果对迈斯基来说至关重要。大使在幕后辛苦工作,旨在将冲突降到最低,并确保同盟条约顺利签署,同时还要确保莫洛托夫享受到最高规格的礼遇。确实,迈斯基受到了英国政界领袖的称赞,因为他使苏联驻英国大使馆成为"世界事务的中心"。然而,他的成功部分突显了他在伦敦积攒的影响力、他与顶层政客的直接接触、他的自主权,以及他不断高涨的人气。通常情况下,这被认为是一笔财富,然而在斯大林专制统治下的俄罗斯,这出乎意料地成为他失势的前奏。]

6月13日

今天,我到丘尔特拜访了劳合·乔治。我们谈论了很多事情,特别是英苏条约。我曾建议劳合·乔治就艾登关于此条约所作的联络工作以及莫洛托夫的访问在议会发言,他就此建议(我是通过西尔维斯特转告他的)向我致谢。劳合·乔治本来并不打算就这一问题发言,但在收到我的信息后,他想:"嗯,这也许值得讲几句。"

他确实这样做了。我称赞了他的表现。老人很开心。……

6月21日（博温登）

又热又闷的晴天，就像一年前一样……

我不禁回想起德军进攻苏联的前夜，我的想法、心情与感受。自那以后，情况发生了很大变化。主要的变化似乎是这样的。

一年前，德国人笃信他们会取得胜利，唯一的问题是何时成功。现在他们已经没有这样的自信了。他们还没意识到自己的失败是不可避免的，但是失败的可怕幽灵已使他们心神不宁。根据最新得到的信息，这绝非偶然：今年夏天，德国人谈论的主要话题是如何避免失败，而不是一旦获胜下一步做些什么。……

6月24日

上周"周末"，我们迎来了苏德战争爆发一周年纪念日。英国人热情洋溢、大张旗鼓地进行了庆祝……

……我参加了在皇后厅举行的万人盛大集会，克里普斯是主要发言人。总的来说，他的演讲还算不错。当他告诉听众，英国政府正准备在今年开辟第二战场时，他赢得了最热烈的掌声。当克里普斯在演讲中对我大加赞扬时，听众也热烈鼓掌，这让我十分尴尬。英国人就是不能停止恭维别人！阿格尼娅和我坐在前排的台子上，观众向我们报以热烈的欢呼喝彩。克里普斯的演讲结束后，我斥责了他的这种轻率行为，但是我很难让他理解我。

"这往往是必要的呀！"他一脸无辜地回答道。

然后他有些焦急地问我："你有我演讲稿的完整文本吗……给莫斯科的？"

我说没有。然后他从口袋里掏出他的原稿递给了我。

……上个"周末"清楚地表明第二战场的计划业已深入人心，我会将之牢记在心。了解这一情况对我就此事与英国政府的谈判很有用。顺便提一下，英国政府会怎么办？我想知道丘吉尔会从美国带些什么回来……

是的，英国发生了一些变化，而且是重大变化。民族爱国主义与社会政治的激进主义交织在一起，而所有这些都披上了狂热的亲苏外衣。让我们看看，接下来会发生什么。

6月29日

当前，利比亚形势极为危急。今天我见了艾登，请他向我简要介绍一下情况。作为答复，艾登让他的秘书把过去几天里奥金莱克[1]发来的密码电报拿给我看，读来实在令人沮丧！

马特鲁港一直以来被认为是英国在埃及的主要据点，约在三天前失守了。隆美尔从南面迂回包围了马特鲁港。英军仓皇撤退到夫卡，在那里对德军实施绝望的拖延战术。再往东，距亚历山大港六七十英里的地方，还有一个名为阿拉曼的筑垒阵地。它的优势在于，在海岸和盖塔拉洼地之间有一条约四十米宽的狭窄"领子"，为英军提供了一个相对狭窄的战线，易于防守。英国人打算在这里坚守。他们能成功吗？

我不得而知。英国人在陆地上遭受的失败（并且已经有很多次了）使我对此感到怀疑，尤其是在了解细节以后。在开罗传来的密码电报中，有一件事着实让我震惊。开罗的指挥官们对形势作了

---

[1] 克劳德·约翰·奥金莱克爵士，陆军元帅，1941年与1943—1947年任驻印度英军总司令，1941—1942年任中东指挥部总司令。

评估，并为近期的行动制定了临时计划——这是一份糟糕透顶的文件！通篇没有一个关于主动进攻或协同作战的字眼，甚至对他们决心不惜一切代价坚守某个阵地也只字未提！恰恰相反，文件通篇谈论的是撤离、撤退和放弃阵地……"我们应当防守阿拉曼……如果守不住阿拉曼，我们将分两路后撤，一路撤往开罗，另一路撤往亚历山大港……我们将组建特种部队防守尼罗河三角洲……如果他们无法阻止隆美尔，我们将边打边撤，退到苏伊士运河"，等等。那大概就是他们当时的心态……鬼知道那是怎么回事！纯粹的失败主义！所有的部署都那么均衡，那么平静有序，仿佛是土地测量员在做测算一样……

当我读到这份文件时，我不禁想起托尔斯泰《战争与和平》中的奥地利将军魏罗特尔，他在奥斯特利茨战役前夕，用单调乏味的声音向战争委员会宣读他第二天的"部署"："第一纵队挺进"，"第二纵队挺进"……但至少魏罗特尔还在计划向前推进，奥金莱克却在计划后撤……真是让人瞧不起！

连高级指挥官都是这种心态，怎么可能取胜！

结果很明显，不到二十四小时，托布鲁克便被攻陷。

……艾登又补充了一个惊人的细节。就在今天早上，他收到了一封来自开罗的电报，电报提出："埃及政府该怎么办？"如果需要的话，应该疏散到哪里？

我直截了当地表达了我的感受。艾登甚至都没试图保卫开罗。（要知道，那里有大约一百六十位英国将军啊！）相反，他开始向我保证，说丘吉尔会严厉打击奥金莱克及其一行的失败主义态度。艾登还说，关于埃及政府的询问，他已经发出一封措辞严厉的电报作为回复，明确表示他甚至拒绝讨论此事……那就再好不过了！

但是利比亚灾难的根源到底在哪里？

……从开罗发来的密码电报中，我发现一条很有趣的信息，能够在这个问题上给我们一些启发。事实上，战时内阁几天前发给了奥金莱克一份关于利比亚局势的详细问题清单，后者给出了答复。这些文件又长又详细，但本质上可以归结为以下几点：在奥金莱克看来，利比亚灾难的根源在于两个关键方面——英国军队"缺乏经验"，以及武器处于劣势。

关于第一点，奥金莱克明确指出："我们由业余人士组成的军队在对抗一支由职业军人组成的军队。"承认这一事实实在难能可贵！如果其"业余"所指包括缺乏"进攻"的精神，也算得上合乎情理了。

关于第二点，奥金莱克特别强调了英国在坦克方面的弱点（两磅火炮对阵德国八十八毫米口径炮），而且明确表示，"十字军"巡洋坦克、"斯图尔特"坦克、"瓦伦丁"步兵坦克和"玛蒂尔达"步兵坦克等型号的坦克在北非行动中毫无用处。

……我问艾登："那么，英国政府的计划是什么？"

艾登耸了耸肩，回答道："坚守阿拉曼，保卫埃及。我们正在进行增援。一个新的装甲师（配有三百五十辆装备两磅火炮的坦克）刚刚抵达战场。"

我认为，英国政府必须调整战略：在中东必须转向积极防御，在欧洲则要集中所有的进攻力量。关于这个问题，我和艾登谈了很久。艾登总体上同意我的意见。但丘吉尔呢？说到底，一切都取决于他。

丘吉尔似乎不可能同意。今天，我向艾登询问了罗斯福与丘吉尔会谈的结果，尤其是关于第二战场的问题。艾登说，一切还是老样子，和6月9日至10日丘吉尔与莫洛托夫会谈时一样。无论如何，中东的局势不会影响英国政府在第二战场问题上的计划。首相请艾登专门向我转达了这一立场。

我问道:"在莫洛托夫与丘吉尔的会谈中,并没有确定开辟第二战场的日期。在丘吉尔访问华盛顿之后,您能告诉我更确切的消息吗?"

艾登说不能,并建议我亲自去见首相。我同意了,但这听上去不太好。我担心在1942年不会开辟第二战场,丘吉尔和罗斯福将会努力使1943年成为"决定性的一年"。

图94 迈斯基在伦敦开设"苏联生活"展览

7月2日

我在议会坐了两天。以约翰·沃德洛-米尔恩爵士[1]为首的二十一名代表就政府在战争中的表现提出了一项不信任决议，议会正在对此进行辩论。

结论是什么？

最重要的结论是，英国国民对利比亚的灾难感到非常恐慌和愤怒。人们的情绪接近于敦刻尔克大撤退之后的那个时期。……在利比亚，没有什么"情有可原"。利比亚曾经是英国最牢固的战线，首相的"心头肉"，在过去的两年里对它有求必应，英军在那里顽强和系统地建立起防线。丘吉尔今天也公开地谈到了这一点：在所讨论的这一时期，英国政府已经往中东派遣了九十五万名士兵、六千架飞机、四千五百辆坦克、五千门大炮以及五万挺机枪等。还有什么没有做的呢？

然而，正是在这条"宠儿战线"上，英国人在过去几天里遭到当头棒喝！他们被击败了，而且事实是在战斗开始时他们不仅没有在数量上处于劣势，甚至还占有一定的优势（十万英军对九万德军，英军拥有空中优势，在坦克上有七比五的优势，火炮方面有八比五的优势）。这又作何解释呢？

很难作出任何有说服力的解释。……

然而，议会的情况并没有对丘吉尔造成任何威胁，政党的纪律在这里发挥了作用。而且，在这样的艰难时刻，议员们也担心向外界（尤其是对敌人）暴露内部的不和。最后，人们还应该注意到官方反对派多元且软弱的特点。这二十一个人形形色色，诸如顽固分

---

[1] 约翰·沃德洛-米尔恩爵士，1939—1945年任保守派外交事务委员会主席，1922—1945年为保守党议员。

子沃德洛-米尔恩、左翼工党人士安奈林·贝文以及惹人厌的野心家霍尔-贝利沙。[1]……对于像丘吉尔这样高明的议会政治战略家和演说家来说，要击败对手易如反掌。结果正是如此。首相的总结陈词非常有力，气势夺人。最终投票结果是：四百七十六人支持政府，二十五人反对，约三十人弃权。

于是，丘吉尔在议会取得了辉煌的胜利。但他不应该被这一胜利冲昏头脑。事实上，下议院的绝大多数议员都处在高度焦虑中，对政府也不无批评。他们将长期以来一连串的军事失败归咎于政府，而迄今为止最近的一次失败就是在利比亚。这种情绪在普通民众中更加强烈。……在我看来，尽管丘吉尔有种种不足，但他是当今首相的所有可能人选中最好的一位，这就是为什么我要选择一条"支持丘吉尔"的路线。然而，应该记住的是，今天的投票不会减轻首相对今后一段时间事态发展的走势所要承担的巨大责任。……

7月3日

今天，我终于和丘吉尔进行了一次深入的交谈。自打他从美国回来，我就一直希望能跟他细谈。我一直想知道，他与罗斯福的会谈对于开辟第二战场有何影响。但丘吉尔的历次美国之行都时运不济；他一回来，就得面对国内的政治风暴。1月如此，6月也是如此。当他全神贯注地应对最近的政治风暴时，我很难见到他。但在昨天，这场政治风暴已经平息——至少眼下是这样。于是今天，我去见了首相。

---

[1] 贝文的发言十分尖锐："……国民现在更关心的是首相赢得这场战争，而不是他在下议院赢得辩论。首相在辩论中屡辩屡胜，在战场上屡战屡败。国民开始说，他辩论时像在打仗，而打仗时像在辩论。"

他让我十二点四十五分来。我到的时候，内阁还在开会。我在接待室等了大约二十分钟。中午一点过后一会儿，丘吉尔终于召见我。他为迟到向我道歉，看了看手表，说："你知道吗？……我们一起吃午饭吧！让你等了这么久！你有时间吗？"

这对我来说有些尴尬，因为今天我已经约范西塔特、卢波奇及其他一些人一起吃午饭，但是对于首相的邀请，你又难以拒绝，况且我非常需要和他详谈。我给家里的阿格尼娅打了个电话，告诉她我没法回家和范西塔特一起吃午饭了，让她代表我，我自己留在了唐宁街十号。

坐下来吃午饭之前，我就他昨天在议会取得的胜利向他表示祝贺。他的脸上露出一抹满意的笑容，然后极为谦虚地说："取得这些胜利并不是我们人生中最难的事！"

……丘吉尔会根据议会的表现来看世界。这很意外吗？议会精神在每个英国人的血液中流淌，而且丘吉尔在威斯敏斯特的长凳上已经坐了四十多年。

首相问我对辩论感觉如何。我说反对派目前对政府不构成任何危险，原因很简单：他们是乌合之众。……丘吉尔很喜欢我的回答，他笑了起来，大声附和道："正是如此！"

但我又加了一句："尽管昨天你取得了很大的胜利，但是眼下的形势依然严峻。"

首相的脸立刻变红，眉头也皱了起来。他突然从座位上站起来，说："我们去找丘吉尔夫人吧！她一定等我们等得不耐烦了！"

我们到的时候，丘吉尔夫人正坐在花园的一棵大树下，用铅笔在一个笔记本上写些什么。她的表亲也在。首相暂时离开了一会儿，丘吉尔夫人和我谈论近来议会所发生的事情。她极度不安。当然，昨天的投票对于政府而言是一次胜利，但是……

"如果前线的情况依然没有改善,"丘吉尔夫人说道,"谁知道将会发生什么?"

吃饭的时候有四个人:首相、首相夫人、首相夫人的表亲和我。进入餐厅时,首相有些着急地问:"玛丽去哪里了?"

"玛丽出去吃午饭了。"丘吉尔夫人答道。

首相没有再说什么,但他显然很失望。丘吉尔确实尤为钟爱他的小女儿!

吃饭时我们谈的是一般性的话题。

……吃完午饭后,丘吉尔和我去了他的办公室。我们开始了认真的对话。

我问丘吉尔,关于第二战场,他从美国带回什么新消息。

丘吉尔说什么也没有。一切都和莫洛托夫离开时一样,正如我在6月10日的备忘录中记录的那样。

我当然不满意首相的回答,我试着让他改变立场。……我们必须面对事实。很明显,我们当前必须放弃一个念头——英国政府能实现其最初制定的、全方位的北非计划。当前,这些计划超出了英国的能力范围,所以必须放弃。英国必须采取守势——当然并非静态防守,而是积极防御。但积极防御并不排除以有限规模发起进攻行动,相反,它要以此为前提。例如,为了确保埃及的安全,必须从德国人那里夺回马特鲁港,如果能再夺回索纳姆就更好了。同时,也有必要确立对地中海中部更有效的控制。然而从总体上看,英国应该固守中东地区,并相应地减少分配到那里的部队和物资。

……相对于在北非实施大规模作战计划,更好的选择是将注意力和努力集中在离英国本土更近的主要目标上。与在埃及和叙利亚的行动相比,这些目标能对战争的总体进程产生更直接、更具决定性的影响。我认为,在欧洲,尤其是在法国、比利时和荷兰,开辟第二战场就属于这样一个目标。它直指德国，此外还有许多其他优点：**运输困难被降至最低**（英国到第二战场的距离不过数十海里，而英国与中东却隔着数千海里）；战场指挥也容易得多，可以从伦敦频繁去往前线；同时还会在英国产生巨大的心理效应，国民会瞬间觉得英国是真的在战斗。

"总而言之，"我说道，"我相信，埃及保卫战现在应该在法国而不是在埃及进行。"

丘吉尔认真地听了我的话，接着开始提出自己的看法：诚然，英国很有可能不得不减少在北非的行动，并且要准备长期固守，但这对第二战场并没有直接影响，后者的准备工作正在全面展开。试行登陆行动正在进行，并将继续进行。但是，投入到一场注定要失败的冒险中，既没有意义，也没有好处。

关于第二战场，丘吉尔和罗斯福谈了很多。罗斯福完全赞成开辟第二战场，但是驻英美军仍然不足八万人。……因航运情况所限，要等到9月才能开始定期将或多或少的美军转移到美国，而且即便到那时，每月转移的人数也不会超过九万。……而且英国人认为，没有美国人的参与，不可能开辟第二战场。

"我再重复一遍，"丘吉尔补充道，"我会尽我所能加速开辟第二战场。不管是以什么形式，一旦有可能，我们将在1942年开辟第二战场，但我不能对你作出任何明确的承诺。我曾经跟莫洛托夫说过，现在我再对你重复一遍：我们必须欺骗敌人，有时也可以善意地欺骗大众，但是绝不能欺骗盟友。我不想欺骗你，也不想误导你。这就是为什么我拒绝作出我不确定能否兑现的承诺。"[1]

我多少有些含蓄地向首相表达了如果不能在1942年开辟第二战场可能给苏联带来的心理冲击，但他依然不为所动。

……接下来，丘吉尔谈到了中东，他顿时精神大振。显然，中东是他的"心头肉"，主宰着他的思想。……"是的，我们将战斗，"丘吉尔继续说，"我们将为阿拉曼而战，如果有需要，我们将在三角洲战斗，在三角洲以外的地区战斗，在西奈半岛、巴勒斯坦、阿拉伯半岛战斗……我们将战斗！"

然后，首相强调说："我们将不惜一切代价保护你们的左翼！现在，我们在埃及保护它。如果有必要，我们将在小亚细亚和中东地区保护它。"

我问丘吉尔，他如何解释英国在非洲战场的失败。

"德国人比我们更擅长打仗，"丘吉尔坦言道，"尤其是坦克战……还有，我们也缺乏宁死不屈的'俄罗斯精神'！"

我问丘吉尔，是什么原因导致托布鲁克陷落的。他的脸立刻涨得通红，就像他平时生气时那样，他说托布鲁克的沦陷是英军历史上耻辱的一页。那里有充足的兵力、弹药和物资给养。（足够维持三个月！）托布鲁克的抵抗力本不比塞瓦斯托波尔差，但托布鲁克的指挥官、来自南非的克洛博普将军[2]在德军开始进攻二十四小时后就临阵退缩，挥舞白旗投降了。

"这样的将军我会当场毙了他！"我脱口而出。

---

[1] 艾登则比较真诚，他告诉布鲁斯·洛克哈特："在第二战场这个问题上，我们处在一个窘境。我们必须设法'吓唬'德国人，而要做到这一点，我们必须同时欺骗我们的朋友。"

[2] 亨德里克·巴尔萨扎尔·克洛博普将军，南非人，曾任北非第三步兵旅指挥官，后来官方宣布他无须对托布鲁克的军事灾难承担责任。

"我也会这样做的,"丘吉尔说道,"但你试试看!"

我困惑地看着首相。他明白我的意思,向我解释说,克洛博普是南非人,现在每当有人提及他的投降行为时,南非人(包括史末资在内)都会群起而抗议:"不许亵渎我们托布鲁克的英雄!"

丘吉尔愤怒地把习惯性叼着的雪茄从嘴里抽出来,像是想说:"看!进行一场战争多不容易啊!"

那么,我能从今天与丘吉尔的交谈中得出什么结论呢?

情况并不乐观。在开辟第二战场的问题上,丘吉尔访问美国之行并未产生有利的结果。非但如此,情况反而更糟糕:丘吉尔劝罗斯福在这方面不要太过匆忙。与此同时,中东魔咒仍支配着首相。他仍希望形势突然出现转机,让英国有机会实现其最初的北非计划。

两年前的同一天,也就是1940年7月3日,我也见了丘吉尔,一起讨论了战局。那是一个悲痛的时刻。法国刚刚陷落,英国孤军奋战——没有盟友,没有朋友,没有军队,也没有武器。……我问首相:"您在这次战争中的总体战略是什么?"

他突然咧嘴大笑,说:"我的总体战略就是熬过接下来的三个月。"

自那时起,局势已经发生了怎样的变化!那时英国的情况与现在没法比,现在局面已经大为改善。即便从整体上看这场战争,并将法西斯阵营和反法西斯阵营之间的力量进行对比,尽管我们依然面临一些问题,未来还是比1940年更加美好和光明!

这就是为什么我们对取得胜利充满希望,对未来满怀信心。

[虽然艾登声称,自从莫洛托夫离去后,英国没有发生任何改变,他还是鼓励迈斯基直接向首相弄清楚在华盛顿发生的事情。丘

吉尔虽然看似坦率，却欺骗了迈斯基。在白宫与蒙巴顿[1]面谈之后（距莫洛托夫离开还没过几天），丘吉尔已经意识到罗斯福提议开辟第二战场不单是出于对俄罗斯战场的担心，还因为他渴望"加入战争，让美国军队上战场战斗"。丘吉尔对美国进行闪电式访问，是想要通过将重心从"大锤行动"转向为1943年跨海峡进攻作准备的"围捕行动"，以此抵消苏联外交人民委员访问的影响。罗斯福好像没有注意到马歇尔有理有据的强烈反对，他"巧妙地采取行动，阻止正在海上向我们赶来的英国客人来访可能带来的麻烦"，敦促丘吉尔的战时内阁"将'体育家行动'提上日程"。

正如军方所担心的那样，丘吉尔来到华盛顿后"对美国的提议大泼冷水，还带来了自己的替代方案"，他对"'波列罗行动'感到悲观，但对在8月实施的'体育家行动'很感兴趣"。他直接飞到海德公园去见罗斯福。总统的陆军部长显然对此感到很沮丧，他"忍不住为首相对总统的影响略感不安"。事实的确如此。丘吉尔后来回忆说，罗斯福亲自欢迎他的到来，并坚持开车，带着丘吉尔一个人游览他美丽的庄园，"我们所有的时间都在谈工作……我们取得的进展比在任何正式会议上可能取得的都要多"。那天晚上，总统急切地向马歇尔发去一份清单，上面列出了丘吉尔提出的问题。这实际上取消了1942年在欧洲大陆的军事行动，同时推出了一些"可能使我们获得有利地位的其他行动"。为了使这个建议对美国人更具吸引力，它被称为能够"直接或间接地缓解俄罗斯压力"的行动。

马歇尔原本坚持他的评价，即分散部队可能会危及1943年进攻大陆的行动。但是他的反对被英国在托布鲁克的惨败盖过了，丘吉

---

[1] 路易斯·弗朗西斯·阿尔伯特·蒙巴顿爵士，1942—1943年任联合行动指挥官，1943—1946年任东南亚盟军最高指挥官，1947年任印度总督。

尔和罗斯福是在返回华盛顿时得知这一消息的。正如丘吉尔后来回忆的，这是这场大战中他所遭受的"沉重打击之一"。然而，时机不经意间变得对他十分有利。美国军方原本强烈反对他放弃在1942年开辟第二战场转而推进在中东的行动，但这场败仗使他顺利克服了这一反对。当着马歇尔和霍普金斯的面，丘吉尔二话不说，开始"猛烈抨击'**波列罗行动**'"，并开始讨论"体育家行动"，他"非常清楚那是罗斯福总统的'情之所钟'"。结果是，总统提议丘吉尔派遣一支主力部队到被摧毁的中东战场重整旗鼓。莫洛托夫在离开华盛顿时坚信美国人会致力开辟第二战场，然而在他离开几乎不到一个星期后就发生了转变，这一转变可能会对俄罗斯战场带来的影响则被完全忽视了。

在会见迈斯基两天后，丘吉尔向参谋长们表示他反对"大锤行动"。他认为"过早行动"可能会以失败告终，并且会"严重危及在1943年实施组织严密的大规模行动的前景"。但他的这一论点，只是将"体育家行动"作为1942年的主攻方向重新推出的一个前奏而已。在私底下，丘吉尔坦承，他的政策是"吓唬德国人，使其相信我们今年将开辟第二战场，同时向俄罗斯人隐瞒我们不能开辟第二战场的事实"[1]

7月9日

我从自己的生活经历中得出以下结论："绝不在政治中说不。"

还有一件事：希特勒取得了一些胜利，但是他并未最终获胜。就这些。

7月11日

有时，我想摆脱当前的血海，在思想中前往遥远的未来，到那时，人类天赋的光辉将不会消耗在发明最复杂的自我毁灭的手段上，而是用于真正有创造性和建设性的行动上……

这就是我今天的心情。这就是我一直在思索的问题。

在二十一世纪或是二十二世纪，当共产主义的旗帜遍插世界各地时，统一全人类的问题也就提上日程了。这不是说要完全消除民族差异，不，那是非常困难的，甚至可能并非好事。让世界充满多样性，有不同的性格、不同的面孔、不同的歌曲和不同的品味。如果没有了差异，生活将非常乏味，人类的发展也会停滞不前。

与此同时，有必要找到一种方法，将斑驳的民族之流汇聚成一条奔腾不息的人类长河。有必要创造各种各样的生命形态，使民族差异丰富人类的共同生活，而不是将其划分为相互敌对的部分。当然，共产主义将会为统一全人类打下坚实的经济基础，但是"过去的痕迹"仍可能存留在人们的脑海中。也许我们应该想出一些特别的措施加速推动建立统一的人类家园。

那些措施旨在更积极地推动各民族的融合。例如，为什么我们不送俄罗斯的孩子去西班牙的学校里进行短期学习，或者反过来呢？为什么不让中国的学生去英国的大学学习，让英国的学生去中国学习呢？或者可以在合适的地方设立国际高中，让无论是什么民族的男女青年都可以入学？为什么不安排各国间进行广泛的人口交流（当然不是像纳粹那样的做法）呢？

这一切离今天到底有多远！[1]

---

[1] 迈斯基的密友比阿特丽斯·韦伯几天前曾评论道："他对教条化的共产主义保持着一种奇怪的超然态度；他不是马克思主义者，也不顽固，他并不崇拜列宁或斯大林。"

7月12日（博温登）

德军终于发起了夏季总攻。在库尔斯克-哈尔科夫地区，激烈的战斗已经持续了两周。在塞瓦斯托波尔（这个城市给我们上了一堂史无前例的英雄主义课！）英勇陷落之后，战事突然爆发了。德方取得了毫无争议的胜利。他们集结了大量坦克和飞机（有人说有八千辆坦克，不过在我看来这个数字有些夸大了），突破了我们在库尔斯克的防线，并一路攻到沃罗涅日。……如果盟国今年夏天在西线开辟一个有效的第二战场，我们就可以在1942年（或者更确切地说，1942年夏季）冒险发起一场战略总攻，旨在消灭希特勒的主力，并于1943年结束欧洲战事。遗憾的是，无论是在夏天或者初秋，都不可能在西方开辟有效的第二战场。我与丘吉尔在7月3日的谈话中已经明确了这个问题。从我见到的、听到的和读到的一切来看，毫无疑问，英国人和美国人都没有要在1943年以前开辟第二战场的打算。

……如果战争拖延下去，我们就不会在1942年夏季冒着巨大的风险独自对抗整个德国战争机器。我们必须保存力量，才不至于被战争榨干鲜血，不至于在战争结束时筋疲力尽（而美国人和英国人则一直非常乐于见到这种情况）。

总而言之，我们现在不能冒险对德国发起总攻。我们不得不保持总体上的防守态势。……

7月14日

今天早上去见了艾登，他告诉我一个从北方传来的非常不好的消息：第十七号护航船队被德军重创，三十五艘船只中有十九艘被

1942年

击沉（这已得到确认），四艘去了阿尔汉格尔斯克，五艘在新地岛，两艘在冰岛，剩下五艘至今下落不明。这个可怕的消息使人严重怀疑，至少在北极区即将进入极夜期之前，英国还能否继续派遣更多的护航船队。据艾登所说，海军部反对派遣更多的护航船队，但现在还没有最后定夺。

这让我十分不安。我问艾登可否在作出决定之前安排一次会议，由他、亚历山大、庞德、我、哈尔拉莫夫和莫罗佐夫斯基[1]参加。艾登同意了，并承诺跟相关人员商量会议的日期和时间。艾登仿佛在自言自语，说让丘吉尔参加会议也未必是件坏事。我对此当然没有异议。……[2]

[4月20日，英国海军部要求，"在极昼的几个月内，应暂停向俄罗斯北部派遣护航船队，除非能够承受巨大的损失或提供足够的空中保护"。一旦原来提议的政治条约被严重削减，在1942年开辟第二战场的可能性也不复存在，丘吉尔这时手头可打的牌便所剩无几，他承认，推迟派遣护航船队注定会"削弱我们这两个主要同盟国的影响力"。于是，代号PQ16的护航船队奉命启航，虽然遭受了猛烈攻击，但受到的损失还相对较小。PQ17则命途多舛。海军部因为收到关于德国提尔皮茨号战列舰离开挪威锚地驶向PQ17的错误情报，决定从该船队撤回六艘驱逐舰，并命令船队就地分散。丘吉尔对这一决定一直耿耿于怀。]

---

[1] N. G. 莫罗佐夫斯基，海军上将，1942—1945年任苏联驻伦敦海军武官。
[2] 迈斯基的目标在于给艾登留下俄罗斯战场形势"十分严峻"的印象。他提醒说，俄罗斯的兵力"不是用之不尽的"。他为英国撤回了对开辟第二战场的承诺感到愤恨，并警告说：停止派遣护航船队"对苏联此时的抵抗必将造成严重的影响"。

图95 迈斯基向伍德沃德夫人赠送勋章。她是一名在北极护航行动中阵亡的海军军官的遗孀，正抱着五个月大的女儿

7月15日

……昨天下午四点钟左右，我接到从首相办公室打来的电话，邀请我和我夫人当天晚上共进晚餐。我接受了邀请。我们在唐宁街十号低层餐厅吃饭。丘吉尔和他的夫人，我和我夫人，以及……海军上将庞德围坐一圈。我立刻意识到事情已经出现了重大转变。我没有猜错。晚餐后艾登也来了，但那时已没有什么可讨论的了。

丘吉尔第一个讲话。他提起了第十七号护航船队，说了它所遭遇的一些细节，而艾登早上已经和我说过这些了。

"我们现在应该怎么办？"丘吉尔继续说道，"水手曾经建议我们不要派遣第十七号护航船队，认为风险太大。战时内阁没有考虑他们的建议,还是命令船队出发。我们原先认为,即便只有一半的船只能够到达阿尔汉格尔斯克,也值得赌一把。但结果却比我们预想的更糟糕:我们损失了船队的四分之三——四百辆坦克和三百架飞机沉入海底!……我对此痛心疾首。"

首相愤怒地喘着粗气,拳头用力地捶在桌子上。过了一会儿,他继续说:"但事已至此,我们该怎么办?我们没有必要将坦克和飞机推向毁灭。还不如将它们沉入泰晤士河。"……

……我强烈反对。那是什么意思?停止向苏联运送物资吗?什么时候?当我们正在为生存而战的时候吗?当我们比以往都更需要武器的时候吗?这样做会对战争结局产生什么样的影响?这样做会对我国人民造成怎样的心理冲击?……停止派遣护航船队是不可能的。

……我说第十七号护航船队的遭遇给我留下了许多疑惑。例如,为什么在关键时刻护航舰队就只有驱逐舰、轻型护卫舰和潜艇,难道附近没有大型战船吗?我们知道,有两艘战列舰、一艘航空母舰和十七艘驱逐舰在距灾难发生的海域四百英里外巡航。为什么在获知提尔皮茨号战列舰离开挪威峡湾并向北移动时,那支并不强大的护航舰队匆匆撤离了?更不用说未能派出一支强大的舰队拦截提尔皮茨号。为什么在明显已经无法进行有效的分散之后,还要命令缓慢行进的船队散开?为什么海军部不布水雷,不派潜艇封锁提尔皮茨号战列舰和德国其他军舰所停泊的挪威峡湾的出口?为什么海军部在船队行进的过程中没有进行专门的侦察行动?为什么没有部署航空母舰为船队护航?……在分析第十七号护航船队的遭遇时会提出许多问题,而这些只是其中的一部分。当然,我不是水手,我准备承认这些问题可能存在这样或那样的答案,但有一件事我可以确定:我们可以为船队组织比以往更好的护航计划。只要有意愿和勇气，我们就可以做到。

庞德开始再次回应我的反对意见。他说，难道您不知道，问题在于英国在北部海域只有一艘航空母舰，他们不能拿它来冒险。此外，航空母舰舰载机的战斗力远不及德国海岸空军。护航舰队被撤走，是因为它根本不是提尔皮茨号战列舰的对手，如果不撤出，它只会被白白击沉。我们的主力舰距离灾难发生的海域四百英里远，不至于成为德军轰炸机的猎物。下令船队"散开"，是因为如果不这样做，提尔皮茨号战列舰会在约一小时之内将所有船只逐一击沉。

……首相支持庞德所言，尽管他对此并不热情。……丘吉尔沉思了一会儿，接着，好像是作出了让步，说他会询问美国人对此事的看法。因为第十八号护航船队中，超过二十二艘船是美国的，让他们来决定：如果他们接受冒险，英国政府会提供护航舰队。

……对我来说，情况很明确了：庞德当然会把美国吓得胆战心惊，那么第十八号护航船队就不用出海了。

"如此说来，"我总结道，"战争正处于生死关头，而你们正停止向我们输送军用物资。在这种情况下，第二战场的开辟就更为迫切了。这个问题的前景会如何？"

丘吉尔答道，我们都很清楚他在这件事情上的立场。这一立场在6月10日给莫洛托夫的备忘录中已经声明，他在7月3日与我的谈话中又加以重申。

"我知道，"我回答道，"但是从6月10日以来，甚至是从7月3日以来，局势发生了重大转变。过去的十天至关重要。这段时间发生的事情表明，希特勒成功地集结了比预期更多的部队用于进攻。此外，我们在前线遭受的失利也比预计的更严重。苏德战场的形势现在十分危急。当然，苏联红军将一如既往地英勇作战，但凡事都有极限。谁知道将来可能会发生什么呢？如果不迅速在西线开辟第二战场来支持苏联，那么也不能排除苏军向东后撤的可能。"

……丘吉尔专注地听我讲话。接下来，他说道："是的，我同意你的观点，莫洛托夫在访问期间也对我提出了同样的论点，你们很有可能不得不进一步向东后撤。1943年春季，我们在欧洲大陆将要面对的很可能不是现在驻守法国和比利时的二十五个二等师，而是五六十个德国一等师……这些情况我都了解……但我们又能采取什么行动呢？……在1942年，由于条件限制，我们确实无力采取切实行动开辟第二战场。进行注定要失败的荒诞冒险行动是不明智的，这对你我都没有好处。这样做只对德国有益。"

庞德得意地笑了，迫不及待地跳出来给首相帮腔。我对他极为反感。庞德今年六十五岁，患有痛风。他一辈子都没有打过一次胜仗，但却精于在内阁中获得高位和赞誉。他把我的耐心推到了极限。这时，丘吉尔打断了我们的争吵，说道："我们准备尽我们所能来援助你们。例如，在北方战场的行动中，我们将动用所有武器。"……

丘吉尔接着说："我所担忧的事情是这样排序的。排在第一的是俄罗斯战场，这是最重要的事情。第二是海上形势。最后，在一个重要的，也确实是极其重要的间隔之后，是埃及战役。"

晚餐过后，我们转移到隔壁一个小房间里。我们吸烟。庞德傲慢地抽着他的雪茄，一个个烟圈袅袅升空。艾登这时进来了，他看上去有些尴尬。他问丘吉尔："所以，我们是不是该讨论一下护航船队和北方战场的行动？"

"我们已经谈过了。"丘吉尔沮丧地低声说。

没人开腔了。在晚宴上身体就不太舒服的丘吉尔夫人，此时挺身而出，避免冷场。可怜的丘吉尔夫人！她非常不安，在吃饭时有好几次都小心翼翼地帮我说话。但是首相一吼，她就不说话了。丘吉尔自己也很悲观。他勉强接话，语气粗暴，吐字也不清晰，脾气明显很大——要么是冲他自己，要么是冲着使他举步维艰的时局。

阿格尼娅问丘吉尔："您打算怎样帮助我们？"

丘吉尔一脸不悦，小心翼翼地答道："不幸的是，迈斯基夫人，我们现在能做的很少，确实很少。"

……过了一会儿他又突然精神大振，补充说："但我们会一道庆祝胜利！"

首相明显很不自在。

只有庞德自我感觉极好——抽烟，大笑，讲笑话。这也难怪，他的工作已经做完了！

像庞德这样的人，处在官僚体系的顶层，与资产阶级的上层人物有着千丝万缕的联系。正是他们，而不是那些走马灯般轮换的大臣们，在统治整个英国！昨天的晚宴就是这个事实的完美写照……

回到家里，我内心十分压抑。我感到焦虑和不安。

7月16日

……午饭后，我去见比弗布鲁克，也跟他谈论护航船队的事情。……他对我们前线的形势表现出极大的担忧（"我没料到德军能在7月前抵达顿河河谷"），他还有点神秘兮兮地补充说，在苏联的态势会对英国造成极大的影响。

……比弗布鲁克的策略非常清晰：他想当首相，他坐等苏联失利，加上丘吉尔不愿立刻开辟第二战场，以此在国内造成一种丘吉尔不得不下台的局面。丘吉尔的策略也十分明显：他要将比弗布鲁克留在他的政府里，借此来约束其行动。这就是全球悲剧的大背景下的个人企图。

7月19日（博温登）

艰难的一周！

前线的形势极为严峻。……在过去的一周里，德国在顿河河谷的迅猛攻势大获成功，罗斯托夫显然正面临威胁。很明显，德军正在朝斯大林格勒方向前进，旨在突破伏尔加河防线，并将高加索地区与苏联其他地区割裂开来。如果他们成功，形势将变得危急。他们会成功吗？我的直觉告诉我，他们不会。……但同时，我们必须承认一个事实：我们的国家、革命事业以及整个人类的未来都面临着致命危险。

然而过去这一周，伦敦这里的情况和前线形势一样严峻。我与丘吉尔、艾登、克里普斯、比弗布鲁克等人的会谈，以及我所听到、看到和读到的一切，让我得出以下结论：

（1）1942年不会开辟第二战场。

（2）英美对苏联的物资供应将会减少（因为继续向北方派遣护航船队面临困难）。[1]

（3）可能出现的情况包括：北方行动（在贝柴摩等地），莫洛托夫访问期间讨论过的跨海峡登陆行动（虽然我不能保证它会得到实施），加强对德国的空袭以及对法国海岸的突袭（除非我们施加巨大压力）。……

说得直白一些，这意味着在今年的战斗中我们只能依靠自己。

---

[1] 在PQ17遭受惨重损失之后，丘吉尔于7月15日通知斯大林，将暂停派遣护航船队运送物资。

换句话说，在最关键的时刻，我们的盟友抛弃了我们，让我们听天由命。这是最令人不快的事实，但我们没有必要对此视而不见。我们必须在所有的计划和考量中都考虑到这一事实，而且今后也必须将它铭记在心。

[迈斯基的判断又一次完全正确。丘吉尔在访问期间决心"推翻费了九牛二虎之力才作出的这一决定"，以此将美国的力量转移到"中东这个我们无法有效利用的地方"。史汀生和马歇尔都被丘吉尔的决心激怒了。同样的，美国参谋长联席会议也强烈反对这一改变，认为这意味着"在1942年绝不可能实施'波列罗行动'"，而且"在1943年也不太可能实施"。迪尔将军提醒首相："马歇尔相信，您最喜欢的是'体育家行动'，就像他最喜欢'波列罗行动'一样。而且哪怕遇到最小的挑衅，您也总想要回归旧爱"。

为了防止英美间产生分裂，罗斯福派马歇尔和霍普金斯前往伦敦，要他们在一周内解决战略上的冲突。罗斯福的手段很高明，还是让丘吉尔自己说服美国的特使为好。]

7月21日

上个周末我都一直待在博温登思考近期的行动计划。有个问题困扰着我：在这个关键时刻，身为苏联驻英大使，我还能做些什么来帮助我的国家呢？我能做些什么，把英格兰的统治阶层从危险的昏睡中唤醒，并且动员这个国家的力量加速推进开辟第二战场呢？

带着这些一直在我脑海中翻来覆去的问题，我在花园里漫步，躺在草地上，凝望远处蔚蓝的天空，让酷热的阳光照射在我的脸、脖子、胳膊和胸膛上。在英国，这样的天气很少见。然后，我想出了以下计划：

（1）斯大林应该在护航船队和第二战场的问题上与丘吉尔直接交涉。……

（2）一旦斯大林向丘吉尔发出这样的信件，我将会在与议员们的非正式会议中，以及在伦敦各大报纸的编辑面前以同样的口气讲话。……

我已经就此计划向莫斯科提出建议，正在等待回复。

我预测，这个计划可能会对形势产生一定的影响，并有助于加速开辟第二战场。至少，它可以推进次要措施的实施，例如恢复派遣护航船队和加强对德国的空袭等。

最后，万一出现最糟糕的情况，我的计划也可以在我们的人民和历史面前为苏联政府辩护。它会表明，苏联政府已经尽一切可能的努力将英国的统治阶层从昏睡中唤醒。如果没有成功的话，这并不是我们的错。

[迈斯基日益受到孤立，于是他重拾以往惯用的做法：提出政策建议。7月16日，他建议莫洛托夫，鉴于丘吉尔在给斯大林的信中避免提及第二战场的问题，"因此有必要指出，事实上在最关键的时刻，我们的盟友抛弃了我们，让我们听天由命"。他策划的方案是让斯大林严厉责备丘吉尔，然后通过两位领导人的会晤寻求和解之道。他的计划为丘吉尔在8月初首次访问莫斯科的"手镯行动"铺平了道路。]

7月23日

莫斯科接受了我的计划。

今天深夜，我将斯大林的信交给丘吉尔。信的措辞比我预想的多少要温和一些，但也足够强硬和坚决。[1]……丘吉尔穿着连体裤，心情很不好。我很快得知，原来他刚刚收到来自埃及的令人沮丧的消息。首相本对英军此次进攻寄予厚望，最终却一无所获。……我从他的表情、眼神和手势可以看出，他肯定在苦闷中喝了不少威士忌。他的头时不时奇怪地晃动，这暴露了一个事实：他已经是一个老人了，而且过不了多久就要开始快速走下坡路。只有依靠极大的意志力和决心，丘吉尔才能继续保持战斗状态。

斯大林的信在首相身上产生了我所预料的效果。他感到既沮丧又恼火。首相的自尊心受到了严重伤害（尤其是斯大林指责他没有履行自己的义务），甚至苏联可能会退出战争的想法似乎也在他的脑海中闪过，因为他突然说："嗯，我们以前也孤军奋战过……我们仍在战斗……我们的小岛能够幸存真是个奇迹……但是……"

"别瞎说了！"我粗鲁地打断了丘吉尔，"我们没有任何人想过要放下武器。我们的路只有一条，那就是**奋战到底**。但我们必须要考虑当前的局势：1942年我们的力量很可能要比1943年的更强大。无论是你们还是我们，都不应该忽视这个事实！"

丘吉尔冷静下来，又继续跟我争论了好长一段时间。他宣称他正竭尽全力，而且就第二战场的问题而言，6月10日的备忘录仍然有效。……

最后，首相说他会把斯大林的信的内容报告战时内阁，只有那时，他才有资格为此说些什么。

---

[1] 斯大林对英国海军专家关于暂停派遣护航船队的理由提出质疑，并"坦诚地……以最有力的方式"表达了他的观点：鉴于前线的形势如此危急，苏联政府不能"默然接受将欧洲第二战场的开辟推迟到1943年"。

在谈话过程中，我利用斯大林的信对丘吉尔所产生的影响，不失时机地提出了恢复派遣护航船队和加强对德国空袭的事情。事实证明这是一个不错的策略：丘吉尔现在认为，鉴于海军部在这一事件中的行动并非无可指摘，所以第十七号船队不应成为未来行动的先例。丘吉尔倾向在9月派遣下一支护航船队。我想说服他在8月就行动，但没有成功。……

7月24日

艾登从诺丁汉回来后，叫我去见他，说他已经了解斯大林信件的内容。丘吉尔大受伤害，并为此感到有些苦恼。同时，首相也为在这样的困难时刻，自己无法为盟国做些什么而备受折磨。战时内阁也因斯大林的信感到受伤。为了避免形势恶化和争论升级，艾登认为最好不回复斯大林的信，最好让情绪冷静，让气氛缓和。

"毕竟，"艾登补充道，"你们期待的是我们在行动上有所回应，而不是在言辞上。让我们一起期待实际行动吧。"

接着，艾登淡淡一笑，说："两个伟大的人之间发生了冲突……他们吵架了……你和我需要让他们和解……可惜的是，他们可从来没见过面！"

这一切听起来都不错。到目前为止，一切都还如我所愿。

丘吉尔脾气暴躁，但很容易被劝慰。在最初的情绪化之后，他开始像一位政治家，甚至更像一位资深议员那样思考和盘算问题，最后得出必要的结论。对丘吉尔的刺激越大，越有可能促使他去做正确的事。我回想起去年11月8日他接到斯大林的公文。一开始，丘吉尔大发雷霆——就当着我的面。然后，艾登和比弗布鲁克试图让他冷静下来。接着，他才开始自己思考和解决问题。结果，丘吉尔向斯大林提出了派遣艾登访问莫斯科的建议，双方终于恢复了和平。这促成了1941年12月艾登的访问、在克里姆林宫的会谈、莫洛托夫对伦敦的访问以及英苏条约的签订。

这次的结果会是什么呢？我不知道。但无论如何，事实证明到目前为止，我的预测是正确的。让我们拭目以待。

我答应艾登，将全力帮助恢复两位伟人之间的"和平"。……

7月26日（博温登）

又是艰难的一周！

我们的军队继续后撤。德军占领了一个又一个地区。罗斯托夫已经陷落。敌人在顿河下游的齐姆良斯克附近成功渡河。法西斯军队越来越逼近斯大林格勒，甚至逼近高加索地区。我们真的无法遏制这些德国人吗？他们真的会切断我们与高加索地区的联系，然后在伏尔加地区站稳脚跟吗？这就像可怕的童话故事里的一场噩梦。……

7月30日

真是炎热的一天，或许也是意义深远的一天！

下午三点，我在议会发表演讲。……大约有三百人出席，"老议会成员"告诉我，这在此类会议的历史上是前所未有的。……我讲话时，整个会场安静得能听到针落地的声音，听众全神贯注地听着每一个字——在这类会议上，这样的情形也很少见，如果老议会成员所言可信的话。我觉得我的发言"直击要害"。我的演讲不时被热烈的掌声打断，比如，当我说到盟军首先需要有共同的战略之时。……当我提到我们早在1941年7月就首次提出第二战场的问题时，听众的反应就像有股电流穿过他们的身体一样。

会议结束后，劳合·乔治带我进入他在议会的房间。梅根便也过来了。那时已是四点十五分了（会议持续了一个多小时）。茶被端上来，我们边喝边谈。这位老人说，在他漫长的议会生涯里，他参加过众多会议，但在他的记忆里，很少有像今天这样参会人数如此之多，听众如此全神贯注，演讲者给人留下的印象如此深刻的会议。

……劳合·乔治表示，这样的会议一定会对政府产生一些影响。

"但是，接下来会有怎样的实际效果呢？"我问，然后又补充道，"当然，我为我的演讲成功而高兴，但这里的重点并不是演讲技巧。……会议能加快开辟第二战场吗？"

劳合·乔治耸了耸肩。……在劳合·乔治看来，丘吉尔当前的精神状态使他无法作出重大决定。这种情况经常发生在丘吉尔身上。这真是太遗憾了。

劳合·乔治继续说道："在进攻方面，他有某种自卑情结。他在上一场达达尼尔海峡战中受到了'挫折'。在这场战争中，他也运气不佳：挪威、希腊、利比亚……丘吉尔畏惧进攻行动。"

……午夜十二点半，首相办公室打来了电话，首相秘书让我立即前往唐宁街十号。怎么了？发生什么事了？各种各样的想法在我脑海中闪过。内心的一个声音告诉我，大半夜邀请我去见首相，与今天的会议有某种关联。……丘吉尔的秘书在走廊上接我。片刻之后，布拉肯也来了。我们三个坐在接待室里，聊着当天的各种问题。最后，布拉肯说："我想听听你对未来的预测。你的预测一般都很准确。你预计在接下来的两个月里会发生什么？"

我没有时间回答他，因为就在这时，我被引去见首相。丘吉尔坐在政府的会议桌旁,还是老样子身穿一件连体裤,外面披着一件亮丽的黑灰色晨袍。艾登坐在他旁边,脚踏拖鞋,身上是一件晚上"居家"时穿的绿色天鹅绒外套。两人看上去既疲倦又兴奋。首相的睿智中时时浮现一些善意的嘲讽,而且他变得非常有魅力,这就是首相当时的情绪状态。

"你看一眼。这有用吗?"丘吉尔递给我一张纸,笑着问道。

这是他给斯大林的信件。我迅速浏览了这份文件。

"当然有用!这太有用了,价值连城啊!"我看完这封信之后回答道。

当然有价值啦!丘吉尔和斯大林之间的会晤可能产生非常重要的成果。我完全支持首相的计划。他微笑着,喝着威士忌,抽着他那不可替代的雪茄。我看着他,心里在想:"我的估计完全正确。丘吉尔收到斯大林在7月23日发来的信后所表现出的恼怒已经消失得无影无踪。首相已经冷静下来了。现在他一心想着他的苏联之行以及与斯大林的会面。这样再好不过了。"

……我答应立刻把这个消息电告莫斯科。因为丘吉尔计划于8月1日飞赴海外,所以他要求在他外出期间把斯大林的回复转交艾登。

艾登送我到门口。临别时,他漫不经心地说:"如果你能和首相一起去的话,那就太好了!"

我回答说我很乐于同行,但那应该由苏联政府决定。

7月31日

艾登十二点半召见我。他对首相访问苏联的决定表示非常满意,尽管首相将在收到答复之前飞往埃及——待几天,也可能是一周。空军部将会为我准备一架飞机。

我向艾登表示感谢,并告诉他,关于他所关心的事,我目前无可奉告,因为一切都取决于莫斯科。

在谈到首相即将进行的访问时,艾登表示,他希望丘吉尔和斯大林能相处融洽,互相理解。

"如果你能为他们翻译就好了!一个翻译不仅必须翻译言语,还要能翻译谈话的精神!你有那样的天赋!首相告诉我,当你为他与莫洛托夫的谈话作翻译时,他觉得自己和莫洛托夫之间的语言障碍已被消除,不复存在。"

我又向他重复了一遍,这个问题的决定权在莫斯科……

[1942年的日记就在这样一个戏剧性和至关重要的时刻戛然而止。这很有可能是因为迈斯基想要参加首脑会议并对事件进程产生影响的愿望没能实现。正如我们所见,这次会议是艾登与迈斯基策划的颠覆性方案的一部分。只有成功促成一次首脑会议,才能阻止迈斯基在莫斯科影响力的迅速下滑之势。现在,他赌上自己通过动员公众舆论而获得的强大影响力向丘吉尔施压。然而,越过苏联政府向英国议员们进行一种前所未有的情绪化的呼吁,在一些人看来,似乎是"一个绝望者的演讲"。

迈斯基把赌注压在丘吉尔需要通过展示与斯大林的团结来巩固自己在英国的政治地位上。他没有意识到,丘吉尔的首要目标其实是获得一个喘息空间:在此期间,丘吉尔可以不受阻碍地为进攻北非作准备,同时转移要他开辟第二战场的压力,还能确保俄罗斯在战场上持续进行抵抗。

迄今为止,丘吉尔一直坚决抵抗美苏这两个新盟国改变他边缘战略的企图。他成功地将自己的战略强加给不情愿的参谋长们(尽管是在清洗了高级军官之后才做到的）和罗斯福，此战略与总统的专业军事顾问所作出的更好的判断背道而驰。实际上，丘吉尔对于前往莫斯科极为反感，但他认为，通过**面对面**的会谈，可以说服斯大林相信发动跨海峡进攻存在种种难以克服的困难，并使其转而接受地中海才是真正的第二战场。

迈斯基希望通过成为中间人——这是他在艾登前两次访问莫斯科，以及莫洛托夫访问伦敦时成功扮演的角色——来提升自己在克里姆林官的地位，但他的希望被无情粉碎。迈斯基寻求艾登的介入来稳固自己在莫斯科的地位，但这只会使他的处境更加糟糕。8月4日，这位受到羞辱的苏联大使不仅向艾登承认他不会去莫斯科，还恳求他"不要再在这件事情上同苏联政府进一步交涉"。

丘吉尔对他的赞扬对他并无助益。在莫斯科时，丘吉尔由于语言障碍倍感沮丧。丘吉尔向艾德礼抱怨说，巴甫洛夫"这个小翻译，比迈斯基差远了"。丘吉尔在其位于克里姆林官的住处与斯大林进行了最后一次开诚布公的会谈，其间，他惊讶地发现，斯大林"对迈斯基持强烈的批评态度"。当丘吉尔称赞迈斯基是"一位不错的大使"时，他似乎只是增加了东道主对迈斯基到底忠于哪一边的怀疑。据丘吉尔所说，斯大林对他的评价"表示同意，但说迈斯基可以做得更好，迈斯基的话太多了，管不住自己的嘴"。回到伦敦时，丘吉尔确信，正如他告诉克里普斯的那样，苏联政府将会召回迈斯基，因为他"话太多了"，取代他的将是一个无名小卒。

尽管如此，迈斯基还是试图通过"冒昧"给斯大林发去私人信件来影响谈判。在这封长信中，他对丘吉尔的目标作了详尽的说明。他把赌注压在了自己对首相的无比熟悉之上，大胆向斯大林提出如何对付丘吉尔的明确建议。他担心出现最坏的情况，对他来说，目前至关重要的是消除关于丘吉尔可能会同意开辟第二战场的任何幻想（是他自己催生了克里姆林宫的这种幻想）。事实上，在同一天写给李维诺夫的私人信件中，迈斯基曾两次强调自己"感觉并不是特别乐观"，并表示相信丘吉尔会将开辟第二战场推迟到1943年。然而，对他来说，努力推翻意识形态导向的评价同样至关重要。自莫洛托夫从伦敦和华盛顿回来后，这种评价就在莫斯科盛行：丘吉尔和罗斯福刻意回避开辟第二战场，他们企图借此来削弱俄罗斯。迈斯基不认同这些看法，但他知道这些看法可能会导致苏联脱离现有的同盟组织以及进一步的战略撤退，或者更糟糕的是与德国单独媾和。

迈斯基会发现，要挫败牢牢盘踞在克里姆林宫里的这种新说法正变得越来越困难。他在提议继续施加压力以推动跨海峡进攻计划的同时，也主张提出"更切实可行的……附属要求"，诸如增加对北部与高加索地区的物资供应和军事援助；但最重要的是，他主张与丘吉尔建立长期的政治和军事联系。尽管斯大林不喜欢迈斯基，但精于盘算的他还是认真倾听了他的大使的建议。这已经不是斯大林第一次把对手的意见当作自己的想法，然后再把首倡者处理了。

8月12日晚上，在丘吉尔抵达苏联首都后不久，两国领导人进行了期待已久的会面。据英国驻莫斯科大使说，当丘吉尔承认1942年不会开辟第二战场时，斯大林好几次"紧皱眉头"。随后，丘吉尔热情地进行了长时间的讲述，将"火炬行动"作为第二战场的替代方案推出，而这一行动"不一定要在欧洲实施"。在斯大林讲话时，丘吉尔画了一幅鳄鱼图，他挥着这幅图解释说，他的目的是"当（俄罗斯人）攻击鳄鱼的硬鼻子时，我们攻击鳄鱼柔软的腹部"。当丘吉尔回到位于森林中的住所时，他确信自己已经成功地使斯大林动摇。英国大使热情地（但是，唉，为时过早了）告诉艾登，丘吉尔与人打交道的方式十分"高明"。丘吉尔直截了当地摧毁了开辟第二战场的前景,"而斯大林一心想要开辟第二战场,这就使得首相现在向他提出的替代方案更有吸引力"。英国大使总结道,这次访问"前景光明"。

丘吉尔仍然兴致高昂,他迫不及待地想在第二天早上与莫洛托夫进一步讨论"火炬行动"。他没有注意到别墅里装有麦克风,也没注意到俄罗斯职员在场,吃午餐时他忘乎所以,称斯大林"只不过是个乡巴佬",自己"很清楚该如何对付他"。令丘吉尔感到懊恼的是,他发现苏联外交人民委员的态度难以捉摸,后者希望将这些棘手问题留到丘吉尔与斯大林晚会面时再谈。丘吉尔晚上到达克里姆林官时,斯大林向他递交了一份措辞严厉的备忘录,指责英国废除在1942年开辟第二战场的决定,并对"火炬行动"置之不理。

在丘吉尔给罗斯福和内阁的报告里,他描述了这场"最令人不快的会谈",其间斯大林说了"许多侮辱性的话"。丘吉尔吹嘘说,他对此作出了反击,但是"没有任何嘲讽"。然而事实并非如此。他的医生指出,丘吉尔在会谈结束时"就像场内一头被斗牛士刺得发疯的公牛"。尽管他在克里姆林官受到很多无礼的对待,但他却高明地对他的随行人员以及内阁和未来的史学家隐瞒了一个事实:让他真正感到困扰的是,他想让斯大林转而支持"火炬行动"的算盘完全落空。丘吉尔怒气冲冲地决定,第二天一大早就启程回伦敦。于是,将丘吉尔从"强烈的,但却已经不切实际的家族和民族自豪感中"唤醒的任务便落在了英国大使的肩上。克拉克·克尔对丘吉尔的言行举止进行了尖刻的描述,字里行间充满了指责。他在日记中写道:"我不想看到一个手里掌控着整个民族命运的人像一个被宠坏的孩子一样行事。我不想提醒一位伟大的领导人不要异想天开,遑论提醒他不要做非常愚蠢的事。"在一次极其开诚布公的谈话中,克拉克·克尔说服丘吉尔,"无论斯大林说了什么伤害他自尊

1942年 649

的话，都不能对俄罗斯见死不救。即便只是为了挽救年轻的生命，他也一定得收起自尊"。

这出戏的第三幕即将上演。迈斯基曾向斯大林建议，打开丘吉尔心扉的关键在于进行"一次纯粹私人性质的、讨论各种话题的聊天"，在聊天的过程中才可能取得他的信任，建立进一步的了解。双方在斯大林位于克里姆林官的办公室里进行了大约一小时的无效会谈后，在访问的最后一晚，苏联领导人做出了一个前所未有的举动：他邀请丘吉尔到他的私宅去"喝一杯"。丘吉尔提出进行最后一次会谈时，斯大林有意不作回复，却同时匆忙地在家里作准备：安排了一顿精致的晚餐，摆好三人桌（莫洛托夫稍后也加入其中），同时也要女儿准备来会见这位重要的客人。

在斯大林家里，他们"坐在摆满膳食的餐桌边。所有菜式中最显眼的是一只烤乳猪，桌上还有不计其数的酒瓶"，这一切"看上去都像婚礼的钟声一样欢快"。在整个气氛融洽的晚餐中（一直持续到凌晨三点），斯大林一直在取悦他的客人，不再提及第二战场这个棘手的问题。他从丘吉尔那里得到了迈斯基所称的"温和的第二路线"的援助，然而，考虑到他对单独媾和与日俱增的恐惧，更重要的收获或许是让丘吉尔承诺：在战后必须粉碎普鲁士军国主义，解除德国的武装。

首相回到别墅时心情大好，他确信在"见过斯大林的女儿，而且还一起喝酒、吃饭、开玩笑"之后，自己已经被斯大林"接纳"。自此以后，他确信自己"已与斯大林建立了一种私人关系，就像与罗斯福总统所建立的一样"，因而会"全力支持乔大叔"。离开莫斯科时，丘吉尔吹嘘说，关于第二战场令人失望的消息，只有由他"亲自告知才不至于引发严重的分裂"。更重要的是，他还不遗余力地欺骗内阁与罗斯福，使他们相信斯大林在接受了坏消息之后，已经"完全相信'火炬行动'的巨大优势"。丘吉尔还补充说,他希望"'火炬行动'能得到大西洋两岸的全力推动"。然而,没过多久,这种说法就遭到了质疑。当迈斯基向艾登解释说,"很难让俄罗斯人民相信,我们在非洲可能采取的任何行动与在欧洲开辟第二战场有着同样的价值"时,开辟第二战场的要求重新浮出水面。迈斯基不停地向媒体散布关于丘吉尔访苏的"悲观报道"。他将无法开辟第二战场视为一个"灾难",而且尽管他"个人对首相极为敬佩",但仍警告说,这"将会作为首相职业生涯中最大的错误而被人记住"。

现在分派给迈斯基扮演的是一个令人讨厌的角色,他要淡化丘吉尔所宣扬的莫斯科谈判取得成功的说法,同时还要重新鼓动开辟第二战场。他的办法是"逐一"与伦敦各大报纸的编辑进行会谈。这不可避免地使他与英国政府中的盟友们发生冲突。他"到处与那些无知和不满现状的人密谋"的这一事实,促使艾登向丘吉尔抱怨,指责"迈斯基逾越了大使的特权",并要求首相谴责他的这种行为。与此同时,迈斯基很快就失去了对媒体和公众舆论的控制。8月下旬发生在迪耶普的灾难性袭击对于他推动第二战场的开辟行动而言是一记致命的打击。丘吉尔的心腹布伦丹·布拉肯指出,"工人们表现很好……关于斯大林开辟第二战场的呼吁,他们的反响并不热烈"。

11月初,英美盟军成功登陆北非并在阿拉曼战役中取得胜利,使迈斯基煞费苦心发起的"立即开辟第二战场"运动宣告结束。而为了这场运动,他赌上了自己的外交生涯,要不然,真正受到威胁的是他的生存。苏军在斯大林格勒取得的胜利极大地鼓舞了斯大林,而且讽刺的是,这也进一步降低了在战争中实现统一盟军战略的可能性。迈斯基手里的好牌正在迅速减少。他向年迈的韦伯夫妇

1942年 651

透露，克里姆林宫严重怀疑英国将军和统治阶级正"迫切希望德苏军两败俱伤"，这样英美就能主导和平进程。迈斯基担心政府"可能会与那些乐于重新掌控德国的资本家们，而不是希特勒与他的纳粹党，达成妥协"，这或许是对先前苏联考虑与德国谈判的一种翻版。俄罗斯人荒谬地指责称，英国没有经过审判就扣留赫斯，是打算让他在与纳粹德国或与战后对英友好的德国政府的谈判中充当中间人，而此时，"俄罗斯在打败希特勒的军队后已经耗尽了自己的实力"。

迈斯基与克里姆林宫的对抗使他在英国也陷入了越来越尴尬的境地。在英国，他的"言行举止看上去非常奇怪而且令人担忧"。斯大林对自己大使的贬损态度使英国人认为，迈斯基的指责和愤怒是他"自行其是"。艾登对迈斯基"感到厌烦"，发现他变得越来越"麻烦"，而且"非常难以相处"。当迈斯基向艾登表达对俄罗斯援助的感激之情时，有人听到外交大臣嘟哝说："我以前从没听过这个讨厌鬼对任何事说过谢谢。"然而，对迈斯基来说，他与丘吉尔建立的亲密关系对他的政治生命以及能否继续留在伦敦都至关重要，尤其是考虑到关于他要"被调到斯德哥尔摩"的新一波传言。他现在拼命想抓住丘吉尔这根救命稻草，在与首相的私人通信中，提醒丘吉尔，他们两人有着"长期友好的关系"，这种友好关系"不仅过去存在，现在存在，还衷心地希望将来也存在"。然而，首相只是给了他一个含糊的礼貌性答复，称他也"怀有相同的诚挚情感"。

10月18日，迈斯基向莫斯科报告说，英国试图让公众相信，斯大林接受了丘吉尔放弃1942年开辟第二战场并以在北非的行动作为替代，但自己成功挫败了英国政府的企图。第二天，斯大林迅速向迈斯基发去一封电报，表达了他的观点，即丘吉尔反对开辟第二战场的行为清楚地表明其希望看到苏联被击败，"以便以牺牲英国的利益为代价与希特勒或布吕宁[1]达成妥协"。斯大林还称赫斯是英德谈判的潜在中间人。

迈斯基可能度过了好几个不眠之夜,他小心翼翼地给斯大林发出一封篇幅甚长且论证严密的反驳回电。他对斯大林的观点提出挑战,坚称丘吉尔不可能希望苏联失败,因为即便德国没有控制亚洲和非洲的大部分地区,一旦它成为欧洲霸主,"这将不可避免地意味着英帝国的终结"。迈斯基一反常态,鲁莽地告诉斯大林,自己已经就苏联的"政策与战略"得出了一些"切实的结论",并承诺会在适当的时候将这些结论告诉他。然而,斯大林对他的观点置之不理,终止了这场讨论,并指导他:"作为一个速战速决的高手,丘吉尔显然受那些期望苏联战败……和与德国妥协的人的影响。"未卜先知的斯大林对丘吉尔作出的在1943年发动跨海峡进攻的承诺不屑一顾,因为他"属于那种可以轻易承诺,也可以轻易忘记或违背诺言的政治人物"。

的确,在12月初,丘吉尔告诉迈斯基,尽管他赞成在1943年开辟第二战场,但他认为到那时美国人还不能完成在英国的部署。丘吉尔和罗斯福现在提议,在首脑会议上与斯大林讨论未来的战略。然而,斯大林明白,他们只想告诉他关于不得不推迟在欧洲大陆的军事行动的坏消息,那他宁愿不参加定于新年时召开的卡萨布兰卡首脑会议。]

---

[1] 海因里希·布吕宁,魏玛共和国末期的德国总理。

1943 年

1月1日

1943年1月1日。旧年已去，新年伊始。

我们怀着喜悦的心情迎接新年。这种心境与一年前截然不同。差别主要在于：在过去的这十二个月里，我们在各个方面与敌人对决，也检验了自己；我们对敌人和自己的实力都有所了解；我们对双方的力量进行了比较，坚信自己的实力更胜一筹。确实，要击败敌人还需花费许多时间和精力，但结果必定是我们胜利。目前至关重要的是确保在击败敌人的过程中，我们不会过度自我消耗，不至于在到达战争的终点时筋疲力尽。为此，无论是在战场上还是在外交领域，都需要采取巧妙的高明的计策。我们能做到吗？我认为能。斯大林已经显露出对谋划策略之道的超凡理解力。

我的思绪不由自主地向前奔涌。

首先，欧洲战事预计什么时候才会结束？

我认为欧洲战事不会早于1944年结束，早在10月我就首次表达了这一观点。而且战争在那时结束的前提是同盟国方面进展一切顺利；换句话说，只有同盟国之间不分裂，也没有导致联合作战行动陷入瘫痪的摩擦，并且能于1943年在欧洲开辟合适的战场，这个目标才能实现。

而1943年的前景如何呢？我希望我们在这个冬天能解放伏尔加地区、顿河流域、北高加索地区，可能的话还有顿涅茨盆地，然后打破德军对列宁格勒的封锁。我还希望我们能够收复勒热夫、维亚济马，或许还有斯摩棱斯克。……在这个冬季，我们不能期待更多了。而我们今年夏季和秋季的计划尚不明确。至少在我看来是这样。这很大程度上取决于英美的表现。……此时，所有的一切还不明朗。丘吉尔和英国政府似乎支持今年春季在法国开辟一个重要的第二战场。然而，罗斯福和美国政府当前对这一想法显然不感兴趣。相比1942年，伦敦和华盛顿的立场显然发生了对调。没有美国人的参与，英国不会在法国开辟第二战场，因此指望在今年春天建立有效的第二战场将风险重重。第二战场或许得以开辟，或许无法落地。当然，如果苏联红军能够在这个冬季开始进军波兰边境，那么英国人和美国人就会竞相在法国开辟第二战场。……但是，我怀疑在春天到来之前，红军能否走到那一步。

……现在来谈谈政治。我们必须相信，政治问题在1943年将会更加突出。其中有两个原因。第一，随着同盟国取得最终胜利的趋势越来越明显，全世界逐渐意识到战争形势正在发生逆转，于是战后问题变得越发重要。第二，对德国人来说，这场战争的结局已不再是军事问题（他们无法通过军事手段取得胜利），而日益成为政治问题（他们可以通过单独媾和或是缔结妥协和约来避免战败）。

从政治角度来看，最重要的任务是巩固苏联、英国和美国之间的同盟。我希望这个目标能够实现。然而，这里也存在危险：美国是其中最薄弱的一环。

在我看来，苏联和英国之间的关系在这个阶段并不存在任何严重的复杂问题：两国签订了同盟条约，而且更重要的是，在战争与和平的问题上，英国更依赖我们；英国的资产阶级具有丰富的经验和灵活性，他们意识到与苏联保持友好关系的必要性。英国政府首脑丘吉尔和领导外交部的艾登都是这种倾向的体现。

然而美国却是另外一回事。无论从哪个方面看，这个国家正在进入帝国主义的疯狂扩张阶段……美国期望在欧洲扮演一个重要角色。怀着这一目标，美国正在通过形形色色的天主教保守派人士，奠定自己在欧洲的政治基础。……我越来越确信，与冠冕堂皇的《大西洋宪章》相反，美国的"参战目的"是在非洲和亚洲建立一个大美利坚帝国。如果考虑到一个众所周知的事实，就更加清楚了：美国人在谈到对日战争时总是激情澎湃，而对德国的却冷静得多。

……关于将来的和平会议（如果真有的话），只要我们能够采取有效策略不致彻底的精疲力竭，那么苏联在参加会议时将拥有世界上最强大的军队。原因在于，尽管英国军队会变得更加强大，但其作战效能仍远不及红军。而美军虽然规模庞大、装备先进，但在承担重要和大规模的军事行动方面仍太过"青涩"和"稚嫩"。

前景并不糟糕，但是关键在于采取巧妙的策略。

1月3日（博温登）

前线捷报频传。在为期六周的反攻中我们赢得了许多胜利。斯大林格勒解放，敌军在斯大林格勒附近的二十二个师已经被包围并被慢慢地歼灭。几乎整个顿河地区的失地都被收复。……在高加索地区，我们已经收复了莫兹多克，并在纳尔奇克成功发起了一次进攻。在中部战线上，我们夺取了大卢基且几乎完全包围了勒热夫。德军在人员和物资方面遭到巨大损失。我们的人员损失相对较小，而且物资还在增加。比如在顿河地区，我们从德军手中缴获了五百架完好的飞机以及两千辆完好的坦克。我们将充分利用这些装备。

当然，此刻的情形与去年夏季和秋季已经完全不同，彼时德军正在不断推进，而我每个星期都不得不怀着苦涩和沉重的心情记录我们的失败。斯大林曾说，会轮到我们庆祝胜利的。他说得对。……第一缕胜利的曙光已经冲破地平线上厚厚的乌云。

1月6日

艾登。

……（5）艾登对罗斯福的地位弱化和美国国内孤立主义日益抬头十分担忧。他说："如果当美国在世界政治舞台上的地位变得尤为重要时，第一次世界大战的历史重演，孤立主义者获得权力，那将是悲剧性的。这使得我们两国之间的合作变得更加重要。这是我们唯一的希望，是我们这些国家、欧洲乃至亚洲唯一的倚靠。"

[由于争取开辟第二战场的努力付诸东流，迈斯基是否继续留在伦敦取决于他能否说服英国在组织战后重建问题上与俄罗斯人合作。他对著名记者同时又是议会成员的弗农·巴特利特建议道："我认为，对于我们来说，最重要的事情并非纠结过去，而是放眼未来。"一如惯常的做法，迈斯基在向莫斯科方面汇报时，说自己的倡议来自艾登。据艾登所述，迈斯基忧心忡忡地说："如果美国能一直对欧洲感兴趣就更好了，但是我们必须面对美国兴趣减弱的可能

性。"他认为,这样的话,"比任何时候都需要"加强"两国之间的紧密合作"。"我对此表示同意。"艾登写道。然而,迈斯基不断的批评破坏了他与丘吉尔之间的关系,后者在卡萨布兰卡指示艾登告知迈斯基,迈斯基"这么喋喋不休的唠叨,使(他的)忍耐到了极限",而且"试图抨击(他)也不会再产生任何好处"。]

1月7日

丘吉尔和罗斯福即将会面,讨论1943年的作战计划。他们有两种选择:

(1)在春季或夏季进攻法国;
(2)夺取西西里岛,进而在意大利南部登陆。

巴尔干半岛作战行动问题尚未提上议程。只有当土耳其参战,讨论这个问题才有意义,但是土耳其显然并不打算改变立场。

根据艾登提供的消息,丘吉尔明显更倾向第一种选择,但是罗斯福及其顾问们似乎倾向把赌注压在西西里岛和意大利上。

我担心形势会朝着有利于第二种选择的方向发展,因为从军事角度而言,这种选择更容易实现。此外,英国人和美国人有形形色色的政治理由推迟在欧洲开辟有效的第二战场。

1月17日(博温登)

前线进展顺利!我们活着看到了这一天。

11月23日在斯大林格勒被包围的二十二个德军师此时濒临全军覆没。在战斗、饥饿和寒冷三重夹击下,他们的实力锐减了三分之二,现在只剩下七八万兵力。1月8日,我军指挥部向德军发出最后通牒：要么接受优待条件（包括战后被遣送回国）投降，要么被彻底消灭。德军拒绝投降。现在正展开最后的歼灭战。再过一两个星期，这一切将全部结束。光荣的斯大林格勒即将彻底解放。

……我们有伟大的人民，有伟大的军队，还有一个伟大的领袖！

然而，我们依然面临艰巨的任务、巨大的困难和重大的损失。德国人已经输掉了这场战争，但是我们还没有取得胜利。为了尽可能轻松快速地赢得这场战争，我们需要开辟第二战场，我们需要英国人和美国人。

1月18日

那些美国人真是奇怪！

罗斯福给斯大林发了好几封信件，内容大致如下：美国承诺支援两百架运输机（非常感谢）；表达了立即派遣一百架轰炸机及其机组人员到我们远东地区的愿望，"以防"日军突袭苏联；声明布莱德雷将军[1]和罗斯福任命的其他一些军官应立即与苏联代表展开谈判，对远东实施"初步评估"，并同我方人员共同制订作战计划。罗斯福在电报中表示，他打算在近期派遣马歇尔将军（参谋长）到莫斯科就非洲的战局以及1943年的军事行动计划给我们作简报。

斯大林作出了高明的回应。日前他向罗斯福发出了回信，在信中对罗斯福提供的二百架运输机表示感谢，但同时表达了对其希望派遣一百架轰炸机到远东战场的不解。首先，我们不止一次告诉过

---

[1] 奥马尔·纳尔逊·布莱德雷将军，1943年4—9月在突尼斯北部和西西里岛指挥美国第二军，1944年6月指挥美军参加法国诺曼底登陆战役。

美方，我方要的是装备，而不是飞行员。第二，远东战场并不需要飞机，在那里我们没有仗要打，但苏德前线迫切需要补充战机。

……罗斯福可能会生气，但是没有办法！美国人需要受到一些教训。他们真的认为自己就是这个世界的中流砥柱，所有人都应该听他们的。

1月19日

今天我满五十九岁了。明年我就要庆祝我的六十岁生日了。

我百感交集。一方面，冷静而清醒的理智告诉我，我的生命之秋已悄然而至。另一方面，我主观感觉身体和精神上并没有表现出任何暮年的症状或情绪。我的身体还很健康，工作能力也没有降低，我的思维甚至似乎比以前更为敏锐（尽管后者可能是经验累积的结果）。

我的大脑告诉我："你已经接近老年。"

我的身体却回答："你离老年相去甚远。"

四年前我五十五岁，那时我写道，以人的平均寿命为参照，我后面还有二十年可活。当时我为这二十年制定了一个粗略的"计划"：前十年（到六十五岁）积极投身于政治工作，而接下来的十年（到七十五岁）让我的生命之旅臻至圆满。

……我不考虑七十五岁以后的生活，为什么呢？

我知道这里有很多杰出的人物都活到了七十五岁以上：萧伯纳今年八十七岁，而他的妻子现在大约八十九岁。

韦伯夫妇——韦伯夫人今年八十五岁，而韦伯先生八十三岁半。

劳合·乔治已经八十岁了。

看着他们，我并不奢望自己能活到那个年纪。

……昨天晚上我在收音机里听到一则消息：列宁格勒的封锁已经解除。这是多么令人开心的事啊！这是一件多好的生日礼物啊！

1月21日

本周，我和艾登进行了两次有意思的会谈：一次是在18日，一次是在今天。

丘吉尔和罗斯福已经会面：自上周末以来，他们一直在摩洛哥靠近马拉喀什的地方。在那里会面是丘吉尔的意思。双方的参谋长以及其他陆海军高级军官都在那里。迄今为止，会谈的主要结果如下：

（1）北非的战况。第八军的战事已经接近尾声。蒙哥马利计划于1月22日或23日抵达黎波里。……从本质上来说，丘吉尔和罗斯福关于这一问题的决定不仅表明美国军队在开展重大军事行动方面还是太过"稚嫩"，同时也体现了英国在英美联合中的影响力有所增强。从丘吉尔电报的语气来看（电报内容是艾登告诉我的），首相极为高兴。他将亚历山大将军从前线召回参加此次会议，并对这位将军给美国人留下良好印象，以及与艾森豪威尔[1]建立良好关系感到尤为高兴。

（2）1943年的总体战略。盟军决定，在突尼斯战役结束后，立即在西西里岛发起军事行动；同时，还决定立即在不列颠群岛集结大量兵力，目的是在今年"重返欧洲大陆"。但从丘吉尔的电报

---

[1] 德怀特·戴维·艾森豪威尔将军，1942年3月被派往英格兰担任欧洲战场指挥官，1942年11月—1944年任北非战场盟军司令，1944—1945年任西欧战场盟军远征军最高司令。

来看，以下问题尚不明朗：如果盟军占领了西西里岛，他们是否会继续挺进意大利？他们打算什么时候"重返欧洲大陆"——与西西里岛的行动同时进行，还是在西西里岛行动之后？"重返欧洲大陆"预计在哪里实施？由哪些部队执行？我向艾登寻求这些问题的答案，但是一无所获。显然，艾登自己也还不知道答案。我不得不等到丘吉尔首相回来后，才能了解更多关于欧洲的英美作战计划内容。……

［在给美国总统和丘吉尔的电报中，斯大林一直要求知晓何时何地会在欧洲开辟第二战场。他相信英美已经承诺会在1942年发动进攻，但现在进攻推迟到了1943年。他认为召开首脑会议没有任何意义，而他有权"坐在一旁要求美国人和英国人履行他们的承诺"。正如丘吉尔对罗斯福所说的，他认为在制定出1943年英美共同战略之前，与斯大林坐在谈判桌前将是一个"致命"错误。在卡萨布兰卡会议上，马歇尔将军"极力反对在地中海地区没完没了地进行军事行动"；而海军上将金[1]则批评英国人"对下一次行动没有明确的想法"，而且"没能制定出一个总体作战方案"。丘吉尔要确保军事谈判旷日持久，就像"水滴在石头上"一样。在拖延的过程中，丘吉尔能说服罗斯福接受自己的意见，就像去年5月他在华盛顿所做的那样。他把在法国北部实施"中等规模"的军事行动放在由他提议的行动清单的最后，而优先考虑北非战场的行动和西西里岛的进攻，然后才是他现在称为"欧洲的软肋"的意大利。尽管斯大林的影子一直在会议中徘徊，但是会上几乎没有提及俄罗斯战线。在卡

---

[1] 海军上将欧内斯特·金，日本偷袭珍珠港后不久任海军司令，从1942年3月开始担任美国海军作战部长。

萨布兰卡，美国政策规划人员绝望地承认："我们来了，我们看见了，我们被征服了。"

丘吉尔和往常一样没什么耐心，几乎没有花费时间来利用他的成功。他直接从卡萨布兰卡去往土耳其（这在后面的日记中会提到），临时对土耳其进行一次闪电式访问。尽管在迈斯基面前，丘吉尔把这次访问说成是他协助俄罗斯的努力的一部分，但访问本身也和他的大战略非常契合。土耳其加入战争，将在完成"哈士奇行动"（登陆西西里岛）以及可能进攻意大利之后，为开展巴尔干半岛战役铺平道路。将战事扩展到东地中海地区，明显会推迟跨海峡进攻计划。]

1月26日

刚过七点半。艾登的房间里灯光昏暗。大壁炉里，火烧得很旺。

……我问艾登最近德军方面是否伸出了"和平触角"，艾登说没有。

"我们确实收到报告，说德国人的士气正在快速瓦解，"艾登继续说道，"但我不知道报告的可信度有多大。您认为呢？"

"我倾向有保留地接受这些信息，"我回答，"我认为他们士气瓦解的时候还没有真正到来。"

"为什么没有呢？"艾登问道。

我开始发言："艾登先生，您知道，'士气'是一个很复杂的问题。我们不能泛泛而谈，应当将纳粹德国的各个组成部分区别对待。首先，关于广大民众的士气，我们该怎么评价呢？毫无疑问，他们的士气正逐渐受到破坏和侵蚀。……但我们不能抱有任何幻想，因为他们的士气瓦解还处于初始阶段。德国广大民众对前线战事的真实情况知之甚少;他们容易一直受到法西斯宣传的影响,这种宣传铺天盖地、无孔不入。所以在我看来,说德国民众的士气行将瓦解还为时过早。我也不相信希特勒自己的'士气'真的被削弱了。"

我继续说:"……因为近来局势的发展,'士气'真正受到影响的是那些军事将领和与他们有关系的人。将军们知道前线战事的进展,也不认同希特勒的神秘主义。时至今日,他们肯定非常清楚,德国不可能在战场上赢得这场战争。……所以,如果不能取得军事胜利,那么留给将军们的会是什么?只有一件事:试图达成对德国有利的和平协定。最好的是单独媾和,其次是总体的、妥协性的和平安排。实现和平越早越好,因为虽然德国手中还有很多王牌,但形势却不利于她。此后,德国手中可打的牌会越来越少。当然,鉴于这种形势,希特勒本人几乎不是一个加分项了。所以如果在某个美好的早晨醒来,看到报纸上刊登希特勒自杀身亡或者'死于车祸'的消息,我一点儿都不会惊讶。希特勒气数将尽:1943年很可能是他的最后一年;即便他没死,政治生命也会结束。一旦希特勒消失,那么摆在各位将军面前的可能是建立一个新政府。当然,这个政府从本质上说还是同样由嗜血的德国法西斯主义伪装而成的。但是谁知道呢,可能英国和美国的一些人会上当,特别是当将军们把德国作为'防范布尔什维克的稻草人'推出来——而他们肯定会那么做。毫无疑问,他们将很快从储藏室里取出这个稻草人。稻草人可能被虫蛀了,被老鼠咬坏了,但是谁又会在意呢?德国的头目们不会挑剔。就算这个稻草人很可疑,也许还是会引英美一些小人物上钩。"

艾登抗议道:"我不这么认为。我知道您指的是哪些人,我可以向您保证,他们现在完全没有权力。"

"那就太好了！"我回答道，"不管发生什么，在接下来的几个月，我们可以预料到的是：第一，德国人会不遗余力地分裂同盟国的统一战线；第二，他们同样会不遗余力地试探能否实现妥协和平。英国政府了解这些吗？它是否准备好将这些企图扼杀在摇篮里？"

艾登激动地从椅子上站起来，用异乎寻常的口吻强调说："只要丘吉尔还是首相，只要我还是外交大臣，就不会与德国进行任何形式的妥协！"

[今天的这篇日记包含了1943年1月26日罗斯福、丘吉尔和斯大林之间往来信件的内容，信件向斯大林传达了英美双方在卡萨布兰卡会议上的决定。日记隐含的设想是，苏联红军取得的"巨大进展"可能迫使德国在1943年投降。换句话说，这种设想使得开辟第二战场变得不那么迫切了。这封信重申了西方盟国追求边缘战略的意图。他们口头上支持：加紧击败德国，获取欧洲战场胜利；需要将同样多的注意力放在向日本施压，在太平洋战场和远东战场保持主动，支援中国，阻止日本向其他战区的侵略扩张。]

2月1日

尽管丘吉尔有其严肃的一面，但他也是一个相当风趣的人！

今天深夜，艾登叫我过去，给我看了一堆与丘吉尔往来的加密电报，都是关于首相访问土耳其的内容。这些电报读起来很有趣。丘吉尔的心情很好，几乎有些孩子气。实际上，用孩子气形容他再合适不过了。我翻看这些电报，有时候很难相信这是在历史上最大规模的战争进行到最激烈之时，出自大不列颠领导人之手。

首先，说一下丘吉尔这次访问土耳其的背景。长期以来，丘吉尔都在考虑把土耳其拉到我们的阵营中来。当他在卡萨布兰卡时，他固执地认为与伊诺努[1]进行一次面谈也许能达到这一目的。罗斯福支持他的提议，但是伦敦方面开始提出反对意见，因为：

（1）如果土耳其拒绝参战，那么丘吉尔的威望可能会受到损害；

（2）伦敦方面不希望置丘吉尔于任何不必要的危险中，也不希望他过度劳累。

"毕竟，首相已经六十八岁了！"艾登大声说道，并向我讲述了内阁的保留意见。

丘吉尔夫人也出于丈夫的健康原因，反对这次访问。她甚至要求几名内阁成员反对丘吉尔的提议。

但是丘吉尔坚持己见。而且当他坚持自己的立场时，没人能说服他。从他的电报中可以很明显地看出，他不顾一切都要使这次访问成行。他不仅是为了国家，也许更有可能是因为受够了伦敦的乏味，一时心血来潮就作了决定。他想要舒展手脚，去看看外面的世界。在其中一份电报中，内阁以议会急于听取他关于卡萨布兰卡会议的报告为由，反对他进行这次访问。登机后，丘吉尔发了一封幽默的回电：当我在非洲和中东尽情地四处游逛时，你们却在擦拭威斯敏斯特那些满是灰尘的议员长凳，我祝愿你们开心。丘吉尔只在一件事情上向内阁让步：与伊诺努会面的地点定在阿达纳，而不是首都安卡拉，因为在安卡拉很容易被刺杀。

从电报的内容可以判断，丘吉尔在土耳其兴致高涨。伊诺努、

---

[1] 穆斯塔法·伊斯麦特·伊诺努，1923—1924年和1925—1937年任土耳其总理，1938—1950年任土耳其共和国总统。

萨拉吉奥卢[1]、恰克马克[2]、梅内曼吉奥卢[3]以及一些其他政要都来见他。他们进行了长时间的详细会谈。……出于某种奇怪的原因，丘吉尔在加密电报中把会谈内容称为一个虔诚之人的"晨间想法"！这些"想法"非常详细：单倍行距打印，整整用了三页纸，其中的内容却相当简单。丘吉尔的态度很明确，甚至还有些玩世不恭地向土耳其人提出一个问题：我们（英国、苏联和美国）会赢得这场战争，你们想要站在胜者这一边吗？如果想，你们应该在战争中给予我们帮助。如果不提供帮助，你们会发现自己将在战后处于中立，但又不是一个非常强大的中立国。这是你们的选择。你们说没有武器？那好，我们可以向你们提供一些。在此之后，请你们仔细考虑并作出抉择。

这就是丘吉尔的"晨间想法"。土耳其人会如何回应？

……回程途中，丘吉尔在塞浦路斯稍事停留。其中原因不得而知。顺便提一下，丘吉尔在塞浦路斯停留期间，差点发生一场"密码灾难"。丘吉尔通常对于加密一事极为粗心，当时他正要把一则仅用了相当原始的军事代码加密的消息从塞浦路斯发出。这则消息一旦发出，密码就会被破解，轴心国就能获取英国中东军事指挥部的所有机密。外交部的密码部门当时慌了。但是这场"灾难"在最后一刻得以避免。

---

[1] 麦赫迈特·许克吕·萨拉吉奥卢，1938—1942年任土耳其外交部长，1942—1946年任总理。
[2] 穆斯塔法·费夫齐·恰克马克元帅，土耳其总参谋长。
[3] 侯赛因·努曼·梅内曼吉奥卢，1942—1944年任土耳其外交部长。

2月5日

对于我们的胜利,英国的反应是什么?

这个问题很难用三言两语回答清楚,因为对于红军的胜利,英国的反应既复杂又矛盾。我试着总结一下我的看法。

当我问自己这个问题时,让我印象深刻的是,英国人普遍对苏联和红军的强大感到惊讶。没有人预料到我们在经过去年夏天的严峻考验之后,还能保持如此强大的作战能力。……这就是为什么我们的胜利在英国引起的最先及最主要的反应是普遍的惊愕。这种反应在全国上下同样强烈,从社会金字塔的顶端到底层皆是如此。

苏联事态的发展激起的第二种感情是对苏联人民、苏联红军以及斯大林同志个人的崇拜,但是这种感觉不如上面描述的惊讶之情那么广泛。在普通民众当中,这种崇拜是毫无保留的,也不受任何约束。在过去三个月里,苏联的声望迅速飙升。……接下来,我要提一下斯大林的受欢迎程度。他一出现在屏幕上,总是会引发大声欢呼,比给丘吉尔或国王的欢呼声要响亮得多。弗兰克·欧文[1](他现在在陆军服役)几天前告诉我,斯大林是士兵们的偶像和希望。如果士兵对某事不满,或是被上级冒犯,又或是对上级这样那样的命令感到愤恨,那么他的反应往往生动而且很能说明问题——他会举起手,大声地威胁道:"你等着,等乔大叔来了,我们会找你们算账的!"

一个人在社会金字塔上所处的阶层越高,这种崇拜就越是混杂着其他想法,而且主要是一些有害的想法。……统治阶级并不高兴,或者说相当不安:布尔什维克是不是变得太强大了?苏联和红军的声望是不是提高太多了?"欧洲布尔什维克化"的可能性是不是太大

---

[1] 弗兰克·欧文,1938—1941年任《伦敦标准晚报》编辑,1942—1943年任皇家装甲兵团中校。

了？苏联军队取得的胜利越多，统治阶级精英们内心的担忧也越深。

这两种相互矛盾的态度并存于英国统治阶级心中，并充分表现在英国两大主要政治派别——可以分别简称为"丘吉尔派"和"张伯伦派"——的政治观点中。

……尽管现在"丘吉尔派"毫无疑问占据主导地位，但是英国在制定策略时倾向在刚提到的两种趋势中取折中意见。结果是什么？英国政府想方设法让其他人（也就是我们）来帮他们打这场战争，而又寻求让自己在战后和平会议上担当领导角色。

……第二战场的问题则迥然不同。英国统治阶级内部再一次在此问题上存在分歧。一方面，他们希望尽可能推迟开辟第二战场，

图96　迈斯基将苏联大使馆的铁栏杆捐赠给英国，用作战时废弃物资利用

等我们来摧毁德国的主力，这样英美联军就可以"轻松地"登陆法国，并以最小的损失进军柏林。另一方面，如果西线战场的开辟拖延得太久，英国（和美国）可能会错失良机，让红军抢先进入柏林。统治阶级非常担心这一点：对"欧洲布尔什维克化"的恐惧萦绕他们心头，挥之不去。因此，英国（和美国）政府面临的最主要的战术问题是第二战场的开辟时机。他们认为开辟的时间不宜过早，但也不宜太晚——恰到好处即可。……现在，我的想法是：在春天到来之前，英国和美国不会开辟第二战场，而在夏季和冬季，他们的注意力将转移到地中海地区（西西里岛、克里特岛、十二群岛及其他地区）的各种次要行动中。他们可能会在北部炮制出进攻迪耶普的方案或其他计划，但是他们不太可能对法国发起全面进攻。

这令人非常不快，但事实就是如此。我们不得不面对现实。我相信，这种不乐观的前景只在一种情况下会发生改变，那就是我们取得巨大的成功，大到足以瓦解德军，以及让红军在1943年进入柏林真正成为可能。我错了吗？时间会说明一切。

2月6日

内格林让我了解了拉丁美洲的惯常做法。

墨西哥政府从西班牙共和党移民那里赚足了钱。当内格林与卡德纳斯[1]于1939年达成协议后，墨西哥人要求西班牙共和党人成立工、农及其他领域的合作社，让移民有谋生之所。内格林同意了。为此，大笔款项被转到墨西哥，但合作社最终却没有建成。从总统

---

[1] 拉萨罗·卡德纳斯，1928—1932年任墨西哥米却肯州州长，1934—1940年任墨西哥总统。

开始，这些钱财统统流进墨西哥各高官的腰包里。

就在同一年，内格林协助一些共和党人移居多米尼加共和国首都圣多明各。当时已经没有其他地方可以把那些人送走了。事实证明，这对圣多明各，或者准确地说对圣多明各的显要人物来说是一单利润颇丰的生意：多米尼加共和国总统收了五百万法郎，而圣多明各驻巴黎全权公使向被送往圣多明各的共和党人每人另外收取了一千五百法郎（进他自己的腰包！）。

现在有人建议将关押在北非集中营的共和党人送往墨西哥。内格林向墨西哥驻伦敦全权公使提出了这个想法。这位全权公使向内格林提出的第一个问题是："办这件事情，你会付我们多少钱？"

这都是些什么人啊！还有道义可言吗！

2月7日（博温登）

……过去的两周，最引人注目，无疑也最具戏剧性的事件是由德军陆军保卢斯[1]元帅指挥的德军第六集团军在斯大林格勒被彻底歼灭。2月2日是个值得记忆的日子。保卢斯与二十四位德国和罗马尼亚将领一同被俘。1月10日至2月2日，由于保卢斯拒绝投降，我军发起了决定性的进攻，一共俘获了九万战俘，其中大部分是德国人。……在斯大林格勒取得胜利无论在道义还是心理上都意义巨大。这在军事史上是史无前例的，一支强大的军队围困一座城市，却反遭包围，随后被全歼，没有一个将军或士兵得以幸免。

……现在，关于第二战场……如果我们作出了这么多努力，依

---

[1] 弗里德里希·威廉·恩斯特·保卢斯，陆军元帅，1942年担任德军第六集团军指挥官，于孤立无援的情况下进攻斯大林格勒。

然无法开辟第二战场，就真的那么不幸吗？我对此表示怀疑。

的确，从短期来看这是糟糕的：战争还会拖下去，我们还会遭受巨大的损失。但是从长远来看呢？在这一点上，力量对比很可能截然不同。首先，由于盟国军队不愿在战场上担当主要角色，那么打败德军的功劳将完全属于我们。不论是现在还是将来，这将极大地提升苏联、革命主义和共产主义的威望。其次，到战争结束时，英美军队仍然孱弱且缺乏作战经验，而红军将成为世界上最强大的军队，这将使国际力量对比天平向有利于我们的方向倾斜。最后，由于没有在西线开辟第二战场，红军很有可能首先进入柏林，从而在和平条约的条款及战后局势走向方面发挥决定性的影响。

归根结底，哪种情况将会对我们更为有利呢？

这很难说。乍看起来，开辟第二战场似乎不错，但是确实如此吗？

时间会证明一切。

[然而，当前苏联在战场上取得的成功还很有限。苏联1943年冬季大反攻是斯大林格勒战役胜利后的必然结果。重新整合军事力量后，红军在1942年12月到1943年2月之间发起一系列反攻，将德国及轴心国部队驱逐出顿河南岸。继而，红军进一步向西推进，进入顿巴斯和哈尔科夫地区，意图解放库尔斯克。然而，陆军元帅冯·曼施坦因[1]指挥有方，充分利用苏联过度拉伸的西南战线，在3月6日有效地遏制了苏联的"冬季攻势"。到3月底，苏联最高统帅部不得不在库尔斯克的突出部采取防守态势。苏联最初雄心勃勃

---

[1] 埃里希·冯·曼施坦因，陆军元帅，1941年2月任第五十六装甲军团指挥官，并在"巴巴罗萨行动"中指挥第十一集团军。由于1943年兵败库尔斯克，德军被迫从俄罗斯撤出，他于1944年被希特勒解职。

的计划正好解释了克里姆林官方面在与盟国的政治会谈中所表现出的自信，而这在迈斯基的日记中体现得淋漓尽致。这说明现在提出战后议程，以及暂时放弃开辟第二战场的要求有些为时过早。5月，德军一发起猛烈的攻势，这些问题又被提上议程，尽管这是自东线战事以来，德军首次无法突破苏联防线，并迫使希特勒于1943年7月17日下令停止进攻。苏联从斯大林格勒战役和冬季反攻中汲取了教训，开始变得谨慎，确立抵达第聂伯河防线这个适度的目标就充分体现了这一点。但这无法阻止克拉克·克尔向英国政府发出警告：如果俄罗斯人开着坦克进入柏林，而"我们四平八稳地坐火车去同他们会师"，那对英国的威望而言将是极其"糟糕的"。]

图97 迈斯基与英国未来的工党外交大臣贝文

2月9日

2月7日，丘吉尔终于回到了伦敦。当时我正在博温登，没有去见他。但是当时也没有人告知我他回来的日期。

8日下午，见到艾登时，我告诉他，我刚从斯大林那里收到关于土耳其的信件，想要交给丘吉尔。傍晚时分，丘吉尔的秘书通知我，首相会在晚上十点半接见我。

我们的会面在丘吉尔的私人公寓进行。我被领至书房等候他的到来。书房里燃着炉火，桌上摆放着一瓶威士忌和苏打水。我独自一人在屋里待了好几分钟，只好借浏览挂在墙上的大幅苏联地图来打发时间。最后，艾登走了进来（我要求他也来参加此次会谈）。

"我们的军队已经占领了库尔斯克。"我向艾登通报最新的战事进展。

"太棒了！"艾登高兴地回答道，"稍等一下，我现在就去告诉比弗布鲁克，他就在隔壁房间。"

艾登出去了一会儿，回到书房时他大声喊道："马克斯韦尔高兴坏了！"

片刻后，丘吉尔也进来了。他在常穿的连体裤外随意披了一件晨袍。他头发蓬乱，睡眼惺忪，一看就是刚从床上爬起来。

"欢迎回家。"我向他打招呼。

他向我报以友善的微笑，然后立即有些不耐烦地问："我想，你给我带来了斯大林的回信吧？"

我说是的，并将信封递给了首相。像以往一样，丘吉尔在拆信之前先问了我一句："这不会令我失望的，对吧？"

我笑着答道："不，我觉得不会。"

丘吉尔打开信封，大声将信的内容读了出来。斯大林在信中指责阿达纳的相关信息不完整，这使得首相有些生气，不过这没有持续多久。读完信后，丘吉尔作了一个简单的小结："很好的回信！……不是吗？"

这个问题问的是艾登。艾登赶紧表示了同意。

丘吉尔此时心情不错，开始说起他与土耳其人的会谈。……但是我对卡萨布兰卡会议通过的军事计划更感兴趣。从我之前与艾登的谈话，以及罗斯福和丘吉尔写给斯大林的信中，我已经了解到一些关于这个问题的信息。然而，这些信息当中存在一些明显的空白，我决定一探究竟。

我问丘吉尔，关于英美1943年的军事计划，他能告诉我什么信息。很明显，首相料到我会问这个问题。他从秘书处要来了相关文件，并把他发给罗斯福的电报，以及罗斯福对于我所关注问题的回复读给我听。丘吉尔发出的电报里有他给斯大林1月30日信件的回复大纲。而罗斯福在他的电报里对丘吉尔的建议提出了一些（无关紧要的）修改。

计划里都有些什么呢？

要点如下：

（1）突尼斯行动预计最晚在4月结束。

（2）接下来，大约在6月或7月，开展西西里岛攻占行动，然后攻占意大利本土的"靴子状"突出部。之后，可能会出现以下两种情形之一：如果到那时，意大利抵抗微弱或者发生亲盟国的政变，英美军队将向亚平宁半岛北部进军，然后从那里向西进军法国南部，向东进军巴尔干半岛各国；如果意大利人在德军的支持下顽强抵抗，或者亲盟国的政变未能发动，英美军队将从意大利的普利亚和卡拉布里亚向南斯拉夫和希腊，即向巴尔干半岛西部地区转移。

（3）晚些时候，发动攫取十二群岛或克里特岛的军事行动（重要性相对较低)。

(4) 8月或9月间,实施跨海峡登陆法国的行动,这将独立于地中海行动。

(5) 英美军队将加强对德国和意大利的空袭。

(6) 发动空前激烈的反潜战。

我问丘吉尔,哪支军队可以在南方和北方实施上述军事行动。

丘吉尔回答说,攻下突尼斯之后,英美两国就能派出三四十万人实施地中海地区的其他行动。

"至于跨海峡军事行动,"首相继续说,"我目前真的没法给出任何明确的说法。我们英国人可以派出十二到十五个师来执行这一任务。但是美国人呢?……"

说到这里,丘吉尔困惑不解地耸耸肩,大声说道:"现在美国人在这里只有一个师!"

"怎么会只有一个?"我惊讶地回应,"您在11月就已经告诉我,美国在英驻扎了一个师……从那时起就没有再增加吗?"

"没有增加,"丘吉尔回答,"自从11月以来,美国人就没再增派任何部队过来了。"

"您预计到8月会有多少美国师呢?"我问他。

"我要是知道就好了,"丘吉尔以一种滑稽的绝望说道,"在莫斯科时,我的一个设想是到1943年春季前,美国人应该已经派遣了二十七个师到英国,就像他们承诺的那样。这是我在同斯大林谈话时提出的设想。但是那二十七个师在哪里呢?现在,美国人又承诺在8月前只派遣四五个师过来!……如果他们信守承诺,跨海峡行动将由十七到二十个师的兵力来完成。"[1]

"万一美国再一次骗了您呢?"我问。

丘吉尔沉思片刻,斩钉截铁地回答:"无论发生什么,我都会把这次行动进行到底!"

然而首相并没有具体说明,万一美国部队不能按时到位,他要怎么办。

突然,丘吉尔放声大笑,好像是想起了什么有趣的事,然后问我:"你知道美国一个师有多少人吗?"

我有点不解,答道:"不太确定,不过我猜大约有一万八九千人吧!"

"猜对了!"丘吉尔吼道,他的声音更大了,"如果你只算战斗人员的话……但是如果你算上全部的辅助人员,有五万人!"

我倒吸了一口凉气:"您是什么意思,五万人?"

"我说五万人!"丘吉尔又一次大叫起来。然后,他用一种毫不掩饰的讽刺语气,开始列举:"在一个美国的师里,什么没有呢!……当然了,有负责交通、医疗的人员,还有军需官等等。这很正常。但是他们还有两个营负责洗衣,一个营负责消毒牛奶,一个营负责理发,一个营负责缝补衣物,还有一个营专门负责鼓舞士气!……哈哈哈!……我们已经派了将近五十万战斗人员到北非……但这些人加起来实际上只有十到十一个师的兵力。"

丘吉尔又大笑起来,继续说:"我们英国人在这方面已经很差劲了,美国人竟然更差劲。"

---

[1] 在迈斯基的回忆录中,他暗示与丘吉尔的谈话使他确信,"指望1943年春在法国北部开辟第二战场是徒劳的"。正如我们所看到的,他已经放弃推动开辟第二战场了。而斯大林在当月晚些时候又转向这个话题,是因为他意识到苏联的进攻会比他之前预期的要晚。

我们的谈话从一个话题跳到另一个话题。丘吉尔的思维也一直在跳跃。举个有趣的例子,丘吉尔的话里半是嘲讽半是指责:"斯大林对罗斯福说话很尖刻啊!总统给我看了斯大林最近写给他的信。"

然后,他笑着转向艾登说:"斯大林对我也并不总是很客气……你记得吗?……但是他对罗斯福更糟糕……"

"那就是罗斯福应得的。"我接话,"你熟悉罗斯福那封信的内容吗?你刚刚引述的就是斯大林给他那封信的回复。"

"哪封信?"艾登问,很明显他从来没有听说过。

"哦,那是一封非常棒的信!"丘吉尔兴高采烈地大声说道,"我也读过。"

然后丘吉尔简单讲述了罗斯福写给斯大林的那封信的内容。罗斯福在信中建议派一百架轰炸机和美方人员到符拉迪沃斯托克,"以备不时之需",并且要求允许美国将军"视察"我们的远东海空军基地。罗斯福还提议派遣马歇尔将军去莫斯科讨论1943年的行动。

听到关于派遣一百架轰炸机的提议,艾登一脸震惊。他的反应好像在说:"美国人也太愚蠢太天真了吧!"

丘吉尔接着说道:"坦白说,罗斯福被斯大林的信激怒了,他原来打算向斯大林回一封言辞尖刻的信。但是我设法说服了他不要那样做。我告诉他:听着,现在还有谁是在真正战斗?……只有斯大林啊!看看他是怎样战斗的吧!我们必须体谅他……总统最终同意了,决定不跟斯大林打嘴仗。"

丘吉尔抽了一大口雪茄,盯着壁炉里跳跃的火焰,说道:"罗斯福问我,斯大林不出席会议的真正原因是什么……"

"但是您知道原因是什么,"我打断了他的话,"总统也知道。"

"对啊,当然啦,"丘吉尔答道,"斯大林总是在忙着指挥军事行动等事情……这是一个原因,但也不全是。我这样回答罗斯福的问题：斯大林是个现实主义者。你光用言辞是不能打动他的。如果斯大林去了卡萨布兰卡，他问我俩的第一个问题就会是：'你们在1942年消灭了多少德国人？又打算在1943年消灭多少人？'我们俩能说些什么呢？我们自己都还不明确1943年要做些什么。但斯大林一开始就很清楚这个问题的答案。所以，他来参加会议又有什么意义呢？……更何况他还要在国内完成重要的任务。"

不过，斯大林和罗斯福之间的"争执"看上去才是丘吉尔真正关心的事情。他长篇大论地向我解释了美苏两国政府领导人之间的友好关系和互相理解具有多么重要的意义。

"现在很重要，而在战争结束后会更重要。"

这时，丘吉尔突然眼睛湿润，他的语气开始变得诚挚和饱含深情："对我个人来说，其实都一样……我已经老了，我马上就七十岁了。但是这个国家和这里的人民会继续活下去……当和平来临，境况会变得异常艰难。除非我们这三个国家——苏联、美国和英国——通力合作，我看不到任何其他解救人类的方式。但这绝非易事。美国是一个资本主义国家，而且正在快速右翼化。苏联是一个社会主义国家。而英国就得成为美苏间的桥梁。这就是为什么我们极不愿意看到罗斯福和斯大林之间有任何的个人摩擦。"

接着，丘吉尔笑着说道："在欧洲、亚洲和各种各样共同关心的问题上，英国和苏联都非常需要彼此。它们终会达成一致。而美国不一样。美国人觉得既然两个大洋分别将它自己同你们和我们隔开了，那就没那么需要我们……这是一个非常严重的错误！不过你知道美国人在政治上是多么幼稚和缺乏经验吗？这就是我为什么如此担心这次斯大林和罗斯福之间的冲突了。他们如果能当面谈谈就最好不过了。我已经考虑这件事很久了……"

丘吉尔又吸了一口雪茄，脸上的神情狡黠至极。他悄悄地问我:"您认为我从阿达纳回来时为什么要在塞浦路斯停留?"

我耸了耸肩。

"报纸上写,"丘吉尔继续说道,"是因为我曾经服役的一个团当时正驻扎在塞浦路斯,诸如此类的说法。没错,那里确实驻有这么一个团。但其他全是胡扯!我在塞浦路斯停留的真正原因其实是另外一回事:我想看看那里是不是一个适合斯大林和罗斯福以后会晤的地方。我坐飞机到那里真是一件绝妙的事。那个小岛太完美了。它几乎与世隔绝,没有人会知道那里发生的事情。从第比利斯坐飞机到塞浦路斯都不用五个小时。总统已经准备好去塞浦路斯旅游了。自从他第一次体验了坐飞机,他就喜欢上飞翔的感觉。一旦有需要,他就会去那里。我承认,我已经下令在那个岛上修建几座简朴但是舒适的房子,要能够安顿三个代表团。"

丘吉尔在跟我说这些的时候异常激动,他的手不断在比画,两眼放光。我可以看出他多么享受这种神秘和浪漫。是的,尽管他已经六十八岁了,但是这位堂堂英帝国首相的身上仍有些许孩子气。

突然,他愣了一下,随即大声说道:"拜托,不能跟任何人说哦!"

我答应他不会跟别人说一个字。

顺便再说说丘吉尔的孩子气。他跟我详细描述了这一路上他采取的所有旨在挫败刺杀企图的安保措施。你能想到的他都有:装甲车,防弹窗户,自动手枪和左轮手枪,武装保卫、层层防护的隐秘建筑,还有临时改变的路线,等等。听起来有点像歌舞杂耍表演。当然,丘吉尔确实需要采取安保措施。不过,从他描述这次历险旅程的方式来看,他因为这一切已经激动得无法自控,像个孩子一样添油加醋,夸大其词。

……丘吉尔在与我谈话的过程中提到了戴高乐[1]和吉罗[2]。首相非常生戴高乐的气,这可能是他更喜欢吉罗的原因。我并不感到惊讶,因为丘吉尔从来就不喜欢戴高乐,而卡萨布兰卡之旅中与他有关的那段小插曲更激怒了丘吉尔。

"我受够了这个穿长裤的圣女贞德!"丘吉尔咬牙说道。[3]

艾登试图安抚丘吉尔,让他消消气,但是并不成功。

我担心的是,整个戴高乐运动可能会因此受影响。我们拭目以待。

丘吉尔好几次回到我们的胜利和苏联红军的话题上。他每说到苏联红军都会动情地大加赞赏。他甚至两眼发光……让人不禁回想起1920年!历史的车轮滚滚向前![4]

丘吉尔宣称:"把所有的因素都考虑进来,我们能得出的毋庸置疑的结论是,今天的俄罗斯已经比上一次世界大战时强大五倍。"

我半开玩笑地说:"那您如何解释这种现象呢?"

丘吉尔明白我的意思,用同样的口吻说道:"如果你们的制度能比我们的给予人民更多幸福,我就会完全支持它!……并不是说我对战后发生的事有多感兴趣:共产主义、社会主义,还有社会剧变……难道不都是一样的吗?……只要能打败德国人!"

---

[1] 夏尔·戴高乐,法国投降后的法国流亡政府军事指挥官,自由法国首领,后于1940—1942年任法兰西民族委员会主席。
[2] 亨利·霍诺·吉罗将军,第七军和第九军指挥官;乘一艘英国潜艇逃离法国;在北非指挥法国军队作战并担任高级专员;卡萨布兰卡会议结束后与戴高乐共同担任法兰西民族解放委员会主席,但一直担任法军总司令一职,直到1944年此职位被废除。
[3] 在卡萨布兰卡时,丘吉尔也提到同样的典故,还说:"我们最好再找一些主教,好去烧死他。"
[4] 丘吉尔指的是图哈切夫斯基战胜波兰军队的那场战争,此次胜利使得俄罗斯军队开到了华沙城外。然而,约瑟夫·毕苏斯基将军利用苏方战线拉得过长和后勤混乱的特点,将红军赶回了尼曼河一线。

我们拭目以待。

丘吉尔着实在一天天变老。昨天与我们谈话时，他有好几次断了思绪，还不耐烦地转头去问艾登："提醒我一下，我们刚刚在说什么？"

我真希望丘吉尔能撑到战争结束的那一天。这非常重要。英国需要他。我们也需要他。

2月17日

今天，我把斯大林的信交给丘吉尔，斯大林在信中坚持要求迅速在欧洲开辟第二战场。这是对丘吉尔2月9日信件的回复，信中总结了我前一天晚上从首相那里听到的全部内容。

我下午收到信之后，就立刻给艾登打电话，告诉他我晚上想见丘吉尔，以便向丘吉尔递交斯大林的回信。我和丘吉尔的会面约在晚上十点。然而当我来到首相的寓所时，是艾登见的我，他跟我说丘吉尔现在发高烧，正在床上躺着。丘吉尔已经同疾病抗争好几天了，现在只能卧床休息。丘吉尔的病因还不完全明确，不过这明显主要是某种支气管和呼吸道的问题引起的疾病。[1]

艾登从我这接过信，拿到了首相的卧室。大约二十分钟后，他出来了，说丘吉尔觉得斯大林的想法与他的如出一辙，等身体一好转，他就会尽快给斯大林回信。

我正准备离开时，艾登给我倒了一杯威士忌苏打，接着也给自己倒了一杯，然后提议我们两人坐下来聊一会儿。可这一聊就聊了

---

[1] 当天早些时候，丘吉尔被诊断为急性肺炎。在医生告诉他这个病叫作"老年人的朋友"后，他才不情愿地听从了医生的命令，卧床休息，并把工作量降到最低。他问医生："为什么这么叫呢？""因为这个病会悄悄地把他们带走。"

很长时间。

起初，我们讨论了斯大林的回信以及同盟国今年夏天的军事计划。我坚持认为，必须充分利用德国人目前的混乱状态，同时必须迅速在欧洲开辟第二战场。此外，我列出了以下的具体行动计划：结束在突尼斯的军事行动；推迟在地中海的进一步行动（西西里岛和意大利等）；把所有注意力集中于跨海峡作战行动，为此应将第八集团军调往英国并任命亚历山大将军为进攻法国的总指挥。

艾登很喜欢我的计划。他承认自己一直以来都支持跨海峡行动，认为在地中海开展的军事行动并不合理（突尼斯除外），并认为相对于通过意大利和巴尔干半岛间接打击德国，还不如通过法国向德国发起一场直接进攻。艾登向我许诺说第二天早上他会向首相提起这个话题，并转述我的计划。

接下来我们谈到了艾登即将去美国的访问。他去美国是因为自战争开始以来，他还没有去过那里。此外，他说与美国政府保持联系也非常重要，尤其是现在，战争的结束已经隐约可见（尽管不会是明天）。

……艾登在美国并不走运！1938年，他刚刚辞去在张伯伦政府里的职位，就与妻子一道去了美国旅行。在那里，从罗斯福开始，他见了所有的达官贵人，但是……他没能给美国人留下好的印象。他没能赢得他们的真心。

1941年底从莫斯科回来之后，艾登试图安排一次到华盛顿的访问，很明显是为了实现"平衡"：他已经去过苏联，那么现在……也应该花时间到美国走一遭。虽然艾登很早之前就决定把宝押在英苏关系上，但是作为英帝国的外交大臣，与美国保持良好的关系也很重要。然而，虽然作了很多准备工作，艾登去年最终还是没能去成美国，主要原因是哈利法克斯从中捣乱。（不管怎样，哈利法克斯和艾登还是"好朋友"！）

……艾登的美国之行将会带来什么，让我们拭目以待。他能给美国人留下深刻印象吗？还是反过来，美国人会成功地影响艾登？我不知道。不过我担心后者的可能性更大：尽管他身上有很多优点，但艾登并不是一个非常强硬的人。

在我们今天的谈话中，艾登还说："我刚刚和一群下议院议员共进午餐。他们问我战后的英苏关系会怎样。英苏同盟能否成为现实？您知道我是如何回答的吗？"

"您是如何回答的？"我问。

艾登说："我告诉那些议员，这几乎完全取决于英国在击败希特勒的过程中所扮演的角色。如果这个角色很重要——在陆地上也一样——那么英苏同盟就会成为现实。否则，我们无法做出任何保证。"

"完全正确。"我说。

"这就是为什么我如此强烈支持在法国开辟第二战场。"艾登总结道。

[艾登积极的表态并未表现在他的长报告中，虽然看上去很可能是他和迈斯基又一次背着他们的领导人密谋。考虑到苏联红军在战场上取得胜利之后战略环境的不断变化，迈斯基希望或许仍有可能改变卡萨布兰卡会议的战略决定，由此为战后欧洲的政治对话铺平道路。这样的对话显然会成为让他继续待在伦敦的理由。]

1943年

2月21日

上周，前线捷报频传：我们拿下了罗斯托夫、哈尔科夫、洛佐瓦亚、克拉斯罗格勒和巴甫洛格勒。我们的军队准备抵达第聂伯河沿线。接下来的目标是扎波罗热和第聂伯罗彼得罗夫斯克。

丘吉尔就攻克罗斯托夫向斯大林表示热烈的祝贺，斯大林的回信也热情洋溢。

前景会怎样？很难说。我更倾向认为我们前进的步伐会减慢。第一，导致道路交通困难的春季即将来临。第二，德军一定会尽全力避免在顿巴斯出现第二个斯大林格勒，或者更糟糕的是，在第聂伯河出现（如果我们在德国人撤走驻扎在第聂伯河东面的军队之前攻占第聂伯河战线，这就有可能发生）。第三，我们的部队需要休息和重组。三个月的冬季进攻不是儿戏。让我们拭目以待。

今天，英国政府大张旗鼓地庆祝红军建军二十五周年。今天的英国政府是在丘吉尔的领导之下，而就是这个丘吉尔，曾在内战时期领导了反布尔什维克运动！时光流逝！历史在二十五年里又回到了起点。

我在皇家阿尔伯特音乐厅参加了纪念活动。此次庆祝场面宏大，甚至可以用壮观来形容。舞台表演节目精彩纷呈。单纯从艺术角度来看，某些细节可能还有些瑕疵，但那不重要。总体来看，当时的场景给人留下了非常深刻的印象。尤其是有一幕：一面巨大的镰刀锤子旗帜在舞台上方缓缓升起，这时，一个身穿制服、手持步枪的红军士兵身影出现在旗帜的前方。

……此时，英国人对苏联红军满怀钦佩，无论是普通民众还是士兵。想要逆潮流而行是很危险的，所以政府顺势前进，引导这一潮流，这样更易于安抚民众强烈的感情，甚至可以获得政治上的好处，于是就有了今天的庆祝活动。

我不禁再一次想起那句英国谚语：如果你不能打败他们，那就加入他们。……

2月24日

自满情绪，以及恢复和平时期的常态和习惯的愿望，在任何可能的地方都伴随我们不断取得的胜利而滋长，甚至超过了取得胜利的速度。大趋势是这样，王室当然也不例外。自从1941年7月以来，白金汉宫就没有举办过招待会——那次招待会非常低调，参加的宾客也很少，我们一边喝茶一边聊着刚刚爆发的苏德战争。现在，白金汉宫已经决定要举行三场招待会（都是茶会，因为当时如果举办一场真正的宫廷宴会还是会令人尴尬），每场将有大约三百位宾客参加。第一场茶会在今天举办。阿格尼娅、我、博戈莫洛夫夫妇和哈尔拉莫夫夫妇都受邀一同前去白金汉宫。

我被召去面见国王。我首先感谢国王计划将"荣誉之剑"授予斯大林格勒。艾登曾经告诉我，那是国王自己的主意，所以我觉得向他的这个主动提议表达我的感激之情将是一件好事。而且，他这个想法确实很吸引我。

……接着，国王询问了我关于战场局势、德国军队的状况、德国的国内局势，以及德国人可能会死守的战线等等情况。我们还谈到了政治话题，国王对英苏关系的改善表示满意。他还问我，在我看来，应该采取什么措施来维持两国战后的紧密合作。

我回答道："目前，我们正在战场上打造战后英苏关系的未来。我们正在开展对抗共同敌人的联合战争。如果苏英两国在战争结束时都坚信自己已经尽了最大努力去完成自己的任务，那么两国在战后维持密切的同盟关系和相互之间的好感就有了保证。如果任何一方没有这个坚定信念的话，结果就会大不相同。这就是为什么开辟第二战场如此重要。不管从军事角度还是政治角度，这都至关重要。"

对于我的话，国王既没有提出反对，也没有表示赞同。他还是一如既往地对问题不置可否。但我也没指望他能说些什么。

2月26日

今天我去见了艾登。由于首相生病，他终究还是没能去美国。我们的谈话并不是很愉快。

一开始，艾登就告诉我，丘吉尔最终还是决定坚持执行卡萨布兰卡会议通过的军事计划。我和艾登是17日晚上谈话的，第二天早上，他便把我的计划转告丘吉尔。丘吉尔对这一计划似乎很感兴趣，就让艾登准备一个备忘录。艾登起草了一个备忘录，丘吉尔把它交给总参谋部研究。总参谋部向丘吉尔反馈了对于我这个计划的意见。丘吉尔反复考虑了所有的相关细节，然后得出的结论是：我的计划不可行。得出这个结论的主要理由是：军队没办法从北非及时赶到英国执行跨海峡行动。因此，丘吉尔认为在占领突尼斯之后还要继续地中海（西西里岛、十二群岛等）的各项军事行动；同时，不管地中海行动进展如何，还是得采取大胆措施，准备跨海峡行动。即便没有美国人参与，丘吉尔还是准备要实施这次跨海峡行动，但他当然也会竭尽全力促使美国尽早参与进来。艾登把这些告诉我是想让我初步了解大概情况。丘吉尔准备身体一康复就尽早跟我见面，以便亲自跟我谈这个问题。

所有这些消息听起来都不大妙。因为美国军队最近打了几场败仗，所以突尼斯的军事行动拖得太久，而且几乎不可能在4月前结束。因此，地中海军事行动在6月或者7月之前是无法开始的，而且也不会轻易取胜。地中海战事可能会拖延下去，我怀疑它们能不能顺利进行。英国人不得不将注意力集中于向西西里岛、十二群岛或其他地方运输增援力量。装满补给物资的运输船将从英国出发，航行几千英里。至于跨海峡行动，英国政府将会不断拖延、评估、推后。我太了解他们了！……英国人做什么都慢吞吞的。而且现在他们面临这么多额外的阻碍！……第二战场能开辟吗？苏联红军最终在什么时候能获得真正的帮助？不，我一点儿都不喜欢当前这种局面。

我和艾登讨论的第二件事是2月23日西蒙在上议院发表的演讲。……西蒙是最后一个代表英国政府上台演讲的，他的演讲很糟糕，是一个彻头彻尾的"西蒙式"演讲。他发言的主要内容是：不需要开辟什么第二战场，因为英国海军、空军对德国的进攻，对苏联的物资供给以及北非的军事行动已经构成了第二战场。……艾登没有就此作出任何表态，但是他承诺会向丘吉尔提及此事。在我看来，我对西蒙的抨击让他感到高兴。这丝毫不奇怪，艾登与西蒙本来就不是一路人。

西蒙没有来参加我们23日的招待会，因为那天他在上议院演讲。他确实打电话告知了我们，不过是在招待会开始前一个小时。昨天，我还收到一封他手写的私人信件，信中表达了对于无法参加招待会的"深深的遗憾"，因为他有一种我们所不知道的迫切的渴望，想表达他本人对"苏联红军赫赫战功"的钦佩。……西蒙呀！这就是西蒙！……[1]

---

[1] 迈斯基暗示西蒙的演讲对莫斯科而言是"一个沉重的打击"，而且"把上周日红军建军纪念活动的良好效果全部消除了"。

[艾登对迈斯基提出的想法持支持态度。他的私人秘书哈威在日记中写道:"面对今年夏天已经减弱的抵抗,在法国登陆或许是有可能的。根据现有的计划,我们所有的登陆船只要么驶过好望角后一去不复返,要么参与到西西里岛规模颇大但却不具有决定性的行动中。"考虑到丘吉尔实施"哈士奇行动"的坚定决心,艾登除了将他与迈斯基谈话记录的删减版拿出来重新递交国防委员会,不可能再向丘吉尔施加真正的压力,促使他重新审视英国的战略。然而,委员会决定推迟对这个问题的讨论,直到丘吉尔康复。但是在病中也闲不下来的丘吉尔把那个想法扼杀在摇篮里。他在病床上命令国防委员会:"不准改变计划。我过几天就给斯大林先生发电报。"]

2月26日

返回莫斯科后,克尔就开始几乎狂热地四处忙活。[1]2月20日,他去拜访莫洛托夫,声称要与后者进行一系列关于战后问题的讨论,因为英国政府认为战争结束之前在这些问题上与美苏达成一致至关重要。……接着,克尔要求莫洛托夫向他解释斯大林的一段话的含义。在1942年11月6日的演讲中,斯大林宣称苏联不打算摧毁德意志国家和德国军队。这些言论在伦敦引发了困惑和不解。它们似乎与1941年12月斯大林跟艾登所说的自相矛盾。

莫洛托夫回避了克尔的问题,并告诉他由斯大林来回答他的问题更合适。克尔把他的问题写进了给斯大林的一封信里。2月24日,斯大林接见了他,并给了他一个书面回复。回复的主要内容是:就

---

[1] 对于迈斯基来说,这是个不好的预兆。斯大林和克拉克·克尔私交甚好,所以此后他更倾向直接通过克尔在莫斯科进行协商,这使得迈斯基被晾在一边,直至被召回。

战后问题进行一般性和不具有约束力的会谈已经毫无意义；更有效的做法是，两国官方代表举行会谈，对这些问题进行讨论，并代表两国签订有约束力的协议。这正是斯大林在1941年12月向艾登建议的方法，但是艾登不愿意作出明确承诺。如果英国政府现在认为有必要安排这样一次会谈，与苏联就德国或其他国家的命运签署协定，我们已经作好准备，把我们该做的做好。

2月27日

我和阿格尼娅在温布利球场观看了一场英格兰对威尔士的足球比赛。球场当时有七万五千人。今天天气非常好，阳光灿烂，万里无云。我们与国王、王后、丘吉尔夫人、亚历山大、艾德礼、莫里森、莱瑟斯[1]以及其他大臣一起坐在皇家包厢内。球场内群情沸腾。当然，激动的不是我（我在这种场合总是很镇静），而是球场内这一大群人。比赛结果是，英格兰队五比三战胜威尔士队。如果不是有负责保卫球场上空安全的喷火式战斗机定期飞过的话，一切看起来就跟和平时期没什么两样。是的，在英国，自满情绪随着我们不断取得胜利而快速滋长，甚至比取得胜利的速度还快。

丘吉尔夫人就坐在我旁边。她是一位待人友善的女子，我们相处得很好。丘吉尔夫人有时候会与我公开谈论各种私人的和关于家庭的话题。今天，她跟我说了她对于丈夫健康的担心和期望。丘吉尔是两个星期前病倒的。刚开始其实也就是轻度肺炎，但后来他发烧了。他是一个很不听话的病人，把医生说的话当作耳边风。他拒绝休息。他总是在考虑各种各样的政府事务。他不停地工作，即使

---

[1] 弗雷德里克·詹姆斯·莱瑟斯，1941—1945年任战时运输大臣。

图98　对首相夫人克莱芒蒂娜的喜爱

发着高烧也还在工作。现在他感觉好多了，体温也恢复了正常。他的肺炎已经好了。但是首相的卧室昏暗无光。丘吉尔夫人想在下周伊始带首相去契克斯别墅静养，因为那里空气新鲜、阳光明媚。他在那里会康复得更快，还可以休养一段时间。

丘吉尔夫人说这番话时语速很快，不时有吞音，她的笑声也极富感染力。她平时也总是这样说话。然后，她沉思片刻，充满自信地说："他一定会好起来的！他不会有什么事的！在这样的时刻，他注定要领导国家渡过难关！"

我心里在想："挺好的！"

丘吉尔夫人用愤愤不平的语气说道："现在他已经六十八岁了，现在爆发战争着实令人遗憾。如果他再年轻些的话就好了。好吧，但这也是没办法的事。"

是的，这位女士相信命运。当今的资产阶级社会就是如此！

我转身对丘吉尔夫人说："在大约五六年之前，距离战争爆发还很久之前，我一位来自莫斯科的朋友曾问我您丈夫是否有机会掌权。您知道我怎么回答他的吗？"

"您是怎么说的？"丘吉尔夫人饶有兴趣地问我。

"我告诉他，在一般情况下不会，因为保守党内的庸才是绝不会让他上台执掌大权的。他们害怕丘吉尔妨碍和打压他们。但是，当国家处于极大的危难之际，丘吉尔毫无疑问将临危受命。"

丘吉尔夫人十分激动，她大声说道："真是太了不起了！我跟您想的完全一样。我经常跟我丈夫说：当战争爆发之际，你就会执掌大权。"

她顿了顿，又补充道："毕竟，他生来为此！……但令人遗憾的是，他已经六十八岁了！"……

3月3日

我们以一种新颖的方式度过了一夜。

克里普斯夫妇不久前邀请我们共进晚餐，并欣赏迈拉·赫斯[1]演奏的音乐。我们安排在今天晚上见面。我们在夏洛特街上的一家

---

[1] （朱丽亚·）迈拉·赫斯，女爵士，英国钢琴家，在德国闪击战和整个二战期间，她在伦敦国家美术馆组织和举办了一系列每日室内音乐会。参加这些音乐会的人次超过七十五万。

法国餐厅碰头。克里普斯的女儿也一道前来；她曾陪同父亲前往莫斯科，然后在英国驻德黑兰大使馆工作，现在就职于信息部。

我们刚一坐下吃晚饭，就听见刺耳的防空警报长鸣。如今，这种情况已经很少见了！对伦敦的空袭差不多已经停止两年了。今天是非比寻常的一天：3月1日至2日晚，七百架四引擎英国轰炸机对柏林进行了空袭，显然对后者造成了极大的损失。戈林当然不会坐视不理，于是就有了今晚四十架德国轰炸机对伦敦进行的"报复性"袭击。四十架！只有可怜的四十架！……德国已虚弱至此（不过，如果他们铆足了劲，还是能一夜间集结一百到一百五十架飞机给伦敦来一次空袭）。四十架德军飞机中仅有少数飞到了伦敦上空。

图99　参加迈拉·赫斯某场著名的战时音乐会

图100　迈斯基在大使馆招待美国黑人歌手和民权倡导者保罗·罗伯逊

图101　与指挥家亨利·伍德共享音乐时刻。伍德是英国广播公司"逍遥音乐会"的创造者

当然，这次轰炸的影响微乎其微，简直可以忽略不计。但来自地面的防空火力十分猛烈，令人吃惊。现在已经完全不是1940年令人难忘的"大闪击战"时的景象了。恰恰是这些防空炮火使我们在饭店里待到接近晚上十点。

但我们还是来到了迈拉·赫斯的住所。我非常喜欢她的公寓：有两台大钢琴，书架上音乐类的书籍数不胜数，家具简约而不失精致，房间里挂着演奏大师和作曲家的肖像画，桌上还有一个精制的贝多芬雕像……所有这些东西都释放着浓厚的文化气息，代表着人类精神文明的最高点……

迈拉为我们演奏贝多芬的《热情奏鸣曲》。多么精彩的一场表演！

我告诉迈拉·赫斯，这是伊里奇[1]最爱的曲子。迈拉为这一事实深受感动，克里普斯夫妇更是如此。

3月4日

波兰人的行为相当白痴。不久前，波兰政府和波兰"国家委员会"通过了一项正式决议，公开宣称他们坚决坚持1939年确定的边界基础。作为回应，我们发布了一份措辞严厉的塔斯社公报。……我认为，除非波兰图谋进一步挑衅，不然双方的交锋或许可以就此结束了。我觉得让此事继续发酵是不明智的：这正中戈培尔下怀。他已经竭尽所能在我们的联盟中制造不和。

……好吧，未来的事态如何发展，让我们拭目以待。但是有一件事已经很清楚了：波兰的问题将是战争结束时最难啃的"坚果"

---

[1] 列宁。

之一。……

3月9日

3月6日，斯大林被授予苏联元帅军衔。太好了。获得这一最高军事荣誉对他来说完全是实至名归，他比任何人——包括我们这个时代，以及我们国家悠久历史上的所有人——都更配得上这个荣誉。

苏联人民是多么幸运：在过去的二十五年里，有列宁和斯大林这样两位杰出的领导人，而这一时期在我国的发展和人类的总体发展进程中都具有决定性的意义！这进一步证明，在我们的人民中间还蕴藏着丰富的人才和能量储备有待开发。毫无疑问，我们的人民将在人类的命运中扮演非常重要的角色。

3月11日

艾登今天飞往美国。根据计划，他将离开三四周。没有他，我们也得想办法继续开展工作。这确实有些不幸：我和他已经建立了良好的关系，他向我提供了很多信息；我们也学会了相互理解。这使我们的工作变得更容易。然而事实无法改变，我得适应这种情况。

昨天，在艾登离开之前我和他谈了一次。这是一次有趣的谈话。

当我舒服地坐在艾登对面的椅子上时，他问我："那么，你有什么临别愿望要对我说呢？"

"我有什么愿望？"我说，"一个最重要的愿望就是，你不要在任何涉及我们的问题上向美国作出承诺。如果你在华盛顿用义务绑住自己的手脚，你会发现以后跟我们打交道时处境艰难……这样的事情曾经发生过，例如在1941年12月你访问莫斯科期间。"

"在这方面你大可放心，"艾登满怀信心地说，"我在美国不会承诺任何义务。我们和你们有同盟关系。在安排任何三方谈判之前，我们必须先与你们达成一致。"

……然后，话题转向了主要的欧洲问题。在动身前往美国之前，艾登想要把我们对这些问题的看法总体上捋一遍。……第一个问题是关于德国的：在盟国取得胜利之后，它的未来将何去何从？

这个问题再简单不过了。我们回顾了莫斯科会议（1941年12月）上关于这个问题的讨论，以及斯大林和其他苏联代表发表的进一步声明，最后得出的结论是：战后的德国必须在很长一段时间内被削弱，以防它幻想发起新的侵略行为。实现这一目标的手段包括裁军、分割（可能是以几个德意志国家组成联邦的形式），以及诸如实物的赔偿等各种经济措施。艾登完全赞同这个结论。

第二个问题与波兰有关。它的未来如何决定？应该对它采取什么措施？

"关于这个问题，我不会作任何猜测，"我说，"但在我看来，至少有一件事现在已经很清楚了：乌克兰西部和白俄罗斯西部将成为苏联的一部分，不能让它们再次落入波兰的统治之中。英国政府也基本上赞同这一观点：寇松线总体上与我们在1941年确定的边界一致。"

"但是，你们的要求似乎超出了寇松线的范围，例如里沃夫。"艾登小心翼翼地反驳我。

"是的，我们要里沃夫，因为那是个乌克兰城市，而不是波兰城市。"我回答道，"然而，里沃夫偏偏离寇松线不远，而且我们只是'总体上'接受了寇松线。……这里仍有协议的余地。"……艾登急匆匆地转移话题，表达对波兰未来的担忧。我也有同样的担忧。

我说，在我看来，战后波兰的未来是不明确的。艾登知道我们对这个问题的看法。1941年，我们曾开会讨论与波兰人签订互助条约一事，我在会谈开始时就很明确地表达了立场。我们支持一个独立、自由的波兰，但它应该建立在自己的民族边界之内。我们愿意帮助这样一个波兰，我们能够与它保持友好关系。我们无意干涉波兰的内务，让它按照自己的意愿安排、行事。就像艾登也知道的，我们并不反对东普鲁士并入未来的波兰——只要进行人口交换。再重申一次，我们讨论的是一个建立在自己民族边界内的波兰。

"问题在于，"我接着说道，"在伦敦的波兰政府有完全不同的想法。……它满怀帝国主义野心！……这很大程度上是波兰自古以来历史精神的延续。波兰人从未能建立一个稳定的、系统发展的国家。为什么呢？原因显而易见。政治家智慧的精髓在于设定与可获得的资源和手段相匹配的政治目标，但波兰人从来没有按照这一原则行事。恰恰相反，他们几乎总是在追逐那些不可能实现的目标。引用一句俄罗斯谚语来说，就是他们心比天高，却能力有限。可以回想一下他们在十七世纪征服俄罗斯的企图。那是多么荒谬啊！……结果呢，波兰人从来没有建立起一个强大的、自立的国家。"

艾登打断了我的话："你说得很有道理。你还记得俾斯麦说的'政治是可能的艺术'吗？"

"你说的没错，"我表示同意，"但伦敦的波兰政府明白这一点吗？不，它不明白。否则，它就不会追求这种荒谬的路线。很明显，苏联在战后将成为东欧的决定性力量，那么波兰政府与苏联抬杠有什么意义呢？"

……我们的话题从波兰转到了波罗的海诸国。

我说："在跟美国人谈判时，得让他们明白，现在是时候放弃那些与波罗的海有关的猴子把戏了。对我们来说，波罗的海国家的命运已经被永远决定了，不会再有变化。这个问题在我们看来根本不需要讨论。如果美国人非要提出这个问题，那结果只会引起美苏间不和。谁愿意看到这样呢？无论发生什么，波罗的海国家都将是苏联的一部分。"

艾登回答说，就他个人看来，波罗的海问题已经得到解决。他会在访问期间试探美国人对这个问题的态度。艾登接下来问："芬兰怎么办？"

我回答说，他可以从我们之前的通信和谈判中充分了解苏联的观点。我们想要恢复1940年《莫斯科和平协定》条款，加上贝柴摩，再加上一个互助协定。这些条件不能打任何折扣，否则我们不能接受。芬兰对我国的威胁必须一次性消除，这是我们对子孙后代的责任。

艾登既没有表示反对，也没表示同意。在我看来，他的态度可以总结如下："随你便，只要不和美国人起纠葛就好。"

……我说："总之，我想请你让美国人明白，改善美苏关系最糟糕的方式就是他们慈父般过分亲热的态度。……在美国有一种思潮……它断言二十世纪将是'美国世纪'。我发现这样的口号通常是错误的。然而，如果我们必须使用这样的词语，我认为更合理的说法是，二十世纪将会是'苏联世纪'。"

"你为什么这么认为？"艾登饶有兴趣地问。

"出于以下原因，"我答道，"如果你试着想象一下历史进程的总体方向，那么当今世界正在发生什么？很明显，资本主义的文明时代正逐渐被社会主义的文明时代所取代，这始于1917年。我不知道这个改变的过程要用多长时间，但它的基本方向是毋庸置疑的。二十一世纪的世界会是怎样的？当然，它将是一个社会主义世界。

所以，无论从哪个方面看，二十世纪都将被证明是一个从资本主义向社会主义过渡的世纪。从广阔的历史视角来看，很明显，苏联代表旭日，而美国代表夕阳，但这一事实并不排除美国作为一个资本主义强国在一段较长时期里持续存在的可能性。"

……我不知道艾登是否理解我的话，也不知道我的论点是否说服了他，但有一点是肯定的：我的观点激起了他极大的兴趣，引发了他的思考。

……艾登笑着说："你说的很多东西很有意思，或许也是对的……现在，如果美国是夕阳，那我们英国是什么呢？"

"你们？"我说，"你们和平时一样，总是试图在两个极端之间找到折中路线。你们会找到它吗？我不知道。这是你们该关心的事。不过，从你们对贝弗里奇[1]报告的反应判断，你们还不能完全理解我们这个时代所充满的激进的历史变化的意义。"

临别时艾登对我说："我真的很感谢与你的这番谈话，这对我和我在美国将要进行的会谈很有帮助……"

"祝您访美成功！"我说。

此次访问结果如何还有待观察。但可以肯定的是，艾登的意愿是好的，我没有理由质疑他对英苏同盟的诚意。但他并不是一个很坚强或立场坚定的人，所以我很担心美国的环境会对他产生负面的影响。这就是为什么在艾登启程之前，给他"打打气"似乎是个好主意。从本质上说，我没有跟他讲任何新的东西。此前，在讨论这个或那个问题时，我曾经多次把同样的想法一点一点地向他详细阐

---

[1] 威廉·亨利·贝弗里奇，经济学家和社会改革家。他关于英国社会服务的报告聚焦失业、医疗保险和贫困问题，并最终成为1944—1948年间"福利国家"立法的蓝本。

明。然而，如果时机恰到好处，重复我们的观点（尤其是以一种更全面、更确定的形式）有时被证明是有益的。这似乎就是一个恰到好处的时机。

[关于这次会谈，迈斯基给莫洛托夫的报告相当简洁，坚称自己只是一个听众——"从头到尾我都没有参与谈话"。艾登关于此次会谈的正式报告与迈斯基的日记记录相吻合，尽管艾登似乎完全是被动的一方，而迈斯基一直滔滔不绝。艾登的回忆录对这个报告的记载极其简单，关于他认同迈斯基主要观点的所有文字都被删除。然而，当他在华盛顿时，艾登告诉萨姆纳·韦尔斯："迈斯基曾经拜访我，并将苏联的立场详细地告诉了我。"艾登对苏联的立场进行了详细重述，并补充说，尽管他不是作为"苏联大使"到访华盛顿，但他相信，"迈斯基先生向他表达的观点可能对我们有价值"。但在他那笼罩着冷战阴云的回忆录中，艾登则倾向将自己与那些苏联观点划清界限，以一个简短的判断结束了关于此事的论述："它们中的绝大部分都是顽固而消极的。"这一次，迈斯基的做法完美地发挥了作用。返回伦敦后，艾登向迈斯基详细描述了在华盛顿的谈判，以及总统认同绝大多数苏联的观点，而这些观点实际上并非来自莫斯科，而是源于迈斯基本人。斯大林和莫洛托夫都对这些观点表现出极大的兴趣，他们让迈斯基用一份长达二十三页的电报，详细阐述关于在战后欧洲创建一份共同政治纲领的可能性。然而，几天后由卡廷惨案引发的危机爆发，使得情况发生了逆转。此外，苏联在库尔斯克战役中获胜后，外长们秋天在莫斯科开会重新谈判时的气氛已经完全不同。而那时，迈斯基已被召回苏联。

伦敦对俄罗斯的态度显然处于波动之中。英国在北非沙漠作战中取得胜利后，人们对第二战场的热情大大消退，议会中的顽固保守派更是如此。罗斯福也对李维诺夫的"第二战场的狂热"感到不耐烦，他让哈里曼打电话给李维诺夫，要他安静，"甚至到了说我们可能会要求把他召回的地步"。]

3月14日（博温登）

在过去的一个星期里，前线的局势出现了恶化。

一方面，我们在中线取得了进一步的胜利：我们夺取了维亚济马，并向西挺进。最近几周，德国人失去了三个重要的"城镇"：勒热夫、格扎茨克和维亚济马。通往斯摩棱斯克的道路越来越宽。

但另一方面，德国在南线取得了一些重大胜利：他们不仅挡住了我们朝第聂伯河方向的攻势，甚至还在顿巴斯和哈尔科夫等地迫使我军大幅后撤。我们疏散了巴甫洛格勒、克拉斯罗格勒、克拉斯诺亚尔斯克、克拉马托尔斯克、巴文科伏和其他中心城市。德国人又一次到达了顿涅茨河畔，但至今未能渡河。德国人也已经突破哈尔科夫的外围防线，正在城市的郊外战斗。如果德国人所言为真，他们也会在城内战斗。

……这就是生活：战争是一名好老师。眼下的失利肯定会给我们一个很好的教训，但同样也令人不快。还有一点：对英国人和美国人的愤怒一直在增长。如果他们开辟了第二战场，整个战局就会不一样了。

3月16日

今天，我向丘吉尔递交了斯大林的一封信，是关于美国人提出的调停苏芬之事。

丘吉尔不假思索就加以回应。"这完全是你们自己的事，"他大声说，"芬兰既没有攻击我们，也没有攻击美国人。芬兰进攻的是你们。所以，应该由你们来决定什么时候和以什么方式与它缔结和约。"……"不管怎么说，"丘吉尔总结道，"我不明白你们为什么要为与芬兰实现和平而付出高昂的代价。当前战局不应该是你们主动向芬兰示好，而应该是芬兰采取主动。如果芬兰人想要和平，他们必须自己来跟你们谈。"

丘吉尔从芬兰联想到了波罗的海诸国。他眼里闪烁着狡黠的光芒，嘴里咕哝道："一旦你们的部队占领了波罗的海国家，整件事情就会得到解决。"

关于"软化美国人的心"，丘吉尔只向我们提了一条建议：让那些不想住在苏联的波罗的海诸国国民，带着他们所有的财产移居国外。

我摇摇头以示回答，并说道，在我们看来，波罗的海问题已经一劳永逸地解决了。然而，我心里却在想："记住他的建议是值得的，说不定有一天会用得上。"

接着，我们的话题转到突尼斯。我从丘吉尔口中得知，英美军队显然还需要六七十天才能完成他们的军事行动，这让我目瞪口呆。这意味着事情要拖到5月中旬！真是令人难以接受！丘吉尔急忙安慰我说，西西里岛行动将提前一个月，即在6月开始。至于跨海峡行动，计划没有改变，最早也要到8月实施。丘吉尔说，要怪就怪美国人，他们没有派部队到欧洲。当你问为什么时，答案总是千篇一律：海运能力。……我不同意丘吉尔的看法。我们争论了很长时间。然而丘吉尔还是坚持己见。糟糕透了。……

3月29日

我去见丘吉尔。根据莫斯科的指示，我向他通报了我们在芬兰问题上给美国人的回复。莫洛托夫希望让斯坦德利[1]明白，他现在对以我们可以接受的条款与芬兰单独缔结和约的可能性不抱希望。然而，考虑到美国政府对这一问题表现出的兴趣，莫洛托夫已经准备好向他们阐明我们关于单独缔结和约的最低条件。

……我们充分讨论完芬兰问题后，我问丘吉尔，为什么3月的护航船队被延误。船只五天前就已满载，但迄今为止还没有动静。

丘吉尔突然皱起眉头，面色阴郁。

首相说道："这次的护航船队有点麻烦。"

"希望不是什么严重的问题吧！"我说道，心中期待着坏消息。

丘吉尔阴着脸回答："今天我无法向你提供任何信息，明天我会通知你最后的决定。我在等罗斯福的答复。"

我又尝试问清楚这到底是怎么回事，但丘吉尔没有松口。

好吧，我还得等到明天。但我一点儿也不喜欢这样。我担心护航船队的问题会很糟糕。

3月30日

唉，我的担心已经被证实了，而且情况比我预想的还要糟糕。

今天晚上，卡多根邀请我到外交部，给了我一份丘吉尔给斯大林的信件副本；信是早上送到莫斯科的。丘吉尔在信中通知斯大林：鉴于德国大型水面舰艇（提尔皮茨号、沙恩霍斯特号、吕佐夫号及

---

[1] 威廉·哈里森·斯坦德利，海军上将，1933—1937年任美国海军作战部长，1941—1943年任美国驻苏联大使。

其他）在纳尔维克集结，英国政府认为不可能再向北派下一批护航船队；鉴于即将在地中海展开的军事行动，英国从5月起将无法向阿尔汉格尔斯克和摩尔曼斯克派出任何护航船队；可能不会早于9月恢复派遣护航船队，而且还要看德国海军力量的部署情况和大西洋的海上战局是否允许。

非常糟糕。这对我莫斯科的同人来说是一个沉重的打击，尤其是在这样一个关键时刻——德国发起春季攻势的前夕。

[在迈斯基的推动下，苏联政府选择在此时为皇家海军和皇家商船队成员授勋，以表彰他们在极其危险和恶劣的条件下在北极护航队航行时表现出的勇敢。庞德海军上将和其他政要都出席了仪式，迈斯基借此机会表示，此举不仅是"对过去服役的感谢"，更是"对未来服役的鼓励"。苏联人民期待着"在今年的军事行动中，西方盟国将与我们并肩作战，竭尽全力抗击我们共同的敌人"。]

3月31日

今天我又去见了丘吉尔。

首先，我得向他递交斯大林的信；信是昨天到的。其次，我认为有必要就护航船队的问题跟他严肃认真地谈一谈。

跟我见面时，丘吉尔眉头紧锁，表情忧郁。他可能以为我带来了斯大林就昨天有关护航船队的信的回复，猜想即将发生不愉快的事情。我把信封递给他。他慢慢地取出信纸，慢慢地戴上眼镜，慢慢地开始阅读。首相的脸色突然放晴。怪不得呢！斯大林就英军在突尼斯取得的胜利向丘吉尔表示祝贺，并表示希望英国的机械化部队能乘胜追击正在撤退的敌军，不给后者喘息的机会。

丘吉尔蓦地从他的椅子里站起来,绕过内阁开会用的长桌,走到挂在墙上的地图前。他开始热情而又绘声绘色地向我描述他的战略计划:在大约两周内,将德军和意大利军队逼到突尼斯东北角,以比塞大为圆心的半径五十英里的区域后,英国空军将对他们展开猛烈轰炸,英国舰队将切断他们的海上退路。

"仅仅把敌人赶出突尼斯是不够的,"丘吉尔高声说道,"必须把敌人全部歼灭!必须让那里成为我们的斯大林格勒!"

我听着他的话,心想:"等着瞧。丘吉尔多少次的豪言壮语都被现实打败!"

随后,丘吉尔回到自己的座位上,继续读信。斯大林告诉丘吉尔,他在前一天晚上看了丘吉尔送给他的电影《沙漠的胜利》[1]。斯大林非常喜欢这部电影。这还不是信的全部内容。斯大林在信中还写道,这部电影是对英军战争表现的最好呈现,同时,它也揭露了那些"卑鄙小人(我们国家也有一些)的谎言,他们声称英国人根本就不打仗,而只会袖手旁观"。最后,斯大林告诉丘吉尔,《沙漠的胜利》将在前线的红军和国内群众中间广泛放映。

我仔细观察了丘吉尔的表情。当他说到"卑鄙小人"这个词时,发生了一件奇怪的事情。首相的脸猛地抽搐了一下,他闭上眼睛,片刻之后当他睁开眼睛时,我看到了泪珠。丘吉尔激动得都坐不住了。他又突然从椅子里站起来,走到壁炉前,情绪激动地大声说道:"我向斯大林致以最诚挚的感谢!……这是你给我带来的最好的消息。"

这是真实的情绪吗?或者他只是在演戏?在我看来,在丘吉尔的行为中,两者都有一些。关于"卑鄙小人"的说法一定深深地

---

[1] 一部关于第八集团军从阿拉曼向的黎波里进军的影片。——译注

打动了首相。在这封信里,他肯定感受到了对他过去三年来所作的战争努力的认可,这是他一直渴望得到的。这是从谁的嘴里说出的呢?……是从斯大林那里!这可能,也一定深深地打动了丘吉尔,让他热泪盈眶。首相像艺术家一样,情感丰富。突然迸发的情感淹没了他,就像灵感淹没了一位诗人。这种时候,丘吉尔会在某种程度上失去控制,他会信口承诺,而在他正常和清醒时是不会兑现这些承诺的。丘吉尔同时也是一个演员。在他在野的几年里,他会对着镜子背诵自己要在议会演讲的内容。这就是为什么在某些时刻,丘吉尔会像一个出色的演员那样,任由自己的情感宣泄出来,任由代表真情实感的泪水打湿眼眶。

在恢复常态之后,丘吉尔对《斯大林格勒》这部电影大加赞赏。那是我几天前根据斯大林的指示送给他的。

……我谈到了丘吉尔在3月30日的信,我说它让我感到非常震惊。他说在9月之前肯定不会有护航船队了,到底是什么意思?而且我也怀疑护航船队是否会在那之后恢复派遣,因为还有太多微妙而模棱两可的"假设"。看起来,护航船队实际上已经被暂停,直到极夜,也就是11月至12月间再次到来。这意味着在接下来的八九个月里,我们无法指望获得哪怕是少量的供应物资。这种情况是我们完全不能接受的。

我接着说道:"这将对红军和广大民众的情绪产生什么样的影响?……请您设身处地替他们想一想。这是他们等待自己的西方盟友开辟第二战场的第三个夏天。现在究竟还会不会有第二战场?……关于这点,您比我更清楚。在我个人的印象里,没有什么明确的说法——也许会有,也许不会。关于第二战场的开辟,我们今天能说的也就是这些了……"

……"是的,我知道,"他大声说道,"这对于你们来说是一个沉重的打击……这太糟糕了！我担心停止护航船队会对我们的关系产生严重的影响……"

他的眼中又一次出现了泪水。他起身，开始激动地在房间里踱步。

"但是我能做什么呢？"……丘吉尔继续激动地说，"我别无选择！……请你们理解，我没有权利破坏整个战争的进程，即使是为了你们的供应物资我也没有这个权利！……我不能那样做！我不能！……这看起来很奇怪，但是我们整个的海上优势是建立在确保少数一流作战舰艇得以生存的基础之上。你们的人民可能不理解这一点，但你们的政府必须理解！"

丘吉尔又在屋里绕了一圈，补充道："我认为我有责任把全部实情告诉斯大林。你绝不能欺骗一个盟友。斯大林应该知道当前的真实情况。一个人应该有勇气面对哪怕是最令人不快的消息。斯大林是一个有勇气的人。"

……没等我开口说话，丘吉尔走到我跟前，他靠我非常近，直视我的双眼，急切地问道："老实告诉我，您个人对当前事态持什么看法？……这将意味着与斯大林分裂，是不是？"

"我不认为自己能够代表斯大林说话，"我回答道，"他自己会说。不过有一件事我可以肯定：您的决定会激起斯大林强烈的情绪。"

丘吉尔后退了些许。他明显很失望。他叹了口气，围着桌子又走了一圈，然后快速地说："无论如何我们不能分裂！我不想要分裂。我不要！我希望和斯大林合作，我觉得我可以跟他合作！……如果我注定长寿，我对你们来说会非常有用……在解决你们与美国的关系问题方面。这是非常重要的。这至关重要。无论发生什么事，我们这三个大国——苏联、美国和英国——在战争结束后都应该继续保持我们的友谊，并且通力合作。否则，世界将会灭亡。"

然后，就像回想起一件有趣的事情一样，丘吉尔更加平静地说："我在最近（3月21日）的电台广播中谈到战后的未来安排时，没有提到中国可能成为苏美英之外的某一国家集团的第四个成员。有些美国人因此指责我。嗯！……我该怎么做呢？……我喜欢，也尊重中国人民。他们是很优秀的人。请读一下赛珍珠对他们的描述……我祝福中国。但是，是否有可能将中国与美国、英国或俄罗斯相提并论？……这是不可能的！如果硬要这样做，就是对我们智慧的侮辱。他们现在有蒋介石，这很好，他控制着全局。想象一下，如果蒋介石明天就消失、死亡或是离开政治舞台——那时会发生什么呢？会天下大乱！……不，我已经是个老人了，不能因为廉价的掌声而说谎！"

4月2日

……今天，我把斯大林关于停止派遣护航船队信件（3月30日）的回复交给了丘吉尔。考虑到总体形势，我曾预料斯大林的回复可能不会特别尖锐，而事实证明回信措辞比我预料的温和得多。斯大林的做法高明至极：他没有表达任何愤怒和烦恼。他只是说注意到了罗斯福和丘吉尔暂停护航船队的决定，并指出这样一个决定肯定会影响到苏联军队在即将打响的夏季战役中的处境。

这一回复使丘吉尔动摇了。我刚到时，他显得非常沮丧和紧张。我可以感觉到，他在等待一个措辞尖刻和谩骂式的回应。他戴上眼镜，慢慢地、不情愿地打开了这封信，仿佛在试图推迟他不得不吞下苦药丸的那一刻。结果他得到的是这样一个回复！

他再也坐不住了，从扶手椅里跳了起来，极度兴奋，开始快速地在房间里踱步。

最后，丘吉尔一边绕着内阁会议桌踱步，一边说道："告诉斯大林，这是一个大度和充满勇气的回复。他的回应深深触动了我。这样的回复使我感到更有义务加倍努力，尽全力去补偿他。我要开足马力工作！我会找到一些解决办法的。"

丘吉尔绕着桌子又走了两圈，接着说道："通过这个回复，斯大林又一次展示了他的伟大和智慧。……我一定要与他合作！当战争结束时，我将不遗余力地帮助俄罗斯尽快治愈创伤……我们也将帮助世界尽快恢复原状……斯大林是一个非常伟大的人，罗斯福也是一个非常伟大的人……是的，我们三个人合作是大有可为的！"

4月11日（博温登）

……在突尼斯的战事似乎即将结束。昨天英国人夺取了斯法克斯。英美法联军正在向凯鲁万和比塞大进军。突尼斯城也不远了。是时候了！是时候行动了！突尼斯的情况令人非常失望。夺取它本该是两三个星期的事，但是战斗已经持续了五个月！这么多宝贵的时间都被浪费了！也因此，许多战略机会都被错过了！虽然离结局已经不远，但我展望未来时却高兴不起来。我看不到任何在1943年开辟真正的第二战场的前景，在这个春天或夏天无论如何都不可能实现，而这是我们此时最需要的。

[迈斯基消息灵通，他的"猜测"是对的。在迈斯基从博温登返回伦敦之际，英国参谋长们告诉丘吉尔，登陆艇（它们对"哈士奇行动"的执行和在意大利行动的成功不可或缺）被转移到北非，这排除了在1943年实施跨海峡进攻的可能。对此，丘吉尔表现得非

常惊讶。"我们必须承认,"丘吉尔坚称,"今年不可能有任何重要的跨海峡作战行动。"尽管丘吉尔同意英国继续集结部队,为1944年的军事行动作准备,但他仍保持着超然态度,要求执行跨海峡作战计划的前提条件是"可以利用敌方任何的局部崩溃"。他特别强调,不希望斯大林得知这一决定。]

4月20日

莫斯科方面对艾登在美国会谈的报告表现出极大的兴趣。他们让我转达艾登,苏联政府对他提供信息一事表示感激,并要求我准备一份关于会谈的详细记录。……

4月23日

斯大林的来信在午饭前到达。该信事关波兰。斯大林告知丘吉尔,鉴于苏联和波兰之间不正常的关系,而这种异常是波兰政府的行为所致,特别是波兰政府在德国最近的挑衅事件(德国在斯摩棱斯克附近"发现"一万具波兰军官的尸体)上的立场,苏联政府已经被迫与西科尔斯基政府"断绝"关系。信中进一步表示,西科尔斯基政府必定和希特勒政府在这一事件上达成了协议:德国和波兰的媒体同时就"发现"尸体事件发动宣传战。斯大林表示,他希望英国政府能够理解这一行动[1]是不可避免的,这是西科尔斯基政府一直追求的政治路线,把罪强加给苏联政府。斯大林也向罗斯福发

---

[1] 指断绝关系。——译注。

图102 快乐的日子：迈斯基与西科尔斯基将军、艾登在卡廷惨案被曝光的前几天

出了相同内容的信。[1]

今天是耶稣受难日，我立刻想到首相可能不在城里。我亲自给他的秘书打电话。我猜得没错：昨天晚上，丘吉尔去了他的查特韦尔乡村小庄园（伦敦以南三十英里）过复活节。我必须作出选择：要么亲自去查特韦尔，要么通过首相的秘书转交信件。考虑到事关

---

[1] 苏联对1940年大屠杀事实的掩盖一直持续到1990年。1940年3月5日，中央政治局批准了贝利亚关于被关押的波兰军官应不经审判立即处决的提议。

重大，我选择去查特韦尔。秘书给丘吉尔打了电话，随后告诉我，首相会在查特韦尔等我一起吃晚饭，并会派一辆车来接我。

晚上七点左右，我离开了大使馆，不到八点就到那里了。尽管那辆车是从首相的车库发出，开车的是一名陆军司机，我们还是在庄园的入口处被警卫拦下。几个全副武装的年轻士兵喊道："停车！"他们很激动，甚至用他们的刺刀指着我们。我忍不住笑出来。后来，丘吉尔暗自笑道："我不需要他们（那些士兵），但陆军部坚持派他们来……"

他挥挥手，仿佛在说："让他们自娱自乐好了，我一点儿也不在乎。"

丘吉尔的乡间庄园的主楼现在已经封闭了，战前他曾在那里住过几年，我也曾不止一次到那里拜访他。现在只有主楼旁的一小排房间仍可居住。这房子是丘吉尔在老马厩的旧址上自己动手建造的。（毕竟，他是个泥瓦匠！）我记得丘吉尔曾经自豪地向我展示他的大作（如果我没有记错的话，是在1938年）。那时，他把这房子用作书房和画室。（因为丘吉尔还是一名艺术家！）现在，丘吉尔偶尔会回庄园，通常住在这里。

丘吉尔的一位秘书出来迎接我，他立刻给我倒了一杯雪利酒。

"首相正在换衣服，"这位秘书说道，"他很快就会回来。"

我忍不住想："英苏关系的'正常化'进程真的已经到了需要丘吉尔打黑领结出席晚宴的地步吗？"

我问秘书，除了首相，还有没有其他人在家。这位秘书说，丘吉尔夫人在海滨，女儿们在伦敦，但是布拉肯过来和首相一起过周末。

"信息大臣正在沐浴，"秘书微笑着说，"他也很快会下楼。"

仿佛是为了证实这一点，我听到了墙壁后面的某处传来浴缸排水的声音。

"首相来了!"秘书突然大声说,并从座位上站起来,朝门口走去。

丘吉尔走了进来。我的担心被证明是错误的!首相身着他常穿的连体裤。他热情地用力与我握手。

秘书走了,我向丘吉尔递交了斯大林的信。他开始看信,越往后看,他的脸色就越阴沉。丘吉尔看完信时布拉肯刚好走进了房间。……这位信息大臣穿着一件无尾礼服!真是见鬼了!

丘吉尔一言不发,把信递给布拉肯,接着转身问我:"断绝关系?这意味着什么呢?"

我回答说,这事实上就意味着断绝关系,只不过不发表任何公开声明,也不向波兰政府递交任何官方文件。至少,这些是我们在伦敦收到的指示。当下就是这样。至于未来会怎样,我不知道。这在很大程度上取决于波兰政府的行动。

"无论如何,都有必要采取措施避免泄露苏联政府的决定,"丘吉尔继续说道,"大肆炒作此事将是最不幸的。只有德国人会从中获利。"

……就在此时,管家走进房间,宣布晚餐已经准备好了。我们在一个小房间里围着一个小桌子吃饭。我们一共有五个人(丘吉尔、布拉肯、我、秘书和管家),坐得很挤。菜单很简单:牛奶汤(竟然可以吃!)、一块炸三文鱼和一些来自丘吉尔"自家菜地"的芦笋。餐后我们喝了咖啡,抽了烟。当然,丘吉尔还是抽他习惯的雪茄。

吃饭的时候,秘书向丘吉尔报告:已经根据他的指示把信件的内容通过电话传达给艾登。

"艾登非常不安!"秘书补充。

图 103 迈斯基与丘吉尔的亲信布伦丹·布拉肯

晚饭结束后，管家和秘书都离开了，留下丘吉尔、布拉肯和我。我们继续谈论这封信。

丘吉尔说，他今天刚刚写完一封给斯大林的信——同样也是关于波兰问题的！如果我没来，他今晚就会把信发出。现在，看了斯大林写来的信后，丘吉尔认为有必要修改他自己的那封信，或是另外写一封新的。首相唤来他的秘书，要秘书把那封没有发出的信件拿过来。他把信交给我，半开玩笑地说："如果你想读的话，拿去。但是，看过之后就把一切都忘掉，因为这封信已经不复存在。"

我笑着从丘吉尔手里接过信，快速地浏览了一遍信的内容。丘吉尔告诉斯大林：最近波兰与苏联关系的恶化引起了英国政府极大的忧虑；苏联政府采取的一系列措施（关闭苏联境内的波兰援助组织，宣布所有在苏联的波兰人是苏联公民，拒绝波兰军人的家属离开苏联，等等）又给在中东地区的波兰部队带来极大的痛苦；虽然在英国和美国的波兰侨民的行事方式无疑带些挑衅意味，但改善波兰与苏联的关系有利于盟军团结，而为了实现这一目的，允许驻扎在中东的波兰士兵的家属以及四万适合服兵役的波兰人离开苏联将是一件好事。

我总结了对丘吉尔信件的总体印象，说道："还好你没有发出这封信，它可能会在莫斯科引发不满情绪。"

"为什么？"丘吉尔问道。

"简单地说，整封信的基调是，苏联方面是苏波关系恶化的罪魁祸首。然而，事实却恰恰相反。"

……随后，我谈到了波兰政府的所作所为与戈培尔最新挑衅行为之间的关系，并指出这已经超出了所有的底线。苏联政府意识到维持盟国团结的重要性，它在这方面并不亚于英国政府。正是考虑到这一点，过去一年多来，苏联政府在波兰政府和波兰侨民问题上一直表现出了异乎寻常的耐心。但凡事都有个限度。我们的忍耐已经到了极限，苏联政府被迫作出强烈反应。

丘吉尔让布拉肯把最近发生的事情细节告诉他。当布拉肯提到波兰和德国计划通过红十字会"调查"犯罪现场时，首相愤怒地大声说："无稽之谈！在德国的占领之下，能有什么样的调查？"

随后，他面带狡黠的微笑，补充道："让德国人先从该地区撤军，然后我们再进行调查！……只是，我怀疑希特勒是否会表现出必要的利他行为！"

我说，关于"调查"的整个计划应该被"扼杀"在萌芽中。然而，英国政府和英国媒体保持沉默，给人造成一种印象，即他们尽管未必支持这个计划，但至少也不反对。

"布拉肯！"丘吉尔说，"立即'消灭'这个愚蠢的冒险行为，请你采取必要的措施。"

布拉肯承诺将遵照首相的指示，将它作为紧急事件处理。

丘吉尔接着说："然而，你们和波兰人之间的冲突是一件极不愉快的事情。这个问题应该尽快解决。如果你们能够同意让波兰士兵的家属和那四万适合服兵役的波兰人离开苏联，和平就能恢复。"

……然后，在被布拉肯偶尔打断和干预下，丘吉尔开始跟我说，西科尔斯基现在发现自己的处境十分不妙，"极端分子"正在向他发起猛烈攻击，指责他在布尔什维克面前软弱无力、卑躬屈膝。目前还不清楚西科尔斯基能否设法坚持下去。如果不能，谁会上台掌权？正是那些"极端分子"会接管政府。这让丘吉尔得出一个结论，即跟现在的波兰政府打交道时应该慎之又慎。

到布拉肯说话了，他生动地描述了"美国危险"：罗斯福的处境非常微妙，美国有很多波兰人，他们手中有大量的选票，而美国的三千三百万天主教徒可能很容易就选择支持波兰人。选举即将到来，罗斯福不能忽视天主教徒的总的情绪，尤其不能忽视波兰人的情绪。所有这些都可能束缚总统的手脚，导致美苏关系恶化。

……丘吉尔一直沉默不语，慢慢地吸着雪茄。他不时喝一小口摆在他面前的威士忌苏打。最后他说："在接下来的几天里……我们需要全力关注波兰问题。我会跟艾登商量。我还要再发一封信给斯大林。我得认真考虑一下。"

我和丘吉尔一直待到接近午夜。我们谈了很多，讨论了很多事情。除了波兰，还谈了很多其他问题。要记的东西太多了。我会把一些特别有意思的时刻记下来。

丘吉尔强调说，他当然不相信德国人到处投放的关于一万名波兰军官被杀害的消息……但确实如此吗？在我们的谈话中，丘吉尔曾说过这样的话："即使德国人的声明被证明是真的，我对你们的态度也不会改变。你们是一个勇敢的民族，斯大林是一个伟大的战士。当前，我处理一切事情主要是从一个战士——一个只关心尽快击败共同敌人的战士——的立场出发。"

在另一部分的谈话中，丘吉尔还告诉我，几天前，西科尔斯基告诉他，数千名波兰军官在苏联"失踪"。1941年12月，西科尔斯基曾经向斯大林询问他们的去处，但"没有得到明确的答案"。

在第三种情形下，丘吉尔突然开始大谈"在战争中，一切都有可能发生"，而自行其是的低级指挥官们有时也会"做出可怕的事情"。[1]

---

[1] 丘吉尔可能对西科尔斯基怀有好感，但对流亡的波兰政府就没那么友好了。当月早些时候，他私下里表达了对波兰人的不耐烦："虽然波兰人具有优良的个人品质和美德，但千百年来，我们看到了所有这些不稳定的因素。正是它们导致了波兰在许多个世纪的毁灭。"丘吉尔向西科尔斯基承认，"德国人曝光的事情可能是真的，布尔什维克人可能非常残忍"。但他为了让利益最大化，便把这起可怕的事件压下去，而不是放弃与斯大林的同盟关系。他直截了当地告诉迈斯基："战争中会发生可怕的事情。波兰军官失踪这件事确实很残酷，但是死人不能复活。需要关注的是在俄罗斯的那些还活着的波兰人。"

1943年　719

我坚决地批评了丘吉尔的半怀疑态度。他急忙向我保证，他对我们没有任何怀疑。但我依旧认为，关于波兰军官被谋杀的事件，丘吉尔对我们的清白还是有一些"隐晦的保留意见"。

丘吉尔很高兴地回忆起他与斯大林的会面。……给丘吉尔留下深刻印象的不仅是斯大林的军事才能，而且还有他的军衔。丘吉尔甚至产生了些许嫉妒。今天丘吉尔告诉我："我不再叫斯大林作总理了，我称他为元帅！当然，他既是元帅又是总司令！"

这时，他转向布拉肯，笑着补充道："或许我也应该当元帅？"

布拉肯表示支持，但丘吉尔反驳道："不，我不能当元帅……我们没有这样的头衔。或许可以当个文职将军？"

丘吉尔再次大笑起来，但我可以看出，拥有高级军衔的想法确实完全吸引了他。然后，他用一种更严肃的语气对我说："实际上，我是这里的总司令。当然，我不能总是做我想做的事，但我总是能阻止我不想做的事情。"……我问丘吉尔："在上次的战争中，您是政府的一员，跟沙皇政府打过交道。而在这场战争中，您是政府首脑，在跟苏联政府打交道。您可否告诉我，您觉得这两个政府是否有不同之处？如果有，那是什么？"

丘吉尔答道："当然有。最重要的是，苏联政府比沙皇政府要强大得多。"

他补充道："但对我来说，最重要的存在是俄罗斯……俄罗斯……它的人民，它的土地，它的森林，它的文化、音乐、舞蹈……它们永远不会改变……我与俄罗斯打交道，我与俄罗斯并肩作战，而且我想与俄罗斯共建未来……"

然而，在对待共产主义的态度上，丘吉尔毫不妥协。他在谈话中说道："我不想要共产主义！它违背了我们的天性、我们的历史以及我们对生活的看法……如果有人想在我们的国家建立共产主义，我就会像现在对付纳粹一样毫不留情地对付他！"

丘吉尔的声音像喇叭声一样回荡，他的眼里闪烁着敌视和愤怒的火焰。

当我回到家时，已经凌晨一点多了。

[1939年波兰被肢解，以大批波兰战俘被俄罗斯人关押为终结。大多数囚犯是在迈斯基和西科尔斯基于1941年7月达成《苏波互助协定》后获释的。然而，近两万名军官仍下落不明。政治局在1940年3月决定处决他们，正如日记所示，斯大林为了掩盖对这些军官的冷血屠杀可谓煞费苦心。至今还没有历史学家对大屠杀背后的动机给出确定和令人信服的解释。德国人在他们的军事行动中偶然发现了被害者的坟墓，便充分利用这一事件挑拨盟国之间的关系。4月12日，德国人宣布了他们的发现，并邀请波兰人与红十字会进行联合调查。卡廷惨案让斯大林尤为尴尬。如果关于这些囚犯命运的真相被公之于世，就可能危及这个不稳定的同盟之间微妙的关系，就如同1939年的大清洗使苏联的外交陷入瘫痪并损害了与西方的谈判一样。因此，斯大林对任何指控都反应激烈，并积极实施一场掩盖事实真相的行动，其中甚至包括在红军解放卡廷地区后，对墓中挖出的尸体进行误导性尸检。]

4月27日

昨天，正在博温登和阿格尼娅过复活节的我被紧急召回伦敦。

一封来自斯大林的新信件已经收到，我得立即递交丘吉尔。看来，4月24日，丘吉尔在我离开后，给斯大林发了一封关于波兰问题的新信函，要求斯大林不要让局势进一步恶化。丘吉尔把"美国威胁"作为他的主要论点。但是，他这封信并没有给出更具体的内容。

斯大林在回信中写道，与波兰政府"断绝关系"的问题已经得到解决，莫洛托夫在4月25日曾向罗默[1]（波兰驻莫斯科大使）递交了一份关于此事的照会。此外，我们给罗默的照会将于4月26日通过莫斯科的晚报发布。

所以，问题变得更加严重。在我看来，我们的目标是在红军进入波兰领土之前或之时，引爆西科尔斯基政府，为建立一个更加民主、友好的波兰政府扫清道路。这条路线是正确的：在过去的一年半里，我已经得出结论，那就是在伦敦的波兰人，包括西科尔斯基政府在内，都是不可救药的。然而，推行这条路线将会使我们面临一些困难——来自英国，甚至更多的来自美国。好吧，我们必须克服这些困难。也许随着事态的发展，会出现某种可以接受的妥协。时间会告诉我们答案。

从我们的照会中，我得出了以下结论：在即将到来的夏季军事行动前夕，苏联政府信心十足，并认为这是一个适当的时机通过行动告知英美政府："在东欧，我们才是主人！"

这让人感到高兴。

4月29日

波兰事件正在迅速发酵。

4月26日，在将斯大林的信件递交丘吉尔后，我决定采取"观望"的立场。然而，波兰–英国圈子里却动作不断。丘吉尔和艾登

---

[1] 塔德乌什·罗默，1942—1943年任波兰驻苏联大使，1943—1944年任外交部长。

同西科尔斯基和拉钦斯基举行了一系列会议，讨论的主要议题是波兰政府应如何回应莫洛托夫4月25日的照会。波兰人盛气凌人，而英国人要求他们不要冲动行事。波兰政府的公报草案被两次退回修正。据说，丘吉尔曾对波兰人的行为大加斥责。我不知道那在多大程度上是真的。不管怎样，人们期待已久的波兰政府公报经多次修正后终于在28日晚发布。罗斯坦[1]在电话里把公报的内容读给我听。这比预期的还要糟糕。

晚上十一点左右，我意外接到艾登的电话。

他说："你们的《苏维埃战时新闻》是一份好报纸，但为什么它会如此猛烈地攻击西科尔斯基和他的政府？报纸称之为'希特勒的代理人'……'法西斯分子的帮凶'。"

说完这些之后，艾登问道："您有没有看过刚刚发布的波兰公报？……我和首相为此确实作出了很大努力！"

"不，我没看过，但我在电话里听到了。"我回答。

"您的印象如何？"

"没有。"我厉声说道。

"没有？"艾登失望地叫喊，"为什么呢？"

我回答："在我亲自读完公报之前，我将不会对此作出评论。"

我们的电话交谈就此结束。

今天上午，我接到艾登的紧急电话，他要我过去见他。这是在我见过丘吉尔之后第一次与艾登见面……艾登并没有转告我关于4月27日至28日波兰与英国会谈的情况，我从其他渠道了解到零星信息。现在，艾登显然已经决定要履行他"作为盟友"的职责，正式向我报告情况。

---

[1] 安德鲁·罗斯坦，英国共产党的活跃分子，他成为塔斯社驻伦敦的代表。

……艾登看上去确实很不安。

他继续说:"最近几周以来,各方面都进展顺利。我们与你们的关系比以往任何时候都要好,首相对此非常满意,但却出现晴天霹雳!……我担心这个不幸的波兰问题可能会使我们两国之间的关系复杂化。对我来说,我当然尽我所能避免这种情况的发生,但是,谁知道呢?……我想请您,从您的角度,帮我把英苏关系保持得和以前一样友好。"

我回艾登说,需要的话我一定会帮忙,对此他大可放心,但我认为我的帮助完全没有必要。莫斯科的同人都是非常理性的人,他们会尽自己所能,将问题产生的影响控制在最低程度。

……接着,我提到了公报。我说我已经读过了,并对这份文件有了清晰的认识。我的看法没有改变。我不会开始讨论公报的要点。我只想问艾登一个问题:"公报中好几处强调了'波兰共和国的完整',用通俗的话解释,这就是在说1939年的边界。昨天晚上您跟我说,您和首相为公报付出了很多努力。这似乎暗示着您和丘吉尔是公报的共同作者。我应否借此推断英国政府承认1939年的波兰边界呢?这对我来说很重要,在我向政府建议如何诠释公报的意义和重要性之前,我必须先了解这一点。"

艾登几乎是目瞪口呆。他显然没有料想到,过去两天发生的事情竟然会引来这样的解释。

"不是这样的!"艾登一反常态,十分激动地叫道,"英国政府在波兰边界问题上的立场一点儿也没有改变。一切都像过去一样。把首相和我称为公报的共同作者是不对的。完全错了!我们坦白告诉西科尔斯基:'这是你们的公报,波兰人的公报!我们对此不承担责任!'首相和我对波兰最初的草案作了一些改进,仅此而已。您知道我们改了什么吗?只有斯摩棱斯克的坟墓而已,其他什么都没有。首相对西科尔斯基说：'不要再想那些死者了。你无论如何也不能使他们复生！想想活着的人吧，想想你能为他们做些什么！'波兰人屈服于我们给的压力。现在发布的公报是我们争取到的最好结果。但无论是首相还是我，都不是公报的共同作者。"

等艾登说完，我说道："您对什么是共同作者和什么不是共同作者的区分如此微妙，已经超出了我的理解能力。但现在这不是问题的重点。问题的重点在于：我应该如何向我的政府报告英国政府关于波兰边界问题的立场？"

"请告诉您的政府，"艾登激动地答道，"像过去一样，英国政府不以任何形式保证波兰1939年的边界！"

4月30日

今天早上五点，比阿特丽斯·韦伯去世了！

她在过去十天里一直生病，昏迷了好几天，最终离开了人世。

多么令人痛心的损失啊！当然，比阿特丽斯·韦伯已经超过八十五岁了，但那又怎样呢？……几个星期前，当我们访问利普胡克时，她是那样的活泼和健谈，对周围的一切都很感兴趣，就像以往一样。她特别关注苏联，以及"俄罗斯前线"的所有动态。

多么令人悲伤的打击啊！我刚才还打算去看望韦伯夫妇，跟他们聊天……

所以，比阿特丽斯居然是光辉的"四人党"中第一个离我们而去的人。这让我感到意外。我没想到她会第一个离世。[1]

---

[1] 迈斯基在给赫伯特·乔治·韦尔斯的信中写道："我们都对她有一种难以名状的情感，它包含了最高程度上的钦佩、同情和温暖的友谊。"

4月30日

今天下午五点左右，我意外地接到了丘吉尔的召见，要我马上过去。……丘吉尔宣布，根据内阁的一个特别决定，他希望在4月28日给斯大林的信中加上一段话，作为补充信息发给莫斯科。在这段话中，丘吉尔对斯大林同志草率地终止与波兰政府的关系表示遗憾，以至于丘吉尔甚至无法及时"调解"。在向我宣读完这段话后，丘吉尔补充道："内阁发现我太偏向苏联，所以希望通过增加这段话来恢复平衡。"

我忍不住窃笑。

……就在此时，卡多根在丘吉尔身边弯下腰，在他耳边低声说了些什么。

"噢，我顺便提一下，"首相又开始说道，"看来你们打算在莫斯科建立一个平行的波兰政府？……请记住，我们英国政府将一如既往地支持西科尔斯基。美国人呢，据我所知，也会这么做。"

丘吉尔又变得很激动，他提高了嗓门。我又一次平静地回答："您不应该相信您听到的一切！德国人散布谣言，波兰人把谣言捡起来四处派发，好心肠的英国人相信他们。但那纯粹是一派胡言。我们根本就不打算在莫斯科建立任何形式的波兰政府。"

"真的吗？"丘吉尔和卡多根大声说，仿佛他们不相信自己的耳朵。他们两人都立刻欢呼起来。

"是真的！"我向他们保证，"对此我可以绝对肯定。"

就在我与丘吉尔会面前几个小时，我收到了来自莫斯科的指示，要我驳斥德国人散布的谣言。

"然而，"我继续说道，"我们不会恢复与现任波兰政府的关系。"

丘吉尔和卡多根的欣喜立刻消失得无影无踪。

"为什么不呢?"丘吉尔问道。

"为什么不呢,您这么说是什么意思?"我惊讶地回答,"难道西科尔斯基政府的所作所为还没有暴露它的真面目吗?它敌视苏联,或者至少是半敌视。只有当波兰政府找到了与我们建立友好关系的途径,我们才能恢复与它的关系。"

此时卡多根插话了,他立即开始从实际出发解决问题。

"你告诉我,现任波兰政府中的所有人对你们来说都不能接受吗?或者在你们看来,有些人是可以接受的?比如西科尔斯基?"

我回答说,波兰政府的组成是波兰人自己的事情,我无意干预。至于西科尔斯基本人,在我看来,他了解与苏联保持良好关系的重要性,但不幸的是,他太软弱了。

"等上一两个月,你就会看到变化!"丘吉尔喊道。

在临别时,他不无赞赏地说:"斯大林是一个聪明人!"

他握着我的手,补充道:"现在我要以一种平静心态离开伦敦,去度个周末。"

度周末!哦,那个神圣的英国传统!

[尽管英国人相信确实发生了一场大屠杀,但他们还是有意识地开展了一场精心的"掩盖"行动,以免损害英苏关系。英国政府敦促波兰人撤销对屠杀事件进行调查的要求,并指示信息部要确保英国媒体"不讨论俄罗斯与波兰的争端"。尽管迈斯基也被要求保持克制,但从他的表现来看,他惧怕斯大林远甚于丘吉尔。苏联大使馆出版的《苏维埃战时新闻》对波兰政府进行了猛烈的抨击,将波兰人描绘成"食人者希特勒的帮凶"。这激起了艾登和丘吉尔的强烈反应。但他们的严厉批评在迈斯基的日记以及迈斯基给莫斯科的报告里都没有记载。然而,当时在场的卡多根作证说,迈斯基被

批评在"散布毒药"。他高兴地在日记中写道:"我们把迈斯基批得体无完肤,而且我们做得很好。"]

5月1日

一次意外的访问。苏格兰场的督察威尔金森(就是那个去年曾在伦敦做过莫洛托夫安保的督察),代表伦敦都市警部总监菲利普·盖姆爵士[1]来找我,并告诉我,根据英国警方掌握的情况所形成的报告,鉴于对我的死亡威胁正在"不负责任的波兰人"的圈子里蔓延,警方将向我提供特殊保护。

我对这些报告持怀疑态度,但威尔金森的态度很坚决。最后,我同意在我们的大使馆周围(西科尔斯基的波兰政府总部就在我们的大使馆对面,确实让我担心)以及所在街道上部署更多的警察,但拒绝了我在市内出行时由警车护送的建议。

5月2日

时光流逝,老者迟暮……

阿格尼娅和我几天前去看望萧伯纳时,这个念头在我脑海里一直挥之不去。我们已经好几个月没见到他们了。我们从韦伯夫妇那里得知,萧伯纳夫妇的日子过得很艰难:他们疾病缠身,情绪低落,而且无人陪伴。他们遇到了一些麻烦,包括[配给]卡、汽油、用人等。我们一直想去看望这对老夫妇,现在我们来了。

情况并不乐观!萧伯纳夫人卧床不起。阿格尼娅走进她的房间,和她说话。萧伯纳夫人的情况很糟糕:她的脊椎严重弯曲,整

---

[1] 菲利普·盖姆爵士,空军少将,1935—1945年任伦敦都市警部总监。

个人都是扭曲的;她开始变得非常矮小和蜷缩。她抱怨自己的记忆力衰退:总是在看书,但一个字都记不住。她甚至会忘记朋友的名字和面孔。她告诉阿格尼娅,她十六岁时曾经从一匹马上摔下来,伤了脊柱,但没有及时治疗;之后,背部又受过几次伤。在她身体尚好时,很少有什么感觉,但现在她得还旧账了。

"我能感觉到我正在死去,"萧伯纳夫人说,"一点一点地……"

当然,萧伯纳夫人已经快九十岁了,但还是……真可惜!

萧伯纳的情况要好些,毕竟,他只有八十七岁!他看上去和往常一样:身材高瘦,胡子灰白,白色的眉毛浓密而不羁。他的眼睛炯炯有神,充满活力,并且富有表现力。只是他的脸色变得有些苍白,而且在他眼睛周围和眼睑下方出现可疑的蓝斑,仿佛他的身体缺血。

然而他对悖论和诙谐的热爱未减分毫。

"我最近有一项发现,"萧伯纳在空中用力一挥手,大声说道,"斯大林是历史上最重要的费边社社员!"

"此话怎讲?"我笑着回答。

他说:"因为斯大林把费边主义者幻想和空谈的社会主义变成了现实。"

我大笑起来。萧伯纳还是一点儿都没变。

然后,萧伯纳对巴甫洛夫[1]展开了猛烈的抨击。他并不喜欢我们这位伟大的学者,可能是因为巴甫洛夫解剖狗和兔子,而我们都知道萧伯纳是一个反活体解剖者!当然,萧伯纳不会明说,所以他

---

[1] 伊万·彼得罗维奇·巴甫洛夫,俄罗斯著名生理学家,在条件反射领域开展创新性研究,并因此获得1904年诺贝尔奖。有一段时间,迈斯基的父亲在他的圣彼得堡实验室里工作。

1943年　729

试图用各种各样的迂回方式来诋毁巴甫洛夫。这就是为什么萧伯纳开始试图说服我，"巴甫洛夫关于条件反射的所谓发现和其他类似的无稽之谈"，首先不是什么新发现，其次，在巴甫洛夫之前很久就已经被发现了……是萧伯纳自己发现的！

我再次大笑起来。

萧伯纳一直都没有停止写作。目前，他正忙着编纂一本当代的政治家和公众人物"指南"。他已经做了两年。他抱怨说，工作进展得比他希望的要慢，但至少还是有进展。我可以想象这本指南最后会是什么样子！如果我相信萧伯纳告诉我的关于"指南"的内容（尽管萧伯纳关于他自己作品的描述并不总是可信的），那将是一本非常诙谐的书，随处可见抑制不住的悖论。可怜的巴甫洛夫，在这里也会受到猛烈抨击。

然后，萧伯纳开始追忆往事。他不厌其详地讲述了他在五一劳动节的一次经历——那是在1889年！关于此事，几天后我在《雷诺兹新闻》读到了。

这对老夫妇能坚持多久？我对这一切有一种不祥的感觉。

我们认为这几天应该去拜访一下韦伯夫妇。[1]我们曾向他们保证说会去看望萧伯纳夫妇，以分散他们的注意力。这个承诺已经做到了。现在我们可以去和韦伯夫妇聚一聚，好好聊一聊了。昨天，我听说韦伯太太身体很不好。所以我们得再等一等。

两对夫妇，和我们是同时代的人，在世界观方面都是我们的同志，在斗争中都是我们的同志，都是我们的朋友。两对夫妇都闻名

---

[1] 4月30日，比阿特丽斯·韦伯去世。迈斯基在看望萧伯纳夫妇的两天后写了这篇日记，这是比阿特丽斯·韦伯去世前几天的事情。可以想见，他在此写到的希望有时间去拜访韦伯夫妇再也未能实现。

于世，他们年龄相仿，生命的蜡烛都即将燃尽……

这令人伤心。

阿格尼娅和我待在英国已经很长时间了！1932年我们到达伦敦时，萧伯纳夫妇和韦伯夫妇还是那么充满活力，思维活跃，精力充沛。每年冬天，萧伯纳夫妇都会进行某种大型环游全球活动或其他活动，其间，萧伯纳都会撰写一部新的作品；而韦伯夫妇仍在写他们的《苏维埃共产主义》一书，并不时前往苏联，以获取新思想、搜集新材料。韦伯夫妇最后一次海外旅行是在1936年的春天，在关于苏联的里程碑式作品出版之后出国度假。那次，他们参观了巴利阿里群岛。我到车站为他们送行。他们恰好是在西班牙内战前夜返回。多么具有象征意义啊！就在那时，欧洲踏上了"一条通向战争的路"。在那之后，这对老夫妇再也没有离开过英国。

5月3日

我们刚从比阿特丽斯·韦伯的葬礼回来。那是一场私人的仪式，只有她的大家族的成员参加，包括斯塔福德·克里普斯和他的妻子。唯一的例外是阿格尼娅和我：我们与逝者的关系极为亲密。遗体在沃金火化。那个火葬场安静、庄严：一栋规模不大但优雅的建筑，位于一个古树参天的大公园里。遗体火化前有一个仪式，但耗时很短，只有大约五分钟。牧师宣读告别的祈祷词，说了一些告别的话。接着，灵柩就从墙里消失了，墙后面是火炉……

有六十多人参加了葬礼，大多数是上了年纪的人，甚至还有垂暮老人。很多人白发苍苍，满脸皱纹。葬礼结束后，比阿特丽斯的妹妹——波特家九个姐妹中最小的一个，也是唯一一个还活着的人——来到我们身边。她是一个真正的传统女子！从外表看，她与端庄大气、充满灵感的比阿特丽斯一点儿也不像。

西德尼·韦伯也在现场。他身穿一套做工考究的黑色正装，头戴一顶精致的黑色帽子，看起来异常庄重。他的白发和灰白的胡须与黑色衣服形成鲜明的对比。西德尼·韦伯的肤色让我感到震惊：他脸色绯红，看起来非常健康。……那是健康吗？也许是大自然的一个玩笑？这样的事情时有发生。但是他的眼睛，他的眼睛把我吓坏了！他两眼圆睁，眼皮浮肿，看上去痛苦不堪。西德尼看到我们时，双眼泪光闪烁，变得更加骇人。但即便如此，他还是控制住了自己的情绪。芭芭拉·德雷克（比阿特丽斯的外甥女）在比阿特丽斯过世前的几天，一直在帕斯菲尔德角陪伴她。芭芭拉告诉我们，事实上，西德尼在这个困难时期表现出了不可思议的韧性、勇气和克制。

从沃金回到家，阿格尼娅和我都感到极其悲伤。一个伟大的人，一个顽强不屈的灵魂，苏联的一个诚挚的朋友，我们的一个亲密伙伴，永远离我们而去。也许在我们认识的所有英国人中，我们真正爱的只有她。

[在参加比阿特丽斯·韦伯的葬礼之前，迈斯基去看望了身患绝症的萧伯纳夫人、赫伯特·乔治·韦尔斯和劳合·乔治等人，得知李维诺夫被召回的事（这预示着离他自己被召回已为时不远）。与他多年的亲密朋友们相见，即使没有让他感受到死亡，也使他强烈地感受到自己的衰老和脆弱——也许就像看到镜子里的自己。出席葬礼后，迈斯基写下自己的政治遗嘱并交给阿格尼娅保存。]

图104　与伊万·迈斯基同行的、受到殷勤招待的阿格尼娅，是飞机生产大臣斯塔福德·克里普斯（迈斯基左侧第二位）的客人

5月12日

……赫伯特·乔治·韦尔斯来吃午饭。我们有三个人——我、阿格尼娅和我们的客人。

韦尔斯看起来老了很多。他的手不住地颤抖，行走也很困难。才走了一楼的一段台阶，他就已经喘不过气来。在他的眼中，你偶尔可以看到《世界大战》和《时光机器》作者的睿智光芒，但在大多数情况下，他的眼睛都被死亡的阴影笼罩着。韦尔斯现在已经七十六岁了，看着他，我心想："活到这把年纪，值得吗？"

尽管如此，韦尔斯仍旧笔耕不辍，而且还写得很好。比阿特丽斯·韦伯的讣告就是他写的，你读下就知道了。这篇讣告深深地打动了我，于是我写了一封信给韦尔斯，告诉他此事。他非常高兴。

年轻人的身体充满生机与活力。他有精力做所有的事情：写出才华横溢的小说，学习外语，从事各项运动，容光焕发。年岁越长，我们储备的精力就越有限，越要小心使用：不再运动，不再学外语，不再容光焕发。剩下的精力，无论如何都要集中在那件最重要和最本质的事情上——写作。这就是韦尔斯现在所处的阶段。不管他现在的精力还剩多少，他都全部用在写作上。当然，他作为一个作家的丰富写作经验，他千锤百炼的写作技巧，他长期创作的生活习惯和多静少动在很大程度上对他助益匪浅……

……韦尔斯今天还说："列宁真是一个巨人啊！"

然后，他提到在1920年他与列宁的会面，补充道："当时，他是对的，我错了！"

谢谢你承认这个事实！遗憾的是，韦尔斯需要花费近四分之一个世纪的时间和第二次世界大战来认识他的错误。这真是高昂的代价！

接着，话题转向了斯大林，韦尔斯说："我很喜欢'乔大叔'……他是一个伟大的人。我甚至不确定列宁和斯大林谁更伟大。更准确地说，这两人都可以以自己的方式成为第一名。"

看，这就是进步：韦尔斯现在承认了斯大林的伟大，而不需再等待二十三年。

5月27日

昨天，阿格尼娅和我去丘尔特看望劳合·乔治。

那位老人变得越来越衰老。在过去的五六个月里，年龄真的让他有些吃不消了。这不是我过去认识的劳合·乔治。他还能撑多久？……

我们在一起喝茶聊天。劳合·乔治心情烦躁，不停地抱怨，尤其谈到丘吉尔的时候。无论丘吉尔做什么，劳合·乔治都可以在其中找到阴暗和险恶的部分。也许是因为这位老人在这场战争中一直无所事事，所以他现在拿丘吉尔当出气筒？……劳合·乔治得出的结论是：战争将继续拖下去，会造成巨大的损失；欧洲战事不可能在1944年结束。

我们还谈到了波兰。劳合·乔治支持我们的立场，并批评波兰人。他回忆起波兰人在上次战争中惹出的无数麻烦。

"那时，没有一个波兰人是理智的！"劳合·乔治高声说道，"所有人都是梦想家、自大狂和厚颜无耻的侵略者！……他们当中最好的是帕德雷夫斯基[1]，但他在政治上愚不可及，而且性格软弱。在克里孟梭[2]的怂恿下，波兰人完全失控，拒绝听从我或威尔逊[3]的意见。结果显而易见。"

劳合·乔治认为，苏联最好不理会波兰政府，推迟其"重组"，因为无论如何都不可能组成一个令人满意的政府：在波兰之外没有这样的人。等红军恢复1941年的边界时，一切自然变得明朗。

我认为劳合·乔治对这个问题的看法是正确的。我经常也有同样的想法。……

---

[1] 伊格纳西·扬·帕德雷夫斯基，1919年任波兰总理和外交部长，代表波兰参加了1919年巴黎和会。
[2] 乔治·本杰明·克里孟梭，1917—1920年任法国总理。
[3] 托马斯·伍德罗·威尔逊，1913—1921年任美国第二十八任总统。在1918年1月向国会发表的演讲中，他的"十四点"计划确定了美国富有远见的战略目标，为国际联盟的建立奠定了基础。

5月29日

离共产国际解散已经过去一周了。结果如何呢？

首先，这不仅是苏联的发展历程中，也是整个世界的发展历程中一个非常重要的里程碑。这意味着我们不指望战后会发生革命。不用多说，这场战争可以而且将会在各个国家引发各种各样的骚乱、罢工、暴动等，但革命是不同的。人们显然不期盼一场真正的、全面的无产阶级革命。在1941年12月的莫斯科会议之后，这对我来说不算意外。

但如果不是一场无产阶级革命，那又会是什么呢？答案仍然模糊不清，而且也不可能明晰。时间会告诉我们答案。当然，我不排除在战后出现一个新的国际组织——不是第二国际，也不是第三国际，而是其他某种类型的组织。

其次，为什么要解散共产国际呢？原因很清楚：从根本上说，共产国际已经停止运作很久了，但这个幽灵的存在给苏联和其他大国的关系，以及苏联和其他国家本土的共产党、工人政党、组织之间的关系带来了巨大困难。当前，最重要的任务是巩固一条团结一切力量的统一战线，摧毁希特勒的德国，所以必须清除这个幽灵。

最后，外部世界对共产国际解散有何反应？绝大部分是积极的。一方面，戈培尔很生气（他失去了最有效的宣传稻草人）；另一方面，普通美国人也松了一口气（不再有可怕的"赤色分子"躲在他的床底下了）。在英国，保守党人兴高采烈。当丘吉尔在华盛顿被一位记者问及对共产国际解散的看法时，他给出一个简短但却意味深长的回答："我喜欢。"……

相形之下，在工党圈子里，共产国际的解散引起了复杂的情绪变化。……有一天，贝文来吃午饭。在谈话的过程中，他问道："告诉我，共产国际真的已经被妥善解散了吗？"

我惊讶地看着贝文，回答道："怎么啦，你觉得我们只是在说瞎话吗？"

贝文感到很尴尬，他马上打住，不说此事了。我们开始讨论另一个话题。过了一会儿，贝文似乎在不经意间又一次问道："但是，你是否认为共产国际解散后，随之而来的可能会是苏联共产党解散？"

我又一次惊讶地看着贝文，问道："那什么会取代苏联共产党呢？"

贝文想了想，不太确定地回答道："我不知道，军事独裁……或者类似的东西。"

我朝贝文笑了笑，但是他的思路我完全明白。毕竟，如果苏联共产党自行解散，然后出现一个俄罗斯版的工党取而代之，岂不妙哉！到那时，要消除世界上所有国家，尤其是英国的共产主义政党，简直易如反掌！

……英国发生革命是可能的，甚至是不可避免的，但只会在帝国崩溃时才会发生。然而，现在已经很清楚的是，英国将会挺过这场战争，它不仅能够维系，甚至可能会扩大帝国的范围，即使只是以一种间接的形式。因此，英国的统治阶层不用倒向法西斯主义，也能继续以怀柔手段统治民族和帝国。……

[自二十世纪二十年代末以来，共产国际就一直是苏联外交的沉重负担。1941年中叶，斯大林试图竭尽所能绥靖德国，他下定决心摆脱限制他政治行动自由的意识形态束缚，于是采取了解散共产国际的初步措施。1943年5月共产国际的正式解散也是为了实现同样的目的，但此举现在还为与盟国实现战后安排铺平了道路。迈

斯基接着向外交部的官员解释说，实际上共产国际已经"垂死多年"，其解散是"斯大林民族主义政策的自然结果……列宁认为只有发生世界革命，俄国革命才能存活，但斯大林认为俄罗斯大到足以单独进行试验，如果试验成功，对于共产主义来说将是最好的宣传"。他对劳合·乔治说，俄罗斯的愿望"不是为其他国家制造共产主义革命，而是要确保边界安全，并从总体上确保（俄罗斯的）复兴"。]

6月2日

巴特勒来吃午饭。我们就战后英国的前景谈了很多。……巴特勒预测英国未来将推行以下发展道路：

（1）混合经济，即一些行业（电力、铁路，可能还有煤炭）将收归国有，一些行业（陆路和海上运输、民用航空等）将处于公众控制之下。……

（2）将逐步形成"宪制工厂"，即工人代表参与企业管理的工厂。……

（3）教育体系应该民主化，也就是说，几乎所有的公学[1]都应该废除（尽管巴特勒想要保留其中的两三所）。……

我问巴特勒："你想让英国依照费边主义路线发展吗？"

巴特勒回答说："随便你把它叫作什么。你知道，我们英国人可以做出一些革命性的事情，只要在旧有的名号下行事即可。"

当然，费边主义不属于革命。但对保守党来说，这也许就是革命。巴特勒（他无疑反映了执政的保守党精英的心态）显然在考虑

---

[1] 英国的公学实际上为私立学校。——译注

推行费边主义路线,尽管他不想提"费边主义"这几个字。……

6月3日

莫里森来吃午饭。我们的谈话大部分也是围绕着战后问题。……

莫里森说得越多,我就越震惊地发现他和巴特勒的观点是一致的。当然,这两个人在细节和侧重点方面存在一些差别,但从本质上来说,他们共享同一套基本纲领。这着实令人惊奇!听了莫里森的话,我觉得保守党与工党就战后英国内部重建问题达成一致将是一件轻而易举的事情。……

莫里森说,对于是否要在战争结束后继续与保守党联合执政,他自己心里还在犹豫。他甚至询问我的意见。但我回避了顾问这个角色。……

6月14日

几天前(6月9日),空军元帅、轰炸机司令部总司令阿瑟·哈里斯爵士[1]和他的妻子来我家共进午餐。当时,有一批人相信,拥有空中优势就可以赢得战争,哈里斯是这个阵营中一名引人注目的代表。我问哈里斯他是否还继续持有这种观点。

"当然啦!"哈里斯喊道,"我现在比以往任何时候都更坚定。一切都取决于你们所能部署的轰炸机的数量。我可以向你们打包票,如果我有能力每天晚上向德国派遣一千架重型轰炸机的话,那么德国最多三个月就会投降。然后,整个占领军由三名警察组成就够

---

[1] 阿瑟·特拉弗斯·哈里斯,"轰炸机哈里斯",皇家空军元帅,1940—1941年任空军副参谋长,1942—1945年任轰炸机司令部总司令。

了——美国人、英国人和苏联人各一人,他们占领柏林时不仅不会遭遇抵抗,还会受到当地民众的热烈欢迎。……"

6月16日

……艾登告诉我,几天前还在英国的亚历山大[1]接到指示,要尽全力加快"哈士奇行动"的进展。因此,此次行动可能会比原计划提前开始。我不会反对,但我怀疑行动能否提前。等着瞧。接着,艾登说,已经就轰炸罗马铁路的计划与美国人达成共识(半年前,华盛顿反对任何对罗马的轰炸行动)。

我询问了土耳其的情况。艾登无法给我任何保证。土耳其人还在"骑墙"。最近几天,他们比过去更坚定地强调自己的中立立场。……

[这篇日记记载了与艾登的会面(以及随后的沉默),却没有提到丘吉尔和斯大林之间的激烈冲突,而这一冲突最终导致迈斯基从伦敦被召回。在北非的轴心国军队被彻底击败后,丘吉尔感到十分自信,开始公开坚持自己的边缘战略。他现在设想的战后世界,是建立在与美国人的一种特殊和平等的关系基础上。他对斯大林的不耐烦冲击了迈斯基的地位。甚至在动身前往华盛顿参加与罗斯福的第五次首脑会议之前,丘吉尔警告艾登:"如果我给斯大林元帅的除军事行动信息外的所有电报都要抄送迈斯基大使,如果这被当作一项原则确立下来,那将非常遗憾。我对此强烈反对。"

---

[1] 哈罗德·亚历山大爵士,元帅,1942年8月起任北非作战部总司令,在阿拉曼战役之后成为盟军远征军的最高司令艾森豪威尔的副手。

图 105　刚刚接到召回信息的悲伤的迈斯基，正在招待"老维克"剧院的成员

5月5日，丘吉尔乘坐玛丽女王号前往美国，随行的有一百五十名顾问。"温斯顿有种可笑的狂妄自大，"哈利法克斯在他的日记里匆匆写道，"但如果他出访时没有这么多人前呼后拥，他无疑会觉得战局将受到严重影响。"丘吉尔认为他可以再一次让罗斯福接受自己的战略和政治谋划，言下之意是明确将开辟第二战场的时间最早推迟到1944年春，并在地中海和远东地区实施各种牵制行动。他还希望劝服总统不要在战后建立一个将苏联——或许还有中国——作为平等伙伴的国际组织。丘吉尔急切希望说服总统支持入侵意大利，为此，他喋喋不休地强调在欧洲大陆登陆所面临的尚未解决的困难，声称只有在"已经制订好一项合理的、可能成功的计划"后，登陆行动才能实施。此次峰会一波三折，最终确立了进攻意大利的"雪崩行动"，而登陆法国的时间被定在1944年春。英国海军上将庞德和迪尔将军都向哈利法克斯抱怨丘吉尔犹豫不决，而英国参谋长艾伦·布鲁克则抱怨丘吉尔考虑事情"一时一个主意"。

"难道他不是一个狡猾的流氓吗？"对于从华盛顿传来的消息，迈斯基如是说，"他不仅想要维持英国对地中海的控制，不允许美国人染指，还打算以牺牲美国的军队和资源为代价来实现这一目标。"事实上，丘吉尔一回到伦敦，迈斯基就去见他，迈斯基的两个担心都得到了证实：一是首相现在考虑实施意大利战役，二是用空中打击替代跨海峡登陆作战。当这位大使问及在1944年结束战争的可能性时，丘吉尔故意不置可否。

斯大林从迈斯基那里得知在华盛顿和阿尔及尔发生的事情，他向罗斯福提出强烈抗议——"正在单枪匹马地迎战一个仍然非常强大和危险的敌人"的苏联被排除在战略讨论之外。斯大林在对盟友的指控（文件的一份副本于6月11日发给丘吉尔）中警告说，这一决定会给"苏联人民和苏联军队"带来严重后果。此时，确定"雪崩行动"将得以实施后,丘吉尔提醒斯大林,他决定"不再授权实施任何跨海峡进攻……这只会导致毫无意义的屠杀",他不明白"英国遭受惨败和屠杀对苏联军队会有什么帮助"。斯大林进行了反驳,他指责他的西方盟国背信弃义,并再次提到了红军的"巨大牺牲"。6月26日,丘吉尔警告说,他的"耐心一再被消磨,而那也并不(是)用之不竭的",并撕破脸皮,指出由于苏德签订了互不侵犯条约,英国不得不"独自面对纳粹德国所能做出的穷凶极恶之事",而现在"一个更有希望、效果更显著的战略政策"已经在"另一个战区"浮出水面。

迈斯基陷入狂乱,他发现自己现在很难联系到艾登,因为丘吉尔告诉艾登"不要搭理他"。当他最终见到艾登时,是要告知艾登自己被召回莫斯科的消息。然而,即使是在这样一个戏剧性的时刻,迈斯基也没有放弃他缓和两国领导人之间紧张关系的努力。直到最后时刻,他还在呼吁比弗布鲁克向首相进言。最后,在他离任前夕,他争取到一次与首相见面的机会。根据丘吉尔的说法,这位大使"极为文明",反复向他保证,要他"不要太在意斯大林信件中的语气"。在第二战场这个棘手的问题上,丘吉尔很快就表明了自己的态度,他仍然坚持己见,认为地中海战略"正在为俄罗斯获得重整力量的宝贵喘息空间"。迈斯基描述了"俄罗斯遭受的巨大痛苦和损失",并解释说尽管斯大林在指责首相时很严厉,但他没有什么恶意。由于不愿空手返回莫斯科,迈斯基设法从丘吉尔那里获得了一个后者将继续与斯大林合作的承诺。他希望确保两国未能达成联合战略一事不会损害当前正在进行的关于战后秩序的谈判。在这个问题上,他取得了部分成功:他鼓励丘吉尔派艾登访问莫斯科,为秋季在莫斯科举行的盟国外长会议铺平了道路。]

7月2日

明天我将飞往莫斯科。

大约一周前,我收到一封电报,召我去莫斯科,就战后事宜进行磋商。很好,我很高兴有机会再一次见到我的人民,再一次"重返故土"。

然而,我认为其中还有比磋商更重要的意义。在我看来,我被召回可能也是我们对英国政府表达不满的一种方式,因为英国在第二战场这个问题上言而无信。对于我将离开的通告,艾登正是这样解读的。他大为震惊,惊叫道:"什么?你要现在这个时候离开伦敦吗?"

"这个时候有什么特别的吗?"我反驳道,"反正,现在不会有第二战场。我没有理由不飞回莫斯科待一段时间。"

安排飞行用了一个星期。英国人为我安排了一架飞机,同机飞往莫斯科的还有英国驻苏联大使馆的一些工作人员。一名奉调回国的苏联军人也与我同行。这是一条有趣的飞行路线:直布罗陀—开罗—哈巴尼亚—古比雪夫—莫斯科。我还从来没去过埃及,我马上可以看到金字塔了!

祝一路平安!

图106—107　1943年9月15日，悲伤地告别英国

一个时代的终结：迈斯基被召回

李维诺夫和迈斯基都选择将被召回莫斯科说成是对推迟开辟第二战场的抗议，而不是在苏联旧外交圈子同斯大林之间一场旷日持久的斗争中所遭受的个人挫折。他们最想让他们在西方的对话者知道，他们在外交人民委员部的晋升（两人都被任命为副外交人民委员）反映了克里姆林宫对其个人的欣赏以及他们依旧是局内人。迈斯基的知交密友们，特别是比弗布鲁克，认同他的看法，认为迈斯基被召回归因于斯大林对英国意图的怀疑不断加深，其中过错"完全在于首相，因为他本质上是反苏的，并且他现在已经年迈，无法转变观念"。跟俄国打过交道的老手布鲁斯·洛克哈特描述了迈斯基是如何最急于知道英国公众对他被召回一事的反应。当迈斯基得知有相互冲突的两派观点——一派归因于斯大林的不满，另一派认为"有他这样一个了不起的英国通在莫斯科"对斯大林"会有帮助"——时，他眼睛都发光了，承认"在莫斯科也有两种解释"。于是，第三种解释——他已经失宠——就被避开了。李维诺夫给美国副国务卿韦尔斯留下的印象是，是他自己坚持要回莫斯科，这样就可以直接影响斯大林的外交政策。然而与此同时，李维诺夫也抱怨说"对于自己政府的政策或计划完全不知情"。

回到莫斯科后，闲不下来的迈斯基很快就向英国媒体简要介绍他"新提拔的职位"，还告诉他们——引用媒体的话来说，他"得到乔的高度重视"。据《泰晤士报》报道，当俄罗斯正在准备其战后政策之际，考虑到迈斯基"对英国的直观认识和深入理解"，以及他对"德国、法国和其他国家"独到和敏锐的观点，斯大林希望他"与莫洛托夫一起，成为自己的左膀右臂"。然而，《时代周刊》更准确地推断出，严酷的现实是，"小迈斯基"将会"在外交人民委员部官僚主义的迷宫中失去方向（这意味着他在伦敦不知疲倦地四处活跃让他的上司不快）"。讽刺的是，迈斯基在1938年对范西塔特的"晋升"有过类似的评价："新任命应该被视为一种降级，或者更确切地说，是一份退休证明，只不过有制服、勋章和养老金。"

莫洛托夫一直在寻求机会把迈斯基和李维诺夫分别从伦敦和华盛顿召回，因为两位大使认为那里是他们的"私人领地"。然而，斯大林从不避讳利用他们与西方无与伦比的联系以及熟稔的关系，尽管是在严密的监控和有限的范围内。李维诺夫和迈斯基都不是心存幻想之人，他们都清楚意识到，此次召回的首要动机就是剥夺他们在华盛顿和伦敦分别享有的相对自由的空间。他们都不愿回到莫斯科。他们那些被召回莫斯科的同僚的可怕命运，依然历历在目。在埃夫里尔·哈里曼的记忆里，李维诺夫一直是个"热情洋溢"的人，直到得知被召回的那一刻："我从来没有见过一个人如此彻底地崩溃。他的态度表明，他在斯大林那里的地位相当脆弱。他肯定很害怕，如果他在华盛顿有辱使命，自己会性命难保。"李维诺夫的妻子艾薇在丈夫回国后还在华盛顿多待了一段时间，她私下向朋友们透露，她担心可能再也见不到丈夫了。在她未出版的回忆录中,她着重描写了丈夫"几乎要发疯了……他想留下……他开始做自己最想做的一件事(写回忆录),因为他不想回俄罗斯"。她接着描述:"当时他什么都做不了,只能和斯大林争吵——与斯大林吵得不可开交……他什么都做不了,只能跟所有人争吵……跟莫洛托夫……跟所有人争吵,他们没有做对任何一件事。"一回到莫斯科(迈斯基也是如此),艾薇"总是警觉地四处张望。她恳求她的朋友不要给李维诺夫寄书,也不要来看他们,这样'对大家都安全'"。

将此次召回说成是对西方的抗议,把历史学家们引上了错误的道路。应该记住,召回李维诺夫的决定是在4月下旬作出的,这是在盟国之间的主要冲突爆发之前的事。这也表明迈斯基在英国时日不多。他一得知华盛顿的消息,就马上立下一份政治遗嘱交给他的妻子:

亲爱的阿格尼娅:

无论发生什么事情,我要求:

(1)请你把我的笔记(日记,或者我的"老夫人",我喜欢这么叫它)送交斯大林同志。它们在我的两个小手提箱里。

(2)你本人把我所有的文件整理一遍,然后把它们按照公务文件和私人文件分类。属于公务文件的,应送交莫洛托夫同志。所有这些材料都放在我的个人保险箱里、保险箱旁的铁柜里、小手提箱里以及我们公寓的其他地方。

(3)我希望出版我的童年回忆录。

葛罗米柯[1]从职业生涯初始就一直是莫洛托夫的门徒，他在回忆录里描述，迈斯基被任命为大使常驻伦敦"令许多人震惊：在内战期间，一个曾在萨拉托夫孟什维克政府任职的人，怎能如此长时间担任这样一个重要的外交职位"。葛罗米柯宣称，人们评价迈斯基在伦敦的活动时"总是带有一些保留意见……这个人过去的政治经历压倒了所有对他工作的评价"。随着战争的持续，迈斯基在那些长得"不合理的"电报中，详细描述了他与英国政客们的会面。这些电报"通篇是他自己对当前形势的描述"，已经"使高层非常不快"。最后，葛罗米柯回忆起与莫洛托夫的一次对话，当时莫洛托夫和斯大林决定"必须把迈斯基换掉"。

回到莫斯科后，迈斯基名义上负责赔偿委员会的工作，实际上却被疏远了。他提出委员会应"享有足够的权力和独立性"，他个人应"直接从属于"莫洛托夫，但这些要求并没有得到重视。李维诺夫的日子过得稍好一些。他在1943年至少见了斯大林五次，他的专业建议在即将召开的盟国外长会议以及随后的德黑兰首脑会议上受到欢迎。迈斯基被拒绝进入克里姆林宫。他回忆道："我请斯大林接见我，以便直接向他汇报英国的情况以及与之相关的所有问题，但他觉得没有必要跟我谈。"将李维诺夫和迈斯基留在身边是斯大林分而治之策略的典型做法，借此维护自己的权力，并削弱莫洛托夫在外交政策制定方面日益增长的影响力。迈斯基煞费苦心地回避英国驻苏联大使克拉克·克尔，正是他脆弱地位的最佳写照。克尔迫切想请迈斯基、李维诺夫和美国大使"来用餐并开诚布公地谈一

---

[1] 安德烈·葛罗米柯是李维诺夫被解职后由莫洛托夫招进外交人民委员部的第一批新人之一。他担任美洲司司长六个月后，于1940年被任命为驻华盛顿大使馆一等秘书，并于1943年升任驻美大使。他在1957—1985年任苏联外交部长。

谈"。这位大使报告说,迈斯基有无数会议要参加,"以至于他不知道自己该做什么",然后"迈斯基又到乡间去了,说他回来的时候会告诉我"。最后,克拉克·克尔只能在苏联外交人民委员部的官方场合与迈斯基会面,迈斯基承认他还不知道自己的任务到底是什么。迈斯基返回英国的计划让克拉克·克尔清楚地了解到,"迈斯基在莫斯科的新工作不算紧急"。

无论是斯大林还是莫洛托夫,看到迈斯基在伦敦如此受欢迎,都不可能泰然处之,因为其程度仅次于对斯大林的个人崇拜。迈斯基一直都小心翼翼地不被资产阶级的环境诱惑,而这是外交工作的性质所无法避免的后果。他受到的高度尊敬很快会反噬他,尤其是在1942年5月莫洛托夫访英之后,这是他在大使任期一开始就充分意识到的悖论。

尽管迈斯基对关于他的狂热崇拜感到高兴,但他还是尽可能淡化这种崇拜。雕塑家雅各布·爱泼斯坦邀请他参加莱斯特画廊举办的私人作品展,他很快就拒绝了,所用的借口完全站不住脚:"我认为出席这一场合并不恰当,因为我自己的头像也在那里展示。"同样引起迈斯基不安的是,在他被召回后不久,俄裔记者比莱金[1]出版了他的传记;比莱金曾是他家受欢迎的常客。迈斯基不仅与作者划清界限,而且似乎非常急于从他信任的大使馆同僚那里了解书中是否有使他惹上麻烦的信息。在他被召回莫斯科的几天前,迈斯基同样拒绝了伯明翰大学授予他荣誉博士学位的提议。

在莫洛托夫于1942年5月访问伦敦并签署同盟条约后,塞西尔勋爵和上议院的其他发言人都对迈斯基大加赞扬,感谢他"长期以来……为加深英苏间的相互理解作出的宝贵贡献"。他们还感谢他

---

[1] 乔治·比莱金所著迈斯基传记于1944年在伦敦出版。——译注

"多年以来在伦敦……所做的富有耐心和艰苦卓绝的工作"。在下议院的辩论中，艾登也对迈斯基"长期以来"为"加深英苏间的相互理解作出的宝贵贡献"表达了类似的感谢。而斯大林或莫洛托夫都只是被简单提及。同样的，一个星期后，在皇家阿尔伯特音乐厅举办的一次支持第二战场的隆重集会上，克里普斯先提了一下莫洛托夫，接着便说："我不能不提及……另一位非常特别的苏联政治家。我们一般都将他视为一名外交官，但我可以向你们保证，他也是一位政治家。他就是苏联大使迈斯基。"迈斯基尝试淡化这类赞誉，却徒劳无功。"我们必须明白，"他向他的朋友们解释道，"在所有这些事件中，荣誉首先属于我们伟大的人民和我们杰出的领导。"即便是在他离开伦敦之后，各部大臣的告别信仍源源不断，这肯定会让克里姆林宫的一些人感到吃惊。诺埃尔－贝克的信是其中颇具代表性的一封："不用说，我敢肯定还有数以百计的人给您写过类似的信——您和您妻子离开伦敦时，我们都感到非常遗憾；我们会非常想念您；我们对您的感激和回忆将历久不变。我相信英国政府已经正式向您表达了谢意，您的服务使我们两国之间的联系更为紧密，对此我们无比感激。"在任何正常情况下，这样的认可会让一名大使在国内受到欢迎，但对于克里姆林宫来说，它证实了迈斯基所显露出的独立地位，当然与眼下由莫洛托夫掌控的外交人民委员部里典型的外交官恭顺形象不符。

这种不必要的个人崇拜导致的更糟糕的后果之一，是迈斯基回国前不久由奥地利著名画家奥斯卡·科柯施卡为他画的一幅很有震撼力的肖像画。然而整件事对双方来说都不愉快。迈斯基一反常态，表现得很不自在。"他整个过程都在读《泰晤士报》，"科柯施卡在回忆录中抱怨说，"我没法让他跟我交谈，也许他把一幅肖像画看作某种新的洗脑方式。"但是，最坏的情况还在后头。一位捐助者同意将购买画作的款项捐给斯大林格勒医院基金会,但要求款项要同时用于救治德国和俄罗斯的受伤士兵。令迈斯基尴尬的是,画家希望将这幅画交给莫斯科当代艺术博物馆收藏。"英苏友好小象征"的想法是艾登提出的,当迈斯基返回英国处理离任前的事务时,艾登跟他说了这件事。

中间人爱德华·贝丁顿–贝伦斯爵士[1]被紧急邀请到苏联大使馆。他对迈斯基被召回时的精神状态所作的描述令人非常不安:

> 我在外面等候时,大门上的一个窥视孔被打开了,我看见两只眼睛在盯着我。当我终于进入大使馆时,两名男子跟着我一起来到等候室。他们也待在那里,但没有跟我交谈。最后,我被带到大使的房间,迈斯基夫人也在那里。令我惊讶的是,迈斯基先生做的第一件事是采取预防措施,把通往房间的三扇门全都锁上了。然后,他要求我不要将科柯施卡的画作送给莫斯科艺术画廊……他还要求我,在与大使馆的任何有关慷慨捐款的官方通信中,都不要提及赠送这幅肖像画的事宜。他的妻子恳求我照他说的做,这时我突然意识到,迈斯基可能是斯大林残酷清洗的受害者之一。他们两人看上去都很紧张,迈斯基夫人显然深爱着她的丈夫,她也热切地尽其所能来保护他,这让我非常感动。

迈斯基的担忧被证明是有道理的,因为科柯施卡提出他的建议时被苏联政府断然拒绝。随后,这幅画被捐给泰特美术馆。

总是在恐惧和自负间徘徊的迈斯基又一次面临类似的难题:爱

---

[1] 爱德华·贝丁顿–贝伦斯爵士,少校,商人兼艺术赞助人。

泼斯坦要送他一件三年前为他雕刻的半身塑像的青铜复制品。关于这一礼物的通信是在他离任后与苏联大使馆进行的,这似乎让他陷入尴尬的境地——他在伦敦的声望正对他与克里姆林宫的关系产生负面影响。尽管他以自己惯常的方式为半身像的安全运输作了细致的安排,他仍然试图说服其继任者,这件雕塑的制作"不是我的意愿,而是[爱泼斯坦]自己的想法"。迈斯基对科柯施卡的画作一事感到不安,他继续为自己没有对爱泼斯坦可能会利用这尊半身像采取适当的预防措施而辩解,因为他认为爱泼斯坦"具有进步倾向,不可能滥用它"。他声称自己没法拒绝接受"英国最著名的当代雕塑家创造的半身像,而且他还非常同情我们"。

尽管迈斯基的政治观点没有被克里姆林宫质疑,但是这位信使被视为"守旧派"残余分子,因此招来不少蔑视和个人怨恨。巴甫洛夫(斯大林和莫洛托夫的私人翻译)留下了关于迈斯基被召回以及随后他为结束自己的事务短暂停留伦敦的叙述。引人注意的是,他的叙述和1942年5月莫洛托夫访问伦敦时对大使及其妻子的严厉批评紧挨在一起。[1] 为了最后讨好他在莫斯科的领导人,并向伦敦展示他新的官方身份,迈斯基利用他在伦敦的短暂停留,未经授权就与丘吉尔和艾登进行了一系列闪电式谈判。他仍然希望,如果他能把丘吉尔和艾登邀请到莫斯科,他就能扮演一名中间人的角色,在建立一个战后政治联盟的过程中发挥重要作用。显然,他很难接受自己不再是驻英大使的事实,并认为如果计划能成功,他可以在伦敦逗留更长时间。但他很快遭到了莫洛托夫的冷嘲热讽,后者建议他不要"徒劳地浪费精力,以免有损健康",并要他立即返回莫斯科。与此同时,年轻的苏联代办阿尔卡季·亚历山德罗维

---

[1] 见本书第609—610页。

奇·索博列夫(莫洛托夫培养的新人之一)则因为在与艾登打交道时的强硬和不合作而受到称赞。不过,索博列夫一年后给迈斯基写信,说古谢夫"一无是处",把迈斯基以前所有卓有成效的工作都给"毁了"。

尽管迈斯基行事极端谨慎,但他发现,自己越来越难适应莫斯科给他的新角色——在伦敦当一名被动的大使。他被激怒了,这一点儿也不奇怪。他参与了一场失败的战争——试图反对莫洛托夫将外交官削弱为纯粹的信使。通过强行实施军事秩序和等级制度,外交过程的制度主义象征性地剥夺了外交官的个性,并把他们与外国同僚隔离开来。这可能是受到彼得大帝的"等级表"的启发,这个"等级表"使文官体系军事化,并确保了对沙皇的忠诚,服务沙皇成为晋升的唯一标准。这一看似无关痛痒的措施标志着苏联驻外外交官权力的削弱,以及他们对莫斯科的依赖日益加深。

在得知自己被召回前不久,迈斯基给莫洛托夫写了一封信,其中包含了他个人对莫洛托夫生硬的拒绝,而这是这位人民委员很难接受的:

> 亲爱的维亚切斯拉夫·米哈伊洛维奇:
>   谣言传播的速度比光速还快,我听说,外交人民委员部已经就外交官穿制服一事作出决定,而且,制服已经设计好了。根据传言,这身制服甚至还包括……一把匕首!真的是一把匕首吗?[1]我明白,如果一名水兵身上带着匕首,它在一定程度上是他军人职业的象征。但是匕首与外交有什么关系

---

[1] 这可能是指麦克白的一句名言:"在我面前的是一把匕首吗?"(Is this a dagger which I see before me?)

呢？在这种情况下，它应该象征什么呢？据我所知，无论是英国外交官还是法国外交官，或是其他国家的绝大多数外交官，都不会携带匕首。

这种对莫洛托夫的直率批评是前所未有的，不仅不会让迈斯基得到莫斯科的欢心，反而肯定会加速他被召回的决定——他不用在伦敦穿制服了，但是在莫斯科得穿。11月，这位名义上的外交人民委员部高官得到了他的新制服。他的日记中出现了一种隔阂感与被压抑的自负的奇怪组合：

> 制服比我想象的要好，更舒适，也更帅气，但我还是觉得很尴尬。自从我在1902年被圣彼得堡大学开除，我已经四十年没有穿过任何一种制服了。我一生都穿着便服。现在，

图108　穿着制服，佩戴元帅肩章

差不多六十岁了，我发现自己再一次穿上了制服。穿上它之后觉得有点奇怪，这是很自然的。我得习惯它。还有一件事：我的制服级别很高，还配有元帅肩章，这吸引了路人的注意。军人都向我敬礼。这也让人感到既新奇又尴尬。

英国外交部假设苏联召回大使主要是表达抗议，却没有看到苏联外交人民委员部所发生变化的含义。拥抱迈斯基（就像他们当时所做的）几乎没有什么作用，反而加剧了克里姆林宫对迈斯基的不信任，以及对他不再效忠莫斯科的怀疑。确实，在1955年对迈斯基的审判中，这项指控是一个重要罪名。[1] 克拉克·克尔公开与莫洛托夫争论将迈斯基从伦敦召回是否明智，即便莫斯科急需迈斯基的服务。克拉克·克尔试图向莫洛托夫强调，迈斯基在伦敦享有"以往任何大使都没有过的地位"，这"无论从哪个方面来看都是独一无二的地位"。他"受到所有英国人的爱戴，无论是左派还是右派。在所有人眼里，他都［是］值得信赖的"。莫洛托夫礼貌地倾听，连眼睛都不眨一下，却要求英方同意接受新大使。克拉克·克尔没有因此放弃，他说，尽管苏联有一亿八千万人，但是"要在他们中间找到迈斯基的继任者并非易事"。他使出杀手锏："艾登肯定会对迈斯基的离开感到遗憾。"当克拉克·克尔提到迈斯基在伦敦受到的欢迎时，莫洛托夫用嘲讽的语气说道："在莫斯科，我们也一样喜欢迈斯基。"莫洛托夫提到在访问伦敦期间，他是如何能够欣赏到迈斯基建立起的广泛联系——这对任何一位大使来说都是一种赞誉，然而在斯大林的苏联却不是这样。克拉克·克尔对莫洛托夫的话信以为真，他受到误导，还在给艾登的简短报告中提到莫洛托夫对迈

---

[1] 见本书第776、784页。

斯基的"热烈赞扬"。在随后的一份电报中,他批评艾登对新大使"任命一事过分解读"。他错误地以为,由于历次清洗运动,莫斯科"只有少数人拥有必要的才能",所以将迈斯基调回莫斯科是必须的。

英国外交部决定"作些努力……使他留在伦敦",这也会对迈斯基产生不利影响。艾登指示克拉克·克尔转告莫洛托夫:"我们对迈斯基先生在英苏合作的事业中所做的工作极为感激,对这位值得信任的老朋友的离去深感遗憾。"在与苏联代办的谈话中,艾登"遗憾地提到"迈斯基的离任,他甚至质疑"担任六名副[外交人民]委员之一是否真的比在一个大国首都担任大使更重要"。与艾登不同的是,许多人都被误导了,以为迈斯基确实得到了提拔。对召回迈斯基的抗议正在给迈斯基带来私人和政治上的尴尬,他写了一封信来结束这些抗议。这封正式的信件显然并非迈斯基本意(很可能是他奉命写的),信件通过克拉克·克尔转交艾登:

> 我们很感激您的感情,但我相信,您一定能够理解,我在国外多年之后得以回国生活并在外交人民委员部工作,是多么的快乐。我还会来伦敦跟您道别,届时我们再详谈。我希望您能和我的继任者建立良好的关系。

尽管费奥多尔·塔拉索维奇·古谢夫明显缺乏外交经验,但挑选他作为新任大使是一个深思熟虑的举动。他是对迈斯基的行事风格的矫正,正如在华盛顿的葛罗米柯是对李维诺夫的矫正一样。他的任命标志着苏联外交的新形象,而这一变化并没有引起英国外交部的注意。他们选择无视斯大林和莫洛托夫给克拉克·克尔的声明,即全权代表的任务是"签署协议,而不是交换意见"。古谢夫是一名忠诚的共产党员,他学过法律,还曾在列宁格勒的多个机构工作。在大清洗期间,他被招进外交人民委员部。在莫洛托夫接手外交人民委员部后,他被任命为西欧司的负责人。在莫斯科,跟他打过交道的英国外交官对他的"能力和人品"颇有微词,认为他"十分没教养"。他的英语说得"不好而且怪异……他从不采取主动,而且他看上去就像在国家政治保卫局[1]接受过短暂培训后,刚从一个集体农庄出来的"。简而言之,克拉克·克尔总结说,他是一个"没有风度的人,他的存在令人痛苦"。还有人观察到他的一个特点,只是没有得到充分的注意:别人有事找他商量时,除了"我会把这件事传达给我上级",他什么都不会说。艾伦·布鲁克第一次见到古谢夫,是在10月底为布鲁克举办的一个餐会上,他也对古谢夫的"青蛙脸"几乎没有印象,"古谢夫曾经做过屠夫",他"肯定不会像迈斯基那个恶棍一样令人印象深刻"。在伦敦,很少有人对古谢夫的任命抱有幻想。他们预计,这肯定"会使在伦敦进行的任何观点的自由交流不再成为可能"。人们慢慢意识到,迈斯基并没有得到提拔,而是"被贬了,他在莫斯科外交人民委员部被置于莫洛托夫的掌控之下",而在伦敦接替他的另一名外交官"完全无法取代他开展任何严肃的政治讨论"。迈斯基曾经发出警告,战后欧洲事务上的失败可能会促使俄罗斯人"孤独无援地行动",而这一警告似乎正在变成现实。

在被召回前,迈斯基一直凭借高超的技能成功渡过了职业生涯中的各种风云变幻——在他的职业生涯中,外交上的成就与个人生存紧密交织。现在,关键时刻已经来临。召回事件可能会将他的全部政治资本一笔消除,同时危及他在国内和英国的地位。表面上

---

[1] 国家政治保卫局是苏联内务人民委员部和克格勃的前身。

看，这次召回是苏联人在对一系列事件表达不满，包括他们被排除在卡萨布兰卡会议之外，丘吉尔对华盛顿的突然访问，以及英美不征求苏联的意见就决定将跨海峡进攻推迟到1944年春季。迈斯基对于缺乏战略对话和政治对话导致的"严重"后果怀有真切的担心，这"不仅在战争的最后阶段，而且在战后的安排中，都将危及我们的关系"。如果苏联的冬季攻势取得成功，可能会让俄罗斯人推进到德国边境，还会强化莫斯科的这样一种感觉，即盟军在胜利中只发挥了很小的作用，从而导致单边协议以及苏联实行孤立政策。迈斯基在莫斯科的职业前途取决于他能否维持两国合作，这是他在伦敦短暂停留期间决心要实现的。

迈斯基与莫洛托夫进行了一系列私人信件和电话沟通（这让人回想起他在二十世纪二十年代恳求李维诺夫的方式），寻求莫洛托夫的许可，批准他返回伦敦后短暂停留一段时间。迈斯基诉诸了一些非常平常的理由：阿格尼娅被独自留在伦敦，他担心在战时危险的条件下她难以独自回国；她的"耳朵有问题"，所以不适合坐飞机；她"容易晕船"；他想要运回去的"行李太多（我有很多书和其他东西）"。他到伦敦——他向莫洛托夫扔出了诱饵——可以替苏联政府节省经费，因为英国人肯定会为他提供适当的交通工具。莫洛托夫坚决反对迈斯基再次回到伦敦，认为这会使这次召回所代表的抗议失效。但是迈斯基没有放弃。他坚信，英国政府"已经习惯把［他的］名字与'英苏合作'理念联系在一起"，会继续将自己的离任"视为我们对英国政策的不满，以及在英苏合作中一些裂痕在不断扩大的表现"。他承诺，他在伦敦的逗留，会是一次"低调的告别"，还能帮他的继任者古谢夫"作一些铺垫"。然而，迈斯基自己明白，他的召回是他个人的一次挫折。他回英国的真正动机在于，他需要（正如他在给莫洛托夫信件的草稿中所写的，然后又删掉的那样）确保"不能让外国人，更不用说让苏联人民觉得苏联政府对英国政府政策的不满是在表明对苏联驻英大使的不满（当然，如果这种不满实际上并不存在的话）"。在苏联的去斯大林化时期，迈斯基出版了回忆录，其中描述自己"意味深长地"望着莫洛托夫，告诉他，自己希望去伦敦"最重要的是"阻止关于他召回的流言蜚语四处传播。他接着解释道：

> 在伟人崇拜的年代里，这样的例子不胜枚举：苏联大使出人意料地被召回莫斯科，然后毫无痕迹地消失了——要么进了坟墓，要么关在某个集中营里。因此，在西方就产生了这样一种印象：一旦苏联大使被召回莫斯科，国内就会有一些这样或那样不愉快的事情等着他。我不希望自己成为这种猜测和怀疑的对象。

莫洛托夫看穿了迈斯基的心思，他已经下定决心，要清除掉他在完全控制外交人民委员部道路上的最后绊脚石。在经过将近一个月的恳求之后，迈斯基只获批五天的时间，同他在伦敦的十一年旅居生涯作最后告别，这使他不可能进行广泛的政治对话。迈斯基被绑住了手脚，还发现向他的英国朋友承认此行所受的种种限制是一件极为尴尬的事情。前来告别的熟人们发现他"悲伤、沮丧"，"情绪低落"，"在他黑色的眼睛里，有一种奇怪的迷茫眼神，似乎表明他内心对于离开伦敦是伤感的"。由于时间紧迫，他不得不使用各种站不住脚的借口拒绝无数的邀请，甚至包括丘吉尔妻子克莱芒蒂娜发出的参加一场同盟国集会的邀请。

迈斯基的打算与1939年的一样，在战后合作和欧洲边界的划定方面取得一些实实在在的政治成就，再将其带回莫斯科。在伦敦的短暂停留期间，他再次与艾登密谋。艾登担心丘吉尔会变成一个"危险的反苏派"。这两个人几乎每天都见面，有一天甚至见了三次。迈斯基对艾登最为坦诚，向他表达了自己"不记录在案"的个人观点。然而，艾登发现，很难确定迈斯基的言论是否"只表达了他自己的观点，或是在多大程度上反映了其上级领导的意见"。迈斯基寻求在战场上的军事现实决定战争的政治结果之前迅速达成协议，以建立一个完整和不可分割的欧洲，而在这样一个欧洲，英国和俄罗斯的利益都将得到考虑。他告诉艾登，就他个人而言，他"从根本上反对俄罗斯对中欧任何形式的统治，而且他向来都害怕泛斯拉夫主义，就像他憎恶泛日耳曼主义一样"。他始终坚信，英苏间在势力范围方面没有任何利益冲突。他设想在欧洲建立基于各方同意的独立民主国家，并期望其政治倾向是中左派。与李维诺夫一样，他拒绝在获得解放的国家里建立革命政权的任何想法。根据他的计划，俄罗斯的利益范围将仅略超出其1941年的边界，延伸至巴尔干半岛和黑海沿岸。

在近距离目睹了俄罗斯遭受的严重破坏和在战场上付出的高昂代价后，迈斯基希望自己能帮助莫斯科消除对丘吉尔和罗斯福日益增长的怀疑——怀疑他们都有意拖延战争。尽管他没有被授权与艾登讨论此事，但他知道，斯大林和莫洛托夫都非常重视尽快召开盟国外长会议，并在西西里岛建立一个常设委员会，以协调战争的战略行动。迈斯基仍然支持在法国开辟第二战场（这将是他在过去两年的不懈努力中的最后一次呼吁），但现在也提议在"包括巴尔干半岛在内的任何地方"开辟第二战场，只要能从苏联前线吸引足够多的德国军队，并迅速结束战争。值得注意的是，艾登准确地猜到迈斯基"似乎希望参加"拟议中的会议，因此，他希望会议在伦敦举行。然而，斯大林决心在莫斯科召开会议，并得到罗斯福的完全支持（这显然让丘吉尔感到十分沮丧，也让迈斯基感到失望）。9月9日，迈斯基再次与丘吉尔会面，向他转交斯大林对丘吉尔关于其美国之行信件的回复，但遗憾的是，关于他们最后一次会面的记录没有保存下来。

可以理解的是，迈斯基急于在公开场合保持低调。他恳求艾登说："我们两人在公开场合的发言越少越好。"当他从艾登那里得知第二天的告别午宴没有安排公开演讲时，他"似乎如释重负"。然而，对他来说，在莫斯科展示他在伦敦的有力地位同样重要，这可能利于他获得"有影响力的中间人"角色。艾登在时髦的多尔切斯特酒店为迈斯基举行的告别午宴无疑也服务于这一目标：参加午宴的有哈利法克斯、劳合·乔治、贝文、布鲁克、克里普斯以及其他许多地位显赫的英国政治家。但是，这一战略就像一把双刃剑，莫斯科对此不会泰然处之。尤其是莫洛托夫，他肯定会对报纸上的新闻标题感到愤怒，比如"艾登和迈斯基今天就一系列问题展开讨论"，它们对迈斯基在外交人民委员部的新角色大加吹捧。

迈斯基在前往莫斯科的途中抵达开罗。他带了装满个人物品的七个大箱子和七十件沉重的行李，需要六辆自重三吨的货车来运输。这次从开罗一直到俄罗斯南部的长途旅行，途经巴勒斯坦、伊拉克和伊朗。车队以每小时十五英里的速度缓慢地长途跋涉，所有将迈斯基和他的行李分开的企图都被他顽固地拒绝。负责护送车队的英国情报官员说，为"一位离任的大使"提供这样的安保措施"完全是小题大做"。护送人不知道为什么有人会对暗杀迈斯基感兴趣，或者"如果他被暗杀，为什么会出现严重的后果"。车队由十一辆汽车组成，只要有一辆车出了故障，迈斯基就会要求整个车队停下来，而他"从头到尾目不转睛地盯着修理过程"。英国驻大马士革公使、陆军少将爱德华·斯皮尔斯爵士看到大量的书籍和文

图 109　迈斯基在巴格达盘点他的珍藏

图 110　迈斯基穿着"殖民地"服装拜访英国驻叙利亚和黎巴嫩大臣斯皮尔斯将军（右）

件被一捆捆地从卡车上送到迈斯基的房间时，惊得目瞪口呆，而且"每趟搬运都要有两个人同时在场，这样安排是要确保不会出现一个人单独接触这些物品的情况。搬运者看起来都被吓坏了。我想我永远都不需要描述排队等候上断头台的人；如果不得不那样做，我只需回忆这些俄罗斯快递员的表情就行了"。

在伦敦，迈斯基在缓解危机和确保艾登访问莫斯科这两方面取得了显著进展。此时，迈斯基打算利用自己身处中东的机会，采取大胆的行动，将犹太复国主义者的伊休夫[1]拉入苏联的势力范围。他之所以产生这个想法，是因为他在离任前夕从世界犹太复国主义组织主席魏茨曼那里得知，英美两国关于解决犹太人与阿拉伯冲突的方案完全将苏联排除在外。莫斯科积极与埃及建立外交关系一事似乎也增强了迈斯基的信心，此事是他在7月访问中东期间提出的。他后来写道："当我收到将我召回莫斯科的电报时，这个念头立刻在我的脑海里闪过：'啊哈！我经过开罗时，要努力争取与总理那哈斯帕夏直接达成一项建立外交关系的协议。'"迈斯基在伦敦就已作好准备，据英国大使说，在抵达开罗时，"他所有的想法都已被很好地记录下来，精确到他想做什么以及什么时候做……正如我所料，他日程上的第一件事就是去拜访东道国的总理……结果当然也在预料之中，开罗和莫斯科之间立即建立外交关系的所有困难都被扫除"。

10月，在回国途中，迈斯基在巴勒斯坦停留的三天至关重要，这给他提供一个特殊的机会，让他获得了关于犹太复国主义运动在巴勒斯坦的生存能力、巴勒斯坦吸收大量犹太移民能力的一手资料。迈斯基不顾英国高级专员的劝阻，参观了耶路撒冷古老而富宗教气息的犹太区，并游览了这座城市的现代部分。他还在堪称典范

---

[1] 伊休夫，希伯来语中意为"定居"，是犹太人在巴勒斯坦设立的组织机构。——译注

的马阿勒哈哈米夏基布兹[1]和克尔亚特安那温姆基布兹会见了本-古理安、梅厄夫人和犹太伊休夫的其他领导人。尽管他毕生刻意与自己的犹太血统划清界限，但这次访问似乎"让他着迷"。阿格尼娅也"高度专注，她想知道所有事物的希伯来语表达"。迈斯基在巴勒斯坦肯定有一种熟悉感，而这无疑会增强他的亲近感。他遇到的大多数犹太复国主义运动领导人都会说一口流利的俄语，对英国离开后的巴勒斯坦未来的犹太国家信心十足，还接受了真正的社会主义思想。

作为提升自己地位的一部分努力，迈斯基误导本-古理安（和后来的历史学家），以为他在传达苏联政府的观点。他将自己说成是当下"外交事务的第三号人物"，仅次于斯大林和莫洛托夫。作为欧洲问题的专家，这个地区的未来"由他说了算"。犹太复国主义运动领导人对迈斯基在国内岌岌可危的地位并不知情，他们后来仍坚持认为，迈斯基访问巴勒斯坦与1947年11月苏联出人意料地决定支持分治之间存在直接关系，而苏联的决定为以色列国的建立铺平了道路。迈斯基确实为斯大林准备了一份生动的报告，但他回国后却发现，克里姆林宫为他紧闭大门，他自己则几乎被囚禁在外交人民委员部里，活动仅限于研究赔款和战后计划。鲜为人知的是，1947年春天，斯大林实际上指示苏联驻联合国代表团提出建立"一个单一、独立、民主的巴勒斯坦"，在那里，犹太人将成为少数民族。斯大林的政策发生了一百八十度的戏剧性转变，转而支持分为两个国家，实际上与阿拉伯-犹太复国主义的冲突几乎没有任何关系，而是正在浮出水面的冷战的结果，也是西方国家试图将他排

---

[1] 基布兹，希伯来语中意为"团体"，为以色列的一种集体社区，成员之间完全平等，共同生活和劳动。过去主要从事农业生产，现在也从事工业和高科技产业。——译注

图111 在巴勒斯坦附近的一个基布兹，迈斯基和本-古理安进行商议

除在中东安排之外的结果。

在德黑兰停留两天后,迈斯基又开始了他那艰苦但表面上令人兴奋的旅行,最终到达了大不里士,他在那里登上了一列开往莫斯科的火车。然而,在回国途中,他几乎没有做成能真正提升他在莫斯科地位的事情。尽管他的坚持可能为促成10月外长会议以及随后的德黑兰首脑会议作了贡献,但他未能确保西方的任何承诺。丘吉尔向已经启程前往苏联首都的艾登追发了一封长电报,禁止他提及战略和供应问题,这一举动让人很容易联想到艾登1941年对莫斯科的访问。首相甚至拒绝承诺在1945年实施跨海峡进攻。他更愿意遵循"稳健的战略",因为他不能排除"[德国]发起惊人反扑"的可能性。

迈斯基到达苏联首都的时间太晚了,以至于没能赶上他付出了不懈努力促成的会议。没过几天,他的工作安排就明确了:他将与李维诺夫一道处理战后问题,同时"为未来的和平谈判收集论据"。他明显对自己被委任处理赔偿问题,而李维诺夫被授予处理战后问题的主要任务感到十分失望。迈斯基指示他在伦敦的继任者古谢夫,要对外宣传他和李维诺夫都参与了和平协议的工作,但他特别告知古谢夫要避免提及分配给每个人的工作的性质。迈斯基试图与莫洛托夫建立友好的私人关系,但没有成功。迈斯基在六十岁生日时,送给莫洛托夫一本自己的青年回忆录。他写信给莫洛托夫:"据说,写回忆录是衰老的标志。"他夸口说,自己"精力依旧充沛",发誓要继续为党和国家积极工作。他需要给在伦敦的那些很快就把他排除在外的继任者和同僚们留下这样的印象,即他正"全身心投入"战后赔偿工作,并得到了外交人民委员部的支持,这对他来说十分重要。迈斯基认为,维持自己在伦敦构建的特殊关系同样重要。他把自己的回忆录寄给丘吉尔,说此举是"一个作家跟另一个作家之间的事，与我们的官方职务没有关系……这是一个男人的回忆，在我们对抗共同敌人的伟大斗争中最黑暗的日子里，你和他曾如此紧密地联结在一起"。送给艾登的书附有一封短信，强调了他在战后问题上所做的"重要而有意思的工作"，这让他"充分参与到对未来的规划中"。但这一切都无济于事。有时，他受莫洛托夫的指示在报纸上发表猛烈抨击英国政治的文章，而这些都与他自己的观点背道而驰，使他感觉受到了极大的羞辱。

无论他的政治命运有什么戏剧性的起伏，迈斯基有一个信念从未动摇过，正如他对艾登说的，他相信英国和俄罗斯的历史发展具有"相似性"，而且"两国的利益天然具有互补性"："我们都处于欧洲的边缘。我们都没想过主宰欧洲，但我们也不会容忍任何其他力量这么做。"但这是苏联老派外交清醒的绝唱。他在给年迈的劳合·乔治赠送回忆录时写道，这一代人"为现代俄罗斯，即苏联的建立作出了如此巨大的贡献"，却已经消失。他和李维诺夫从伦敦和华盛顿分别被召回以后，斯大林外交政策一路高歌猛进，再也不受约束，正如冷战的阴云在天边出现，汇聚起来。

名声的代价：迟来的压制

　　苏联发起的反世界主义运动甚嚣尘上，并迅速滑向与西方的对抗。迈斯基回国后，被隔绝在外交人民委员部的幕后，尤其当他处心积虑避开英国旧交时，他注定要被遗忘。当一个旧交不请自来，出现在他莫斯科的公寓门外时，"迈斯基拒绝让他进屋。他焦急地低声说：'如果你想看望我，只会危及我的安全。'"他与英国政界朋友们的通信也少了很多，而且都变成一些简短和格式化的信息。例如，丘吉尔给他发了1945年的新年问候，对此，迈斯基的回复只有一句话："对您的亲切问候和良好祝愿表示诚挚的感谢，也祝愿您1945年一切顺利。"当《泰晤士报》的外交记者拜访迈斯基和李维诺夫时，李维诺夫毫不掩饰他的沮丧："你来见我是想了解苏联的外交政策吗？找我干吗？我对它有什么了解？我的政府什么时候咨询过我？天啊，没有。我只不过是李维诺夫。我只是一个负责外交政策多年的人。我只是了解美国，了解英国。他们不需要我的建议，非常感谢你的来访。"返回莫斯科也给他们带来了以前未曾预料到的经济困难，这需要他们适应另一种完全不同的生活方式。当迈斯

图112 最后的绝唱：在雅尔塔会议上为斯大林翻译（罗斯福在右上角，丘吉尔在左侧，背对镜头）

基外出参加雅尔塔会议时，阿格尼娅用他的全部工资买了一套新餐具（因为"用旧的东西让她感到尴尬"）；她犹豫着要不要告诉迈斯基新餐具花了多少钱，免得他指责她欠考虑。

雅尔塔峰会将成为迈斯基在国际舞台上的最后一个辉煌时刻。他坐在斯大林旁边（尽管大部分时间是作为译员），可以被丘吉尔、艾登和罗斯福注意到。尽管他在赔款方面的专业知识为他赢得了极大的喝彩（诚然，喝彩只来自西方国家），但他的重要地位只是表面上的。在给阿格尼娅的一封信中，他暗示说他的工作"进展得比预期要好"。但他又谨慎地补充说："不能过早乐观，蛋未孵先数雏。"他被安排住在一间没有浴室的"阴暗简陋"的寓所里，这使他看清了自己的处境。莫洛托夫显然是故意不让他参加雅尔塔会议的相关工作，直到他被斯大林紧急召来，取代口译能力明显难以令人满意的巴甫洛夫。尽管迈斯基的翻译极其出色，斯大林却粗鲁地对待他，这也许是他们关系的最好缩影。根据迈斯基的说法，斯大林愤怒地转向他，问道："'你为什么不参加第一次会议？'我回答说，我没有得到需要我参加那次会议的通知。斯大林继续愤怒地说：'你没有得到通知？你没有得到通知——你这是什么意思？你毫无纪律性，只会自行其是。你的失职使我们损失了好几个租借法案的项目。'"

迈斯基在波茨坦首脑会议上仍有短暂露面，但丘吉尔在大选中的落败以及艾德礼和贝文"出乎意料的登场"，进一步凸显了他的无关紧要，因为他和后两者的关系相当疏远（如果不是敌对的话）。颇为矛盾的是，正是迈斯基在保守党人中的崇高声望使他赢得了斯大林的尊重，而他现在与工党政府成员的关系可能会成为一个隐患。克里姆林宫的当权者（柯伦泰向准备离开莫斯科赴任英国驻华盛顿大使的克拉克·克尔解释说）"不会忘记，[贝文]属于'旧国际'的人，从1917年起就一直反对布尔什维克"，这"需要很长时间才能忘记"。在新形势下，迈斯基被证明不再是一份财富，尤其是苏联对工党的不信任，会重新引发对类似迈斯基的孟什维克历史的怀疑。

从波茨坦回来后，外交人民委员部疏远了迈斯基。他被解除了赔偿委员会负责人的职务，之后没有得到任何新的任命。他甚至见不到莫洛托夫。经过反复恳求，他终于在1946年3月见到了这位外交人民委员。会面时他被严厉批评，说他"写的东西消极被动，他本人缺乏参与人民委员会日常工作的积极性"，此外，他在战后赔偿方面的工作也被批为"软弱"。他被再次降职，分配到一个集体编写一本苏联外交辞典的庞大团队。这项受到严格审查的工作是莫洛托夫改造外交人民委员部的一座丰碑,迈斯基肯定觉得参与此事是一种屈辱。

生存本能让迈斯基在不那么危险但却很有声望的苏联科学院重新确立了自己的地位。早些时候,他意识到自己在外交人民委员部的职业生涯即将结束,便迅速掌控了自己的命运。当斯大林被授予"苏联英雄"称号时,他向斯大林表示祝贺,贺信中充斥着阿谀奉承:

……我满心欢喜。我想不出还有谁能比您获得这一荣誉更加实至名归了。我很难想象,这些年来,尤其是艰苦卓绝的过去四年里,如果不是您担任苏联的领导人,对我们的人民、我们的党以及我们所有人来说会发生什么。

还有一件事:您上次在克里姆林宫招待会的演讲实在是太精彩了!您的演讲内涵深刻,也非常及时。

谨此致以崇高的敬意!

伊万·迈斯基

迈斯基马上对斯大林提出一个大胆的个人请求,他觉得自己在文学和研究方面的技能可以在苏联科学院更好地发挥作用——随信还附上了一家顶级英国厂家生产的两根价格不菲的烟斗。他已经六十二岁了,是该"认真考虑转向学术和文学领域了"。他给斯大林写道:"如果您对我的计划没有异议,如果它得以实现的话,我对您将不胜感激。碰巧的是,科学院致力于通过招募新鲜血液来提升自己的队伍质量……候选人的名字必须在6月24日前提出。"对斯大林而言,他不需要花精力说服,就可以确保迈斯基一个月后以全票进入科学院。尽管迈斯基具有胜任这一工作的出色资格——他自夸发表过将近二百五十份作品，同时还是一名富有洞察力的当代历史分析家，具有丰富经验——他任命的背景还是引起了一些人的关注。斯大林同意了这一任命后，开始把他不再信任的政治家发配到科学院当院士，以此作为消遣。维辛斯基接受了这种荣誉，而李维诺夫和莫洛托夫都拒绝了。

这一转变是及时的：1947年1月，迈斯基被解除了部里的工作，并被全票剥夺共产党中央委员会候选委员资格。二十世纪五十年代初，令人窒息的恐怖气氛在一定程度上又重新抬头，这使得科学院难以开展任何严肃的工作。迈斯基受托研究的项目没能使他振奋精神。正如叶夫根尼·塔尔列（俄罗斯著名历史学家，在迈斯基被捕和审判期间一直支持他）的外甥所观察到的："迈斯基已经从一个谨慎但非常自信的外交官变成一名一无所知的院士。他研究西班牙历史上的某些问题，这些问题只有他知道，但甚至连他也不关心。"

对观察者来说，迈斯基似乎已经不再是过去那个"谨慎但非常自信的外交官"。原来与他一道同属于"契切林-李维诺夫外交学派"的同僚通过清洗、自然原因——也常常通过"转岗"——所剩无几。人们仍然可以在堤岸大楼的公寓里偶遇面色阴沉的李维诺夫。这对了不起的夫妻曾经深受朋友们的喜爱，但这些朋友们早已识趣地消失得无影无踪，"只留下这对无儿无女的夫妇形影不离，在恐惧中等待"。反世界主义运动强烈反对"对外国事物的崇拜"，而迈斯基与这种崇拜脱不了干系。看到年老体衰、疾病缠身的柯伦泰不得不把瑞典国王古斯塔夫·阿道夫及其儿子的肖像画从墙上取下，是多么令人悲伤。肖像画是送给她的纪念品，以表达对她在斯德哥尔摩工作的感谢。有一次，他们到一个朋友的别墅里吃饭，迈斯基"这个从前就习惯成为社交场合焦点人物的讲故事高手，现在变得迟钝且被动。而阿格尼娅起初还把自己当作大使的妻子神采飞扬地高谈阔论,当她突然意识到自己当下的身份时,马上戛然而止","他们身上散发出难以摆脱的恐惧感"。

* * *

1952年,李维诺夫、苏里茨和柯伦泰先后去世。10月,一项对迈斯基在科学院工作表现的批判性评价成为对未来的不祥预兆。迈斯基与莫洛托夫的关系已经极度恶化,乃至后者对赫鲁晓夫[1]说,他怀疑迈斯基是"一名英国间谍"。1953年2月19日,迈斯基果然被逮捕,审讯人员指控他犯下了"叛国罪"。他很快就"承认"自己是被丘吉尔招募的间谍。这次逮捕行动是在1953年1月的"医生阴谋"引发新一轮清洗运动之后实施的,当时克里姆林宫的医生(大部分是犹太人)被指控密谋杀害苏联领导人。然而,3月5日斯大林死后公布的特赦名单之内却没有迈斯基。

迈斯基被关押在卢比扬卡的一间地下囚室里,在斯大林死前,他接受了三十六次审讯。对于这位年过七旬、备受尊敬的外交官来说,这肯定是毁灭性的打击;他曾经机智地避开了二十世纪三十年代镇压最恐怖的阶段。他在写给妻子的一首诗中表达了七十岁生日之际身陷囹圄的伤痛,感人至深。这首诗在语气上与贝多芬的《费德里奥》相似,暗指弗洛列斯坦在监狱里孤独的哭泣是因为他思念爱人、渴望自由:

……今天我七十岁了!
运动、革命、战争、开放
这是这些年来,我在我们的世界所看到的!

---

[1] 尼基塔·谢尔盖耶维奇·赫鲁晓夫,1955—1964年任苏联共产党中央委员会第一书记,1958—1964年任苏联部长会议主席。

在别的时代，这可能需要三个世纪……
我承受了这一切
带着一个男人的骄傲
我知道正是历史进程引领我来到这个地方
在这里，共产主义旗帜将会闪耀光芒，
我的一生都在工作的旗帜下度过，
我一生都在相信对乐观主义的研究……
我快乐地生活，快乐地战斗，也快乐地经受磨难，
我在战斗中从不吝惜气力，
我的生活乐章用大调奏出……
现在，我的星星正在黑暗的天空中闪烁，
前方的路隐藏在黑暗中，
我在一堵石墙后面迎来这一天；
……亲爱的！今天，在这珍贵的日子里，
我在昏暗的房间里
向你问好
在我心里，我将你拥入怀中。
由衷地感谢你，我最亲爱的人，
为你给我的所有快乐，
为你给我的爱，它闪闪发光，充满生机，
给了我如此多的温暖和喜悦
在挣扎之际，在磨难之际，在思考之际……[1]

迈斯基被捕给阿格尼娅造成毁灭性的打击。据认识她的人回

---

[1] 译自奥利弗·雷迪。

忆,她的矫揉造作和自大顷刻间消失得无影无踪:"她从一位穿长裤的英国做派女士,变成一位受人压迫的老太太。她四处求人,试图打听他在'里面'的情况如何。"当迈斯基被历史研究所正式宣布为"人民的敌人"时,他的形象进一步受损,他的每一个学生都被要求公开谴责他。

由于需要重新获得党员身份和恢复名誉,迈斯基对当时与贝利亚结成的短暂联盟闭口不提。他的学生和密友,著名历史学家亚历山大·勒科瑞奇评论说:"正如我一直注意到的,迈斯基不喜欢别人问他这个问题。"他的众多作品都断然回避对1943年回到莫斯科之后的时期发表评论,尤其是关于他的被捕和审判。他的朋友们意识到,这是他人生中的"暗淡时期",他有"一些考虑,但并不打算[与他们]分享"。当他罕见地提到这些指控时,他坚称,他一生中就只见过贝利亚两次——都是战争期间在克里姆林宫举办的官方午宴上。他愿意承认的,只是在他被捕后,"面对严酷的肉体折磨的威胁",他"一时间意志不够坚定……走上了一条自我诋毁的道路"。他花了很长时间才让他的学生勒科瑞奇知道,贝利亚曾经亲自对他刑讯逼供——尽管他在给赫鲁晓夫的一封信中声称,他在一个更为融洽的环境中第一次见到贝利亚,是在斯大林去世之后。同样,他显然也对瓦伦丁·贝雷斯科夫说过,贝利亚亲自审问他,并"用链条和鞭子殴打"以迫使他承认自己的间谍活动。贝雷斯科夫曾任斯大林的翻译,后来成为一名苏联高级外交官。这次审讯让迈斯基相信,"贝利亚正试图对莫洛托夫动手"。确实,迈斯基在伦敦的几个幸免于大清洗的下属也被逮捕,他们被要求证实斯大林的一个异想天开的理论:莫洛托夫在1942年访英,与艾登一道乘火车从机场前往伦敦的过程中私下交谈时，被英国情报部门招募。[1]迈斯基再次不情愿地发现自己与莫洛托夫迎头相撞。迈斯基仅向几个密友承认，他被认为是犹太人这一事实，也导致他在"白大褂谋杀事件"[2]发生之后不久被捕。毕竟，是迈斯基一直试图让斯大林与犹太复国主义和解。

当斯大林于3月5日去世时，迈斯基在最后关头得救。但可惜的是，随后发生的事情被证明一样险恶，直到他去世都无法摆脱。后来，为了恢复自己的名誉，迈斯基编造了一个故事，声称在1953年5月13日，当听到斯大林去世的消息时，他主动提出请求，希望与负责审讯他的对外情报局局长彼得·费多托夫中将见面，要求撤回他早前的虚假供词。迈斯基与内务部[3]反间谍部门负责人的会面被贝利亚亲自打电话打断，后者要求"马上"见到迈斯基。迈斯基坚称，这是他被捕后唯一一次见到贝利亚。这次会面中究竟发生了什么（绝不是审讯），一直笼罩在神秘之中。现在，新的档案材料使我们能够更忠实地还原事件的进程。毫不奇怪，在迈斯基的余生中，他竭尽全力掩盖与贝利亚的倒霉联系。这不仅使他付出了被多监禁两年的代价，而且还加强了外界对他的怀疑和敌意，就因为那段他永远摆脱不了的孟什维克经历。

无可争辩的是，5月15日至8月5日——这段时间与贝利亚所谓权力的争夺相吻合，用迈斯基自己的话来说，对他的"审讯出现

---

[1] 莫洛托夫访问的情况参见本书第608页。
[2] 医生谋杀案。
[3] 1946年3月，第二届苏联最高苏维埃第一次会议决定："苏联人民委员会"改称"苏联部长会议"，"人民委员部"改称"部"，"人民委员"改称"部长"。故此时"内务人民委员部"改称"内务部"；同理，"外交人民委员部"改称"外交部"，部门领导人称为"外交部长"。——译注

名声的代价：迟来的压制　779

了一个令人费解的空档"。贝利亚之子塞尔吉奥·贝利亚在回忆录中说，父亲尽管对迈斯基的看法很糟糕（贝利亚认为迈斯基"软弱，屈从于上级的压力"），他还是"特别尊重"迈斯基，认为迈斯基"头脑比李维诺夫更灵活……是一个热爱自己工作的真正的外交官"。我们没有理由质疑贝利亚之子关于迈斯基与他父亲关系的证词，尤其因为塞尔吉奥不是特别喜欢这个"像老鼠一样敏捷的小个子犹太人"。据塞尔吉奥说，贝利亚甚至早在1939年就希望看到迈斯基取代李维诺夫担任外交人民委员，只是那时候自己的影响力还没那么大。塞尔吉奥还声称，在迈斯基逗留英国期间，父亲"与迈斯基保持着密切的联系——比其他外交官更频繁"，"迈斯基也常常拜访我们"。贝利亚对迈斯基的高度尊重，正切合了他对英国的喜爱，他在1939年对三国同盟的支持，以及他家中令人印象深刻的有关英国历史和文化的大量藏书。斯大林去世后，贝利亚提出了放松对东欧的控制，并寻求与西方和解的计划，却遭到了莫洛托夫的强烈反对。"看到莫洛托夫如此愚蠢和顽固不化"，贝利亚甚至提出，应该让迈斯基取代他。贝利亚与莫洛托夫在外交事务上发生了冲突，并直言不讳地告诉后者："如果不同意，你可以辞职。"贝利亚设法进一步限制莫洛托夫在外交部的权力，他坚持认为，外交政策的重大问题应该由部长会议主席团来处理。在莫洛托夫的回忆录中，他确实宣称，1953年贝利亚打算"任命迈斯基为外交部长"，以取代他。他甚至回忆起在斯大林去世后那一周，他们之间发生了"激烈冲突"，难怪莫洛托夫在开完会后回到办公室时"情绪极为激动"。

事实上，迈斯基早就已经了解到斯大林去世的消息，也隐约知道克里姆林宫内的政治力量正重新洗牌，这比他希望我们相信的时间要早得多。3月31日，他写了一封信给新当选的部长会议主席格奥尔吉·马林科夫,在信中承认自己背叛祖国的罪行,并表达了"一个强烈的愿望,希望能做些什么,至少可以在一定程度上弥补他给苏联带来损失的罪行",准备"接受由相关'权力者'决定的任何形式的救赎"。贝利亚意识到迈斯基在英国拥有广泛的人脉,这可能有助于实现他与西方关系解冻的宏伟计划,于是便把这封信扣下了。

5月7日,与后来迈斯基关于此事的叙述相反,他被费多托夫提审,由于害怕激怒对方,他继续承认自己的罪行。四天之后,他要求进行第二次会面。远远不是像他后来所暗示的那样,是想公开推翻他以前的供词,而是希望对自己最初的声明进行补充。5月13日晚上进行的第三次审讯被贝利亚的电话打断,贝利亚要他立即到办公室来。他刚进门,贝利亚就对他说:"你的供词是编出来的。"从谈话的语气中,迈斯基意识到"他相信我的供词不是真的"。迈斯基向他的审讯人员解释说:"贝利亚这样做是想鼓励我(如果不是明确告诉我的话)发表一份正式声明,推翻我之前的供词。"贝利亚显然承诺过要为他平反,并建议他在内务部负责对英的情报工作。不到一天,迈斯基就提交了他的翻供声明。

为了便于开展工作,迈斯基将被选为对外文化关系协会主席。迈斯基坚称自己对贝利亚的政变计划"毫不知情",满心欢喜地为他效力,就在贝利亚6月底被逮捕前不久,迈斯基还向他提交了一份详细的行动计划。当然,迈斯基不可能在他的囚室里准备这些计划。贝雷斯科夫回忆说,迈斯基告诉他,自己从监狱被护送到贝利亚的办公室,那里的桌上放着水果和一瓶格鲁吉亚红酒。他的衣物和个人物品都被交还给他,还被允许回家。这段回忆中多少有些真相,但更可靠的叙述出自内务部负责反间谍和特种行动的帕维尔·苏杜普拉图夫中将,他的陈述在对贝利亚的审讯中也得到了证实。贝利亚将迈斯基委托给苏杜普拉图夫,称迈斯基是"向西方展示苏联新外交政策的理想人选"。然而,犹太反法西斯委员会领导人在1952年被处决之前被迫做诬陷供词,迈斯基受到诬陷供词的牵连。在这些人的案件得到全面审查之前,迈斯基还不能被释放。过渡期间的解决办法是把他"藏起来",结果迈斯基和他的妻子被安排住在费多托夫办公室附近的房间里,环境舒适。阿格尼娅甚至向她的朋友们说,"在那里",他现在的状况好极了,甚至开始撰写回忆录。唉,在贝利亚被捕后,跟他们素来不和的莫洛托夫和马林科夫就是在那里找到了他。

6月16日在东德发生的暴动,为赫鲁晓夫提供了一个集合力量反对贝利亚,并停止后者改革的借口。贝利亚于6月26日被捕,由军队负责关押,以防国内安全部队向他提供援助。在中央委员会特别全会召开前,莫洛托夫和赫鲁晓夫起诉贝利亚,他们把东德暴动事件归咎于贝利亚,并称那是他推行与西方国家关系自由化的结果。贝利亚被指控"从外国情报首脑那里得到了暗示"。矛盾的是,新领导层转向了迈斯基和李维诺夫自1943年以来就一直在倡导的缓和路线,但赫鲁晓夫还需花一段时间才能将自己的意志施加给苏共,并将迈斯基从其所处的可怕境地中解救出来。拘捕贝利亚后,赫鲁晓夫和莫洛托夫由于担心内务部强烈反扑,便也迅速逮捕了他的同党。莫洛托夫本来打心底里就不喜欢迈斯基,而且他声称,迈斯基已经"答应了贝利亚"要取代他,鉴于此,(莫洛托夫言简意赅地说出)"迈斯基也符合条件"就一点儿也不奇怪了。尽管有关迈斯基被捕的大多数文件仍在保密状态,但可获得的些许证据表明,贝利亚一被羁押,迈斯基就被重新逮捕了;他的精神崩溃了,这一点儿也不奇怪。这一事件进程在艾薇·李维诺夫未出版的自传中得到了证实。显然,艾薇仍然是阿格尼娅"当时唯一的朋友。没有人去看她，她绝对是孤独的"。她从阿格尼娅那里了解到，"迈斯基在斯大林去世之后惹上麻烦是因为贝利亚，因为他对贝利亚很友好"。她从阿格尼娅那里得知，在迈斯基被关押的痛苦时刻，"他向贝利亚求情。他不知道自己在做些什么"。艾薇对此并不感到惊讶，她知道虽然有些自相矛盾，但是"迈斯基肯定会被抓——因为他对每个人都很友好"。后来，阿格尼娅为了与丈夫的说法保持一致，便改口称，在斯大林去世后，迈斯基受到了荒谬的指控，说他"挪用政府资金"。

贝利亚的起诉书指控他预谋"建立一种对艾森豪威尔、丘吉尔和铁托之流有益的资产阶级秩序"。起诉书接着指出，"就像间谍一样，贝利亚巧妙地编织了一张包罗各种阴谋的大网"，目的是把自己的同党安放在关键的管理岗位上。苏联最高法院在1953年12月24日发布的判决书，特别提到了贝利亚"与外国间谍机构建立秘密联系"的"叛国犯罪行为"。迈斯基受贝利亚指派，负责在英国进行这样的活动，还可能成为外交部长，因此在反贝利亚派——尤其是他的终身对手莫洛托夫——眼里，他是脱不了干系的。尽管在贝利亚的判决中没有特别提到迈斯基，但在一封写给所有党组织的信发出后，迈斯基被假定为同谋的事就广为人知了。这封信暗示，贝利亚打算释放"英国间谍"迈斯基，并将他封为自己的外交部长。信中还节录了迈斯基早些时候被迫做出的供词的内容，他供认说，"在国外工作了这么多年之后，他已经失去了对祖国的归属感"。当阿格尼娅看到这封信时，她"担心得要发疯了"，她认为这已经暗示迈斯基是有罪的。她还受到进一步羞辱：她所在的基层党组织要求她就与丈夫的关系作出说明。其他把赌注押在了贝利亚身上的人，包括现在与迈斯基关联密切的捷卡诺佐夫和前内务人民委员梅尔库洛夫，都被行刑队执行枪决。外交政策又回到了莫洛托夫的掌

名声的代价：迟来的压制　783

控之中。

8月5日，对迈斯基的审讯又开始了，他这次是由国家检察机关而不是内务部关押。根据刑法第五十八条第一款、第十款和第十一款的规定，他现在被指控从事旨在推翻、颠覆或削弱苏维埃政权的"反革命"活动。在迈斯基对他被捕一事为数不多的叙述中，他用一个词总结了对他的严厉指控——"叛国"，从而将其与斯大林的手下对他从事间谍活动的荒谬指控联系起来。然而，正如他很快意识到的，对他的新指控是企图"把我卷入贝利亚的案子中"。在1953年12月被处决前，当时正在接受调查的贝利亚受到的最严重的指控是，"直到被逮捕前"，他一直"与外国情报机构秘密接触"，为发动政变作准备。这些指控的具体依据是贝利亚决定对迈斯基结案，并让他负责联系丘吉尔和英国的情报界。迈斯基现在已经从卢比扬卡转移到布提尔卡监狱。在那里，他显然害怕囚犯的挑衅，于是要求继续单独监禁。先后有十人审讯过他，想从他口中得到一份认罪的供词，这可能会被用于正在进行的对贝利亚的审判，但他什么都没有说。对他的惩罚是把他囚室里的书全部收走，而且在接下来被关押的两年里都不许使用笔和纸。

1954年夏天至1955年初，对迈斯基的审讯旷日持久却徒劳无功，同时，迈斯基一再请求赫鲁晓夫和伏罗希洛夫放弃对他的指控，并为他平反。他在监狱里又待了一年之后才被正式起诉。1955年5月中旬，他终于收到了长达三十九页的起诉书——以及一支铅笔。由于他拒绝请律师为他辩护，他被允许在起诉书的背面准备自己的辩护词。贝利亚被处决后，审讯人员曾试图从1937年被捕的大使馆同僚的供词中获取证据，借此陷害迈斯基，但他们没有成功。他们还迫使军事学院教授德波林查阅没收来的迈斯基的文件，希望找出他在伦敦任大使期间的罪证。

1932年，当迈斯基准备动身前往伦敦时，李维诺夫暗示他，"在莫斯科"，他的成就"将会以他在伦敦建立的密切个人关系来衡量"。然而现在，他的杰出成就给他带来了无妄之灾。在对他从事间谍活动以及与贝利亚共谋的指控被撤销后，从他被没收的日记里找到的信息就成为起诉书的主要内容来源。据称，这些信息暴露了他与丘吉尔和艾登过于密切的关系，以及他对政府主动隐瞒了这些关系。此外，他还被指控隐瞒重要信息，发送不实消息，并在有关三方谈判和开辟第二战场等问题上提供错误建议。尽管这些指控多数是荒谬的，但其中也包含了些许事实。迈斯基成功揭穿了控方的谎言——他将它们称作"天方夜谭"，但他发现很难让法庭相信，他与英国精英建立的亲密关系只是"个性"使然。检察官对案件的处理十分拙劣，最终以诽谤罪以及缺乏事实依据的叛国罪提出指控。在后斯大林时期，这种指控已很难确保获得起诉，更何况没有提供确凿的证据，同时这些指控的历史背景也从未得到充分的探讨。

然而，检察官最终还是碰巧发现了一个微妙的问题，这使迈斯基十分难堪。根据刑法第一百零九条，对迈斯基的新起诉书和判决书都指出他滥用职权："据称，他对苏联政府隐瞒了英国关于1939年苏英法三方谈判的白皮书的微缩胶卷。"迈斯基的辩护原则是淡化罪行的严重性。迈斯基辩称，这本白皮书试图诋毁苏联，并且已经被废止了，因为它也会暴露出英法两国间在建立三国同盟问题上的冲突。此外，他还声称，他是在1941年7月下旬，在英苏条约签订之后，才从"苏联的一些英国朋友"那里拿到了白皮书的微缩胶卷。当时是战争时期，通信中断了，很难把它送到莫斯科。此外，他还希望进一步确认这些文件和评论不是伪造的。然而，由于当时的工作负担极重，他把材料跟其他文件放在一起，之后就忘记了，他"甚至根本没读过"那个材料。迈斯基提醒他们：他的档案数量庞大，有大约八十个大箱子，而且基本上处于未经整理的混乱状态。那盒微缩胶卷"火柴盒一般大小，就像干草堆里的一根针一样消失了"。他宣称，在调查过程中，他"在脑海里把每一个微小的细节都梳理了一遍"，"才突然想起了那个微缩胶卷"，并且他是主动将放置微缩胶卷的地方告诉了调查人员。那不是有意的行为，而是"记性不好"；那不是"犯罪"，而是"疏忽……过失"。他主张，如果他没有说出微缩胶卷的存在，它将永远不为人知，因为"在伦敦大使馆和莫斯科都没有人知道它的存在"。但这种激动的争论意义并不大，只是凸显了他起初对微缩胶卷的重视、胶卷的不宜泄露，以及取得胶卷过程的机密性（可能要追溯回1940年）。[1]

从监狱出来后不久，迈斯基给赫鲁晓夫写了一封信。在草稿中，他小心翼翼地划掉了一些看起来像忏悔的句子，但它们却揭示了他内心的真实想法。四年后，他向赫鲁晓夫发出私人陈情信，把在法庭上炮制的陈述又重复了一遍，要求彻底平反。虽然仍伴随着深深的怀疑，他的这套说辞还是被接受了，为他平反的最终决定在1960年底获得批准。然而，那时党内的权力斗争已经尘埃落定，莫洛托夫被边缘化，这个问题失去了所有的政治意义。

显然，迈斯基的自我辩护做得十分出色。他驻英国大使馆前下属——海军武官哈尔拉莫夫和一等秘书津琴科——的证词"对他并无不利"，甚至还支持他的说法。据迈斯基说，他把恶毒的德波林"批得体无完肤"。当德波林"骗子和恶棍"的真面目被揭穿时，"他变得气急败坏，不知所措"，面对迈斯基的反诘，他"哑口无言"。

---

[1] 参见迈斯基1940年1月8日的日记记录。迈斯基承认他已经了解了白皮书的内容，如果在当时曝光将严重损害他的地位。

迈斯基意识到政治氛围正在发生变化：在被送回监狱之前，有人向他提供了"咖啡和威化饼干"。

庭审的证据总结原定于6月2日进行，但会议被推迟了。迈斯基准确地猜到，"法院正在等候的中央委员会的指示还没到"。在向伏罗希洛夫提请第二次上诉后，他终于在6月12日被传唤到庭听候宣判。叛国罪名不成立，取而代之的，是根据刑法第一百零九条确定的他任大使期间滥用权力和特权，刑罚是六年内部流放。这似乎是莫洛托夫与赫鲁晓夫达成的一种妥协，赫鲁晓夫作为新领导层的领头人，已经牢牢地掌控了局势。事态的发展出人意料地对迈斯基有利。尽管迈斯基被判有罪并被判处六年流放，但他很快就被最高苏维埃主席团特赦，免于惩罚，并获准回家。在此前一天发布的一项特别法令，明确将迈斯基排除在1953年3月27日的特赦范围之外，而这本可使他获得全面平反。

释放迈斯基的决定似乎是由赫鲁晓夫与莫洛托夫在苏联外交政策走向上的冲突触发的。1955年7月，赫鲁晓夫计划出席在日内瓦举行的首脑会议。如果此时迈斯基仍被关在监狱里的话，情况将会非常尴尬，因为赫鲁晓夫会在日内瓦遇到安东尼·艾登（新当选的英国首相，英国代表团团长），而后者与这位前任驻英大使的关系是那么密切。然而，只有在1960年，当赫鲁晓夫成功巩固对党的控制，并战胜莫洛托夫对他的挑战时，迈斯基才彻底获得平反。

迈斯基最终被判决犯下的是管理方面而非政治方面的罪行。在他的请求下，他得到了一张桌子、纸和文具。他现在有足够的信心向监狱长抱怨说，监狱方面给的那张桌子"桌腿长短不一，桌面也变形了，而且我写字的时候没有地方放腿。桌子太矮了。是否可以给我一张哪怕是最简单的餐桌，至少在我写字的时候可以有个地方搁腿"。他首先给伏罗希洛夫写信，恳求得到赦免。两天后，他对这一判决进行了详细的批评，对审判的议定书提出了大约六十个需要修正的地方。法庭接受了这些意见。"经过长时间的讨价还价"，他被允许在议定书中放入他的辩护演讲和他在审判结束时写给法官的一首诗：

> 在一个石头的穹隆之下，在一张监狱的小床上，
> 我孤单地躺在那里，已经被抛弃和遗忘……
> 我被谁……关押？……不是敌人，不！
> 我是被朋友关押在囚室里！
> 哦，如此的疯狂！我真的是敌人吗？
> 这会是敌人的行为吗？
> 漫长的三十多年来，我们走在同一条路上，
> 肩并肩，步调一致！
> 我们共同前行，我们并肩战斗，
> 胜利的旗帜升得更高，更高了。
> 许多人牺牲了……然而，共产主义的火焰
> 在远处向那些活着的人闪耀。
> 混乱突然降临！……
> 我被投入地牢，被驱赶出阵营，被称为敌人。
> 为什么？这是为了什么？是因为什么可怕的行为吗？
> 是谁陷害了我？是谁为此高兴？
> ……哦，公民法官们，你们睁大眼睛
> 看看这鲜活的真相，这是你们的职责所在！
> 今天站在你们面前的，不是一个罪犯
> 而是一个诚实的苏维埃战士和爱国者！

СССР
МИНИСТЕРСТВО
ВНУТРЕННИХ ДЕЛ

Форма «А»
ВИДОМ НА ЖИТЕЛЬСТВО НЕ СЛУЖИТ.
ПРИ УТЕРЕ НЕ ВОЗОБНОВЛЯЕТСЯ.

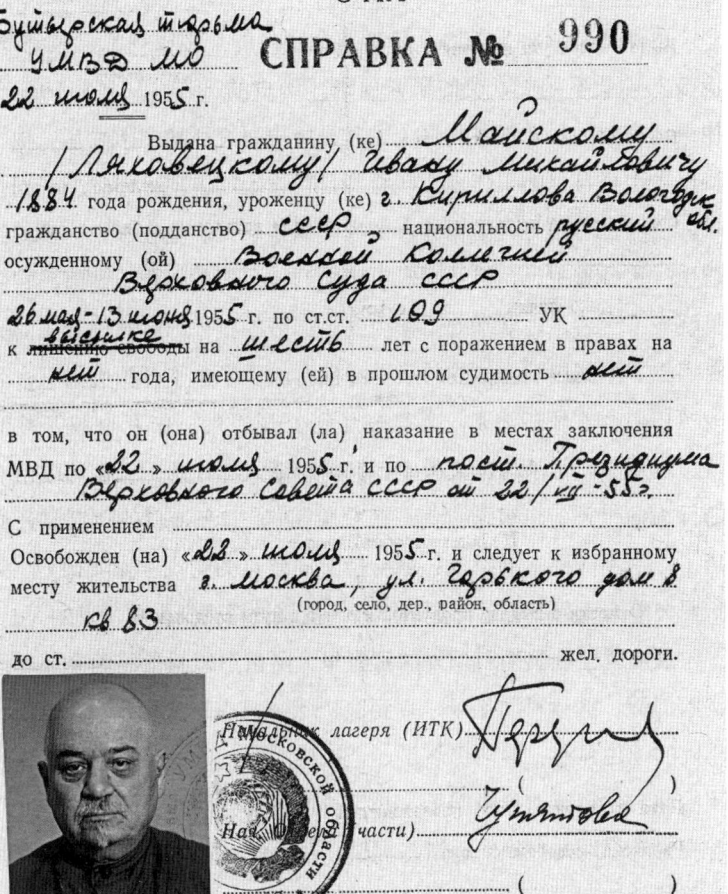

8-АА

Бутырская тюрьма
УМВД МО
22 июля 1955 г.

СПРАВКА № 990

Выдана гражданину (ке) Майскому (Ляховецкому) Ивану Михайловичу 1884 года рождения, уроженцу (ке) г. Кириллова Вологодск., гражданство (подданство) СССР, национальность русский, осужденному (ой) Военной Коллегией Верховного Суда СССР 26 мая – 13 июня 1955 г. по ст.ст. 109 УК к ссылке на шесть лет с поражением в правах на нет года, имеющему (ей) в прошлом судимость нет

в том, что он (она) отбывал (ла) наказание в местах заключения МВД по «22» июля 1955 г. и по пост. Президиума Верховного Совета СССР от 22/VII-55 г.

С применением
Освобожден (на) «22» июля 1955 г. и следует к избранному месту жительства г. Москва, ул. Горького дом 8 кв. 83

до ст. _____ жел. дороги.

Нач. лагеря (ИТК)

图 113　1955 年 7 月 22 日，释放迈斯基的令状

迈斯基把在监狱里的剩余时间都用于写作一部寓言小说《近和远》，此前两年他一直在脑海里构思这部小说。7月22日，苏联最高苏维埃主席团批准了他的赦免请求。将赦免证书带到布提尔卡监狱的警官当即开车把迈斯基送回家。

迈斯基初回科学院时，包括薪金在内的许多权利都已被剥夺，他被安排从事无关紧要的研究西班牙历史的工作。只是在1960年他得到完全平反并恢复党籍（尤其是历史研究所建立）之后，他才得以再次将自己的工作重心转移到自己设定的方向上——撰写回忆录，但他也总是与克里姆林宫的风向保持一致。他在八十一岁曾经遭受一次严重中风，但几乎没有影响到他多产的创作。然而，在赫鲁晓夫下台后，迈斯基的工作受到了严厉的批评，这对他身体的康复产生了不利影响。他的弟子勒科瑞奇出版了一本开拓性的书，名为《1941年6月22日》。这本书受到公开谴责，作者也被开除党籍。迈斯基回忆录的英文版中包含了对斯大林在德国入侵苏联前夕的行为的批评，也被谴责为"主观臆断"。向来谨慎的迈斯基还做出了一个不同寻常的举动：他与持不同政见的物理学家安德烈·萨哈罗夫等人一起签署了一份请愿书，抗议试图为斯大林平反的人。

迈斯基住在莫斯科郊外的别墅里，阿格尼娅对他照顾有加。他头脑清醒，继续写回忆录，直到1975年9月3日去世。尽管他在科学院的地位显赫，但他仍然是一个孤独的人。他再也没有进入苏联政治和文化精英的顶级圈子，并且被迫不再与他在伦敦结交的那些有权势的好朋友往来。迈斯基渴望在伦敦的辉煌岁月，他看上去非常羡慕他的朋友、激进的英国律师和下议院议员丹尼斯·普里特的生活，因为普里特仍然"在世界各地穿梭往来"，他却只能在乡间别墅里"伏案写作"回忆录，妻子"忙于园艺活"。

迈斯基必须继续为生存付出沉重的代价，直到生命的最后一刻。他被迫为自己"很久以前"所犯的错误赎罪,这是多么悲哀的一件事。这些错误已经得到原谅,却没有被忘记。他的最后一份书稿名为《关于丘吉尔、他的圈子和他的时代的回忆录》,他的出版商俄罗斯国家科学出版社拒绝出版书稿,还把原稿弄丢了,只剩下一些零散的草稿。迈斯基给出版社写信:"你们的打击令我尤为痛苦,因为我现在已经九十一岁了,过去的五年里我一直在写这本书,并希望这本书成为我的收官之作(我意识到我现在离生命的终点已经不远了)。"

在伦敦的长期生活无疑仍是迈斯基一生中"最美好的时刻"。他在苏联科学院度过的最后二十年,完全致力于记录那段影响深远且富有戏剧性的岁月。"他真心热爱英国和英国人,"战争期间驻英大使馆的武官团团长证实了这一点,"他说得一口流利的英语,虽然明显带有口音……[而且]他似乎知道每个单词的所有含义。"他在去世前不久给时任苏联驻英大使写了一封信,字里行间流露出他对伦敦的怀念:

> ……我们在伦敦度过了十一年,从来没有过这样的经历!……此前我还在那里度过了五年(1912—1917年),我那时是一名来自沙俄的移民。我很自然地喜欢上了这座城市,更具体地说,是喜欢上了一些特别的景点、建筑和纪念碑……我发现我现在有时仍旧会想:他的书房是怎样布置的?他们的餐厅现在是什么样子的?现在还有二战期间闪电战遗留的某些痕迹吗?[1]……我们时常回想起我们与韦伯夫妇、萧

---

[1] 当时,使馆的花园里安装了巨大的混凝土防护棚(见第447—448页),后来因为拆除费用太高所以还留着,在使馆里依旧引人注目。

图114 密不可分的伴侣：晚年与阿格尼娅在一起

伯纳建立的友谊。当然啦，这个时代的伦敦与我们那个时代的伦敦已大不相同……

迈斯基去世前不久，他忠实的学生和著名历史学家勒科瑞奇去看他，发现他：

"正在挪动"——这要从字面意思来理解——他推着面前的一把藤椅，身体倚靠在椅子上，先挪动一条腿，再挪另一条腿，迈着沉重的步伐。如果不是看到他的腿，你绝对想象不到迈斯基已经年过九旬了：他的眼睛漆黑灵动，闪烁着思想的光芒；虽然他语速很慢，而且稍有口吃，但他说话的连贯性和逻辑性都很好；而且很明显，他的记忆力仍然极佳。

当勒科瑞奇问他,他多次处于灾难的边缘,是如何设法生存下来的。他看着勒科瑞奇,"微微一笑,说:'我总是保持冷静的头脑。'但其实我在想,如果斯大林再多活一两个月,即便是上帝也帮不了伊万·米哈伊洛维奇"。

图片来源

来自谢弗-沃斯克列先斯基家族的图片编号：迈斯基肖像、2、3、5、6、7、8、9、10、11、12、13、14、15、18、19、20、21、25、26、27、28、29、30、31、32、33、34、35、36、37、39、40、41、42、43、44、45、46、47、49、50、53、54、55、56、57、58、59、60、61、62、63、64、65、66、69、70、71、73、74、75、76、77、78、79、80、81、82、83、84、85、86、87、88、89、90、91、92、93、94、95、96、97、98、99、100、101、102、103、104、105、106、107、108、109、110、111、112、113、114

来自俄罗斯外交部的图片编号：1、16、17、22、23、24、52、67、68

来自已故的安妮·特里萨·里基茨·克里普斯夫人的图片编号：72

来自《伦敦标准晚报》的图片编号：38、51

来自科琳娜·西兹的图片编号：48

译名对照表
(按拼音顺序排列)

A

阿比西尼亚 Abyssinia
阿达纳 Adana
阿道夫·古斯塔夫·维格兰 Adolf Gustav Vigeland
阿道夫·希特勒 Adolf Hitler
阿尔·卡彭 Al Capone
阿尔伯特·勒布伦 Albert Lebrun
阿尔伯特·维克多·亚历山大 Albert Victor Alexander
阿尔伯特·詹姆斯·西尔维斯特 Albert James Sylvester
阿尔弗雷德·爱德华·赫伯特 Alfred Edward Herbert
阿尔弗雷德·达德利·庞德 Alfred Dudley Pound
阿尔弗雷德·厄恩利·蒙塔卡特·查特菲尔德, 查特菲尔德男爵 Alfred Ernle Montacute Chatfield, Baron Chatfield
阿尔弗雷德·罗森堡 Alfred Rosenberg
阿尔罕布拉 Alhambra
阿尔汉格尔斯克 Arkhangelsk
阿尔及尔 Algiers
阿尔卡季·罗森格茨 Arkady Rosengoltz
阿尔卡季·亚历山德罗维奇·索博列夫 Arkady Aleksandrovich Sobolev
阿尔诺·阿玛斯·萨卡利·于尔约–科斯基宁 Aarno Armas Sakari Yrjö-Koskinen
阿尔佩洛维奇 Alperovich
阿格尼娅·阿列克谢安德洛夫娜·迈斯卡亚, 婚前姓斯基皮娜 Agniya Aleksandrovna Maiskaya, neé Skipina
阿格涅什卡 Agneshechka
阿基塔尼亚号 *Aquitania*
阿科斯突袭 Arcos Raid
阿拉曼 El Alamein
阿拉木图 Alma-Ata
阿列克谢·D.沃斯克列先斯基 Alexei D. Voskressenski
阿列克谢·费奥多罗维奇·米列卡洛夫 Aleksei Fedorovich Merekalov
阿列克谢·瓦西列维奇·布杜科夫 Aleksei Vasilevich Burdukov

阿明多·蒙特罗 Armindo Monteiro

阿纳斯塔斯·伊万诺维奇·米高扬 Anastas Ivanovich Mikoyan

阿纳托利·涅克拉索夫 Anatoly Nekrasov

阿纳托利·瓦西列维奇·卢那察尔斯基 Anatoly Vasilyevich Lunacharsky

阿纳托利（阿里尔）·马尔科维奇·卡林斯基 Anatoly（Ariel）Markovich Krainsky

阿奇博尔德·克拉克·克尔 Archibald Clark Kerr

阿奇博尔德·珀西瓦尔·韦维尔 Archibald Percival Wavell

阿奇博尔德·辛克莱 Archibald Sinclair

阿萨布 Aseb

阿瑟·格林伍德 Arthur Greenwood

阿瑟·亨德森 Arthur Henderson

阿瑟·梅特兰 Arthur Maitland

阿瑟·内维尔·张伯伦 Arthur Neville Chamberlain

阿瑟·庞森比，舒布雷德的庞森比男爵 Arthur Ponsonby, Baron Ponsonby of Shulbrede

阿瑟·特拉弗斯·哈里斯 Arthur Travers Harris

阿瑟·约翰·卡明斯 Arthur John Cummings

阿斯特拉罕 Astrakhan

阿瓦隆 Avalon

埃德温·邓肯·桑迪斯 Edwin Duncan Sandys

埃尔布朗·爱德华·唐纳德·布拉西·萨克维尔，德·拉·瓦尔伯爵 Herbrand Edward Dundonald Brassey Sackville, Earl De La Warr

埃尔克奥 Erkkö

埃尔温·隆美尔 Erwin Rommel

埃克塞特号 City of Exeter

埃里克·菲普斯 Eric Phipps

埃里希·冯·曼施坦因 Erich von Manstein

埃莉诺·马克思 Eleanor Max

埃蒙（爱德华）·德·瓦莱拉 Eamon（Edward）De Valera

埃米尔·德·卡蒂埃·德·马赫辛 Emile de Cartier de Marchienne

埃平 Epping

埃斯蒙德·奥维 Esmond Ovey

埃维昂莱班 Évian-les-Bains

《爱杯》 A Loving Cup

爱德华·埃文斯 Edward Evans

爱德华·艾威林 Edward Aveling

爱德华·贝丁顿–贝伦斯 Edward Beddington-Behrens

爱德华·贝奈斯 Edvard Beneš

爱德华·伯纳德·拉钦斯基 Edward Bernard Raczyński

爱德华·达拉第 Edouard Daladier

爱德华·弗雷德里克·林德利·伍德，哈利法克斯伯爵 Edward Frederick Lindley Wood, Earl of Halifax

爱德华·格里格，奥特林厄姆男爵 Edward Grigg, Baron Altrincham

爱德华·赫里欧 Edouard Herriot

爱德华·路易斯·斯皮尔斯 Edward Louis Spears

爱德华·毛格·伊利夫，伊利夫男爵 Edward Mauger Iliffe, Baron Iliffe

爱德华·温特顿 Edward Winterton

爱丽丝，阿斯隆公爵夫人 Alice, Duchess of Athlone

艾丽斯·克丽斯特贝尔王妃，格洛斯特公爵夫人 Princess Alice Christabel, Duchess of Gloucester

艾莉兹夫人 Madame Aletz

艾伦·布鲁克 Alan Brooke

艾莫·卡罗·卡扬德 Aimo Kaarlo Cajander

艾薇·李维诺夫 Ivy Litvinov

安德烈·查尔斯·柯宾 Andre Charles Corbin

安德烈·弗朗索瓦-庞赛 André François-Poncet

安德烈·葛罗米柯 Andrei Gromyko

安德烈·莱昂·布鲁姆 André Léon Blum

安德烈·萨哈罗夫 Andrei Sakharov

安德烈·雅奴阿列维奇·维辛斯基 Andrei Yanuarievich Vyshinsky

安德烈·亚历山德罗维奇·日丹诺夫 Andrei Aleksandrovich Zhdanov

安德鲁·博纳·劳 Andrew Bonar Law

安德鲁·罗斯坦 Andrew Rothstein

安卡拉 Ankara

安奈林·贝文 Aneurin Bevan

安瑟姆·所罗门·冯·罗斯柴尔德 Anselm Salomon von Rothschild

敖德萨 Odessa

奥尔德肖特 Aldershot

奥古斯丁·阿尔弗雷德·约瑟夫·保罗-博克尔 Augustin Alfred Joseph Paul-Boncour

奥古斯托·罗索 Augusto Rosso

奥克塔文·高加 Octavian Goga

奥兰 Oran

奥兰群岛 Åland Islands

奥利弗·雷迪 Oliver Ready

奥利弗·斯坦利 Oliver Stanley

奥廖尔 Orel

奥马尔·纳尔逊·布莱德雷 Omar Nelson Bradley

奥姆·萨金特 Orme Sargent

奥斯卡·科柯施卡 Oskar Kokoschka

奥斯卡·王尔德，著《认真的重要性》 Oscar Wilde, *The Importance of Being Earnest*

奥斯陆 Oslo

奥斯特罗夫 Ostrov

奥托·冯·俾斯麦 Otto von Bismarck

B

芭芭拉·德雷克 Barbara Drake

巴巴罗萨行动 Operation Barbarossa

巴勃罗·德·阿斯卡拉特-弗洛雷斯 Pablo de Azcárate y Flórez

巴甫洛格勒 Pavlograd

巴哈杜尔·沙姆谢尔·江格·巴哈杜尔·拉纳 Bahadur Shamsher Jung Bahadur Rana

巴克卢公爵 Duke of Buccleuch

巴库　Baku

巴拉诺夫　Baranov

巴勒斯坦犹太代办处　Jewish Agency for Palestine

《巴黎和约》　Paris Peace Treaty

巴利阿里群岛　Balearic Islands

巴特戈德斯堡　Bad Godesberg

巴文科伏　Barvenkovo

巴西尔·汉密尔顿-坦普尔-布莱克伍德,达费林和阿瓦侯爵　Basil Hamilton-Temple-Blackwood, Marquess of Dufferin and Ava

白金汉郡　Buckinghamshire

白色方案　Operation Weiss

班加西　Bengasi/Benghazi

保罗-埃米尔·那齐雅　Paul-Émile Naggiar

保罗·埃瓦尔德·冯·克莱斯特　Paul Ewald von Kleist

保罗·雷诺　Paul Reynaud

保罗·路德维希·冯·兴登堡　Paul Ludwig von Hindenburg

保罗·约瑟夫·戈培尔　Paul Joseph Goebbels

鲍里斯·米哈伊洛维奇·库斯代耶夫　Boris Mikhailovich Kustodiev

鲍里斯·米哈伊洛维奇·沙波什尼科夫　Boris Mikhailovich Shaposhnikov

鲍里斯·叶菲莫维奇·施泰因　Boris Efimovich Shtein

贝柴摩　Petsamo

贝当政府　Pétain government

贝尔格莱德　Belgrade

贝尔格斯酒店　Hotel de Bergues

《被开垦的处女地》　Virgin Soil Upturned

贝鲁斯托夫　Beloostrov

贝尼托·墨索里尼　Benito Mussolini

贝希特斯加登　Berchtesgaden

本杰明·萨姆纳·韦尔斯　Benjamin Sumner Welles

比阿特丽斯·艾登　Beatrice Eden

比阿特丽斯·韦伯　Beatrice Webb

彼得·费多托夫　Petr Fedotov

《彼得格勒真理报》　Petrogradskaya Pravda

彼得·斯捷格尼　Petr Stegny

比萨拉比亚　Bessarabia

比塞大　Bizerte

比约恩·普里茨　Björn Prytz

庇护十一世,教皇　Pope Pius XI

别尔江斯克　Berdyansk

别列津纳　Berezina

宾厄姆　Bingham

波茨坦首脑会议　Potsdam Summit

《波德互不侵犯条约》　Polish–German Non-aggression Pact

波兰国家委员会　Polish National Council

波列罗行动　Operation Bolero

波梅罗伊　Pomeroy

波特家族　Potters

勃朗峰　Mont Blanc

柏林会议　Congress of Berlin

伯纳德·帕雷斯　Bernard Pares

博温登　Bovingdon
布尔加斯　Burgas
"不干预"委员会　Non-Intervention Committee
布加勒斯特　Bucharest
布良斯克　Bryansk
不列颠之战　Battle of Britain
布鲁斯·洛克哈特　Bruce Lockhart
布伦　Boulogne
布伦丹·伦德尔·布拉肯　Brendan Rendall Bracken
布伦纳　Brenner
布斯比　Boothby
布提尔卡监狱　Butyrka Prison
部长会议主席团　Presidium of the Council of Ministers

C

《财经新闻》　*Financial News*
查尔斯·波特尔　Charles Portal
查尔斯·普雷斯特维奇·斯科特　Charles Prestwich Scott
查尔斯·契尔思·韦克菲尔德，韦克菲尔德子爵　Charles Cheers Wakefield, Viscount Wakefield
查尔斯·斯图尔特·伯内特　Charles Stuart Burnett
查尔斯·特里维廉　Charles Trevelyan
查特韦尔　Chartwell
重光葵　Mamoru Shigemitsu

D

达达尼尔海峡　Dardanelles Strait
达夫·阿尔弗雷德·库珀，阿尔德韦克的诺维奇子爵　Duff Alfred Cooper, Viscount Norwich of Aldwick
大彼得罗夫大剧院　Bolshoi Theatre
大不里士　Tabriz
大不列颠共产党　Communist Party of Great Britain, CPGB
大锤行动　Operation Sledgehammer
大都会–维克斯公司事件　Metro-Vickers Case
《大礼帽》，电影　*Top Hat*
大卢基　Velikie Luki
大西洋会议　Atlantic Conference
《大西洋宪章》　Atlantic Charter
戴维·本–古理安　David Ben-Gurion
戴维·盖尔纳　David Gellner
戴维·劳合·乔治　David Lloyd George
戴维·雷金纳德·马杰森　David Reginald Margesson
戴维·利文斯通　David Livingstone
戴维·洛　David Low
丹尼斯·普里特　Denis Pritt
《但泽协议》　Danzig Agreement
《当代蒙古》　*Contemporary Mongolia*
道格拉斯·道格拉斯–汉密尔顿，汉密尔顿公爵　Douglas Douglas-Hamilton, Duke of Hamilton
道格拉斯·霍格，海尔舍姆子爵　Douglas

译名对照表　801

Hogg, Viscount Hailsham
德波林　Deborin
德国社会民主党及贸易协会　German Social Democratic Party and the Trade Unions
德怀特·戴维·艾森豪威尔　Dwight David Eisenhower
德维纳　Dvina
迪克　Dick
的黎波里　Tripoli
迪诺·格兰迪　Dino Grandi
迪耶普　Dieppe
第比利斯　Tiflis
地方自治会　zemstvo
帝国化学工业公司　Imperial Chemical Industries, ICI
第聂伯河　Dnepr River
第聂伯罗彼得罗夫斯克　Dnepropetrovsk
第戎　Dijon
《地狱》　*Inferno*
《东方公约》　the Eastern Pact
冬季战争　Winter War
渡边允　Makato Watanabe
杜谢，位于汝拉省　Doussier/Doucier, in Jura
对外文化关系协会　Society for Cultural Relations with Foreign Countries
顿巴斯　Donbas
顿河河谷　Don valley
顿涅茨河　Donets
多尔切斯特酒店　Dorchester Hotel

E

俄罗斯芭蕾舞团　Ballets Russes
俄罗斯国家科学出版社　Nauka
俄罗斯军事档案馆　Russian Military Archives
俄罗斯科学院通史研究所　Institute for General History at the Russian Academy of Sciences
俄罗斯莫斯科红场　Red Square
俄罗斯坦克周　Tanks for Russia Week
俄罗斯外交部档案馆　Russian Foreign Ministry Archives
俄罗斯总统档案馆　Russian Presidential Archives
厄立特里亚　Eritrea
鄂木斯克　Omsk
恩尼格玛系统　Enigma Source
《二战中的英国外交政策》　*British Foreign Policy in the Second World War*

F

法兰德斯　Flanders
法兰西民族解放委员会　French National Liberation Committee
法林　Falin
《凡尔赛和约》　Versailles Treaty
《反共产国际协定》　German–Japanese Pact
反世界主义运动　Anti-Cosmopolitan Campaign

菲奥科蒂斯塔（菲卡）·波鲁多夫　Feoktista (Feka) Poludova

菲勒普-米勒，著《列宁和甘地》　Fülöp-Miller, *Lenin und Gandhi*

菲利普·盖姆　Philip Game

菲利普·克尔，洛西恩勋爵　Philip Kerr, Lord Lothian

菲利普·路易斯·维安　Philip Louis Vian

菲利普·伊万诺维奇·格利科夫　Filipp Ivanovich Golikov

菲利普·约翰·诺埃尔-贝克　Philip John Noel-Baker

费奥多尔·塔拉索维奇·古谢夫　Fedor Tarasovich Gusev

费边主义　Fabianism

《费德里奥》　*Fidelio*

《风暴之前》　*Before the Storm*

冯·翁德·楚·弗兰肯施泰因，格奥尔格男爵　von und zu Franckenstein, Georg Freiherr

夫卡　Fuka

《伏尔加宪章》　Volga Charter

福克斯通　Folkestone

弗拉基米尔·彼得罗维奇·波将金　Vladimir Petrovich Potemkin

弗拉基米尔·格奥尔吉耶维奇·捷卡诺佐夫　Vladimir Georgievich Dekanozov

弗拉基米尔·康斯坦丁诺维奇·德列文扬基　Vladimir Konstantinovich Derevyansky

弗拉基米尔·尼古拉耶维奇·巴甫洛夫　Vladimir Nikolaevich Pavlov

弗拉基米尔·亚历山德罗维奇·索科林　Vladimir Aleksandrovich Sokolin

弗拉基米尔·伊里奇·列宁（乌里扬诺夫）　Vladimir Ilyich Lenin (Ulyanov)

弗兰克·亨利·鲍沃特　Frank Henry Bowater

弗兰克·诺埃尔·梅森-麦克法兰　Frank Noel Mason-Macfarlane

弗兰克·欧文　Frank Owen

弗朗西斯·威廉姆斯　Francis Williams

弗朗西斯科·佛朗哥　Francisco Franco

弗雷德·阿斯泰尔　Fred Astaire

弗雷德里克·埃德温·史密斯，伯肯黑德伯爵　Frederick Edwin Smith, Earl of Birkenhead

弗雷德里克·詹姆斯·莱瑟斯　Frederick James Leathers

弗里茨·克莱斯勒　Fritz Kreisler

弗里德里希·恩格斯　Friedrich Engels

弗里德里希·威廉·恩斯特·保卢斯　Friedrich Wilhelm Ernst Paulus

弗里德里希-维尔纳·格拉夫·冯·德·舒伦堡　Friedrich-Werner Graf von der Schulenburg

弗农·巴特利特　Vernon Bartlett

辅助本土服务部队　Auxiliary Territorial Service

富兰克林·德拉诺·罗斯福　Franklin Delano Roosevelt

G

盖塔拉洼地　Qattara Depression

高峰　The Peaks (Vershiny)

戈德斯堡会谈　Godesberg Talks

格奥尔吉·康斯坦丁诺维奇·朱可夫　Georgy Konstantinovich Zhukov

格奥尔吉·马林科夫　Georgy Malenkov

格奥尔吉·瓦西列维奇·契切林　Georgy Vasilevich Chicherin

格奥尔吉·亚历山德罗维奇·阿斯塔霍夫　Georgy Aleksandrovich Astakhov

格德斯绿地　Golders Green

格拉斯哥　Glasgow

格雷厄姆·沃拉斯　Graham Wallas

格里高尔·加芬库　Grigore Gafencu

格里戈里·季诺维也夫　Grigory Zinoviev

格里戈里·雅科夫列维奇·索科利尼科夫（格里西·扬克列维奇·布里连特）　Grigory Yakovlevich Sokolnikov (Grish Yankelevich Brilliant)

格里戈里·叶菲莫维奇·拉斯普京　Grigory Efimovich Rasputin

格鲁吉亚红酒　Georgian wine

格罗夫纳广场　Grosvenor Square

格威利姆·劳合·乔治　Gwilym Lloyd George

格扎茨克　Gzhatsk

《工联主义的历史》　The History of Trade Unionism

弓厅　Bow Room

古比雪夫　Kuibyshev

古斯塔夫·阿道夫，瑞典国王　Gustaf Adolf, Swedish King

古斯塔夫·希尔格　Gustav Hilger

《观察者报》　Observer

《关于丘吉尔、他的圈子和他的时代的回忆录》　Memoirs of Churchill, his Circle and his Times

《国际歌》　the Internationale

国际新闻社　the International News Service

《过去的旅行》　Journey into the Past

H

哈巴尼亚　Habbaniya

哈尔科夫　Kharkov

哈康七世，挪威国王，名为克里斯蒂安·弗雷德里克　King Haakon VII of Norway, born Christian Frederik

哈拉兰博斯·西莫普洛斯　Charalambos Simopoulos

哈里·波利特　Harry Pollitt

哈里·邓肯·麦高恩，麦高恩男爵　Harry Duncan McGowan, Baron McGowan

哈里·劳合·霍普金斯　Harry Lloyd Hopkins

哈利法克斯勋爵　Lord Halifax

哈罗德·乔治·尼科尔森　Harold George Nicolson

哈罗德·亚历山大　Harold Alexander

哈桑·纳什特帕夏 Hassan Nashat-Pasha
哈士奇行动 Operation Husky
哈威 Harvey
哈伊姆·魏茨曼 Chaim Weizmann
海尔·塞拉西 Haile Selassie
海伦·波茨 Hélène de Portes
海伦·"琳蘅"·德穆特 Helene "Lenchen" Demuth
海狮行动 Operation Sealion
海因茨·古德里安 Heinz Guderian
海因里希·布吕宁 Heinrich Brüning
海因里希·希姆莱 Heinrich Himmler
汉普斯特德荒野 Hampstead Heath
赫伯特·胡佛 Herbert Hoover
赫伯特·乔治·韦尔斯 Herbert George Wells
赫伯特·斯坦利·莫里森，兰贝斯区莫里森男爵 Herbert Stanley Morrison, Baron Morrison of Lambeth
赫尔曼·威廉·戈林 Hermann Wilhelm Göring
赫尔辛基 Helsinki/Helsingfors
赫施，德国大使 Hoesch
赫特福德郡 Herts
赫希菲尔德 Hirschfeld
《黑色的记录：德国的过去与现在》 *Black Record: Germans Past and Present*
黑斯廷斯·伊斯梅 Hastings Ismay
亨德里克·巴尔萨扎尔·克洛博普 Hendrik Balthazar Klopper
亨顿 Hendon

亨利·查农 Henry Channon
亨利·霍诺·吉罗 Henri Honoré Giraud
亨利·莫顿·斯坦利 Henry Morton Stanley
亨利·诺埃尔·布雷斯福德 Henry Noel Brailsford
亨利·史汀生 Henry Stimson
亨利·斯内尔，斯内尔男爵 Henry Snell, Baron Snell
亨利·威克姆·斯蒂德 Henry Wickham Steed
亨利·威廉王子，格洛斯特公爵 Prince Henry William, Duke of Gloucester
红箭号列车 *Krasnaya strela*
红旗歌舞团 Red Banner Song and Dance Company
侯赛因·努曼·梅内曼吉奥卢 Hüseyin Numan Menemencioğlu
胡安·内格林 Juan Negrín
华道夫·阿斯特 Waldorf Astor
化学工业学会 Society of Chemical Industry
怀特公司 White Company
皇家包厢 Royal Box
皇家汽车俱乐部 Royal Automobile Club
皇家橡树号 *Royal Oak*
火炬行动 Operation Torch
《霍尔–赖伐尔协定》 Hoare-Laval Plan
霍华德·金斯利·伍德 Howard Kingsley Wood
霍勒斯·布鲁克斯·马歇尔，奇普斯蒂

的马歇尔男爵　Horace Brooks Marshall, Baron Marshall of Chipstead

霍勒斯·约翰·威尔逊　Horace John Wilson

近卫文麿　Fumimaro Konoe

《经济学杂志》　Economic Journal

京特·冯·克鲁格　Günther von Kluge

《静静的顿河》　Quiet Flows the Don

J

基尔伯恩　Kilburn

基拉·基里洛夫娜·罗曼诺夫　Kira Kirillovna Romanov

基里尔·弗拉基米罗维奇·罗曼诺夫　Kirill Vladimirovich Romanov

基里尔·瓦西列维奇·诺维科夫　Kirill Vasilevich Novikov

基里洛夫　Kirillov

基斯洛沃茨克疗养院　Kislovodsk Sanatorium

集体安全　Collective Security

吉田茂　Shigeru Yoshida

加格拉　Gagra

加拉赫　Gallacher

加米涅夫　Kamenev

加那利群岛　Canary Islands

舰队街　Fleet Street

杰弗里·勒·梅苏里尔·曼德　Geoffrey Le Mesurier Mander

杰弗里·马斯特曼·威尔逊　Geoffrey Masterman Wilson

金罗斯和西珀斯郡　Kinross and West Perthshire

《近和远》　Close and Far Away

K

卡尔·弗里德里希·诺依曼，传播"中欧"运动　Karl Friedrich Neumann, propagated "Middle Europe" Movement

卡尔·古斯塔夫·埃米尔·曼纳海姆　Carl Gustaf Emil Mannerheim

卡尔·马克思　Karl Marx

卡尔斯巴德　Karlsbad

卡拉布里亚　Calabria

卡累利阿地峡　Karelian Isthmus

卡卢加　Kaluga

卡米耶·肖当　Camille Chautemps

卡姆罗斯子爵　Viscount Camrose

卡那封　Caernarvon

卡诺莎　Canossa

卡萨布兰卡首脑会议　Casablanca Summit

卡廷惨案　Katyn massacre

卡希拉　Kashira

凯鲁万　Kairouan

凯瑟琳·马乔里·斯图尔特–默里，阿瑟尔公爵夫人，婚前姓拉姆齐　Katharine Marjory Stewart-Murray, Duchess of Atholl, née Ramsay

凯特尔将军　General Keitel

康定斯基　Kandinsky

康拉德·亨莱因 Konrad Henlein

康斯坦察 Constanța

康斯坦丁·埃梅里亚诺维奇·津琴科 Konstantin Emelianovich Zinchenko

康斯坦丁·冯·牛赖特 Konstantin von Neurath

考纳斯，又译科夫罗 Kovno

考文特花园 Covent Garden

科德尔·赫尔 Cordell Hull

科尔特斯 Cortes

科利尔 Collier

科琳娜·西兹 Corinna Seeds

科穆奇政府 Komuch government

刻赤 Kerch

克尔亚特安那温姆基布兹 kibbutz of Kiryat Anavim

克拉马托尔斯克 Kramatorsk

克拉斯罗格勒 Krasnograd

克拉斯诺亚尔斯克 Krasnoarmeysk

克莱夫登帮 Cliveden set

克莱芒蒂娜·丘吉尔 Clementine Churchill

克莱门特·理查德·艾德礼，艾德礼伯爵 Clement Richard Attlee, Earl Attlee

克劳德·约翰·奥金莱克 Claude John Auchinleck

克里斯蒂安·拉科夫斯基 Christian Rakovsky

克利缅特·叶夫列莫维奇·伏罗希洛夫 Kliment Efremovich Voroshilov

克林 Klin

克罗伊登机场 Croydon Aerodrome

肯特公爵 Duke of Kent

肯辛顿宫花园 Kensington Palace Gardens

肯辛顿花园 Kensington Gardens

寇松线 Curzon Line

库尔斯克 Kursk

库莱比卡派 Kulebyaka pie

库珀塔西亚号 *Kooperatsiya*

《矿工》，杂志 *The Miner*

L

拉宾德拉纳特·泰戈尔 Rabindranath Tagore

拉夫连季·贝利亚 Lavrentii Beria

拉贾约基 Rajajoki

拉姆齐·麦克唐纳 Ramsay MacDonald

《拉帕洛条约》 Rapallo Agreements

拉萨罗·卡德纳斯 Lázaro Cárdenas

拉扎尔·莫塞维奇·卡加诺维奇 Lazar Moiseevich Kaganovich

拉兹扬 I. Lazyan

莱芒湖 Lac Léman

莱蒙托夫 Lermontov

莱佩金 Lepekhin

莱斯利·霍尔-贝利沙，德文波特的霍尔-贝利沙男爵 Leslie Hore-Belisha, Baron Hore-Belisha of Devonport

莱斯特画廊 Leicester Galleries

兰斯洛特·奥利芬特 Lancelot Oliphant

劳埃德银行 Lloyd's Bank

劳尔·雷吉斯·德·奥利韦拉　Raul Regis de Oliveira

劳伦斯·阿道夫·斯坦因哈特　Laurence Adolph Steinhardt

老维克剧院　Old Vic theatre

勒阿弗尔　Le Havre

勒拿金矿争议　Lena Goldfields dispute

勒热夫　Rzhev

雷金纳德·艾尔默·兰夫利·普伦基特-厄恩利-厄尔-德拉克斯　Reginald Aylmer Ranfurly Plunkett-Ernle-Erle-Drax

《雷诺兹新闻》　Reynolds News

理查德·奥斯丁（拉）·巴特勒　Richard Austen (Rab) Butler

理查德·贝德福德·贝内特　Richard Bedford Bennett

理查德·斯塔福德·克里普斯　Richard Stafford Cripps

里沃夫　Lvov

李滋罗斯　Leith-Ross

利奥波德·埃默里　Leopold Amery

莉迪亚·乐甫歌娃　Lidia Lopukhova

利弗里俱乐部　Livery Club

利普胡克　Liphook

历史研究所　the Institute of General History

联合多米诺信托　United Dominions Trust

列昂尼德·克拉辛　Leonid Krasin

列夫·加拉罕　Lev Karakhan

列夫·托洛茨基（列夫·达维多维奇·布隆施泰因）　Leon Trotsky (Lev Davidovich Bronshtein)

林铣十郎　Senjuro Hayashi

卢埃林·伍德沃德　Llewellyn Woodward

卢比扬卡　Lubyanka

卢波奇　Lobkovich

卢塞恩湖　Lac de Lucerne

鲁道夫·格拉齐亚尼，意大利内盖利侯爵　Rodolfo Graziani, Marquess di Neghelli

鲁道夫·赫斯　Rudolf Hess

路易斯·菲舍尔　Louis Fischer

路易斯·弗朗西斯·阿尔伯特·蒙巴顿　Louis Francis Albert Mountbatten

吕佐夫号　Lutzow

伦道夫·丘吉尔　Randolph Churchill

《伦敦标准晚报》　Evening Standard

伦敦都市警部　Metropolitan Police

伦敦金融城　City of London

伦敦世界经济会议　World Economic Conference in London

罗伯特·阿瑟·詹姆斯·加斯科因-塞西尔，克兰伯恩子爵，后来成为索尔兹伯里侯爵　Robert Arthur James Gascoyne-Cecil, Viscount Cranborne and Marquess of Salisbury

罗伯特·安东尼·艾登，亚芬伯爵　Robert Anthony Eden, Earl of Avon

罗伯特·吉尔伯特·范西塔特，范西塔特男爵　Robert Gilbert Vansittart, Baron Vansittart

罗伯特·莱斯利·克雷吉　Robert Leslie Craigie

罗伯特·塞西尔（加斯科因-塞西尔），切尔伍德的塞西尔子爵 Robert Cecil (Gascoyne-Cecil), Viscount Cecil of Chelwood

罗伯特·哈德森 Robert Hudson

罗德里克·琼斯 Roderick Jones

罗杰·凯斯 Roger Keyes

罗杰·康邦 Roger Cambon

罗兰·托马斯·巴林，克罗默伯爵 Rowland Thomas Baring, Earl of Cromer

罗斯托夫陷落 Rostov Fallen

罗伊·威尔逊·霍华德 Roy Wilson Howard

《洛迦诺公约》 the Locarno Treaty

《洛勒赖》 "Die Lorelei"

洛西恩勋爵，菲利普·克尔 Lord Lothian, Philip Kerr

洛佐瓦亚 Lozovaya

M

M. M. 切莫达诺夫 M. M. Chemodanov

马阿勒哈哈米夏基布兹 kibbutz of Ma'ale HaHamisha

"玛蒂尔达"步兵坦克 Matilda

马丁 Martin

马尔伯勒公爵 Duke of Marlborough

玛格丽特·罗斯·温莎公主，斯诺登伯爵夫人 Princess Margaret Rose Windsor, countess of Snowdon

马克西姆·马克西莫维奇·李维诺夫（迈尔·莫伊谢耶夫维奇·瓦拉赫） Maksim Maksimovich Litvinov (Meir Moiseevich Vallakh)

马拉喀什 Marrakesh

马拉特号战舰 Marat battleship

马里乌波尔 Mariupol

玛丽·丘吉尔 Mary Churchill

玛丽娜公主，肯特公爵夫人 Princess Marina, Duchess of Kent

玛丽女王号 Queen Mary

玛丽亚·乌里扬诺娃号 Mariya Ulyanova

玛丽亚·伊莉妮琪娜·乌里扬诺娃 Mariya Ilyinichna Ulyanova

马内契卡 Manechka

马其诺防线 Maginot Line

马特鲁港 Mersa Matruh

麦赫迈特·许克吕·萨拉吉奥卢 Mehmet Şükrü Saracoğlu

迈克尔·富特 Michael Foot

《曼彻斯特卫报》 Manchester Guardian

梅厄夫人，果尔达·梅厄 Golda Meirson (Meir)

梅尔库洛夫 Merkulov

梅根·劳合·乔治 Megan Lloyd George

梅拉诺 Merano

《每日电讯报》 Daily Telegraph

《每日工作者》 Daily Worker

《每日快报》 Daily Express

《每日先驱报》 Daily Herald

《每日邮报》 Daily Mail

蒙哥马利计划 Montgomery Plans

盟军最高战争委员会 Inter-Allied Supreme War Council

蒙塔古·诺曼 Montagu Norman

蒙特勒 Montreux

米德尔顿 Middleton

米尔斯克比尔 Mers-el-Kebir

米哈伊尔·波格丹诺夫 Mikhail Bogdanov

米哈伊尔·肯森福托维奇·索科洛夫 Mikhail Ksenofontovich Sokolov

米哈伊尔·尼古拉耶维奇·图哈切夫斯基 Mikhail Nikolaevich Tukhachevsky

米哈伊尔·瓦西列维奇·科尔日 Mikhail Vasilevich Korzh

米哈伊尔·亚历山德罗维奇·肖洛霍夫 Mikhail Aleksandrovich Sholokhov

米哈伊尔·伊万诺维奇·加里宁 Mikhail Ivanovich Kalinin

米哈伊洛夫 Mikhailov

米罗诺夫 Mironov

《民族观察者》 *Völkischer Beobachter*

明斯克 Minsk

摩尔曼斯克 Murmansk

摩拉维亚 Moravia

莫罕达斯·卡拉姆昌德·甘地 Mohandas Karamchand Gandhi

莫里斯·汉基，汉基男爵 Maurice Hankey, Baron Hankey

莫斯科当代艺术博物馆 Museum of Contemporary Art in Moscow

莫西娜 Mosina

莫扎伊斯克防线 Mozhaisk Defence Line

莫兹多克 Mozdok

穆尔盖特街 Moorgate Street

慕尼黑会议 Munich Conference

《慕尼黑协议》 Munich Agreement

穆斯塔法·费夫齐·恰克马克 Mustafa Fevzi Çakmak

穆斯塔法·那哈斯帕夏 Mostafa Nahhas Pasha

穆斯塔法·伊斯麦特·伊诺努 Mustafa İsmet İnönü

穆索尔斯基，制作歌剧《索洛钦集市》 Mussorgsky, *Sorochintsy Fair*

N

N. G. 莫罗佐夫斯基 N. G. Morozovsky

纳德兹达·伊万诺娃·利雅克维斯基，婚前姓达维多娃 Nadezhda Ivanovna Lyakhovetsky, neé Davydova

纳尔奇克 Nalchik

纳尔维克 Narvik

娜塔莎·迈斯基 Natasha Maisky

南安普敦 Southampton

南希·阿斯特 Nancy Astor

内维尔·亨德森 Nevile Henderson

尼格斯 Negus

尼古拉·米哈伊洛维奇·哈尔拉莫夫 Nikolay Mikhailovich Kharlamov

尼古拉·尼古拉耶维奇·克雷斯廷斯基 Nikolai Nikolaevich Krestinsky

尼古拉·亚历山德罗维奇·罗曼诺夫 Nich-

olas Aleksandrovich Romanov
尼古拉·伊万诺维奇·叶若夫　Nikolai Ivanovich Ezhov
尼古莱·蒂杜莱斯库　Nicolae Titulescu
尼基塔·谢尔盖耶维奇·赫鲁晓夫　Nikita Sergeevich Khrushchev
尼曼河　Neman River
涅瓦河　Neva
《纽约世界电报》　New York World-Telegram
诺埃尔·科沃德　Noël Coward
诺丁汉　Nottingham
诺维阿丰　Novy Afon

O

欧内斯特·贝文　Ernest Bevin
欧内斯特·布朗　Ernest Brown
欧内斯特·金　Ernest King
欧内斯特·乔治·希克斯　Ernest George Hicks

P

帕丁顿　Paddington
帕梅拉·丘吉尔　Pamela Churchill
帕默尔勋爵　Lord Parmoor
帕斯菲尔德角　Passfield Corner
帕维尔·苏杜普拉图夫　Pavel Sudoplatov
蓬帕杜夫人　Madame de Pompadour
皮埃尔·艾蒂安·弗朗丹　Pierre Etienne Flandin
皮埃尔·科特　Pierre Cot
皮埃尔·赖伐尔　Pierre Laval
皮卡迪利广场　Piccadilly Circus
珀西·文森特　Percy Vincent
普拉森舍湾　Placentia Bay
普鲁特　Prut
普利亚　Puglia
普希金博物馆　Pushkin Museum

Q

七十二号奥克利广场　72 Oakley Square
齐姆良斯克　Tsimlyansk
契克斯别墅　Chequers
乔舒亚·雷诺兹　Joshua Reynolds
乔治·爱德华王子，肯特公爵　Prince George Edward, Duke of Kent
乔治·本杰明·克里孟梭　Georges Benjamin Clemenceau
乔治·比莱金　George Bilainkin
乔治·达拉斯　George Dallas
乔治·杰弗里·道森　George Geoffrey Dawson
乔治·卡特利特·马歇尔　George Catlett Marshall
乔治·威廉·伦德尔　George William Rendel
乔治斯–艾蒂安·邦尼特　Georges-Etienne Bonnet
乔治斯·曼德尔　Georges Mandel

译名对照表　811

切尔诺卢奇　Chernoluchye

切尔滕纳姆　Cheltenham

切克利　Cherkley

琴吉·罗杰斯　Ginger Rogers

丘尔特　Churt

R

让·路易·巴尔都　Jean Louis Barthou

让·帕亚特　Jean Payart

日本同盟通讯社　Domei

S

色当　Sedan

沙恩霍斯特号　*Scharnhorst*

沙赫特　Schacht

莎拉·丘吉尔　Sarah Churchill

《沙漠的胜利》　*Desert Victory*

《社会主义评论》　*Socialist Review*

《谁帮助了希特勒?》　*Who Helped Hitler?*

圣彼得堡大学　St Petersburg University

《圣母与圣子》　*Madonna and Child*

《圣女贞德》　*Saint Joan*

圣潘克拉斯火车站　St Pancras railway station

圣詹姆斯宫　Court of St James's

圣詹姆斯俱乐部　St James's Club

十二群岛　Dodecanese

《时光机器》　*The Time Machine*

"十字军"巡洋坦克　*Crusader*

《世界大战》　*War of the Worlds*

世界基督教会联盟运动　World Alliance of Christian Churches Movement

世界犹太复国主义组织　World Zionist Organization

手镯行动　Operation Bracelet

斯大林格勒医院基金会　Stalingrad Hospital Fund

斯德哥尔摩　Stockholm

斯蒂芬·亨利·莫利纽克斯·基利克　Stephen Henry Molyneux Killik

斯法克斯　Sfax

斯卡帕湾　Scapa Flow

斯柯达公司　Škoda

斯科普里　Üsküb

斯摩棱斯克　Smolensk

斯莫尔尼宫　Smolny

斯匹次卑尔根岛　Spitzbergen

斯坦霍普　Stanhope

斯坦利·鲍德温　Stanley Baldwin

斯特凡·奥索基　Štefan Osouský

斯特拉波吉勋爵　Lord Strabolgi

斯特拉特福德·坎宁　Stratford Canning

斯特兰德　Strand

斯特雷萨会议　Stresa Meeting

"斯图尔特"坦克　*Stewart*

斯维尔德洛夫斯克　Sverdlovsk

苏呼米　Sukhumi

《苏联大使回忆录：1939—1943年的战争》　*Memoirs of a Soviet Ambassador: The War, 1939–43*

苏联科学院　Academy of Sciences

苏联耶利哥城墙　the walls of Soviet Jericho

苏联最高法院　Supreme Court of the USSR

苏联最高苏维埃主席团　Presidium of the Supreme Soviet

苏联最高统帅部　Stavka

苏台德　Sudetenland

《苏维埃共产主义》　*Soviet Communism*

《苏维埃战时新闻》　*Soviet War News*

松冈洋右　Yosuke Matsuoka

松平恒雄　Tsuneo Matsudaira

索纳姆　Sollum

索契　Sochi

T

《他们为祖国而战》　*They Fought for Their Country*

塔德乌什·罗默　Tadeusz Romer

塔斯社　TASS

台风行动　Operation Typhoon

《太平洋互不侵犯公约》　Pacific Pact

泰特美术馆　Tate Gallery

《泰晤士报》　*The Times*

《太阳报》　*Sun*

坦噶尼喀　Tanganyika

汤姆·威廉姆斯　Tom Williams

唐–阿米纳多（阿米纳德·什波良斯基）　Don-Aminado（Aminad Shpolyansky）

唐克斯特　Doncaster

特别行动处　Special Operations Executive, SOE

特捷列夫　Teterev

特列季亚科夫画廊　Tretyakov Gallery

提尔皮茨号战列舰　*Tirpitz*

体育家行动　Operation Gymnast

《田野》杂志　*The Field*

图尔西伯　Turksib

托博尔斯克　Tobolsk

托布鲁克　Tobruk

托尔若克　Torzhok

托马斯·乔治·戈登·海伍德　Thomas George Gordon Heywood

托马斯·伍德罗·威尔逊　Thomas Woodrow Wilson

托马斯·英斯基普，考尔德科特子爵　Thomas Inskip, Viscount Caldecote

W

瓦茨拉夫·格兹波夫斯基　Wacław Grzybowski

瓦伦丁·贝雷斯科夫　Valentin Berezhkov

"瓦伦丁"步兵坦克　*Valentina*

瓦西里·马特维艾维奇·佐诺夫　Vasily Matveevich Zonov

外交人民委员部　Narkomindel/NKID

万国宫　Palace of Nations

威尔金森督察　Inspector Wilkinson

威廉·埃夫里尔·哈里曼　William Averell Harriman

威廉·爱德华·多德 William Edward Dodd

威廉·哈里森·斯坦德利 William Harrison Standley

威廉·亨利·贝弗里奇 William Henry Beveridge

威廉·科斯莫·戈登·朗 William Cosmo Gordon Lang

威廉·克里斯蒂安·布利特 William Christian Bullitt

威廉·马克斯韦尔·艾特肯，比弗布鲁克男爵 William Maxwell Aitken, Baron Beaverbrook

威廉·珀西 William Percy

威廉·斯特朗 William Strang

威廉·坦普尔 William Temple

威廉·西兹 William Seeds

威斯敏斯特教堂 Westminster Abbey

围捕行动 Operation Round-Up

维尔纳·弗里茨·冯·布隆贝格 Werner Fritz von Blomberg

维尔纳·弗里奇 Werner Fritsch

维尔诺 Wilno

维克多·戈兰茨 Victor Gollancz

维特沃特·卡齐米洛维奇·普特纳 Vitovt Kazimirovich Putna

维亚济马 Vyazma

维亚切斯拉夫·米哈伊洛维奇·莫洛托夫（斯克里亚宾） Vyacheslav Mikhailovich Molotov (Skryabin)

韦伊诺·阿尔弗雷德·坦纳 Väinö Alfred Tanner

魏茨泽克，恩斯特男爵 Ernst Freiherr von Weizsäcker

魏罗特尔 Weyrother

温布利球场 Wembley

温斯顿·伦纳德·斯宾塞·丘吉尔 Winston Leonard Spencer Churchill

文具商和报纸制造商公会 Stationers and Newspaper Makers

《我的奋斗》 Mein Kampf

《我愿成为一场伟大的暴风雨》 "I Wish to Be a Great Thunderstorm"

沃尔特·埃利奥特 Walter Elliot

沃尔特·莱顿 Walter Layton

沃尔特·朗西曼，多克斯福德的朗西曼子爵 Walter Runciman, Viscount Runciman of Doxford

沃尔特·麦克勒南·西特林 Walter McLennan Citrine

沃尔特·特纳·蒙克顿 Walter Turner Monckton

沃尔特·约翰·蒙塔古·道格拉斯·斯科特，巴克卢公爵 Walter John Montagu Douglas Scott, Duke of Buccleuch

沃金 Woking

沃里克和莱明顿选区 Warwick and Leamington

沃伦斯基新城 Novograd-Volynsk

沃罗涅日 Voronezh

乌契，位于洛桑 Ouchy, in Lausanne

X

《锡安长老会纪要》 The Protocols of the Elders of Zion
《西班牙笔记》 Spanish Notebooks
《西伯利亚生活》 Siberian Life
西德尼·克莱夫 Sidney Clive
西德尼·韦伯 Sidney Webb
希尔曼 Hillman
西科尔斯基 Sikorski
昔兰尼加 Cyrenaica
西里西亚 Silesia
西庸城堡 Castle of Chillon
《西庸的囚徒》 The Prisoner of Chillon
夏尔·戴高乐 Charles de Gaulle
夏洛特·汤森 Charlotte Townsend
《现代乌托邦》 "Modern Utopia"
萧伯纳 George Bernard Shaw
肖勒姆 Shoreham
小协约国 Little Entente
谢尔盖·鲍里索维奇（萨穆伊尔·边齐安诺维奇）·卡根 Sergei Borisovich (Samuil Bentsionovich) Kagan
谢尔盖·米罗诺维奇·基洛夫 Sergei Mironovich Kirov
谢弗-沃斯克列先斯基家族 the Scheffer-Voskressenski family
谢苗·布琼尼 Semen Budenny
谢苗·康斯坦丁诺维奇·铁木辛哥 Semen Konstantinovich Timoshenko
谢斯特拉河 Sestra River
新地岛 Novaya Zemlya
辛普森夫人 Mrs Simpson
《新闻记事报》 News Chronicle
《星报》 The Star
《星辰》杂志 Zvezda (The Star)
《星期日快报》 Sunday Express
《星期日泰晤士报》 Sunday Times
休·道尔顿 Hugh Dalton
雪崩行动 Avalanche

Y

雅尔塔会议 Yalta Conference
雅各布·爱泼斯坦 Jacob Epstein
雅各布·菲茨–詹姆斯·斯图尔特，阿尔巴公爵 Jacobo Fitz-James Stuart, Duke of Alba
雅科夫·扎哈罗维奇·苏里茨 Yakov Zakharovich Surits
亚的斯亚贝巴 Addis Ababa
亚历山大·弗拉基米罗维奇·奥泽尔斯基 Aleksandr Vladimirovich Ozersky
亚历山大·卡多根 Alexander Cadogan
亚历山大·克伦斯基 Alexander Kerensky
亚历山大·勒科瑞奇，著《1941年6月22日》 Alexander Nekrich, *June 22, 1941*
亚历山大·丘巴里安 Alexander Chubarian
亚历山大·瓦西列维奇·高尔察克 Aleksandr Vasilyevich Kolchak
亚历山大·叶夫列莫维奇·博戈莫洛夫

Aleksandr Efremovich Bogomolov
亚历山德拉·米哈伊洛芙娜·柯伦泰，婚前姓多蒙托维奇　Aleksandra Mikhailovna Kollontay, née Domontovich
亚平宁半岛　Apennine Peninsula
扬·加里格·马萨里克　Jan Garrigue Masaryk
扬·克里斯蒂安·史末资　Jan Christian Smuts
叶夫根尼·塔尔列　Evgeny Tarle
叶连娜·弗拉基米罗芙娜　Elena Vladimirovna
伊夫林·约翰·圣·洛·斯特雷奇　Evelyn John St Loe Strachey
伊格尔·埃曼纽洛维奇·格拉波　Igor Emmanuilovich Grabar
伊格纳西·扬·帕德雷夫斯基　Ignacy Jan Paderewski
伊克福德　Ickleford
伊莉莎薇塔　Elizaveta
《医生的困境》　Doctor's Dilemma
医生谋杀案　Doctors' Plot
伊什贝尔·麦克唐纳　Ishbel MacDonald
伊万·安德烈耶维奇·斯科里亚洛夫　Ivan Andreevich Sklyarov
伊万·彼得罗维奇·巴甫洛夫　Ivan Petrovich Pavlov
伊万·米哈伊洛维奇·利雅克维斯基/迈斯基，又名万涅奇卡　Ivan Mikhailovich Lyakhovetsky/Maisky, also see Vanechka
伊万·苏波提切　Ivan Subbotić

伊休夫　Yishuv
艺术史科学研究所　Scientific Research Institute of Art History
因弗戈登暴动　Invergordon Mutiny
《银行家》　The Banker
英国大西洋舰队　British Atlantic Fleet
尤霍·埃尔加斯·埃尔科　Juho Eljas Erkko
尤利乌斯·马尔托夫　Julius Martov
尤利乌斯·施特莱彻　Julius Streicher
犹太反法西斯委员会　Jewish Anti-Fascist Committee
雨果·坎利夫-欧文　Hugo Cunliffe-Owen
约阿希姆·冯·里宾特洛甫　Joachim von Ribbentrop
约翰·奥尔斯布鲁克·西蒙，西蒙子爵　John Allsebrook Simon, Viscount Simon
约翰·伯克利·蒙克　John Berkeley Monck
约翰·格瑞尔·迪尔　John Greer Dill
约翰·吉布森·贾维　John Gibson Jarvie
约翰·吉尔伯特·怀南特　John Gilbert Winant
约翰·克拉伦斯·卡达希　John Clarence Cudahy
约翰·麦戈文　John McGovern
约翰·麦克纳马拉　John Macnamara
约翰·梅纳德·凯恩斯　John Maynard Keynes
约翰·摩根　John Morgan
约翰·沃德洛-米尔恩　John Wardlaw-Milne
约翰·西摩·贝里，卡姆罗斯子爵　John

Seymour Berry, Viscount Camrose

约瑟夫·爱德华·艾梅·杜门克 Joseph Édouard Aimé Doumenc

约瑟夫·奥斯丁·张伯伦 Joseph Austen Chamberlain

约瑟夫·贝克 Józef Beck

约瑟夫·克莱门斯·毕苏斯基 Józef Klemens Piłsudski

约瑟夫·莱昂斯 Joseph Lyons

约瑟夫·帕特里克·肯尼迪 Joseph Patrick Kennedy

约瑟夫·维萨里奥诺维奇·斯大林（朱加什维利） Iosif Vissarionovich Stalin（Dzhugashvili）

约西亚·克莱门特·韦奇伍德，韦奇伍德男爵 Josiah Clement Wedgwood, Baron Wedgwood

Z

扎波罗热 Zaporozhye

扎彭坎卡 Zapenkanka

詹姆斯·路易斯·加文 James Louis Garvin

战时内阁 War Cabinet

《真理报》 *Pravda*

珍妮·克鲁索尔 Jeanne de Crussol

朱尔·康邦 Jules Cambon

朱利安·桑迪斯 Julian Sandys

（朱丽亚·）迈拉·赫斯 （Julia）Myra Hess

《最新消息》 *Poslednie novosti*